# MULHERES NA HISTÓRIA

# PHILIPPA GREGORY

# MULHERES NA HISTÓRIA
## AS HEROÍNAS DESCONHECIDAS

Tradução
Cristina Yamagami

Rio de Janeiro, 2025

Copyright © Philippa Gregory 2023. Todos os direitos reservados.
Publicado pela primeira vez na Grã-Bretanha, em 2023, por William Collins.
Copyright da tradução © 2025 por Casa dos Livros Editora LTDA.
Todos os direitos reservados.

Título original: *Normal Women: 900 Years of Making History*

Todos os direitos desta publicação são reservados à Casa dos Livros Editora LTDA. Nenhuma parte desta obra pode ser apropriada e estocada em sistema de banco de dados ou processo similar, em qualquer forma ou meio, seja eletrônico, de fotocópia, gravação etc., sem a permissão dos detentores do copyright.

| | |
|---:|:---|
| Copidesque | Augusto Iriarte e Jacob Paes |
| Revisão | Juliana da Costa e Vivian M. Matsushita |
| Design de capa | Adaptada do projeto original |
| Adaptação de capa | Osmane Garcia Filho |
| Projeto gráfico e diagramação | Beatriz Cardeal |

---

Dados Internacionais de Catalogação na Publicação (CIP)
(Câmara Brasileira do Livro, SP, Brasil)

Gregory, Philippa
  Mulheres na história: as heroínas desconhecidas / Philippa Gregory; tradução Cristina Yamagami. – Rio de Janeiro: HarperCollins Brasil, 2025.

  Título original: *Normal Women: 900 Years of Making History*
  ISBN 978-65-5511-671-7

  1. Mulheres – Grã-Bretanha – Condições sociais – História 2. Grã--Bretanha – História – 1066-1687 3. Grã-Bretanha – História – 1485- I. Título.

24-242828                                                    CDD-941

Índices para catálogo sistemático:
1. Grã-Bretanha: História   941
Eliete Marques da Silva – Bibliotecária – CRB-8/9380

---

HarperCollins Brasil é uma marca licenciada à Casa dos Livros Editora LTDA.
Todos os direitos reservados à Casa dos Livros Editora LTDA.

Rua da Quitanda, 86, sala 601A – Centro
Rio de Janeiro/RJ – CEP 20091-005
Tel.: (21) 3175-1030
www.harpercollins.com.br

# Sumário

| | |
|---|---|
| Introdução | 7 |
| **1066-1348** | |
| O Juízo Final | 11 |
| **1348-1455** | |
| Mulheres em ascensão | 69 |
| **1455-1485** | |
| Mulheres na guerra | 100 |
| **1485-1660** | |
| Tornando-se o vaso mais frágil | 107 |
| **1660-1764** | |
| Impedidas de entrar e impedidas de sair | 199 |
| **1765-1857** | |
| Tornando-se uma dama | 277 |
| **1857-1928** | |
| Esferas distintas | 369 |
| **1928-1945** | |
| O mundo se abre | 448 |
| **1945-1994** | |
| Uma mulher hoje | 473 |

| | |
|---|---:|
| Posfácio | 529 |
| Notas | 548 |
| Agradecimentos | 593 |
| Lista de imagens | 595 |
| Bibliografia selecionada | 600 |

# Introdução

Tive a ideia para este livro ao escrever *A irmã de Ana Bolena*, quando fiquei sabendo desta mulher, Maria Bolena, que criou para si uma vida extraordinária, mas só entrou para a história como irmã da famosa Ana. Ela me fez pensar nas muitas outras mulheres cujos nomes e histórias se perderam e até nas histórias que ouvi da minha mãe: sobre crescer em tempos de guerra, sobre a mãe dela, que não ousou ser uma sufragista, sobre a tia dela, uma acadêmica que não conseguiu se formar em uma universidade inglesa, das cartas que ela editou, escritas por uma parente — uma feminista do século XVIII. Este livro é sobre elas e todas as mulheres que "viveram fielmente uma vida oculta e descansam em túmulos não visitados".[1]

As primeiras escolas da Inglaterra foram religiosas, e os primeiros estudiosos foram padres, de modo que os primeiros historiadores foram homens como o Venerável Beda, que escreveu a *História eclesiástica do povo inglês*, em 731 d.C., especificando por nome apenas dezoito mulheres de uma população de cerca de um milhão de pessoas: 0,0018%, ou seja, estatisticamente invisíveis. Apenas seis crônicas do início do período medieval sobreviveram — escritas por homens, principalmente sobre reis e suas guerras — e todas as histórias sobre o período se basearam nelas.

Essas crônicas estabeleceram uma tradição. *Uma história dos povos de língua inglesa*, de Winston Churchill, publicado no século XX, é uma descrição não dos "povos", mas de homens anglófonos: especifica por nome 1.413 homens e apenas 98 mulheres. O que aprendemos sobre a história da nação britânica, na verdade, é uma história a respeito de homens, vista por homens, documentada por homens.

Será possível que o motivo de 93,1% da história se concentrar nos homens é que as mulheres não fazem nada? Será que as mulheres estão tão ocupadas em ter filhos que não têm tempo para fazer história, como se uma coisa excluísse a outra? As únicas mulheres de interesse nos registros mantidos por homens foram mães, rainhas, contribuintes pagantes de impostos e criminosas. Todos os registros são escritos por homens — em geral homens da Igreja —, com pouco ou nenhum interesse pelas mulheres. As mulheres estão lá, fazendo e perdendo fortunas, infringindo e fazendo cumprir as leis, defendendo seus castelos sitiados e partindo em cruzadas; mas, muitas vezes, não têm seu nome documentado nem chegam a ser mencionadas mesmo que de passagem pelos historiadores, pois eram apenas mulheres normais vivendo vidas normais, indignas de papel ou tinta.

As mulheres medievais só entram nos registros no contexto de queixas e reclamações: quando são acusadas de adultério ou promiscuidade nos tribunais da Igreja, quando são citadas nos registros como fofoqueiras, quando são criminalmente acusadas de roubo, usura ou fraude, quando são representadas como prostitutas ou quando são sequestradas. Em grande parte, aparecem como desordeiras: sempre que propriedades eram cercadas e transformadas em propriedades privadas, mulheres na Inglaterra quebravam cercas, invadiam, caçavam furtivamente e reivindicavam terras comuns. Nos períodos de fome, elas arrombavam padarias, moinhos de milho ou celeiros onde grãos eram armazenados para exportação, dividiam-nos entre a multidão e pagavam o preço certo. Às vezes, o padre ou magistrado local vinha supervisionar a pesagem e a venda. Se o padeiro ou os comerciantes resistissem, janelas até podiam ser quebradas, e alimentos, roubados, mas todos sabiam que as pobres — mulheres cujos nomes sequer eram registrados — estavam fixando os preços e racionando os alimentos. No século XVIII, a situação começou a mudar: comerciantes e proprietários de terras deixaram de apaziguar a multidão, e as mulheres passaram a ser apontadas como desordeiras, sendo identificadas por nome nos autos dos tribunais e recebendo rigorosas punições. Parte do meu trabalho ao escrever uma história de "mulheres normais" envolveu reconhecer a normalidade das mulheres, independentemente de como são representadas nos registros históricos: mulheres rebeldes, loucas por poder, manipuladoras, viragos, anjos, bruxas.

Mulheres pobres na Idade Média tinham um senso de quem eram: ajudavam umas às outras, empregavam umas às outras e nomeavam outras mulheres como suas herdeiras, cobrando umas das outras um padrão de comportamento — mas, legalmente, eram propriedade do pai ou marido e obrigadas a permanecer em suas comunidades. Somente em grupos de trabalho e guildas elas podiam ter um senso de comunidade como um grupo que leva uma vida feminina distinta e compartilhada. Elas não se registravam como um grupo, não se descreviam nem publicavam, nem há muitos diários da vida de mulheres individuais. Isso só aconteceu quando as guerras civis inglesas, em meados do século XVII, levaram as mulheres a escrever petições e a exigir do Parlamento direitos até então exclusivos aos homens, guardando diários de suas experiências, receitas de seus medicamentos, cartas privadas para manter a família unida e os negócios intactos, até que esses registros finalmente começaram a ser publicados e outras mulheres puderam ler sobre si mesmas.

Elas perguntaram por que as mulheres não constavam na história da Criação como iguais a Adão. Durante a explosão, no século XVIII, de mulheres autoras de ficção, elas perguntaram: "Por que uma mulher é diferente de um homem?". Por volta de 1860, perguntaram: "Por que não podemos nos divorciar alegando as mesmas razões que os homens?". Por volta de 1890, começaram a perguntar: "Por que não podemos votar?". Por volta de 1950, perguntaram: "Por que não constamos na história?" — e mulheres historiadoras deram início ao processo de releitura dos registros históricos para descobrir o que as mulheres faziam em seu passado oculto e silencioso enquanto os homens se colocavam no centro do palco e amplificavam a própria voz. Foram essas historiadoras que produziram as primeiras grandes histórias das mulheres, seguidas por biógrafas de heroínas e de famílias, historiadoras de movimentos sociais e editoras de listas das dez mulheres mais memoráveis ou dos vinte nomes femininos mais importantes. Todas essas publicações ajudam a colocar as mulheres na história. Mas as biografias se voltam a mulheres excepcionais, enquanto histórias sobre famílias veem as mulheres apenas como filhas e mães — mais uma vez, restringindo as mulheres a seu papel biológico! As histórias sobre grupos de mulheres falam de bruxas, sufragistas ou parteiras — concentrando-se em grupos excêntricos ou fora do padrão, em desacordo com a vida comum das mulheres —, e as listas de mulheres são curtas demais — apenas vinte mulheres na história? Até Winston Churchill contou 98!

Bebi da obra dessas autoras e sou grata a elas e por elas, mas o que eu queria escrever era um livro *enorme* sobre mulheres — mulheres envolvidas em práticas incomuns e mulheres levando vidas monótonas, mulheres que se opuseram à sociedade e mulheres que seguiram o *status quo*, as poucas de quem ouvimos falar e os milhões de anônimas e desconhecidas. E eu queria mostrar que assassinas e noivas, donas de casa e piratas, prostitutas e tecelãs, lavradoras e chapeleiras, mulheres casadas com mulheres, ermitãs, mulheres castas, mulheres esportistas, pintoras, freiras, rainhas, bruxas e guerreiras — todas fazem parte da história das mulheres, tudo faz parte da história da nossa nação —, embora tenham vivido e morrido sem que um homem as notasse o suficiente para registrar seus nomes.

Por fim, nomeio apenas uma, por quem tenho muito carinho:

Elaine Wedd, com cerca de 20 anos, integrante da First Aid Nursing Yeomanry, um grupo de voluntárias que atuaram em enfermagem e inteligência nas Guerras Mundiais. A foto a seguir me lembra que, quando incluímos mulheres normais na história do nosso país, restauramos a nós mesmas: nossas irmãs, nossas amigas e nossas antepassadas. Ela é minha mãe — uma mulher normal, como todas as heroínas.

Parte 1

# 1066-1348
# O Juízo Final

## O Juízo Final

A invasão da Inglaterra pelo exército normando em 1066 — na batalha do duque William da Normandia contra o rei Haroldo da Inglaterra — representaria, para as mulheres da Inglaterra, muito mais do que uma mudança de regime. Representou o endurecimento de uma tirania de homens que capturaram o reino e sua fortuna, passaram-nos de pai para filho, excluindo as mulheres, criaram leis escravizando-as e, conduziram religião e filosofia para difamá-las; homens que dirigiram sua violência às mulheres e cuja ganância os levou a pagar menos a elas e a sobrecarregá-las durante séculos.

O livro contábil compilado para estabelecer o valor das terras para tributação real não poderia ser contestado mais do que o próprio Juízo Final e, no século XII, foi intitulado *Livro do Juízo Final*. Para as mulheres da Inglaterra, a invasão normanda foi o juízo final que as obrigou a viver em um verdadeiro inferno.

A *Tapeçaria de Bayeux*, um painel de linho bordado com 70 metros de comprimento, foi feito em um período próximo aos eventos históricos que representa, mostrando uma invasão de homens: 632 deles. Estão retratados quase duzentos cavalos, 55 cães, quinhentos outros animais e pássaros, mas apenas cinco mulheres, todas sendo ameaçadas ou sofrendo algum tipo de violência. A rainha anglo-saxã Edith chora por seu marido Edward, o Confessor; outra mulher (provavelmente Ælfgifu, a esposa do rei Cnut — ou Ælfgyva, como está na tapeçaria) é tocada no rosto (talvez estapeada) por um escrivão ou padre; uma mulher foge de um prédio em chamas com o filho; e, às margens, outra foge nua de um homem nu com um pênis ereto e uma mulher nua enfrenta um homem nu que segura um machado.

Há na tapeçaria mais pênis do que mulheres inglesas: 88 nos cavalos, cinco nos homens. Artistas especializados, tecelões e bordadeiras — provavelmente mulheres inglesas trabalhando para um nobre normando[1] — retrataram a violência sexual masculina como um comportamento tolerado pelos normandos.

William da Normandia foi um líder famoso por sua agressividade e que já havia conquistado brutalmente sua terra natal com um exército calejado pelas batalhas. Sua chegada marcou o fim de uma Inglaterra estabelecida com um governo relativamente pacífico de lordes anglo-saxões, inspirado por um conceito de "bom senhorio", que permitia direitos legais às mulheres, algumas das quais possuíam terras e a própria fortuna, governavam os vassalos, podiam casar-se ou separar-se a seu bel-prazer e escolher a quem legar sua herança.[2]

Um terço dos testamentos pré-conquista sobreviventes foi escrito por mulheres que assinaram o próprio nome. Wynflæd, avó do rei Edgar, deixou uma fortuna ao morrer (*c.* 950), incluindo um legado especial a sua filha Æthelflæd, composto de suas joias favoritas e uma propriedade: "Sua pulseira gravada e seu broche, e a propriedade em Ebbesborn e o título de propriedade como uma herança vitalícia para dispor como quiser; e concede a ela os homens, os animais e tudo o que há na propriedade".[3]

Os "homens" seriam os vassalos vinculados à terra por meio de contratos de vassalagem e de trabalho; os servos, que não possuíam a própria terra, trabalhavam de graça e eram alojados pelo senhor; e os escravizados, que chegavam a 10% da população,[4] capturados em guerras ou comprados. Em sua maioria trabalhadores brancos, que também não tinham terra, não eram remunerados e não eram livres. Wynflæd ordenou que eles fossem libertados, para o benefício de sua alma; mas deixou para as filhas duas escravizadas altamente qualificadas, "uma tecelã e uma costureira"; uma cozinheira (provavelmente escravizada) foi deixada à neta Eadgifu, que também herdou dois baús, o melhor dossel de cama, a melhor túnica e manto, o antigo broche de filigrana e uma grande peça de tapeçaria.[5] Outros filhos receberiam uma "tenda vermelha", um vestido de pele de texugo, tapeçarias, roupa de cama e livros.[6]

Wynflæd não foi a única proprietária de terras abastada da Inglaterra anglo-saxônica. Na região de East Anglia e na cidade de Oxford, cerca de um em cada sete proprietários de terras era mulher, e 14% dos vassalos em terras reais eram mulheres.[7] O *Livro do Juízo Final* — um retrato da Inglaterra no momento da invasão de William da Normandia — lista 16.667 proprietários de terras homens e 479 mulheres.[8] Entre elas, estavam algumas extremamente ricas: Gytha Thorkelsdóttir, condessa de Wessex, mãe do rei Harold, possuía enormes propriedades no sul da Inglaterra, as quais se estendiam por onze condados modernos. A influente e rica esposa de Harold, Edith Swan Neck, também possuía vastos territórios. Duas das maiores proprietárias de terras de 1086 sequer foram nomeadas no *Livro do Juízo Final*: elas foram referidas como a *esposa* de Hugh, filho de Grip, e a *mãe* de Robert Malet.[9]

Uma mulher chamada Asa, pequena proprietária de terras em Yorkshire, consta dos registros do *Livro do Juízo Final* reivindicando suas propriedades após se separar do marido. O júri do caso seguiu a antiga lei anglo-saxônica: Asa venceu e manteve as propriedades em seu nome. Ela teve sorte de seu caso ter sido julgado sob a lei anglo-saxônica, já que as novas leis normandas determinariam que, na ausência de um acordo específico, nenhuma esposa poderia possuir terras ou mantê-las após o casamento. Pelos próximos oito séculos, nenhuma mulher poderia anular um casamento ou se divorciar sem a permissão dos tribunais clericais ou do Parlamento.

Outra vassala, a viúva Leofgeat, possuía 400 acres em Knook, no condado de Wiltshire, provavelmente um benefício recebido da corte real anglo-saxônica, onde fazia franjas douradas para adornar as vestes reais.[10] A viúva de Manassés, a cozinheira real, manteve as terras de seu dote em seu próprio nome.[11] Havia uma proprietária de terras e cervejeira de Chester e uma que era *jester* (boba da corte) ou poeta-musicista — Adelina — e possuía terras em Hampshire.[12] Uma costureira habilidosa, Æflgyd, foi paga em terras em Oakley, no condado de Buckinghamshire, por ensinar técnicas de bordado em ouro à filha do xerife Godric.[13]

O *Livro do Juízo Final* foi encomendado para informar os normandos sobre a situação das terras invadidas. De acordo com uma descrição da *Crônica anglo-saxônica*: "Depois disso o rei teve uma grande reunião e se informou com seu conselho sobre esta terra; como ela estava ocupada e por qual tipo de homens. Enviou seus homens por toda a Inglaterra, a cada condado; incumbindo-os de descobrir 'Qual era a extensão do condado, quais terras eram de propriedade do rei e quais eram os recursos presentes nas terras; ou quais impostos ele deveria receber anualmente do condado'".[14]

Todas as terras passaram a pertencer ao novo rei por direito de conquista e ele favoreceu seus principais assessores com doações. Quase nenhuma mulher manteve o direito à propriedade de terras. Em 1066, havia 25 mulheres proprietárias de terras registradas em Essex, mas apenas nove em 1086. Yorkshire registrou dezenove mulheres em 1066 e quatro em 1086. Suffolk registrou mais de cinquenta mulheres proprietárias em 1066, mas 43 delas desapareceram em apenas vinte anos. Os grandes proprietários de terras passaram a ser todos normandos e homens. William não concedeu terra a mulheres, exceto a algumas parentes e alguns conventos.[15]

As mulheres anglo-saxãs que se recusaram a aceitar o domínio normando perderam as terras. Edith Swan Neck, viúva do rei Harold Godwinson, perdeu o *dower*\* da propriedade feudal de Walsingham e o famoso santuário associado à propriedade. Gunnhildr, filha do próprio rei Harold, perdeu todas as suas terras e escondeu-se em um convento para escapar de um casamento forçado com um lorde normando.[16] Mulheres anglo-saxãs de classe baixa foram roubadas, agredidas e estupradas pelos soldados invasores. Embora William tivesse ordenado aos nobres que se "contivessem", a "Ordenança penitencial" determinava que os estupradores e fornicadores não deveriam pagar nada além de uma multa, e os vice-regentes

---

\* Um terço dos bens do marido concedidos à viúva. [N.T.]

de William — Odo de Bayeux e William FitzOsbern — protegiam seus homens quando eram acusados de pilhagem ou estupro. Mulheres inglesas eram raptadas e vendidas como escravizadas.[17]

Os quinze principais assessores de William receberam enormes propriedades para proteger em nome do novo rei. Eles, por sua vez, concederam terras aos próprios oficiais: 170 vassalos-chefes.[18] Levou apenas alguns anos para que a aristocracia anglo-saxônica fosse completamente substituída por uma elite normanda francófona que se protegeu tão bem que sobrevive até hoje.[19] Até os dias atuais, 70% das terras na Inglaterra são propriedade de 10% da população,[20] a maioria descendente dos invasores normandos.[21] A família Grosvenor, chefiada pelo duque de Westminster, descende do mestre-caçador de William da Normandia, Hugh le Grand Veneur, e é a família mais rica da Inglaterra depois da monarquia, possuindo cerca de 140 mil acres de terra na Grã-Bretanha, incluindo as valiosas regiões de Mayfair e Belgravia, em Londres.[22] Questionado sobre o segredo de seu sucesso, o finado duque disse que, sim, o fato de ter chegado com William, o Conquistador, ajudou.

Os anglo-saxões praticavam uma forma de monarquia eletiva — seu rei era escolhido por um parlamento de lordes —, mas William conquistou o trono em batalha e deixou-o para os filhos. Os nobres sob seu domínio seguiram seu exemplo: as terras passaram a ser deixadas para herdeiros homens, por mais distantes e incompetentes que fossem, ignorando todas as filhas. Os normandos levaram o patriarcado à Inglaterra, formalizaram-no nas leis e mantiveram as mulheres longe do trono por cinco séculos.

Uma das poucas mulheres que receberam terras foi a sobrinha de William, Judith. Ela recebeu propriedades como dote e casou-se com um nobre anglo-saxão derrotado: Waltheof, conde da Nortúmbria. A tentativa de mantê-lo vinculado aos invasores fracassou: Waltheof rebelou-se contra William na "revolta dos condes" e foi executado, fazendo de Judith uma viúva rica. Quando ela, em afronta ao rei William, recusou-se a casar com o próximo escolhido, ele lhe tomou as terras.

A mulher mais poderosa da Inglaterra, a rainha Matilda, esposa de William, era menos honrada do que as rainhas anglo-saxãs, ungidas com um óleo sagrado especial e coroadas em seu próprio direito. Matilda foi coroada apenas em 1068, quase dois anos depois de William, e não foi consagrada com óleo sagrado.[23] Mas ficou com o trabalho que o cargo exigia: seu marido deu-lhe vastas terras e honorários reais e o título de regente, contando com ela para governar o ducado da Normandia durante sua permanência na Inglaterra e para reger o país em suas ausências frequentes. As esposas dos nobres também dedicavam a vida à administração de terras e imóveis, trabalhadores, oficinas e comunidades que, então, eram herdados pelos homens da família. As esposas tornaram-se administradoras não remuneradas, vassalas vitalícias, mas não proprietárias.

A grande exigência de William à Inglaterra revelou-se ser dinheiro para bancar seu exército a fim de voltar à Normandia. Mas a Inglaterra que ele invadiu era uma economia de subsistência que fazia pouca utilização de moedas ou metais preciosos. Os bens produzidos localmente eram trocados em transações de permuta e escambo; as pessoas só usavam dinheiro para comprar objetos de luxo ou raridades que não podiam ser produzidos ou cultivados na região. William tentou estimular uma economia monetária, encorajando comerciantes judeus de Rouen a se estabelecer na Inglaterra a partir de 1070. Segundo as leis da Igreja contra a usura, os cristãos não tinham permissão para emprestar dinheiro e cobrar juros, um trabalho deixado ao povo judeu. Os judeus eram considerados profissionais confiáveis e éticos em suas transações financeiras, o que os levou a desempenhar um papel crucial na gestão de enormes dívidas públicas e privadas. Apesar de serem indispensáveis para as economias europeias, eram odiados por seus devedores. Em Londres, homens e mulheres judeus estabeleceram-se no distrito denominado "Old Jewry", perto da prefeitura e, no século XII, expandiram-se para outras cidades, especificamente protegidos pelo rei e livres para transitar pelas estradas, de modo que podiam viajar por todo o reino a trabalho.[24] No final do século, a população judaica da Inglaterra era inferior a 0,25%, mas contribuía com 8% dos impostos, enquanto o povo inglês encontrava-se profundamente endividado com agiotas judeus — um ressentimento que acabou semeando o antissemitismo.[25]

Após a invasão, todos tiveram que ganhar moedas para pagar os impostos. Essa mudança foi especialmente difícil para as mulheres que produziam alimentos para subsistência e trocavam os excedentes da produção por outros bens na comunidade. Como o dinheiro se tornara a única medida de valor, a produção doméstica das mulheres foi desvalorizada e o trabalho do lar deixou de ser reconhecido.

Uma dessas mulheres foi Juliana Strapnel, vassala que arrendou uma casa e um terreno na propriedade feudal de Ingatestone, em Essex, em 1275. Ela pagava a maior parte de seu arrendamento anual com sua mão de obra: o acordo era pagar com dois dias de arado, um dia e meio de capina e um dia e meio de gradeamento* dos campos de cultivo da propriedade. Ela precisava ajudar na produção de feno e colher 1 acre na época da colheita. Três vezes por ano, ela tinha de trabalhar em projetos para a propriedade feudal — como ajudar a reparar estradas ou abrir valas — e participar da coleta de nozes no outono.[26] Além disso, trabalhava para si mesma: arando, semeando, capinando e colhendo os próprios cultivos, preparando para o consumo e cozinhando os próprios alimentos, criando os próprios animais, coletando lenha, cortando turfa** e coletando os restos da colheita. Ela

---

* O gradeamento é uma prática para nivelar o solo e cobrir as sementes após a semeadura. [N.T.]
** Um tipo de material orgânico que se forma em áreas úmidas e pantanosas e que, por ser inflamável, pode ser utilizado como fonte combustível. [N.T.]

provavelmente preparava a própria cerveja e assava pão e tortas no forno comunitário do vilarejo. Era autossuficiente, altamente produtiva e trocava sua produção pelo que precisava. Os novos impostos transformaram essa economia. Juliana foi obrigada a ganhar dinheiro, abandonando o escambo e passando a vender seu excedente de alimentos no mercado, trabalhando por dinheiro para um fabricante, para um tecelão ou outro empregador.

William I manteve para si um quinto de todas as terras da Inglaterra, como propriedade real, e decretou novas leis a fim de preservar vastas áreas para a caça real, que chegavam a um terço do sul da Inglaterra. A chamada "lei florestal" tornou-se uma das consequências mais odiadas da invasão, pois baniu homens e mulheres das terras que até então garantiam seu sustento. *The Rime of King William*,[*] escrito em 1087, provavelmente por um clérigo anglo-saxão, descreve a lei florestal como um dos piores pecados do rei, perdendo apenas para a tributação:

>Castelos mandou erguer
>E aos pobres opressão severa impôs.
>O rei, austero, fez valer seu poder,
>Tomando das mãos de seus súditos
>Incontáveis marcos de ouro e
>Centenas de libras de prata cunhada...
>
>... Transformou bosques em reservas de cervos
>Leis rígidas promulgou para sua proteção.
>Quem ousasse uma corça caçar,
>Seria privado da luz, cego a tropeçar.
>
>Os nobres se queixaram, voz de desalento,
>Os pobres lamentaram, triste tormento;
>Mas tão severo era, a todos os apelos indiferente,
>Desprezou as súplicas e as necessidades de toda gente.
>
>Mas, acima de tudo, deveriam trilhar
>A vontade do rei, sem vacilar,
>Se quisessem viver ou a terra manter,
>Deveriam, sem hesitar, ao monarca obedecer...[27]

---

[*] Poema épico composto em inglês antigo sobre a morte de William, o Conquistador. [N.T.]

Essa apropriação de terras tomou milhares de acres dos proprietários anteriores e de "terras comuns" de uso comunitário e fez delas uma reserva privada do rei. A lei de reservas florestais em vigor nessas vastas áreas da Inglaterra era determinada pela vontade do monarca invasor. Nesses territórios, não havia outras leis ou tribunais que tivessem autoridade. Os reis anglo-saxões caçavam por alimento e por esporte, mas nunca criaram reservas florestais para seu uso exclusivo nem baniram a população das terras. Para as mulheres, que se especializavam na colheita e na coleta, o campo ao redor de seus vilarejos oferecia uma fonte gratuita de frutos silvestres, ervas, nozes e cogumelos, lenha, turfa e pastagens. Elas pescavam em rios e riachos, colhiam junco para fazer cestos e forrar o chão. Capturavam aves selvagens e de caça, coletavam ovos e instalavam colmeias em prados e charnecas. No litoral, produziam sal, pescavam e coletavam caranguejos, lagostas e mariscos. As mulheres medievais viviam da terra que as cercava, algumas denominadas "terras comuns", nas quais todos compartilhavam os direitos de pastoreio e colheita, outras chamadas de "terras não cultivadas" (*waste*), onde qualquer pessoa podia construir um abrigo e fixar residência. Para as mulheres, cuja principal ocupação era a produção de alimentos, o campo era ao mesmo tempo um lar e uma despensa.

Mas, no final dos anos 1100, cerca de um quarto da Inglaterra havia sido fechado ao povo inglês: um terço de todo o sul da Inglaterra bem como a totalidade dos condados de Essex e Huntingdonshire. A resistência foi frequente, talvez diária, contra a lei de reservas florestais, e a oposição à expansão das reservas de caça resultou na Carta Florestal de 1217, que restaurou alguns direitos à população e restringiu a expansão das terras protegidas. A caça ilegal e a invasão das reservas eram documentadas, processadas e passíveis de punição com morte e multas, mas as mulheres e crianças que realizavam diariamente pequenas incursões e furtos raramente eram pegas ou punidas. O enfrentamento das mulheres à lei de reservas florestais tornou-se uma resistência civil que se repetiria nos séculos seguintes, numa defesa de seus direitos, suas comunidades, sua fonte de alimentação, seus mercados e tradições.

Um desses atos ocorreu no fim dos anos 1100 em uma abadia de Suffolk, onde o cronista que documentou o evento, Jocelin de Brakelond, fez uma rara menção a mulheres que foram ao auxílio de um aldeão que estava com o aluguel atrasado. Quando o responsável pela despensa da abadia chegou para cobrar o aluguel, em dinheiro ou em bens e alimentos, de um vassalo nas proximidades de Bury St. Edmunds, ele e seus homens foram atacados por "velhas brandindo panelas, ameaçando-os e batendo neles".[28] As mulheres do vilarejo venceram a batalha e repeliram os oficiais de justiça, e o aldeão conseguiu manter seus equipamentos por mais um tempo.

Os normandos defenderam suas terras construindo castelos: mais de 535 deles foram erigidos às pressas no período de trinta anos após a invasão por um patriarcado que sabia que só conseguiria manter o novo território pela força. A população se armou para opor-se aos invasores normandos, e o poeta medieval Baudri de Borgeuil descreveu a resistência inglesa: "Em um esforço patético de defesa, uma legião de garotas, velhos e meninos nada beligerantes cercam as muralhas da cidade munidos de qualquer coisa que conseguem encontrar".[29]

Outras rebeliões foram lideradas por mulheres anglo-saxãs. Gytha, mãe do finado rei Harold, organizou uma revolta em Exeter antes de levar um grupo de mulheres a um exílio voluntário para escapar dos novos governantes.[30] Houve revoltas nas fronteiras galesas a partir de 1067 e, um ano depois, no norte da Inglaterra, onde um exército de novecentos normandos foi massacrado. A resistência levaria ao "Assalto ao Norte" por William, que devastou Yorkshire, causando fome e uma grande redução da população na região, e provocou, no leste da Inglaterra, uma guerra de guerrilha liderada pelo rebelde anglo-saxão Hereward, o Vigilante, em 1070.

Em 1075, Emma de Guader (1059-1099) rebelou-se contra William I, casou-se com o homem de sua escolha, Ralph, conde de East Anglia, e recrutou o irmão e o marido para combater o governo de William na "revolta dos condes". Quando a rebelião fracassou e seu marido fugiu, Emma — que tinha apenas 16 anos — resistiu ao rei, mantendo o castelo de Norwich, que pertencia aos normandos, por três meses. A resistência forçou o monarca a uma trégua, garantindo a Emma e suas tropas passagem segura para a Bretanha, onde seu marido a esperava. Ela morreu viajando com ele na Primeira Cruzada.

Outro líder da revolta, o anglo-saxão Waltheof, conde da Nortúmbria, tornou-se uma inspiração para a desobediência feminina quando as freiras da Abadia de Romsey o declararam um santo, e sua execução por William, um martírio. A abadessa Athelitz proclamou que seu túmulo era fonte de milagres, o que levou o arcebispo Anselmo a escrever-lhe ordenando seu silêncio, mas sem sucesso. Ele teve de ameaçar suspender o direito da Abadia de Romsey de celebrar a missa para que a abadessa Athelitz finalmente se curvasse à autoridade normanda, encerrasse a veneração e pedisse ao filho de Waltheof que deixasse o vilarejo de Romsey.[31]

# A vida no campo

A Inglaterra era um país rural com uma pequena população de cerca de 1,5 milhão de pessoas que falavam línguas escandinavas, diferentes dialetos do inglês e, da noite para o dia, cerca de seis mil invasores normandos chegaram falando francês antigo. A maior parte do país permaneceu desocupada, chamada de *waste*: planícies costeiras, terras alagáveis ou charnecas, montanhas, pântanos e florestas. Pequenos vilarejos com construções de madeira aninhavam-se ao redor das antigas casas senhoriais de pedra ou em torno dos novos castelos, onde viviam os ex-comandantes militares. Extensões de terras comuns, cultivadas pelas famílias, desapareciam em charnecas, pântanos ou florestas, onde alcateias e varas perambulavam e carvoeiros — em geral, mulheres — montavam pequenos acampamentos. Vastas áreas eram desconhecidas de todos, exceto das poucas famílias pobres que viviam em casebres às suas margens ou dos errantes ou bandidos que as usavam como esconderijos e pontos de encontro. As terras mais altas eram usadas como pasto para rebanhos de ovelhas ou permaneciam charnecas selvagens e desoladas, não mapeadas e intocadas, exceto pelas ocasionais minas ou pedreiras exploradas pelas famílias, com maridos, esposas e filhos cavando lado a lado. O clima era frio e úmido graças a uma "pequena era glacial" ocorrida nas últimas décadas dos anos 1200. Viajantes precisavam de um guia para levá-los de um vilarejo a outro, e a maioria dos pobres nunca saía de seu vilarejo, exceto para ir ao mercado mais próximo. Acontecia de as pessoas se afogarem tentando cruzar um rio ou até nas poças profundas que se abriam nas antigas estradas romanas, construídas séculos antes. Mas as rotas de peregrinação ligavam uma abadia a outra, faróis de hospitalidade, cultura e riqueza, muitas vezes administradas por mulheres da elite, que ofereciam cuidados de saúde, educação e uma cama para passar a noite. As estalagens e tabernas das movimentadas e animadas cidades mercantis, dirigidas por mulheres que fabricavam cerveja e assavam pães, fervilhavam de pessoas de ambos os sexos que as visitavam durante o dia ou que faziam a peregrinação aos santuários sagrados abrigados em igrejas, mosteiros, abadias mistas e conventos exclusivos para mulheres — lugares únicos no sentido de que neles as mulheres tinham o direito de deter poder, administrar as finanças, estudar e ter uma vida independente dos homens.

## Abadias e conventos

As únicas mulheres anglo-saxônicas que mantiveram sua riqueza e poder durante a Conquista foram as dos conventos e abadias. Para comprar apoio à invasão, William I doou um quarto de todas as terras produtivas à Igreja e a prosperidade das casas religiosas também se estendeu ao grupo de elite de mulheres que as administravam. Elas não estavam sujeitas à autoridade de nenhum homem da Inglaterra e reportavam diretamente ao papa em Roma, detendo um *status* equivalente ao de um bispo ou lorde. Elas criaram as grandes casas religiosas de Wilton, Romsey, Barking, Shaftesbury, St. Mary's Winchester e Wherwell, que eram famosas por sua riqueza, propriedades, cultura e prosperidade.[32]

Após a invasão, houve um aumento significativo no número de mulheres que buscavam refúgio na segurança dos conventos. Sete ou oito novas casas para mulheres foram fundadas depois de 1066. No século seguinte, o novo culto a Maria, Mãe de Deus, inspirou outras cem novas casas, oferecendo refúgio para três mil mulheres.[33] Em 1096, em Huntington, Theodora fugiu de casa, disfarçada de homem, antes que seus pais pudessem forçá-la a um casamento arranjado. Quando se viu em segurança, ela abandonou o disfarce, tornou-se uma anacoreta — uma eremita — e fez votos religiosos.

No século XII, a nova doutrina do purgatório — a crença de que as almas pecadoras devem esperar em desconforto antes de ascender ao céu — criou um novo negócio para as mulheres enclausuradas. Os patronos que desejavam um caminho rápido para o céu deixavam ricas doações em seus testamentos para comprar missas a serem cantadas pelos coros da capela, o que criou uma nova fonte de renda e novas carreiras para freiras musicistas.

Sob o domínio normando, as abadessas inglesas acumularam riqueza, poder e *status*, e algumas chegaram a se tornar conselheiras da nova corte real. Na Inglaterra, como na Europa, as abadessas provinham de famílias da classe alta e transitavam com facilidade na igreja e na corte. A abadessa Jean de Valois foi autorizada pelo próprio papa a deixar temporariamente suas funções na Abadia de Fontenelle para intermediar a negociação de um acordo de paz entre seu genro Edward III da Inglaterra e seu irmão Filipe VI da França. A madre superiora Hildegarda de Bingen aconselhou quatro papas, dois imperadores e vários reis e rainhas. Rainhas faziam doações a conventos e podiam estabelecer residência em um deles; as filhas mais novas da realeza podiam tornar-se freiras. A jovem Matilda, que se casaria com Henry I, revelou-se uma postulante indisciplinada em Romsey, tirando o véu preto e pisoteando-o. Mas, quando foi coroada rainha, escolheu suas damas de companhia entre suas amigas do convento e, após sua morte, elas retornaram à vida religiosa no convento de Kilburn.[34]

Os conventos acumulavam riqueza e influência, cobrando altas taxas das noviças; chegavam a exigir o dote integral de uma moça de origem nobre. Essa se tornou uma maneira tão eficaz de arrecadar fundos que, em 1257, foi considerada um abuso pelo conselho geral da Igreja. Muitas das freiras mais experientes eram administradoras brilhantes: gerenciavam funcionários, supervisionavam a produção e a manutenção de numerosos hectares de terra e administravam um enorme convento como um grande negócio. Toda uma classe de mulheres contabilistas e administradoras profissionais atuou como prioresas, subprioresas e tesoureiras. As líderes do coro organizavam a complexa música dos serviços religiosos, enquanto a sacristã cuidava dos paramentos litúrgicos e objetos sagrados utilizados nas celebrações e a *fratress* se encarregava de preparar as mesas para as refeições, incluindo utensílios, toalhas de mesa e guardanapos. Uma *almoner* cuidava das doações ao convento ou abadia e das finanças gerais; uma camareira cuidava das camas e dos lençóis; uma *cellarer* supervisionava o abastecimento de alimentos e muitas vezes administrava a fazenda local; uma cozinheira supervisionava o trabalho da cozinha; uma enfermeira-chefe administrava o hospital, onde freiras trabalhavam como cirurgiãs, médicas e enfermeiras, diagnosticando, prescrevendo e tratando enfermos de ambos os sexos. Uma mestra de noviças supervisionava e ensinava as iniciantes; estudiosas copiavam, traduziam e escreviam livros; e artistas ilustravam e ornamentavam manuscritos, esculpiam esculturas e pintavam murais. Os edifícios eram enormes mansões, quase palácios, e as terras eram extensas.

Algumas mulheres enclausuradas tornaram-se estudiosas, musicistas, teólogas, místicas, filósofas ou santas famosas. Euphemia (?1100-1257), a abadessa de Wherwell em Hampshire, foi arquiteta, construtora e paisagista. Eleita para o cargo após a morte da abadessa anterior, sua tia, Euphemia dobrou o recrutamento da abadia de quarenta para oitenta freiras. Ela construiu um moinho e um salão, reconstruiu duas casas senhoriais em Middleton e Tufton, planejou e construiu uma propriedade rural, um hospital, um dormitório e latrinas com um sistema de esgoto completo. Quando a antiga torre do sino da abadia desabou, ela concebeu uma nova, e projetou e construiu um novo santuário com fundações de 3,6 metros de profundidade. Também criou um jardim paisagístico com uma área para meditação. Tudo isso antes da invenção da profissão de arquiteto e sem qualquer formação teórica disponível.

Antes do advento da prensa tipográfica com tipos móveis, os conventos foram centros de pesquisa e escrita, de cópia, ilustração, produção e publicação e manutenção de livros em suas grandes bibliotecas. Eram locais de instrução para meninas, nos quais noviças e alunas eram ensinadas a ler, escrever e, em alguns casos, aprendiam matemática, música e línguas. Os conventos tornaram-se escolas tão eficazes que as primeiras instruções escritas para as mulheres eremitas lhes proibiam a distração do ensino e lhes ordenavam que estudassem sozinhas. O isolamento e a solidão tornaram-se uma especialidade feminina após a invasão normanda, e a primeira instrução a todos os eremitas, emitida por Elredo de Rievaulx, foi dirigida exclusivamente às mulheres.[35] Mais mulheres do que homens viviam como eremitas na Inglaterra desde 1100, até a Reforma da Igreja descontinuar a prática.[36] Julian de Norwich foi uma delas.

Algumas mulheres fora da Igreja optaram por viver e trabalhar juntas em comunidades chamadas beguinarias, por vezes seguindo a programação do convento, mas sem fazer votos religiosos nem se submeter ao controle da Igreja. A Maison Dieu em York, no século XIV, pode ter sido uma dessas comunidades — mais parecida com uma comuna espiritual feminina do que com um convento.[37] Algumas viúvas optavam por tornar-se *vowesses*, isto é, faziam voto de celibato após a morte do marido e seguiam os horários de um convento; algumas chegavam a separar-se do marido vivo e passavam a gerir sua família secular de acordo com os horários e os votos do convento.

Algumas mulheres estavam preparadas para morrer por sua fé: em 1285, oito mulheres e 55 homens foram queimados vivos por heresia contra a Igreja Católica Romana, em Yorkshire.[38] Nem todas as mulheres enclausuradas eram tão comprometidas: algumas postulantes eram entregues à Igreja como um ato de ação de graças por parte da família ou para evitar os custos de criar uma filha; é provável que essas meninas tenham sido recrutadas contra a vontade. Freiras fugiam dos conventos, e as vítimas de alguns estupros e raptos documentados foram freiras que tentaram fugir com a ajuda de um amigo ou amante. Agnes Sheen, uma freira do convento de Godstow, foi considerada raptada em 1290, mas um inquérito revelou que ela fugira, e não que fora levada contra a vontade.[39] Outra freira insatisfeita, Agnes de Flixthorpe, fugiu de sua casa religiosa em Stamford e escondeu-se em Nottingham. Ela estava vestida de homem quando foi capturada em 1309. O convento acorrentou-a e puniu-a por cinco anos, até que ela os convenceu de seu arrependimento em 1314... quando voltou a fugir. Dessa vez, não foi capturada.[40] Outra freira, Joan de Leeds, fingiu a própria morte para fugir de seu convento beneditino em St. Clement's, York, para a cidade de Beverley. O arcebispo de York, William Melton, escreveu ao administrador de Beverley, em 1318, dizendo-lhe para "avisar Joan que ela deveria voltar para seu lar". Ele reclamou que Joan convencera suas amigas a ajudá-la a fazer um boneco para se passar por seu cadáver e ser enterrado em solo consagrado. Segundo o arcebispo, ela "perverteu com arrogância o caminho da vida e desviou-se ao caminho da luxúria carnal, afastando-se dos votos de pobreza e da obediência. Tendo quebrado os votos e descartado o hábito religioso, ela vagueia sem restrições em direção ao notório perigo para sua alma e ao escândalo de toda sua ordem".[41] Mas o arcebispo não ordenou ao administrador da cidade que prendesse Joan e a mandasse de volta ao convento; ele optou por apenas repreendê-la. Talvez os dois homens acreditassem que seria mais fácil repreender do que capturar uma mulher determinada a ser livre.

## A vida nas cidades

Havia apenas dezoito cidades na Inglaterra em 1066, sem qualquer planejamento urbano. Eram compostas de casas desordenadas com grandes quintais, áreas para secagem de roupas, espaços de pastagem para animais, pomares, hortas, além de mercados e terras de caça. Tal qual nas terras agrícolas circundantes, a criação de animais e o cultivo de alimentos eram cruciais. A população do campo trazia seus produtos para vender nas feiras diárias ou semanais, conduzindo os animais por longas distâncias em estradas de tropeiros até os mercados urbanos e matadouros. As mulheres empreendedoras urbanas saíam para o campo levando matérias-primas às mulheres que trabalhavam em casa: têxteis para fiação, tecelagem ou acabamento; tecido para alfaiataria; couro para fazer selas e sapatos; metais para ferragem e ourivesaria.

A maioria das pessoas nascia nas zonas rurais e muitas regressavam para lá, especialmente as jovens mulheres que passavam alguns anos na cidade trabalhando em alguma casa de família antes de voltar a seu vilarejo para se casar, assumir uma parte nos negócios familiares, herdar terras e direitos da família ou um acordo de vassalagem. A vida na cidade e a vida no campo se mesclavam: todas as mulheres do campo iam ao mercado e as mulheres da cidade iam ao campo para trabalhos sazonais durante a colheita e a produção de feno.[42] Apesar do trabalho árduo de vassalos como Juliana Strapnel, acontecia de as pessoas chegarem à pobreza extrema: na Grande Fome de 1315-1318, cerca de 10% da população morreu de fome.[43]

Os vilarejos ofereciam às pessoas oportunidades econômicas e liberdade das regras estritas do senhor feudal. Um vilarejo como Lewes, no condado de Sussex, era um verdadeiro ímã para moças do campo: em 1378, havia mais mulheres do que homens.[44] Os vilarejos apresentavam oportunidades de trabalho tanto para mulheres quanto para homens: Stratford-upon-Avon listava sessenta ocupações diferentes reconhecidas, e Bristol, mais de cem.[45] Por volta de 1300 havia pelo menos trinta vilarejos, grandes e pequenos, na Inglaterra, cada um com uma igreja de bom tamanho, uma feira regular e edifícios de pedra. A maioria dos assentamentos se formou originalmente em torno de um castelo e estendeu-se para além das antigas muralhas defensivas, nas proximidades dos portões, que ainda podiam ser fechados ao pôr do sol, todos os dias.

Com o crescimento e a prosperidade dos vilarejos ao longo do século, eles se tornaram cada vez mais independentes do senhor normando local e de seu castelo. Solicitavam cartas reais, permitindo-lhes ser autogovernados: com a eleição de um prefeito, vereadores e oficiais de justiça para fazer cumprir as regras relativas ao comportamento público, segurança e higiene, e para representar os interesses cívicos perante visitantes importantes ou em disputas com a Igreja ou vizinhos. Uma vez conquistada a independência, os vilarejos a protegiam com ferocidade, seguindo o próprio estatuto e contestando as exigências do senhor, da Igreja ou do rei.[46] Aumentavam os impostos locais para pagar os poucos serviços urbanos, como os prestados por varredores de rua, vigilantes e guardas — empregos cívicos que foram abertos às mulheres.

A vida nas áreas urbanas revelou-se tão insalubre, especialmente para mulheres e crianças, que os vilarejos tinham de ser repovoados com pessoas do campo, sobretudo nos períodos de peste ou epidemias. Os ricos sofriam com a sujeira e as doenças quase tanto quanto os pobres: uma nobre em um castelo usava uma latrina que era um fosso, raramente limpo; as casas das mulheres dos vilarejos tinham um buraco cavado para o descarte de resíduos que apenas ocasionalmente era esvaziado; e os pobres usavam um monte de esterco ou defecavam nas ruas lamacentas, que já eram imundas devido às fezes de animais. As pessoas retiravam água dos rios, da bomba ou de poços comunitários, todos contaminados por resíduos domésticos despejados nos cursos d'água e pela poluição de indústrias como as de couro, têxteis e metalúrgicas. Desconhecendo o processo de disseminação de doenças, havia pouco interesse na limpeza e na higiene, exceto como uma forma de luxo.

Pequenas indústrias manufatureiras se multiplicavam ao lado de áreas residenciais. As indústrias de couro, com seus corantes tóxicos e o cheiro repugnante das peles recém-esfoladas, eram abertas às margens de riachos e rios, e as mulheres trabalhavam nesses ambientes insalubres, como faziam em qualquer outro lugar: Petronilla Ballew foi uma curtidora de Shrewsbury no início de 1300.[47] Fundições e metalúrgicas se localizavam em áreas próprias, com alto risco de incêndio, e as mulheres trabalhavam com metal: forjavam peças pesadas, como arados, peças especializadas, como armaduras, e objetos delicados, como joias.

As guildas tornaram-se as organizações mais importantes dos vilarejos, alocando aprendizes e mestres, admitindo homens e mulheres como membros, estabelecendo e mantendo padrões, excluindo "estrangeiros" (inclusive artesãos de cidades próximas) e ajudando os membros em dificuldade. Organizavam celebrações, dias festivos e santos e, às vezes, realizavam eventos para a população. A Guilda dos Alfaiates de Lincoln demonstrava seu cuidado com os membros, tanto homens quanto mulheres, prometendo-lhes pagar uma espécie de seguro pós-vida por qualquer irmão ou irmã falecido, em suas fronteiras ou não.[48] Pessoas que não pertenciam à respectiva guilda não poderiam montar uma oficina ou abrir um negócio. As mulheres podiam participar delas, mas, geralmente, não eram integrantes oficiais, embora poucos ofícios não tivessem mulheres como "mestras" ou sócias. Em geral, um homem só ingressava em uma guilda depois de concluir seu treinamento prático como aprendiz de um mestre e se casar, para poder abrir uma oficina em que teria uma esposa trabalhadora como sócia plena.

Algumas guildas só admitiam mulheres que fossem parentes de membros do sexo masculino, como a London Girdlers, que decidiu, em 1344, que os membros só poderiam empregar mulheres da família.[49] As integrantes do sexo feminino podiam reivindicar o *status* de cidadã e o direito de liberdade de uma cidade,* o que, apesar de impor a obrigação de pagar impostos locais, dava o direito de voto para eleger oficiais. Outras mulheres podiam reivindicar o direito de liberdade de uma cidade em duas situações específicas: se fossem independentemente ricas ou se herdassem o *status* de cidadã do marido após a morte dele. Algumas cidades, cientes de que precisavam de uma força de trabalho feminina, atraíam mulheres

---

* O "direito de liberdade" de uma cidade se refere a privilégios ou prerrogativas especiais concedidas a determinados residentes. [N.T.]

com a oferta do *status* de "residente livre" ou "cidadã" com direitos legais, qualquer que fosse o *status* original da mulher. As mulheres eram valorizadas por sua capacidade de ganhar dinheiro e, em muitas cidades, até uma mulher pobre que tivesse fugido de casa ou de seu senhor feudal recebia o *status* de "residente livre" se demonstrasse que se sustentara sozinha na cidade pelo período de um ano e um dia. Essas mulheres — trabalhando por conta própria e ganhando o próprio dinheiro — costumavam optar por adiar o casamento, e algumas nunca se casavam, criando um grupo tão numeroso e tão distinto que os historiadores as classificaram de *singlewomen* (mulheres solteiras).[50]

## Londres

Antes de 1066, a capital da Inglaterra era Winchester. Era o centro administrativo da corte real, a qual se deslocava sazonalmente entre castelos e palácios ao redor do país. Em 1200, os documentos reais foram transferidos para uma residência permanente no palácio de Westminster, então uma pequena cidade fora da muralha de Londres. Westminster e Londres cresceram lado a lado: Londres como o centro comercial, e Westminster como a sede da corte real e do governo. Em 1100, a população de todas as paróquias de Londres era de pouco mais de quinze mil. Em 1300, já era de cerca de oitenta mil.

Havia uma demanda constante por mulheres para trabalhar em casas de família em todas as cidades, especialmente em Londres, onde eram necessárias muitas criadas para administrar e manter as grandes casas urbanas e seus jardins, que incluíam áreas para criação de gado, galinhas ou porcos. As criadas também trabalhavam nos negócios estabelecidos nas residências — manufatura, varejo, serviços de alimentação e artesanato —, e havia pouca distinção entre o trabalho para a família e a produção destinada à venda.

As mulheres dominavam muitos negócios em Londres: o comércio têxtil era quase inteiramente administrado por elas e, no início de 1400, a Guilda dos Cervejeiros de Londres tinha 39 mulheres como membras.[51] Elas eram a maioria no comércio varejista, especialmente de bens de segunda mão, oferta de pequenos empréstimos financeiros e no negócio de penhor a crédito ou dinheiro: Mariotta Convers foi uma penhorista de sucesso em Londres no século XIV.[52]

A londrina Emma Hatfield herdou e administrou o próprio negócio de fabricação e comércio de velas. Goda le Gablere foi uma agiota de Londres que fazia empréstimos para comerciantes e transportadores navais nos anos 1200.[53] Ela confessou o crime de ser uma cristã envolvida no pecado da usura, arrependeu-se e viveu o resto da vida como freira.[54] Sem ofícios vedados às mulheres, o envolvimento ativo delas em diversas atividades econômicas ajudou a impulsionar a prosperidade de Londres.⁵⁵ Mulheres que eram associadas ao marido em um ofício e, depois da morte dele, casavam-se com um colega membro da guilda, consolidavam dois negócios de sucesso, unificando o capital e usando sua experiência administrativa. Algumas viúvas uniam forças e abriam vários negócios ao longo da vida, utilizando a herança do marido para reinvestir no negócio. Muitas mestras viúvas casavam-se com aprendizes, dando continuidade ao negócio e resolvendo o problema da sucessão.

As meninas podiam ser aprendizes de ofícios do mesmo modo que os meninos, trabalhando em empregos qualificados e bem remunerados e conquistando um lugar na guilda ao se formar. Em 1276, Marion de Lymeseye foi uma aprendiz de Roger Oriel em seu negócio de criação de rosários para orações católicas romanas.⁵⁶

Muitas paróquias de Londres tinham a própria guilda local, uma associação de paroquianos prósperos que atuava como uma instituição de ajuda mútua, cuidando das necessidades dos membros da comunidade e exercendo algum grau de controle social sobre comportamentos e práticas locais. A participação na guilda local era aberta a qualquer mestre — homem ou mulher — de sucesso na paróquia, independentemente de seu ofício. A guilda da Santíssima Trindade em St. Botolph's, nas proximidades de Aldersgate, listava 274 membras mulheres e 530 homens no final do século XIV.⁵⁷ As mulheres tinham participação igualitária na guilda paroquial de St. James, Garlickhithe, em Londres, e pagavam a quantia substancial de 20 denários* cada pelo banquete anual obrigatório — o que equivalia a cerca de quatro ou cinco dias de salário para um trabalhador qualificado —, sugerindo que as mulheres trabalhavam em período integral, como artesãs qualificadas, e recebiam o valor total.⁵⁸ Algumas guildas paroquiais forneciam dotes a jovens mulheres mais pobres, para que se casassem ou entrassem em um convento. Os peregrinos também formavam guildas, bem como os devotos de alguns santos e adoradores de certas igrejas, e algumas pessoas aderiam a uma guilda para custear as despesas funerárias.⁵⁹

## O *status* das mulheres

Todas as mulheres inglesas viviam em uma sociedade que aceitava, sem questionar, as crenças dos antigos gregos e os ensinamentos dos padres da Igreja: as mulheres eram "naturalmente" inferiores aos homens, física, mental e espiritualmente.⁶⁰

---

* Uma moeda de prata medieval que remonta ao Império Romano. [N.T.]

Os normandos invasores consagraram em lei essas crenças. Toda mulher vivia sob o nome de seu pai. Ao casar-se, tornava-se uma *femme couvert* — tudo o que já possuía ou ganharia no futuro passava a ser propriedade do marido. Os filhos que ela gerava eram do marido, e apenas dele. Ela não tinha uma existência legal oficial, e presumia-se que agia sob a direção do marido. Se ela fosse raptada ou estuprada, o crime seria considerado contra seu pai ou seu marido, que deveria ser indenizado pelos danos causados a sua propriedade.

Como sempre, as mulheres logo encontraram maneiras de se beneficiar de sua opressão. Se uma mulher não tinha presença legal, poderia contrair dívidas, deixando-as para ser pagas pelo marido ou pai, que seria processado — não ela. Ele também poderia ser responsabilizado pelo comportamento criminoso dela, como a participação em protestos públicos. Essa questão da rebelião feminina passou a gerar cada vez mais dificuldades para os tribunais — durante sete séculos após a invasão normanda, os juízes temeram que as mulheres acreditassem que eram livres para se revoltar e se aterrorizaram com a possibilidade de elas estarem certas.

As mulheres aceitavam o dogma da inferioridade, mas viviam como pessoas saudáveis, fortes, inteligentes, espirituais e sexuais. Elas cresceram ouvindo, e algumas podem ter acreditado, que eram inferiores aos homens; porém muitas viviam como iguais, ignorando as leis, abrindo o próprio negócio, ganhando e mantendo a própria fortuna, deixando dinheiro e terras aos herdeiros de sua escolha — muitas vezes, familiares do sexo feminino. Elas também se divertiam e trabalhavam lado a lado com os homens, dançando, jogando dados, xadrez e outros jogos, como testemunha o romance do século XII *Ipomydon*:

> Após o banquete, como vos relato,
> Senhores e damas partiram ao recreio;
> Alguns às mesas, outros ao xadrez,
> Com outros jogos, pouco ou muito, a seu desejo.[61]

Em 1276, em London Eyre, uma partida de xadrez tornou-se violenta: "David de Bristoll e Juliana, esposa de Richard le Cordwaner, jogavam xadrez na casa de Richard na presença de várias pessoas; surgindo uma altercação entre eles, David golpeou Juliana na coxa com uma espada, levando-a à morte imediata".[62]

No jogo de xadrez, a rainha era uma peça de autoridade, essencial para a sobrevivência do rei — cuja morte marcava a derrota e o fim do jogo. Mas ela ainda não era capaz de se mover em todas as direções; só podia se mover diagonalmente por uma casa de cada vez, até por volta de 1300, quando foi autorizada a mover-se duas casas em seu primeiro movimento e tornou-se uma das peças-chave para a vitória.[63]

Algumas mulheres casavam-se tarde, ou nunca, e essas mulheres solteiras não deviam lealdade a homem algum, podiam administrar suas próprias finanças e a própria vida.[64] Para lidar com mulheres como essas, a lei feudal teve de criar uma categoria conhecida como *femme sole* — mulher sozinha. Essa mulher poderia ser uma vassala em seu próprio nome, administrar um negócio, tomar empréstimo, emprestar e até ganhar o *status* de "homem livre", em condições iguais às dos homens. Muitas viúvas também se declaravam *femmes sole* e até mulheres casadas podiam reivindicar o *status* se o marido permitisse. Alguns vilarejos insistiam em dar às comerciantes o *status* de *femme sole* para evitar que se escondessem detrás do nome do marido, esquivando-se do pagamento de impostos e de suas responsabilidades cívicas.

As nobres normandas assumiam o *status* do marido — chegando, muitas vezes, a substituí-lo. Algumas rainhas assumiam plenos poderes de regência na ausência do rei: a esposa de William I, Matilda, assumiu grande parte do trabalho, governando em sua ausência como duquesa nas terras normandas e como rainha regente na Inglaterra, onde foi a primeira mulher consorte a ser nomeada "Rainha da Inglaterra". Estabeleceu-se como uma governante ativa em ambos os territórios, viajando entre os dois países para fazer cumprir seu governo e, como documentado no *Livro do Juízo Final*, atuando como juíza em casos legais e concedendo cartas de autorização.[65]

A esposa de seu filho, a rainha Edith Matilda (1080-1118), atuou como regente durante as frequentes ausências de Henry I da Inglaterra, lançando um programa de construção de igrejas e assinando leis e tratados em seu próprio nome. A filha deles, a imperatriz Matilda, invadiria a Inglaterra à frente de seu próprio exército contra o usurpador do trono inglês, seu primo Stephen.[66] Eleanor da Aquitânia (1122-1204), famosa por sua independência, liberdade sexual e comportamento não convencional, atuou como regente durante a ausência de Henry II e, já idosa, serviu como regente de seu filho Richard I, negociando sua libertação quando ele foi capturado ao retornar da Terceira Cruzada, em 1190.[67] Isabella, rainha consorte de Edward II, planejou e executou uma invasão da Inglaterra em 1326, depôs seu marido, o rei, e governou como regente em nome de seu filho Edward III.[68]

A maioria das grandes propriedades normandas, doadas aos nobres normandos pelo rei em troca de lealdade, foi administrada pelas esposas e, após a morte dos maridos, pelas viúvas. Aos poucos, as mulheres foram assumindo posições de poder. Essas mulheres empregavam centenas de trabalhadores, cultivando milhares de hectares e administrando muitas casas — incluindo castelos e palácios. Essas mulheres da classe alta comportavam-se como lordes, representando o marido ausente ou o filho menor de idade na administração das terras e no tribunal senhorial, por vezes obtendo rendimentos, algumas fazendo fortuna e deixando riquezas e bens aos herdeiros de sua escolha. A autoridade das mulheres era tão normal que raramente virava tema de comentários.[69] Enquanto os nobres representavam a família na corte real e no mundo político, competindo com outros grandes homens, convocados pelo rei para servir no exército ou chamados pela Igreja para uma cruzada, suas esposas governavam as casas e terras, davam ordens aos criados, administravam os trabalhadores, comandavam os camponeses, atuavam como juízas nos tribunais senhoriais e recrutavam e até lideravam forças de combate. Com a morte do nobre, sua viúva administrava a propriedade em nome do filho menor de idade — como Margaret de Lacy, mais tarde Margaret de Quincy, no século XIII, a condessa de Lincoln, que herdou o título da mãe e nunca entregou seu poder e sua fortuna ao filho, morto antes dela.[70]

Como escreveu a poeta e autora Christine de Pisan (1363-c. 1430): "Como os barões, e ainda mais comumente os cavaleiros, escudeiros e nobres, viajam para ir às guerras, sua esposa deve ser sábia e consistente em meio às guerras e administrar bem os negócios do marido".[71] Lady Isabel Berkeley parecia bastante preocupada em deixar o marido no comando da casa, a ponto de instruí-lo a não fazer absolutamente nada: "Cuide-te bem até que eu retorne ao lar, e de nada tratas sem mim para que tudo fique bem".[72]

Bridget da Suécia, que fundou a ordem de freiras conhecida como brigitina em 1344, nomearia apenas mulheres para dirigir as abadias que abrigavam tanto monges quanto freiras em casas mistas, pois acreditava que a liderança era uma qualidade natural das mulheres, uma vez que a Virgem era "a líder e a rainha dos apóstolos".[73]

O tratado de Walter de Bibbesworth sobre jardinagem, em 1230, exortava as mulheres a serem boas jardineiras — leia-se produtoras de alimentos.[74] Quando o bispo Robert Grosseteste escreveu seu manual francês, em 1241, sobre a administração de uma casa senhorial, incluindo suas propriedades e operações de cultivo, dirigiu-se à herdeira inglesa Margaret de Lacy, que pode ter sido a patrona do bispo e quem encomendou o livro.[75]

As mulheres da classe alta atuavam como autoridades legais e podiam ser nomeadas para cargos formais — seu *status* compensava seu "defeito feminino". Em 1257, a senhora feudal Angareta de Beauchamp atuou como juíza em seu tribunal senhorial e condenou criminosos à execução na forca de sua propriedade feudal. Nichola de la Haye, que liderou e defendeu o Castelo de Lincoln durante dois cercos, foi nomeada xerife de Lincoln em 1216. A condessa Ela, que herdou do pai o título de condessa de Salisbury, requisitou e obteve o cargo de xerife de Wiltshire em 1231.[76] Uma nobre chegou a repreender o próprio rei; em 1252, Isabella, condessa de Arundel, que supostamente tinha uma dignidade "superior à de uma mulher", queixou-se a Henry II de que ele estava extorquindo dinheiro e quebrando suas promessas. De acordo com o cronista Matthew Paris, ela disse ao rei: "Vossa Excelência não governa bem nem a nós nem a si mesmo".[77]

A Carta Magna — o acordo de 1215 imposto ao relutante rei John pelos mais importantes senhores feudais — acidentalmente deu novos direitos às mulheres. Ao prometer que não deveria haver detenções arbitrárias e ao garantir um julgamento por júri para homens livres, a carta também concedeu direitos às mulheres que detinham o "direito de liberdade" de um vilarejo. Por deterem o "direito de liberdade", elas foram incluídas na Carta Magna e conquistaram um novo *status* jurídico.

Duas cláusulas da Carta Magna beneficiaram as viúvas. Os senhores feudais queriam libertar a própria família do controle do rei para que as terras de uma viúva rica pudessem ser administradas pela família — e não vendidas pelo rei a quem pagasse mais ou concedidas a um favorito. Quem saiu ganhando foram as viúvas, que, atuando como chefes interinas da família, conquistaram o direito de controlar as terras de seu dote. Além disso, a cláusula 8 da Carta Magna determinou que "Nenhuma viúva será arrestada em matrimônio enquanto desejar viver sem marido, desde que dê garantias de que não se casará sem o nosso consentimento [real]".[78]

Pela primeira vez desde a chegada dos normandos, uma viúva poderia recusar um segundo marido; ninguém — nem o rei nem a família dela — poderia forçá-la ao altar. Foi um enorme benefício para muitas pessoas, uma vez que cerca de um terço de todas as mulheres eram viúvas que passaram a ter o direito de fazer o que quisessem da vida no que dizia respeito ao casamento. Para todas as mulheres, abria-se a possibilidade de um futuro estado de liberdade.

As mulheres comuns (não pertencentes à nobreza) também passaram a assumir posições de autoridade, nomeadas por conselhos municipais e religiosos para serem as principais investigadoras de crimes como falsas alegações de paternidade, aborto ou feitiçaria. Em quase todos os mercados, eram mulheres as nomeadas para inspecionar a produção de alimentos e de cerveja e as oficiais que aprovavam as licenças. Era comum elas iniciarem os gritos de alerta para capturar criminosos ou suspeitos de crimes, policiando a comunidade antes do estabelecimento de uma guarda oficial. No vilarejo de Warboys, houve 124 gritos de alerta entre 1290 e 1353 — 33 iniciados por mulheres.[79]

Sem o *status* legal, as mulheres raramente serviam como *reeves* (oficiais administrativas)* ou *constables* (oficiais legais)** e era raro que fossem convocadas para atuar como testemunhas nos tribunais criminais senhoriais.[80]

Em 1195, sob Richard I, alguns cavaleiros juraram manter a paz em suas próprias terras e, em 1344, uma lei exigiu que "dois ou três dos cidadãos de melhor

---

* Um *reeve* era uma autoridade designada pelo rei para representar seus interesses e sua autoridade em uma região. [N.T.]

** Os *constables* eram membros da comunidade que assumiam a responsabilidade pela segurança e pela aplicação da lei. Inicialmente, a função não era remunerada e as pessoas acumulavam a função além de seu trabalho principal. [N.T.]

reputação nos condados" fossem designados como guardiões da paz pela Comissão do Rei — sem especificar que esses guardiões deveriam ser necessariamente homens. Em 1361, uma lei intitulada "O tipo de pessoa que pode ser juiz de paz; e com qual autoridade" especificava que "um nobre e com ele três ou quatro dos mais dignos do condado com alguns versados na lei" deveriam se tornar juízes de paz, com o poder de prender, julgar e punir.[81] Também nesse caso o gênero não foi especificado, abrindo às *ladies* a possibilidade de, na ausência dos lordes, representá-los nos tribunais senhoriais como juízas.

Muitas mulheres representaram a si mesmas nos tribunais civis. Em 1344, Idonea de Hukestere processou William Simond por abater sua porca, e venceu. Isabella de Worstede levou o construtor William Grene a juízo pelo trabalho malfeito realizado na chaminé de sua casa.[82] Em 1328, Alianore Wormenhal apresentou-se perante os vereadores de Oxford para proibir o acesso do herdeiro de seu marido a prédios residenciais que ela havia comprado com seu cônjuge e que ela reivindicava exclusivamente para si. Apesar de a lei explicitar que os bens da esposa pertenciam ao marido ou aos herdeiros dele e que ela não tinha direitos, o conselho de Oxford ouviu Alianore Wormenhal e consultou os vereadores de Londres, os quais relataram que em Londres uma mulher podia possuir terrenos — e edifícios — por direito próprio. Oxford decidiu fazer igual, e Wormenhal, representando a si mesma, venceu o caso, manteve suas propriedades e abriu um importante precedente.[83] Havia até advogadas exercendo a advocacia em Londres, no século XIII, uma das quais Avice de Gardebois, que se dedicou a processar judicialmente os devedores do marido.

As mulheres foram queixosas em quase metade dos casos de difamação nos tribunais clericais, e muitas representaram a si mesmas para insistir em sua virtude como esposas e filhas, ou em sua confiabilidade e honestidade como empresárias.[84] O "bom nome" de uma mulher não afetava apenas seu *status* na comunidade e suas perspectivas de casamento: seu negócio dependia disso. Embora ela oficialmente não tivesse uma existência legal — o nome em um contrato não tinha valor algum —, no dia a dia poderia administrar um negócio caso sua palavra fosse considerada confiável. Um "bom nome" era mais do que apenas o dote de uma mulher, era seu capital.

## Mulheres e trabalho

Muitas mulheres trabalhavam no ramo de crédito: emprestavam pequenas quantias umas às outras e penhoravam roupas e bens domésticos em troca de dinheiro, resgatando os objetos em uma ocasião posterior.

Os agiotas especializados sempre foram judeus: o nome de uma mulher valia tanto quanto o de um homem, igualmente licenciado pela Igreja para cometer o chamado "pecado da usura", oferecendo grandes linhas de crédito e fazendo transações bancárias internacionais. Os banqueiros judeus pegavam títulos — cartas promissórias — e emitiam fichas que poderiam ser resgatadas por outros agiotas judeus, lastreadas pelas próprias reservas de ouro e com a garantia de sua palavra. Os banqueiros eram tão necessários para o comércio nacional e internacional que contavam com a proteção direta dos monarcas de todos os países europeus.

Uma mulher judia, Licoricia, emprestou dinheiro, sozinha e em parceria com outros credores, na década de 1230. A morte de seu primeiro marido, Abraham, fez dela uma das mulheres mais ricas de Winchester, após consolidar o negócio dos dois. O espólio de seu segundo marido, David de Oxford, acumulara um montante tão grande de recebíveis que eles tiveram de ser selados e levados ao Tesouro Judaico em Londres, onde Licoricia ficou detida até a avaliação ser concluída. Quando os recebíveis foram calculados, foi-lhe oferecida a oportunidade de comprar o livro de dívidas do finado marido pelo preço de 5 mil marcos — o equivalente a 3,8 milhões de libras em 2022.[85] Ela recomprou a carteira de recebíveis do marido com seu próprio dinheiro para entrar no seleto grupo dos maiores financiadores do país, uma função que lhe garantia reuniões com o rei Henry em suas visitas a Winchester, o apoio real contra os maus devedores e a colaboração do rei, da corte e de outros agiotas judeus para administrar empréstimos reais e até internacionais.

Licoricia administrou com sucesso um negócio de agiotagem durante trinta anos, financiando a família real, a aristocracia e até a Igreja, viajando de seu palacete em Winchester para toda a Inglaterra. Seu nome e o de seu filho foram registrados com frequência no Calendário dos Registros do Tesouro Judaico, devido a disputas em tentativas de receber as dívidas de inadimplentes. Ela morreu em 1277, assassinada ao lado de sua criada, Alice de Bicton, ao que tudo indica durante um assalto a sua casa, e provavelmente foi sepultada no cemitério judaico de Winchester.[86]

O sucesso de Licoricia no apoio às finanças nacionais, bem como o de outras mulheres e empresárias judias da Inglaterra e da Europa, causava inveja e suspeita. Lordes, que deviam mais aos agiotas do que podiam pagar, insuflaram em seus vassalos ondas de ódio antissemita para destruir livros de agiotagem e cancelar dívidas. Um monge beneditino inglês, Thomas de Monmouth (1149-1172), acusou o povo judeu de Norwich de assassinar um menino cristão, inventando a "difamação de sangue" contra eles, com o objetivo de abrir um santuário lucrativo para o menino, e jogando uma falsa lenda a fim de alimentar a fogueira do antissemitismo.

A Segunda Cruzada contra os não cristãos na Europa e os muçulmanos no Oriente Médio, os altos impostos e as dívidas contraídas para financiar a batalha, tudo isso inflamou os ressentimentos contra o povo judeu. A presença de representantes judeus na coroação do novo rei cruzado, Richard I (o "Coração de Leão"), em 1189, provocou protestos antissemitas na cerimônia e em outras cidades inglesas. Dois agiotas de York, Benedict e Joceus, foram atacados a caminho de casa, e Benedict foi assassinado. Meses depois, uma multidão invadiu sua casa, matou todas as pessoas no caminho e saqueou seus documentos, inclusive o livro de dívidas. Joceus conduziu o povo judeu de York à proteção do rei na torre no Castelo de York, mas as tropas reais deixaram seus postos para se unir à turba em um cerco à torre. Algumas famílias judias que aceitaram a oferta de passagem segura e batismo no cristianismo deixaram o refúgio e foram mortas. Os judeus que permaneceram na torre — cerca de 150 homens, mulheres e crianças — tomaram a decisão de morrer. Os homens mataram esposa e filhos e incendiaram seus bens antes de se matarem. A multidão invadiu a Catedral de York e destruiu os livros judaicos de dívidas lá mantidos. Embora York tenha sido o local mais notório dessa onda de massacres, os ataques também ocorreram em Londres, Norwich e King's Lynn. Um decreto papal exigindo que os judeus usassem um distintivo branco ou amarelo entrou em vigor na Inglaterra, onde foi ordenado que "todo judeu usará na frente de sua vestimenta plaquetas ou remendos de tecido de dez centímetros de comprimento por cinco de largura, de alguma cor diferente do restante do traje".[87]

O sucessor de Richard, o rei John, desesperado por dinheiro, instituiu impostos extremamente severos aos judeus ingleses e prendia famílias e comunidades inteiras — homens, mulheres e crianças — que não conseguiam pagar. Em 1275, o povo judeu chegou a ser proibido de fazer empréstimos.[88] As dívidas reais e o financiamento do comércio de milho e lã passaram a ser controlados por banqueiros italianos autorizados pelo papa.[89] Em 1290, Edward I, instigado por sua esposa, Eleanor de Castela, e sua mãe, Eleanor de Provença, executou trezentos chefes de família judeus e expulsou famílias judias do reino. Na época, estimou-se que mais de dezesseis mil famílias foram exiladas, incluindo até oito mil mulheres refugiadas. As famílias que professaram o cristianismo e permaneceram na Inglaterra enfrentaram muitas dificuldades para sobreviver.[90] Várias converteram-se, negaram a religião ou ocultaram a identidade mudando de nome, uma decisão que recaiu com mais frequência sobre as mulheres judias, que tradicionalmente transmitiam sua religião aos filhos. Embora os banqueiros italianos controlassem as áreas lucrativas da agiotagem e das finanças, mais abaixo, na escala social, as dívidas dos mais pobres passaram a ser controladas por ingleses — muitas vezes mulheres —, que ocultavam o crime de "usura" não cobrando juros, mas exigindo um "presente" junto ao pagamento das dívidas.

O trabalho das mulheres no campo continuou necessário. "Uma família sobreviverá sem o lavrador; mas não sem a boa esposa":[91] assim declarava um provérbio camponês, reconhecendo que o trabalho da mulher, e não o do marido, era indispensável. Tudo o que um homem fazia, sua esposa fazia a seu lado nos negócios familiares que compartilhavam, mas ela também gerava filhos, plantava, colhia, cozinhava, alimentava e cuidava da família.

A mulher era tão essencial que poucos homens alugavam uma casa e um terreno antes de se casar. Acontecia de um vassalo solteiro renunciar a seu contrato para renová-lo com a esposa, de modo a reconhecer a igualdade da parceria entre eles.[92] No vilarejo de Cuxham, em Oxfordshire, um homem que se casasse com uma noiva com terras próprias assumia o nome dela. Quando Joan Chyld casou-se com o marido, ele compartilhou da herança dela e adotou seu nome para se tornar Henry Chyld de Chertsey.[93] O pai de Cristina Penifader lhe fez doações de terras de 1313 até seu casamento, em 1317, no vilarejo de Brigstock, em Northamptonshire, onde até um quarto das terras foi herdado pelas filhas.[94]

Mulheres caçando coelhos com um furão em ilustração do Saltério Queen Mary, *c.* 1316-1321.

Uma mulher poderia pagar sua própria taxa de entrada feudal, o que lhe conferia o direito de herdar uma casa e terras, e, ao morrer, ela poderia deixar a casa e a fortuna para seus herdeiros.[95] Os viúvos tendiam a ignorar o período tradicional de luto de um ano imposto pela Igreja e casar-se com uma nova esposa imediatamente.[96] Mas era de se esperar que uma viúva observasse o luto e administrasse a casa e os negócios sozinha durante um ano; muitas continuavam a fazê-lo e assim evitavam um segundo casamento. Apesar de as leis normandas determinarem que um homem deveria deixar tudo para o filho, a herança era deixada para as viúvas. A partir do século XIII, os casais de camponeses passaram a possuir terras em um esquema de copropriedade, de modo que, quando o marido morresse, elas passariam automaticamente à sócia igualitária: a viúva.[97] Agnes Kateline, uma viúva, era vassala por direito próprio quando foi multada por não cuidar adequadamente das valas no vilarejo de Broughton, em 1309. Seu filho também era um vassalo no vilarejo, mas não representou a mãe, que respondeu por si mesma perante o tribunal senhorial como uma proprietária independente de terras.[98] Na maioria das regiões do país, as viúvas dos vassalos assumiam o acordo de vassalagem do marido como um direito, mediante o pagamento de uma taxa.[99]

O filho mais velho poderia ser nomeado o único herdeiro, com o objetivo de manter a terra na família, mas as filhas tradicionalmente recebiam uma herança e, se não houvesse terra excedente ou dinheiro a ser dividido, elas, em geral, tinham o direito de viver na propriedade da família, desempenhando um papel ativo como sócias residentes da casa e dos negócios familiares.[100] As mulheres podiam receber terras em troca de cuidar dos pais idosos; alguns vilarejos designavam terras a mulheres solteiras ou viúvas em troca de cuidados prestados aos membros idosos da comunidade.

Nos quintais em torno das casas, os vassalos cultivavam verduras e frutas e criavam galinhas, um porco ou uma vaca, atividades que ficavam, em grande parte, aos cuidados das mulheres.[101] Os produtos lácteos, as sobremesas, as frutas, os cereais e os legumes eram especialidade das mulheres: *housewifely made* (feito à moda da dona da casa) era um selo de alta qualidade.[102] Não havia distinção entre a produção de alimentos para o consumo da família ou para escambo ou venda. Essas atividades ficavam a cargo das mulheres e eram nitidamente valorizadas. As mulheres também encontravam tempo para lazeres como luta livre, corrida e jogos de bola, como o *stool ball*, que usava bancos de ordenha de três pernas como bastões, seguindo a tradição.

No início do século XIV, homens e mulheres em empregos laborais ganhavam cerca de 3 denários por dia: o mesmo salário pelo mesmo trabalho a um valor fixo por tarefa, já que os empregadores pagavam pela qualificação, não pelo gênero do trabalhador.[103] O trabalho ocasional — por dia ou por tarefa — era mais bem remunerado que o contratado; o trabalho urgente, sazonal e temporário era o mais bem remunerado de todos.[104] Isso era uma enorme vantagem para as mulheres, que podiam conciliar períodos curtos e altamente remunerados de trabalho intenso com as atividades diárias na agricultura, produção e manutenção da casa. O valor do trabalho diário de uma mulher em seus próprios campos definia a taxa do trabalho sazonal fora de casa: para uma mulher aceitar o trabalho, o dinheiro oferecido por um empregador externo tinha de valer mais do que seu trabalho doméstico ou pagar mais do que o valor de sua produção doméstica.

Algumas camponesas optavam por deixar seus quintais e campos para se tornar trabalhadoras assalariadas: como criadas residentes de famílias da alta sociedade na cidade ou no campo. O serviço não era humilhante; muitas vezes, as criadas eram amigas da família ou filhas de um vizinho. As famílias da classe alta enviavam os filhos e, às vezes, as filhas para morar com outras famílias, a fim de que aprendessem boas maneiras e a administração da terra e da casa. Os aprendizes podiam ser enviados pelos pais à casa de um amigo da família e trabalhar ao lado dos filhos do empregador. Tutelados, afilhados e amigos poderiam, primeiro, ser empregados e, depois, casados com membros das famílias dos empregadores. Alguns servos eram descritos como "da família" e lembrados com carinho no testamento dos empregadores.[105] Outros chegavam a deixar suas economias para os empregadores como um modo de agradecimento por um longo vínculo afetivo.

A maioria das camponesas preferia o trabalho temporário, optando por empregos sazonais, como a tosquia de ovelhas na primavera ou mutirões de colheita no verão, para complementar a renda que ganhavam trabalhando em casa.[106] Nas cidades, grupos de mulheres trabalhavam em grandes edifícios ou no conserto de estradas e pontes. Elas podiam trabalhar em grandes projetos, como drenagens ou cercamentos (delimitação de áreas). Grupos de mulheres dominavam o negócio de carvão: iam às florestas para cortar ou colher lenha, transformando-a em carvão por meio de um processo de queima controlada, trabalhando em turnos diurnos e noturnos sobre as pilhas fumegantes de lenha em combustão para vendê-la a indústrias que necessitavam de altas temperaturas, como forjas de metal e vidraçarias, bem como a casas senhoriais, para uso na cozinha.

A produção de têxteis, especialmente a de lã, era feita pelas mulheres em sua própria casa e em oficinas nas cidades, vilarejos e no campo. Elas eram pastoras de ovelhas, administrando o rebanho; grupos de tosquia compostos exclusivamente de mulheres percorriam o país no início do verão; e quase todas as mulheres incluíam a fiação em sua rotina diária de trabalho; o fuso, preso ao cinto, girava enquanto elas caminhavam. As mulheres tingiam lã — por vezes, empregando os filhos pequenos para pisotear o tecido no recipiente de tintura — e algumas preparavam a linha para o tear do marido ou teciam no próprio tear em casa. Em conventos e abadias, elas tinham departamentos têxteis que incluíam fiação, tinturaria, tecelagem, acabamento e bordado. O tecido acabado era vendido na Inglaterra, enquanto a lã não processada se tornaria o maior produto de exportação inglês para a Europa. As mulheres também fiavam fibras para fazer linho e cânhamo para a produção de cordas e cordões, além de dominarem a produção de têxteis de luxo.

Praticamente todo o rico comércio de seda era controlado por mulheres, que atuavam como proprietárias, administradoras e trabalhadoras. Mestras da indústria têxtil representaram a si mesmas em apelos aos vereadores de Londres e ao rei para bloquear a importação de sedas acabadas baratas que ameaçavam a produção e o comércio ingleses. Artesãs importavam seda crua, fiavam e teciam um robusto fio de seda.[107] O trabalho que realizavam era tão superior que a rainha Matilda, esposa de William I, comprou vestes religiosas feitas em Winchester por Helisenda, esposa de Alderet, e com elas presenteou a catedral de Caen. Helisenda, conhecida por ser a melhor artista de *orfrey*\* da Inglaterra — uma técnica de costura especializada que combinava cores e padrões complexos — foi recrutada pela rainha Maud da Escócia.[108] As artistas têxteis inglesas inventaram o *Opus Anglicanum*, uma forma de bordado que sobrepunha fios de prata e ouro a bordados

---

\* *Orfreys* são bordados decorativos usados em vestimentas litúrgicas e outros itens religiosos. [N.T.]

e incorporava pedras preciosas. Em 1239, Mabel de Bury St. Edmunds confeccionou uma casula (vestimenta litúrgica) e um véu de altar que impressionaram Henry III a ponto de ele encomendar um estandarte bordado para a Abadia de Westminster. Roesia Burford criou uma capa decorada com corais para a rainha Isabel no século XIV.[109]

Todas as roupas medievais eram pensadas para serem refeitas: as mangas, as saias e os corpetes dos vestidos femininos podiam ser descosturados e costurados em diferentes combinações. Não havia qualquer estigma associado ao fato de uma vestimenta ser "de segunda mão": o guarda-roupa real mantinha e fornecia roupas para sucessivos monarcas, e uma rainha podia usar um vestido criado para sua antecessora. A prática de presentear roupas usadas entre pessoas consideradas iguais indicava favorecimento ou estima; roupas eram deixadas em testamentos e dadas aos servos como um benefício. Peças de vestuário circulavam como mercadorias, enquanto o conserto, o redesenho, a limpeza e a revenda de roupas eram ocupações lucrativas e legítimas das mulheres, ocupações que se estendiam ao mercado de itens roubados. As mulheres tornaram-se agiotas e penhoristas, trocando bens ou pagando em dinheiro por uma peça de roupa ou equipamento doméstico, além de dominar o negócio de intermediação — compra e venda de bens roubados.

Quase todas as mulheres vendiam lã de suas ovelhas, usavam-na elas mesmas ou a fiavam para vender no mercado local ou para uma comerciante de lã. Muitas mulheres recebiam um valor em dinheiro por peça, fiando para empreiteiros que lhes forneciam lã ou linho e recolhiam o fio acabado. Muitos desses empreiteiros eram mulheres, e algumas fizeram fortunas no negócio da lã: o principal produto de exportação da Inglaterra e ofício de especialidade feminina. Era fácil fazer um fuso de fiar: nada mais era do que um gancho pesado, que girava torcendo o fio, e a roca era uma vara, mais ou menos como um cabo de vassoura, que mantinha a lã crua. O trabalho podia ser realizado em qualquer lugar, muitas vezes enquanto a mulher realizava outra tarefa, como ir ao mercado ou durante a espera na fila para pegar água do poço.

A mudança do pequeno fuso manual para uma roda de fiar, lentamente adotada na Inglaterra a partir do século XIV, transpôs o trabalho de uma tecnologia portátil e barata para um equipamento maior e mais pesado, que confinava e isolava as mulheres em casa, onde elas tinham que trabalhar sozinhas. A fiação era mais rápida com uma roda de fiar, mas poucas mulheres das famílias agrícolas de subsistência, com poucos recursos financeiros, tinham dinheiro suficiente para comprá-la e, sem um *status* legal oficial, não podiam contrair empréstimos. Se uma fiandeira pegasse uma roca emprestada, teria de se dedicar à fiação para saldar a dívida. Ela passava a ser mais produtiva; mas ao custo de contrair uma dívida e perder o tempo antes dedicado a outros trabalhos rentáveis. Com isso, o trabalho tornou-se invisível — desaparecendo atrás da porta fechada da casa

— e o verdadeiro salário também, parte dele consumida pelas dívidas antes que ela botasse os olhos no dinheiro.

A fiandeira deixou de produzir o produto acabado, o qual vendia por um preço justo, e tornou-se uma trabalhadora por peça, paga de acordo com os termos impostos pelo empregador. E, o mais importante, deixou de ser visível no vilarejo e na comunidade, de assumir seu lugar no campo e no mercado, de reunir conhecimentos e exercer influência, de fazer cumprir as leis e as tradições. Seu salário, o valor de seu trabalho, também se tornou invisível. Ela deixou de trabalhar ao lado de outras mulheres que exerciam a mesma função, as quais já não podiam definir um preço no mercado público ou estipular coletivamente a taxa da tarefa.

Outros negócios, como a produção de cerveja e a panificação, também eram de responsabilidade das mulheres. As padeiras vendiam pães e tortas e alugavam seus fornos para os vizinhos assarem os próprios produtos. Em 1310, Sarra Foling, Goedieyva Foling, Matilda de Bolington, Christina Prochet, Isabella Sperling, Alice Pegges, Johanna de Caunterbrigge e Isabella Pouveste, todas padeiras de Stratford, foram convocadas perante o prefeito e os vereadores, que pesaram seus pães de 0,50 penny e os consideraram leves demais. Como os pães foram pesados frios (ao contrário da tradição), as padeiras não foram forçadas a descartá-los, mas tiveram que vender três pães de 0,50 penny por um penny — três pelo preço de dois.[110]

Algumas padeiras desenvolveram o negócio de panificação usando o fermento que sobrava da fabricação de cerveja — sempre uma especialidade feminina. Alice de Lye, que também foi uma tecelã em Shrewsbury, fabricava cerveja em 1370,[111] e Agnes de Broughton pagou taxas ocasionais a seu senhor feudal para fabricar cerveja de 1297 a 1302.[112] Uma cerveja leve, conhecida como *small ale*, do período medieval, que era uma opção mais segura para o consumo do que a água, que muitas vezes estava contaminada, ficava imprópria para o consumo em questão de dias, de modo que a maioria das famílias tinha a própria maltaria, produzia cerveja semanalmente e vendia o excedente. No campo, o senhor feudal cobrava das vassalas uma taxa para fabricar cerveja; nas cidades, as cervejeiras pagavam uma taxa sobre seus lucros. Os vilarejos, que monitoravam a qualidade da cerveja posta à venda, preferiam que mulheres inspecionassem para avaliar o sabor da cerveja e manter os padrões de qualidade. O vilarejo de Cuxham, em Oxfordshire, nomeou apenas mulheres como degustadoras de cerveja para garantir a qualidade e definir os preços.[113]

Muitas cervejeiras desenvolveram negócios que iam desde a venda do excedente de cerveja na porta de casa até a abertura de uma taberna. As estalajadeiras constavam nos registros sob seu próprio nome como hospedeiras, e algumas transformaram suas tabernas em investimentos imobiliários diversificados, convertendo as estalagens em pousadas com quartos para aluguel e depois comprando casas para alugar.

Lavar camisas e roupas íntimas de algodão e linho era um trabalho exclusivo das mulheres, como as empregadas assalariadas nas lavanderias das casas senhoriais, onde trabalhadoras temporárias adicionais eram contratadas para um "dia de lavagem", mensal ou trimestral, quando toda a roupa da casa era lavada, seca e, às vezes, passada. No campo, era comum as mulheres lavarem juntas roupas de cama e de mesa e tapetes em um riacho ou rio, ajudando umas às outras com os artigos pesados. Lavanderias exclusivas de mulheres também funcionavam nas cidades. Era um trabalho árduo, sujo e até perigoso — as lavadeiras podiam cair e afogar-se ao pegar água ou lavar um item pesado nos rios e lagos. Lavagens com água quente em casa eram feitas com a menor frequência possível; era uma tarefa enorme ferver a água em um caldeirão de cobre, e a família inteira ajudava.

Uma ferreira na *Bíblia de Holkham*, c.1327-1335.

As mulheres auxiliavam nos banheiros públicos, ajudando os frequentadores a lavar-se e passar a esponja; perfumistas forneciam óleos e ervas importados, pós perfumados e cosméticos, pós para limpar roupas e sabonetes perfumados para o banho. As mulheres pobres faziam o próprio sabão com cinzas de madeira e soda cáustica, e se limpavam com panos úmidos, banhando-se em rios ou em meio barril ou banheira.

Nenhum negócio era vedado às mulheres durante esses séculos. A viúva de Peter, o Oleiro, herdou o negócio dele e o administrou sozinha.[114] Marriott Ferrars tornou-se uma comerciante de cavalos de grande sucesso no século XII, fornecendo animais e equipamentos da melhor qualidade a Henry II.[115] A Bristol Company of Soapmakers (uma guilda de fabricantes de sabão) documentou mestras que treinavam aprendizes. Em Shrewsbury, a Guilda dos Cortineiros registrou "irmãos e irmãs". A Guilda dos Alfaiates de Exeter permitia que qualquer viúva remunerada da guilda expandisse seus negócios com um número ilimitado de trabalhadores.[116] Açougueiras foram mencionadas nos registros de York, acusadas de deixar esterco e entranhas de animais nas ruas. Em York — como em todas as cidades —, as mulheres tinham um papel proeminente em atividades relacionadas à preparação de carne, produção de linguiças, morcelas e outros pratos à base de vísceras.[117] Mulheres também administravam o comércio de peixe fresco.

Algumas mulheres mantiveram o controle do preço de seus produtos caseiros, levando-os aos mercados semanais e quinzenais em alguma cidade próxima para vendê-los diretamente aos consumidores. Elas vendiam nas ruas — leiteiras com baldes de leite, floristas com buquês de flores, produtoras de queijo e manteiga, vendedoras de baladas (folhetos ou canções populares impressas), vendedoras ambulantes de fitas, itens de armarinho, livretos e outros pequenos itens. Em Coventry, no século XIV, quase a metade de todos os vendedores ambulantes era composta de mulheres.[118]

As mulheres da cidade iam ao campo para comprar produtos sazonais ou artesanais dos produtores rurais. Algumas comerciantes viajavam longas distâncias transportando itens de luxo de cidade em cidade, ou de uma casa senhorial a outra. Poetas e compositoras itinerantes — *trobairitz* (mulheres trovadoras) e *jongleurs* (que recitavam ou cantavam) — tocavam instrumentos, cantavam, recitavam poemas e histórias, ou os compunham. As artistas viajavam a festivais, feiras públicas e apresentações privadas em trupe ou como solistas. Eles faziam malabarismos, andavam sobre fogo, faziam truques, liam a sorte e relatavam notícias, e algumas chegavam a ficar de ponta-cabeça com as mãos apoiadas apenas em lâminas de espadas.[119]

Trupes de atores ambulantes, homens e mulheres, apresentavam mascaradas* ou dramas teatrais, eram contratadas para as peças morais ou peças sobre a Paixão de Cristo encenadas pelas igrejas ou guildas em festivais religiosos e em dias santos.

Algumas poetas e escritoras tiveram de abandonar a ocupação quando o anglo-saxão caiu em desuso, após a invasão normanda, e o francês antigo se tornou

---

* As mascaradas eram uma forma de entretenimento que incluía poesia, música, dança, desfile de trajes suntuosos, efeitos cenográficos e atuação teatral em um palco criado com um design complexo e detalhado feito para agradar o patrono. [N.T.]

a língua dos conquistadores e da elite. É possível que poetas e contadoras de histórias anglo-saxônicas tenham resistido a fazer a mudança de sua tradição oral à cultura escrita, especialmente na língua estrangeira dos invasores, e que seus poemas tenham se perdido. A língua antiga tornou-se a língua do povo, dos não nobres, e raramente era escrita. O novo francês normando passou a ser a língua dos escriturários alfabetizados treinados em mosteiros.[120] Algumas escritoras eram fluentes em sua própria língua, no latim e na nova língua da elite. Na Abadia de Barking — um dos maiores centros de alfabetização feminina —, autoras escreviam e publicavam; entre elas, estava Clemence of Barking, que escreveu *Vida de Santa Catarina de Alexandria*, no século XII,[121] bem como uma freira que escreveu um apelo que ressoa ao longo dos séculos: "Pede-se a todos os que ouvem este trabalho que não o insultem por ter sido traduzido por uma mulher. Isso não é razão para desprezá-lo, nem para desconsiderar o que há de bom nele".[122]

A obra era uma história em verso do último rei anglo-saxão, Edward, o Confessor, traduzida pela autora do latim ao francês anglo-normando, que pode ter sido sua terceira língua. Sua interpretação foi idiossincrática: ela pegou o relato original do historiador homem e incluiu uma personagem feminina — a esposa de Edward —, restaurando em uma seção adicional uma "mulher normal" na história exclusivamente masculina.[123] Ela foi a primeira historiadora inglesa documentada e uma das primeiras mulheres inglesas a ser publicada... e sequer sabemos seu nome.[124]

Todos os conventos e abadias ofereciam educação às mulheres na função de "escolas femininas" e, a partir de 1179, catedrais foram instruídas a ensinar gratuitamente estudantes pobres — incluindo meninas. As freiras de St. Rhadegund, em Cambridge, foram pagas em carne para educar a filha de um açougueiro. À medida que a cultura e as ideias sobre a educação se difundiram, a qualidade da escolaridade das moças melhorou. Gilbert de Sempringham estabeleceu uma ordem de freiras — as gilbertinas — em 1131, especializada na educação de mulheres. A rainha Philippa fundou o Queen's College, em Oxford, em 1341, para acadêmicos do sexo masculino. Marie de St. Pol, viúva do conde de Pembroke, ensinou a caçula de Edward II e fundou a Abadia de Denny para instruir freiras e, em 1347, o Pembroke College, em Cambridge, para homens. A heroína fictícia do romance *Guy de Warwick*, do século XIV, era uma figura feminina idealizada que ostentava ampla educação. Felice era versada em gramática, lógica, retórica, geometria, aritmética, astronomia e música, além de estudar sofisma, sagacidade, retórica e outros saberes clericais.[125]

A maioria das senhoras dos lares seculares via-se como chefes de família, responsáveis pela segurança, saúde, educação e observância religiosa de todos os membros das casas senhoriais, fossem eles familiares, convidados ou empregados. Eram responsáveis pela educação e formação de jovens aprendizes em todos os níveis de suas indústrias e em sua casa. Alguns aprendizes eram crianças que trabalhavam na cozinha, nos estábulos, na lavanderia, na produção de laticínios ou nas cervejarias; outros estavam aprendendo a ser criados pessoais e cuidavam do corpo da aristocrata ou desempenhavam funções similares; alguns eram filhos de outras famílias aristocratas que, para aprender o comportamento cortês, serviam como pajens ou damas de companhia, sendo educados pela senhora da casa, ao lado de outras crianças nobres, muitas vezes, em uma sala de aula no castelo, com uma tutora mulher para as crianças mais novas e um tutor homem para meninos e meninas mais velhos.

Algumas filantropas fundaram escolas para crianças de vilarejos. Mulheres mais ricas estabeleceram faculdades ou forneceram bolsas de estudo para a formação de padres; muitas senhoras aristocratas contratavam um padre para a capela da família, que também lia e estudava com elas e ensinava seus filhos. Não era raro essas mulheres organizarem e supervisionarem um hospital local ou o financiarem em conjunto com a igreja, à qual também faziam doações, contribuindo para sua manutenção e pagando o dízimo. Algumas aristocratas eram patronas das artes e algumas eram estudiosas e artistas. A condessa de Salisbury, chamada Ela (1187-1261), xerife de Wiltshire por dois anos, fundou a Abadia de Lacock e foi patrona da notável poeta Marie de Compiègne até se aposentar como abadessa na abadia por ela estabelecida.[126]

As senhoras aristocratas cavalgavam, caçavam e eram falcoeiras experientes. John de Salisbury (1120-1180) admitiu que as mulheres eram excelentes na caça com falcões, o que, em sua opinião, indicava que o esporte era "afeminado e não valia o esforço nele despendido".[127] Mulheres também lideravam os próprios grupos de caça.

As mulheres de *status* inferior recebiam pouca instrução: podiam frequentar os poucos conventos ou escolas religiosas, mas a maioria só aprendia a recitar as respostas em latim para os serviços religiosos — talvez sequer compreendessem as palavras. Algumas chegavam a aprender a assinar o nome, outras poucas, a ler, e um número menor ainda, a escrever. Mas aprendiam o suficiente de aritmética para calcular preços e custos: eram responsáveis pela negociação, pela compra e venda e pela administração das transações domésticas. As meninas aprendiam com as mães as habilidades básicas de cultivo,

Mulheres do século XIV caçando em campo aberto: tocando a corneta e caçando com flechas — note o tiro certeiro!

preparação e processamento de alimentos, fiação, produção de cerveja e criação de animais, e as filhas de especialistas eram ensinadas pela mãe ou avó, ou ingressavam em um programa de aprendiz, para seguir seus passos.

Na época, medicina, herbalismo, enfermagem, obstetrícia, extração de dentes, tratamento de fraturas ósseas, sangria, preparação de mortos, eram trabalhos realizados por mulheres de todos os níveis sociais, nobres e comuns. Eram ocupações de alta demanda e lucrativas. As médicas eram aceitas nas guildas de barbeiros-cirurgiões* e nas de boticários. As mulheres, para se formar médicas, podiam ser aprendizes em suas especialidades, estabelecendo-se como médicas, cirurgiãs, boticárias e curandeiras.[128] Agnes Medica trabalhou em Huntingdonshire, em 1271, e seu nome sugere que ela foi médica, cirurgiã ou boticária. Matilda le Leche, uma *sage femme*, ganhou a vida como parteira em Berkshire, em 1232.[129] Katherine, conhecida como *la surgiene*, trabalhou em Londres em 1286 com o pai e o irmão.[130] Cecília de Oxford foi "cirurgiã" da rainha Philippa de Hainault, esposa de Edward III. Registros de tribunais mostram que o cirurgião do tribunal ganhava 12 denários por dia.[131]

A maioria das mulheres da elite tinha o próprio laboratório para destilar e secar ervas, chamado de sala de destilação, onde faziam experimentos e produziam remédios fitoterápicos (herbalismo), seguiam livros de receitas e faziam as próprias anotações, passando os livros a suas filhas ou herdeiras. As mulheres que se desenvolveram como herbalistas, médicas e cirurgiãs cuidavam da saúde dos filhos, família e agregados, bem como de suas comunidades, vizinhos e empregados. Nos frequentes acidentes e lesões do mundo medieval, a presença de um médico qualificado, capaz de tratar queimaduras, fraturas ósseas e lesões podia fazer a diferença entre a vida e a morte. As habilidades médicas das mulheres revelaram-se cruciais durante os muitos anos de guerra e violência.

No século XII, freiras foram convidadas para administrar os hospitais dos Cavaleiros Hospitalários — a ordem militar criada para proteger e auxiliar peregrinos e cruzados a caminho de Jerusalém. As irmãs eram responsáveis por cuidar das crianças e organizar os priorados hospitaleiros, enquanto os irmãos supervisionavam a equipe médica. Um grande priorado foi estabelecido por Henry II em Clerkenwell, em 1185, com um convento beneditino.

O trabalho menos remunerado de enfermagem, obstetrícia, ginecologia e cuidados terminais sempre foi uma atribuição de mulheres especializadas. Somente elas eram autorizadas a auxiliar mulheres em trabalho de parto ou a lidar com problemas ginecológicos; algumas parteiras eram cirurgiãs praticantes, capazes de

---

* Na época, os barbeiros também eram cirurgiões. Além de fazer a barba dos clientes, eles realizavam procedimentos como extração de dentes, sangramentos, tratamento de feridas e de fraturas. Com a evolução da prática médica, a distinção entre cirurgiões e barbeiros tornou-se mais evidente. [N.T.]

realizar uma cesariana — neste caso, retirando o bebê com vida do corpo da mãe morta. Enfermeiras cuidavam de recém-nascidos e bebês, um trabalho influente e bem remunerado em uma sociedade na qual as nobres eram desencorajadas de cuidar dos próprios filhos. A amamentação de bebês da nobreza e da alta sociedade era um trabalho bem remunerado para as lactantes, com uma boa alimentação, e até prazeroso, embora pudesse exigir que deixassem os próprios filhos. Toda a assistência aos doentes terminais — incluindo vítimas da peste — era realizada por mulheres especializadas, que, confinadas com o paciente moribundo, alimentavam a esperança de saírem vivas após a morte do paciente e a remoção do corpo — se não contraíssem a doença. As mulheres preparavam corpos para o enterro e, por vezes, eram pagas para comparecer aos funerais.

As curandeiras tradicionais ocupavam um lugar respeitado e valorizado em uma sociedade que não possuía qualquer compreensão sobre a teoria dos germes ou algum conhecimento preciso de anatomia. Apenas os muito ricos podiam dar-se ao luxo de recorrer a médicos do sexo masculino com formação universitária, os quais — baseando seu trabalho em teorias completamente imaginárias e pré-científicas — eram tão certeiros na prescrição de uma cura quanto qualquer mulher experiente na área.

Parteiras recebiam a mais e usufruíam de um *status* mais alto na comunidade quando atuavam como inspetoras públicas em questões de sexualidade e legitimidade, função em que lhes cabia emitir um parecer à Igreja e, mais tarde, aos tribunais civis em processos judiciais relativos a virgindade, impotência, agressão sexual e paternidade de bebês ilegítimos. Elas eram chamadas como testemunhas em julgamentos de bruxaria devido à experiência com corpos de mulheres. Como investigadoras — mulheres designadas para examinar o corpo de suspeitas de bruxaria, em busca de marcas, pintas ou quaisquer sinais de contato satânico —, elas ocupavam cargos oficiais com elevado prestígio social.[132]

Cada comunidade medieval tinha uma "mulher sábia", algumas delas parteiras e curandeiras reconhecidas, outras herdeiras de uma tradição familiar, filhas de mulheres com conhecimento de práticas tradicionais ou herbalistas. Algumas podiam entrar no negócio num golpe de pura sorte: um palpite feliz que fosse tomado por dom. Algumas eram trapaceiras e vitimizavam pessoas crédulas e supersticiosas. Nas cidades, elas podiam ser bem pagas em dinheiro, enquanto nos vilarejos e comunidades rurais, trabalhavam em troca de favores ou bens. Mulheres qualificadas eram contratadas por todos, desde as famílias mais instruídas e ricas, que, temendo feitiços e maldições, empregavam uma "mulher astuta" (uma bruxa ou feiticeira) para se proteger, até pessoas muito pobres que não tinham como distinguir entre as orações latinas do padre e a água batismal da ladainha mística de uma mulher sábia e a água de uma fonte sagrada. Em uma época na qual o folclore era ensinado com o cristianismo, quando a investigação científica ainda era inexistente no mundo ocidental, tudo era possível: os fenômenos naturais eram alarmantes e agourentos, e as mulheres sábias eram recompensadas por aparentemente saberem mais do que qualquer outra pessoa.

As mulheres pobres em disputa com vizinhos ou consideradas maliciosas podiam ser acusadas de usar seus poderes para o mal e ser punidas com crueldade. Podiam ser denunciadas ao padre ou aos senhores locais pelos concidadãos ou inimigos. Muitas brigas de bairro se transformavam em maldições que eram denunciadas como atos de bruxaria. Mas antes da Grande Peste* de 1348, os homens eram os principais acusados de bruxaria: 70% das acusações eram feitas contra eles. As denúncias eram de perturbação da paz na comunidade, com comportamentos desordeiros, ameaças e heresia (que, segundo se acreditava, era um comportamento ligado às bruxas). A relativa ausência de mulheres nas acusações de bruxaria pode ser explicada pelo fato de que, nessa época, as mulheres que alegavam experiência eram menos temidas e as mulheres pobres que rudemente exigiam esmolas eram toleradas.

Por vezes, mulheres das emergentes "classes intermediárias"** eram amantes de homens da nobreza ou da realeza e frequentavam as casas senhoriais e a corte real, desfrutando de bom tratamento, dinheiro e presentes, pelo menos por um tempo. Era uma forma de complementar a baixa renda ou o faziam sob coerção. Elas vendiam experiências sexuais "sob demanda" a homens nas ruas, que as levavam a um quarto, ou trabalhavam em "casas obscenas" ou "casas de banho", onde um homem podia alugar uma mulher por algumas horas ou contratá-la pela noite inteira. Era comum as mulheres que trabalhavam em casas obscenas também trabalharem como criadas em casas de família, pois eram forçadas a entregar o dinheiro (integral ou em parte) que recebiam aos donos da casa de prostituição ou outros intermediários.

Várias cidades medievais proibiam as prostitutas; algumas exigiam que elas usassem um capuz listrado para identificá-las como mulheres imorais. Em 1344, a cidade de Bristol baniu prostitutas e leprosos no mesmo decreto, por culpar ambos pela doença epidêmica.[133] Muitas outras cidades exigiam que essas mulheres usassem capuzes amarelos de identificação.[134] Quarenta mulheres de Exeter foram acusadas de prostituição em 1324, quando, supostamente, cerca de 1% da população feminina da cidade vendia sexo.[135]

---

* O termo antigo "Grande Peste" refere-se ao que conhecemos hoje como "Peste Negra", uma denominação posterior ao evento. [N.T.]

** *Middling classes* é um termo antigo para referir-se a uma classe social intermediária que não é nobre nem camponesa, e que incluía comerciantes, artesãos, modestos proprietários de terras, entre outros. O termo "classes intermediárias" é mais específico ao contexto da Inglaterra medieval do que o termo moderno "classe média", que se refere a uma camada social entre a classe alta e a classe baixa. [N.T.]

Em Londres, as áreas especializadas no comércio sexual ficavam na região metropolitana; os bordéis legais localizavam-se em uma rua chamada Cock Lane (ou Cokkes Lane) e fora dos limites da cidade, ao sul do rio, na paróquia de Southwark: um local conveniente para cortesãos e políticos, a uma curta distância de barco de Westminster, onde os *stews* (casas de banho) eram regulamentados pela coroa desde 1161, quando, na tentativa de conter a propagação de infecções sexualmente transmissíveis, Henry II decidiu que esses estabelecimentos não poderiam "manter nenhuma mulher que carregasse a perigosa enfermidade da queimadura".[136] Em 1374, dezoito *stews* no bairro de Southwark ofereciam banhos, jantares e sexo, todos administrados por mulheres de Flandres.[137] A área era propriedade do bispo de Winchester, e as mulheres eram conhecidas como as "galinhas do bispo". Era esperado que elas trajassem roupas que as identificassem como prostitutas; não podiam ser vistas usando aventais ou fiando tais quais donas de casa respeitáveis; e não deviam assediar os homens nas ruas.[138]

Desde os primeiros séculos, a Igreja via a prostituição como uma parte inevitável da sociedade. Tomás de Aquino acreditava que mulheres remuneradas deviam satisfazer os homens, os quais, de outra maneira, recorreriam à sodomia: "Retire as prostitutas do mundo e o encherá de sodomia".[139] A Igreja declarava que as pessoas que lucravam com a prostituição de mulheres estavam condenadas, mas as profissionais do sexo eram encorajadas a se arrepender.[140] Por volta de 1300, a aceitação eclesiástica levou a um comércio aberto de sexo, parcialmente regulamentado para a segurança dos clientes e das trabalhadoras.[141] Não havia condenação aos clientes, embora Thomas de Chobham, um teólogo do século XII, acreditasse que as prostitutas não deveriam comparecer à missa nem comungar, mas serem encorajadas a se confessar.[142] A qualquer homem que se casasse com uma prostituta, a Igreja oferecia a remissão de seus pecados, com base na crença de que ele estaria praticando uma "boa ação".[143]

As prostitutas eram socialmente aceitas. A maioria das mulheres que trabalhavam nos prostíbulos reconhecidos das cidades maiores era incluída em eventos comunitários. Elas participavam de grupos de costura e fiação; quase sempre realizavam outros trabalhos além da prostituição; e participavam de rituais comunitários e até religiosos, assim como podiam testemunhar em tribunal ou abrir os próprios processos civis. As prostitutas ricas emprestavam dinheiro e bens e eram integradas à vida comunitária como respeitadas doadoras para instituições de caridade. Algumas também trabalhavam como "intermediárias" de bens roubados, ou em gangues criminosas ou com a família.

Poucas mulheres ganhavam bem vendendo sexo; a maioria era levada a isso pela fome ou pela pobreza, e podia aceitar alimento como pagamento. O trabalho casual nas ruas as deixava especialmente vulneráveis a abusos. Uma prostituta até poderia apresentar uma acusação de estupro, mas nenhum júri condenaria um homem com base na palavra de uma mulher sozinha e, ainda que o fizesse, não consideraria que ela houvesse sofrido quaisquer danos, dado que não retinha mais sua castidade e bom nome.[144]

## Mulheres na guerra

Não houve paz após a invasão de 1066, e sim revoltas constantes, batalhas locais entre lordes proprietários de terras, rixas entre nobres e conspirações armadas contra os monarcas. Mulheres de todas as classes participaram como líderes e soldados de infantaria. Após 1135, quando a imperatriz Matilda tentou recuperar o trono, houve quase vinte anos de guerra civil entre ela e seu primo, o usurpador Stephen. Filha e única herdeira direta de Henry I, Matilda (1102-1167) foi a primeira mulher normanda a herdar o trono inglês e foi forçada a ser a primeira rainha militante — formando o próprio exército e liderando-o em batalha durante dois anos de conflito até sua vitória na Batalha de Lincoln, em 1141.[145] Ela prendeu Stephen, o postulante ao trono, ignorando as exigências de sua esposa, a rainha Matilda de Boulogne, que reuniu o próprio exército para saquear as terras ao redor de Londres, persuadindo os londrinos a aliar-se a ela contra a imperatriz, que transferiu suas forças para Winchester e sitiou o castelo do bispo. Matilda de Boulogne perseguiu a imperatriz e a derrotou. Durante seis anos, a imperatriz Matilda liderou as próprias tropas, os próprios vassalos e cavaleiros, e pagou mercenários para acompanhá-la em batalhas. Por fim, Stephen reconheceu a derrota e pediu uma trégua, mas mesmo assim não entregou o trono. Ele nomeou o filho de Matilda como herdeiro, e o menino se tornou Henry II.[146]

Em 1173, Eleanor da Aquitânia liderou seus filhos em uma revolta contra o pai deles, Henry II. Em 1215, os barões ingleses revoltaram-se contra o rei John e, em 1264, contra Henry III. As disputas locais envolvendo fronteiras eram resolvidas por meio de emboscadas e violência: todas as terras inglesas que faziam fronteira com o País de Gales e a Escócia foram repetidamente invadidas de ambos os lados, e reis ingleses invadiram os dois vizinhos indisciplinados. Os ingleses travaram guerras na Europa e realizaram uma série de cruzadas à Terra Santa, nas quais mulheres lideravam ou lutavam no exército.

Como todos os senhores feudais mantiveram suas terras sob o acordo de que reuniriam um determinado número de soldados e os liderariam em batalha, as representantes dos senhores feudais e as senhoras feudais — herdeiras e viúvas — eram igualmente forçadas a reunir tropas para o rei. A abadessa da Abadia de Barking foi uma das quatro abadessas-baronesas obrigadas a cumprir o serviço militar e encarregadas, por Henry III e Edward I, de fornecer guerreiros.

Hawis de Londres (1211-1274), que ocupava o feudo de East Garston em Berkshire, foi, em 1250, obrigada pelos termos de seu acordo de vassalagem a Edward I a "conduzir a vanguarda do exército do rei sempre que se dirigisse ao País de Gales [...] e retornar trazendo a retaguarda do referido exército".[147] Ela teve que liderar a linha de frente e, assim, foi a primeira a entrar no País de Gales, que estava sendo colonizado pelos ingleses, e a última a sair — as posições mais perigosas.

Outra vassala real, Elene la Zouche (1228-c.1345), que tinha a opção de pagar uma taxa para enviar um cavaleiro em seu lugar, optou por acompanhar o exército. O registro do Tesouro diz: "Ela prestou seu serviço ao rei (*habuit servicium suton cum Rege*) no Exército de Gales, de acordo com o Preceito ou Convocação do Rei, conforme apresentado ao rei pelos Registros do Marechal do Exército Real".[148]

Todos os vassalos, incluindo as mulheres, tinham de oferecer serviço militar a seu senhor feudal durante vários dias por ano no exército do senhor. Algumas mulheres se ofereciam como voluntárias e vestiam-se como homens; outras usavam o exército como uma maneira de viver como homens. As mulheres também acompanhavam os exércitos prestando apoio aos soldados, encontrando ou comprando alimentos, cozinhando, limpando e lavando roupas e, em batalha, carregando e municiando armas e resgatando e cuidando dos feridos. Algumas foram com parentes ou amantes e participaram em eventos históricos perigosos, mas raramente foram incluídas nos registros. Outras, especialmente as marinheiras experientes de cidades portuárias, voluntariavam-se ou eram "pressionadas" a servir no mar.

As mulheres trabalhadoras quase sempre se envolviam na defesa quando sua cidade ou castelo era sitiado, pois, ao contrário das nobres, não tinham como fugir. Durante as invasões escocesas no norte da Inglaterra em 1136-1138, cidades inteiras foram destruídas e mulheres foram mortas ou sequestradas.[149] Muitas prisioneiras foram vítimas de estupro ou até escravizadas como ato de guerra.

As aristocratas atuavam no comando em parceria com o marido e, muitas vezes, eram as únicas conselheiras e assistentes em quem um nobre podia confiar.[150] Diz-se que Petronella, condessa de Leicester, vestiu uma armadura, carregou um escudo e uma lança e lutou como um cavaleiro na Batalha de Fornham, em outubro de 1173.

A maioria das mulheres assumia a responsabilidade de defender os castelos contra ataques quando os homens da família estavam ausentes. O Castelo de Bamburgh, um importante ponto de defesa na costa nordeste, foi defendido por Matilda de l'Aigle contra o cerco do rei William II, em 1095, a qual só se rendeu quando as forças reais capturaram seu marido, Robert de Mowbray, e ameaçaram cegá-lo.[151] Em 1139, Matilda de Ramsbury comandou a fortaleza de Devizes e a protegeu da investida do rei Stephen.[152] A condessa Mabel, esposa de Robert de Gloucester, manteve o rei Stephen em cativeiro após capturá-lo na Batalha de Lincoln, em 1141.[153]

Richenda de Longchamp (*c.* 1145-?) era irmã de William de Longchamp, o impopular juiz e chanceler da Inglaterra sob Richard I, que estava em conflito com Geoffrey, arcebispo de York, meio-irmão ilegítimo do rei. A situação chegou ao auge quando Geoffrey tentou regressar da França à Inglaterra, em 1191, e William exigiu que ele renovasse seus votos de lealdade ao ausente rei Richard antes de retornar. Geoffrey viu-se impedido de entrar na Inglaterra por uma aliança de três mulheres leais a William de Longchamp: sua irmã Richenda de Longchamp, governanta de Dover e castelã do Castelo de Dover, e suas aliadas, as condessas de Flandres e de Boulogne — únicas encarregadas de suas respectivas terras enquanto os maridos lutavam na cruzada.

Quando Geoffrey, desvencilhando-se das duas condessas europeias inimigas, chegou a Dover, Richenda, por meio de seus homens, exigiu que ele repetisse o juramento de lealdade antes de admiti-lo na Inglaterra. O arcebispo recusou-se, e os homens de Richenda receberam instruções de prendê-lo; mas Geoffrey galopou até o Priorado de St. Martin e exigiu refúgio. Invocando a autoridade do arcebispo mais sênior da Inglaterra, enviou uma mensagem a Richenda, exigindo saber se ela estava ciente do tratamento que ele recebera de seus homens.

Richenda respondeu que só estava seguindo as instruções do irmão, William de Longchamp, o lorde chanceler, e, "para pôr fim a fofocas e especulações", o arcebispo deveria estar ciente de que, caso o irmão lhe mandasse queimar o próprio castelo, ela o faria.[154] E acrescentou que incendiaria Londres inteira se fosse o desejo de seu irmão.

O arcebispo excomungou-a imediatamente, banindo-a dos sacramentos da confissão, perdão e missa, e permitindo que qualquer cristão fiel a desobedecesse. Ninguém a desobedeceu. Richenda mandou seus homens invadirem o santuário para prender Geoffrey, mas eles, ao entrarem na igreja e encontrá-lo sentado em seu trono, diante do altar, trajando alva (veste litúrgica) e estola e segurando uma cruz de ouro, não ousaram. As memórias da santidade de Thomas à Beckett eram vívidas demais para os homens de Richenda, talvez até mesmo para ela.

Quando o marido de Richenda, Matthew de Cleres, regressou da cruzada, ficou chocado ao descobrir a esposa metida nesse dramático impasse com um arcebispo real. Ele se apressou em ir ao priorado para propor um acordo. Enquanto o marido se desculpava por ela, Richenda apreendeu os cavalos do arcebispo e os enviou de presente ao irmão. O impasse durou cinco dias: os homens de Richenda não ousavam invadir o santuário da igreja; Geoffrey se recusava a repetir seu juramento de lealdade ao rei; e o marido de Richenda não conseguia dissuadi-la.

Por fim, os homens de Richenda — temendo mais a ira dela do que a de Deus — invadiram o santuário e, cruzando a indignada cidade de Dover, arrastaram o arcebispo para o castelo de Richenda. O marido, Matthew, aos prantos, caiu de joelhos perante o arcebispo no portão do castelo e não se levantou até ser perdoado. Já Richenda não se desculpou; mais uma vez, exigiu que Geoffrey fizesse um juramento de lealdade ao rei ou deixasse o reino. Mais uma vez, ele recusou. Ela o lançou na masmorra do castelo.

Ele passou oito dias preso, recusando comida das mãos excomungadas de Richenda, que o mandou então às padarias de Dover para comprar o próprio jantar. Por fim, os apoiadores do arcebispo Geoffrey forçaram William de Longchamp a ordenar que Richenda libertasse o prisioneiro. William fugiu do país, uniu-se a seu rei, Richard I, e foi parcialmente perdoado e reintegrado por ele. Richenda manteve o posto como castelã do Castelo de Dover, que possivelmente ocupou até a morte.[155]

Nichola de la Haye (*c*. 1150-1230) herdou o direito de ser castelã do Castelo de Lincoln e estava lá quando um inimigo de seu marido, William de Longchamp (o irmão de Richenda), atacou o local, em 1191. Ela resistiu por mais de um mês até uma trégua ser estabelecida. Após a morte do marido, manteve a herança por direito próprio, até oferecer sua aposentadoria aos 60 anos, mas o rei John recusou-se a permitir que uma mulher tão poderosa e leal deixasse o castelo e nomeou-a xerife de Lincolnshire. Quando o rei morreu, no ano seguinte, em 1217, o exército francês invadiu a Inglaterra e tomou a cidade. Com quase 67 anos, Nichola resistiu no castelo enquanto o exército de Luís da França trazia reforços e máquinas de cerco[*] e o bombardeava do sul e do leste durante três meses, até o exército real inglês chegar e levantar o cerco.

Apesar da lealdade de Nichola de la Haye ao rei John, ele concedeu o castelo e a cidade de Lincoln ao conde de Salisbury, William de Longespée. Com isso, Nichola montou em seu cavalo e cavalgou 240 quilômetros para exigir a devolução de seu castelo junto ao novo rei, Henry III, que o concedeu. Ela, que morreu como castelã em 1230, com cerca de 80 anos, deixou sua fortuna para a única herdeira sobrevivente: sua neta.[156]

Alice de Montfort, esposa de Simon, foi "um de seus tenentes de maior confiança": enviava reforços, participava ativamente em seu conselho de guerra e comandou o Castelo de Narbonnais em sua ausência, em 1217.[157] Outra castelã de Bamburgh — Isabella Beaumont de Vescy — foi nomeada, em 1304, por Edward I; ela teve tanto sucesso no cargo que, quando o rei morreu, o filho dele manteve-a no posto.[158]

Em 1321, Isabel da França, rainha consorte de Edward II da Inglaterra, à frente de seus homens, teve a entrada negada no Castelo de Leeds por uma rebelde, Lady Badlesmere. A rainha forçou a entrada e os arqueiros de Lady Badlesmere abriram fogo contra seus homens, matando seis e forçando Isabel da França a recuar.[159]

---

[*] Incluem catapultas, balistas, aríetes (grandes troncos usados para derrubar portões), torres de cerco (estruturas móveis que permitiam aos atacantes escalarem paredes) e outros dispositivos projetados para romper as defesas fortificadas do adversário. [N.T.]

Durante a campanha na Escócia em 1335, Edward III confiou a três mulheres a defesa de seu reino. Ele ordenou que Margaret, viúva de Edmund, conde de Kent, Marie, esposa de Aymer de Valence, conde de Pembroke, e Joan Botetourt, esposa de Thomas, reunissem conselheiros de confiança em Londres e "armassem e organizassem seu povo [...] para repelir poderosa e corajosamente a ousadia presunçosa e a malícia de nossos inimigos em comum [...] caso esses inimigos invadam".[160]

Agnes Randolph, condessa de Dunbar e March (1312-1369), defendeu o Castelo de Dunbar, em 1338, contra as forças inglesas lideradas por William Montagu, primeiro conde de Salisbury. Agnes defendeu o castelo com apenas uma pequena guarnição contra o exército inglês, que contava com o poderoso e experiente general, e supostamente disse:

> Em meu bom e velho lar, o Rei da Escócia reina,
> Pago-lhe tributo e sustento, com devoção plena.
> Hei de preservar meu lar antigo e querido,
> Pois ele me guarda e é o meu abrigo.[161]

Ela manteve seu bom e velho lar após derrotar o conde de Salisbury, que abandonou o cerco de cinco meses e recuou.

As Cruzadas — as chamadas "guerras santas" organizadas por sucessivos papas para tentar recapturar a "terra santa" cristã no Oriente Médio — tiraram homens de suas fazendas e castelos. Contudo, a imagem de uma esposa abandonada e desamparada, enquanto o marido passava anos lutando em uma cruzada, é o oposto do que foi a realidade. Os homens só puderam ir porque confiavam que a esposa ou mãe administraria as terras em sua ausência. Foram as habilidades de liderança das mulheres que liberaram os maridos para ir às guerras ou às cruzadas.[162]

As mulheres trabalhadoras lutaram em muitas cruzadas, obedecendo ao apelo do Vaticano com o objetivo de angariar dinheiro para a Igreja, para travar a chamada guerra santa e para capturar a cidade de Jerusalém dos reinos árabes muçulmanos. Tanto mulheres quanto homens foram inspirados pela causa, pela oportunidade de aventura e lucro e pela chance de fugir da vida na Inglaterra. Nem todos foram para lutar. Um cronista inglês reportou que as prostitutas que viajaram com o exército de Richard I na Terceira Cruzada ganharam tanto dinheiro que tinham uma vida melhor do que o irmão do rei francês.[163]

Bernold de Constança escreveu que "incontáveis" mulheres usaram roupas masculinas para marchar com o exército cruzado e lutar nas batalhas.[164] Cronistas muçulmanos relataram combatentes armadas. Uma lista de passageiros a bordo de um navio cruzado tinha 453 pessoas, 42 delas mulheres, metade das quais sem um acompanhante masculino.[165] Uma mulher poderia participar de uma cruzada para ajudar o exército como um todo, um cruzado ou um peregrino individual. Ou poderia viajar ao lado do exército cruzado como peregrina.[166] Mulheres foram admitidas na Ordem de São João, uma ordem hospitalar fundada para apoiar os cruzados, e estabeleceram seu próprio centro em Minchin Buckland, em Somerset.[167] O número de mulheres e crianças que participaram na Primeira Cruzada, em 1096, foi tão grande que o papa Urbano II as proibiu especificamente.[168] Nada desencorajava as mulheres cruzadas, contudo, e, em 1213, o papa Inocêncio III curvou-se a sua perseverança e decretou que tanto as mulheres quanto os homens podiam fazer o voto de cruzada.[169]

Algumas mulheres inglesas da classe alta acompanharam o marido e outras talvez tenham persuadido um marido menos entusiasmado a ir com elas. Emma de Hereford, a condessa de Norfolk, que defendeu seu castelo sitiado, viajou em uma cruzada com o marido, Ralph I de Gael, e morreu a caminho de Jerusalém. Edith, filha de William de Warenne, o primeiro conde de Surrey, acompanhou seu marido Gerard de Gournay-en-Bray com os exércitos de Hugh, o Grande, e Robert Curthose. Eleanor da Aquitânia assumiu a cruz dos cruzados por direito próprio, recrutou suas damas de companhia como guardas reais e liderou o próprio exército de vassalos feudais na fracassada Segunda Cruzada, acompanhando seu então marido, o rei Luís da França, em 1147. Em 1271, Eleanor de Castela, então grávida, acompanhou o marido, Edward I da Inglaterra, na Oitava Cruzada à Terra Santa e deu à luz sua filha, Joan, na cidade de Acre. Após voltar para casa, ela cavalgou novamente com ele para invadir o País de Gales e deu à luz seu filho Edward, em 25 de abril de 1284, enquanto o Castelo de Caernarvon era construído a seu redor.

## Crime e castigo

A lei feudal normanda da *femme couvert* criou uma brecha para as mulheres infratoras esconderem-se da Justiça e alegarem que seus maridos eram responsáveis por suas ações. Em Salle, Norfolk, em 1321, duas irmãs de uma notória família de ladrões chamada Waraunt foram acusadas de roubo e escaparam da punição, alegando que eram *femmes couvert* e, portanto, não poderiam ser acusadas por seus crimes. Outra irmã posteriormente acusada de roubo também foi libertada. Quando o primo delas, John, foi detido por roubar roupas e utensílios domésticos avaliados em 8 xelins, não pôde contar com essa defesa e foi enforcado. Quatro anos depois, todas as irmãs foram detidas e voltaram a ser libertadas; um ano depois, duas irmãs foram mais uma vez acusadas de roubo e novamente escaparam da punição.[170] Famílias criminosas não eram incomuns: um terço de todas as gangues eram compostas de famílias, muitas vezes chefiadas e organizadas pela mãe, experiente em não chamar a atenção dos tribunais.[171]

As padeiras londrinas Alice de Brightenoch e Lucy de Pykeringe cometeram uma inventiva fraude contra clientes que levavam a própria massa para assar em seu forno, no início do século XIV. Elas fizeram furos na mesa onde a massa do pão era deixada para crescer, debaixo da qual os maridos das duas mulheres se escondiam para arrancar pedaços da massa. As padeiras foram acusadas de operar "de modo falso, perverso e malicioso; com grande perda a todos os vizinhos e outros moradores das proximidades". Enquanto os maridos que as ajudaram foram expostos à humilhação no pelourinho, com massa de pão pendurada no pescoço, as mulheres usaram-se do *status* de *femme couvert* para alegar que "o referido ato não foi seu". Foram poupadas do pelourinho por serem esposas sob o controle dos maridos.[172]

Era mais fácil processar judicialmente as empresárias *femmes sole* pela infração de leis comerciais, pois elas não tinham maridos para submeter à punição. Nos registros do tribunal de Wakefield, de 1348 a 1350, a maioria das mulheres foi mencionada por crimes relacionados à produção e à venda de cerveja. Alice, filha de Adam, cavou o próprio poço de ferro em Yorkshire e foi acusada de mineração sem permissão.[173] Mabel, a Mercadora, foi acusada pelo tribunal de Chalgrave, em 1294, de roubar madeira de freixo.[174] Não era raro as camponesas serem acusadas de coletar ilegalmente restos de colheita — retirando mais do que a parte combinada das sobras da colheita de cereais — ou de roubar frutas e legumes de hortas.

As mulheres podiam ser violentas em um mundo violento: em Wakefield, por volta de 1348, Matilda, esposa de Robert de Combirworth, atacou Magota, filha de John, e foi multada em 3 denários. Agnes, esposa de William Walker, feriu William de Pudsay e foi multada em 12 denários. Amabel, a Vaqueira, fraturou o crânio de um homem para defender seu rebanho.[175] Amicia, filha de Hugh de Wygenale, atuava como a vigia oficial — guardando a colheita de frutas — quando atacou Cecilia, esposa de Richard le Gardyner, que roubava frutas.[176]

Muitas mulheres mais velhas dos vilarejos e cidades eram nomeadas oficialmente para investigar alegações de má conduta sexual, gravidez ou bruxaria. Elas mantinham todos em vigilância constante e zelavam pelos padrões sociais da comunidade; podiam denunciar outras mulheres como briguentas, o que poderia resultar em punições ou penas.

As líderes comunitárias convocavam os vizinhos para fazer o que era conhecido como *rough music*, isto é, bater panelas ou outro ato barulhento em frente à casa de pessoas vistas como transgressoras das normas sociais. Também organizavam um *skimmington ride*,* uma espécie de pantomima insultuosa realizada pela

---

* O *skimmington ride* era uma forma de punição pública ou zombaria que envolvia uma procissão ruidosa para expor indivíduos considerados transgressores sociais. A procissão muitas vezes envolvia pessoas carregando bonecos representando os culpados, ao som de música, muito barulho e zombarias da comunidade. Era um modo de controle social informal, e a escolha de vestir alguns participantes como mulheres adicionava elementos de sátira ou destaque de comportamentos específicos. [N.T.]

comunidade — uma mulher infiel, por exemplo, poderia ser visitada por um homem trajando chifres; já uma família de desordeiros poderia sofrer a humilhação pública de ter a casa visitada por um cavalo montado ao revés, ou de ter presentes simbólicos insultuosos deixados à porta.

Acontecia de as mulheres da comunidade ficarem do lado de uma mulher abusada e humilharem publicamente um marido violento, bêbado ou adúltero; mas, em geral, eram elas as vítimas do escrutínio e da censura por parte de outras mulheres. Aquelas que violassem os padrões ou tradições da comunidade às vezes eram levadas ao tribunal clerical ou ao tribunal senhorial e condenadas, não raro obrigadas a ficar um tempo determinado no chamado *cucking stool*.

Os primeiros *cucking stools* não passavam de banquetas comuns. O senhor, o padre ou os líderes comunitários ordenavam que uma mulher infratora fosse amarrada e deixada no banco por algumas horas ou até o dia inteiro. Às vezes, as banquetas eram erguidas e mantidas no alto por meio de uma alavanca — imagine as mulheres presas no alto de uma gangorra. Acontecia de uma mulher ficar tanto tempo abandonada ali que urinava e defecava em si mesma; algumas banquetas eram equipadas com uma espécie de penico. O termo *cucking stool* vem do latim *caccare* (defecar), de modo que a intenção original pode ter sido obrigar a mulher a defecar em público como parte de sua humilhação.

O *Livro do Juízo Final* registra um *cucking stool* em Chester para punir as vendedoras que adulteravam instrumentos de medição ou vendiam cerveja de má qualidade.[177] A partir de 1216, todas as paróquias eram obrigadas a fornecer um *cucking stool*: uma violência institucionalizada para mulheres que nada mais haviam feito do que ofender os vizinhos ou discutir com o marido. Com o tempo, os *cucking stool* foram transformados em *ducking stools*, passando a mergulhar a mulher na água. Em 1330, um decreto municipal de Glamorgan determinou que: "Se qualquer mulher for considerada culpada por seis homens de repreender ou insultar qualquer cidadão ou sua esposa, ou qualquer um de seus vizinhos, à primeira reincidência, ela deve ficar presa no *cucking stool* por uma hora e, à segunda, por duas horas. Na terceira reincidência ela deve ser mergulhada na água".[178]

As pessoas que faltassem aos serviços religiosos eram levadas ao tribunal clerical, enquanto as que deixassem de trabalhar nas terras comuns, de cumprir seus deveres feudais ou de pagar as taxas devidas eram levadas ao tribunal senhorial. Mulheres consideradas impuras eram formalmente acusadas em qualquer um dos dois tribunais. As solteiras flagradas praticando sexo eram sujeitas a uma multa chamada *leyrwrite*, enquanto os homens solteiros sexualmente ativos não eram submetidos a essa punição: o duplo padrão sexual era justificado pelo fato de que uma mulher poderia dar à luz um bastardo, cujo custo poderia recair sobre o feudo. Em 1350, Agnes Chilyonge teve de pagar 2 denários a seu senhor feudal por ter sido considerada culpada de "adultério" em Manningham.[179]

A partir de 1216, todas as paróquias deveriam ter um *cucking stool*, que posteriormente se metamorfoseou em *ducking stool*.

## Violência contra as mulheres

A violência doméstica provavelmente era tão comum que não era denunciada, e nenhum cronista relatou isso durante séculos. Um marido tinha o direito legal de usar a chamada "força razoável" sobre a esposa e os filhos, o que costumava implicar uma surra com chicote ou uma vara não mais larga que seu polegar. Na prática, as mulheres só denunciavam às autoridades um marido violento se temessem pela vida, e mesmo assim o marido poderia ser "obrigado a manter a paz", apenas. Era só nos casos em que a violência doméstica perturbava a comunidade que o marido era condenado ou reprovado por esta — e obrigado a um ato de humilhação em público, oficial ou não. Normalmente, as mulheres mais velhas da comunidade advertiam um marido violento quando passava do ponto — às vezes, atacando-o com violência. Considerando que a maior parte da vida cotidiana ocorria em público e as mulheres entravam na casa umas das outras para realizar trabalhos comunais, cozinhar e ajudar a cuidar de enfermos e em partos, as mulheres do vilarejo se mantinham informadas sobre a situação dos casamentos na região. Isso nem sempre era bom: a maioria das ações judiciais contra mulheres eram acusações de "calúnia" — queixas de que alguém fez comentários difamatórios sobre sua vida privada.

O estupro cometido pelo marido não era crime — os votos matrimoniais eram um consentimento para fazer sexo em qualquer momento que o marido desejasse e até que a morte os separasse.

O sexo sem consentimento fora do casamento foi proibido pela primeira vez nos códigos legais de Alfred, duzentos anos antes da invasão normanda, documentados por escrito apenas no final do século IX. Uma taxa de indenização instituía a cobrança de 5 xelins por pegar no seio de uma mulher sem consentimento; 10 xelins por forçar a mulher a deitar-se sem penetração; e 60 xelins pela penetração forçada, multas que eram pagas à família da mulher ou pessoalmente a ela.[180]

Sob a lei normanda, o "estupro" era entendido como o rapto da mulher que a apartasse de sua família, assim como um dano à propriedade desta. Um "estuprador" seria processado (pelo pai ou irmão da mulher) pelo roubo de propriedade: "Se alguém sequestrar uma donzela à força, [deverá pagar] ao proprietário 50 xelins e comprar do proprietário seu consentimento [para o casamento]. Se o caso envolver estupro de uma donzela, [deverá pagar] 7 meios-cumais".[181]

Cumal era uma medida de valor equivalente a cerca de 3 onças de prata. O estupro de uma donzela acarretava uma multa cerca de três vezes maior do que a multa por rapto, porque a virgindade lhe fora roubada e não tinha como ser restaurada.[182] O sequestro e o rapto de mulheres ricas — em sua maioria viúvas — causavam muita ansiedade, uma vez que um casamento forçado entregava a fortuna dela ao raptor.[183] Um estudo sobre o período de 1100 a 1500 revelou 1.198 alegações de rapto.[184] Em certos casos, supostas vítimas possivelmente fugiram de casamentos indesejados, organizando o próprio rapto com um amante. Algumas freiras relutantes fugiam do convento com um amante cúmplice.[185]

As rigorosas exigências para denunciar estupros e o ceticismo do juiz e do júri, constituídos exclusivamente por homens, faziam com que poucos processos fossem iniciados pelas próprias mulheres.[186] Para processar judicialmente um estupro, segundo escreveu Henry de Bracton em 1235, a mulher deveria: perder a virgindade durante o ato; fazer uma manifestação pública e gritar contra seu estuprador assim que a ação chegasse ao fim; apresentar-se imediatamente a homens de boa reputação e mostrar-lhes as manchas de sangue e as roupas rasgadas; explicar as circunstâncias ao oficial local (o *reeve*), ao sargento do rei e ao xerife; e prestar queixa no tribunal do condado. O que ela dizia em cada ponto dessa jornada deveria ser absolutamente consistente com seus relatos anteriores, já que qualquer variação seria considerada uma prova de que a mulher estava mentindo. Se ela conseguisse fazer tudo isso imediatamente após ser vítima de um estupro e os tribunais considerassem o estuprador culpado, este seria cegado ou castrado — a menos que a mulher concordasse em casar-se com ele.[187] Isso salvaria a vida ou a visão dele, bem como a reputação dela, uma vez que o homem que havia tirado sua "honra", violando-a, poderia restaurá-la com o casamento.

Ao longo do século XIII, as leis mudaram várias vezes, e o estupro foi definido tanto como um crime de violência punível com morte quanto como uma mera transgressão a ser punida com multas, exílio ou espancamento. A decisão era deixada a critério das comunidades locais, que podiam exigir a execução ou a mutilação, dependendo do caso específico.[188] Revista em 1285, a lei passou a estabelecer que o estupro contra freiras ou virgens era um crime punível com a morte; já o estupro de uma mulher que não fosse virgem era apenas uma transgressão, e o marido ou o pai dela poderiam ser recompensados pelos danos causados a sua propriedade. Em 1300, estabeleceu-se que o estupro era um crime contra a propriedade, na medida em que reduzia o valor da mulher, afetando sua possibilidade de casar-se, seu *status* e a riqueza de sua família. A nova lei exigia que a mulher recebesse um pagamento, a ser incluído no dote, a fim de compensar qualquer futuro marido pela perda. A pena pelo estupro foi reduzida de enforcamento, esquartejamento e desmembramento a apenas enforcamento (uma punição semelhante à do roubo), mas a mulher violada ainda tinha a opção de casar-se com seu estuprador e salvar a vida dele e a reputação dela.[189]

Se uma acusação de estupro chegasse aos tribunais, a palavra da mulher valia menos que a palavra do homem, já que ele tinha *status* legal, e ela, não. Há poucos registros da defesa em juízo de estupradores acusados; normalmente, a um homem acusado bastava negar a acusação.

Henry, filho de Fullar de Shelfield, em Walsall, negou ter estuprado Maud, filha de Henry Spurnall, em 1221, "palavra por palavra", de acordo com os autos do tribunal. Ele relatou ao tribunal que o pai de Maud era acusado de homicídio e havia flagrado Henry Spurnall com Maud, sua irmã e quinze ovelhas na floresta. Henry afirmou que Maud o acusou de estupro "por rancor". O júri, composto de doze homens de quatro vilarejos, decidiu que ele não era culpado.[190]

Uma mulher raptada, estuprada e mantida cativa por dois anos não conseguiu que seu estuprador fosse punido porque não denunciou a violação dentro do prazo permitido. John estuprou Rose, uma virgem de Irchester, em Northamptonshire. Quando ela tentou dar o grito de alerta, ele a raptou, levou-a para Oxfordshire e a manteve cativa por dois anos. Embora ela, finalmente, tenha escapado, dado o sinal de alerta e levado seu estuprador-sequestrador ao tribunal, a defesa de John foi técnica: Rose não havia especificado "um dia definido ou um ano definido ou um local definido em que ele a estuprou". O tribunal concordou, e John saiu livre. Mas, nessa rara ocasião, a intervenção do rei levou John de volta ao tribunal, e um segundo julgamento condenou-o por estupro e multou-o em 10 libras. A multa foi paga ao rei, o queixoso, e não a Rose, a vítima.[191]

Se uma mulher concebesse um filho como resultado de um estupro, sua alegação de estupro era automaticamente descartada, porque se acreditava (com base em Aristóteles) que uma mulher só concebia um filho se tivesse tido um orgasmo, isto é: a concepção provava o orgasmo, e um orgasmo provava o consentimento. Foi o que o juiz disse a Joan de Kent, que alegava ter sido estuprada e engravidada. O julgamento foi documentado nos anuários de Edward II.[192]

Cerca de um quarto dos homens acusados de estupro foram judicialmente processados. Em um estudo de registros do século XIII, de 108 acusações de estupro, 15% resultaram em veredictos de culpa, 12% foram resolvidas fora do tribunal e 33% foram rejeitadas.[193] Nenhum dos homens culpados foi condenado à morte, conforme previsto em lei, nem mesmo os que se declararam culpados. Agnes de Westwode alegou que Roger de Cheveral, em Wiltshire, era culpado de "estupro e violação de seu corpo" e afirmou ao legista que ele a "estuprou com violência". O veredito dos jurados confirmou que Roger era culpado de estupro. O tribunal multou-o em 4 xelins e o declarou proscrito.[194]

A dificuldade de fazer uma acusação, as exigências de prova quase impossíveis e as punições brandas dissuadiam as mulheres de denunciar os estupradores.[195] A vergonha de ter tido uma relação sexual com um desconhecido — ainda que fosse um estupro — manchava a reputação de uma esposa, e uma mulher solteira estuprada teria de encontrar um marido que aceitasse uma noiva desonrada. Alguns reinados passaram sem qualquer documentação de acusação de estupro, como os de Richard I (1189-1199) e John (1199-1216).[196]

Um estudo de todos os registros encontrados de acusações de estupro entre 1208 e 1321, de diferentes partes da Inglaterra, mostra que 21% dos homens acusados de estupro foram considerados culpados. Dos 31 considerados culpados, 24 foram punidos. Dois homens foram enforcados e cerca de um terço foi preso, um terço foi declarado proscrito e o restante indenizou ou se casou com a reclamante. Alguns homens provavelmente fugiram e tornaram-se bandidos para evitar o julgamento.[197]

No entanto, 71 mulheres — quase metade das que se queixaram de estupro (49%) — foram detidas por falsa acusação, por não comparecerem ao tribunal ou por não concluírem os procedimentos. Era fácil uma vítima acabar sendo judicialmente culpada, dados os complexos requisitos para a acusação e o fato de que quase todas as vítimas de estupro eram trabalhadoras pobres, socialmente inferiores aos estupradores, que eram na maioria comerciantes, escriturários ou clérigos.[198] Os homens alfabetizados tinham facilidade em defender-se perante um júri masculino. As mulheres comuns se viam em um tribunal de seus senhores, sem contar com qualquer representação.

Um juiz visitante, vindo de uma cidade distante, tinha mais interesse em impor procedimentos judiciais corretos em uma região indisciplinada do que em salvaguardar os direitos das vítimas de estupro. Sua principal tarefa era angariar dinheiro do tribunal por meio do estabelecimento de multas, e era mais fácil multar uma mulher que se queixava de estupro do que encontrar e processar o homem por ela acusado.[199]

Os jurados eram escolhidos nos vilarejos do acusado e da vítima e, muitas vezes, tinham mais interesse em manter a paz na comunidade do que em fazer justiça. Como se considerava que a mulher era automaticamente um objeto de desejo — independentemente das intenções dela —, era comum que fosse responsabilizada pelos crimes cometidos contra si; daí que, na visão da Igreja, o pecado de estuprar uma mulher bonita era considerado um pecado menor do que o de estuprar uma mulher feia, porque a tentação de violar uma mulher bonita era muito maior.[200]

Os estupradores condenados tinham a chance de receber o perdão real. Em 1266, Henry III emitiu o Pronunciamento de Kenilworth, concedendo anistia a seus apoiadores, quaisquer que fossem os crimes que eles tivessem cometido, incluindo estupros.[201]

# Casamento

Um casamento era uma promessa oral que podia ser feita em qualquer lugar; não precisava ser em solo sagrado e podia ter ou não a presença de um sacerdote ou qualquer outra testemunha. A partir do século XII, o desejo dos senhores de controlar as herdeiras e seus dotes deu origem a uma nova tradição que exigia que as promessas fossem feitas perante testemunhas, de preferência um padre. O clérigo seria responsável por garantir que o casal de noivos não fosse formado por parentes próximos e que nenhum dos dois tivesse um cônjuge anterior vivo. Nessa mesma época, leis canônicas tentaram impedir os casamentos forçados a jovens ou noivas raptadas, de modo a tornar o consentimento um fator indispensável para um casamento válido.[202] Mas era improvável que um padre que devia sua posição e sua renda a um patrono poderoso se opusesse a ele.[203]

Uma promessa privada de casamento futuro — um noivado — era considerada um compromisso tão irrevogável quanto um voto de casamento. Theodora, nascida em uma rica família de comerciantes por volta de 1096, em Huntingdon, foi prometida a um nobre, apesar de seu desejo de ser freira. Seus pais reclamaram que a tentativa dela de romper o noivado fez deles "motivo de chacota dos vizinhos".[204] O apoio de um eremita, que recomendou a vocação da moça ao arcebispo de Cantuária, encorajou-a a fugir de casa, o que ela fez vestida de homem, para se juntar a uma eremita, Alfwen, em Flamstead. Theodora mudou o nome para Christina e passou a ganhar a vida por meio da arte — trabalhava com seda, bordava e tecia quadros baseados em manuscritos ilustrados. O *The St. Albans Chronicle* registra suas sandálias e mitras belamente trabalhadas, que ela fez para presentear o papa.[205] Dois anos depois, seu noivo a liberou do noivado e o arcebispo de York anulou o juramento. Christina fez seus votos na Abadia de St. Albans e viveu em um eremitério em Markyate, onde estabeleceu um priorado. Lá, atuou como prioresa na companhia de outras devotas. Aconselhou e fez amizade com o abade de St. Albans, Geoffrey de Gorham, que registrou seus sentimentos por ela no Saltério de St. Albans, incluindo a letra "C" para Christina no Salmo 105, o qual celebra o poder de Deus para proteger o povo.

Um noivado era convertido em casamento irrevogável por meio de uma cerimônia de casamento — de preferência perante um padre e testemunhas — ou apenas por uma sequência de rituais: um pagamento em ouro e prata, a oferta de um anel e a consumação do casamento, ou seja, penetração peniana. Depois disso, o casal estaria completamente casado e a esposa seria considerada responsabilidade do marido, tanto no que concernia a seu comportamento quanto às dívidas por ela contraídas. Uma noiva sequer falava na cerimônia de seu casamento. No *Missal de Bury St. Edmunds* dos anos 1100, apenas o marido tem voz. Ele deveria dizer:

> Com este anel, a ti me uno,
> este ouro e prata a ti oferto,
> com meu corpo, a ti adoro,
> e, com este dote, a ti abençoo.

Em seguida, a noiva, tendo recebido o ouro, a prata e o dote, cai aos pés do marido.[206] Ela ouvia a descrição quase idólatra da união entre eles: "com meu corpo, a ti adoro". É uma frase forte para um casamento comumente entendido por nós como "arranjado" e "sem amor". Ela aceitava os presentes: o anel que provava o casamento, as moedas cerimoniais que representavam a parceria financeira vitalícia e sua própria contribuição, ou seja, o dote. Ajoelhava-se diante do homem, seu superior, como um vassalo diante do senhor feudal, como um nobre diante do rei.

Casamentos por amor aconteciam, especialmente quando não havia grandes fortunas em jogo. Um diácono de uma igreja na Inglaterra conheceu uma jovem judia, em Oxford, enquanto tinha lições com o pai dela, um estudioso judeu. O diácono e a jovem se apaixonaram, e ele lhe propôs casamento e prometeu converter-se à religião dela. O homem foi circuncidado e converteu-se ao judaísmo para se casar com a mulher que amava. Foi acusado de apostasia pela Igreja e queimado na fogueira em Osney, em 1222.[207]

Agnes Nakerer apaixonou-se por um menestrel itinerante, John Kent, com quem se casou em segredo no início do século XIV. Posteriormente, seus pais a forçaram ao altar com um genro mais valioso, mas John, o Menestrel, levou-os ao tribunal clerical, em York, e reconquistou a esposa.[208]

As mulheres comuns tendiam a casar-se depois de terem trabalhado por alguns anos. Nos séculos XIII e XIV, algumas mulheres de Lincolnshire casavam-se depois dos 21 anos de idade, ou até mais tarde, quando marido e mulher tivessem poupado dinheiro suficiente para constituir família.[209] As mulheres de Wakefield, Spalding e de alguns feudos em Huntingdonshire eram obrigadas a pagar uma taxa ao senhor feudal pelo direito de se casar com o homem de sua escolha e, muitas vezes, usavam o próprio dinheiro.[210]

Casamentos entre as classes altas eram arranjados pelos pais e tutores dos jovens, pois serviam para transferir propriedades entre famílias, resolver disputas e até pôr fim a guerras locais. A antiga palavra anglo-saxônica para "esposas" era *peace-weavers* (tecelãs da paz).[211] Qualquer felicidade que se seguisse ao casamento era considerada um bônus. Pais atenciosos e amorosos até escolhiam um parceiro adequado à filha ou filho; mas a outros interessavam apenas as finanças.

A maioria dos casamentos terminava em morte prematura: nos séculos XVI e XVII, na Inglaterra, uma em cada quarenta mulheres morria durante o parto.[212] A expectativa de vida para homens e mulheres medievais era de 40 anos. O conceito de divórcio ainda não existia, mas o casamento poderia ser declarado inválido se os cônjuges fossem parentes próximos ou poderia ser proibido pelo direito canônico. Entre as causas para a anulação, estavam lepra, adultério flagrante por parte da esposa, abandono malicioso, o casal professar religiões diferentes ou casamento forçado. Um casamento poderia ser anulado se algum dos cônjuges não conseguisse conceber filhos ou se o homem fosse declarado impotente. Nesses casos, era necessária a confirmação por parte de mulheres experientes. Em 1292, um júri composto de doze mulheres em Canterbury examinou Walter de Fonte e testemunhou — depois de tentar, sem sucesso, excitá-lo — que seu "membro viril" era "inútil".[213] Nem marido nem mulher tinham o direito de recusar sexo, já que haviam dado seu consentimento vitalício no dia do casamento; contudo, havia muitos dias "de folga": a Igreja não permitia sexo nos dias de santos, de festa, sagrados e de penitência. No total, os dias sem sexo perfaziam cerca de um terço do ano, e o sexo era desencorajado no período menstrual ou na amamentação.[214]

O mau comportamento no casamento era punido, mas o casamento não seria dissolvido. Em Rochester, no século XIV, qualquer esposa culpada de adultério era chicoteada três vezes no cemitério da igreja e três vezes nas proximidades do mercado, mesma punição aplicada a um marido adúltero.[215]

No século VIII, as igrejas católicas romanas da Europa aceitavam o casamento entre pessoas do mesmo sexo, no caso de mulheres. Eram casamentos legítimos realizados por párocos que documentavam nos registros paroquiais o nome das mulheres casadas, da maneira habitual. Quando a Inglaterra se submeteu à jurisdição papal, os casamentos entre mulheres provavelmente também passaram a ser celebrados nas igrejas inglesas. Os serviços matrimoniais ingleses do século X falam em "esposa" e em "noiva" e abençoam os futuros filhos resultantes do casamento, mas não definem o casamento como necessariamente heterossexual. O serviço de casamento utilizado no século XII, o *Missal de Bury St. Edmunds*, refere-se a uma noiva e um noivo, mas não especificamente a um homem e uma mulher. Foi somente no século XVI que o *Sarum Manual* passou a referir-se especificamente a um homem e uma mulher nos votos matrimoniais.[216]

## Amor e desejo sexual

Na Inglaterra medieval, acreditava-se que as mulheres tinham um apetite sexual ativo por parceiros tanto masculinos quanto femininos, procuravam ativamente ter relações sexuais e experimentavam o orgasmo — a visão de Eva, isto é, mulheres de intensos desejos sexuais. Como os médicos acreditavam que o orgasmo liberava uma semente feminina, do mesmo modo que liberava uma semente masculina, um marido que quisesse herdeiros tinha de dar prazer sexual à esposa.

A relação sexual com a intenção de conceber um filho era vista como um ato realizado com a participação de Deus. Era pecado tentar evitar a concepção de qualquer maneira, incluindo a masturbação e a poluição noturna, bem como a contracepção e o aborto. As baixas taxas de gravidez no início do período medieval sugerem que as pessoas procuravam prazer sexual sem ter relações sexuais com penetração. O *bundling*, caracterizado por carinhos eróticos e toques sexuais sem penetração, era muito comum, especialmente entre amantes solteiros, e os contraceptivos e práticas herbalistas eram tão difundidos que a Igreja incluiu orientações aos párocos no manual de penitências adequadas. Abortar antes de o bebê "chutar" era considerado um pecado similar à contracepção, uma vez que o feto não tinha alma antes disso. As mulheres que confessassem ter causado um aborto tomando ervas recebiam uma penitência de quarenta dias, a punição habitual para um pecado menor.[217] Mulheres sábias e herbalistas conheciam receitas de espermicidas e ervas que supostamente causavam abortos. Hildegard de Bingen (1098-1179), madre superiora e futura santa, registrou receitas para o aborto e instruiu que a prática deveria ser realizada se a vida da mãe corresse risco devido à gravidez.[218] Por vezes, bebês indesejados eram mortos em um arriscado aborto cirúrgico, em que se utilizava uma faca ou agulha, e reportados como natimortos. Recém-nascidos eram mortos ou abandonados, o que se considerava o pecado maior do homicídio, e a mãe era sempre a primeira suspeita; ela tinha de provar sua inocência e poderia ser enforcada se fosse considerada culpada.

Os líderes da Igreja opunham-se a qualquer forma de relação sexual que não fosse a penetração peniana, frente a frente, com o marido por cima, com a única intenção de conceber um filho. O orgasmo era essencial, mas o prazer sexual por si só era pecado. No século XIII, Tomás de Aquino elaborou uma lista de pecados, em ordem de severidade: masturbação, bestialidade, sodomia e — o pior de todos — relações heterossexuais com contraceptivos ou em qualquer posição em que o homem não estivesse por cima. A masturbação era um pecado mais grave que o estupro, pois impedia que Deus concebesse uma vida.[219] A sodomia, na época, era definida como qualquer ato em que um pênis fosse colocado em qualquer lugar que não uma vagina humana, ou que qualquer coisa que não um pênis fosse colocada em uma vagina humana.

Tanto os tribunais clericais quanto os senhoriais ouviam evidências contra mulheres acusadas de fornicação ou adultério, e ambos estabeleciam penitências e punições. Ocasionalmente, homens eram julgados e punidos. Em 1270, três mulheres de Worcestershire foram multadas por "fornicação", sem qualquer acusação contra os parceiros masculinos. Em 1247, em Norfolk, um grupo de cinco mulheres foi forçado a pagar multas por perder a virgindade, mas nenhum homem foi acusado ou multado.[220] A preocupação com a castidade das freiras levou o papa Bonifácio a emitir um decreto, em 1298, declarando que todas as freiras deveriam ser rigorosamente enclausuradas em suas casas religiosas e proibidas de receber hóspedes ou convidados. A ideia era encorajar as mulheres "a servir a Deus com mais liberdade, completamente separadas do olhar público e mundano, e, tendo sido removidas as ocasiões para a lascívia, salvaguardar diligentemente seu coração e corpo em total castidade".[221]

Contudo, as novas regras não foram bem recebidas pelas mulheres. Em 1300, o bispo John Dalderby visitou o Priorado de Markyate para apresentar os novos regulamentos e relatou que as freiras "arremessaram o referido estatuto em suas costas e sobre sua cabeça". As freiras da Abadia de Meaux rejeitaram as novas regras sob a alegação de que não eram obrigadas a obedecer a nada além de seus votos originais, que já eram rigorosos o bastante.[222]

De qualquer maneira, não fazia qualquer diferença erigir muros e instalar grades nos conventos, pois as poucas freiras que faziam sexo com homens tinham amantes dentro dos recintos: monges residentes, visitantes religiosos, trabalhadores ou convidados. Os muros, as portas trancadas e as grades nos conventos refletem um profundo temor à "propensão das mulheres a comportamentos pecaminosos". Tampouco as mulheres que faziam votos de "Noivas de Cristo" eram consideradas capazes de controlar seus desejos sexuais. As freiras observavam que enclausurar essas mulheres superestimava o voto de castidade diante dos outros, como o de pobreza e obediência. Louvar a Deus era mais importante do que garantir que as freiras não fizessem sexo, certo?[223]

As freiras que pecavam com homens eram obrigadas a passar fome, espancadas por seus superiores ou colegas ou presas. Na história da Freira de Watton, contada por Aelred de Rievaulx em 1160, uma jovem freira, enclausurada desde a infância no Priorado de Watton, Yorkshire, conheceu um jovem monge do mosteiro vizinho e concebeu um filho com ele. As freiras espancaram a moça, arrancaram-lhe o véu da cabeça, e só não a lincharam e marcaram a ferro porque foram impedidas, mas acorrentaram-na em sua cela, alimentando-a apenas com pão e água. Os monges capturaram o amante, forçaram a jovem freira a castrá-lo, e o órgão genital mutilado foi impelido na boca dela. O jovem foi levado de volta ao mosteiro, e a jovem foi presa na cela do convento. Lá ela teve uma visão de Henry Murdac, bispo de York, em que ele lhe tomava o bebê e a purificava do pecado. Na manhã seguinte, as freiras a encontraram sozinha na cela, sem o bebê e sem sinais de gravidez. Os padres da Igreja concordaram que se tratava de um milagre e a jovem foi perdoada. Não há qualquer indicação na história de que as punições infligidas ao rapaz e à moça tenham sido de alguma maneira excessivas ou inadequadas.[224]

As penalidades para relações entre pessoas do mesmo sexo no convento eram muito menos severas do que para as relações heterossexuais. No século VII, Theodore, arcebispo da Cantuária, publicou um "livro penitencial", ou seja, uma lista de possíveis pecados e as punições apropriadas. Uma mulher que "pratica o vício com outra mulher" deveria receber uma penitência de três anos; era uma punição mais leve do que a recomendada para uma mulher casada que cometesse adultério com um homem casado.[225] O historiador e teólogo Venerável Beda concordava: deveria haver uma penitência de três anos para a mulher amante de outra mulher, mas de dez anos se a mulher usar algum "dispositivo".[226]

No século VIII, a punição foi reduzida. Freiras que participavam de "intimidade" (termo usado por Constantino V) recebiam uma breve penitência: dieta a pão e água. Essa dieta punitiva deveria ser estendida a quarenta dias se uma mulher "montasse" em outra, porém, não havia qualquer sugestão de que freiras que fizessem sexo com outras freiras fossem espancadas.[227] A proibição papal da "intimidade" não tratava de vínculos emocionais entre freiras. No século XII, quando Hildegard de Bingen admitiu seus intensos sentimentos por sua assistente Richardis, a situação foi interpretada como uma questão de favoritismo, que poderia prejudicar a disciplina do convento, mas não como um pecado de natureza sexual.[228]

No mundo cristão, a atividade sexual entre mulheres é conhecida e nomeada desde o século II. A palavra *lesbia* para uma mulher que se casa com outra mulher foi registrada nas margens de um manuscrito da época.[229] São Paulo descreveu tanto o desejo feminino quanto a "perversidade" como punições de Deus pela idolatria: "Por causa disso, Deus os entregou a paixões vergonhosas. Até suas mulheres trocaram suas relações sexuais naturais por outras, contrárias à natureza".[230]

Como os teólogos medievais denominavam "sodomia" a penetração de qualquer coisa que não fosse o pênis em qualquer lugar que não fosse a vagina, as mulheres que usassem um objeto fálico para a penetração seriam culpadas de sodomia: um pecado e um crime grave que poderia resultar em acusações perante um tribunal clerical ou civil. Na realidade, acusações dessa natureza foram muito raras: na cristandade medieval, houve apenas doze julgamentos legais conhecidos de mulheres que usaram objetos para penetrar outras mulheres, e nenhum na Inglaterra.[231]

Em uma Bíblia ilustrada francesa do século XIII, mulheres que se beijavam constam como exemplo de "pecado da boca" e não como pecado de intimidade entre pessoas do mesmo sexo. A representação mostra homens se abraçando nas proximidades. A ilustração de um poema de *O romance da rosa*, de Guillaume de Lorris (1200-1240), mostra duas jovens se beijando em um jardim imaginário de prazer, uma cena idílica de felicidade feminina, em que mulheres dançam, conversam, brincam de ficar de ponta-cabeça e se beijam.

Bieiris de Romans, uma trovadora do século XIII, descreveu em um poema seu amor apaixonado por uma mulher:

> Formosa mulher, cuja alegria e nobre discurso enaltecem,
> e merece, a ti vão meus versos,
> pois em ti estão a alegria e a felicidade,
> e tudo que há de bom e que se poderia desejar em uma mulher.[232]

Séculos de estudos foram dedicados a explicar que Bieiris de Romans está adotando uma voz masculina ou escrevendo na tradição dos trovadores masculinos para uma mulher inexistente, ou que, como as mulheres não são amantes eróticas, trata-se de um poema sobre afeto sentimental, não físico.[233] Ou talvez seja uma mulher escrevendo um poema de amor para outra mulher.

## A natureza das mulheres

Os filósofos medievais aprenderam com Aristóteles (384-322 a.C.) que havia um tipo básico de corpo humano, com o mesmo órgão sexual — no entanto, externo nos homens e interno nas mulheres —, uma única forma humana, organizada de maneira diferente, embora nos homens o órgão fosse mais visível, compreensível e saudável do que nas mulheres, misterioso e oculto. Todos os textos clássicos desde Platão, de cerca de 400 a.C. em diante, concordavam que havia uma completude ideal, na qual todas as variações possíveis de gênero eram unas e unidas por uma: um espectro de sexos, com homens altamente masculinizados em um extremo e mulheres altamente feminilizadas no outro, com uma grande variedade entre os dois.[234]

Mais tarde, no século II, Galeno propôs que o corpo humano era controlado por "humores" que se combinavam de maneira diferente em cada indivíduo. A posição de um indivíduo no espectro dependia de sua combinação de humores: as mulheres deveriam ser úmidas e frias, os homens, secos e quentes; mas os indivíduos diferiam em sua composição e podiam ser ajustados à combinação desejada. Como a natureza de uma pessoa dependia da combinação de humores, era possível uma variabilidade infinita dentro do mesmo sexo; o frio e o úmido causavam a feminilidade em homens e mulheres, o quente e o seco causavam a masculinidade.[235] O modelo clássico de um sexo e uma só carne foi o pensamento dominante até o século XVII.[236]

Ambas as teorias deixavam evidente que havia um único corpo humano compartilhado por homens e mulheres. Acreditava-se que pessoas intersexo — com genitália ambígua — eram uma ocorrência normal e frequente.[237] Uma mulher poderia se transformar em um homem. Se ela se masturbasse, seu clitóris poderia se transformar em um pênis;[238] ou um pênis poderia sair de sua posição normal, escondido dentro de uma vagina, devido a um grande esforço físico, como saltar uma vala.[239] Costumava-se acreditar que o esforço, a atividade sexual ou o calor excessivo pudessem transformar as mulheres em homens, e tanto os filósofos gregos quanto os padres da Igreja concordavam que seria uma melhoria para as mulheres.

Os clérigos medievais acreditavam que estar "em Cristo" era ser livre de gênero, em um estado de conscientização espiritual acima das diferenças corpóreas, além dos fatores biológicos. São Paulo disse: "Nisto não há judeu nem grego; não há servo nem livre; não há macho nem fêmea; porque todos vós sois um em Cristo Jesus".[240]

A transformação de um sexo ao outro é descrita no evangelho apócrifo de São Tomé. O último "dito" da coletânea é atribuído a Jesus, sobre Maria, sua mãe: "Eis que eu a atrairei, para que ela se torne homem, de modo que também ela venha a ser um espírito vivente, semelhante a vós homens. Porque toda mulher que se fizer homem entrará no Reino dos Céus".[241]

Embora a Bíblia proibisse que mulheres se vestissem como homens, baladas, poesias e histórias medievais aprovavam entusiasticamente mulheres agindo como homens ou transformando-se em homens.[242] A heroína medieval da canção de gesta *Yde et Olive* realizou missões de cavalaria vestida de cavaleiro e foi recompensada com a transformação em um homem totalmente funcional, capaz de gerar filhos.[243] Mais de 35 lendas nomeiam mulheres sagradas que optaram por vestir-se permanentemente como homens.[244]

O feminino não era um sexo diferente e oposto ao masculino, mas um *status* diferente do dos homens. Filósofos medievais que dedicaram a vida a refletir sobre a questão "Por que somos tão superiores às mulheres?" constataram que a inferioridade era uma parte integral da "natureza das mulheres". Eles mencionavam o chamado "defeito feminino": as leis não reconheciam a existência das mulheres a menos que fosse especificamente definida, a Igreja proibia as mulheres do sacerdócio, a coroa preferia herdeiros homens e a cultura não duvidava da inferioridade natural das mulheres.

Em 585, o concílio eclesiástico de Mâcon* discutiu se as mulheres poderiam ser consideradas "homens" aos olhos de Deus e concluiu que sim. Essa decisão foi maliciosamente distorcida ao longo dos séculos como uma constatação sinódica de que as mulheres não tinham alma.[245] Elas, sem dúvida, não tinham *status*. São Paulo escreveu que as mulheres deveriam ser "submissas": "Conservem-se as mulheres caladas nas igrejas, porque não lhes é permitido falar; mas sejam submissas como também a lei o determina. Se, porém, querem aprender alguma coisa, interroguem, em casa, a seu próprio marido; porque para a mulher é vergonhoso falar na igreja".[246] Henry de Bracton, o especialista jurídico, definiu a inferioridade feminina em 1235: "As mulheres diferem dos homens em muitos aspectos, pois ocupam posição inferior à dos homens".[247]

Mas uma nova definição da natureza feminina estava surgindo das expressões artísticas em torno do "amor cortês". Tradição literária no mundo árabe, a ideia de "amor cortês" foi introduzida na França pela Espanha muçulmana e, quando Eleanor da Aquitânia foi à Inglaterra, em 1152, para casar-se com Henry II, levou consigo essa nova versão da "natureza" das mulheres. Os poemas eram histórias de amor sobre uma heroína vigiada de perto e o jovem nobre que a venera. O amor dos dois, expresso na forma de um diálogo poético e de atos corajosos, atinge um alto nível de espiritualidade e, por fim, de união com Deus. A mulher das histórias de amor cortês não se parecia em nada com a mulher terrena e falível que os filósofos diziam ser naturalmente inferior ao homem. A mulher das histórias de amor cortês era perfeita, livre de pecado, capaz de uma paixão profunda e pura, segundo o modelo de Maria, mãe de Jesus, cujo culto se expandia em todos os países europeus, com grandes catedrais e santuários a ela dedicados, como o de Nossa Senhora de Walsingham, na Inglaterra. O amor cortês apresentava uma versão secular do culto a Maria, com uma heroína cuja natureza era quase divina.

O herói, muitas vezes, era um poeta pobre, livre para amar, sem vínculos, capaz de dedicar a vida a serviço dela. Ela era sempre uma esposa nobre ou real, em um casamento arranjado e sem amor, disponível para o *fin'amor*, o "amor cortês".

Esse conceito expandiu-se dos patronos dos poetas itinerantes — trovadores homens e mulheres — para outras formas de arte: pinturas, peças de teatro,

---

* Concílio da Igreja Católica realizado em Mâcon, na França, famoso por ter tratado de questões relacionadas à disciplina eclesiástica e à ortodoxia cristã. [N.T.]

torneios e mascaradas, espalhando-se por toda a Inglaterra, muito além das casas senhoriais. As mascaradas populares, apresentadas por profissionais e pela nobreza diante de grandes audiências de pessoas comuns, contavam as histórias de amor cortês; os poemas eram mencionados em torneios, comumente dedicados a romances de amor cortês. Dizia-se que os "Tribunais do Amor", nos quais dilemas interessantes de amor, lealdade e cortesia eram apresentados e julgados por nobres damas com autoridade sobre os homens. É possível que Eleanor da Aquitânia e sua filha tenham conduzido tribunais do tipo, cujas decisões das juízas — fictícias ou reais —, que foram publicadas, descreviam como o amor cortês deveria ser expresso e regulavam os comportamentos apropriados ao amante humilde e sua exigente senhora. Os lais* de Maria de França, apreciados por Eleanor da Aquitânia e sua corte, contavam sobre senhoras aristocratas que sofriam por amor.

As nobres heroínas tinham papéis ativos nas primeiras histórias. Nos primeiros contos, elas defendiam o marido ou amante e lutavam fisicamente contra seus inimigos. Podiam se disfarçar de cavaleiros, aventurar-se e até cortejar outras mulheres disfarçadas de homem. No *Roman d'Enéas*, a heroína Camille lidera uma tropa de mulheres na batalha contra os troianos; no conto alemão *The Ladies' Tournament*, mulheres se enfrentam em um torneio; em "O conto do cavaleiro", de Chaucer, as mulheres são amazonas e combatem homens antes de ingressar na corte; e a *Chanson de Guillaume* faz referência a duas mulheres de autoridade, uma defendendo um castelo em uma zona de guerra e administrando o exército, a outra uma rainha que aconselha o marido. Essas heroínas dominantes, ativas e poderosas representavam uma total contradição com as mulheres inferiores descritas pelos escritores clássicos e pelos primeiros clérigos.

À medida que o amor cortês dominou as artes e o entretenimento do mundo medieval, as duas versões contraditórias da natureza das mulheres — a mulher obscena e terrena e a dama refinada e etérea — foram sustentadas e recontadas até se tornarem universalmente aceitas, inclusive pelas próprias mulheres, que passaram a tentar fazer jus a uma ou outra. Qualquer ideia de irmandade, ou até de sororidade, foi destruída por essa divisão. A mulher deixou de apenas "fazer" ou "ser": ela tinha de escolher um ou outro papel e nunca se desviar dele. A partir desse ponto, uma mulher deveria ser ou "naturalmente" uma dama frígida, superior a todas as outras e acima dos desejos terrenos, ou "naturalmente" uma plebeia obediente, inferior e sexualmente ativa — e o maior e mais significativo indicador da natureza de uma mulher era o quanto se mostrava ou não disponível para fazer sexo com um homem.

---

* Narrativas curtas, muitas vezes de natureza romântica ou lendária, escritas por Maria de França no século XI. [N.T.]

Parte 2

# 1348-1455
# Mulheres em ascensão

## A Grande Peste

Um vírus mortal, mais tarde chamado de "Peste Negra", na época conhecido como a "Grande Peste", chegou à Inglaterra em 1348. A epidemia começou no Leste asiático e espalhou-se por toda a Europa pelas rotas comerciais. Foi uma forma de peste bubônica, mas, para suas vítimas, a causa era um mistério terrível para o qual não existia cura conhecida. Os primeiros surtos revelaram-se os piores: interromperam a Guerra dos Cem Anos com a França, destruíram a vida cultural, cortaram ligações entre a Inglaterra e a Europa, esvaziaram cidades e campo e prejudicaram a Igreja — que não tinha nem doutrina nem padres para oferecer esperança aos fiéis. Todos os aspectos da vida na Inglaterra foram transformados pela devastação. A população caiu à metade: de cinco milhões de pessoas em 1300 para 2,5 milhões em 1400,[1] com 30% a 40% morrendo apenas no primeiro ano.[2] Nas cidades, as oficinas ficaram vazias; os mestres e aprendizes que podiam fugiam para o campo ou morriam aos milhares. No campo, as pessoas morriam sozinhas em suas choupanas; vilarejos tentavam impedir a entrada de viajantes, mas a praga parecia irrefreável. O impacto foi extraordinário, a ponto de cientistas sugerirem que um número tão grande de camponeses morreu que as terras agrícolas voltaram a se transformar em florestas, arrefecendo o clima e criando a Pequena Era Glacial do século XVII.[3]

A consequência mais importante da peste para as mulheres não é mencionada nas histórias. Naqueles anos desesperadores, as mulheres foram convocadas a servir à Igreja como substitutas de sacerdotes homens ordenados. Em janeiro de 1349, Ralph de Shrewsbury, bispo de Bath e Wells, ordenou que, na falta de um padre, os cristãos moribundos confessassem seus pecados a um leigo; e, na falta de um leigo, o paciente podia confessar e receber a extrema-unção de uma mulher. Ele disse:

> A peste [...] deixou muitas igrejas paroquiais [...] sem pároco ou padre para cuidar de seus paroquianos [...]. Portanto, para providenciar a salvação das almas [...] vocês devem imediatamente ordenar e persuadir todos os homens de que, se eles estiverem à beira da morte e não puderem assegurar os serviços de um sacerdote, deverão confessar-se uns aos outros [...] e, na ausência de um homem, até mesmo a uma mulher.[4]

"Até mesmo a uma mulher!" Foi um avanço extraordinário e uma revolução quase esquecida no sacerdócio exclusivamente masculino. A grande importância desse decreto é que, ao permitir que as mulheres (como último recurso) ouvissem a confissão de um homem moribundo, o bispo Ralph deu a entender que mulheres podiam interceder junto a Deus no mesmo nível que os homens. As mulheres ganharam uma voz que Deus podia ouvir: já não eram apenas o "segundo sexo". Essa extraordinária transformação das mulheres, de criaturas inferiores a seres abençoados por Deus, só perdurou durante os anos da peste, e a admissão da igualdade espiritual feminina pelo bispo Ralph jamais seria repetida pela Igreja Católica Romana. Seiscentos anos depois, a Igreja Anglicana finalmente concordou que as mulheres podiam ser ordenadas sacerdotes.

Com a destruição causada pela peste, as mortes sobrecarregaram a Igreja. A vida nos conventos e abadias entrou em colapso sem ninguém para cultivar seus campos, administrar suas indústrias e cobrar aluguéis. Suas enfermarias nada tinham a oferecer; pacientes pereciam e enfermeiros e médicos contraíam a doença. As crianças órfãs e os pobres foram abandonados pelas casas religiosas, que não conseguiam alimentar nem a si mesmas. Os conventos menores caíram na miséria.[5] Líderes, profissionais qualificadas e trabalhadoras morreram, e as freiras sobreviventes abandonaram os conventos para nunca mais voltar. Em 1500, apenas dois grandes conventos haviam sobrevivido, em Shaftesbury e Syon. Mais de cem fecharam. Muitos conventos — especialmente os beneditinos — reduziram-se a pequenos grupos domésticos de quatro ou cinco mulheres; outras freiras voltaram para a casa dos pais, casaram-se ou tentaram se enquadrar no mundo secular.[6]

Mas as mulheres sobreviventes nas cidades e no campo encontraram novas oportunidades. As que viviam no campo foram libertadas da supervisão do senhor feudal ou de seus representantes. Os contribuintes podiam recusar-se a pagar impostos, muitos cobradores morreram e o governo, reconhecendo o colapso do sistema, reduziu os impostos nos anos pós-peste. Cobradores de aluguéis e arrendamentos morreram, e não havia como forçar os vassalos sobreviventes a se ater a contratos onerosos; nada os impedia de ir para um senhor melhor em uma propriedade feudal vazia ou mesmo encontrar uma fazenda abandonada.[7] As mulheres sobreviventes nas cidades eram, muitas vezes, as únicas capazes de manter um negócio ou as únicas herdeiras de propriedades. Não havia trabalhadores suficientes para preencher as vagas; trabalhadores homens e mulheres podiam definir o próprio salário.

Olivia Cranmer, do vilarejo de Walsham le Willows, Suffolk, nascida na classe mais baixa de todas — filha de um servo e, portanto, com *status* ainda mais baixo do que o próprio servo —, era uma mãe solteira que, provavelmente, foi condenada a se casar para forçar o pai a sustentar seu bastardo. Quando a Grande Peste atingiu seu vilarejo, 119 homens morreram em apenas dois meses (de maio a junho de 1349), além de um número não registrado de mulheres e crianças. O avô, o pai, o irmão e o marido de Olivia morreram, deixando-a como a única herdeira sobrevivente do terreno da família e do acordo de vassalagem. Com o sistema feudal ruindo ao redor, ela deixou de ser considerada uma serva, e novas liberdades se abriram. Ela cultivou o próprio terreno, gerou lucros, expandiu o negócio e até arrendou ou comprou terras, expandindo a propriedade a tal ponto que pôde arrendar as terras excedentes a outros arrendatários. O aluguel dos arrendatários lhe garantiu a aposentadoria. Ela nunca voltou a se casar e viveu até os 70 anos, tendo sido uma agricultora, empresária e empreendedora.[8]

A peste gerou uma escassez de mão de obra em toda a Inglaterra. Não havia trabalhadores suficientes nem mesmo para a colheita. As trabalhadoras sobreviventes passaram a representar até 50% da força de trabalho e a demanda era tão alta que elas ganhavam salários iguais aos dos homens.[9] Os salários ainda eram pagos por tarefa, não de acordo com o sexo do trabalhador, e as mulheres que atuavam em ocupações árduas e qualificadas, como construção de telhados de colmo e ceifa de colheitas, trabalhavam lado a lado com os homens, eram igualmente produtivas e ganhavam a mesma remuneração.[10]

Os salários mais altos atraíam as mulheres, levando-as a migrar da produção doméstica ao trabalho assalariado, comércio e negócios.[11] Nos duzentos anos que se seguiram, elas levaram para casa salários iguais aos dos homens, competiram por trabalhos temporários, mantiveram a própria produção doméstica de alimentos e têxteis, ingressaram em programas de aprendizes e treinamento e, desse modo, ascenderam a empregos mais bem remunerados. As mulheres passaram do campo às áreas urbanas para se beneficiar de oportunidades de negócio: em alguns vilarejos, eram mais numerosas que os homens.[12] Elas assumiam o negócio ou a fortuna de maridos ou pais falecidos; foi o caso de Agnes Ramsey, que herdou o negócio de arquitetura e construção de seu pai, William, em Londres, 1349, e tornou-se uma importante arquiteta, chegando a ser contratada pela rainha Isabella para projetar seu túmulo de 100 libras na Igreja Greyfriars, na capital.[13]

Mathilda Penne administrou o negócio do marido como esfoladora por doze anos após a morte dele; ela treinou os próprios aprendizes e empregou servos homens e, possivelmente, uma escriturária para se encarregar da contabilidade. Johanna Hill (falecida em 1441) herdou do marido a fundição de sinos em Aldgate;

ela treinou quatro aprendizes homens e a filha de um colega produtor de sinos, além de empregar duas criadas, dez empregados homens, um sineiro especializado e um escriturário.[14]

Empresárias de sucesso acionaram por si mesmas a lei: em 1368, Emma Saltere, de Londres, processou Thomas Blankowe e Alice Breton por uma enorme dívida de 52 xelins. Quando eles não compareceram ao tribunal para responder pela dívida, ela ganhou 32 xelins e 6 denários em bens: um casaco azul com acabamento em pele, um baú e um colchão acompanhado de colcha e lençóis. Maud Ireland, que negociava seda como uma *femme sole* — embora seu marido, Thomas, fosse tão bem-sucedido que se tornou vereador de Londres em 1380 — representou a si mesma quando foi processada por um comerciante italiano de seda em uma disputa por seda branca.[15]

O número de meninas e moças que fizeram programas de aprendiz em alguma especialidade aumentou nas décadas que se seguiram à peste: um terço dos nomes nos registros sobreviventes são de mulheres. A maioria foi enviada aos mestres pelos pais, que planejavam uma carreira para as filhas. Robert de Ramseye, um peixeiro que morreu em 1373, deixou 20 xelins a sua filha, Elizabeth, para seu casamento e para "colocá-la em uma profissão". Uma mulher que se encarregou do próprio acordo para entrar em um programa de aprendiz viajou de Sussex para Londres a fim de assinar contrato com uma mestra.[16]

Eram programas de aprendiz autênticos, para aprender ofícios autênticos, inseridos nos registros oficiais das guildas, supervisionados pelas guildas, que proporcionavam um treinamento de sete anos nas habilidades do ofício e a graduação como artesão registrado e membro da guilda. Muitas mulheres aprendizes ingressaram no negócio têxtil, especialmente no ofício bem remunerado de seda e bordados. As meninas aprendizes, tais quais os meninos, "moravam" com seus mestres e mestras e, em alguns casos, eram tratadas como membras da família.

Mulheres do campo assumiram com sucesso o trabalho extra necessário para produzir alimentos. Depois de 1375, não houve surtos nacionais regulares de fome graças à redução da população e ao aumento da produtividade das mulheres na horticultura comercial, na agricultura, no processamento e na distribuição da produção de alimentos.[17]

Mulheres que começaram a trabalhar nas mais diversas profissões, com salários antes inatingíveis, optavam por casar-se mais tarde ou até permanecer solteiras.[18] A existência de esposas mais velhas com famílias menores provocou um declínio na taxa de natalidade e a manutenção de uma população pequena e escassa de trabalhadores, o que, por sua vez, manteve os salários elevados, encorajando as mulheres a prolongar seus anos de solteirismo.

Com poucos homens, os proprietários passaram a arrendar terras e alugar casas a mulheres solteiras — as mulheres que viviam sem marido arrendavam por direito próprio e encarregavam-se das negociações em seu próprio nome. Em 1380, Joanna de Boneye, uma viúva que não tinha filhos para sustentá-la, providenciou para sua velhice um acordo com seu vizinho John Attestyle de Radcliffe. Ela lhe deu a maior parte de suas terras em Bunny e Bradmore, Nottinghamshire, e ele a abrigou pelo resto de sua vida, conforme atestado por uma escritura entre eles registrada em latim, em 29 de julho do mesmo ano:

> O referido John deverá prover à referida Joanna um sustento competente a partir da próxima festa de São Miguel e durante toda a sua vida, e terra suficiente para a semeadura anual de um fernedel de sementes de linho das próprias terras de John, e também anualmente o sustento para uma vaca com seu próprio bezerro, e um quarto na casa do próprio John abaixo da lareira, e ela também terá direito a uma chave do *hostium celavi* [provavelmente uma despensa] do referido John, com liberdade para entrar e sair para pegar alimentos ou itens necessários na ausência da esposa do referido John.[19]

As famílias da elite — da nobreza ou da alta sociedade — também dependiam das mulheres sobreviventes. Em algumas famílias, uma viúva administrava a propriedade e chefiava a família até que o filho pequeno tivesse idade para receber a herança. Tutores e executores masculinos deixaram testamentos concedendo fortunas e autoridade às mulheres. A algumas famílias, só restaram herdeiras. Dinastias e fortunas inteiras passaram a depender da competência da chefe da família.

Empregadores e proprietários de terras fizeram de tudo para impedir as mudanças. Em 1349, em Sussex, uma região relativamente pobre da Inglaterra, um grupo de proprietários de terras congelou os salários, e os trabalhadores temporários e os pobres enfrentaram dificuldades.[20] As mulheres foram pressionadas a casar-se e constituir família para restaurar a população. As que escolhiam viver como solteiras caíam sob suspeita das autoridades, e a Igreja ensinava que as mulheres não deveriam assumir a obra de Deus e decidir quem e quando nasceria: a contracepção tornou-se um pecado grave. As mulheres que confessavam ter feito o próprio aborto recebiam penitências mais pesadas de seus confessores, e os métodos de controle da natalidade nos textos médicos publicados eram ocultados em latim — a língua exclusiva das classes mais altas.[21] As parteiras foram desencorajadas de ensinar métodos anticoncepcionais a suas clientes.[22]

O trauma dos anos da peste mudou as práticas de caridade dos senhores feudais. O hábito de distribuir comida aos pobres à porta da cozinha e em banquetes regulares à mesa do senhor foi descontinuado. As doações senhoriais deixaram de ser uma tradição das classes superiores e os senhores já não demonstravam sua riqueza e seu "bom senhorio" na forma de generosidade para com seu próprio povo. Leis que impediam os trabalhadores de abandonar suas paróquias faziam com que os viajantes não fossem bem-vindos. Doações de alimentos e bens passaram a ser mais controladas, reduzidas e direcionadas aos empregados, não aos pobres locais, nem aos errantes e pedintes.[23]

A praga intensificou ainda mais o cenário de misoginia. Se algumas doenças já eram atribuídas às mulheres — acreditava-se que a lepra em um homem era causada por relações sexuais com uma mulher menstruada e que as doenças sexuais eram geradas pelas mulheres em seu corpo —, as pessoas passaram a teorizar que haviam sido as mulheres as causadoras da Grande Peste. O *Westminster Chronicle* declarou que elas causaram a peste porque

> as mulheres fluíam com as marés da moda nisto e em outras coisas ainda mais avidamente, vestindo roupas tão apertadas que usavam uma cauda de raposa pendurada no interior de suas saias na parte de trás, para ocultar as nádegas. O pecado do orgulho assim manifestado certamente trará infortúnios no futuro.[24]

Novas leis enfatizaram o *status* dos maridos ao designarem o crime de "assassinato de maridos" como o mais grave dos assassinatos. Apenas matar um rei era pior. A Lei da Traição de 1351 determinou que uma mulher que matasse o marido cometia um crime tão grave quanto o de um padre que matasse seu bispo ou o de um servo que matasse seu senhor. Ao estabelecer em lei o horror ao assassinato de maridos e ao determinar legalmente a subserviência das esposas, essa norma reservou uma punição especial para esposas assassinas até 1828, ou seja, por quase quinhentos anos.

Foi introduzido um novo imposto, destinado especificamente às mulheres casadas. Os impostos *poll*\* anteriores contavam o homem e a mulher como uma unidade econômica, isto é, os dois pagavam um único imposto. Já o novo imposto não oferecia qualquer dedução para a esposa. Uma mulher casada passou a ter de pagar tanto quanto um homem ou uma mulher solteira. Embora ela continuasse sob o comando do marido na condição de *femme couvert*, os impostos passaram a lhe ser cobrados como se ela fosse solteira. A oposição nacional gerou uma série de rebeliões que ficariam conhecidas como a Revolta dos Camponeses de 1381, ou a Rebelião de Wat Tyler: quase todas as histórias ignoram o fato de que o imposto que desencadeou a revolta recaía sobre as esposas — e que a rebelião foi liderada por mulheres.

---

\* Por cabeça. [N.T.]

# A Revolta dos Camponeses

Os primeiros atos de insurreição foram realizados por duas mulheres de Kent: Joan Hampcok e Agnes Jekyn, na primavera de 1381. Elas foram detidas e encarceradas. No dia 7 de junho daquele mesmo ano, em Larkfield, Kent, Margaret Stafford foi acusada de "auxiliar as pessoas a se rebelarem". No dia seguinte, Wat Tyler liderou um ataque ao Castelo de Canterbury para libertar Joan Hampcok e Agnes Jekyn, encontrando-as algemadas pelas mãos e pernas, tratadas como prisioneiras perigosas. Os rebeldes arrombaram as celas e as três, Hampcok, Jekyn e Tyler, lideraram a marcha dos rebeldes de Kent até Londres. No dia seguinte, a prisão de Maidstone foi invadida e destruída por rebeldes liderados por outra mulher: Julia Pouchere.[25]

Quando os rebeldes chegaram a Londres, em 13 de junho, outra mulher, Johanna Ferrour, liderou os revolucionários ao Palácio de Savoy, roubando um baú de ouro do odiado conselheiro do rei, seu tio John de Gaunt, duque de Lancaster. Ferrour e seus apoiadores incendiaram o Palácio de Savoy e carregaram um barco com o ouro roubado, enviando-o pelo rio para Southwark, onde ela dividiu os lucros entre si e os outros rebeldes.

Duas outras mulheres foram designadas como líderes em documentos oficiais:

> as londrinas Matilda Brembole e sua filha Isabella participaram do incêndio do Palácio de Savoy, rasgaram tecidos de ouro e prata e ricas tapeçarias, quebraram os ricos móveis, lançaram ao chão o prato do duque e tripudiaram sobre suas joias e pedras preciosas. Tudo o que não pôde ser destruído foi lançado ao rio. Quando o ato de destruição chegou ao fim, o Savoy não passava de uma pilha de ruínas fumegantes.[26]

Depois de saquear o palácio, Matilda e Isabella Brembole lideraram os rebeldes ao fabulosamente rico Priorado de Clerkenwell, sede dos Cavaleiros Hospitalários de São João de Jerusalém, e o saquearam e incendiaram. Outra mulher, Katherine Gamon, interceptou o barco de resgate enviado pelas autoridades para salvar da multidão o juiz Cavendish, deixando-o à deriva. O barco flutuou pelo rio enquanto o juiz corria em sua direção; o homem foi capturado pela multidão e decapitado.[27]

No dia seguinte ao incêndio do Palácio de Savoy, o rei Richard II reuniu-se com Wat Tyler para chegar a um acordo sobre um cessar-fogo. Durante as discussões de paz, Johanna Ferrour, que liderara o ataque, marchou à frente dos rebeldes até a cidadela de Londres e arrancou o arcebispo de Canterbury e o lorde Alto Tesoureiro de seu refúgio: "Ela foi no papel da principal líder à Torre de Londres e impôs mãos violentas sobre Simon, recém-nomeado arcebispo de Canterbury, e depois sobre o Irmão Robert Hales [...] e os arrastou para fora da Torre e ordenou que fossem decapitados".[28]

Enquanto Ferrour assassinava os conselheiros mais odiados da corte, Tyler acreditava estar progredindo nas negociações com Richard II, de 14 anos, e seus conselheiros. O rei prometeu suspender o odiado imposto e acabar com o sistema de servidão.* Mas, no dia seguinte, quando Richard voltou a reunir-se com os rebeldes, dessa vez em Smithfield, uma batalha eclodiu e o grupo real matou Wat Tyler. A milícia de Londres dispersou os rebeldes, o rei voltou atrás em suas promessas e as forças reais capturaram a cidade. A rebelião não terminou com a morte de Wat Tyler: revoltas ocorreram por toda a Inglaterra e o rei foi forçado a enviar soldados de East Anglia para Yorkshire. Segundo relatos contemporâneos, algumas revoltas foram atos criminosos, não fazendo parte da rebelião, mas os ataques e saques provavelmente foram motivados tanto pela indignação quanto pela possibilidade de obter lucro. Mulheres lideravam suas famílias roubando lojas, mercados e casas particulares. Elas agrediam, sequestravam e roubavam as vítimas, às vezes trabalhando com prostitutas para roubar ou chantagear clientes da classe alta. A esposa de Richard Carter liderou uma gangue criminosa com o marido, apreendendo bens em Essex no mês da revolução, junho de 1381.[29] As mulheres também foram acusadas de ataques violentos a vizinhos, às vezes de agredir pessoas que lhes deviam dinheiro, outras de liderar a família em ataques a rivais ou devedores.

Uma revolta em Cambridge, dirigida contra Corpus Christi, o colégio de John de Gaunt, foi liderada por uma mulher idosa: Margery Starre. Os rebeldes invadiram os prédios do colégio e apreenderam os alvarás e as cartas-patente, ateando fogo a eles no mercado. Starre lançou as cinzas ao ar e gritou: "Fora com as informações dos burocratas! Fora!".[30] Os colégios do vilarejo submeteram-se às autoridades cívicas e ficaram sob o controle do burgo.

Ainda em 1386, uma revolta camponesa ocorreu em Romsley, Worcestershire, liderada por uma mulher: Agnes Sadeler. Ao todo, cerca de 1,5 mil líderes rebeldes foram mortos, mulheres e homens. Na lista de indultos emitida por Richard II para oferecer anistia aos manifestantes, trinta dos nomes eram de mulheres, apenas uma minoria das participantes dos atos de rebelião. Excluídos do indulto, estavam os assassinos — especialmente as mulheres que queimaram o Palácio de Savoy ou o Priorado de Clerkenwell —, os que fugiram da prisão e os que eram

---

* No feudalismo, a servidão constituía um sistema no qual os camponeses eram vinculados à terra e considerados propriedade do senhor feudal; eles não usufruíam de total liberdade e tinham obrigações para com o senhor, como trabalhar na terra, pagar impostos e fornecer outros serviços. Já os vassalos juravam lealdade e serviço a seu senhor em troca de proteção e, muitas vezes, terras; no entanto, a vassalagem não implicava necessariamente servidão pessoal, e os vassalos tinham mais mobilidade e liberdade que os camponeses. [N.T.]

de certos vilarejos onde os tumultos foram especialmente violentos.[31] As que não podiam pagar os altos valores em dinheiro pelos indultos foram acusadas nos tribunais criminais — setenta mulheres rebeldes só do condado de Suffolk.[32]

As trinta requerentes eram alfabetizadas e ricas: elas sabiam muito bem o valor de um documento escrito que lhes daria imunidade contra acusações posteriores. Deviam ter reservas substanciais de dinheiro para conseguir pagar a pesada multa de cerca de 1 libra cada.

Mulheres da classe alta foram roubadas durante as revoltas: Joan Atdenne, uma viúva, perdeu 28 cabeças de gado, prata e joias — no valor de 20 libras — quando os próprios familiares, Henry e Thomas Atdenne, lideraram uma "turba" contra a mãe e a roubaram. Muitas mulheres proprietárias de terras perderam seus registros de vassalagem: Alesia Nevile, de Wethersfield, teve os documentos roubados e queimados; a própria mãe do rei, Joan de Kent, perdeu os registros senhoriais em North Weald e foi agredida no ataque a Londres. Margaret de Enges, a prioresa de Norwich, foi forçada a entregar os registros de vassalagem do priorado, incendiado pela multidão em junho, e a sala de registros de Joan Colbrand foi saqueada e ela foi espancada por uma multidão.[33]

Em 1428, houve um motim exclusivamente feminino contra o duque Humphrey de Gloucester quando ele abandonou sua primeira esposa, Jacqueline de Hainault, para casar-se com sua amante, Eleanor Cobham. Nesse que foi identificado como "o primeiro protesto de mulheres conhecido na Inglaterra", elas protestaram em defesa de uma esposa abandonada e em apoio aos votos matrimoniais indissolúveis, que, segundo elas, deveriam vincular um homem tanto quanto vinculavam sua esposa.[34]

As mulheres também apoiaram uma rebelião em 1450, envolvendo cinco mil pessoas, liderada por Jack Cade (1420/1430-1450), de Kent a Londres, contra a liderança corrupta que cercava Henry VI. Recebidos favoravelmente na capital, os rebeldes organizaram julgamentos e execuções dos desprezados conselheiros reais, mas, assim que os saques começaram, foram expulsos da cidade pelos cidadãos e ludibriados com falsos indultos. Cade fugiu, depois foi encontrado e morto, e seus seguidores foram executados em seus vilarejos. Em julho do mesmo ano, mais de 140 mulheres e 3.308 homens receberam nominalmente indultos reais por sua participação na rebelião. A mulher mais velha da lista era a abadessa do Mosteiro de Santa Maria, Katherine de la Pole, provavelmente irmã do assassinado William de la Pole e chefe da abadia mais importante da Inglaterra, em Barking. Ela foi perdoada por incitar camponeses que viviam nas propriedades da abadia, bem como empregados e servos, a apoiar Cade e teve permissão para manter-se na liderança de uma das maiores casas religiosas do país.

Entre as mulheres solteiras perdoadas por apoiarem Cade, foram listadas: Joan Triblere, Agnes Poleyn, Alice Permantre, Anne Cherch, Joan Smyth, Joan Webbe, Katharine Rye e Agnes Southlond; e havia duas viúvas: Alice, esposa do finado

William Broun, e Joan, esposa do finado John Kent. Uma mulher, Joan Marchall, foi listada como esposa, mas pode ter se rebelado sem o marido, que não foi listado. Algumas mulheres apoiadoras foram listadas ao lado de seus maridos na anistia. Outras, não registradas, podem ter morrido nos combates em Sevenoaks, Kent e London Bridge, e algumas podem ter sido executadas em seus vilarejos depois que a rebelião foi reprimida.[35]

Mulheres lideraram e apoiaram essas primeiras rebeliões em grande escala, duas das quais foram instigadas por mulheres engajadas na defesa de seus direitos. No caso do protesto contra o duque Humphrey, elas rebelaram-se com violência para defender uma esposa inocente de um marido adúltero e desertor. Na maior revolta do período — a Revolta dos Camponeses —, as mulheres ergueram-se contra um imposto que onerava as esposas. Solteiras e viúvas uniram-se à rebelião para defender as mulheres casadas de impostos injustos. Esses atos foram uma demonstração extraordinária de solidariedade feminina contra a tirania masculina, tanto doméstica quanto nacional, nos âmbitos privado e jurídico. E foram eficazes: os atônitos relatos escritos que se seguiram à Revolta dos Camponeses omitiram o fato de que a revolta atingiu seu objetivo. A hierarquia feudal depauperada pela Grande Peste jamais seria completamente restaurada. A partir de 1400, a vassalagem foi encerrada na Inglaterra. Os trabalhadores permaneceram vinculados à terra e ainda deviam aluguéis e serviços aos proprietários, mas o sistema feudal instituído por William I, que colocava todos em seus devidos lugares, de escravizados a senhores, desapareceu para sempre.

Isto é, pelo menos para os homens. As mulheres continuaram definidas por seu relacionamento com um homem, ou seja, como viúvas, esposas ou filhas. O homem concedia a ela seu *status* social, seu nome e sua existência perante a lei. Mesmo depois das revoltas, elas não tinham uma identidade legal. Uma mulher não podia possuir propriedades oficialmente; ela ainda dava tudo o que tinha ao marido no dia do casamento, sem qualquer retorno. Uma mulher só podia fazer um testamento com a permissão do marido, e as esposas perdiam tudo se saíssem de casa. Uma esposa fugitiva não podia levar nada consigo, nem mesmo os filhos. Não tinha direitos sobre o próprio corpo: o estupro cometido pelo marido não era crime; o castigo físico por parte dele era permitido, desde que não usasse mais do que uma "força razoável". Se um homem assassinasse a esposa, não seria culpado de *petty treason*[*] e queimado até a morte, mas apenas acusado de homicídio, e ainda poderia argumentar, perante um júri composto exclusivamente de homens e um juiz também homem, que fora um acidente ou mesmo uma punição legalizada

---

[*] Literalmente "pequena traição", era uma infração sob a lei comum da Inglaterra na qual uma pessoa matava ou de alguma forma desrespeitava a autoridade de um superior na hierarquia social, exceto o rei. [N.T.]

que passara do ponto. Juan Vives, no século XV, cem anos depois do suposto "fim do feudalismo", escreveu que uma esposa deveria comportar-se perante o marido "como se tivesse sido comprada para a casa como uma serva e criada".[36]

## Mulheres em ascensão

Como sempre — apesar das leis, apesar das teorias —, as mulheres aproveitaram as oportunidades. Arrendatárias candidataram-se às muitas propriedades vagas e negociaram condições melhores. Em 1390, mulheres já compravam e arrendavam terras.[37] Em Sussex, nos anos 1400, maridos e mulheres compravam terras juntos na condição de parceiros iguais: Juliana Greenstreet adquiriu duas choupanas e meio acre com seu marido, William, e administrou a própria cervejaria em uma delas.[38] Uma nova escassez de arrendatários, em 1440, criou ainda mais oportunidades para as mulheres trabalhadoras comprarem e herdarem terras.[39]

Alguns vilarejos vazios, em busca do dinamismo econômico das mulheres independentes, ofereciam o *status* de "homens livres" para encorajar as mulheres solteiras que procuravam uma alternativa às restrições da vida no campo sob o poder de um senhor. Alguns vilarejos chegaram a permitir que mulheres casadas se tornassem "livres" mesmo sem o consentimento dos maridos. York presenciou um número crescente de mulheres votando como "homens livres", incluindo a mestra tecelã Isabella Nonhouse, que recebeu o *status* de mulher livre em 1441, dois anos após a morte de seu marido.[40] Ao longo do século XV, um número ainda maior de famílias passou a ser chefiado por mulheres solteiras, e mais testamentos foram feitos por mulheres.[41] A guilda de St. George, de Norwich, registrou "irmãos e irmãs" em pé de igualdade em 1418. A fraternidade de St. John the Baptist, em Winchester, convidou "irmãos e irmãs" para um banquete em 1411.[42]

As mulheres expandiram seu trabalho tradicional no comércio têxtil: Emma Erle foi uma das muitas empreendedoras de sucesso. Margaret de Knaresburgh ganhou tanto dinheiro com seu negócio de alfaiataria que deixou dois anéis de ouro e seis colheres de prata em seu testamento — uma fortuna em 1396.[43] Elena Couper fabricava alfinetes e Isabella de Copgrave foi oleira até sua morte, em 1400, em Wakefield. Margery Moniers, uma viúva, herdou o negócio de incorporação imobiliária da família e foi proprietária de uma rua inteira de casas.[44] Joan Hille administrou a fundição de metal da família e ensinou quatro aprendizes do sexo masculino após a morte de seu marido, em 1440. Alice Byngley, uma viúva, administrou o negócio da família, de tosquia de ovelhas, até sua morte, em 1464. Na primeira metade do século XV, cada vez mais as mulheres migraram para ofícios considerados masculinos: trabalho qualificado e bem remunerado.[45]

A população de Londres foi reduzida à metade pelas mortes e pela fuga da população durante a peste e, em 1465, as autoridades da cidade abriram o direito de ser "livre da cidade"* à viúva de qualquer cidadão, rico ou pobre, criando de uma só vez uma cidade de mulheres financeiramente independentes.[46] As casadas também se registravam como *femmes sole* para poder negociar independentemente dos maridos. Um regulamento de 1363 já permitia às mulheres exercer quantas profissões quisessem, embora os homens só pudessem exercer uma.[47] A cidade fez de tudo para criar oportunidades para empresárias dinâmicas, algumas das quais não eram brancas. A escavação de uma cova funerária criada para 634 vítimas da Grande Peste descobriu que 29% das pessoas enterradas tinham DNA não branco. Quatro mulheres tinham ascendência africana, e outras pessoas eram de ascendência asiática. Uma mulher era de ascendência tanto africana quanto asiática: a análise de seus dentes e ossos sugeriu que ela nasceu e cresceu na Inglaterra medieval pré-peste.[48]

Agnes Asser foi uma mestra tanoeira que tinha a própria marca de barris em Londres, em 1400. Emma Huntyngton sobreviveu ao marido e manteve a casa do casal e o negócio de boticário, em 1362. Em 1370, Emma Bayser trabalhou como barbeira-cirurgiã ao lado do marido na cidade, realizando pequenos procedimentos cirúrgicos.[49]

Um terço dos membros da Guilda de Cervejeiros de Londres, entre 1418 e 1425, era composto de mulheres registradas em seu próprio nome e por direito próprio.[50] Alice Holford atuou como oficial de justiça da London Bridge de 1433 a 1453, e Agnes Forster (viúva do prefeito de Londres, Stephen) reconstruiu e reorganizou a prisão de Ludgate. Agnes Gower anunciou que passaria a produzir seda e pleiteou negociar independentemente de seu marido John e responder "individualmente por seus próprios contratos de acordo com os costumes da cidade", em outubro de 1457.[51] Uma peleteira de Londres, Agnes de Bury, violou os regulamentos de seu ofício e foi presa por tingir peles usadas e vendê-las como novas.[52]

A influência de mulheres ricas em Londres criou uma grande prosperidade na cidade. Era tradição na capital que a fortuna de um empresário fosse deixada à viúva, não aos filhos; o homem também não podia requerer que a viúva devolvesse a herança à família dele, se voltasse a se casar. Uma viúva podia casar-se novamente dentro da guilda de seu falecido marido, criando uma linha de herança "horizontal", e podia fazê-lo mais de uma vez, combinando as duas fortunas originais com uma terceira. A maioria das viúvas de Londres casou-se novamente (57% entre 1309 e 1458) e, ao casar-se com um segundo marido rico, elas concentravam as

---

* O termo *free of the city* refere-se a um privilégio sob o qual uma pessoa tinha o direito de ser considerada *freeman* ou *freewoman*. Esse *status* conferia certos benefícios associados à cidadania e à liberdade em relação à jurisdição da cidade. [N.T.]

fortunas da família, chefiando-a elas mesmas.⁵³ Grande parte da prosperidade da cidade nesses anos veio de viúvas que forjaram aquisições e fusões por meio do casamento, consolidando fortunas dentro de suas guildas.

Algumas moradoras do campo eram bem remuneradas por seu trabalho. Sabe-se que uma paisagista profissional trabalhou no jardim do Priorado de Durham, em Monkwearmouth, em 1360, e Alice Payntour recebia 6 xelins e 8 denários anuais pela manutenção dos jardins de Lady Margaret e Sir William Cromwell, em Tattershall, Lincolnshire, em 1417. Duas outras jardineiras, que trabalhavam sob sua supervisão, receberam 5 xelins cada.⁵⁴ Algumas mulheres ricas fizeram fortuna: Eleanor, condessa de Arundel, deixou mais de 100 libras em lã em sua mansão em Heytesbury, em 1453. A nobre Eleanor Townshend possuía oito mil ovelhas.⁵⁵

As mulheres eram vitais para os pequenos mercados locais e para a economia dos vilarejos. Mas, quando uma pequena empresa pertencente a uma mulher precisava de capital para expandir ou investir em novas tecnologias ou em sistemas melhores de transporte ou distribuição, enfrentava uma barreira na obtenção de crédito. Na ausência de um sistema bancário, os empréstimos pessoais só podiam ser obtidos junto a agiotas, a taxas elevadas, ou por meio de parceria com um empresário de um negócio semelhante. A palavra de uma mulher — inaplicável por lei — não oferecia garantia alguma, e ela não tinha nenhuma rede de mulheres empresárias à qual recorrer.⁵⁶ Muitas mulheres que dirigiam grandes empresas entraram no negócio como herdeiras, uniram-se ao marido em sociedade ou herdaram o negócio ao enviuvar. As mulheres até tinham sucesso; mas enfrentavam muitas barreiras para progredir.

A possibilidade de educação para as meninas foi consagrada em lei quando o Estatuto dos Artífices determinou, em 1406, que "todo homem ou mulher, de qualquer classe ou condição que seja, será livre para permitir que seu filho e sua filha aprendam em qualquer forma de instituição de ensino que lhes apeteça dentro dos limites do reino".⁵⁷ Isso não tornou a educação obrigatória nem acessível, mas sancionou a educação das meninas. Um número crescente delas, provenientes de famílias de proprietários rurais e comerciantes, pôde frequentar escolas para meninas em conventos, igrejas ou estabelecimentos seculares.⁵⁸

As meninas da nobreza eram, em sua maioria, educadas em casa, e algumas recebiam uma educação clássica igual à de seus irmãos, ao menos, até os meninos trocarem o tutor doméstico pela universidade. Era comum as meninas terem tutoras: em 1390, Mary Hervey ensinou as filhas de Henry IV, Blanche e Philippa, a ler e escrever, usando uma cartilha de alfabetização.⁵⁹ Algumas mulheres ricas da elite eram altamente educadas. Alice de la Pole, neta do poeta Geoffrey Chaucer, possuía uma grande biblioteca que incluía livros de teologia. Patrona das artes, ela usou sua enorme fortuna para encomendar tapeçarias, em especial peças retratando cenas religiosas com mulheres. Curiosamente, uma de suas tapeçarias mostra uma cena de erudição feminina: Santa Ana ensinando a Virgem Maria a ler.

Mulheres proprietárias de terras continuaram fundando escolas, e o capelão de Philippa de Hainault criou o "Salão dos Estudiosos da Rainha de Oxford", em 1341, e deu-lhe o nome de sua patrona real.[60]

Um novo grupo de pessoas, denominado *middling classes* — surgido de trabalhadores ricos, como proprietários rurais, agricultores e comerciantes —, valorizava as competências de administração das mulheres, e essas mulheres, juntamente com algumas nobres, começaram a ter acesso a treinamento legal para representar a si mesmas e a suas famílias e para proteger seus interesses. Quando viúvas eram convocadas ao tribunal, muitas demonstravam familiaridade com as leis e desenvoltura ao falar por si mesmas, sem a necessidade de um advogado ou de um segundo marido para conduzir o caso. Alice e Matilda Shaw, irmãs órfãs, foram aprendizes de um tabelião, o mestre Peter Church, em 1420. Segundo a regra geral, todo homem livre da cidade podia empregar como aprendiz o filho ou a filha de outro homem livre, garantindo a ascensão da alfabetização e da educação entre esses cidadãos das classes intermediárias. Embora as meninas constituíssem uma minoria de aprendizes (apenas quarenta em cada duzentos aprendizes nos registros legais de Londres), muitas mulheres conquistaram o próprio *status* de "livres" por outras vias, exerceram o próprio ofício e treinaram outras mulheres.[61]

A importância de ter uma profissão cresceu à medida que as pessoas passaram da autossuficiência do campo à necessidade de comprar produtos e alimentos nas áreas urbanas. No século XV, até a família mais pobre já tinha deixado de viver inteiramente da terra e passado a precisar de dinheiro. O peso de comprar bens essenciais recaía em grande parte sobre as mulheres. Mercadorias como sal, utensílios de cozinha e panelas, equipamento doméstico, vestuário e ferramentas ainda eram, por vezes, trocadas nos mercados locais pela produção familiar, mas eram cada vez mais compradas com dinheiro. As famílias pobres que moravam nas cidades não tinham como cultivar nem coletar produtos na floresta para vender. As pequenas casas urbanas não tinham cozinha nem banheiro — as famílias tinham de pagar casas de banho e utilizar o forno de uma padaria. Essas famílias urbanas penhoravam bens em troca de dinheiro e os resgatavam posteriormente, fazendo isso semanalmente, às vezes. Ganhar dinheiro e obter crédito, procurar e coletar, contrair empréstimos e negociar, penhorar, intermediar bens roubados e roubar eram técnicas de sobrevivência para muitas mulheres pobres.

Famílias nobres e da alta sociedade que moravam no campo visitavam Londres uma ou duas vezes por ano para socializar e fazer compras. Mary de Bohun, esposa de Henry de Derby, foi à capital em 1387-1388 para fazer compras na Bread Street com sua irmã Eleanor, duquesa de Gloucester, e visitar a mãe.[62] Até essas mulheres eram restritas por regulamentos rígidos de vestimenta, que determinavam quais cores, peles e tecidos podiam ser usados por cada classe social. Os regulamentos foram criados para apoiar a indústria inglesa e identificar o *status* das pessoas. Conhecidas como "leis suntuárias", elas restringiam as opções disponíveis aos consumidores e limitavam os próprios consumidores. Os diamantes se popularizaram no século XIV, mas as joias eram restritas à nobreza, à exceção dos cavaleiros, que eram proibidos de usar anéis.[63] Bens de luxo e têxteis eram importados de produtores distantes — sedas e damascos vinham do Japão e da China, marfim, da África e da Índia, todos sujeitos a altos impostos de importação —, mas só estavam disponíveis para consumidores da classe certa.

Até os lares geridos pelas mulheres mais ricas dependiam do crédito dos comerciantes, e mulheres da classe alta administravam os acordos de crédito. Lady Elizabeth Zouche escreveu a seu receptor em Londres durante todos os meses da primavera e do verão de 1401, pedindo-lhe que comprasse damascos e sedas, um rosário de ouro com um paternoster e um barril de vinho branco. As *ladies* podiam solicitar que artesãos enviassem mercadorias mediante aprovação. A dama Edith St. John ordenou que uma joalheira londrina, Ellen Peryn, levasse uma faixa de testa de ouro a sua casa para aprovação antes de comprar.[64] Como as moedas eram escassas, as senhoras tinham uma "sala do tesouro", onde objetos de valor e moedas eram guardados e usados por criados de confiança para fazer compras.

Seria simplista e otimista demais falar em uma "era dourada" para as mulheres. Mas, após a peste matar tantas pessoas e as revoltas femininas derrubarem as restrições feudais, surgiram oportunidades a serem aproveitadas igualmente pelos homens e pelas mulheres sobreviventes. E mulheres empreendedoras, casadas e solteiras, as aproveitaram. Um grande número delas ingressou em programas de treinamento, em ofícios e em negócios em Londres entre 1400 e 1425.[65] Contudo, já em 1450, a economia se achava em baixa, os mercados estavam em retração e as mulheres eram expulsas dos trabalhos que haviam conquistado.[66] Se alguma vez houve uma "era dourada" para algumas mulheres, em alguns ofícios, em algumas áreas, é certo que não durou muito.

# A oposição

Apenas uma geração depois da peste, houve uma oposição contra todos os trabalhadores de ambos os sexos por parte dos proprietários de terras e dos empregadores, que promulgaram as primeiras leis trabalhistas a fim de forçar a redução dos salários e criar uma disparidade salarial entre trabalhadores homens e mulheres. O Estatuto do Trabalho de 1388 determinou que os homens deveriam receber mais do que as mulheres: não era uma enorme disparidade salarial — apenas um penny por mês —, mas um sinal do que estava por vir.[67] O salário de uma lavradora foi legalmente limitado a um xelim anual a menos do que o salário de um lavrador.[68] Algumas outras profissões tiveram o próprio diferencial de sexo inscrito em lei para pagar menos às mulheres. Os proprietários de terras perceberam que podiam reduzir os custos cortando a remuneração das mulheres e que os homens não protestariam.

Foram aprovadas novas leis para evitar a mobilidade laboral, impedindo assim que os trabalhadores se mudassem de paróquia para encontrar trabalho ou salários melhores. Os proprietários de terras foram proibidos de aceitar novos arrendatários, e os empregadores foram proibidos de atrair trabalhadores dos concorrentes.

As mulheres solteiras foram especificamente visadas pela nova legislação. Mulheres que ceifavam, trabalhavam nas colheitas e tosquiavam ovelhas foram proibidas de viajar em grupo, e as mulheres foram proibidas de deixar seus vilarejos, a menos que pudessem comprovar endereço, para trabalhar em outro local.[69] As paróquias podiam recusar a entrada de solteiras pobres e mandá-las de volta a sua paróquia de origem. Sem poder sair de seus vilarejos natais, as mulheres tiveram de aceitar aluguéis onerosos e salários baixos.

O respeito pelas mulheres se desgastou conforme as lembranças dos anos da peste se enfraqueceram, e as mulheres passaram a suportar o peso da disciplina comunitária, sujeitas a um padrão mais rigoroso de comportamento, sendo convocadas aos tribunais clericais ou senhoriais por ofensas sociais e pessoais, sob a vigilância da comunidade, especialmente por parte de outras mulheres. Elas eram denunciadas por má conduta sexual com mais frequência do que os homens, acusadas principalmente por outras mulheres. Insultos comuns contra uma mulher incluíam acusações de promiscuidade, enquanto insultos comuns contra homens incluíam acusações de bastardia, ou seja, mesmo quando se insultava o homem, era a reputação de sua mãe que estava em risco. O insulto *harlot*\* era aplicado tanto a homens quanto a mulheres, tal qual a palavra "patife", mas, no final do século XV, passou a significar apenas uma mulher sexualmente promíscua.[70] O crime de "repreensão" era exclusivamente feminino.

Em 1422, os homens de Queenhythe, Londres, decidiram que não era possível para uma mulher assumir uma posição de responsabilidade, neste caso específico, a medição de ostras; a tarefa era uma atribuição de John Ely, que terceirizava seu trabalho a mulheres que, de acordo com o veredito dos homens, "não sabem fazê-lo; nem é honroso para esta cidade que as mulheres tenham tais responsabilidades".[71]

O fracasso da medicina popular em proteger as pessoas da peste levantou uma grande dúvida em relação à capacidade de seus praticantes, especialmente

---

\* Pessoa envolvida em comportamento sexualmente inadequado ou a palavras e ações obscenas. [N.T.]

das curandeiras que trabalhavam nas pequenas comunidades onde os fracassos foram mais visíveis, as mortes, mais sentidas, e a culpa, rapidamente atribuída. A reforma religiosa que se espalhava da Europa para a Inglaterra afetou quase todos os costumes tradicionais e folclóricos — herbalismo (fitoterapia), feitiços, previsões, tratamentos de fertilidade, busca de pessoas e objetos perdidos e bruxaria —, designando-os como heresias e pecados.[72] À medida que o *status* das curas tradicionais e da bruxaria caía, elas passaram a ser vistas como "trabalho de mulher". A maioria dos bruxos acusados no século XIV era de homens; mas, por volta do século XVI, 90% foram mulheres.[73] Conforme as suspeitas e as punições se agravavam e os salários caíam, os homens abandonaram o ofício, criando novas guildas e associações profissionais de curandeiros, herbalistas e boticários com requisitos de entrada que excluíam as mulheres. Uma curandeira não tinha como entrar nas novas guildas exclusivamente masculinas; se quisesse continuar praticando, teria de correr o risco de ser acusada de bruxa, sem uma associação profissional que a defendesse, ao passo que as novas associações exclusivamente masculinas reforçavam a própria reputação caluniando os remédios populares e as curandeiras.

Ao mesmo tempo, um número crescente de mulheres solteiras — a princípio sem parceiros devido às mortes causadas pela peste e que agora recusavam-se a casar — tornou-se mais visível na cidade e no campo. Quando tinham sucesso financeiro no próprio negócio, eram invejadas; as pobres eram forçadas a mendigar a vizinhos cada vez mais hostis. As mulheres solteiras, especialmente as que praticavam tradições folclóricas, que mendigavam e pediam empréstimos aos vizinhos, brigavam com suas comunidades e ameaçavam seus inimigos, tornaram-se alvo de suspeita, a qual, a partir de 1450, transformou-se em um pequeno "pânico moral" contra as bruxas.

# Casamento

Para as classes mais altas, o casamento continuava sendo um contrato comercial, arranjado pelos pais ou tutores, em que o noivo e a noiva raramente eram consultados, embora a Igreja exigisse cada vez mais o consentimento deles. Interesses em comum, respeito, afeto e até amor podiam seguir-se, mas não eram o objetivo de um casamento entre a elite. A união era um acordo com vista a reforçar as finanças familiares — ainda mais necessário nos difíceis anos pós-peste, quando um homem precisava de uma administradora capaz e não remunerada para gerenciar o negócio e produzir um herdeiro.

A confiabilidade e a habilidade da esposa podiam ser recompensadas pela afeição do marido. William de la Pole nomeou sua esposa, Alice Chaucer, como a única executora de sua enorme fortuna, quando de sua morte em 1450: "Pois acima de tudo minha confiança singular é maior nela".[74]

Os casamentos dos filhos e filhas de comerciantes e artesãos também eram arranjados pelos pais em benefício da fortuna da família, e era comum filhas serem dadas em casamento a colegas da guilda para consolidar habilidades e fortunas e garantir que a noiva conhecesse o negócio do qual seria sócia, pudesse herdá-lo como única herdeira e ensiná-lo a seus filhos.

As mulheres das classes mais baixas eram livres para escolher seus parceiros. Os pais, ou até o nobre ao qual eles eram submetidos, podiam insistir no casamento se a mulher estivesse grávida, mas a maioria das mulheres trabalhadoras escolhia o marido e o momento do casamento. Depois da Grande Peste, passou a haver ainda menos controle sobre as mulheres que escolhiam seus maridos e ficavam com os próprios dotes. Documentos da Abadia de Ramsey do início do século XV mostram que um terço das camponesas escolheram o próprio marido e pagaram a própria taxa para fazê-lo, 22% optaram por casar-se com um vizinho, mas 28% procuraram mais longe e casaram-se com moradores de um vilarejo.[75]

Não era possível para uma mulher trabalhadora anular um casamento, e ela não podia se divorciar do marido. Uma minoria fugia do marido, do lar, da família e do feudo para as cidades, que acolhiam mulheres solteiras sem qualquer questionamento. Algumas submetiam-se ao ritual da "venda da esposa", em que a esposa era levada ao mercado pelo marido, por vezes com um cabresto no pescoço ou na cintura, e era "vendida" por ele. Nas vendas mais escancaradas, o marido desfilava com a esposa pelo mercado, como quem exibia um animal, e a leiloava pelo lance mais alto. Nas vendas mais discretas, a esposa segurava uma corda que a amarrava pela cintura, talvez parcialmente escondida pelo vestido. A venda era feita entregando a corda em troca de uma moeda ou até um objeto simbólico ao novo "marido", e o acordo era selado com uma bebida de despedida. Algumas comunidades aceitavam o ritual como um fim legal e válido para o casamento, e certas esposas o aceitavam para pôr fim a um casamento insatisfatório. O ritual da venda da esposa também era usado para demonstrar um segundo casamento, com o marido levando a cabo a transferência de sua esposa a outro homem, talvez a escolha dela de um futuro cônjuge.[76] Algumas mulheres eram expulsas do lar conjugal por um marido abusivo. As vendas de esposa datam de 1073,[77] foram registradas em 1302[78] e tornaram-se amplamente conhecidas, com comentários cada vez mais desaprovadores, até que a prática desapareceu no século XIX.

Os casamentos da classe alta podiam ser encerrados a grandes custas pela Igreja, por justificativas muito limitadas. Alguns poucos maridos conseguiam persuadir e subornar a Igreja a anular o casamento; muito poucas esposas tinham o mesmo sucesso. Maud Clifford teve o casamento de 1406 com John Neville, lorde Latimer, anulado devido à impotência do marido. Aos olhos das leis da Igreja, um homem impotente não deu seu consentimento ao casamento, uma vez que não podia consumá-lo.[79]

Uma família mais problemática era os Cantilupes. Katherine Cantilupe (nascida Paynell), esposa de Nicholas, obteve a anulação do casamento sob a alegação de que seu marido não tinha órgão genital masculino. Nicholas aprisionou sua esposa e viajou para Avignon a fim de apelar ao papa e reverter o decreto de anulação. Katherine foi libertada por seu pai, Sir Ralph Paynell de Casthorpe, e seu marido morreu em Avignon, possivelmente envenenado pelo próprio irmão e herdeiro, William. William herdou o título e as propriedades após um inquérito real, mas acabou sendo assassinado, talvez por sua esposa — que escapou da acusação.[80]

Muitos dos chamados raptos eram esposas que fugiam com o amante. Cerca de dois terços das mulheres reportadas como raptadas entre 1100 e 1500 provavelmente fugiram de casamentos insatisfatórios.[81] Os tribunais reconheciam uma distinção entre um verdadeiro rapto involuntário e uma fuga, embora o ônus para um e outro pudesse ser um "arrebatamento". Os réus, a própria mulher e os jurados por vezes declaravam que o chamado rapto fora, na verdade, uma fuga consensual de uma mulher com seu amante.

Em janeiro de 1356, a prioresa de Haliwell, em Middlesex, apresentou no tribunal a queixa de que Thomas Mott, um vendedor de têxteis, com três outros fabricantes de tecido, um tosquiador e outros não identificados, haviam invadido o priorado, levado Joan Coggeshale e arranjado seu casamento com seu raptor, Mott. A jovem Joan havia sido levada para viver com as freiras por seu tutor, Henry le Galeys, depois que a prioresa concordara em proteger a castidade de sua pupila. A perda de Joan Coggeshale significava a perda de seus honorários para a prioresa e a perda de sua herança para seu tutor. Quando o caso foi apresentado ao King's Bench* alguns meses depois, apenas Thomas Mott foi obrigado a responder pelo rapto. Henry le Galeys alegou que sua pupila havia sido vítima de estupro e exigiu uma compensação de 200 libras pelos danos sofridos. Embora o júri tenha concordado que Mott era culpado — "Thomas raptou a referida Joan com o consentimento e a permissão dela [...] contra a vontade do referido Henry" —, o fato de Joan ter se disposto a fugir com ele reduziu seu valor para o tutor. O júri considerou que Thomas devia a Henry 20 marcos como compensação, dois terços do valor original.[82]

O rapto de Eleanor West dos cuidados de sua mãe por um bando armado liderado por Nicholas Clifton — antigo amigo, colega na guerra e empregado doméstico de seu pai, Sir Thomas — foi reportado por Sir Thomas como um estupro; mas Eleanor pode ter fugido com o amante de sua escolha, e com o consentimento da mãe. A maior preocupação de Sir Thomas se revela na nova

---

* O King's Bench, composto de juízes nomeados pelo rei, foi um dos tribunais mais importantes da Inglaterra durante a Idade Média e o início da Idade Moderna. Esse tribunal real julgava uma variedade de questões, incluindo casos criminais, disputas de propriedade, questões de direito comum e casos de *habeas corpus*. [N.T.]

lei sobre o estupro, na qual ele fundamentou sua demanda em 1382 e que não fora criada para libertar uma menina raptada nem para devolvê-la a seus pais, mas apenas para garantir que ela não pudesse entregar sua fortuna ao marido. O indignado pai de Eleanor se preocupava principalmente com a possibilidade de perder o dote da filha.[83] A mãe indicou que aprovava a relação, deixando ao jovem casal parte de sua fortuna.[84]

Leis foram criadas para proteger os pais das herdeiras contra a perda da fortuna da filha raptada, para compensá-los pela perda do valor da futura noiva, se ela lhes fosse devolvida, para compensar a própria mulher pela perda da virgindade e para processar um homem por penetrar violentamente uma mulher sem consentimento, estabelecendo uma punição por mutilação e morte.[85] Um estuprador condenado poderia escapar à pena de morte alegando o benefício do clero (ou seja, alegando que era alfabetizado) ou casando-se com a vítima, se ela aceitasse essa compensação pelo dano a sua honra.[86] As mulheres que tinham sido raptadas ou violadas também podiam abrir um processo de indenização nos tribunais civis, o que evitava um julgamento criminal para o violador.[87]

Houve aproximadamente 1.198 "alegações de apreensão de mulheres" nos quatrocentos anos entre 1100 e 1500, incluindo raptos, fugas e estupros. Entre 1334 e 1441, a coroa perdoou 42 estupradores condenados.[88] Alguns estupradores pagaram indenizações diretamente à parte lesada.[89] As mulheres estavam bem cientes de que era quase impossível prestar queixa e obter um processo judicial justo e um veredito de culpa. Por isso, raramente faziam uma acusação oficial.

Isabella Gronowessone e suas duas filhas fizeram justiça com as próprias mãos em Shropshire, em 1405, quando emboscaram seu estuprador, Roger de Pulesdon, roubaram seu cavalo, amarraram uma corda em seu pescoço e cortaram seus testículos. Elas foram perdoadas pela agressão, o que sugere que atacaram um estuprador conhecido, infligindo-lhe a punição tradicional de castração. Aparentemente, o tribunal aceitou que elas tinham o direito de fazer justiça com as próprias mãos.[90]

## Mulheres solteiras

Viúvas, órfãs de pai e, em alguns casos, mulheres que perderam o lar devido à Grande Peste: o número de mulheres solteiras cresceu, tanto as que esperavam casar-se no futuro quanto as que relutavam em casar-se ou em voltar a se casar. Quase um terço das mulheres inglesas eram solteiras, muito mais do que na Europa (onde o número era de 10% a 20%).[91] Muitas dessas mulheres não tinham parentes sobreviventes para sustentar e eram livres para competir com os homens por empregos, formação e educação fora de casa.

Para as autoridades locais, isto é, os fundadores da cidade, os anciãos dos vilarejos e os senhores feudais, essas mulheres solteiras podiam ser uma faca de dois gumes: uma força para a mudança e o desenvolvimento, mas, longe do controle do senhor feudal e sem pai ou marido em casa, potencialmente indisciplinadas. A capacidade e a energia femininas fizeram das mulheres solteiras concorrentes temíveis para os homens que voltavam a trabalhar. As novas ideias do amor cortês sobre a frigidez das mulheres e a ascensão do culto a Maria sugeriam uma visão das mulheres como indivíduos com vontade própria, que tinham o poder de recusar as investidas masculinas e escolher o próprio futuro. Ficou evidente que, se as mulheres não fossem restringidas por um senso de deferência, reprimidas pelas leis, humilhadas por sua ousadia e mantidas em casa por um marido controlador, elas poderiam se aproveitar das novas oportunidades dos anos pós-peste.

As autoridades dos vilarejos começaram a regulamentar todas as mulheres solteiras segundo os códigos municipais para prostitutas, uma medida que justificaram pela sobreposição entre mulheres solteiras e prostitutas. Nenhuma das duas respondia a um morador do vilarejo, e muitas vezes nenhuma delas tinha identidade legal registrada. Muitas solteiras trocavam sexo por dinheiro ou comida.[92] Um padre de Londres pagou a uma mulher conhecida como "Prone* Joan, que mora com a Nell Espanhola" 4 denários por sexo no primeiro encontro, mas, na segunda vez, lhe deu apenas um pedaço de bolo e cerveja.[93] Ao registrar todas as mulheres solteiras como prostitutas, as autoridades municipais podiam estabelecer a elas regras específicas, incluindo a identificação por meio de códigos de vestimenta, e inspecioná-las assim como a suas casas, registrá-las e cobrar-lhes taxas e impostos. Os homens, alarmados com a concorrência por trabalho por parte de mulheres qualificadas e independentes, atribuíam o sucesso delas à manipulação sexual, associavam solteiras a prostitutas e acolhiam favoravelmente a legislação contra a concorrência das mulheres solteiras.

## Prostituição

A Grande Peste aumentou as suspeitas contra as prostitutas como vetores de doenças. Na Inglaterra e na Europa, foram criadas zonas urbanas para bordéis municipais, supervisionados por autoridades municipais, para o lucro da cidade, para a conveniência dos clientes e para isolar as prostitutas da vida cívica. Em seu intuito de criar áreas controladas para o sexo, as autoridades locais ignoraram como e quando as mulheres ofereciam sexo. As leis locais criaram uma divisão

---

* Que se deita de bruços. [N.T.]

artificial entre as mulheres cuja castidade era supervisionada e as que não eram submetidas a essa supervisão. Em meio à "preocupação crescente de que as prostitutas pudessem corromper boas mulheres", a irmandade de esposas, viúvas, mulheres solteiras, filhas e prostitutas que se reuniam no círculo de costura, na guilda da igreja e nas instituições de caridade paroquiais foi destruída.[94]

Novas regras para regulamentar prostitutas tornaram ilegal, a partir do século XV, espancar prostitutas ou que os proprietários de bordéis as obrigassem a fazer trabalhos domésticos extras nos bordéis do tipo casa de banho. As mulheres não podiam ser mantidas nos bordéis contra sua vontade, e os funcionários do bispo de Londres tinham autoridade para inspecioná-los.[95] Acreditava-se que os homens solteiros precisavam de prostitutas para satisfazer seu apetite sexual. Orientações da Igreja Anglicana para os padres diziam: "São muitos os que cometem fornicação com prostitutas por não terem esposa".[96]

Em 1409, um bordel de Westminster, administrado por duas mulheres em sociedade — Elizabeth Warren, esposa de um esfolador, e sua sócia, esposa de Stephen Essex —, se especializara em atender "monges, padres e outros". Uma pesquisa de 1381 registrou sete casais em Southwark que trabalhavam como donos de bordéis profissionais em tempo integral.[97] Em York, Margaret Philips foi acusada de conseguir sexo para cinco padres e, em 1424, Elizabeth Frewe e Joan Scryvener foram convocadas ao tribunal por fornecer prostitutas para padres.[98] Uma mulher de York, Isabella Wakefield, de 40 anos, foi repetidamente acusada de prostituição, alcovitagem e administração de bordéis. Dizia-se que ela mantinha um relacionamento de longo prazo com um padre, Peter Bryde, e é possível que tenha sido esse relacionamento que a levou a ser escolhida para a acusação.[99] Ela foi acusada nove vezes de prostituição, mas sempre conseguiu encontrar cidadãos respeitáveis para testemunhar em sua defesa: defendida por uma comunidade.[100]

## Mulheres que amam mulheres

Um raro exemplo medieval de reconhecimento e celebração de uma parceria amorosa entre duas mulheres pode ser visto na Igreja de São Nicolau e Santa Maria, em Etchingham, East Sussex. Uma placa memorial de latão mostra uma representação de duas mulheres juntas e em pé, como seria retratado um casal, frente a frente, segurando as mãos como em oração. As duas têm a cabeça descoberta, um sinal de que não eram casadas. Estão voltadas uma à outra, olhando-se nos olhos em uma pose muito mais íntima e calorosa do que os memoriais conjugais habituais.[101]

A mulher retratada como muito pequena, Elizabeth Etchingham, morreu primeiro, em 1452, quase trinta anos antes de sua amiga Agnes Oxenbridge, que morreu em 1480. O memorial de latão foi feito em uma oficina de Londres, encomendado pelos irmãos das mulheres, que devem ter concordado que elas fossem enterradas juntas na igreja da paróquia de Elizabeth. Pode ter sido Agnes quem disse que queria ser enterrada ao lado da amiga e retratada em um memorial com ela, mas o fato é que os herdeiros das mulheres e as autoridades da Igreja concordaram. É evidente que havia um vínculo, ainda profundamente sentido quase três décadas depois de terem sido separadas pela morte, e respeito pelo amor delas, tanto por parte das famílias quanto da igreja local, e ninguém via problemas com a possibilidade de esse amor ter sido carnal. O toque íntimo entre mulheres ainda era definido como pecado, mas a maior preocupação se reservava a uma mulher que fosse assertivamente sexual.

Elizabeth Etchingham (?-1452) e Agnes Oxenbridge (?-1480) foram enterradas juntas na Igreja de São Nicolau e Santa Maria em Etchingham, East Sussex, e homenageadas nesta placa de latão.

Um poeta contemporâneo descreveu o pecado da seguinte forma: "Mulheres que exercem sua luxúria sobre outras mulheres e as perseguem como homens". Em 1400, outro teórico recomendou que uma parceira "ativa" — também denominada "masculina" — de um casal de mulheres fosse julgada e condenada à morte.[102] Mas essas eram queixas europeias. Na Inglaterra, nenhuma queixa desse tipo foi apresentada em tribunal e não há registro de mulheres executadas por amarem outra mulher.

## A natureza das mulheres

Em 1348, Henry Knighton, um cônego agostiniano de Leicester que escreveu a *Knighton's Leicester Chronicle*, registrou que belas damas de famílias ricas e linhagem nobre participavam regularmente de torneios:

> Naqueles dias surgiu um boato e uma grande reclamação entre o povo de que, quando torneios eram realizados, em todos os lugares surgia um grupo de damas [...] vestidas com as diversas e maravilhosas vestimentas de um homem, em número por vezes chegando aos quarenta, por vezes

cinquenta [...] em túnicas divididas, ou seja, uma parte de um tipo e outra de outro tipo, com pequenos capuzes e pontas longas tremulando ao redor da cabeça [...] inclusive levando, na região do abdome, abaixo do meio, facas que vulgarmente chamavam de adagas guardadas em bolsas por cima das vestimentas. Assim chegavam, em excelentes cavalos ou outros cavalos esplendidamente adornados, ao local do torneio. E assim gastavam e desperdiçavam suas riquezas e feriam seus corpos com abusos e libertinagem tão ridícula que a voz do povo exclamava em uníssono.[103]

Quando Agnes Hotot (nascida em 1378) vestiu uma armadura completa de torneio e entrou na arena como campeã de seu pai em uma batalha armada, porque ele havia adoecido antes de um duelo com outro senhor, ela travou um "encontro obstinado" e venceu, derrubando o inimigo de seu cavalo. Só então, enquanto o homem estava deitado no chão, ela tirou o capacete, soltou o cabelo e removeu o peitoral para mostrar os seios e provar que ele havia sido derrotado por uma mulher. Quando se casou com um homem da família Dudley, eles celebraram sua vitória com um brasão que mostrava uma mulher com capacete militar, o cabelo solto e os seios expostos, em homenagem à campeã feminina.[104]

Algumas pessoas nascidas como homens viveram como mulheres e realizaram trabalhos femininos. Uma mulher que se autodenominava Eleanor foi presa em 1395 e acusada de "vício detestável, inominável e ignominioso" com um homem. O prefeito de Londres a interrogou e suas respostas foram traduzidas para o latim por seu escriturário, que registrou que Eleanor talvez houvesse nascido John Rykenor e sido introduzida na prostituição ainda criança por uma mulher chamada "Anna". Eleanor e Anna tornaram-se aprendizes de Elizabeth Brouderer — provavelmente Elizabeth Moring, acusada na década de 1380 de administrar um bordel e recrutar meninas como aprendizes de bordadeiras para usá-las como prostitutas. Eleanor trabalhou como costureira e prostituta em Oxford e Beaconsfield, em 1394, e admitiu ter tido relações sexuais com muitos parceiros: três estudiosos de Oxford, dois monges franciscanos, seis homens estrangeiros, uma mulher chamada Joan, em Beaconsfield, e — quando vestida de homem — com "muitas freiras". O crime que levou Eleanor ao tribunal foi fazer sexo com um homem de Yorkshire, John Birtby. Eles foram pegos violando o toque de recolher depois das 8 horas da noite.[105]

Agnes Hotot no brasão da família Dudley, criado para celebrar sua vitória quando assumiu o lugar do pai no torneio.

Birtby explicou ao prefeito que acreditava estar contratando uma prostituta, o que significaria não ser culpado de nada além de violar o toque de recolher. Se Eleanor fosse uma prostituta mulher, ela seria culpada de violar o toque de recolher e de infringir a proibição imposta pela cidade às prostitutas em uma campanha de pureza moral após os anos da peste; se fosse um homem, os dois seriam culpados de sodomia, um pecado e um crime. O escrivão não documentou a decisão e a sentença do tribunal, e Eleanor desaparece dos autos.

John Tirell foi preso em Londres, em junho de 1425, por "vagar", isto é, oferecer serviços de prostituição usando roupas femininas. Tirell fez votos de bom comportamento no futuro e foi libertado.[106]

Em *Contos da Cantuária* (publicado em 1392, mas possivelmente escrito antes), Geoffrey Chaucer teve dificuldade em definir o sexo de um personagem: "Presumo que fosse um capão [cavalo castrado] ou uma égua".[107] O personagem Vendedor de Indulgências usa cabelo loiro comprido, espalhado sobre os ombros, seus grandes olhos são "como os de uma lebre", e há uma ramagem de verônica, a flor do amor e da fidelidade, em seu chapéu. Tem a voz leve como a de uma cabra, não tem barba e tem o rosto liso:

> Tinha uma voz tão suave quanto a de um cabrito.
> Nenhuma barba ele tinha, nem nunca teria;
> Rosto liso, como se acabado de ser tosquiado.
> Presumo que fosse um capão ou uma égua.[108]

Perduraram as especulações sobre a definição de mulheres, sobre os muitos tipos de mulheres, sobre a fluidez do sexo e sobre a natureza das mulheres. À medida que as histórias de "amor cortês" foram recontadas e desenvolvidas, espalhando-se pela Europa, a descrição das heroínas mudou. As mulheres dos poemas épicos eram ativas e poderosas, que às vezes travavam as próprias batalhas, como as mulheres de Leicester que lutaram em torneios, mulheres que partiram em missões e cruzadas e mulheres que supostamente julgavam em "Tribunais de Amor", governando sobre o cavalheirismo e a etiqueta do *fin'amor*, o "amor cortês".[109]

Chaucer ofereceu outra versão ativa da feminilidade em "O conto da mulher de Bath", no qual a heroína descreve o uso de seu "instrumento" — o órgão genital — livremente, "à noite e de manhã". Ela tem direitos sobre o corpo do marido e cabe a ele "pagar sua dívida" da relação conjugal:

> Em troca, como Deus nos designou,
> Perseverarei; não sou preciosa.
> Como esposa usarei meu instrumento,

> Livremente, como meu Criador o enviou.
> Se eu oferecer perigo, Deus me perdoe!
> Meu marido o terá à noite e de manhã,
> Quando lhe apetecer pagar sua dívida.
> Um marido terei — não desistirei...
> Que meu devedor e meu servo será,
> E sua tribulação também terá
> Sobre sua carne, enquanto sua esposa eu for.
> Durante minha vida toda, o poder é meu,
> Não dele, sobre seu corpo.
> Assim o Apóstolo me revelou,
> E ordenou que nossos maridos nos amem bem.
> Uma sentença que muito me agrada...[110]

A Mulher de Bath não é uma personagem excepcional nas histórias medievais. Contos de advertência, histórias cômicas, poemas obscenos, peças teatrais, baladas e processos judiciais mostravam as mulheres medievais como sexualmente ativas e até entusiásticas. A Mulher de Bath promete fidelidade exclusiva ao marido, alertando-o de que ela poderia se prostituir e "andar fresca como uma rosa", mas, se ele amar sua "graça bela" — o órgão genital —, ela se reservará para o prazer exclusivo dele.

> Por que te queixas assim e gemes?
> É porque queres minha flor só para ti?
> Pois bem, toma tudo! Tome-la por inteiro!
> Pela fé! Amá-la deves; e amá-la bem;
> Pois, se eu vender minha graça bela,
> Poderia andar fresca como uma rosa;
> Mas a guardarei para teu próprio deleite.
> És culpado, por Deus! Em verdade te digo.[111]

As mulheres na vida real eram igualmente assertivas e sexualmente empolgadas. A pregadora mística Margery Kempe (1373-depois de 1438), que vendeu sua taberna e negócio de moagem em Lynn para fazer uma peregrinação, falou em sua autobiografia espiritual, *O livro de Margery Kempe*, de seu desejo adúltero por outro homem, bem como de seu prazer em fazer sexo com o marido. A descrição que fez de seu casamento imaginário com Jesus foi deliberadamente apaixonada e sexual. Margery convenceu o marido a aceitar sua abstinência para que ela pudesse se concentrar em sua missão espiritual, mas deixou evidente que abrir mão do sexo era difícil para ela.[112]

Obviamente, estamos falando de uma mulher (mãe de catorze filhos) que conhecia bem a sexualidade feminina e escolhia sua própria expressão sexual.

Chaucer também descreve um tipo de mulher completamente diferente — a mulher que surgia com as histórias de amor cortês —, que deixa de ser sexualmente assertiva, deixa de ser militante. Em "Conto do cavaleiro", ele escreve sobre Emelye, a irmã da rainha das Amazonas, que retorna com Teseu a Atenas depois de ele ter derrotado o país dela e se casado com sua irmã. A *lady* é vista por dois cavaleiros aprisionados, Arcite e Palamon, na manhã do Primeiro de Maio, a manhã quando se celebra o amor e a bruxaria.

> Emelye, a mais bela ao olhar
> Do que o lírio em seu verde caule,
> E mais fresca que maio a florescer...
> Com seu tom disputava com a cor da rosa,
> Não sei qual das duas era a mais bela...[113]

Os dois cavaleiros se apaixonam instantaneamente por ela, prontos para morrer por amor:

> E a menos que eu tenha sua misericórdia e sua graça,
> E que eu possa ao menos vê-la,
> Não mais vivo; não há mais o que dizer.[114]

Depois de anos de sofrimento por parte dos dois cavaleiros rivais, a quem Emelye desconhece completamente, um torneio é organizado entre eles para decidir quem se casará com ela. Emelye decide que não se casará com nenhum dos dois e reza para a deusa Diana:

> Deusa casta, bem sabes que eu
> Desejo ser uma donzela toda a minha vida,
> Nem nunca serei amante nem esposa.[115]

O duelo é vencido por Arcite, e Emelye, abandonando rapidamente seu voto de castidade, expressa seu consentimento sorrindo para ele, que, contudo, fere-se em uma queda e morre, com o nome dela nos lábios, após recomendar seu primo Palamon como seu marido. Emelye desmaia de sofrimento quase fatal e realiza os rituais de uma viúva. Mas, nos últimos sete versos do poema, ela se anima e se casa com Palamon, por ordem de Teseu. A felicidade é descrita como dele:

>Agora, Palamon vive em completa felicidade,
>Vivendo em bem-aventurança, em riqueza e em saúde,
>E Emelye o ama tão ternamente,
>E ele a serve tão gentilmente,
>Que nunca houve entre eles qualquer palavra
>De ciúmes ou de qualquer outra tristeza.

Em uma única coleção de contos, Chaucer descreve tanto a dama idealizada, vista a distância, aparentemente inalcançável, que espera permanecer casta, mas depois concorda em se casar, quanto uma mulher obscena e acessível que adora sexo e exige prazer do marido, a ponto de dizer que, se ele recusar, não teria vergonha de vender sexo na rua. As mulheres são opostas, em natureza e em posição social. A mulher obscena e sexualmente disponível é uma trabalhadora; ela faz as próprias exigências, sem rodeios, em uma linguagem alegre e comum. Sua história se passa na Inglaterra cotidiana, entre pessoas comuns.

Emelye, a *lady* do "Conto do cavaleiro", é um mero objeto na história, não a narradora. Ela nem chega a falar antes do verso de número dois mil, e quando fala é uma oração para manter sua virgindade. Vive longe da Inglaterra, ambientada em um passado lendário, irmã de uma rainha, convidada de um herói clássico, Teseu. Ela é incompreensível por ser inexplicável: uma princesa estrangeira de uma terra distante, surgindo apenas para assistir às aventuras dos heróis, sem que haja qualquer relato de sua vida antes ou depois de sua cena com eles. Emelye muda de ideia de um compromisso com a castidade vitalícia para consentir em se casar com um cavaleiro vitorioso, vive uma dor quase fatal pela morte dele e depois se casa com outro, sem qualquer processo decisório, sem nenhum pensamento sistemático. Ela é um objeto, visto, desejado e dado como recompensa. Ela não é uma agente que cria a própria história; ela é uma *lady* que nada faz.

## Estupro cortês

Com o tempo, as histórias de amor cortês tornaram-se mais explícitas sexualmente, mais realistas e violentas, e as heroínas, cada vez menos ativas, deixando até de se defender. A metáfora de um jovem nobre que entra em um castelo e colhe a rosa no interior do jardim murado transformou-se em uma ficção realista sobre um cerco a um castelo, o arrombamento de portões e portas e uma invasão não consentida. A heroína já não ordenava friamente os serviços do herói; o qual já não implorava por um olhar, nem se satisfazia a doar uma vida inteira de serviço. Agora ele era um ousado invasor. Encontrava não mais uma rosa em um jardim murado, e sim uma mulher vulnerável em seu quarto, e fazia sexo com ela, apesar dos protestos dela. O que começou como uma forma de arte da elite que brincava com a ideia de adorar uma mulher idealizada e inalcançável transformou-se em histórias de violenta invasão e arrombamento.

A "natureza das mulheres" nas histórias de amor cortês tomou um rumo sombrio. As mulheres ainda exigiam governar, mas agora podiam ser derrubadas. Elas diziam "não" a homens surdos a suas ordens. Elas alegavam que seus castelos eram invioláveis, mas um homem podia arrombá-los; alegavam estar acima do desejo sexual, mas podiam ser persuadidas ou forçadas. A natureza das mulheres era vista como contraditória: diziam uma coisa, mas faziam outra. As mulheres eram imprevisíveis: capazes de agir de infinitas maneiras. Eram irracionais: enlouquecidas pelas próprias contradições. A imprevisibilidade, a irracionalidade, a inescrutabilidade e a volubilidade das mulheres foram proclamadas e enaltecidas nas histórias; bem como o ataque a elas.[116]

O ataque fictício do amante a sua *lady* forneceu uma nova linguagem e uma maneira de pensar sobre o estupro na vida real. O crime foi definido como o roubo ou o rapto de uma mulher para conquistar sua fortuna. A palavra latina *rapere* era usada nos tribunais dos séculos XIII e XIV para referir-se a crimes tanto de rapto quanto de relações heterossexuais forçadas.[117] Nem eram crimes contra uma pessoa — eram roubo ou dano à propriedade de outro homem. Nas histórias de amor cortês, a metáfora de colher a rosa representava tanto o roubo de um tesouro guardado quanto a satisfação sexual do homem. No *Romance da rosa*, o peregrino precisa derrubar a cerca defensiva para colocar seu cajado no buraco e conquistar o botão de rosa. "Tive de atacá-lo com vigor, atirar-me contra ele com frequência."[118] Antes, os heróis ameaçavam morrer de amor; agora, eles exigiam prazer. Sua *lady* não era mais a comandante de seu destino; era uma assistente involuntária para sua satisfação. O desejo da *lady* — e sua recusa — era derrubado no ato do estupro. A *lady* deixou de ser uma agente de sua própria história, que possuía deliberação e cuja ação orientava a narrativa. A história passou a ser sobre sedução ou estupro, ou seja, a aventura do herói. A *lady* é reduzida a um objeto no qual o ato sexual é realizado.

Essa introdução do desejo sexual masculino como a principal motivação para o crime de violação tem consequências enormes. Sugere que o estupro se situa no extremo de uma escala de atividade sexual masculina que se estende da intimidade permitida... passando pela recusa... até mais além. O estupro passa a ser visto como o ato que ocorre em caso de fracasso da sedução. O estupro torna-se um ato sexual com uma pessoa, não um ato de roubo ou dano a uma propriedade, mas um ato sexual movido pelo desejo, agora classificado como incontrolável. Essa crença infiltra-se na consciência da sociedade e se faz presente até nos tribunais, inclusive nos tribunais modernos, onde os homens explicam que "não puderam parar", como se a escala da intimidade sexual masculina não fosse uma escala, mas uma espiral vertiginosa que, uma vez que ocorre, não tem como ser interrompida.

Uma vez que o estupro é visto como uma resposta física involuntária, o homem não é culpado. O estupro dificilmente é um crime. O homem pode alegar que não é um criminoso que decidiu cometer um crime, mas apenas um corpo que passa por uma reação involuntária a qual ele "não conseguiu impedir". Uma vez que o estupro é visto apenas como um ponto na escala da sexualidade masculina, é fácil sugerir que também se encontra em uma escala da atividade sexual feminina, um pouco além do "não". Também para ela, o sexo pode seguir-se à recusa. Um milhão de piadas, nenhuma delas engraçada, foi inspirado na ideia de que o "não" de uma mulher não significa "não". Se o estupro for uma possibilidade, se for apenas um passo além da recusa feminina, isso quer dizer que a recusa não indica "pare". O fim do acidente sexual masculino é a satisfação do homem, não importa o que a mulher tenha dito durante o "acidente". O ato só pode ser definido como estupro pela mulher antes de ser concluído, e a definição só tem sentido se ela repetir o não após o ato, e insistir em dizer "não", e dizer novamente, para os outros, repetidamente, e se ela conseguir convencer a todos de que disse não na hora, alto o suficiente para ele ouvir, e que ela continua dizendo não. A vítima do crime passa a ser aquela que o nomeia como crime, e ela tem de nomeá-lo como crime antes que ele o pratique — para que seja feito com conhecimento de causa. Se ela não o nomear como um crime — antes que seja cometido —, não há crime. Desse modo, é a vítima que é interrogada, que fica com o ônus da prova — não de que o sexo ocorreu (pois disso todos sabem), mas do que ela disse antes e depois do estupro.

Nenhum outro crime exige uma definição da vítima antes e depois do ato; a compreensão totalmente ilógica do estupro vem das histórias de amor cortês que enaltecem o estupro como um ato irresistível por parte de um homem atraente, de modo a levantar dúvidas sobre a capacidade dele, e a intenção dela, de parar.

Não demorou muito para que até a violação mais sórdida na vida real ganhasse uma pitada de glamour cortês. Um tribunal de Sussex, em janeiro de 1481, intimou William Pye de Lewes, um "escrivão" — um baixo clérigo — no "décimo segundo dia de setembro do vigésimo ano do reinado do Rei Edward IV após a Conquista [ou seja, 1480]". O tribunal acusou William Pye de duas agressões. A primeira foi à sua "amante", Alice Martin, no lar conjugal dela. O tribunal foi informado de que William Pye, "pela força e pelas armas, a saber, com paus e facas, arrombou e entrou na casa de Thomas Martin de Southover, nas proximidades de Lewes, no referido condado, e ali mesmo atacou Alice, esposa do referido Thomas".

O escrivão do tribunal, escrevendo em latim, descreveu o ataque: "e com suas pedras apedrejou-a e golpeou-a". E, em seguida, adotou a linguagem poética: "com sua lança carnal a feriu e a maltratou". A linguagem poética oculta a violência do ataque. William Pye pode ter apedrejado sua ex-amante ou pode tê-la agredido sexualmente com as "pedras" de seus testículos. Não há dúvida de que ele a estuprou violentamente; seu pênis é descrito romanticamente como sua "lança carnal" (*ipsam cum lancea sua carnali vulnerabat*), e ela ficou tão gravemente ferida "que sua vida estava perdida".

Um segundo ataque por parte de William Pye — um ataque violento a um dos membros do júri — não foi adornado com metáforas. Por ser uma agressão física a um homem, não ensejou descrição poética. O tribunal ouviu que Pye "atacou Thomas Piper, um dos referidos jurados, por força e por armas, a saber, com paus e facas, e o golpeou, feriu e maltratou, contra a paz do senhor Rei".[119]

Desde o escrivão, William e Alice, esposa de outro homem, vão-se séculos de confusão deliberada sobre a capacidade dos homens de parar antes da satisfação e sobre se o não de uma mulher, de fato, significa não, toda ela prenunciada por um estupro descrito nos autos do tribunal na linguagem poética do amor.

Parte 3

# 1455-1485
# Mulheres na guerra

## Mulheres na guerra

As mulheres assumiram funções de liderança militar e autoridade civil durante a disrupção pelos trinta anos de guerra civil entre as duas famílias rivais descendentes dos filhos de Edward III, as casas de York e Lancaster. Posteriormente chamada de "Guerra das Rosas", em homenagem ao emblema da rosa vermelha de Lancaster e da rosa branca de York, a longa guerra poderia igualmente ter sido chamada de "Guerra das Mães", visto que as casas reais eram chefiadas por mulheres tenazes que conspiraram, espionaram, foram aprisionadas e reuniram exércitos para garantir o trono aos filhos.

A rainha Margaret de Anjou (1430-1482) liderou seu exército em batalha, lutando por seu marido em coma e seu filho, o herdeiro do trono. Jacquetta, duquesa de Bedford, cavalgou com o exército de Lancaster ao lado de Margaret e estava com sua rainha quando ela foi derrotada na Batalha de Blore Heath, em 1459, quando Margaret teria virado as ferraduras de seu cavalo para que ninguém pudesse rastreá-la em sua fuga. Mais tarde, Jacquetta mudaria de lado para apoiar sua filha Elizabeth Woodville, que se casou com o jovem rei recém-vitorioso, Edward IV de York, em uma cerimônia secreta na manhã do primeiro dia do mês de maio.

Durante um dos reveses de York, o rei Edward fugiu para o exílio e Elizabeth escondeu-se no santuário com as filhas. Jacquetta foi detida, acusada, julgada e considerada culpada de enfeitiçar o rei e forçá-lo a tomar a filha dela em casamento usando amuletos mágicos — as figuras encantadas chegaram a ser apresentadas como prova em tribunal. Jacquetta só foi salva da prisão ou da execução por bruxaria devido ao retorno triunfante de seu genro, Edward, que ordenou sua libertação.

Elizabeth Woodville, a primeira mulher de origem comum (não nobre) a assumir o trono como rainha da Inglaterra, lutou por anos na guerra, buscou refúgio em um santuário e foi aprisionada na Torre de Londres durante um cerco até finalmente desfrutar de anos de paz. Com a morte de seu marido, Edward, ela fugiu novamente para o santuário quando Richard III reivindicou o trono e foi coroado com sua esposa, Ana, em uma cerimônia conjunta. Elizabeth Woodville lançou uma rebelião para libertar seus filhos, subornando Margaret Beaufort — a única herdeira sobrevivente de Henry VI e da Casa de Lancaster — com a promessa de que seu filho Henry Tudor se casaria com a filha de Elizabeth, a princesa Elizabeth de York, como recompensa por seu apoio.

Henry Tudor assumiu a coroa após a vitória do exército do marido de sua mãe e por direito de sua mãe. Casou-se com a princesa escolhida por sua mãe e governou o país com esta como conselheira. Margaret Beaufort inventou um novo título para si mesma, "Minha Senhora, a Mãe do Rei", e passou a assinar seu nome como "Margaret R.", que poderia significar Margaret de Richmond (seu título) ou Margaret Regina, isto é, Margaret, a Rainha. Ela tomou o cuidado de nunca especificar a abreviação. Depois de usar seu marido para levar o filho ao trono, Margaret deixou-o de lado e tornou-se uma *vowess* — uma mulher secular que seguia a programação monástica —, levando uma vida independente como mulher celibatária, a maior proprietária de terras depois de seu filho, o rei, e a rainha sem coroa de sua corte, onde dominava sobre sua nora, Elizabeth de York.

As guerras — na verdade, uma série de batalhas travadas intermitentemente ao longo de 28 anos entre as casas reais de York e Lancaster — muitas vezes não passavam de lutas locais entre senhores rivais, às vezes representados pelas mulheres. Alice Knyvet defendeu o Castelo de Buckingham, em Norfolk, contra Sir Gilbert de Debenhem, em 1461. Talvez levantar um cerco tenha sido dos males o menor: ela gritou das ameias que preferia morrer em batalha "a ser morta quando meu marido voltar para casa, pois ele me encarregou de defendê-la".[1]

Margaret Paston defendeu, mas perdeu, seu palacete em Gresham, Norfolk.[2] Com os homens em guerra (ou, como John Paston, ausentes a negócios), cabia às mulheres aristocratas e comuns defender suas comunidades dos exércitos que passavam por lá e administrar suas propriedades em tempos difíceis. Elizabeth Treffry defendeu sua casa em Fowey, Cornwall, em 1457, dos piratas bretões, reunindo os trabalhadores de seus negócios de milho, latão e lã para defender a casa de ataques e saques. Atribui-se a ela a invenção da técnica de verter chumbo derretido sobre os invasores.[3]

Aquele cerco pirata foi uma exceção aos conflitos habituais das Guerras dos Primos, já que as batalhas normalmente ocorriam em campo aberto ou fora das cidades, de modo que poucas mulheres proprietárias de terras precisavam defender suas casas de um cerco. As disrupções da sociedade civil e da política foram locais e temporárias, e não deram às mulheres da elite muitas oportunidades de assumir cargos de liderança, uma vez que os homens não se ausentavam por muito tempo.[4]

A disrupção dos tempos de guerra e a ausência de homens protetores em casa podem ter aumentado a violência contra as mulheres por parte de desconhecidos. Incidentes de rapto, sequestro e estupro de mulheres ricas para forçar casamentos eram cada vez mais temidos e denunciados.[5] Uma nova lei de 1487 deixava evidente que a legislação deveria proteger a propriedade da mulher, não a pessoa da mulher.[6]

A ausência de homens trabalhadores, mesmo que por pouco tempo, lançou famílias inteiras na pobreza e deixou a mulher como única provedora; algumas aprenderam ofícios durante a escassez de mão de obra dos tempos de guerra. Outras viajaram com exércitos para apoiar seus maridos, e algumas viram a passagem dos exércitos como uma oportunidade de empreender, oferecendo refeições, serviços de lavanderia e serviços sexuais como trabalhadoras auxiliares. É provável que algumas mulheres tenham se alistado e lutado; porém não deixaram registros.

O fim das guerras foi um alívio para a maioria das mulheres, que sofreram com a disrupção social, os danos materiais e financeiros e as perdas pessoais. Esposas e viúvas de homens derrotados compartilhavam de sua punição e, assim, eram exiladas ou obrigadas a pagar multas.[7] Com a lesão, morte ou desaparecimento do marido, muitas mulheres enfrentaram dificuldades e diversas crianças ficaram órfãs, o que aumentou o número de pessoas em situação de pobreza.

## Mulheres e trabalho

Nos anos de paz, as cortes plantagenetas aspiravam a ser tão centralizadas, ritualizadas e grandiosas quanto a famosa e sofisticada corte da Borgonha. As mulheres da classe alta foram importantes educadoras: Margaret de Anjou fundou o Queens' College, em Cambridge, exclusivamente para homens. Elizabeth Woodville manteve a patronagem e encorajou Thomas Caxton a levar a primeira prensa com tipos móveis à Inglaterra, em 1476, o que provocou uma revolução na produção de livros e panfletos. A própria Elizabeth ajudou a traduzir e editar a *Histoire des Philosophes* e pode ter incentivado a publicação de *Le Morte d'Arthur*, uma versão das lendas do amor cortês arturiano. Rituais de amor cortês e torneios foram realizados em sua corte. Além disso, Margaret Beaufort apoiou o Queens' College, dotou cátedras de teologia em Oxford e Cambridge e fundou o St. John's College, em Cambridge.[8] As mulheres aristocratas copiavam a elegância das cortes das rainhas, educando e treinando jovens mulheres da família, mulheres visitantes, aprendizes e criadas, formando instituições domésticas sob a liderança feminina.[9]

A demanda por produtos de luxo para a corte incentivou artesãos de toda a Inglaterra, na medida em que a comitiva viajava de palácio em palácio. Os cortesãos precisavam de habilidades especializadas em vestuário, como lavanderia, alfaiataria, bordados, engomados e toucados, gerando trabalho para empresárias que visitavam a corte e pegavam encomendas para fazer em suas casas ou oficinas. As tecelãs foram apresentadas a um novo tecido quando Margaret de Anjou encorajou as tecelãs de seda a irem de Lyon, em sua França natal, a Londres e se estabelecerem em Spitalfields. Ela fundou a Irmandade das Mulheres da Seda, para ajudar as mulheres a entrar no ofício.[10] Ellen Landwith (falecida em 1481) foi uma produtora londrina de seda que treinou três aprendizes na oficina de seu primeiro marido, uma oficina de cutelaria. Ela comprava fios de ouro e seda crua diretamente de mercadores venezianos e, em 1465, forneceu as decorações das selas e os estandartes de seda para a coroação da rainha Elizabeth (Woodville). Ellen Landwith teve tanto sucesso com seus trabalhos em seda que foi convidada a ingressar na guilda de cuteleiros de seu primeiro marido, a Cutlers' Company, e na guilda de alfaiates de seu segundo marido, a Tailors' Company.[11]

Em 1469, Margaret Cobb, parteira de Elizabeth Woodville, recebeu uma pensão vitalícia de 10 libras por ano, assim como Alice Massey, que ajudou no parto de Elizabeth de York, em 1503.[12] Margaret Cotton cuidou das sobrinhas e sobrinhos da rainha Elizabeth de York entre 1502 e 1503, enquanto sua mãe, Katherine Courtenay, estava na corte.

Em 1400, as viúvas eram responsáveis por cerca de um terço das transações imobiliárias em Londres, mas, em 1474, esse cenário já havia mudado, e o mercado passou a ser dominado por homens, que tinham aumentado sua participação de 65%, em 1374, para 85%.[13] Algumas viúvas mantiveram o padrão de fazer fortuna com boas heranças e segundos casamentos. As viúvas das guildas, em particular, concentravam a riqueza na própria família, casando-se novamente dentro da guilda. Thomasine Bonaventure (1470-*c.* 1530) fez uma transição notável de pastora em Cornwall a uma viúva extremamente rica em Londres. Ela foi trabalhar como serva na casa do *bridgemaster*\* da cidade, Thomas Bumsby, e acabou casando-se com ele. Após a morte de Thomas, ela se casou com seu colega Henry Gall; após a morte de Henry, casou-se com Sir John Perceval, prefeito de Londres, em 1498; e, quando Sir John morreu, ela desfrutou do dote de viúva de três fortunas da cidade. Foi uma das muitas viúvas ricas que consolidaram a riqueza londrina, incorporaram negócios sob uma única e experiente gestão e desataram problemas de sucessão. Thomasine, conhecida como Lady Percival, usou sua considerável fortuna para pagar por uma ponte, uma escola e uma biblioteca em sua casa em Week St. Mary, Cornwall, onde é homenageada até hoje.[14]

Algumas empresárias mantiveram seu sucesso nas mais diversas indústrias e ofícios. Alice Shevyngton, uma serva doméstica de Londres, curou seu mestre e desenvolveu uma clientela para seu remédio para dor nos olhos em 1480; a viúva

---

\* Oficial encarregado de controlar as operações de uma ponte. [N.T.]

londrina Joanna Rowley importava açúcar de Lisboa em 1479 e, em 1480, passou a enviar à Inglaterra óleo e cera da capital portuguesa e madeira e vinho da Espanha. A armadora Margery Russel, em Coventry, apreendeu dois navios espanhóis como compensação legal pela perda de seu navio para piratas espanhóis.[15] Em 1495, a festa anual da guilda da Santa Cruz, em Stratford-upon-Avon, comprou grandes quantidades de creme (8,5 galões),* coalhada e leite de cinco fornecedores locais, quatro deles mulheres.[16]

A palavra de uma mulher ainda não tinha peso legal, a menos que ela fosse registrada como *femme sole*. Em 1496, no tribunal consistório realizado pelo priorado e convento de Durham, Christina Fressell prestou a queixa de que Joan Lambert, esposa de Nicholas, caluniara a ela, Christina, dizendo que a flagrara fazendo sexo com Nicholas. Christina abriu um processo por difamação contra o casal para defender sua reputação. Três semanas depois, quando o tribunal voltou a se reunir, Christina estava no banco dos réus, acusada do "crime de fornicação com Nicholas Lambert". A alegação de calúnia que ela havia levantado voltara-se contra ela. O tribunal posicionou-se a favor de Joan Lambert e puniu Christina Fressell por fazer sexo com Nicholas. Ela recebeu um dia para se "purgar", isto é, confessar e receber uma penitência da Igreja, provavelmente um jejum. Nicholas Lambert, culpado de calúnia ou adultério, saiu impune.[17]

# Casamento

Os casamentos de famílias proprietárias eram, em sua maioria, arranjados com o objetivo de consolidar fortunas e fornecer uma esposa e mãe confiável para a família e seu negócio. Mas houve casamentos por amor. O casamento real de Edward IV e Elizabeth Woodville foi realizado tão rápida e secretamente que seria apresentado como prova de bruxaria em um julgamento e forneceria a base para uma contestação legal por parte de Richard III. O segundo casamento de Jacquetta Rivers foi por amor, e ela teve de pagar uma multa por casar-se com o homem de sua escolha. A família Paston não teve sorte quando Margery Paston (1449-1479) apaixonou-se pelo administrador de terras da família. Seus pais tentaram tirá-la de casa para separar o jovem casal; sua mãe relatou, em 1469: "nós somos [...] cautelosos em relação aos outros".[18] Apesar de todas as tentativas da família, Margery, uma herdeira, e o administrador de terras da família, Richard Calle, trocaram votos em segredo. Convocada perante um bispo e interrogada, Margery ficou ao lado do noivo e os votos secretos não puderam ser anulados.

---

* Um galão equivale a cerca de quarenta litros. [N.T.]

Sua mãe a expulsou de casa e a deserdou. Seu irmão previu sombriamente que ela acabaria vendendo "mostarda e velas", já que a família do novo marido tinha uma mercearia.[19] Mas ele também, o irmão, encontrou o amor com sua esposa, Margery Brews, que lhe escreveu o primeiro poema de dia dos namorados do mundo:

> E se me ordenares a manter-me fiel aonde quer que eu vá,
> Prometo que farei todo o possível para te amar e a ninguém mais
> E se meus amigos disserem que erro,
> Não me impedirão em minha decisão,
> Meu coração me ordena cada vez mais a te amar
> Verdadeiramente sobre todas as coisas na Terra
> E, mesmo provocando a ira alheia,
> Confio que será melhor com tua chegada.[20]

Algumas mulheres escolheram seus maridos desafiando a família ou seus votos. Joan Portsmouth e Philippa King, duas freiras do Priorado de Easebourne, Sussex, conceberam filhos com seus amantes — o capelão do priorado e um servo do bispo de Chichester — e encenaram um "rapto" por parte dos amantes no verão de 1478.[21]

# Prostituição

Prostitutas e amantes da elite foram aceitas na corte de Edward IV. Jane Shore, ex-esposa de um ourives londrino que apelara pela anulação do casamento devido à impotência do marido, chamou a atenção de Edward IV e foi elogiada por ele como sua "alegre meretriz". Após a morte do rei, ela foi humilhada em público pelo irmão dele, Richard III, que a forçou a caminhar pelas muralhas da cidade vestindo apenas uma camisola e carregando uma vela acesa para mostrar sua vergonha e penitência. Diz-se que as multidões de Londres foram tão solidárias a ela que se recusaram a vê-la caminhar. O próprio rei Richard mudou de ideia e permitiu que Jane se casasse com alguém da importância do procurador-geral do rei, Thomas Lynom.

Prostitutas e donos de bordéis eram em sua maioria tolerados, e Londres e outras cidades e vilarejos licenciavam bordéis. O porto de Sandwich tinha um bordel municipal supervisionado pelas autoridades municipais, administrado por um casal, que oferecia quatro prostitutas residentes, as quais pagavam 16 denários por semana por hospedagem e alimentação no bordel. Elas não podiam ser espancadas nem cobradas a mais pela cerveja. O bordel regulamentado do vilarejo de Southampton enfrentava as mesmas restrições. Algumas mulheres ganhavam bem.

Alice Stapledon, uma dona de bordel condenada de Suffolk, morreu rica, deixando heranças para amigas e instituições de caridade.[22]

Ocasionalmente, algumas cidades tentavam ser mais restritivas: em 1467, Leicester exigiu que os cidadãos denunciassem às autoridades quaisquer prostitutas, a fim de expulsá-las da cidade. Em Ipswich, "casas de desordem" foram alvo das autoridades durante um surto de peste e, em 1470, "prostitutas e libertinas" foram expulsas. Em Londres, sob novas regras, mais rigorosas, as mulheres acusadas de prostituição tinham a cabeça raspada ao primeiro delito, eram coagidas ao pelourinho, ao segundo, e banidas da cidade, ao terceiro. Em 1473, um novo prefeito, William Hampton, ordenou que as prostitutas fossem humilhadas publicamente. Ele exigiu "correção diligente e severa das servas de Vênus, [inclusive] que fossem adornadas e vestidas com capuzes raiados [listrados] e exibidas pela cidade, conduzidas por menestrel, em muitos e diversos dias de feira". A ordem pode ter tido pouco efeito. Nos 45 anos de registros, desde 1471, do tribunal consistório de Londres, 377 mulheres foram acusadas de prostituição, mas apenas dez confessaram. O proprietário da Bell Tavern, em Warwick Lane, foi acusado de "abrigar mulheres suspeitas" e de ser uma casa de "libertinagem", em 1485, mas, catorze anos depois, uma funcionária da taverna, Joan Blond, foi acusada de ser prostituta, e Agnes Thurston, outra funcionária, de ser alcoviteira.[23]

# Parte 4

# 1485-1660
# Tornando-se o vaso mais frágil

## Mudanças religiosas

Em 1535, Henry VIII ordenou uma auditoria das casas religiosas, denominada *Compendium Compertorum*, para justificar o encerramento delas. Thomas Legh, um dos comissários do rei, visitou o Convento de Crabhouse, em Wiggenhall, e encontrou quatro freiras, todas vivendo na pobreza. Ele as acusou de serem sexualmente descomedidas e de conceberem filhos, inclusive a prioresa, Margeria Studefeld. Legh relatou que uma freira, Cecilia Barnesley, dera à luz dois filhos, um deles filho de um leigo, o outro, de um padre. Ele relatou ao primeiro-ministro de Henry, Thomas Cromwell, que se tratava de um "convento obsceno" e afirmou que as freiras vendiam produtos do convento para seu próprio lucro. Uma inspeção posterior lançou dúvidas sobre a acusação ao constatar que a casa estava em bom estado de conservação, com objetos de valor guardados em segurança e sinos pendurados na igreja: "O nome dela é bom [...] mantém boa reputação e modo de vida".[1]

Alguns abusos, de fato, foram cometidos. Uma visita ao convento beneditino de Littlemore encontrou problemas de administração no século XV e, novamente, em 1517. Era uma pequena casa religiosa com apenas sete freiras. Os inspetores alegaram que a prioresa, Katherine Wellys, sustentava a filha bastarda com fundos do convento, chegando a pagar-lhe até o dote do casamento. O pai da menina seria um padre local, Richard Hewes, que visitava com frequência a abadia para passar a noite com a prioresa. A prioresa puniu uma freira, Elisabeth Wynter, no tronco por "incorrigibilidade". Três freiras, incluindo, talvez, suas irmãs Juliana e Johanna Wynter, e outra freira, Anna Willye, ajudaram Elisabeth a fugir por uma janela que elas quebraram. As três ficaram três semanas ausentes e Johanna Wynter deu à luz uma criança. A prioresa Wellys prendeu Anna Willye no tronco e atacou fisicamente Elisabeth Wynter com socos e chutes. Outra freira, Juliana

Bechamp, implorou ao bispo que a transferisse a outro convento: "Envergonho-me de fazer parte da má governança de minha senhora".[2]

Muitos relatos afirmam que nem todas as freiras mantiveram os votos de celibato. Alice Longspey, uma freira da abadia beneditina de Godstow, foi condenada a um ano de confinamento rigoroso por ter um caso com um padre chamado Hugo Sadylere. Agnes Smyth, do Convento de Crabhouse, confessou ter dado à luz, mas perdeu sua posição na hierarquia do claustro apenas por um mês e teve que recitar os salmos de Davi sete vezes. A maioria dos relacionamentos com os homens era de longo prazo, em geral, com clérigos, e alguns desses relacionamentos eram amorosos, bem como duradouros. Denise Lowelych, a prioresa do Priorado de Markyate, teve um caso de amor de cinco anos com um capelão, que só chegou ao fim com a morte dele. Alguns casos só eram revelados pela gravidez, uma exposição da qual os monges pecadores escapavam. Sabe-se que Margaret Mortmere, uma freira do Priorado de St. Michael em Stamford, deixou o priorado para dar à luz e voltou. O bispo encarregado da investigação não conseguiu encontrar a criança nem o pai. A preocupação da Igreja podia ser mais com o escândalo público do que com o pecado: quando o bispo William Gray, de Lincoln, soube da gravidez da freira Mary Browne na Abadia de Godstow, sua maior preocupação foi mantê-la fora de vista.[3]

O número real de freiras denunciadas por terem tido relações sexuais com homens era baixo: na diocese de Lincoln e Norwich, no período de cem anos após 1430, dezesseis freiras foram identificadas por investigações da Igreja nas nove casas de mulheres, totalizando 2,8% das mulheres enclausuradas investigadas — em comparação com 4,19% de monges sexualmente ativos.[4]

A disrupção da Igreja Anglicana teve um significado sem precedentes para as mulheres inglesas, quando Henry VIII rompeu com a Igreja de Roma, que se recusou a lhe conceder o divórcio de sua primeira esposa, Catarina de Aragão, e aderiu à Reforma europeia. Algumas mulheres aliaram-se ao rei e mudaram de fé, outras defenderam-na e algumas morreram por ela; mas todas sentiram o desrespeito pelas mulheres quando uma rainha inocente, Catarina de Aragon, morreu na pobreza e quando a dissolução de casas religiosas exclusivas para elas retirou de mulheres respeitadas e de *status* elevado a opção de viver uma vida celibatária e independente dos homens.

Na tentativa de tomar a riqueza da Igreja Católica Romana, Henry VIII fecharia novecentas casas religiosas e expulsaria cerca de dez mil homens e duas mil mulheres religiosas. É quase impossível listar as tradições exclusivamente femininas que se perderam com essa dissolução: as escolas para mulheres e meninas, as estudiosas que trabalhavam nas famosas coleções de bibliotecas arquivadas e curadas por mulheres especialistas, as grandes paisagistas, agrônomas e herbalistas, as arquitetas e *designers*, as importantes diplomatas e teólogas. As mulheres das classes mais baixas também perderam seu lugar na administração cotidiana dos conventos e abadias.

Padres e monges tiveram a chance de pedir transferência para a Igreja Anglicana e alguns até puderam manter suas antigas paróquias. Homens como Bartholomew Fowle, que foi um prior em St. Mary Overie, em Southwark, "rendeu-se", em 1539, a Thomas Cromwell, depois serviu como padre e foi pago pela Dame Joan Milbourne para orar por sua alma, em 1543 — vários anos depois de sua casa ter sido dissolvida, e a capela, fechada. Seus colegas cônegos de St. Mary Overie também encontraram cargos na Igreja reformada.[5] Mas, por quatrocentos anos, mulheres talentosas, espiritualizadas e instruídas ficaram sem lugar na Igreja Anglicana e não foram bem recebidas na sociedade. Um observador tendencioso, Eustace Chapuys, embaixador de Charles V na corte inglesa, observou o impacto sobre homens e mulheres em 1536 e escreveu: "É lamentável ver uma legião de monges e freiras que foram expulsos de seus mosteiros vagando miseravelmente de um lado ao outro em busca de meios de viver".[6]

As mulheres exiladas das casas religiosas regressaram à casa dos pais, encontraram refúgio em famílias anfitriãs solidárias ou foram morar sozinhas; outras recriaram suas comunidades, chamadas beguinas, mantendo a tradição de trabalhar, orar e viver juntas. Havia beguinas em York, Ipswich e Norwich. Algumas ex-freiras optaram por viver em solidão religiosa como anacoretas. Katherine Manne morava em uma cela anexa à igreja do Convento Dominicano, em Norwich, e é possível que tenha permanecido lá após a dissolução do convento. Ela possuía textos da Reforma: uma cópia da tradução da Bíblia de William Tyndale e o livro *A obediência de um cristão*, de autoria de Tyndale.[7] Ex-freiras e clérigos recebiam pequenas pensões e esperava-se que mantivessem seus votos de celibato até 1549 sob Edward VI. Apenas por volta de 19% das freiras escolheram o casamento (e aproximadamente 17% dos monges). Isabel Lynley, que fora freira no Priorado Heynings, sobreviveu com um pequeno pagamento único de 1 libra e 10 xelins e nunca se casou.[8]

O fechamento das grandes casas religiosas marcou a extinção das religiosas profissionais na Inglaterra. A virgindade ou o celibato deixaram de ser uma escolha respeitada e bem remunerada. A imagem das mulheres na sociedade tornou-se secularizada e sexualizada — todas passaram a ser vistas como disponíveis para a sedução ou o casamento. As mulheres já não representavam o celibato, mas a tentação. O bispo Longland, um católico romano inglês, confessor de Henry VIII, alertou os monges de Westminster em tons de misoginia paranoica: "Evitem em todos os lugares a companhia de mulheres, para que uma ferida silenciosa não penetre em seu peito se o rosto delas aderir a seu coração. Entre as mulheres, a mais esplêndida flor da castidade definha e o lírio da modéstia perece. Por que então [...], por que vocês procurariam conversar com mulheres, por que no claustro, por que em casa, por que em lugares sagrados e profanos, por que em qualquer lugar vocês se permitiriam ficar na companhia delas?".[9]

Nem o tipo de virgindade exemplificado por Elizabeth I logrou restaurar o celibato feminino a sua antiga posição de respeito. A maioria dos súditos teria preferido que ela fornecesse uma linha estável de herdeiros. O reformador protestante Martinho Lutero definiu a virgindade como um estado antinatural, e as virgens, como "não mulheres".[10] Ele acreditava que apenas a mulher que tivesse tido relações sexuais com um homem poderia ser uma verdadeira mulher; qualquer outra mulher era uma criança ou um ser sem sexo. Uma mulher celibatária, como uma ex-freira ou uma mulher solteira, deveria ser considerada uma criatura estranha: uma personagem não realizada, uma não pessoa.

Para as mulheres seculares, as mudanças em sua igreja paroquial e em seus rituais seriam imensas. As igrejas perderam a independência do trono, e as mulheres perderam seus papéis na Igreja. Já não tinham uma capela dedicada a si nem uma figura feminina poderosa na iconografia da Igreja.[11] Os dias santos deixaram de ser observados e os rituais femininos foram proibidos. A religião oficial da Inglaterra mudaria três vezes no decorrer de quatro reinados, desde 1525, quando Henry VIII começou a suprimir as grandes casas religiosas, até a realeza de Elizabeth I, a "Princesa Protestante". Cada vez que uma religião era banida, tornava-se uma "religião-fortaleza", defendida principalmente pelas mulheres em segredo em suas casas.[12] Uma vez que os maridos eram legalmente obrigados a manter suas esposas afastadas da heresia e a denunciar às autoridades todas as mulheres rebeldes — inclusive a sua — para punição, muitas mulheres tiveram que escolher entre obedecer a seu marido ou a seu deus.

## Protestos religiosos

Poucas mulheres rebeldes foram mencionadas nominalmente nos registros das revoltas populares contra Henry VIII e a Reforma. A Peregrinação da Graça, revolta de 1536 no norte e no leste da Inglaterra, reuniu um exército de trinta mil, que incluía mulheres e dependia do apoio delas. À frente das tropas, os soldados erguiam bandeiras das cinco chagas de Cristo, confeccionadas por apoiadoras que tinham as habilidades e os materiais necessários — as mulheres da elite. As histórias mais detalhadas da peregrinação descrevem as mulheres como "apoiadoras fervorosas".[13]

Henry VIII evidentemente quis que a punição não se restringisse aos líderes masculinos nomeados. Ele ordenou a seu comandante que "realizasse execuções horrendas a um bom número de habitantes, pendurando-os em árvores, esquartejando-os e estabelecendo quartéis em todas as cidades e vilarejos, a título de advertência terrível".[14]

Margaret Pole, condessa de Salisbury, foi executada sem julgamento em 27 de maio de 1541, acusada de possuir uma bandeira das cinco chagas de Cristo — o estandarte rebelde. Margaret Cheyne (nascida Stafford) foi condenada à morte porque diziam que ela comandava o marido. O próprio pároco a chamou de "uma prostituta forte e arrogante". Cheyne e seu marido, Sir John Bulmer, reuniram os vizinhos e encorajaram os inquilinos a se rebelarem contra as mudanças religiosas de Henry VIII. Depois de ser preso, enviado a Londres e declarar-se culpado, Sir John foi enforcado, e sua cabeça, colocada em uma estaca na Ponte de Londres, mas a punição de Margaret foi pior: arrastada pelas ruas da cidade desde a Torre de Londres até o Smithfield Market,[15] onde "lá queimou de acordo com seu julgamento, Deus perdoe sua alma, sendo a sexta-feira da semana de Pentecostes; ela foi uma criatura muito bela e linda".[16] A crueldade de sua execução teve como objetivo ser uma advertência sobre o comportamento adequado das mulheres: tão importante quanto não se rebelar era nunca tentar dominar o marido.[17]

Como a religião católica romana foi declarada ilegal por Henry VIII e seus herdeiros protestantes, as mulheres aristocratas transformaram suas casas em refúgios religiosos, escondendo padres, criando capelas familiares, enviando os filhos a escolas religiosas no exterior, casando-os dentro da fé e mantendo a família unida por meio de cartas.

As mulheres pobres e não instruídas sempre tiveram um papel importante na Igreja Católica Romana medieval como visionárias e místicas. Quanto mais baixo fosse o *status* de uma mulher mística, mais convincente ela era ao falar em línguas ou relatar visões.

Elizabeth Barton, a "Freira de Kent", foi uma voz influente contra a Reforma e o casamento de Henry VIII com Ana Bolena. Aceita como uma verdadeira profetisa pelos pobres que a procuravam aos milhares e até por grandes clérigos, incluindo Thomas More e John Fisher, ela se reuniu com embaixadores de Roma e escreveu diretamente ao papa.[18] Sua inimizade com a Reforma e com Ana Bolena foi finalmente silenciada com seu julgamento e execução, em 20 de abril de 1534, por traição. Segundo seus inimigos, antes de morrer ela admitiu ter cometido fraude.

Algumas mulheres da realeza foram célebres defensoras de suas crenças: Catarina de Aragão contou com o apoio de mulheres católicas romanas de sua corte, incluindo a irmã do rei, a rainha Maria de França. Por outro lado, Ana Bolena apoiou a reforma, e foi o capelão da família Bolena, Thomas Cranmer, o grande teólogo da reforma inglesa, que, com a última esposa de Henry, Kateryn Parr, ela mesma uma teóloga, estudiosa e reformista convicta, escreveu a bela tradução do ritual latino que viria a se tornar o Livro de Oração Comum. Parr manteve o partido reformista na corte, correndo grande risco quando seu marido estava guinando ao papado. Uma amiga de Kateryn Parr, Anne Askew, foi presa e torturada, mesmo depois de confessar sua fé, numa tentativa de fazê-la denunciar a rainha como uma herege. Mesmo na fogueira, prestes a ser queimada, foi-lhe oferecido perdão se ela denunciasse a rainha, mas Anne morreu sem trair a amiga.

O rei assinou um mandado de prisão para Kateryn Parr por heresia, o que acarretava uma sentença de morte. As rainhas condenadas anteriores entraram em pânico, mas Parr foi até o rei e disse-lhe que ela não passava de "uma pobre mulher tola acompanhada de todas as imperfeições naturais da fraqueza de seu sexo".

O rei discordou. Enquanto seus cortesãos esperavam que ele caísse na armadilha, Henry acusou a esposa: "Entendo que tu te tornaste uma médica, Kate, para nos instruir, não para ser instruída ou dirigida por nós".

Kateryn salvou a si mesma e ao partido reformista na corte reconhecendo a inferioridade feminina: "Se Vossa Majestade assim o entende, Vossa Majestade se engana muito, pois sempre considerei absurdo uma mulher instruir seu senhor. Se presumi discordar de Vossa Majestade sobre questões religiosas, foi em parte para obter informações para meu próprio conforto em relação a pontos importantes sobre os quais eu tinha dúvidas".[19]

Henry a perdoou e, passeando juntos pelo jardim no dia seguinte, dispensou os guardas que vieram prendê-la. Kateryn sobreviveu ao assassino em série de esposas e publicou suas orações e pensamentos: a primeira mulher a publicar algo em seu próprio nome na língua inglesa.

Quando a filha de Henry VIII, a católica romana Mary I, subiu ao trono em 1553, após o breve reinado de seu irmão protestante Edward VI, muitos reformistas e protestantes foram obrigados a retratar-se em público para escapar da punição por heresia. Margaret Geoffrey de Ashford, Kent, foi condenada a assistir à missa segurando um rosário. Elizabeth Poste, de Kent, foi forçada a declarar perante a congregação que "no sacramento do altar, de fato, está o próprio corpo e sangue de Cristo".[20]

Cinquenta mulheres e 230 homens seriam queimados vivos por declarar sua fé reformista durante os últimos quatro anos do reinado de Mary I.[21] Mary Tudor foi apelidada de "Bloody Mary" (Maria Sanguinária) por gerações de historiadores protestantes, mas eles erraram ao sugerir que ela perseguiu os reformistas por ter enlouquecido devido a um marido insatisfatório e a problemas ginecológicos — embora ambos possam ser muito irritantes. Ela foi neta de Isabel de Castela e Fernando de Aragão, que fundou a Inquisição na Espanha, executando entre duas mil e cinco mil pessoas. Tanto sua família quanto sua cultura acreditavam que a religião poderia e deveria ser melhorada pela violência.

Lady Katherine Willoughby, esposa de Charles Brandon, foi muito ativa no círculo reformista Parr-Askew. Ela reformou a religião no condado de Lincolnshire praticamente sozinha. Willoughby nomeou Hugh Latimer como pregador e, quando ele e Nicholas Ridley foram presos por Mary I, Willoughby os ajudou. Ela foi tão influente e ousada que, em março de 1554, o poderoso arcebispo antirreforma Gardiner convocou o novo marido de Willoughby, Richard Bertie, e advertiu-o a silenciar a esposa. O casal fugiu para o exílio religioso e retornou assim que a princesa protestante Elizabeth subiu ao trono.[22]

Elizabeth herdou o trono em 1558 e aprovou o Ato de Supremacia no ano seguinte. A religião oficial da Inglaterra voltou à Reforma, e a rainha determinou que todos deveriam frequentar a Igreja Anglicana, que passaria a ser protestante. Elizabeth não acreditava que alguém pudesse ser leal ao papa estrangeiro e à rainha protestante ao mesmo tempo e passou a considerar todos os católicos romanos como traidores. A manutenção da fé católica romana recaiu principalmente sobre as mulheres, que criaram os "buracos de padre" e alimentavam e escondiam os clérigos visitantes.

A Revolta do Norte de 1569 foi liderada pelas mulheres de duas grandes famílias nobres do Norte: Anne Percy, condessa de Northumberland, e Jane Neville, condessa de Westmorland. Elas marcharam sob a bandeira das cinco chagas de Cristo para resgatar a prima de Elizabeth, a herdeira católica romana ao trono, Mary, rainha da Escócia — mantida em prisão domiciliar pelo conde de Shrewsbury e por sua formidável esposa, Bess de Hardwick. Essa revolta popular com liderança feminina teve mulheres como apoiadoras e possivelmente até soldados. Foram elas que pagaram pela revolta. Elizabeth exigiu setecentos enforcamentos em vilarejos do Norte para punir comunidades onde os rebeldes não puderam ser identificados. Jane Neville passou o resto da vida em prisão domiciliar. O marido de Anne Percy, Thomas, foi executado por sua participação na rebelião, enquanto Anne fugiu para o exílio, deixando as filhas para trás. Ela passou o resto da vida conspirando em prol da restauração do catolicismo romano na Inglaterra.

O maior desafio à autoridade protestante vinha das esposas católicas romanas de maridos protestantes leais. Alegando obedecer a Deus perante seus maridos, elas negavam o direito do monarca de governar a Igreja e questionavam o *status* dos homens como chefes da família. Alguns maridos chegaram a levar as esposas literalmente arrastadas para a igreja; outros as ameaçaram com divórcio ou desgraça; e houve aqueles que se renderam às esposas e pagaram as devidas multas. Magistrados de toda a Inglaterra enfrentaram a desobediência das esposas. Eles resolveram o problema enviando as reincidentes para a prisão até 1620, quando o governo decidiu multar e tributar os grandes proprietários católicos de terras para gerar receita e ignorar as hereges pobres.[23] As esposas rebeldes da classe baixa conseguiram resistir tanto aos maridos quanto ao Estado.

## Mulheres que morreram por suas crenças

A coragem e a determinação das mulheres inglesas na defesa de sua fé contestavam a visão tradicional das mulheres como uma Eva pecadora. Sua santa resolução substituiu a ideia de mulheres que caíam facilmente em tentação pela de mulheres altamente espiritualizadas e corajosas. Espiritualizadas, porém não poderosas. As mulheres que foram perseguidas e mortas devido a sua fé eram vistas não como "soldados de Cristo", mas como vítimas e mártires, sacrificando-se por suas crenças. O antigo modelo de Eva, pronta para a tentação, foi substituído por um novo modelo de mulher-vítima: pronta para se sacrificar.

A primeira morte feminina registrada pelo martirologista protestante John Foxe[24] foi de uma mulher de 80 anos: Joan Boughton, queimada na fogueira por heresia, em 1494, em Smithfield, o distrito de Londres que abrigava o mercado de carnes e um local de execução. Outra vítima foi uma anabatista holandesa queimada em Smithfield, em 1538. Anne Askew, a nobre torturada ilegalmente na tentativa de incriminar Kateryn Parr, foi queimada viva em 1546. Joan Boucher contrabandeou Bíblias em inglês para a Inglaterra, e sua lista de clientes chegou a incluir reformistas radicais que cercavam Kateryn Parr, simpatizante das causas protestantes. Quando foi presa, ela declarou com orgulho suas crenças reformistas. O arcebispo Thomas Cranmer, ele próprio um reformista, não conseguiu persuadi-la a se retratar, e ela foi queimada viva em Smithfield, em maio de 1550.

Sob o governo da rainha católica romana Mary I, foram os protestantes e os grupos reformistas que passaram a ser perseguidos: Margery Polley foi queimada viva em Tunbridge, em 1555, e Rose Pencell, em Bristol, no mesmo ano. Elizabeth Warne foi levada a uma reunião de oração, investigada e queimada viva em Stratford Bow, em 1556; sua filha, a serva Joan Warne ou Joan Laysh, foi martirizada no ano seguinte. Isabel Foster, esposa de um cuteleiro, foi queimada viva em Smithfield, em janeiro de 1556. A viúva Agnes Snoth, Joan Sole, Anne Albright e Joan Catmer, a viúva de um reformista executado, compartilharam duas estacas e foram queimadas juntas em Canterbury. De acordo com o *Livro dos mártires de Foxe*, elas morreram cantando hosanas. Agnes Potten, esposa de um cervejeiro, e Joan Trunchfield, esposa de um sapateiro, foram capturadas após se recusarem a abandonar os maridos e filhos e queimadas juntas em Ipswich, em 1556. Joan Beach, uma viúva, morreu na fogueira em Rochester no mesmo ano, recusando-se a proferir sua fé na Igreja Católica Romana ou a concordar com a doutrina da transubstanciação. Katherine Hut, uma viúva, foi queimada viva com Elizabeth Thackvel, Margaret Ellis e Joan Horns, todas servas, depois que as três defenderam suas crenças reformistas em Smithfield, em 1556. Elizabeth Pepper, esposa de um tecelão, e Agnes George foram queimadas vivas em Stratford Atte Bowe por um método especialmente cruel: foram obrigadas a caminhar para dentro de uma fogueira, construída com as onze estacas nas quais seus correligionários homens arderam em chamas. Pepper estava grávida, mas se recusou a implorar pelo filho para ser libertada, alegando que "eles sabiam disso perfeitamente bem".

Catherine Cauchés, ou Katherine Cawches, e suas duas filhas, Guillemine Gilbert e Perotine Massey, foram queimadas vivas em St. Peter Port, Guernsey, em 1556. Perotine entrou em trabalho de parto e deu à luz um menino enquanto era queimada, e o oficial de justiça ordenou que ele fosse jogado de volta nas chamas. A "madre" Anne Tree foi queimada viva em East Grinstead no mesmo ano. Em Derby, Joan Waste, uma mulher de 22 anos, cega de nascença, que trabalhava como tricoteira e produtora de cordas, foi processada por se opor aos serviços religiosos em latim, por comprar um Novo Testamento em inglês e pagar para ser lido em voz alta. Seu irmão gêmeo a conduziu pela mão até a morte. Ela foi executada por enforcamento até a corda queimar e envolvê-la em chamas. Margaret Hide e Agnes Stanley foram queimadas juntas em Smithfield, em 1557. Cinco dos sete mártires protestantes de "Maidstone" naquele mesmo ano eram mulheres: Joan Bradbridge, Petronil Appleby (queimada com o marido), Katherine Allin (queimada com o marido, um moleiro), Joan Manning e Elizabeth (sobrenome possivelmente Lewis), uma serva cega.

Dos sete mártires de "Canterbury" queimados vivos em 1557, quatro eram mulheres: a viúva Bradbridge, a "esposa de Wilson", Barbara Final e Alice Benden, denunciada pelo próprio marido. Dez protestantes foram queimados em uma única fogueira em Lewes, incluindo Thomasina Wood, uma serva, Margery Morris, queimada ao lado do filho, Ann Ashdon e Mary Groves. A serva Elizabeth Cooper, esposa de um produtor de utensílios de estanho, retirou sua retratação e optou por morrer por sua fé, queimada na fogueira em Norwich. Dez reformistas foram mortos no Castelo de Colchester devido a sua fé, em 1557, cinco eram mulheres: Agnes Silverside, Helen Ewring, esposa de um moleiro, Elizabeth Folk, uma jovem donzela e serva, Alice Munt, queimada com o marido, e a filha solteira, Rose Munt. Duas mulheres que deveriam queimar na fogueira com eles — Agnes Bengeor e Margaret Thurston — foram executadas no final do mesmo ano. A irmã de George Eagles foi queimada viva em Rochester com uma mulher não identificada. Agnes Prest, uma mulher de Devon de 54 anos, "muito pequena e de baixa estatura, um tanto atarracada e com um semblante alegre", que havia deixado seu marido católico romano para se sustentar fiando, foi presa quando voltou para ele e queimada viva em Southernhay. Joyce Lewis foi uma nobre convertida devido ao martírio de Laurence Sanders. Foi presa por comportamento desrespeitoso na igreja e queimada viva em Lichfield. Margery Austoo foi queimada viva com o marido em Islington, em 1557. Cicely Ormes, filha de um alfaiate e esposa de um tecelão, retirou sua retratação e foi queimada viva após proferir um sermão efusivo na estaca em Norwich. Margaret Mearing recusou-se a retratar-se e foi queimada viva em Smithfield. Christian George, a segunda esposa de Richard George de Essex, cuja primeira esposa também foi martirizada, foi queimada viva em Colchester, em 1558. Alice Driver, uma lavradora de 30 anos, esposa de um lavrador, foi presa por esconder um mártir protestante, Alexander Gouch, em um palheiro, discutiu com seus interrogadores e foi queimada viva em Ipswich. Katherine Knight/Tynley, uma mulher idosa, foi queimada viva em Canterbury.

Três mulheres morreram na prisão: Margaret Eliot (ou Ellis) foi detida em Newgate, em 1556, e pode ter morrido na prisão ou sido queimada viva em Smithfield naquele ano; a esposa de William Dangerfield, presa com ele, morreu depois dele; o bebê dos dois foi deixado ao relento e morreu de frio e fome. Alice Potkins morreu presa no Castelo de Canterbury, em 1556. Lady Jane Gray foi decapitada na Torre de Londres, em 1554, ostensivamente por traição, mas em parte por sua recusa em aceitar a doutrina católica romana.

Mulheres católicas romanas morreram por sua fé no reinado seguinte: professando o catolicismo romano sob Elizabeth I. Margaret Clitherow, filha de um protestante vendedor de cera de York e esposa de um açougueiro de York, recusou-se a clamar por sua vida quando acusada de esconder padres católicos romanos, em 1586. Embora grávida do quarto filho, ela foi executada por esmagamento, sob uma porta carregada com 700 quilos de pedras.[25] Margaret Ward, criada de uma família londrina, em visita a um padre na prisão, contrabandeou uma corda para que ele pudesse escapar. Ela se recusou a revelar o esconderijo e a frequentar uma igreja protestante em troca de perdão. Foi enforcada em agosto de 1588.[26] Alice "Anne" Line mandou construir um "buraco de padre" em sua casa e organizava um serviço religioso de Candelária, com a presença de um padre, quando sua casa foi invadida. O padre escondeu-se e fugiu, mas Anne Line e sua amiga, Margaret Gage, foram presas. Gage foi libertada e perdoada, mas Line foi enviada à prisão de Newgate e condenada à morte por enforcamento em 27 de fevereiro de 1601. No cadafalso, ela proclamou: "Estou sendo condenada à morte por abrigar um padre católico e estou tão longe de me arrepender disso que desejo, de toda minha alma, que, onde abriguei um, houvesse abrigado mil".[27]

## Exiladas religiosas

Alguns reformistas fugiram da Inglaterra de Mary I. Dos 788 emigrantes religiosos registrados, sabe-se que 131 foram mulheres. Uma delas foi uma mulher judia: Beatriz Fernandes, esposa de um médico, Henrique Nuñes, um líder da comunidade, por realizar cultos de sábado em sua casa, manter-se a par da nova literatura judaica, assar o pão da Páscoa e seguir uma dieta *kosher*. A comunidade judaica de Londres e Bristol se passara por calvinista — um disfarce seguro sob Edward VI, mas considerado herege sob Mary I. A família Fernandes fugiu para a França em 1555, deixando alguns membros da comunidade mais bem escondidos na Inglaterra.[28] A família ítalo-judaica Bassano foi presa em 1541, mas posteriormente libertada. A filha deles, Aemilia Lanyer, viria a ser uma cortesã e poeta sob Elizabeth I e, após outra expulsão de judeus, em 1610, escreveu um poema, "Salve Deus Rex Judaeorum" (1611), culpando todos os homens pela morte de Jesus — não especificamente os judeus.[29]

Anne Locke (1530-1590) nasceu em uma família calvinista de mercadores londrinos que abrigou John Knox até seu exílio em Genebra. Locke e seu marido o seguiram, e ela estudou com o reformador protestante Calvino, traduzindo e publicando seus sermões. Ao retornar à Inglaterra após a morte de Mary I, em 1558, Anne casou-se com o segundo marido, um pregador reformista, e o dinheiro e influência dela lhes deram acesso a um círculo de mulheres literárias, puritanas e reformistas, incluindo as nobres: Lady Mary Mildmay, Lady Golding, Mary Honeywood, Barnett de Bray e Catherine Killigrew, que os apresentou à corte elisabetana.[30] Anne Locke foi a primeira autora inglesa a compor um soneto. Ela publicou uma sequência de 26 sonetos sobre o Salmo 51, intitulada *Uma meditação de um pecador penitente*.

Muitas mulheres fugiram para o exílio quando a religião nacional foi alterada. Catherine Carey, filha de Maria Bolena, foi para o exílio com a ascensão de Mary I ao trono, em 1553. Sua prima, a princesa Elizabeth, escreveu as palavras *Cor Rotto* (coração partido) em seu diário no dia da partida dela. Catherine e seu marido, Sir Francis Knollys, retornaram à Inglaterra quando Elizabeth assumiu o trono e tornaram-se membros favorecidos da corte. Rose Hickman pregava a palavra reformista a uma pequena congregação escondida em seus próprios aposentos antes de fugir, assim como outros reformistas, para a Europa.[31] Durante a crise, elas foram reconhecidas como líderes religiosas por suas famílias e comunidades. Sua contribuição para o estudo religioso e seu compromisso, mesmo diante do perigo e do exílio, mantiveram viva a Reforma na Inglaterra. Mas, quando retornaram, não foram recompensadas por sua fidelidade à Igreja. Não mais vistas como heroínas e líderes, perderam a igualdade que havia sido forjada ante um perigo igualmente compartilhado. A Igreja na Inglaterra elisabetana tornou-se moderada e deu as costas à teologia revolucionária radical e às mulheres que arriscaram a vida por ela.[32]

Mulheres inglesas igualmente determinadas, da fé oposta, também escolheram o exílio, fugindo da Inglaterra elisabetana para paraísos católicos romanos. Na Europa, dezessete casas em oito ordens foram estabelecidas para mulheres inglesas que prefeririam viver reclusas no exterior a viver na Inglaterra protestante.[33] Nos cem anos após a morte de Elizabeth, cerca de quatro mil mulheres inglesas teriam ingressado em 21 conventos em Flandres e na França.[34]

A inglesa Mary Ward (1585-1645) fundou uma nova ordem católica romana de ensino e conversão para mulheres, inspirada no trabalho dos jesuítas. Ela alegava ter criado dez casas religiosas para quinhentas mulheres na Europa e estabelecido uma fundação nas proximidades da Abadia de Fountains, em Yorkshire, com a relutante permissão do papa.[35] O convento foi posteriormente transferido para Mickelgate Bar, York, onde um internato e uma escola diurna foram fundados e sobreviveram ao assédio constante de oponentes religiosos e turbas.

Ward foi uma cristã feminista que reivindicava igualdade aos olhos de Deus:

> Em que somos tão inferiores a outras criaturas que nos denominam "meras mulheres"? O que pensam vocês dessa expressão "meras mulheres"? Como se fôssemos, em todas as coisas, inferiores a alguma outra criatura, que suponho ser o homem! Ousarei dizer que isso é uma inverdade; e, com respeito ao bom Pai, posso dizer que é um erro. [...] Houve um padre que veio recentemente para a Inglaterra, de cuja boca ouvi que nem por mil mundos seria uma mulher, porque achava que uma mulher é incapaz de compreender a Deus. Nada respondi, apenas sorri, embora pudesse tê-lo respondido pela experiência que tenho do contrário. Eu poderia ter me compadecido do que lhe falta — não me refiro à falta de julgamento — e não condenei o dele, pois ele é um homem de bons julgamentos; sua falta está na experiência.[36]

# Pregadoras

As mulheres da Reforma aproveitaram a oportunidade — proporcionada pela ênfase de sua religião na prática de comunicar-se diretamente com Deus por meio da oração e na crença na possibilidade de receber revelações divinas pessoais — para dar testemunho de sua fé. As reformistas pregavam ao ar livre, em espaços seculares ou em cômodos privados das casas. Podem até ter pregado dentro de igrejas radicais. Em suas reuniões, os lolardos — um grupo que pressionava pela reforma da Igreja Católica Romana — aceitavam mulheres em igualdade de condições com os homens, assim como aceitavam ensinamentos de pregadoras.[37]

Dorothy Kelly casou-se com um pregador reformista e sua casa conjugal em Bristol tornou-se um centro de pensamento reformista e um refúgio para migrantes religiosos que fugiam para a Nova Inglaterra. As mulheres eram convidadas a dar à luz em segredo, com Kelly atuando como parteira, para evitar as cerimônias "papistas" de purificação e batismo na igreja. Dorothy, em 1640, a caminho da igreja de seu marido, cheia de dúvidas, abriu sua Bíblia em busca de orientação e encontrou, em Apocalipse 14:9-11: "Se alguém adorar a besta". Inspirada, ela fundou a própria igreja separatista e pregou em casas particulares para uma congregação que chegou a 160 puritanos e, quando impedida de entrar nas casas, pregou ao ar livre. Dorothy protestou contra a "falsa santificação" do dia de Natal, alegando, como fizeram muitos puritanos, que a data não era especificada como um dia sagrado na Bíblia. Ela enfrentou as autoridades municipais de Bristol para manter sua mercearia aberta no dia 25.[38]

As traduções para o inglês da Bíblia, até então disponível apenas em latim ou grego, foram de importância crucial para os reformistas, uma vez que tornaram a Bíblia acessível a todos os que sabiam ler; a palavra não era mais propriedade exclusiva de estudiosos da elite, em sua maioria homens. Muitos pobres aprenderam a ler com a Bíblia paroquial — deixada aberta na igreja —, o único texto que lhes era disponibilizado gratuitamente, talvez o único livro que lhes seria permitido ler.

A Reforma libertou as mulheres da ignorância, inspirou-as a se alfabetizar e lhes prometeu igualdade espiritual diante de Deus. Essa visão de um Deus acessível e de uma consciência individual privada foi de tremenda importância para todos os cristãos, mas, para as mulheres cristãs, que cresceram ouvindo que não podiam aproximar-se de Deus sem a mediação de um sacerdote do sexo masculino, foi uma libertação especial. Embora a Bíblia diga que o homem foi feito à imagem de Deus, em lugar algum determinava que um sacerdote do sexo masculino deveria ser o guardião do acesso ao Senhor. Quando as mulheres trabalhadoras puderam ler a Bíblia em sua própria língua, os rituais e as tradições da Igreja, que se desenvolveram ao longo de mais de mil anos, começaram a ser questionados. Elas leram que podiam orar a Deus sem a permissão de um padre — mais do que isso, sem que um padre ouvisse suas preces. Argumentaram que um padre não era necessário nem para o batismo. Agora que Deus passara a entender inglês, qualquer mulher inglesa podia falar com Ele.

Inspiradas por essa relação direta com Deus, as inglesas reivindicaram igualdade com os homens diante dele. Um panfleto da guerra civil queixava-se do falso orgulho de, pelo menos, seis mulheres pregadoras que, segundo diziam, demonstravam uma lógica e uma compreensão da teologia superiores às dos pregadores homens. O panfleto acusava as mulheres de quererem dominá-los.[39]

As mulheres cuja sexualidade fora reprimida pelos ensinamentos da Igreja encontraram libertação emocional e até física na oração pessoal e privada. Um pregador puritano, Nathaniel Ranew, recomendou que as mulheres devotas assim visualizassem: "Seu Amado, o Senhor Jesus Cristo, suas cores puras em branco e vermelho, seus mais belos traços e proporções exatas de cada parte, sua cabeça, aparência, olhos, bochechas, lábios, mãos, pernas e todas as suas gloriosas perfeições [...], ele é totalmente belo".[40]

Não é de admirar que Mary Rich, condessa de Warwick (1625-1678), tenha confidenciado em seu diário: "Enquanto pensava no grande amor de Deus, senti que meu coração foi aquecido por um amor peculiar e transcendente".[41] Os sentimentos religiosos de Rich coincidiram com os períodos infelizes de seu casamento, quando seu marido esteve muito doente. Quando ele morreu, ela se tornou uma viúva rica e executora do testamento dele, passou a desfrutar dos lucros de ser uma grande proprietária de terras e abandonou as orações extáticas.

Os favores de Deus não podiam mais ser comprados. Cada um podia analisar a própria consciência e cada um — homem ou mulher — podia reconhecer em si os sinais da Graça: a certeza da salvação. Era uma questão de revelação individual, e a epifania de uma mulher era tão válida quanto a de qualquer homem. Se uma mulher de fé recebesse de Deus sinais de que estava salva, isso seria entre ela e Deus. Todos foram libertados da autoridade do sacerdócio, e as mulheres, em especial, foram radicalmente libertadas da autoridade espiritual dos homens.

O próprio John Foxe, o grande historiador dos mártires reformistas, associou explicitamente a fé reformista à igualdade, dizendo às mulheres: "Fostes resgatadas por um sacrifício tão grande quanto os homens, a ele unindo-vos como uma única carne, de modo que, no testemunho e na prova de vossa fé em Deus, deveis ser tão fortes quanto ele".[42]

# O "vaso mais frágil"

Uma rainha bem-sucedida no trono (Elizabeth I, 1558-1603), mulheres em posições de autoridade, especialmente nas propriedades rurais, mulheres de sucesso nos negócios, especialmente nas áreas em alta, e uma nova religião oficial que autorizava as mulheres a comunicar-se diretamente com Deus, sem a intervenção de um sacerdote, sugeririam a igualdade das mulheres no mundo e diante de Deus. Até que essa ideia foi desmentida por uma nova tradução da Bíblia. A tradução de 1525-1536, de William Tyndale, apresentou uma metáfora condenatória para as mulheres. Ele as chamou de "vaso mais frágil".

Eis a passagem, tal como traduzida por John Wycliffe, na Bíblia medieval de Wycliffe, de 1382-1395:

> Also men dwelle togidre, and bi kunnyng yyue ye onoure to the wommanus freeltee, as to the more feble, and as to euen eiris of grace and of lijf, that youre preieris be not lettid.[43]

> Igualmente vós, maridos, vivei com elas com entendimento, dando honra à mulher, como a parte mais frágil, e como sendo elas herdeiras iguais da graça da vida, para que não sejam impedidas as vossas orações. (1 Pedro 3:7)[44]

A mulher é mais "frágil", mas também pode herdar igualmente ("sendo elas herdeiras iguais"). Ela é uma herdeira igualitária da graça e da vida.

O versículo continua: "Do mesmo modo vocês, maridos, sejam sábios no convívio com suas mulheres e tratem-nas com honra, como parte mais frágil e coerdeiras do dom da graça da vida, de forma que não sejam interrompidas as suas orações".[45]

Dois séculos depois, William Tyndale, em 1522, introduziu — pela primeira vez — a expressão "vaso mais frágil" na primeira passagem:

> *Lyke wyse ye men dwell with them accordinge to knowledge gevinge honoure vnto the wyfe as vnto the weaker vessell and as vnto them that are heyres also of the grace of lyfe that youre prayers be not let.*[46]

> Igualmente vós, maridos, vivei com elas com entendimento, dando honra à mulher, como vaso mais frágil, e como sendo elas herdeiras convosco da graça da vida, para que não sejam impedidas as vossas orações.[47]

A nova tradução da Bíblia transformou as mulheres de "parte mais frágil", porém "herdeiras iguais", em "vaso mais frágil" e "herdeiras convosco" (ou seja, "também" herdeiras). Foi uma mudança enorme e extraordinária feita por Tyndale, que roubou a mulher de sua identidade como indivíduo ao descrevê-la como um objeto doméstico — imagino um vaso rachado —, algo completamente diferente de um homem, o chefe da família e proprietário do vaso. A Bíblia de Tyndale tornou-se o texto do qual descenderam todas as outras Bíblias, inclusive a famosa e poética versão King James (também conhecida como Versão Autorizada do Rei James). William Tyndale expandiu sua definição de mulher como "vaso mais frágil" em seu livro *A obediência de um cristão*, em que escreveu que o vaso frágil continha luxúrias e apetites lascivos: "Deus, que criou a mulher, sabe o que aquele vaso frágil (como Pedro a chama) contém e, por isso, a colocou sob a obediência de seu marido para governar suas luxúrias e apetites lascivos".[48]

Em 1563, o sermão oficial elisabetano, a "Homilia do Estado do Matrimônio", que era lido em todas as igrejas por lei, falava do "vaso mais frágil" sem maiores explicações — as condensadas palavras de Tyndale tornaram-se um sinônimo aceito para referir-se às mulheres, expressão mantida nos dicionários até hoje. A homilia falava da superioridade dos maridos e da natureza débil de todas as mulheres.[49] Cada pároco, em cada igreja da Inglaterra, recebeu ordens para pregar a nova definição de mulher a sua congregação: "A mulher deve ter certa honra a ela atribuída, ou seja, deve ser poupada e tolerada, especialmente por ser o vaso mais frágil, de coração débil, inconstante e facilmente provocado à ira com uma única palavra".[50]

Extraordinariamente, sob uma rainha militante, uma igreja que fora defendida por mulheres santas, mártires e militantes passa a definir as mulheres como fracas e volúveis: "Criaturas frágeis, não dotadas de força e constância mental equivalentes, elas são mais facilmente perturbadas e mais propensas a todas as fraquezas e disposições mentais, mais do que os homens, e são mais volúveis e vãs em suas fantasias e opiniões".[51]

O sermão oficial elisabetano adotou a posição de Tyndale ao exortar homens e esposas a viverem juntos amorosamente como companheiros e parceiros, mas (acho que você não vai se surpreender) a maior parte da instrução era dirigida às mulheres, dizendo-lhes para serem obedientes aos maridos e suportar a violência doméstica sem reclamar. A homilia tentou persuadir os homens a não bater em suas esposas, por mais que elas se comportassem mal. Segue a declaração real, feita do púlpito, a uma congregação cuja presença era obrigatória, afirmando que as mulheres eram inferiores aos homens e deveriam ser ensinadas com gentileza em vez de espancadas: "As naturezas honestas são mais prontamente governadas a cumprir seus deveres com palavras gentis em vez de listras".[52] No caso, "listras" refere-se às marcas deixadas por um chicote.

As mulheres deviam submeter-se ao marido e aprendiam a pedir desculpas por contestá-lo: "Que elas reconheçam sua insensatez e digam: 'Meu marido, foi assim que pela minha raiva fui compelida a fazer isso ou aquilo; perdoe-me e daqui em diante serei mais cautelosa'".[53]

Tyndale argumentou que, se um marido fosse violento com a esposa, ela deveria suportar a violência, tanto para a melhoria de seu casamento quanto para a ordem da sociedade:

> Pense também, que, se conseguires suportar um marido extremo, terás uma grande recompensa por isso: [...] se somos obrigados a oferecer nossa face esquerda a estranhos que nos ferem na face direita, não devemos suportar um marido extremo e desagradável?
>
> Mas se, por acaso, te deparares com tal marido, não o leves demasiado a sério, mas supõe que, por isso, será reservada a ti uma recompensa considerável no futuro, e nesta vida, considerável condecoração se conseguires permanecer quieta. Mas, ainda assim, a vós, homens, em verdade vos digo, que não haja erro tão grave a ponto de vos obrigar a bater em vossas esposas.[54]

A diferença imaginária entre os sexos teve de ser aprendida por todos, e as características imaginárias da natureza da mulher tiveram de ser ensinadas a todos que, até então, nunca tinham notado que as mulheres eram fracas, incertas, indecisas e voláteis.

O treinamento sexista precisava começar. No entanto, a criação tradicional dos filhos era um obstáculo. O sexo de um bebê recém-nascido raramente era registrado. Os bebês medievais eram envolvidos em panos, sem sinais identificadores de gênero; eram cuidadosamente embrulhados e transportados em uma prancha, às vezes pendurados fora de perigo.* Quando os bebês começavam a andar, deixavam de ser embrulhados em panos, e meninos e meninas eram vestidos com roupas semelhantes** e colocados aos cuidados dos filhos mais velhos ou da mãe — ou, em famílias aristocratas, aos cuidados de uma ama de leite até por volta dos 4 anos. A teoria da "tábula rasa" da psicologia infantil, proposta por John Locke em meados do século XVII, argumentava que as crianças não tinham quaisquer tendências inatas; elas deveriam ser treinadas para seu papel futuro no mundo e para exibir um comportamento apropriado a seu sexo aproximadamente dos 6 anos de idade em diante. Tanto em castelos quanto em choupanas, as meninas eram treinadas para o comportamento "feminino", vestidas com pequenas versões das roupas da mãe, e esperava-se que ajudassem a mãe em seu trabalho. Também podiam ser enviadas para serem orientadas por uma amiga admirada pela mãe. Por volta dos 10 anos de idade, um menino da elite passava pelo processo de *breeching* — deixava de usar vestidos e começava a usar calças curtas — e era retirado dos cuidados da mãe e enviado a um tutor, escola ou outra família, e esperava-se que aprendesse comportamentos considerados "masculinos". Os jovens viviam em grupos do mesmo sexo, aprendendo comportamentos apropriados e convivendo com jovens do sexo oposto para namorar e fazer amizade.

Não era fácil para todos os meninos. Em 1639, a avó Anne North escreveu que um menino de calças curtas deveria "desempenhar seu papel":

> Não podes imaginar a grande preocupação que acometeu a família toda na última quarta-feira, o dia em que o alfaiate ajudaria a vestir o pequeno Frank com suas calças curtas. [...] Nunca houve noiva que estivesse prestes a se vestir para sua noite de núpcias com mais mãos ao seu redor. [...] Quando se viu completamente vestido, ele desempenhou seu papel tão bem quanto se esperava dele.[55]

Nas famílias trabalhadoras, as meninas aprendiam desde muito cedo a fiar, costurar, cuidar da casa e a cultivar alimentos, lavrar ou qualquer outro trabalho realizado pela mãe e familiares do sexo feminino, incluindo, talvez, um trabalho artesanal qualificado. Elas também podiam ser aprendizes de um ofício. Os meninos

---

* A "prancha" era uma superfície reta na qual o bebê era colocado e depois envolvido em panos, garantindo uma contenção segura. [N.T.]

** Roupas parecidas com os atuais vestidos. [N.T.]

trabalhavam com os pais e, se estes exercessem uma profissão, muitas vezes eram enviados para ser aprendizes de um vizinho, parente ou no negócio da família quando tivessem 12 anos ou mais. Baladas e livretos — a única literatura disponível para a classe trabalhadora — se concentravam na tarefa aparentemente complexa de fazer do leitor aquele ser superior: um homem. Não havia livros de conselhos para meninas da classe baixa[56] — elas imitavam as mães, naturalmente inferiores aos homens, destinadas ao casamento, ocasião na qual prometiam obediência ao marido.

No ritual de casamento tradicional, o *Rito Sarum*, adotado por volta de 1540, a noiva prometia obediência e jurava ser "Honrada e obediente na cama e à mesa".[57] A Igreja confirmava que as mulheres poderiam ser excitadas sexualmente e que elas deveriam atingir o clímax durante o sexo conjugal para conceber filhos. O perigo residia no delicado equilíbrio entre o recato virginal apropriado antes do casamento e a excitação apropriada (apenas com o marido) depois disso. Mantiveram-se os temores generalizados de que as mulheres eram insaciáveis: "Da luxúria antinatural e insaciável das mulheres, qual país, qual vilarejo não se queixa?"[58], era a preocupação de Robert Burton, em 1621.

O amor cortês continuava na moda e era o tema mais popular de todos os entretenimentos e artes. Passou a ser sexualizado, e a história não era mais sobre alcançar a união com Deus, mas sobre a satisfação sexual. As heroínas deviam aparentar ser sexualmente reservadas no início; mas esse era apenas um estágio na história de amor, não um estado permanente e inviolável. As heroínas eram persuadidas ou dominadas pela força masculina nas histórias. Seus votos de castidade eram um obstáculo a ser vencido pelo herói. Ainda assim, a castidade, embora frágil, era uma virtude essencial. Em algumas interpretações da natureza das mulheres, era sua única virtude. Não importava que fossem vivazes e carismáticas na cama ou, ao contrário, desalentadas, a virtude feminina era entendida como castidade ou recato. Todas as outras virtudes eram naturalmente exclusivas aos homens.

A pressão sobre as mulheres para agirem com recato aumentou. Uma comentarista — Jane Anger — apontou a eterna contradição das mulheres que querem ser sexualmente atraentes e encorajar o cortejo, porém sabem que encorajar o flerte não é atraente para os homens: "Se a nossa natureza honesta não consegue tolerar ou aceitar brincadeiras grosseiras e impróprias, somos rotuladas como tímidas ou reservadas. No entanto, se suportarmos a grosseria e demonstrarmos certa familiaridade com essas brincadeiras, os homens podem distorcer a situação, exagerando e alardeando terem se saciado de amor e interpretando a situação como se tivéssemos tido uma experiência íntima".[59]

As discussões sobre a natureza das mulheres se tornaram mais tóxicas a partir do século XVII. Um gênero inteiramente novo de literatura foi criado: textos de "ódio às mulheres".[60] O panfleto *Against Lewd, Idle, Froward and Unconstant Women* (algo como "Contra mulheres obscenas, ociosas, perversas e inconstantes"), publicado pela primeira vez em 1616, teve dez edições e ainda vendia bem em 1634. O novo gênero literário queixava-se das mulheres em geral, não apenas das que não se adequavam aos requisitos impossíveis das virtudes do amor cortês, mas também de quaisquer mulheres independentes que estivessem fora do controle masculino: solteiras, viúvas e esposas desobedientes. Em 1632, um clérigo, Daniel Rogers, escreveu com ódio a suas leitoras: "Lembra-te que teu sexo é frágil desde que Eva pecou".[61]

Então, justamente quando as coisas iam mal para as mulheres, houve uma emergência nacional: depois de quase cinco séculos de domínio masculino, três rainhas surgiram, uma após a outra.

Foi um desastre. O teólogo John Knox escreveu:

> Pois quem pode negar que repugna à natureza que os cegos sejam designados para liderar e conduzir aqueles que veem? Que os fracos, os doentes e os impotentes devem nutrir e cuidar dos sãos e fortes e, finalmente, que os tolos, loucos e frenéticos devem governar os sensatos e aconselhar os que têm uma mente sóbria? E todas as mulheres são assim, comparadas aos homens no exercício da autoridade. Pois a visão delas no governo civil é apenas cegueira; a força delas, fraqueza; a opinião delas, tolice; e o julgamento delas, frenesi, se forem devidamente considerados.[62]

O jovem rei Edward, filho de Henry VIII, coroado aos 9 anos e falecido aos 15, nomeou sua prima Jane Grey, também protestante, como sua herdeira — a rainha da Inglaterra. Intimidada pelos sogros e pelos próprios pais ambiciosos, a menina de 15 anos reivindicou a coroa por nove dias, em julho de 1553, antes que sua prima, a herdeira legítima, Mary I, fosse aclamada rainha e marchasse diante de seu exército para Londres. Jane teria sido poupada da execução se não tivesse se recusado terminantemente a converter-se ao catolicismo romano. Ela escreveu para sua irmã, Katherine Gray: "Esforce-se sempre para aprender a morrer, negue o mundo, desafie o diabo e desprese a carne — deleite-se apenas no Senhor".[63]

Os historiadores vitorianos (que adoram uma jovem condenada) celebraram o martírio de Jane Grey, e sua história foi contada como se ela não passasse de um peão inocente, manipulada e sacrificada por homens ambiciosos.

A pintura de 1833 *A execução de Lady Jane Grey*, de Paul Delaroche, deploravelmente imprecisa em muitos aspectos, mostra Jane vestindo o branco virginal e baixando, calada, enquanto um homem sábio a apoia e a aconselha (a morte *mansplaining*) e o carrasco, usando uma meia-calça vermelha apertada, aguarda ao lado deles. Delaroche especializou-se no melancólico: também pintou os famosos quadros *Os filhos do rei Edward presos na Torre*, *A jovem mártir cristã* e *Strafford, à execução*. As palavras da própria Jane Grey mostram que ela não foi uma vítima indefesa nem foi manipulada por ninguém. Foi uma jovem determinada a morrer em vez de viver como uma católica romana, que escolheu a morte como um ato religioso e político, reforçando a imagem da natureza da mulher como espiritualizada, até martirizada.

Seus nove dias no trono como rainha foram sucedidos por duas rainhas reinantes que só tiveram herdeiras do sexo feminino — uma crise para o patriarcado. Como um homem poderia estar sujeito a uma mulher? Como os homens poderiam submeter-se ao governo de uma mulher, uma vez que as mulheres eram incapazes de governar até a si mesmas? A linhagem de Mary I, Elizabeth I e sua herdeira, Mary, rainha da Escócia, ameaçou a monarquia como um todo. Por coincidência, mulheres regentes também governaram a Escócia e a França, e essas cinco mulheres foram suficientes para assustar John Knox e fazê-lo declarar que o mundo enfrentava um "regimento monstruoso de mulheres" — um governo antinatural liderado pelos cegos, fracos, doentes, impotentes, tolos, loucos e frenéticos.

Uma representação deploravelmente imprecisa de Lady Jane Grey, retratada em 1833 como uma jovem condenada.

Mary I (1516-1558) assumiu o trono em julho de 1553, após sobreviver a um cerco e marchar até Londres. Sua decisão de casar-se com Filipe da Espanha lhe deu um marido para governar a seu lado, mas foi um risco à sua primazia como rainha. Os lordes ingleses tentaram resolver o impasse alegando que ela era superior a seu marido estrangeiro apenas na Inglaterra, mas que ele a governava em todos os outros lugares. Os documentos oficiais, sem exceção, deveriam ser assinados primeiro por ele, mas os dois convocariam o Parlamento e reinariam juntos. Ele não poderia expulsá-la do reino, nem ter a custódia dos filhos, e não poderia herdar o trono nem reinar sozinho. Conselheiros e juristas ingleses enfrentaram o complexo desafio de tentar conciliar a autoridade de um marido sobre sua esposa (afinal, ela, como mulher, era "propriedade" dele), seus filhos e todas as posses dela com a necessidade de manter a independência da Inglaterra e um herdeiro ao trono inglês livres de influência estrangeira, especialmente da Espanha.

Para a sorte deles, Filipe mostrou pouco interesse em Mary ou mesmo em governá-la na Inglaterra, e ela morreu sem filhos, sucedida em 1558 por sua meia-irmã, Elizabeth (1533-1603), que, tendo sobrevivido ao assassinato de sua mãe, sua madrasta, o divórcio de duas madrastas e a deserção do marido de sua meia-irmã, era compreensivelmente cética em relação ao casamento.

## Qualidades masculinas

Elizabeth começou seu reinado negando a fraqueza feminina: "Embora eu seja uma mulher, tenho a mesma coragem que meu pai e sou igualmente responsável pela minha função".[64]

Seu discurso em Tilbury, na véspera da Armada,* assegurou a seus seguidores que ela tinha a coragem de um rei: "O corpo de uma mulher fraca e débil, mas o coração e a coragem de um rei, e de um rei da Inglaterra". Anos depois, ela viria a referir-se a si mesma como um rei, o "marido" da Inglaterra e uma rainha virgem.[65]

Os próprios apoiadores de Elizabeth acreditavam que a tarefa de reinar um país era demais para uma mulher. Seu conselheiro e secretário, Sir William Cecil, hesitava em apresentar-lhe um relatório porque era "uma questão de grande importância, sendo demais […] para o conhecimento de uma mulher", e o hostil embaixador espanhol na Inglaterra observou, em 1559, que ela era "problemática […], naturalmente volúvel […], uma mulher espirituosa e obstinada".[66] Mary Cleere de Ingatestone, Essex, foi queimada viva na fogueira em 1576 por ousar dizer que uma mulher não tinha o poder de conceder o título de cavaleiro, assim como um rei.[67] Foi apenas na vitória que Elizabeth celebrou sua feminilidade. A medalha da Armada, cunhada para comemorar a vitória inglesa sobre os espanhóis em 1588, teve como lema "*Dux femina facti*": "Sob o comando de uma mulher".[68]

---

* Armada refere-se à véspera ou ao período imediatamente anterior à chegada da Armada Espanhola à Inglaterra. Esse evento histórico é mais conhecido como a Invencível Armada, uma frota naval enviada pela Espanha em 1588 com o objetivo de invadir a Inglaterra e depor a rainha Elizabeth I e, assim, estabelecer o catolicismo como a religião dominante. [N.T.]

A ideia de que todos eram uma só carne e uma combinação de características diferentes — a antiga crença grega — implicava que uma mulher poderosa poderia ser considerada "masculina". A rainha anterior, a plantageneta Margaret de Anjou, foi descrita pelo diplomata Polydore Vergil como: "Uma mulher plenamente capaz de adiantar-se às situações, desejosa de renome, com habilidade estratégica, com a capacidade de tomar decisões racionais, comportamento digno e todas as qualidades masculinas".[69] O interrogador que não conseguiu obrigar Margaret Pole a confessar, em 1539, disse: "Podemos chamá-la mais de um homem forte e resoluto do que de uma mulher".[70]

Lady Anne Berkeley governou Gloucestershire por duas décadas a partir dos anos 1530 e foi descrita como "uma senhora de espírito masculino, governando com mãos firmes ao lado de seu marido". Quando os direitos de viúva da Lady Berkeley foram questionados por seu cunhado, que esperava herdar em seu lugar, ela ocupou o cargo de juíza, formou um júri, convocou testemunhas, decidiu em seu próprio favor e multou-o por abrir o processo contra ela. Ela era conhecida por sua agressividade litigiosa: "Raramente experimentava momentos de paz interior ou contentamento, sempre encontrando razões para iniciar processos legais ou expressar insatisfação".[71]

O tutor de Elizabeth I, Roger Ascham, confirmou que a rainha tinha uma mente masculina: "Sua mente não tem fraqueza feminina, sua perseverança é igual à de um homem".[72] Thomas Howard, duque de Norfolk, queixou-se ao conselheiro de Henry VIII, Thomas Cromwell, que sua filha Mary era "demasiado sábia para uma mulher" ao alegar que nunca conspirara com ela: "Em toda a minha vida jamais tive conversa séria ou substancial com a mulher [...] e não esperava que a mulher fosse como ela se revelou ser, o que, em minha opinião, é demasiado sábio para uma mulher".[73]

Segundo um relato de Sir Thomas Tempest, a condessa de Westmorland (c. 1533-1593), que levantou exércitos contra Elizabeth I, disse que ela "prefere desempenhar o papel de um cavaleiro ao de uma dama". A escritora Aphra Behn explicou o próprio talento alegando tratar-se de seu lado masculino: "Tudo o que peço é o privilégio da minha parte masculina, o poeta que há em mim".[74]

Algumas mulheres não se satisfizeram em apenas pensar como homens: elas escolheram parecer-se com homens, usando roupas masculinas e infringindo as leis suntuárias que determinavam qual classe podia usar quais roupas. A rainha Elizabeth podia usar uma jaqueta masculina para simbolizar seu poder, mas, quando as mulheres não reais começaram a fazê-lo, isso assustou os homens que temiam que uma mulher assumisse o manto da autoridade masculina. A preocupação com a vaidade e a extravagância das mulheres, uma queixa antiga, ganhou nova urgência quando virou moda entre elas usar roupas masculinas. As mulheres elisabetanas usavam babados espanhóis ou franceses — uma luxuosa moda estrangeira — e um longo gibão como um homem. Adotaram chapéus altos decorados com uma orgulhosa pena ondulante em vez do modesto lenço usado a título de touca que escondia o cabelo.[75] Quando ostentados pelos homens, os tecidos deslumbrantes, as cores ricas e a alfaiataria sofisticada das roupas masculinas, complementados por grandes perucas de cachos lustrosos das últimas cortes das dinastias Tudor e Stuart, não causaram preocupação a ninguém, exceto alguns comentaristas puritanos; mas, quando foram as mulheres a se pavonear, houve uma repressão por parte da coroa, resultando em prisões nas décadas de 1470, 1490, 1550 e 1570.[76]

As autoridades municipais da cidade de Chester não gostaram do fato de as mulheres usarem uma variedade de chapéus não indicativos de seu estado civil: "Essa desordem, esse abuso do vestuário, não apenas contradiz o bom uso e os hábitos honestos praticados em outras boas cidades e lugares do reino [...] como também é muito dispendioso, indo além do necessário e não sendo do bem comum desta cidade".[77]

O rei James I, famoso por favorecer os homens, ficou ofendidíssimo com damas da corte que usavam roupas masculinas. Ele ordenou que sermões fossem pregados "contra a insolência de nossas mulheres e o uso de chapéus de abas largas, gibões pontiagudos, cabelos cortados curtos ou raspados e algumas utilizando estiletes ou punhais e outros enfeites de similar importância".[78]

O clero insistiu no argumento de que as mulheres que usavam cabelo curto e chapéus como os homens eram imodestas, nada femininas e uma ofensa a Deus. A campanha contra elas se espalhou em peças teatrais, baladas e panfletos.

Os pregadores puritanos concordaram. William Prynne, o influente escritor puritano, ficou tão ofendido quanto o bispo de Londres. A ofensa não se devia apenas à aparência das mulheres. As mulheres vestidas de homem comportavam-se de uma maneira que violava os padrões de conduta impostos a elas: eram ruidosas, indiscretas, jocosas e portavam armas. Esse comportamento também era considerado uma ofensa ao orgulho nacional: as mulheres usavam roupas estrangeiras e comportavam-se de maneira pouco inglesa. E era uma ofensa à classe social: tecidos e cores eram reservados a diferentes classes da sociedade, e as mulheres estavam vestindo o que bem entendiam. A pior ofensa era que, ao vestirem-se como homens, essas mulheres, de acordo com os comentaristas, haviam se transformado em "hermafroditas" ou "monstros":

> Em Londres, deparei com algumas dessas *trulls*\* tão disfarçadas que ultrapassaram minha habilidade de discernir se eram homens ou mulheres. Desse modo, aconteceu que as mulheres se transformaram em homens e homens foram transformados em monstros.[79]

---

\* Expressão arcaica usada para referir-se a mulheres consideradas promíscuas ou de má reputação. [N.T.]

Em 1583, os comentaristas concordavam que as mulheres que se vestiam como homens estavam se transformando em "monstros de ambos os tipos". De acordo com o panfletário puritano Philip Stubbes: "Nossas vestimentas nos foram dadas como um sinal distintivo para discernir os sexos e, portanto, usar a vestimenta de outro sexo é participar do mesmo e adulterar a verdade de sua própria espécie. Portanto, não é indevido chamar essas mulheres de hermafroditas, ou seja, monstros de ambos os tipos, meio mulheres, meio homens".[80]

Disfarçar-se para fins de entretenimento, usar figurinos em peças teatrais e performances, vestir-se como outro gênero ou classe fazia parte de uma tradição de representação pública, do chamado *misrule* (desgoverno) praticado em dias festivos e sagrados. O Hocktide (a segunda-feira após a segunda-feira de Páscoa) era celebrado em Hexton, Hertfordshire, por mulheres vestidas como homens que desafiavam um time masculino para um cabo de guerra. O time derrotado era empurrado para uma vala e lambuzado de lama.[81]

Vestir-se como a classe errada provavelmente era tão provocativo quanto vestir-se como o gênero errado e altamente erótico para as pessoas que viviam em uma sociedade rigidamente vinculada a classes. De acordo com uma peça teatral do século XV e relatos em tribunais, trabalhadoras do sexo em bordéis ou tavernas entretinham os clientes com uma dança na qual se vestiam como homens de calças, como "matronas" — mulheres respeitáveis da elite — ou nuas.

Os tribunais de Londres registravam acusações frequentes.[82] Uma mulher alemã ou holandesa vestida com roupas masculinas foi flagrada fazendo sexo com um homem denominado "Charles of Tower Hill", em setembro de 1471. No mesmo ano, um homem denominado "Thomas a Wode", na paróquia de St. Peter Westcheap, foi denunciado por dar a uma mulher alemã ou holandesa um gibão de seda masculino. Nenhuma punição foi documentada para nenhuma dessas duas mulheres; mas, em 1473, "Trude Garard"* foi registrada como uma "prostituta comum" que andava pelas ruas com roupas masculinas. O tribunal ordenou que ela fosse conduzida por menestréis ao pelourinho, com uma vara branca e o capuz listrado que identificava uma prostituta, e que, depois da humilhação, fosse expulsa da cidade para nunca mais voltar.

Thomasina, uma tecelã de corsários, foi acusada, em março de 1493, de levar uma mulher vestida de homem a seus aposentos e mantê-la lá. Os autos do tribunal, em latim, caracterizaram a mulher como "concubina" de Thomasina, mas não está evidente se ela foi raptada ou ficou com a tecelã de modo voluntário. Thomasina não foi acusada; ela apresentou três testemunhas de seu bom caráter e só teve de pagar uma multa. Em 1495, na Paróquia de St. Mary, uma mulher chamada Alice foi presa por se vestir de homem para ir com seu amante até Rochester, onde viveu com ele "por muito

---

* Trude é um nome feminino e Garard é um nome masculino. [N.T.]

tempo". O homem era um padre, e Alice foi citada no tribunal como uma prostituta comum especializada em sexo com padres. A multa foi paga e não houve punição.

Elizabeth Chekyn, vista na cama com dois padres em 1516, foi presa por usar uma batina, e sua punição foi usar no ombro uma representação de uma mulher de batina e um "H" amarelo — para deixar evidente que seus crimes foram tanto de *harlotry* (devassidão sexual) quanto de vestir-se como padre — enquanto ela era conduzida pelas ruas da prisão em Newgate até o pelourinho em Cornhill. Lá ela foi humilhada e, em seguida, enviada a Aldgate para ser expulsa de Londres para sempre. Em julho de 1519, como parte de uma ação de identificação em massa de "vagabundos ociosos e pessoas suspeitas" na capital, quatro mulheres foram presas como meretrizes e prostitutas comuns. Diz-se que três delas — Margery Brett, Margery Smyth e Margery Tyler — haviam "cortado o cabelo como se fossem homens com a intenção de vestir roupas masculinas em momentos convenientes para sua luxúria indecente". As três mulheres, usando ao mesmo tempo toucas masculinas e capuzes listrados de prostituta, foram conduzidas por menestréis ao pelourinho, onde foram exibidas enquanto seguravam varas brancas, antes de serem expulsas da cidade.

Em março de 1534, uma mulher chamada Alice Wolfe foi presa, disfarçada de homem, fugindo da Torre de Londres na noite anterior a sua execução por assassinato, com a ajuda de seu carcereiro John Bawde. Ela foi pega porque um vigia a identificou como mulher. Ela foi executada ao lado de seu marido, John Wolfe, pelo assassinato de dois mercadores italianos; o casal foi acorrentado à margem do rio Tâmisa e afogado pela maré alta, castigo habitual para piratas e saqueadores do mar. Alice Wolfe talvez tenha sofrido essa pena porque seu marido e cúmplice foi um comerciante hanseático[*] e suas vítimas eram comerciantes.

Em 1537, Agnes Hopton foi punida em Hertfordshire por vestir-se de homem e viver com seu amante, John Salmon, que "lhe providenciava vestimentas masculinas". A punição deles foi uma procissão para expor o comportamento questionável de maneira humilhante perante a comunidade. Os dois foram colocados no lombo de um cavalo. John Salmon, vestido de menestrel e tocando um instrumento, foi forçado a cavalgar virado para a traseira do cavalo, de frente para Agnes, para a diversão da vizinhança. Eles foram banidos por um ano.

Em 1576, Margaret Bolton e sua filha viajaram ao exterior com roupas masculinas, Dorothy Clayton usou roupas masculinas em seu trabalho como prostituta e Alice Young, de apenas 17 anos, disfarçou-se "obscenamente" com roupas masculinas. Jane Trosse foi presa em 1577 por usar roupas "mais masculinas do que femininas".

---

[*] Refere-se à Liga Hanseática, uma aliança comercial e defensiva formada por cidades mercantis da Europa na Idade Média e no início da Idade Moderna. [N.T.]

Em 1600, Margaret Wakeley foi acusada de dar à luz um bastardo e usar roupas masculinas; em 1601, Helen Balsen, uma prostituta, vestia-se de homem para agradar um cliente; em outubro do mesmo ano, Elizabeth Griffin foi punida por lascívia e por usar roupas masculinas; e, em junho de 1602, um casal de errantes, Rose Davies e John Littlewood, foi preso por se vestir do sexo oposto.

"Moll Cutpurse" — cujo nome verdadeiro era Mary Frith — ganhou fama graças a uma biografia sensacionalista publicada em 1662. Ela nasceu na década de 1580 em uma família de artesãos — seu pai foi sapateiro — e, quando ainda era criança, seu tio, um ministro, tentou enviá-la a Nova Inglaterra, provavelmente como trabalhadora contratada para servir um mestre por vários anos sem remuneração. Antes de o navio partir, ela pulou no mar, nadou até a costa e escondeu-se. Mary se tornou Moll e ganhou a vida como batedora de carteiras, ganhou o apelido de "Cutpurse"*, porque cortava os cordões que amarravam a carteira ou bolsa ao cinto da vítima. Em agosto de 1600, ela foi considerada culpada em um tribunal de Middlesex por roubar 2 xelins e 11 denários. Foi a primeira de várias prisões, e ela teve a mão marcada como punição pelo roubo. Ganhou fama em 1610, quando John Day escreveu a peça *As loucas travessuras da alegre Moll de Bankside*. Uma segunda peça, de 1611, de Thomas Dekker e Thomas Middleton, celebrou-a no título *A garota estrondosa*.

Os dramaturgos fizeram de sua heroína uma mulher solteira e que, apesar de usar roupas masculinas, era casta. Mas a Moll Cutpurse da vida real era conhecida por ser "libertina", uma mulher sexualmente ativa. Foi uma "salteadora de estradas" e assaltou o general Fairfax, em Hounslow Heath, nos arredores de Londres, roubando a enorme soma de 250 jacobos (cada um valia 25 xelins). De acordo com o "Newgate Calendar", uma publicação sensacionalista baseada vagamente em audiências judiciais da Prisão de Newgate, Moll atirou contra o general cromwelliano, matou dois cavalos montados pelos servos dele e fugiu a cavalo. Fairfax denunciou o ataque em Hounslow e um grupo de oficiais militares a perseguiu por 10 quilômetros, até o cavalo de Moll não conseguir mais continuar, em Turnham Green. Algumas histórias a descreveram como uma combatente realista,** que atacou Fairfax como uma última resistência em nome do rei; mas ela não foi presa por lutar, e sim por um ataque criminoso, e condenada à morte. Escapou da forca comprando o perdão do general Fairfax por 2 mil libras, uma verdadeira fortuna.[83]

Em público, ela usava gibão e calças masculinas, fumava cachimbo e, em certa ocasião, ganhou uma aposta por viajar de Charing Cross a Shoreditch, em

---

* Antiga moeda inglesa de ouro. [N.T.]

** O "realista" é um partidário de um monarca ou casa real específico, enquanto o termo "monarquista" refere-se a pessoas que apoiam ou defendem a monarquia como forma de governo. [N.T.]

Londres, vestida de homem, carregando uma bandeira e tocando trombeta. Ela se apresentou ao lado do famoso treinador de cavalos William Banks e seu "cavalo contador",* Marocco.

Mary Frith representou a si mesma em 1611, no Fortune Theatre, em Londres, onde, vestida de homem, cantou, tocou alaúde e fez piadas com o público, sendo uma das primeiras mulheres a subir ao palco, a primeira comediante *stand-up* da história. Foi denunciada por vestir-se de maneira indecente, em dezembro do mesmo ano, e acusada de envolvimento em prostituição. Poucos meses depois, em fevereiro de 1612, também foi condenada a realizar uma penitência pública, envolvida apenas por um lençol, durante o sermão dominical da manhã na St. Paul's Cross, quando, segundo uma testemunha, chorou amargamente e mostrou-se muito arrependida.

Capa da peça de Thomas Middleton e Thomas Dekker, *A garota estrondosa*, baseada na vida de Mary Frith, também conhecida como "Moll Cutpurse", e estrelada por ela.

Apesar de sua reputação de mulher solteira extravagante que se vestia de maneira não convencional, casou-se com Lewknor Markham em 1614, talvez para obter a invisibilidade legal proporcionada pelo *status* de esposa. Mas, em 1620, ela admitiu ter recebido bens roubados e arranjado parceiros sexuais: jovens mulheres para fazer sexo com homens e amantes do sexo masculino para mulheres da classe média. Ela pode ter sido internada no Hospital Bethlem (Bedlam) com diagnóstico de insanidade. Há um registro de que ela recebeu alta do hospital em 1644. Faleceu em Fleet Street de edema, em 1659.

Uma mulher que, por vezes, identificava-se como homem, Thomasina Hall viveu como mulher em Londres até 1595, quando, vestindo-se de homem e atendendo pelo nome de Thomas, uniu-se a uma expedição a Cádiz, na Espanha. Sobrevivendo ao desastre da expedição e retornando a Londres, Hall voltou a assumir o nome de Thomasina e tornou-se costureira. Em seguida, embarcou para a Virgínia como Thomas, mas ao chegar à colônia começou a trabalhar como camareira. Convocada pelo Conselho Geral da Virgínia e acusada de ser um homem

---

* Um cavalo adestrado para realizar movimentos específicos que eram interpretados como algum tipo de contagem ou truque matemático". [N.T.]

vestido de mulher, Thomas/Thomasina disse ao conselho: "Uso roupas femininas para conseguir um pouco de comida para alimentar meu gato". O tribunal decidiu que Thomas/Thomasina poderia usar roupas masculinas, mas deveria usar um avental de mulher sobre as calças e um toucado feminino.[84]

Katherine Jones foi presa em Fleet Street, em janeiro de 1624, por estar vestida de homem "por diversão"; Margaret Willshire, armada com uma adaga e um cajado, sua irmã, sua empregadora e sua vizinha, todas vestidas com roupas masculinas, saíram para as ruas de Chaceley, em Worcestershire, no Natal de 1610, e entregaram a um policial uma mensagem escrita para incitar o clamor público. A infração, muito semelhante à antiga tradição do *misrule*,* foi levada ao tribunal numa indicação de que a prática — vestir roupas inadequadas para a classe e o sexo, festejar com uma pessoa de posição superior e provocar as autoridades — não era mais tolerada.

Três jovens mulheres que, como Katherine Jones, estavam vestidas para se divertir, foram levadas a um tribunal clerical de Essex acusadas em 1596 de participar do *a-mumming*** e se vestir como homens. Mas foi o pai delas quem teve de responder por permitir que as jovens se vestissem assim.[85] A excêntrica Margaret Cavendish, duquesa de Newcastle (1623-1673), vestia tanto trajes teatrais quanto roupas masculinas. Em seus textos, ela usou ora uma voz autoral masculina, ora uma feminina.[86]

O faniquito em relação a mulheres vestindo-se como homens intensificou-se a ponto de transformar-se em pânico moral, e um desses surtos durou toda a década de 1620. Acreditava-se que as mulheres que cortavam o cabelo e usavam roupas masculinas desafiavam a autoridade dos homens, abandonavam seu sexo e mudavam sua natureza. As mulheres "masculinas" excepcionais haviam sido explicadas de alguma forma, mas as mulheres disfarçadas de homens, as mulheres que viviam como homens, as mulheres que se tornavam homens não só dificultavam o controle como tornavam impossível distingui-las.

Como a lei normanda de herança determinava que só um homem poderia ser herdeiro, era crucial saber o sexo do herdeiro, e o sexo deveria permanecer inalterado ao longo da vida. Sir Edward Coke, especialista em direito elisabetano, decidiu que legalmente havia três sexos: as pessoas eram, sem exceção, homens, mulheres ou hermafroditas. Hermafroditas deveriam escolher a identidade sexual "prevalecente"[87] e mantê-la por toda a vida, para não ter relações sexuais com o sexo "errado" e,

---

* O termo era associado a festividades ou períodos de celebração nos quais as normas sociais eram temporariamente suspensas. Durante esses eventos de *misrule*, as pessoas podiam inverter papéis, desafiar autoridades e engajar-se em comportamentos considerados não convencionais. [N.T.]

** Refere-se a grupos de pessoas que se apresentam em trajes extravagantes, e muitas vezes, mascaradas durante festividades, especialmente na época natalina. [N.T.]

desse modo, incorrer em sodomia.[88] Se uma pessoa escolhesse ser homem e recebesse uma herança, não poderia mudar de sexo, pois isso perturbaria a herança patrilinear e colocaria uma mulher no comando da herança de um homem. Se alguém escolhesse ser mulher, não teria direito a herança pela linhagem patrilinear.

## Um rei insensato

Esperava-se que a herança de um monarca do sexo masculino, James I, a suceder Elizabeth após cinquenta anos de governo feminino, marcasse um regresso à autoridade "normal": um rei liderando o país, um homem liderando sua família; a autoridade masculina dominando nas esferas pública e privada, no reino e no lar. Mas James I da Inglaterra não foi de muita ajuda para restaurar a viril autoridade masculina.[89] A esposa dele, Anne da Dinamarca, desafiou-o ao converter-se ao catolicismo romano e recusou-se a participar da comunhão protestante, inclusive em sua própria coroação na Inglaterra. Ela contrabandeou padres para o palácio real e celebrou missas com suas damas católicas romanas. O casal real vivia separado.[90] Ela se recusou a dar a James o controle do primeiro filho deles, Henry, e desobedeceu a uma ordem específica do monarca ao viajar com Henry da Escócia para o novo reino, a Inglaterra.[91] A rainha Anne estudou arquitetura, foi patrona de artistas e adorava mascaradas, de modo que era criticada pelo marido por ser extravagante, e o veredito dele de que a esposa era "estúpida" foi repetido por fofocas e depois por historiadores.[92] A preferência de James por jovens bonitos provocou uma rivalidade assassina e corrupção em sua corte. O rei foi indulgente com seu segundo filho, Charles, que, por sua vez, apaixonou-se pelo favorito de seu pai, o belo George Villiers.

Todos sabiam que a maior arma contra a desordem feminina era um chefe de família másculo e dominante, no que James claramente fracassou. Ele foi responsabilizado pela desordem, por favoritismo extremo, por escândalos sexuais e por violação das leis em seu tribunal.[93] Mas sua antipatia por figuras femininas instruídas e assertivas revelou-se em uma reação contra o poder e a educação das mulheres. O elogio que ele ordenou para o túmulo de Elizabeth a enaltecia por ser erudita "além de seu sexo".[94]

James encorajou suspeita e medo crescentes em relação às mulheres, que culminaram em um frenesi de caça às bruxas em seu primeiro reino, a Escócia, que ele importou para a Inglaterra. O retorno do domínio masculino ao trono da Inglaterra foi um desastre para as mulheres do país — especialmente as pobres e as que não contavam com uma rede de apoio.

A compreensível ausência da culta e instruída Anne da Dinamarca na corte de seu marido deixou uma lacuna que deveria ser preenchida por uma rainha.

Quando o filho do casal real, Charles I, assumiu o trono com sua esposa, a rainha Henrietta Maria, o amor dela por mascaradas e por apresentações de amor cortês restaurou a imagem da mulher como um objeto passivo da admiração masculina[95] — e revigorou o amor cortês nas mascaradas e no imaginário da corte. Foi apenas com a eclosão das guerras civis que Henrietta Maria abandonou o papel da "bela dama" e emergiu como líder formidável e combatente agressiva, um papel típico de muitas mulheres da elite, as quais se armaram para defender seu lar, contrabandearam, espionaram dos dois lados do conflito e mantiveram suas terras em segurança no decorrer dos anos de guerra. Após a derrota e a execução de Charles I, Henrietta Maria conduziu o séquito real ao exílio na França, mas não conseguiu manter uma oposição sólida a ponto de ameaçar um retorno. Muitos de seus antigos súditos a desprezavam e, como viúva católica romana dependente do rei da França, Henrietta Maria não pôde ser um exemplo de poder feminino para muitas mulheres inglesas.

## Mulheres combatentes

Mary Ambree usou roupas masculinas para lutar na Bélgica contra a Espanha em 1584, como registrou uma popular balada posterior:

> Quando o capitão valente, sem a morte temer,
> cerca com bravura a Cidade de Gante,
> todos marcham, varonis, em duplas e trios,
> mas a primeira em batalha sempre foi Mary Ambree.[96]

Long Meg de Westminster também usou roupas masculinas para lutar contra os franceses em Boulogne, retornando às anáguas após o fim da guerra — dizia-se que ela era uma mulher alta que se casou com um homem excepcionalmente alto e que jurou obediência em seus votos de casamento.

> Veste-me com a roupagem de um varão,
> Dá-me um manto de soldado,
> Farei com que os inimigos do rei Charles
> Mudem seu tom sem demora![97]

Assim cantava a heroína de uma balada realista popular ao candidatar-se para lutar como recruta do exército do rei Charles. Os comentaristas da época não souberam calcular o número de mulheres que marcharam como recrutas de cada lado, mas vários relatos sobreviveram. Um soldado capturado em Evesham contou: "Ela e mais três filhas de homens capacitados saíram de Shropshire, quando as forças do rei lá comandavam, e, para escapar, vieram disfarçadas dessa maneira e resolveram servir na Guerra pela Causa de Deus".[98]

Em janeiro de 1664, Sir Thomas Fairfax afirmou ter capturado um "regimento" de mulheres realistas, em Cheshire. Uma mulher chamada Jane Ingleby participou do ataque da cavalaria realista em Marston Moor. Outra realista, servindo na cavalaria sob o comando do general Lindsey, foi capturada pelas forças parlamentaristas; e o próprio Oliver Cromwell, acreditando ter capturado um jovem soldado realista, surpreendeu-se ao ouvir o tom soprano de uma mulher quando ordenou ao jovem que cantasse. Em 1645, sabia-se que pelo menos um dos cabos realistas era uma mulher; Charles I acreditava que as "soldadas" eram tão numerosas em seu exército que emitiu um edital contra mulheres empunhando armas, dizendo que isso era contrário à tradição e a Deus.[99]

Uma moça chamada "Molly" sobreviveu às guerras para administrar o *pub* Mad Dog em Blackheath e dizia-se que ela fora uma combatente. Outra mulher, de sobrenome Clarke, foi celebrada em uma balada por empunhar armas e vestir-se de calças, a fim de acompanhar o marido em batalha. O marido de uma artilheira foi responsabilizado pela perda da fragata *Duncannon*.

Mulheres de Lyme Regis defenderam o porto de um cerco realista em abril de 1644. O príncipe Maurício do Reno colocou seu exército de seis mil homens contra a milícia do vilarejo, de quatro mil pessoas — entre as quais, as mulheres de Lyme Regis, vestidas como soldados, com chapéus e jaquetas, para enganar a força sitiante quanto à quantidade de homens armados. O vigário local, reverendo James Strong, de Bettiscombe, celebrou a coragem dessas mulheres em um poema intitulado: *Bravura feminina; grandemente revelada nas mulheres do Ocidente; tanto desafiando o impiedoso inimigo face a face no exterior quanto lutando contra eles nas cidades fortificadas, ora carregando pedras, ora derrubando pedras sobre as muralhas nos inimigos quando escalavam, algumas levando pólvora, outras carregando armas para aliviar os soldados, constantemente resolutas, em geral a não considerar a vida de ninguém como preciosa, para manter a disputa cristã pelo Parlamento*.[100]

O príncipe Rupert encontrou o mesmo tipo de oposição feminina quando sitiou Bristol. Dorothy Kelly, uma pregadora e parteira, Joan Batten e outras bloquearam o portão de Frome com sacos de lã e terra, ergueram muros com sacos de areia e posicionaram-se atrás dos artilheiros, alimentando e mantendo o fogo.[101]

As mulheres eram as principais defensoras de suas comunidades na ausência dos homens. Algumas organizaram-se e reproduziram a disciplina e os rituais dos soldados. Em Coventry, companhias de mulheres marchavam atrás de um tambor liderado pela "boa senhora Adderley com uma clava de Hércules sobre o ombro e retiravam-se do trabalho por uma tal Mary Herbert com uma pistola na mão, que ela disparava para dispensar as colegas".[102]

A prefeita de Coventry reuniu o próprio grupo de mulheres e conduziu-as para fora da cidade, com o objetivo de perseguir e capturar o comboio de bagagens de uma tropa realista local.[103] A parlamentar e escritora Lucy Hutchinson disse que a esposa do prefeito de Nottingham, na cidade sitiada, era "uma mulher de grande zelo e coragem e mais entendimento do que outras mulheres em sua posição".[104]

No cerco de Worcester, quatrocentas cidadãs serviram como canhoneiras e algumas como atiradoras; no cerco de Pontefract, uma mulher foi baleada enquanto levava cerveja para os soldados que consertavam as muralhas da cidade. Das muralhas de sua cidade sitiada, as mulheres de Chester atiravam nos inimigos. Em Leicester, em 1645, as parlamentaristas não se renderam quando a cidade foi tomada e continuaram a lutar de rua em rua.[105]

As mulheres da elite e suas criadas defenderam suas casas e propriedades das tropas inimigas, e algumas resistiram a longos cercos às propriedades. No bloqueio de Basing House, em Hampshire, foram as mulheres que detiveram as tropas parlamentaristas, apedrejando, dos parapeitos, as forças sitiantes. Quando o cerco foi rompido, muitas morreram, incluindo a filha do médico, o doutor Griffiths, que correu para defender o pai e teve a cabeça esmagada.[106]

Muitas senhoras ficaram famosas por defender suas casas, como Lady Mary Winter, em Lydney House, Gloucestershire. Lady Mary Bankes defendeu o Castelo de Corfe com suas filhas e oitenta soldados durante um cerco de seis semanas. Ela se recusou a ser resgatada e, quando o castelo caiu nas mãos das forças parlamentaristas e foi destruído, os inimigos permitiram que ela ficasse com as chaves e o selo, num gesto de respeito por seu comando. Seu epitáfio declarou que ela tinha "resolução e coragem acima de seu sexo".[107]

Em agosto de 1643, Lady Brilliana Harley recusou-se por três meses a render o Castelo de Brampton, comandando com "uma bravura masculina em religião, determinação, sabedoria e táticas dignas de um homem".[108] Lady Portland declarou que ela mesma dispararia o canhão antes de entregar o Castelo Carisbrooke na Ilha de Wight, e Lady Charlotte Derby, bordando um dossel enquanto organizava o cerco, jurou que lutaria até a morte. No fim, ela não morreu; escapou de Lathom House, capturou os morteiros inimigos e venceu a batalha em fevereiro de 1643. Lady Cholmley lutou ao lado do marido durante o cerco ao Castelo de Scarborough, e Elizabeth Twysden cuidou dos feridos. Blanche Arundell defendeu o Castelo Wardour.[109] A própria rainha, Henrietta Maria, foi atacada em 1643, quando desembarcou na Inglaterra e marchou à frente de suas tropas, e foi novamente alvejada quando partiu de Falmouth.

Os membros de algumas comunidades se uniram para impor a paz, prontos para lutar contra tropas saqueadoras de qualquer um dos lados e manter seu vilarejo ou condado livre de guerras. Eram chamados de *clubmen*,* mas alguns grupos eram orgulhosamente femininos, chamados de bandos de "donzelas": tropas de mulheres que defendiam suas casas e comunidades, que se armavam, treinavam e lutavam por seu vilarejo. As "Virgens de Norwich" encomendaram e pagaram a própria tropa. No lado oposto, as recrutas e seguidoras do exército parlamentarista eram conhecidas como "Senhoras da Liga".[110]

Além de lutar como soldados, as mulheres acompanhavam os exércitos em tropas auxiliares, realizando tarefas de busca e coleta de recursos, cozinha, lavanderia e serviços médicos e de apoio. A proximidade frequente das mulheres nas batalhas também as colocava em situações de risco e algumas acabavam envolvidas diretamente nos confrontos. A captura e a pilhagem dos comboios de bagagens, que levavam os pertences e suprimentos dos exércitos, eram momentos de triunfo para ambos os lados. Algumas dessas mulheres foram esposas de soldados e viajavam com o marido, talvez até lutassem a seu lado. Todas essas mulheres seguidoras corriam o risco de ser capturadas e atacadas pelo oponente e até de ser abusadas pelo próprio exército. O sargento Wharton, do regimento parlamentarista de Denzil Holles, colocou as próprias mulheres seguidoras no pelourinho e jogou-as no rio.[111]

Ambos os lados se queixavam de que os seguidores exploravam a situação, de que as mulheres acompanhavam os exércitos para fins lucrativos, não por lealdade, e os exércitos protestavam que o outro lado atraía trabalhadoras do sexo.

Milhares de mulheres foram envolvidas nas guerras e sofreram por sua filiação. Lady Ann Fanshawe e sua irmã seguiram o pai até Oxford, uma cidade realista, e Lady Ann viajou com o marido a serviço do rei por toda a Grã-Bretanha e para a Europa, incorrendo em enormes custos pessoais. Seus filhos morreram no exílio da família: ela enterrou filhos em Lisboa, Madri, Paris, Oxford, Yorkshire, Hampshire e Kent.[112] Lady Filmer foi aprisionada na própria casa e revistada dez vezes por tropas desconfiadas; Lady Anne Clifford, uma realista, foi mantida em prisão domiciliar em Londres durante meses; Margaret Eure relatou que foi "exposta a todas as vilanias". Joyce Jeffreys foi forçada a pagar proteção às tropas realistas;[113] a senhora Atkyns viajou de Oxford a Londres e encontrou sua casa saqueada e vandalizada, sofreu um aborto e quase morreu. Lady Anne Saville deu à luz durante o cerco de York. Em abril de 1644, a lavadeira do vereador Taylor foi morta enquanto pendurava roupas, e uma serva foi assassinada acidentalmente em Wendover.[114]

As mulheres foram alvo de ataques quando as cidades foram saqueadas por ambos os lados, na pilhagem após um cerco bem-sucedido ou como punição

---

* A designação *clubmen* tem origem no fato de que muitos deles portavam armas improvisadas, como cajados ou clavas (clubes). [N.T.]

aos defensores. Certos incidentes foram brutais, mas alguns perpetradores foram punidos por seus oficiais. Em setembro de 1644, após a rendição parlamentarista de Fowey ao rei, uma mulher de Lostwithiel que havia dado à luz apenas três dias antes morreu após ser completamente despida e lançada ao rio. Charles I ordenou o enforcamento dos assassinos, soldados de seu próprio exército. O terrível abuso infligido às mulheres e à população civil por Oliver Cromwell, na Irlanda — duzentas mulheres foram assassinadas em Market Cross, em Wexford, em um único incidente, em 11 de outubro de 1649 —, foi um dos muitos crimes imperialistas selvagens; um comportamento que não era típico das tropas parlamentaristas nem de Cromwell, na Inglaterra.

As mulheres fizeram importantes contribuições para ambos os lados como espiãs, agentes e informantes.[115] Catherine Howard, a Lady d'Aubigny, serviu como agente do rei, escondendo mensagens sob seus cachos. Ela entregava ordens reais a Edward Waller, cujo nome (não o dela) foi usado para intitular a "Conspiração de Waller". Lady Isabella Thynne foi espiã e conselheira estratégica para a realeza. Jane Whorwood, uma espiã realista extremamente ativa e habilidosa, planejou as fugas de Charles I da prisão no Castelo de Carisbrooke e Hampton Court e transportou milhares de libras em fundos para ele. No período entre 1642 e 1644, ela transportou mais de 83 mil libras em ouro para a causa realista, possivelmente escondidos em seus barris de sabão. Elizabeth Wheeler transmitia as mensagens do rei, assim como Lady Mary Cave, que foi pega tentando chegar a Charles, preso em Holdenby, com uma carta cifrada. A cifra por si só implicaria acusações de traição, puníveis com a morte — e não há registros dela após sua prisão.

Susan Hyde, irmã de Edward Hyde, mais tarde conde de Clarendon, espionou para o grupo Sealed Knot de conspiradores realistas, levando mensagens diretamente ao rei, atuando no centro do sistema de espionagem realista por quatro anos, de 1652 a 1656. Presa por espionagem pelos agentes parlamentaristas, foi enclausurada e possivelmente torturada. Morreu quinze dias após a prisão. Seu irmão, que escreveu a história definitiva das guerras civis inglesas, sequer fez alusão aos serviços da irmã: tamanha era a vergonha que sentia por uma nobre atuando como espiã; ou, talvez, tratou-se de uma rivalidade entre irmãos manifestada por um irmão menos corajoso.

Elizabeth Carey e Elizabeth Murray também participaram do Sealed Knot. Catherine Murray (irmã de Elizabeth) financiou a corte de Oxford e ficou sob suspeita de espionagem durante toda a guerra. Martha Parratt perdeu sua propriedade em 1650, acusada de espionagem, de cavalgar com o exército de Sir John Byron e dar ao capitão Ashley 100 libras para comprar cavalos para o rei. Elizabeth Mordaunt trabalhou com seu marido, John, para espionar o príncipe Charles. Quando ele foi à Inglaterra, ela permaneceu em Calais, na França, a fim de enviar e receber mensagens secretas. Anne Halkett atuou a serviço do jovem James Stuart, duque de York, posteriormente James II, e providenciou um disfarce e sua fuga para a República Neerlandesa, em 1648, além de servir à causa realista espionando em Londres. A romancista e dramaturga Aphra Behn pode ter trabalhado como espiã para os realistas ou ter forjado informações falsas em seus relatórios. Uma espiã pega no acampamento do conde de Essex antes da Batalha de Newbury foi baleada na cabeça e lançada ao rio. Outra espiã realista, que confessou receber 14 xelins por semana para espionar o príncipe Rupert, também foi morta e jogada na água. A punição de espiãs por afogamento sugere que os homens gostavam de mergulhá-las na água, como faziam com fofoqueiras, ou forçá-las a nadar, como faziam com bruxas, uma espécie de punição especial por desobedecerem à dominação masculina.

Mulheres trabalhadoras também serviram à causa realista. A correspondência de Charles com sua esposa Henrietta Maria, na França, enquanto ele esteve preso no Castelo de Carisbrooke, foi transportado às escondidas pela esposa do responsável pela cozinha, Abraham Dowcett. A lavadeira real de Elizabeth Wheeler e sua assistente Mary também arriscaram a vida para salvar o prisioneiro real. Livreiras levaram mensagens secretas para o espião realista Richard Royston. Seu irmão, Peter Barwick, disse que elas foram "mensageiras fiéis e honestas [...] em circunstâncias nada invejáveis e, consequentemente, devido à mediocridade, ou melhor, à mesquinhez de sua condição, eram menos conspícuas e mais seguras".

Ele observou: "Essas mulheres viajavam frequentemente a pé, agindo como pedintes, de casa em casa, e ficavam ociosas em locais previamente combinados para pegar livros [...]. Era fácil costurar cartas secretamente no interior da capa de qualquer livro e dar a ele uma marca secreta para indicar a inserção de cartas na obra".

As mulheres também espionavam para os parlamentaristas. Lucy Hay, a Lady Carlisle, vazou a notícia de que o rei estava a caminho para prender os cinco principais parlamentaristas, em 1642, o que deu tempo a eles de fugir. As mulheres trabalhadoras também se envolveram, algumas por convicção, outras por dinheiro, à medida que o negócio da espionagem se tornava mais profissional. Os livros do Parlamento de 28 de maio de 1652 mostram um pagamento de 100 libras a uma mulher cuja identidade foi ocultada "pelo bom serviço prestado por ela ao fornecer informações aos exércitos desta Comunidade em Worcester".

Como indica a recompensa, a desconhecida fez uma importante contribuição em uma das batalhas mais importantes das guerras civis: a última, em 1651, que culminou em uma vitória parlamentar.

Em 1650, Susan Bowen recebeu 10 libras por informações; Elizabeth, também conhecida por Joan Alkyn, recebeu 2 libras por "várias descobertas". Alkyn trabalhou como propagandista e jornalista sob o pseudônimo de "Parliament Joan", publicando noticiários em prol da causa parlamentarista, mas também para a imprensa realista, como o *Mercurius Anglicus*, no qual expressava críticas severas contra a monarquia.

Quando fugiu da Inglaterra após a derrota na Batalha de Worcester, o primogênito do rei, o príncipe Charles, foi contrabandeado e escondido por mulheres realistas. Ann Wyndham, esposa do coronel Francis Wyndham, ajudou-o a fugir de Worcester, assim como sua sobrinha Juliana Coningsby; Anne Bird foi "providencial" na fuga do rei, e outras mulheres, como Catherine Gunter, Joan Harford, Eleanor Sampson e Ann Rogers, posteriormente receberam pensões por seus serviços. Jane Lane, uma jovem católica romana, falsificou cartas e passaportes e viajou durante duas semanas com o príncipe disfarçado de seu criado, de Bentley Hall, em Staffordshire, até Lyme Regis, na costa sul, onde ele embarcou para o exílio.

Em 1679, uma mulher parlamentarista, Jane Bradley, garçonete do Heaven Tavern, em Westminster, ouviu homens conspirando contra o governo. Ela os denunciou, foi paga com uma moeda de ouro e recrutada como espiã. Relatou uma segunda conspiração contra um nobre, foi acusada de fazer parte de um complô, mas foi absolvida.[116]

## Tempos difíceis para mulheres pobres

Houve uma sucessão de desastres após o estabelecimento da dinastia Tudor no trono da Inglaterra: o início de uma "Pequena Idade do Gelo", caracterizado por um clima extremamente frio e colheitas fracas; bem como a epidemia de uma nova doença conhecida como "suor". A Reforma fechou as casas religiosas que forneciam assistência, remédios e empregos aos pobres. Os lucros crescentes provenientes do negócio de lã e os avanços na agricultura levaram os senhorios a expulsar arrendatários das terras comuns, criando uma nova onda dos chamados "cercamentos", um processo de privatização das terras comuns, o que enriqueceu ainda mais a elite e empobreceu ainda mais os pobres. Os vestígios da generosidade dos nobres nas grandes propriedades senhoriais — ajuda aos pobres locais com presentes e empréstimos, pagamento de salários justos e apoio aos mercados locais — continuaram desaparecendo sob essas pressões.

A inquietude em relação aos pobres, especialmente aos nômades que não eram controlados pela paróquia nem pelo senhor feudal, aumentou a pressão sobre os desabrigados e os itinerantes. Pessoas conhecidas como "ciganos" foram expulsas do país por Henry VIII; os imigrantes "ciganos" podiam ser banidos no prazo de quinze dias após sua chegada; em 1544, houve expulsões em massa dessas pessoas para o então porto inglês de Calais, assim como para a Noruega a partir de Boston, Hull e Newcastle. Em 1562, uma lei elisabetana declarou ilegal entrar em um grupo de "ciganos" ou viajar com eles. Em 1596, quase duzentos "ciganos" (incluindo algumas mulheres) foram levados a julgamento em York e 106 foram condenados à morte. Nove foram executados e os outros tiveram a pena de morte revogada e foram enviados de volta a suas paróquias de origem. Em 1601, uma mulher de Middlesex foi enforcada por viver com uma família "cigana", enquanto uma segunda mulher foi condenada à morte e sua pena só foi revogada devido a sua gravidez.[117]

As leis dos pobres da dinastia Tudor formavam um conjunto complexo de medidas que puniam pedintes e errantes, restringindo as "licenças de mendicância" aos considerados merecedores, forçando as pessoas a permanecerem em suas paróquias, e um sistema de registro dos pobres foi criado para monitorar e administrar a assistência social. Essas pessoas foram colocadas para trabalhar em albergues construídos especificamente para esse fim (as *workhouses*) recebendo baixos salários, financiados por uma taxa obrigatória para pobres paga pelos proprietários de terras a suas paróquias. A ideia era substituir a doação senhorial à porta da cozinha; contudo, as pessoas evitavam o pagamento dos impostos e os homens da classe média responsáveis por distribuir os recursos o faziam de maneira desigual, de modo que era quase impossível para os pobres obterem a assistência necessária: em 1570, o Censo dos Pobres de Norwich recusou o pagamento a Janis House, uma viúva de 85 anos, determinando que ela era "capaz de se manter fiando". As "leis dos pobres" não foram aprovadas para ajudar os pobres, mas para controlá-los e contê-los, e foram aplicadas quase exclusivamente às mulheres pobres.[118] O Estatuto dos Artífices de 1563 obrigava qualquer adulto que não possuísse bens próprios a aceitar o trabalho que lhe fosse oferecido, independentemente do salário ou das condições.[119] Uma lei de Londres da mesma época obrigava qualquer mulher com idade entre 14 e 40 anos e que não tivesse um fiador do sexo masculino a trabalhar em serviços estabelecidos ao capricho dos "Burgesses"* ou vereadores. Qualquer mulher solteira poderia ser obrigada "a servir e ser mantida por ano, semana ou dia, pelo custo e pelos salários que eles considerassem adequados e, se ela recusasse, eles poderiam mandá-la para a prisão até que ela concordasse em comprometer-se a servir".[120]

O Estatuto dos Artífices de 1601 determinou que os magistrados de uma região — todos proprietários e empregadores — eram os responsáveis pela definição dos salários de todos. Ninguém se surpreendeu quando eles estabeleceram os salários mais baixos possíveis. Era considerado um crime um fazendeiro vizinho estabelecer salários melhores. Novas regulamentações para as guildas favoreceram os empregadores: obrigavam todos os aprendizes com menos de 21 anos a servir por um novo mínimo de sete anos, geralmente sem remuneração.[121]

---

* Os "Burgesses" eram membros de uma câmara municipal ou corpo legislativo de cidades e vilarejos ingleses durante os períodos medieval e renascentista. Em geral, eram membros proeminentes da comunidade, incluindo comerciantes, proprietários de terras e líderes locais eleitos para governar as comunidades locais, administrar assuntos municipais, fazer leis locais e tomar decisões sobre questões como impostos, regulamentações comerciais e segurança pública. [N.T.]

As leis elisabetanas de 1597-1603 para regular o trabalho e a pobreza foram duras para todas as mulheres, especialmente para as independentes que viviam e trabalhavam sozinhas. Uma mulher solteira só poderia deixar sua paróquia de origem se conseguisse provar que tinha onde se alojar em seu destino, embora nada impedisse os trabalhadores homens de mudar de paróquia por salários melhores, o que aumentou ainda mais o abismo entre os salários dos homens e das mulheres.[122] Os grupos de trabalhadoras que acompanhavam as colheitas, os grupos de tosquia que viajavam e trabalhavam coletivamente, as vendedoras ambulantes, as comerciantes itinerantes e as artistas, todas foram banidas das estradas. Até as caixeiras-viajantes com bons negócios precisaram obter uma licença. Uma mulher pobre e solteira podia ser legalmente forçada a um contrato de aprendiz pelas autoridades paroquiais ou obrigada a trabalhar em uma *workhouse*. Uma mulher solteira grávida poderia ser expulsa da paróquia. Nas ruas, as solteiras eram assediadas, agredidas e abusadas, e havia um toque de recolher informal, mas amplamente observado, para as mulheres depois do anoitecer.[123]

Em Southampton, no século XVII, as autoridades municipais exigiam provas de que uma mulher solteira que morasse sozinha era capaz de sustentar-se e, mesmo se ela conseguisse demonstrar um negócio próprio, ainda podiam obrigá-la a trabalhar em um emprego que escolhessem. Se as autoridades determinassem que a mulher deveria trabalhar na casa de uma família, ela ficaria sob o domínio do chefe da família, um homem. Em 1609, Elizabeth Green recebeu a ordem de trabalhar de acordo com a determinação das autoridades ou deixar a cidade. Em Norwich, as mulheres que moravam sozinhas podiam ser enviadas para uma casa de correção, açoitadas e forçadas a trabalhar na casa de alguma família. As jovens solteiras eram alvo das autoridades, que as viam com cada vez mais receio: afinal, as "autoridades" eram homens convencionais que viam essas mulheres como potenciais causadoras de desordem ou tumulto social.[124] Ao mesmo tempo, membros da classe alta, como ricos comerciantes e prósperos pequenos proprietários rurais, que buscavam posições de influência, na magistratura ou na supervisão paroquial, opunham-se à tradicional caridade espontânea associada às generosas doações por parte dos nobres. Em 1610, John Pike foi convocado ao tribunal eclesiástico de Little Bedwyn, em Wiltshire, acusado de "abrigar em sua casa uma desconhecida que chegara de Gloucester grávida".[125] O tribunal pressionou a mulher a nomear o pai de seu filho — e, desse modo, desonerar a paróquia do custo do bebê: "Desejamos que o referido Pike e a mulher em questão sejam citados em tribunal para que o pai da criança seja conhecido e a paróquia, exonerada".[126]

Algumas mulheres mantinham um senso de irmandade: Anne Frie, de Broad Hinton, defendeu-se perante os magistrados declarando que encontrara "uma mulher ambulante [...] em trabalho de parto na rua e acolheu-a por ser, também, uma mulher".[127]

A Lei Bastarda de 1610 declarou que uma mãe solteira poderia ser presa por até um ano se não fosse capaz de sustentar seu filho. Em 1606, houvera no Parlamento um pânico moral em relação ao infanticídio, embora o número de acusações permanecesse baixo: em quase 150 anos em Surrey (1663-1802), apenas 11% das mulheres acusadas de homicídio foram consideradas culpadas de infanticídio (34 de 318).[128] Em Essex, o infanticídio constituiu a acusação em 20% dos casos de homicídio perpetrado por mulheres (84 casos). A maioria das mulheres condenadas à morte foi acusada de infanticídio — matar seus bebês — até a Restauração de Charles II, em 1660, que sinalizou uma abordagem mais misericordiosa nas sentenças. Os processos posteriores teriam de provar que a mulher havia planejado deliberadamente a morte de seu bebê, isso até a revogação da lei, em 1803.

As mulheres proprietárias da elite juntaram-se ao esforço de opressão aos trabalhadores. Joan Thynne (1558-1612) alertou seu marido, em 1601, para tomar medidas legais sobre seu "direito comum": "Não seria má ideia se você processasse Tap por seu direito comum, caso contrário você obterá muito pouco pela boa vontade dele. Pois ele cria tantas ovelhas e outros animais que você não terá mais nada em comum lá, como o ouvi dizer. Espero que você não deixe isso passar de modo tão descuidado".[129]

Margaret Cavendish, duquesa de Newcastle, mandou que seu administrador cercasse e aumentasse as taxas de arrendamento das terras que ela gerenciava como viúva. A exploração dos pobres locais por parte dela tornou-se tão extrema que até seus herdeiros se queixaram.[130]

Os homens e mulheres pobres que sofreram sob as leis dos pobres, excluídos da terra pelos processos de cercamento, compreenderam perfeitamente o que acontecia. Esta balada, do século XVI, chama-se *Os pobres é que pagam por tudo*:

> Pareceu-me que eu via homens ricos
> A moerem os rostos dos pobres,
> Ávidos, predadores vorazes,
> Sem compaixão por suas dores.
> Fazem-nos trabalhar árduo,
> Por salários baixos, ínfimos.
>
> Como peixes grandes e poderosos,
> Sempre se alimentam dos menores;
> Assim os ricos, quando podem,
> Sobre os pobres impõem sua lei.
> Diz o provérbio antigo e verdadeiro:
> Os mais fracos sofrem em batalha.

Os ricos bebem até o céu parecer azul,
Mas os pobres é que pagam por tudo.[131]

Muitas baladas como essa, cantadas por toda a Inglaterra, referiam-se a um mundo que no passado fora melhor, no qual a elite cuidava dos pobres, e até da comunidade, como se fosse sua família. Pouco importa se esse mundo realmente existiu ou não, pois não se tratava de um apelo revolucionário à mudança, mas de um apelo ao regresso a um passado imaginário em que o senhor fosse um bom pai para uma comunidade harmoniosa.[132]

## Violência contra as mulheres

As mulheres viram-se alvo não apenas das leis dos pobres, mas também dos mais rigorosos controle e censura por parte da comunidade. O juiz Anthony Fitzherbert publicou um livro sobre procedimentos legais em 1510, no qual confirmava o direito do marido de controlar e castigar a esposa e espancá-la até um grau "razoável". Ela tinha direito a alguma defesa legal: uma esposa ameaçada de assassinato podia pedir proteção ao tribunal. Segundo registros das sessões judiciais* de Essex, Hertfordshire e Sussex (1559-1625), mulheres foram vítimas de quase três quartos dos assassinatos conjugais.[133] A partir da década de 1550, essa crueldade comunitária foi legalizada e a violência espontânea contra as mulheres tornou-se um castigo legítimo. O banquinho que içava uma mulher para humilhá-la em público (o *cucking stool*) se transformou, em 1597, no *ducking stool*, uma cadeira mais sólida com a finalidade de manter a mulher debaixo d'água, sob risco de vida; cada paróquia era obrigada por lei a ter uma versão funcional do dispositivo. Os magistrados ou líderes comunitários decidiriam quantas vezes ou por quanto tempo a mulher deveria ser mergulhada, e acontecia de algumas se afogarem ou morrerem devido ao choque.

Em Newcastle, em 1655, Ann Bidlestone foi submetida a uma "rédea de repreensão", o castigo preferido da cidade para mulheres briguentas. A gaiola em volta de sua cabeça era equipada com um espeto de ferro, o qual ela era forçada a manter na boca, que se cortava e sangrava. O dispositivo de tortura semelhante a um capacete com um abaixador de língua, para amordaçar a mulher em público, era legalizado e sua utilização era comum desde 1567.[134] Alguns tribunais

---

* No original, *assizes*, em referência a sessões regulares de tribunais itinerantes que viajavam de um condado a outro para julgar casos importantes. [N.T.]

decidiram que uma mulher culpada deveria ser deixada sozinha na igreja ou na praça do mercado, por vezes vestindo apenas sua camisola ou segurando um círio como punição de humilhação em público, especialmente por má conduta sexual. Mulheres podiam ser presas em pelourinhos e expostas no mercado ou no cemitério da igreja para serem apedrejadas ou abusadas pelos vizinhos.

Mulheres consideradas culpadas de crimes graves podiam escapar da execução se estivessem grávidas. Edith Sawnders, uma solteira de Londres flagrada roubando prata, "implorou pela barriga", em agosto de 1565. Ela só foi inspecionada por um júri de matronas em dezembro, quando realmente já estava grávida

Ann Bidlestone foi levada pelas ruas por um oficial de Newcastle, em registro feito pelo cervejeiro Ralph Gardiner.

e recebeu o perdão real. Catherine Longley foi acusada, com outras três mulheres, de roubar roupas, em 1579; todas, exceto uma, estavam grávidas quando foram inspecionadas e, portanto, perdoadas. Acontecia de uma mulher recusar-se a se humilhar. Agnes Samuel, acusada de bruxaria em 1593, recusou-se a "implorar pela barriga": "Isso eu não farei. Nunca se dirá que fui uma bruxa e uma meretriz".[135] Os magistrados enforcaram Agnes e sua mãe, ambas acusadas de bruxaria.

A questão do estupro e de quem era a vítima do crime mudou em 1576 para reconhecer que se tratava de um ataque pessoal à mulher, não de roubo ou dano à propriedade de seu marido, pai ou tutor.[136] O estupro foi separado das acusações de rapto e definido como penetração peniana em uma mulher que se recusa ao ato, uma definição que permaneceria inalterada pelos próximos duzentos anos. Como crime pessoal de violência, era punível com a morte,[137] mas é possível que isso tenha levado júris a relutarem em apresentar o veredito de culpado por temor de executar um homem inocente. A nova lei parecia reconhecer o direito da mulher à segurança, mas, ao considerar crime uma relação sexual indesejada, em vez de roubo ou dano à propriedade, definiu a violação, pela primeira vez, como um encontro sexual motivado pelo desejo. A vítima não era mais um homem, cujos bens haviam sido roubados e danificados por um ladrão. O ladrão não era mais perseguido pelo homem para que uma indenização fosse concedida por um juiz e um júri composto de outros proprietários. A vítima passou a ser uma pessoa notoriamente não confiável. Ela — a última pessoa em quem alguém confiaria — era obrigada a definir o ato como estupro por meio de uma oposição audível, de preferência violenta, em meio à ocasião e uma queixa coerente após o ato, bem como da apresentação de testemunhas e provas. A mulher enfrentava um interrogatório cético por parte de seus superiores sociais muito antes de alguém ir atrás do estuprador. E, como não se podia confiar em mulher alguma, a atitude natural era duvidar dela.

No passado, todos concordavam que a sexualidade feminina era voraz. Foi muito fácil induzir Eva à tentação; uma mulher faria sexo com praticamente qualquer pessoa, se o pai ou o marido não a protegessem. Os pensadores, influenciados pelas ideias do amor cortês, acreditavam que as mulheres eram inicialmente frias, mas a recusa feminina poderia ser seguida de sedução, e o estupro não passaria de uma espécie de persuasão. Em uma sociedade que defendia essas opiniões, as taxas de condenação por estupro eram cada vez mais baixas: menos de 1% de todas as acusações registradas em todas as sessões judiciais do Home Assize Circuit, entre 1558 e 1700.[138] Nos três condados elisabetanos de Kent, Surrey e Essex, 63 homens foram julgados por estupro e dezenove foram considerados culpados, uma taxa de condenação de 30,15%.[139] Esse alto número de condenações se explica pelo fato de que, em Surrey, 25 dos 32 julgamentos foram relativos a estupros de meninas menores de idade e, uma vez que elas não podiam consentir, qualquer relação sexual era considerada um estupro.

# Prostituição

As prostitutas passaram a ser cada vez mais criticadas e controladas conforme lhes eram atribuídas infecções sexualmente transmissíveis. A sífilis, na época uma doença sexual incurável e fatal, foi detectada pela primeira vez na Inglaterra no início de 1490. Cada país da Europa deu-lhe o nome de seu inimigo. Para os russos, era a "doença polaca". Mas, em Shrewsbury, em 1493, um cronista a caracterizou como a "varíola francesa": "Por volta desta época, começou a doença repugnante e horrível chamada de varíola francesa".[140]

Independentemente do nome, todos concordavam que as mulheres promíscuas eram a origem da doença. Até surtos anteriores de peste foram atribuídos a mulheres sexualmente ativas, uma punição de Deus pela fornicação.[141] Acreditava-se que a lepra era transmitida por mulheres sem nenhum sinal visível da doença e transmitida por relações sexuais durante a menstruação. Acreditava-se que a sífilis gerava-se espontaneamente no corpo de mulheres promíscuas, que a transmitiam a homens saudáveis, que, por sua vez, podiam sofrer da doença, mas não eram contagiosos.[142]

A doença venérea chegou à Inglaterra no final dos anos 1500: o primeiro caso registrado, em Romford, foi em 1578. Joan Callowaie declarou ao tribunal clerical que tivera relações sexuais com cinco homens e um deles "queimou-a com grande crueldade". A proprietária de um bordel de Romford, a viúva Agnes Newman, tornou-se cirurgiã para tratar pacientes de doenças venéreas.[143] Certos teóricos eram da opinião de que, como as doenças venéreas eram causadas por mulheres impuras, as enfermidades seriam curadas por um homem doente que fizesse sexo com uma virgem.[144]

Bordéis licenciados, que protegiam as prostitutas de abusos, foram fechados na maioria das cidades a partir de 1546.[145] O trabalho sexual tornou-se ilegal, e as prostitutas corriam o risco de ser presas enquanto os clientes eram, em sua maioria, ignorados. Parte da repressão ocorria apenas para manter as aparências. Algumas cidades multavam prostitutas como forma de tributar seus lucros. No porto de Winchelsea, as profissionais do sexo tinham de pagar uma multa de 6 xelins e 8 denários por trimestre — na prática, um imposto para exercer sua profissão — e, em York, as trabalhadoras do sexo alugavam quartos na igreja de St. Andrew.[146]

Para muitas mulheres, a prostituição não era um emprego permanente, mas um recurso de emergência, conforme suas dificuldades pessoais. Algumas solteiras trocavam atos sexuais por presentes ou ajuda financeira, mas não eram consideradas prostitutas. O Censo dos Pobres de Norwich de 1570 categorizou as mulheres como solteiras, casadas, viúvas, abandonadas e "rameiras", isto é, mulheres solteiras sexualmente ativas, às vezes com filhos bastardos. Seis rameiras são citadas.[147]

Em Londres, mulheres que estavam andando nas ruas podiam ser enviadas para a prisão para criminosas e órfãs, no antigo Palácio de Bridewell, acusadas de prostituição com base apenas na palavra dos magistrados. As mulheres das províncias às vezes se viam subitamente punidas pela comunidade. As que estavam na rua por qualquer razão, longe do local de trabalho, de casa ou da igreja, enfrentavam a censura pública. Por volta de 1600, as mulheres viviam praticamente enclausuradas: até locais de encontro, como cervejarias ou cafés (novidades na época), eram-lhes vedados a menos que trabalhassem neles.

Os puritanos que ocuparam o poder de 1649 a 1660, durante os anos da Commonwealth da Inglaterra,* também tentaram fechar os bordéis. Uma acusação contra um bordel de St. Clement Danes identificou as prostitutas pelo nome, incluindo Anne Cobbie, uma mulher bem-vista e popular. Os autos do tribunal a descreveram como "moura morena" famosa pela "pele macia". Os donos dos bordéis foram presos, e as casas, fechadas. É possível que Cobbie tenha se aposentado e casado-se com um armarinho local, Richard Sherwood.[148]

A restauração do permissivo tribunal de Charles II permitiu o retorno da prostituição aberta em locais públicos. Todos sabiam que algumas damas da corte, na verdade mulheres favorecidas pelo próprio rei, eram recompensadas

---

* Durante o período da Commonwealth, a Inglaterra não teve um monarca; o país foi governado por um regime republicano. [N.T.]

com dinheiro, bens, terras e títulos. A amante inglesa de Charles II, a atriz Nell Gwynn, conquistou a simpatia da multidão ao dizer que não era uma de suas amantes católicas romanas odiadas, mas sim a "prostituta protestante".

## Mulheres escravizadas

A partir dos anos 1560, um número cada vez maior de pessoas raptadas foi levado da África à Inglaterra, sendo vendidas como escravizadas a proprietários-empregadores. Mais de meio século antes, Catarina de Aragão levara uma escravizada em sua comitiva rumo à Inglaterra para casar-se com Artur, o príncipe de Gales. A escravizada recebeu o nome de Catalina, em homenagem à rainha, e trabalhou como criada em sua câmara privada:* "Ela tinha que arrumar a cama da rainha e participar de outros serviços privados e ocultos ao público nos cômodos de Sua Alteza".[149]

Catalina auxiliou nas duas noites de núpcias de Catarina, em 1501 e 1509, antes de regressar à Espanha para casar-se e ter filhos. Posteriormente, ela foi descrita como a *esclava que fue*, "a escrava que foi", sugerindo que fora libertada da escravidão.

Uma menina descrita como "uma negra" foi batizada com o nome de Mary, em Plymouth, em 1594, e dizia-se que seu pai era um holandês.[150] "Lucy Negro" se apresentou nas festas do Natal de 1594 no Gray's Inn. Ela, que havia sido dançarina na corte de Elizabeth, foi escalada para o papel de "abadessa de Clerkenwell", provavelmente a dona de um bordel.[151] Um censo de "Desconhecidos" em Barking, por volta de 1598, lista cinco "negros", incluindo duas mulheres: uma chamada Clare, que morava na casa da viúva Stokes, e Maria, que morava na residência de Olyver Skynnar. O censo do ano seguinte mostra que Clare ainda morava na casa da viúva Stokes, mas Maria (ou "Marea", nos registros) havia mudado para a casa de Richard Wood. Homens e mulheres escravizados raptados na África tornaram-se símbolo de *status* da moda como criados da aristocracia. Em 1599, Dennis Edwards escreveu ao secretário do conde de Hertford: "Por obséquio, informe-se e garanta a segurança de minha negra: ela certamente está no The Swan".[152]

O número de africanos raptados e levados à Inglaterra levou a um anúncio de Elizabeth I, em 1596, de que todos eles deveriam ser transportados novamente, desta vez para fora do país. Em 1601, um comerciante de escravos alemão foi autorizado a raptar 89 escravizados de seus proprietários, enviá-los para Espanha e Portugal e trocá-los por prisioneiros brancos que haviam sido escravizados por piratas berberes.[153]

Algumas mulheres escravizadas criaram fortes vínculos com seus proprietários-empregadores, que as incluíram em seu testamento. Em 1600, Frances, uma

---

* A câmara privada era uma parte crucial da corte real, com um grupo seleto de indivíduos encarregados de atender às necessidades pessoais da monarca e participar de sua vida cotidiana. [N.T.]

"criada africana", recebeu 10 libras de herança de seu empregador, um comerciante de Londres, e Joane, a *"blackemore"* (moura negra), recebeu 3 libras no testamento de seu empregador, em 1612.[154] Helenor Myou, que no passado fora escravizada, havia acumulado riqueza suficiente para, no ano de 1612, possuir bens domésticos em Middlesex. Ela testemunhou contra ladrões que roubaram seus itens: colarinhos ou golas, uma fronha e outros "bens diversos". Outra mulher que pode ter sido escravizada, mas que conseguiu alcançar a liberdade e a prosperidade, foi Cattelena, uma africana solteira que morava em Almondsbury, Gloucestershire. O único registro sobrevivente de Cattelena é o inventário de seus pertences quando de seu falecimento, em maio de 1625, segundo o qual ela deixou uma vaca (no valor de 3 libras e 10 denários), uma cama, uma almofada, um travesseiro, um par de cobertores, um lençol, uma colcha, quatro potes pequenos, um castiçal de estanho, uma garrafa de latão, uma dúzia de colheres, três pratos de barro, duas dúzias de travessas, uma toalha de mesa, todos os seus trajes, um cofre e duas caixinhas.

Algumas mulheres encontraram a liberdade, mas não a prosperidade. Quantidades desconhecidas delas morreram de pobreza nas ruas, sem qualquer paróquia para chamar de lar. Uma delas, Marie, foi encontrada na capital em 1623, "uma moura pobre, que morreu na rua em Rosemary Lane".

Pouquíssimos escravizados foram libertados pelo batismo, segundo a crença cada vez menos seguida de que um cristão não podia ser escravizado por cristãos. Mary Fillis (1577-?1631) desembarcou na Inglaterra trazida como criança escravizada do Marrocos, aos 6 anos de idade mais ou menos, e trabalhou para um comerciante londrino, John Barker. Após a morte de Barker, Mary Fillis foi herdada pela viúva até ser comprada ou contratada por Millicent Porter, uma viúva costureira do vilarejo de East Smithfield. Lá, Mary Fillis converteu-se ao cristianismo e foi batizada em St. Botolph's Aldgate, em 3 de junho de 1597, tendo como madrinha sua proprietária-empregadora. É possível que as duas mulheres tenham considerado o batismo como a libertação de Mary, que pode ainda ter se casado com Christian Peters, um residente da paróquia. Mary Peters, uma "moura pobre", foi enterrada em Tower Hill, em 1631.[155]

A maioria dos escravizados da Inglaterra conquistou a liberdade fugindo e ganhando a vida em comunidades de escravizados fugitivos ou encontrando abrigo na casa de pessoas brancas da classe trabalhadora. Augustina Patra, uma "criada moura", foi punida, em 1601, na casa de correção London Bridewell, "por fugir em diversas ocasiões" de uma família nobre.[156] Mary, "uma serva negra do capitão Sallanova de Weymouth e Melcombe Regis", foi capturada em Dorchester depois de fugir de seu proprietário e enviada de volta a ele, em 1633.

Os donos de escravizados ainda não tinham inventado a teoria das raças diferentes, cada uma com um *status* distinto. A maioria das pessoas acreditava — como os antigos gregos e até como os cientistas genéticos modernos[157] — que havia uma raça humana com variações e sem diferenças permanentes e significativas entre uma variante e outra. Mas, por volta de 1500, a palavra *fair* (belo, justo, claro) passou a ser usada como sinônimo de "brancura", embora mantivesse seu significado de "beleza". O oposto de *fair* deixou de ser apenas *foul* (feio), passando a incluir também *dark* (escuro).[158] *Blackness* (negritude) e *Jewishness* (judaísmo) eram por vezes utilizados de modo intercambiável.

Nem as mulheres brancas da elite tinham controle sobre a própria vida. Frances Coke, filha do jurista Edward Coke, conhecido como o "patrono das liberdades inglesas", foi raptada pelo próprio pai, amarrada à cabeceira da cama e chicoteada até concordar em casar-se com o homem da escolha dele, Sir John Villiers, que teria enlouquecido três anos depois do casamento.

## Mulheres de classe alta e trabalho

As damas das cortes centralizadas e cada vez maiores da dinastia Tudor eram cortesãs profissionais, que forneciam um senso de continuidade na transição de um monarca ao próximo, algo especialmente importante durante a "dança das cadeiras" dos anos de Henry VIII. Quatro damas de companhia da corte de Henry VIII foram "promovidas" e tornaram-se rainhas. As aristocratas representavam seu país em encontros e festas diplomáticas, criavam um ambiente elegante e culto que fazia parte da identidade da monarquia, organizavam e realizavam atos devocionais e entretenimentos seculares e ajudavam a garantir o bom funcionamento da corte, consumindo e criando normas de etiqueta, cultura, moda e arte.[159]

O desenvolvimento da mascarada em um longo e complexo drama musical de dança, que exigia a participação de muitos artistas e do público, reforçou a imagem de amor cortês das mulheres passivas, mas criou uma forma de arte séria que possibilitou às mulheres atuarem como escritoras, coreógrafas, *designers*, produtoras de adereços, figurinistas, musicistas, artistas, técnicas de palco e administradoras.

As pintoras se beneficiaram da moda dos retratos e murais para a corte e a elite. Havia 24 pintoras registradas na Guilda dos Pintores e Tingidores, que totalizava 2.600 membros. Entre as pintoras famosas da corte, estão Susanna Horenbout (1503-1554), que foi uma "gentil-dama"* e uma "iluminadora"** nas cortes de Anne de Cleves e Kateryn Parr; sua cunhada Margaret Holsewyther, outra pintora da elite, que pode ter herdado a oficina após a morte de seu irmão, Lucas Horenbout,

---

* Expressão usada para descrever uma mulher de boa posição social, muitas vezes associada à nobreza ou à alta classe. [N.T.]

** Artista de iluminuras, ilustrações decorativas e ornamentadas em manuscritos. [N.T.]

e dado continuidade ao trabalho dele; Levina Teerlinc (1510-1576), a única miniaturista da corte de Henry VIII, que criou centenas de miniaturas* sob encomenda — é possível que, em troca de uma pensão anual do rei e de seus sucessores, ela tenha treinado o famoso miniaturista Nicholas Hilliard; e Anne Gulliver, viúva do supervisor dos artistas da coroa, John Brown, a qual herdou seus equipamentos e possivelmente seu cargo após sua morte, em 1532 — John deixou para ela suas ferramentas "por todo o tempo em que ela virá a exercer meu ofício".[160]

Audrey Beene herdou uma oficina de pintura em um dos exchange e uma série de pinturas de seu marido, pintor profissional, Thomas, ele próprio filho de pais pintores. Susannah Penelope Rosse trabalhou com o famoso pintor Samuel Cooper, e a maioria das miniaturas do chamado *Livro de bolso de Samuel Cooper* foi pintada por ela.[161] A moda dos retratos se espalhou pelas províncias. Katherine Maynor, de Ampthill, Bedfordshire, foi viúva de um pintor e possivelmente assumiu seu negócio de artes. Alice Hearne, uma meritória pintora, herdou os equipamentos do marido e continuou no ofício. Os registros da Guilda dos Pintores de Chester, referentes ao período de 1575 a 1640, mostram que sete mulheres pintoras do vilarejo herdaram a oficina dos maridos bem como o *status* de "homem livre". As que não pintavam administravam o negócio, formando aprendizes e contratando artesãos qualificados. As viúvas dos pintores Gerlach Fliche e Robert Pilgrim foram executoras dos testamentos dos maridos.[162] Alice Gammedge, de Saffron Walden, em Essex, deixou materiais de pintura e molduras para o filho, em 1591.[163]

Com a corte de Tudor crescendo muito mais que suas antecessoras, mais cargos remunerados e pensionários foram criados para as mulheres da elite. Elizabeth Woodville de York (rainha de 1464-1483) tinha cinco damas de companhia, sete damas de honra e duas criadas. Duas gerações depois, Catarina de Aragão tinha 33 mulheres para servi-la em seu palácio.[164] A rainha reinante, Mary I, teve até 36 e Elizabeth I, 38.[165]

A câmara privada de Elizabeth consistia em um grupo semiprofissional de mulheres: dezesseis remuneradas e seis ou mais honorárias. Algumas foram permanentemente nomeadas: Blanche Parry e Mary Radcliffe nunca se casaram e serviram durante quase todo o reinado. Algumas eram parentes do lado de Bolena e de Carey. Elas supervisionavam as roupas de cama, o vestuário e as joias, ajudando a rainha a vestir-se e lavar-se, servindo-lhe refeições e cuidando dela caso adoecesse. Uma mulher geralmente dormia com a rainha como sua "companheira de cama", para proporcionar companhia e segurança. As jovens damas de companhia eram substituídas com frequência e serviam como companheiras, dançarinas, entretenimento e um belo pano de fundo para Elizabeth quando a corte estava em exibição pública.[166] Muitos dos relacionamentos foram duradouros e afetuosos.

---

* As miniaturas eram pequenas e delicadas pinturas, em geral retratos, executadas com profusão de detalhes. Essas obras eram apreciadas como lembranças pessoais, presentes ou objetos decorativos. [N.T.]

As visitantes que comparecessem à corte em ocasiões especiais podiam obter favores reais, ser recompensadas com presentes ou honorários, cooptadas para funções judiciais, nomeadas para cargos ou fazer casamentos políticos para reforçar vínculos.[167]

Alice Montague, a especialista em seda da corte, criou uma técnica, em 1561, para fazer meias de seda pura em vez da lã frouxa usada até então e, em 1564, Dinghen van der Plasse inventou uma forma de amido de linho que produziu o famoso colarinho rígido dos cortesãos elisabetanos. Quando uma máquina de tear foi inventada por William Lee, em 1599, Elizabeth I recusou-se a conceder uma licença ao inventor, por perceber que a mecanização destruiria as habilidades artesanais e os meios de subsistência das mulheres: "Tenho demasiado amor pelas minhas pobres, que obtêm seu pão com o tear, para dar meu dinheiro para promover uma invenção que tenderá à sua ruína, privando-as de emprego e forçando-as à mendicância".[168]

Katherine Fenkyll herdou propriedades e um grande negócio de tecidos com a morte do marido e foi nomeada executora de seu testamento. Ela tinha participação em uma frota de navios destinada à exportação de tecidos, e o testamento lhe garantiu o direito de usufruto vitalício dessas embarcações e de uma propriedade em Londres.[169]

Uma mulher de Lyme Regis, Sara Sampford, vendeu seu navio, *Diamond*, em 1611, a dois comerciantes locais, com dois marinheiros como testemunhas. Sara realizou a venda levando os compradores a seu navio atracado no porto de Cobb e entregando-lhes uma corda de amarração.[170]

No campo, as mulheres da elite eram responsáveis pela administração das casas senhoriais e dos negócios agrícolas durante a frequente ausência dos maridos. A ambição dos plantagenetas, dos Tudors e dos Stuarts de criar uma grande corte real, com o apoio de uma administração organizada e centralizada, convocou para Westminster as viúvas e os lordes que deixaram a administração da casa e das terras sob a responsabilidade das esposas, em sua maioria em cargos de liderança e executivos que, por serem mulheres, elas não tinham permissão oficial de ocupar. Durante as guerras, os homens se ausentavam em batalhas ou no exílio. As esposas e viúvas da pequena nobreza e da aristocracia muitas vezes eram as únicas administradoras e proprietárias competentes. A maioria dos cavaleiros e nobres (69%) faleceu antes das esposas, e muitas viúvas passavam a gerir grandes propriedades, várias terras e não raro uma miríade de negócios diferentes. Durante a Reforma, muitas grandes propriedades da Inglaterra dos Tudors foram súbita e rapidamente enriquecidas por terras e fundos da Igreja, o que criou novas propriedades e indústrias para as nobres administrarem, além de espaços domésticos adicionais, nos quais as mulheres estudavam, produziam têxteis, criavam arte, praticavam medicina e, às vezes, oravam — mais ou menos como nos conventos do passado.[171]

As mulheres proprietárias de terras tornaram-se administradoras experientes e diligentes dos negócios da família. Joan Thynne, de Caus Castle e Longleat, assumiu a responsabilidade por todo o trabalho diário de administração das propriedades. Em setembro de 1600, ela relatou detalhadamente ao marido ausente:

> Recebi o trigo, que é muito pouco, e insuficiente para as nossas necessidades neste momento, nem mesmo chegando a atingir quarenta *bushels*, pois isso não será suficiente para cobrir um de teus campos. Quanto aos sacos, eles serão prontamente devolvidos a ti. Estão exigindo muito mais do que tu escreves que eu deveria lhes pagar pelo transporte da pedra moleira, mas não receberão mais do que o estabelecido por ti. Recebi 150 libras, 5 xelins e 4 denários. Grande parte disso ainda está pendente, e do restante pouparei o que puder. Sei que teu trabalho é grande e árduo, pelo que lamento sinceramente, desejando que houvesse alguma maneira de aliviá-lo. Para enviar bois para lá, eles precisam estar gordos e muito bem desenvolvidos em gordura antes de chegarem, pois há muito pouca grama para alimentar qualquer animal aqui, devido às fortes chuvas que ocorreram recentemente. Toda a Pradaria do Senhor está coberta de água, de modo que não há como alimentar nenhum animal até que haja uma geada para secar, e o restante dos terrenos não é muito propício à alimentação, considerando a quantidade de animais que já estão aqui.[172]

Outra proprietária de terras elisabetana, Lady Margaret Hoby (1571-1633), administrou a residência e os negócios da família na região de Scarborough, Yorkshire, na frequente ausência de seu marido, que viajava para resolver questões paroquiais e judiciais. Ela manteve um diário, um dos primeiros registros femininos. Trata-se de uma crônica de práticas espirituais implacáveis, problemas de saúde e muito trabalho: "Percorri a propriedade para ver o trigo; andei entre os trabalhadores e fui insultada ao plantar algum trigo; passei algum tempo com os aradores e semeei cinco medidas de centeio; estive ocupada com o plantio de grãos; entreguei grãos, andei por aí e recebi grãos, medi grãos para aferir nossas provisões; estive ocupada garantindo que alguns espaços fossem arrumados de maneira apropriada para os grãos".

Thomas Knyvet (1596-1658) disse a sua esposa, Katherine, a quem encarregara de administrar suas terras durante as guerras civis inglesas: "Sei que não posso ter um administrador melhor do que você para administrar nossos assuntos".[173]

Bess de Hardwick (*c*. 1521-1608) foi descrita como uma viúva bem-sucedida que passou da pequena nobreza a condessa por meio de quatro casamentos estratégicos para ascender pela hierarquia, porém ela não teria se casado com sucessivos homens ricos se não tivesse um histórico comprovado de administração de terras, competências empresariais e habilidades políticas. Ela se casou muito nova com um jovem noivo, o que lhe rendeu um pequeno dote de viúva, e seu segundo casamento foi com um homem muito mais velho, Sir William Cavendish, tesoureiro real, que provavelmente foi orientado por ela a vender suas terras no sul da Inglaterra e comprar a propriedade de Chatsworth, perto da residência dela em Derbyshire. Ao morrer, ele deixou sua fortuna aos herdeiros, e Bess assumiu o controle dos bens da família, casando-se em seguida com William St. Loe e administrando tão bem seu negócio que ele deixou toda sua fortuna para Bess. Seu último casamento foi com George Talbot, conde de Shrewsbury,* e ela consolidou sua fortuna casando os herdeiros dele com os dela. O casamento foi feliz, com Bess administrando as vastas propriedades do casal, incluindo minas, estaleiros navais e indústrias de fabricação de vidro, enquanto George servia Elizabeth I. O cenário mudou com a chegada de Mary, rainha dos escoceses, que estava exilada e foi colocada em prisão domiciliar sob os cuidados do casal. Mary revelou-se problemática devido a suas demandas e intrigas, insistindo em ser tratada como rainha ao mesmo tempo (o qual durou quinze anos) que conspirava para fugir.

Devido a todas essas tensões, Bess e seu marido George Talbot se separaram, e à separação seguiram-se amargos desentendimentos sobre a fortuna que Bess administrara. Ela perdeu sua casa e construiu uma nova, o Hardwick Hall, que fez questão de marcar com suas iniciais em pedra, B. H., como que para certificar-se de que ninguém a tomaria dela. Devido a seu grande talento na administração dos próprios bens, quando Bess faleceu, aos 80 anos, era a mulher mais rica da Inglaterra, perdendo apenas para a rainha, e deixou a seus filhos herdeiros grandes fortunas e excelentes conexões — casamentos arranjados em quatro famílias ducais e uma linhagem real, os Stuarts.[174]

O conhecimento superior das mulheres sobre os valores das terras foi demonstrado após as guerras, quando as famílias realistas foram forçadas ao exílio e suas propriedades foram avaliadas pelo vitorioso governo da Commonwealth da Inglaterra. As mulheres locais eram preferidas aos homens como avaliadoras em casos de sequestro de propriedades.[175]

Mesmo sem um *status* legal oficial, mulheres da elite herdaram cargos e assumiram cada vez mais funções de autoridade. Em 1503, juízes seniores determinaram que mulheres, casadas ou solteiras, poderiam servir como magistradas. Duas irmãs herdaram o cargo de *high constable*** em 1551.[176] As mulheres participavam dos tribunais tanto processando quanto sendo processadas. Cerca de 25% dos casos da Chancelaria*** (que trata de testamentos e acordos) foram movidos por

---

* George Talbot foi um dos homens mais ricos da época. Elizabeth I o nomeou guardião da aprisionada Mary, rainha dos escoceses, e pediu a ele que presidisse a execução de Mary, em 1587. [N.T.]

** Os *high constables* eram responsáveis por liderar a milícia local, garantir a segurança e a ordem em sua área de jurisdição e, em alguns casos, desempenhar um papel importante em eventos cerimoniais e festividades. [N.T.]

*** A Chancelaria era um tribunal inglês que lidava principalmente com questões relacionadas a testamentos, propriedades, acordos e disputas legais relacionadas a esses assuntos. [N.T.]

mulheres, assim como 13% dos pleitos comuns.[177] Muitas vezes as mulheres proprietárias, especialmente as viúvas e as solteiras, assumiam os mesmos direitos e deveres que os homens.[178] As mulheres da elite serviam em cargos públicos e votavam nas eleições locais, especialmente se houvesse uma tradição local de autoridade feminina ou se tivessem herdado o direito de um homem e fossem repassá-lo a outro homem.[179]

A pequena comunidade de imigrantes judeus de Londres e Bristol era liderada por uma mulher, Beatrice da Luna, também conhecida como Gracia Mendes, uma mulher extremamente rica que financiou e organizou rotas de fuga para o povo judeu escapar da Espanha e de Portugal durante a Inquisição. Ela encaminhou alguns para a Inglaterra, onde, muito embora o povo judeu tivesse sido banido desde 1290, eles não foram perseguidos pelas autoridades protestantes, desde que se passassem por cristãos. Beatrice da Luna visitou a Inglaterra em 1535 com sua família.

Empresárias e inventoras registraram patentes. No fim da década de 1630, três mulheres patentearam técnicas de marcenaria, e uma mulher inventou uma técnica para destilar e armazenar essências florais.[180]

## Mulheres da classe média e trabalho

Enquanto a Inglaterra se recuperava da invasão dos Tudors e da peste — a doença que os acompanhou ao país —, mudanças na agricultura e o crescimento das indústrias levaram ao aumento da prosperidade nos níveis superiores da população trabalhadora. Pequenos proprietários rurais, mercadores, profissionais qualificados, protoindustriais e profissionais liberais acumularam fortunas, não tão grandes quanto as das classes altas, mas muito maiores que as dos trabalhadores sem instrução. Na época, eles eram chamados de *middling classes*, e foi seu espírito empreendedor, o trabalho árduo e o fervor religioso que fizeram seu lucro aumentar e seu número se expandir.

Essas classes intermediárias impulsionaram a demanda por criados que trabalhavam por baixos salários, sinalizando com nitidez a ascensão em *status* de uma família. As famílias aspirantes ostentavam criadas em suas casas. Os criados deixaram de ser oriundos de parentes e amigos, e seu trabalho deixou de agregar valor aos negócios de seus empregadores; eles passaram a ser vistos mais como um luxo e uma despesa.[181] Ao se tornar um símbolo de *status* para seus empregadores, eles passaram a receber menos afeto e respeito.[182] Em 1444, as criadas recebiam em média 10 xelins por ano, enquanto os criados recebiam 15 xelins por ano. Cinquenta anos depois, essa diferença aumentou: o salário deles subiu para 16 xelins e 8 denários, enquanto elas continuaram recebendo 10 xelins.[183]

As mulheres da classe intermediária assumiram as responsabilidades pela administração e contabilidade das empresas familiares. A partir de 1500, a "prestação de contas" se tornou em um trabalho feminino, tradicionalmente realizado por esposas e filhas de empresários.[184] As mulheres da classe intermediária assumiram cargos de liderança em suas comunidades, servindo como *churchwardens*\* até o século XVII,[185] e como sacristãs em 1700.[186] As mulheres atuavam como supervisoras de programas de assistência social para os pobres, e algumas mulheres da classe intermediária mantiveram uma tradição de serviço público durante as guerras civis e após esse período. Algumas eram funcionárias públicas remuneradas, como Anne Rolfe, que pagava o dízimo em Wiltshire e não punia os desocupados de sua paróquia, ou Sarah Cave, que dirigiu a casa de correção em Hertford, em 1645. Algumas mulheres foram responsáveis por operações relacionadas aos serviços postais em St. Albans e Waltham, bem como foram professoras, juradas, matronas e executoras de testamentos.[187]

## Mulheres trabalhadoras

As mulheres do campo continuaram fazendo os mesmos trabalhos que os homens, e serviços como a construção de telhados de colmo e a ceifa de colheitas pagavam equanimemente até 1500, embora o trabalho das mulheres e a produção doméstica para a família continuassem não remunerados.[188] Com o dinheiro se tornando cada vez mais necessário, e o escambo e o crédito, menos comuns, os serviços domésticos e a produção caseira só eram valorizados se pudessem ser vendidos por dinheiro. Como nenhum dinheiro mudava de mãos quando uma mulher limpava a própria casa, costurava as roupas da família, alimentava os filhos e o marido ou cuidava de si própria, as pessoas comportavam-se como se o trabalho doméstico das mulheres fosse gratuito.

As operações de produção de alimentos na dinastia Tudor continuaram sendo abastecidas e muitas vezes dirigidas por mulheres, que vendiam cerveja ou refeições à porta de casa, nas ruas ou em barracas nos mercados. As mulheres passaram a fabricar cerveja comercialmente, e tornaram-se proprietárias de tavernas, dominando os negócios de hospedagem e entretenimento. A "sra. Harrison" e a "sra. Barker" contribuíram com alimentos para os eventos de entretenimento das guildas de ferreiros, cuteleiros e encanadores, em 1561. A viúva Percevall pagou 3 xelins para cobrir os custos de uma peça teatral de uma guilda, em 1566, e a

---

\* Um *churchwarden* é um membro leigo de uma paróquia anglicana ou episcopal, geralmente voluntário, responsável por várias funções administrativas e de manutenção na igreja local. [N.T.]

viúva Robinson contribuiu em 1567. Entre 1567 e 1568, em Chester, as guildas dos pintores, vidraceiros, bordadores e papeleiros pagaram 17 denários à esposa de Richard Chalewodde por *haggis* (um prato escocês tradicional), bacon, cabeça de bezerro, pão e cerveja para as representações teatrais do Pentecostes. Naquele mesmo ano, a Guilda dos Ferreiros pagou à esposa de Griff Yeuans para lavar as cortinas. Os registros mostram pelo menos cinco ferreiras trabalhando na cidade. As mulheres também estiveram envolvidas na aquisição de roteiros teatrais. Entre 1574 e 1575, a Guilda dos Tanoeiros pagou 2 denários por uma cópia do roteiro performático original mantido no Pentice, o edifício cívico central de Chester.[189]

Esposas de cervejeiros organizavam eventos de entretenimento em casa, usando o pátio central para o *bear-baiting*,* rinhas de galos, lutas entre os convidados e apresentações itinerantes. Algumas tavernas se especializaram em peças teatrais e ficaram conhecidas como teatros; as senhorias contratavam dramaturgos e algumas formaram as próprias companhias de teatro, tornando-se empresárias do entretenimento. Margaret Craythorne foi proprietária ou alugou o Bell Savage de 1568 até sua morte, em 1591; Alice Layston foi a proprietária da Cross Keys de 1571 até sua morte, em 1590; e Joan Harrison foi a proprietária do Bull a partir da morte de seu marido, Matthew, em 1584, até sua morte, em 1589.[190] Anne Farrant herdou o primeiro teatro de Blackfriars,** em Londres, quando seu marido, Richard, faleceu, no início da década de 1580. O primeiro teatro independente da Inglaterra foi construído por Ellen Brayne, que convenceu seu marido, James Burbage, a fazer uma parceria com o irmão dela, John Brayne. Com a esposa de John, Margaret, eles construíram o Red Lion em Stepney, um teatro-cervejaria, em 1567, e, em 1576, construíram um teatro independente especializado em apresentações teatrais: o Theatre,*** em Holywell, Shoreditch. O Curtain Theatre, construído em um terreno de propriedade de Alice German, foi inaugurado nas proximidades, em 1577, e funcionou como um teatro associado ao Theatre.[191] Quando a parceria acabou, Margaret Brayne processou o cunhado exigindo sua participação nos lucros do Theatre. Houve uma altercação física, e James Burbage chamou Margaret Brayne de "prostituta assassina". John Alleyn, da companhia de atores Admiral's Men, ficou ao lado de Margaret Brayne, e os Admiral's Men se recusaram a continuar se apresentando no Theatre. Quando o contrato de locação do terreno expirou, Cuthbert Burbage, filho da fundadora Ellen, removeu as vigas estruturais, jogou-as no rio Tâmisa na calada da noite

---

* O *bear-baiting* era uma forma de entretenimento na qual cães eram incitados a atacar um urso acorrentado. [N.T.]

** O Blackfriars Theatre foi um teatro elisabetano de grande importância histórica e cultural. [N.T.]

*** O Theatre foi um dos primeiros teatros permanentes construídos em Londres e teve importante papel na história do teatro elisabetano. [N.T.]

e construiu o Globe Theatre,* de propriedade conjunta de seis sócios, incluindo seu irmão, Richard Burbage (ator famoso e fonte de inspiração de William Shakespeare) e o próprio Shakespeare.[192]

Um número cada vez maior de mulheres trabalhadoras estavam sendo empregadas nas casas das classes intermediárias, onde os salários eram baixos e as condições de tratamento deterioravam-se. Um panfleto assinado por Rose, Jane, Rachell, Sara, Philumias e Dorothie queixava-se de uma publicação de 1547 que insultava as empregadas domésticas de Londres. A missiva, intitulada "Uma carta enviada pelas servas de Londres" e que alegava ser uma resposta coletiva das empregadas domésticas londrinas, argumentava que empregadores e empregadas domésticas precisavam uns dos outros: "Pois assim como vocês cuidam e fornecem nossa comida, bebida e salários, nós também trabalhamos e sofremos por vocês: de modo que seu cuidado conosco e nosso trabalho por vocês são tão necessários que não podem ser separados".[193]

Isabella Whitney** escreveu "Um caminho sensato para as servas", em que aconselha suas irmãs e outras jovens sobre como manter seu lugar na sociedade e expõe a inevitabilidade da exploração e do abuso por parte dos empregadores. Ela advertiu sobre o risco de vingar-se de empregadores abusivos, garantindo que eles seriam julgados e punidos por Deus.

As servas assassinas eram punidas com o mesmo rigor que as esposas assassinas. Duas mulheres envenenadoras foram fervidas em óleo quente no reinado de Henry VIII: Margaret Davy foi fervida viva em Smithfield por vários assassinatos, em março de 1542, e uma serva foi fervida no mercado de King's Lynn por envenenar o amante. Em 1560, uma serva escapou de ser queimada por envenenar seu senhor porque ele sobreviveu à tentativa de assassinato. Em vez disso, ela foi humilhada no pelourinho: suas duas orelhas foram cortadas e ela recebeu uma marca a ferro quente na testa. Em 1590, uma jovem foi queimada até a morte em St. George's Fields, Londres, por envenenar o amante.[194]

# Educação

Na Inglaterra do século XV, o acesso à educação era, salvo exceções, restrito às meninas de classes sociais mais altas. Elas podiam aprender o mesmo currículo clássico que seus irmãos em casa, mas não frequentar escolas, faculdades ou

---

* O Globe Theatre foi um teatro icônico da época elisabetana e ficou conhecido por ser o local onde muitas peças de William Shakespeare foram encenadas. [N.T.]
** Isabella Whitney foi uma poeta do século XVI. [N.T.]

universidades. No entanto, era comum as mulheres comprarem livros, que passaram a ser publicados a baixo custo e em maior número pelas novas editoras da época e destinados, pela primeira vez, ao público feminino. Meninas e mulheres adoravam ganhar livros, que também eram deixados de herança de uma mulher a outra.[195] A alfabetização feminina aumentou de uma em cada cem mulheres, em 1500, para cerca de dez em cada cem, em 1600 — ainda inferior à alfabetização masculina (25% em 1600), mas com um aumento similar.[196] Um ensaio sobre a caça em *O livro de Santo Albano* provavelmente foi escrito por Juliana Berners, a prioresa do Convento de Sopwell, nas proximidades de St. Albans.

As senhoras das classes altas estudavam administração doméstica e gestão de propriedades e adquiriam conhecimento suficiente em direito de propriedade para defender seus bens em disputas legais, lidar com inquilinos inadimplentes ou proprietários rivais e até atuar como executoras dos bens do marido falecido. Muitas dominavam o direito criminal a ponto de atuarem como juízas de paz. Elas precisavam ser boas gestoras e aprender a ler e escrever para administrar várias propriedades distantes. Muitas estudaram herbalismo e medicina, deixando receitas por escrito, ou publicaram livros de medicina, que deixaram para as filhas.[197]

Esperava-se que as damas fossem alfabetizadas em inglês e francês, soubessem fazer contas, estudassem música e até tocassem instrumentos musicais. O latim foi incorporado à cultura feminina erudita durante o reinado das três rainhas altamente instruídas de Henry VIII. Duas delas — Catarina de Aragão e Ana Bolena — eram fluentes em outras línguas e criaram salas de aula, contrataram tutores e elaboraram currículos para suas filhas. A terceira acadêmica renomada, Kateryn Parr, estudou com suas enteadas, as princesas Mary e Elizabeth, acolheu a acadêmica Jane Gray em sua casa e criou em seus aposentos um centro de estudos religiosos, em que traduziu os evangelhos do latim e escreveu o *Livro de oração comum* em colaboração com o arcebispo Cranmer. Parr aprendeu latim e grego sozinha e publicou traduções e uma obra original. Jane Gray foi autodidata em grego, latim e hebraico.

Todas as princesas da dinastia Tudor e muitas de suas damas eram altamente instruídas; algumas foram acadêmicas e poetas excepcionais. Margaret Roper, filha do santo, acadêmico e escritor Thomas More, traduziu e escreveu textos filosóficos. Mary Sidney, condessa de Pembroke, irmã de Philip Sidney, dirigiu um salão literário em Wilton House e reescreveu *Arcadia*, um famoso poema de seu irmão. Anne Cooke, esposa de Sir Nicholas Bacon, publicou uma tradução do latim do livro de John Jewel, *Apologia à Igreja Anglicana*. Sua irmã, Mildred Cecil, administrou vastas terras e uma extensa fortuna na frequente ausência de seu marido, Sir William Cecil. Ela estudou teologia protestante e publicou traduções do grego para o latim. Uma terceira irmã, Elizabeth Russell, publicou textos de teologia traduzidos do francês, e a irmã caçula, Katherine, traduziu obras do hebraico, do latim e do grego.[198] A poeta da corte Aemilia Lanyer foi tutora de Lady Anne Clifford. Em 1580, um comentarista, Richard Mulcaster, ao escrever sobre a inteligência das meninas, observou que elas aprendiam mais rápido que os meninos, mas logo tranquilizou seus leitores: "Apesar de todas as aparências, na realidade, não é assim [...] a fraqueza inerente delas eventualmente se manifesta".[199]

A educação para mulheres saiu de moda com a chegada de James I, cuja filha, Elizabeth Stuart, estudara apenas "artes femininas".[200] Quando uma estudiosa, Bathsua Makin (1600-1675), conhecida como "a dama mais erudita da Inglaterra", presenteou o rei com um livro de poemas em seis idiomas, *Musa Virginea*, ele teria perguntado: "Mas ela sabe fiar?".[201]

Hilário.

Bathsua Makin sobreviveu à ignorância do rei James e foi convidada pelo filho dele, Charles I, para ensinar seis línguas e matemática à filha. Quando a princesa Elizabeth Stuart foi presa pelos parlamentaristas, Bathsua Makin permaneceu ao lado da princesa como sua criada, recusando-se a abandoná-la aos inimigos de Charles I. Em 1673, Makin fundou uma escola para meninas em Tottenham, Londres, onde colocou em prática suas teorias sobre a educação de mulheres descritas em seu livro *Um ensaio para reviver a antiga educação das damas* (1673). Ela não exigiu igualdade para as mulheres, apenas reconhecimento. Não por falta de convicção, mas por falta de garantias de sucesso: "Não deixem que Vossas Senhorias se ofendam por eu não argumentar a favor da proeminência feminina (como outras fizeram com sutileza e inteligência). Pedir demais é o caminho para ter tudo negado".

Muitas mulheres nobres não só estudaram línguas e teologia como também publicaram sob o próprio nome, como revela uma exposição de 2012, intitulada "Shakespeare's Sisters", que apresentou cinquenta escritoras da época, algumas pouco conhecidas.[202]

A nobreza criou uma rede de treinamento e educação para suas filhas. Katherine Dudley, condessa de Huntingdon, esposa de Henry Hastings, manteve no final do século XVI uma "espécie de escola de aperfeiçoamento para os filhos da nobreza".[203] Margaret Dakins (mais tarde Margaret Hoby, a cronista) vivia com a condessa (que não teve filhos), assim como Dorothy Devereux, Dionys Fitzherbert e Penelope Devereux, que era fluente em francês, italiano e espanhol. Outras famílias da elite empregavam mulheres educadas como tutoras e professoras para seus filhos. Margaret Hexstall assinou um contrato para cuidar dos filhos do duque de Buckingham, em Bletchingley, durante a ausência indefinida dos pais. Ela trabalhou com cinco empregados — entre os quais, duas outras mulheres de boas famílias e uma lavadeira — para cuidar de quatro crianças.[204]

Ser uma companheira da elite nem sempre era uma experiência agradável. Joan Thynne escreveu ao noivo:

> Minha senhora mantém sua habitual cortesia para comigo, que posso considerar um tormento em comparação com as alegrias celestiais ou um amor tão incômodo que pode forçar-me a deixar este país, o que eu relutaria em fazer, sabendo de teu desejo, mas espero não me deixes ficar onde serei tão abusada com tanta vilania como sou agora. Sou considerada mais digna de servir do que de ocupar uma posição adequada a meu *pedigree*.[205]

Algumas escolas para meninas da classe intermediária sobreviveram à dissolução dos conventos: a St. Mary's, em Winchester, tinha 26 alunos, meninos e meninas, em 1535. Havia também escolas locais e até professores particulares: a sra. Evans, esposa de um cervejeiro, acolheu uma órfã rica e foi sua tutora. O Liceu Rivington, fundado em 1560, aceitava alunas — Alice Shaw estudou lá em 1615. As meninas frequentavam a escola gratuita na antiga igreja paroquial de Wigston, em Leicestershire, e em Norwich até as mais pobres recebiam instrução, embora pudessem abandonar os estudos para trabalhar aos 6 anos de idade, enquanto seus irmãos continuavam estudando. Em 1590, a esposa de Richard Dawes tinha a própria escola em Essex para meninos e meninas.[206]

Algumas escolas foram fundadas entre as décadas de 1590 e 1630 para alunos das classes mais baixas. A Bunbury School em Cheshire, uma escola em Essex e uma em West Chilcompton, Sussex, admitiam meninas, mas especificavam que elas só poderiam estudar até os 9 ou 10 anos de idade e só poderiam aprender a ler em inglês — mas não a escrever. Algumas escolas especificavam que ensinariam apenas meninos: as regras de 1590 da Harrow School excluíam explicitamente as garotas, assim como St. Olave's, em Southwark, Felsted, em Essex, e Tiverton, em Devon.[207]

Nos anos da dinastia Tudor, as mulheres da classe alta que ficaram nas propriedades rurais dependiam da escrita para manter contato com seus maridos e parentes. Lady Margaret Hoby registrou seus pensamentos e orações num diário espiritual de 1599 a 1600.[208] Durante as guerras civis, as mulheres aderiram ao debate político escrito e, separadas de suas famílias, escreveram cartas pessoais. Até as mulheres trabalhadoras escreviam e liam: Susan Rodway, esposa de um soldado comum, escreveu ao marido enquanto ele lutava ao lado dos parlamentaristas no sítio a Basing House. Sir Simon Harcourt lembrou sua esposa de escrever: "Minha querida, permita-me saber novidades frequentes de ti".[209]

Pela primeira vez na história inglesa, houve mulheres querendo escrever sobre si mesmas e ler sobre outras mulheres. Uma empregada doméstica, Isabella Whitney, aprendeu sozinha a ler e escrever e, em 1566-1567, publicou *A cópia de uma carta escrita recentemente em rimas por uma dama a seu amante inconstante*, o primeiro livro de versos publicado por uma inglesa da classe baixa, que foi seguido por um segundo livro, em 1573. Dorcas Martin, uma mulher da cidade, casada com o prefeito de Londres, publicou um ensaio na antologia de dois volumes de escritos religiosos e devocionais *O monumento das matronas*, de 1582. Dois anos depois, Anne Wheathill escreveu e publicou o livro de orações intitulado *Um punhado de ervas saudáveis (embora caseiras)*, associando uma especialidade feminina — o herbalismo — à expressão religiosa. Anne Dowriche compôs um poema histórico; Elizabeth Melville publicou *Um sonho divino*, em 1603. Aemilia Lanyer — amante do primo de Elizabeth I, Henry Carey, lorde Hunsdon — publicou seu livro de versos em 1611. Filha de um judeu italiano, ela comparou o pecado original de Eva com o pecado muito pior de todos os homens — o de executar Jesus Cristo:

> O pecado dela foi pequeno, comparado ao que cometeis;
> Este vosso pecado de longe ultrapassa o dela
> Tanto quanto o Sol ofusca outra pequena estrela.
> Deixai-nos ter nossa Liberdade novamente,
> E não reivindicai Soberania alguma;
> Somente entrastes no mundo às custas de nossas dores,
> Fazei disto uma barreira contra vossa crueldade;
> Vosso erro sendo maior, por que nos desprezar
> A nós, sendo vossos iguais, livres de tirania?
> Uma frágil mulher simplesmente ofendeu, mas
> Este vosso pecado não tem desculpa nem fim.[210]

Os primeiros manuais de parentalidade escritos por mulheres em inglês foram publicados antes das guerras civis: *A bênção da mãe*, de Dorothy Leigh, em 1616, e *O legado de uma mãe para seu filho ainda não nascido*, de Elizabeth Jocelyne, em 1624. Hannah Woolley escreveu sobre culinária e publicou um livro de sucesso sobre ervas e conselhos domésticos. A estudiosa e escritora protestante Anne Locke lançou o gênero da jornada espiritual que viria a entrar na moda após as guerras civis.[211] Katherine Jones, viscondessa Ranelagh (1615-1691), foi uma cientista, filósofa e pensadora política anglo-irlandesa, integrante do "Círculo Hartlib" (uma rede de espionagem protestante que se espalhou da Europa para a América), do Grande Círculo Tew de filósofos humanistas e do chamado "Colégio Invisível", que se congregou em torno de Robert Boyle.

Nem todos eram fãs das obras das mulheres: "Quando alguma de nosso sexo escreve, escreve devocionais ou romances ou recibos de medicamentos ou cartas complementares ou uma ou duas cópias de versos [...] que expressam nossa sagacidade curta em obras breves".[212] Quem fez essa dura crítica foi Margaret Cavendish, duquesa de Newcastle, que também aspirava aos círculos filosóficos e gastou uma fortuna na publicação de seus próprios livros, sobre temas tão variados que iam de ciências naturais a filosofia. Ela escreveu uma peça teatral e um romance de ficção científica. Original e excêntrica, foi uma pensadora decididamente inovadora, correspondendo-se com filósofos e cientistas da época, respeitada principalmente pela fortuna do marido e por sua posição social.

Mary Evelyn (1636-1709), também escritora, argumentou que as mulheres não deviam estudar: "Todo o tempo retirado dos deveres familiares é mal gasto; cuidar da educação dos filhos, observar as ordens do marido, ajudar os doentes, socorrer os pobres e ser útil aos amigos da família tem peso suficiente para empregar as capacidades mais aperfeiçoadas entre nós".[213]

# Medicina

A medicina, a química, o herbalismo e a cirurgia eram muito praticados pelas mulheres para curar membros da família, trabalhadores de suas propriedades, inquilinos e arrendatários e, durante a guerra, soldados feridos.

Margaret Colfe, esposa de Abraham Colfe, vigário de Lewisham, foi descrita em seu funeral nos seguintes termos: "durante anos, uma enfermeira, parteira, cirurgiã voluntária e, em parte, médica de todos, tanto ricos quanto pobres; sem esperar retorno".[214]

Todos os exames e tratamentos ginecológicos e obstétricos eram realizados exclusivamente por mulheres, algumas das quais eram profissionais altamente qualificadas. Alguns cirurgiões do recém-fundado Hospital St. Thomas, em Londres, eram mulheres.[215] Elizabeth Hall atuou como médica no Hospital St. Bartholomew, na capital, nos anos 1550. Elizabeth Fysher curou Thomas Bedforde, de Coventry, de um "grande inchaço", para o que comprou ervas em boticários e preparou os próprios remédios. Elizabeth Eston cuidou de seu empregador, Thomas Gawen, por doze anos, com a promessa de receber um imóvel alugado após sua morte — promessa que ele morreu sem honrar. Catherine Studley, de Aldgate Street, Londres, recebeu em sua casa o pupilo de Henry VIII, Thomas Philpot, quando ele estava perto da morte. Ela cuidou dele por oito meses até sua recuperação e, por isso, cobrou do rei, seu guardião, 18 xelins por semana, um valor extraordinariamente alto que refletia suas habilidades. Em geral, a alimentação e a hospedagem custavam entre 1 e 2 xelins por semana.[216]

Madre Edwin trabalhou como cirurgiã no Christ's Hospital, em Londres, em 1563; a sra. Cock foi uma cirurgiã-boticária no mesmo hospital, em 1576, assim como Alice Gordon, em 1598. Cecily Baldrye obteve do bispo de Norwich sua licença para praticar a cirurgia em 1568. Apenas uma mulher em Exeter foi licenciada para ser cirurgiã durante todo o reinado de Elizabeth: Mary Cornellys, de Bodmin.[217] Isabel Warwike foi autorizada a exercer a profissão de cirurgiã em York, em 1572, devido a sua boa reputação. Os nomes de duas médicas destacam-se nos registros de testamentos de Kent: a sra. Wright, que prestou serviços e aconselhamento médicos e que fora convocada de sua casa em Canterbury para atender um paciente moribundo, em 1635, e a sra. Jacob, de Canterbury, que fazia parte de uma família de médicos, em 1613. Ela provavelmente ainda trabalhava com o filho quando foi mencionada, em 1649, no testamento de um paciente.[218] Uma parteira de Southampton era tão habilidosa que foi recompensada com o "direito de liberdade" da cidade, em 1601. A honra foi concedida a seu marido porque ela fora "durante muitos anos a parteira-chefe da cidade e se empenhou muito e se esforçou honestamente em sua função".[219]

Enfermeiras, amas e governantas que criavam laços com os jovens nobres a seus cuidados muitas vezes tornavam-se membros permanentes da família ou recebiam um salário ou pensão vitalícia. Alice Davy, uma ama de leite do berçário real de Henry VII que cuidou da princesa Margaret Tudor, também cuidou da nova bebê, a princesa Elizabeth Tudor, em 1492.[220] Em 1553, no Christ's Hospital, na capital, 25 enfermeiras trabalhavam cuidando de crianças órfãs.[221]

As oportunidades de enfermagem para mulheres, em geral mal pagas, aumentaram quando as paróquias elisabetanas foram obrigadas por lei a fornecer casas e hospitais aos pobres. Por ser desagradável, perigoso e mal remunerado, os homens não competiam pelo trabalho. Mulheres idosas pobres foram contratadas pela cidade de Norwich, em 1570, a fim de cuidar de pacientes em albergues para pobres. No fim do século, as mulheres já trabalhavam na maioria das paróquias inspecionando cadáveres para determinar a causa da morte, com o objetivo de evitar a propagação da peste.[222]

Uma nova lei regulamentando os médicos e os cirurgiões aprovada em 1512, talvez para prevenir práticas de "feitiçaria" e "bruxaria" entre os profissionais da medicina, marcou o início de uma campanha para expulsar do mercado os curandeiros populares e as mulheres com conhecimento de práticas tradicionais.[223] O College of Physicians, fundado seis anos depois, declarou que não era recomendável confiar em qualquer médico que não fosse formado pela instituição — e, é óbvio, as mulheres não podiam ingressar na faculdade nem estudar em universidades, que eram abertas

Uma médica perigosamente incompetente é impedida por um anjo de matar um paciente neste frontispício de *Erros populares ou erros do povo em questões médicas*, 1651.

apenas para homens. Pacientes ricos foram convencidos e trocaram as curandeiras por membros da instituição no século XVI. O College of Physicians abriu 29 processos judiciais contra mulheres entre 1550 e 1600 e emitiu um número desconhecido de advertências formais e exclusões para impedir qualquer pessoa de praticar cirurgia e medicina sem uma de suas licenças.[224] Em Norwich, em 1561, os barbeiros-cirurgiões criaram novas regras para proibir todas as mulheres de praticar medicina e cirurgia na cidade.[225]

Em 1651, James Primrose publicou *Erros populares ou erros do povo em questões médicas*, cujo frontispício mostrava uma médica sendo afastada da cabeceira de um paciente doente por um anjo para que um médico homem pudesse salvar a vida do enfermo.

Os únicos pacientes que restaram às mulheres foram os pobres e as pessoas que moravam em áreas remotas e não tinham dinheiro para chamar um médico homem, cujos serviços custavam muito caro. A ginecologia e a obstetrícia continuaram sendo especialidades femininas, impopulares entre os médicos devido à intimidade com as mulheres em trabalho de parto, às longas horas de trabalho e ao medo do fracasso.[226]

A campanha contra as mulheres médicas criou um preconceito em relação a todos os curandeiros tradicionais, o que contribuiu para a crescente perseguição às "mulheres sábias" e às curandeiras populares, desde as leis da dinastia Tudor até a caça às bruxas do século XVII.[227]

## Feitiçaria

O declínio do respeito pelas curandeiras pode ter sido causado pelo fracasso dos tratamentos para prevenir a peste, bem como pela saída dos homens do curandeirismo e da medicina popular, cujo pagamento também estava em baixa, migrando para o trabalho "médico" de boticários, médicos e cirurgiões de diferentes graus. As guildas de médicos e cirurgiões tentaram profissionalizar a medicina, rejeitando a experiência como qualificação e exigindo um diploma universitário (que as mulheres não podiam obter) para ingressar na profissão, publicando livros médicos em latim (que só mulheres altamente educadas sabiam ler) e proibindo informalmente a entrada de curandeiras. Com essa estratégia, os homens elevaram o próprio *status* em detrimento do trabalho das mulheres. Conforme a medicina popular e o herbalismo perdiam *status* e conforme o pagamento pelas curas tradicionais caíam, os homens abandonaram o curandeirismo e tentaram ingressar nas profissões da medicina e da cirurgia, deixando a cura popular para as mulheres.

As definições cada vez mais negativas da "natureza" das mulheres disseminadas em panfletos de ódio misógino correspondiam à suposta "natureza" das bruxas: emotivas, raivosas, ingênuas, que caem na tentação com facilidade, indecisas e incontrolavelmente sexualizadas.[228] A maioria dos acusados de bruxaria era mulheres — e dois terços eram mulheres pobres e solteiras.[229] O *Malleus Maleficarum*, paranoico manual de 1486 para identificar bruxas, centrado quase exclusivamente nas mulheres, sobretudo nas mais velhas, pobres e marginalizadas, retratava-as como vulneráveis à tentação e gananciosas, e as descrevia como cruelmente ressentidas com os vizinhos mais ricos, pertencentes às novas classes intermediárias.

O mundo medieval continuou sendo uma sociedade muito supersticiosa. Ao ser atingidas por um golpe de azar — doença, morte ou acidente —, as pessoas procuravam uma explicação no mundo espiritual. Em 1599, a proprietária de terras de Yorkshire, Lady Margaret Hoby, acreditava que Deus enviara sua doença como uma "correção gentil":

> Depois das orações privadas, percorri a casa e li a Bíblia, trabalhando até a hora do almoço. Após o almoço, ocorreu uma punição justa para corrigir meus pecados: uma sensação de fraqueza no estômago e dor de cabeça, que me manteve na cama até as 5 horas da tarde. Nesse momento, eu me levantei, experimentando um alívio da doença, conforme a bondade habitual do Senhor. Após me mostrar os meus erros, para que eu pudesse prestar mais atenção ao meu corpo e alma no futuro, Ele, com uma correção suave, fez-me sentir que estava reconciliado comigo.[230]

A teologia protestante sugeria que o próprio Deus enviava provações, que o diabo e seus agentes andavam pelo mundo fazendo diabruras e que um desastre poderia ser invocado sobre uma casa próspera por um vizinho invejoso, alguém que nutria algum ressentimento, alguém que perdeu as terras devido ao cercamento de campos compartilhados, algum invejoso da ascensão da classe "intermediária", pessoas que foram expulsas de trabalhos lucrativos e chamados de charlatões e bruxas, bem como alguns que lançavam maldições e realmente desejavam o mal aos outros — lamentando a perda do "bom senhorio" quando antes recebiam ajuda à porta da cozinha de uma casa senhorial. A ideia de uma "maldição do mendigo" fatal originou-se no folclore e prevaleceria por séculos.

Uma nova lei introduzida por Henry VIII, em 1542, com o intuito de tornar a bruxaria passível de enforcamento, foi expandida por Elizabeth I, em 1563, estabelecendo a convocação de espíritos como um novo crime e impondo a pena de morte para pessoas que causassem óbitos por bruxaria.[231] Uma bruxa que matasse um animal de fazenda deveria cumprir um ano de prisão. A primeira mulher a ser processada sob a nova lei foi Agnes Waterhouse, cujo julgamento foi relatado em um panfleto que foi um sucesso de vendas na época.

Agnes, sua irmã Elizabeth Fraunces e sua filha Joan, de 18 anos, de Hatfield Peverel, foram acusadas no tribunal de Chelmsford por usar métodos de bruxaria para matar um vizinho, William Fynee. Agnes admitiu o crime — e muito mais.

Ela também confessou que havia assassinado o marido porque eles viviam juntos de modo "um tanto inquieto". Segundo sua confissão ao tribunal, sua irmã Elizabeth lhe dera um gato chamado Sathan — e foi Sathan quem cometeu os assassinatos.

A filha de Agnes, Joan, foi acusada de atormentar a filha dos vizinhos, Agnes Brown, de 12 anos, com um cachorro preto que ia de sua casa à leiteria levando uma chave, estragava a manteiga e oferecia à menina uma faca para se matar, dizendo-lhe que se tratava da "faca de sua doce senhora". A menina relatou ao tribunal que o cachorro havia sugerido que vinha da choupana dos Waterhouse: "ele sacudiu a cabeça indicando a casa dos Waterhouse".

"O exame e a confissão de certas bruxas em Chensforde", 1566, panfleto no qual John Phillips detalha o julgamento de Elizabeth Fraunces, Agnes Waterhouse e sua filha Joan.

Agnes Waterhouse confessou o assassinato de dois homens, mas negou o cão satânico e a faca. Ela pode ter sido culpada dos assassinatos ou, exausta e delirante depois da privação de sono e todos os exames e inquéritos para identificar sinais de bruxaria, pode ter feito uma confissão falsa, ou se declarado culpada dos assassinatos para ser mais convincente ao alegar a inocência de sua filha Joan e salvá-la. Se este fosse seu plano, ela teve sucesso. Agnes Waterhouse foi executada por bruxaria, mas salvou a filha: Joan foi declarada inocente.[232]

Um ano depois da chegada de James I à Inglaterra, em 1603, ele ampliou a lei para tornar praticamente todas as formas de bruxaria passíveis de punição com a morte e inspirou uma febre de caça às bruxas. A nova Lei da Bruxaria exigia que os promotores demonstrassem que os bruxos eram adoradores do diabo ou associavam-se a espíritos malignos. Essa exigência adicional reduziu o número de condenações, de 41% dos acusados (1598-1608) para apenas 17% (1608-1617), mas o terreno já estava preparado para a febre da caça às bruxas dos anos 1640.[233]

As técnicas de interrogatório mudaram: a privação de sono e a intimidação começaram a ser amplamente utilizadas, e os juízes de paz e os caçadores de bruxas especializados aprenderam, com os manuais de caça às bruxas e com a nova lei, técnicas para levar as mulheres a cair em contradição. As mulheres inglesas passaram a confessar ter tido um relacionamento pessoal com o diabo e até relações

"Sathan": descrito originalmente como um gato branco, depois como um sapo e depois como um cachorro preto com chifres e um rosto semelhante ao de um símio.

sexuais com ele.[234] O que deve ter sido bastante decepcionante foi que as mulheres relataram que Satanás tinha um pênis extremamente frio e era incapaz de manter um envolvimento prolongado ou satisfatório em seus relacionamentos; o Príncipe das Trevas parecia-se muito com um amante desatencioso que não era uma boa companhia ao jantar nem um bom amante na cama. O pior de tudo: as mulheres relataram que Satanás, às vezes, cobrava delas alguns centavos pela experiência.

Todos os relatos escritos a partir dos anos 1500 sobre congressos de bruxas, voos em vassouras, danças sem roupa, uso de "familiares"* (animais de estimação ou animais selvagens) e sacrifício de bebês surgiram do novo gênero de confissões de bruxaria fantasiosa. Esses relatos foram escritos por magistrados que aprenderam o que deveriam procurar, quais perguntas deveriam fazer e quais provações uma bruxa deveria enfrentar. As "confissões", por vezes pavorosas, por vezes pornográficas, remetem a temores e fantasias sexuais masculinas, em um momento histórico no qual os homens sentiam-se cada vez mais temerosos em relação ao apetite sexual feminino. Alguns juízes de paz, com uma abordagem mais racional e humanitária, jamais suscitaram uma confissão de bruxaria e permaneceram céticos sobre a histeria associada às acusações de bruxaria.

Um dos maiores grupos de pessoas acusadas e executadas por bruxaria — as bruxas de Pendle — vinha de uma família impopular na região. Em 1612, na zona rural de Lancashire, uma jovem, Alizon Device, pediu alguns alfinetes a um mascate. Ele se recusou a vender os itens e sofreu uma queda e uma convulsão. Alizon foi acusada pelo filho do mascate de usar técnicas de feitiçaria. Quando foi interrogada, ela confessou ter sido iniciada na bruxaria por sua avó materna, uma viúva cega de 80 anos, Elizabeth Sowthernes, conhecida como a "Velha Demdike".**[235] Alizon também nomeou outra senhora idosa local como bruxa: Anne Whittle,

---

* Companheiros mágicos, geralmente na forma de um animal, que auxiliavam as bruxas em seus rituais e feitiços. [N.T.]

** *Demdike* deriva de *demon woman* (mulher demônio), sugerindo que ela era temida e odiada na comunidade. [N.T.]

conhecida como a "Velha Chattox".* As duas mulheres idosas confessaram ter cometido o crime de bruxaria, e Whittle confessou ter matado dois homens usando magia. A filha de Elizabeth Sowthernes,[236] Elizabeth Device, teve o corpo examinado e uma "marca de bruxa"[237] — uma marca de nascença ou verruga — foi encontrada. Sowthernes acusou sua outra filha, Anne Redfearn. As cinco mulheres foram presas no Castelo de Lancaster. Outra menina da família Device, Jennet, de 9 anos, acusou a mãe Elizabeth de bruxaria e assassinato e disse que, em uma reunião na casa da família Demdike, o combinado foi invadir o castelo, libertar os prisioneiros e matar o carcereiro. Outras dez pessoas foram presas.[238]

No julgamento de dezenove bruxas, mais da metade foi considerada culpada e enforcada, incluindo Elizabeth Device, sua irmã Anne Redfearn, sua filha Alizon e seu filho James, bem como a senhora idosa, Anne Whittle.[239] Elizabeth Sowthernes, de 80 anos, morreu na prisão antes de ser julgada. Vinte anos depois, em 1633, um menino da família Pendle, chamado Edmund Robinson, relatou ter sido sequestrado por bruxas e identificou dezessete supostas bruxas, incluindo a agora adulta Jennet Device. Descobriu-se que ela tinha duas marcas de bruxa, e ela foi condenada por matar uma mulher usando técnicas de bruxaria, mas não foi executada. A história de Robinson acabou se revelando falsa, mas Jennet passou vários anos na prisão.[240]

A caça às bruxas atingiu o auge na Inglaterra entre 1644 e 1647, no período de agitação e ansiedade da primeira guerra civil, quando a caça às bruxas varreu outros países europeus e foi exportada para a América colonial. Na Inglaterra, a caça às bruxas foi liderada por um homem: o autodenominado "General Caçador de Bruxas", Matthew Hopkins, responsável por 250 julgamentos. Pelo menos 80% das bruxas acusadas por ele eram mulheres e é possível que até 200 delas tenham sido executadas.[241] A alta taxa de condenação (55%) deveu-se às técnicas de interrogatório de Hopkins. Ele usava "testes" para identificar bruxas, como despir a mulher para procurar marcas, espetá-la para ver se ela sangrava e "colocá-la para nadar" — amarrando-a e jogando-a em águas profundas para ver se ela flutuava. Mas ele negou que as mulheres tivessem sido obrigadas a "caminhar até os pés ficarem cheios de bolhas e forçadas a confessar por meio dessa crueldade".[242]

Sua primeira condenação foi contra Elizabeth Clark, acusada de enfeitiçar a esposa de John Rivet em Manningtree, Essex, em fevereiro de 1645. Hopkins alegou ter encontrado marcas em Elizabeth, e seu assistente John Stearne afirmou ter visto diabretes ao redor dela. Elizabeth confessou e implicou outras mulheres, que foram investigadas por Hopkins e Stearne. Em três semanas, seis bruxas de Manningtree foram detidas e aguardavam julgamento: Elizabeth Clarke, Rebecca West, sua filha Anne West, Elizabeth Gooding, Anne Leech e sua filha Helen

---

* Chattox foi a matriarca de outra família Pendle associada à bruxaria; as duas famílias nutriam grande rivalidade uma em relação à outra. [N.T.]

Clarke.²⁴³ No fim de julho, 36 bruxas foram julgadas em Chelmsford e dezenove delas foram enforcadas.²⁴⁴ Hopkins e seus associados viajaram pelos condados de Essex, Suffolk, Norfolk e Huntingdon cobrando honorários para livrar comunidades assustadas das bruxas. Outra onda de enforcamentos ocorreu em Bury St. Edmunds em agosto daquele ano, quando dezesseis mulheres e dois homens foram executados por bruxaria. John Stearne escreveu que outros 120 bruxos acusados estavam detidos aguardando julgamento, dos quais 103 eram mulheres. Execuções em massa de até 70 bruxas foram realizadas em Bury St. Edmunds.²⁴⁵

Uma das mulheres, Susanna Stegold, confessou ter matado o marido abusivo por meio de pensamentos maliciosos. Ela disse aos investigadores que percebera que tinha poderes mágicos em 1645, quando um porco morrera depois que ela desejara que ele parasse de comer. Anna Moats também foi considerada culpada em Bury St. Edmunds em agosto após confessar, duas horas depois de ser detida, que o diabo se mostrou "quando ela estava sozinha em seu lar depois de ter amaldiçoado seu marido e filhos".²⁴⁶

No início de setembro do mesmo ano, uma mulher conhecida como Mother Lakeland foi acusada de matar o marido usando bruxaria e foi considerada culpada de *petty treason* — um crime mais grave que a bruxaria — e condenada à morte na fogueira.²⁴⁷

Matthew Hopkins morreu com apenas 27 ou 28 anos — talvez enforcado por aldeões furiosos da região de Manningtree em retaliação pela morte de familiares e vizinhos dos aldeões. Os boatos de que ele foi acusado de bruxaria e afogou-se ao ser "colocado para nadar" são improváveis (infelizmente). A morte de Hopkins não pôs fim à histeria da caça às bruxas no leste da Inglaterra e, em Bury St. Edmunds, em 1662, duas viúvas idosas, Rose Cullender e Amy Denny, foram acusadas de enfeitiçar crianças e causar uma morte. Elas foram consideradas culpadas de treze acusações de uso de bruxaria malévola e foram enforcadas.²⁴⁸

O receio de que bruxas estivessem sendo forçadas a declarar confissões falsas e a ideia de que os livros de caça às bruxas estivessem instruindo os inquisidores a forçar essas confissões geraram um aumento no ceticismo na década de 1660. A Restauração introduziu uma cultura mais sofisticada e levantou dúvidas sobre a bruxaria. Os julgamentos relacionados à prática ruíram, as taxas de condenação caíram e indultos e perdões tornaram-se frequentes. Em pelo menos uma ocasião, em 1664-1665, na qual um juiz de paz de Somerset reuniu provas e confissões de 25 suspeitas de bruxaria, o Conselho Privado* interveio para evitar uma grande caça às bruxas.²⁴⁹

---

* O Conselho Privado foi um órgão composto de conselheiros escolhidos entre membros da nobreza, clero e altos funcionários cuja função era aconselhar o monarca em questões de política interna e externa, além de lidar com assuntos administrativos e judiciais. [N.T.]

# Crenças

As mulheres mantiveram seus papéis como líderes religiosas e defensoras de suas crenças. Quando as guerras civis eclodiram, Dorothy Kelly, que fundou a própria igreja separatista, defendeu o portão Frome de Bristol com sacos de areia contra o ataque liderado pelo príncipe Rupert; e, quando o exército realista tomou a cidade, os membros da pequena igreja se esconderam, com uma cervejeira, a sra. Nethway, em Lewin's Mead. Eles emergiram, com Dorothy Kelly à frente, como uma igreja de sucesso que perdurou durante todo o período do domínio de Cromwell.*

A poeta Lady Eleanor Davies atuou como uma profetisa conselheira de Oliver Cromwell, após prever corretamente a morte do duque de Buckingham. Elizabeth Poole testemunhou a veracidade das visões de Eleanor perante o Conselho do Exército.

Em 1647, George Fox e Margaret Fell fundaram a Sociedade Religiosa dos Amigos, cujos membros são conhecidos como *quakers*. A primeira convertida, Elizabeth Hooton, tornou-se pregadora e foi detida e encarcerada muitas vezes por sua fé. Fell tinha sete filhas, sendo que três delas também se tornaram pregadoras. As mulheres *quakers* usufruíam de um *status* igual ao dos homens no movimento, e foram duas mulheres — Isabel Buttery e sua companheira — que estabeleceram o primeiro Encontro de Amigos em Londres, em 1654, levando à capital um sermão escrito pelo fundador, George Fox. Elas ficaram hospedadas com dois convertidos em Watling Street e Moorgate.[250] As mulheres *quakers* se responsabilizavam pela moral doméstica nas famílias e tornaram-se cada vez mais radicais.[251]

Margaret Fell defendeu a tolerância, tanto para si quanto para os outros, ao argumentar a favor da readmissão de homens e mulheres judeus na Inglaterra. Oliver Cromwell já havia feito a mesma proposta ao conselho, mas não obteve o consentimento oficial; no entanto, a partir de 1655, um pequeno número de homens e mulheres judeus retornaram à Inglaterra. Em 1659, em uma petição elaborada por Mary Forster, mais de sete mil *quakers* fizeram um *lobby* contra o pagamento do dízimo à Igreja Anglicana, e Margaret Fell faria uma petição a Charles II para libertar 700 *quakers*, incluindo George Fox, o fundador.[252]

---

* Após a vitória parlamentar e a derrota dos realistas, em 1649, o rei Charles I foi julgado e executado, o que resultou na proclamação da República da Inglaterra. Cromwell foi uma figura poderosa do governo republicano e, eventualmente, dissolveu o Parlamento e estabeleceu o Protetorado, em 1653, tornando-se o Senhor Protetor até sua morte, em 1658. Seu governo foi caracterizado por uma administração autoritária, com medidas como a supressão de festividades tradicionais, censura e a promoção de valores puritanos. [N.T.]

# Mulheres nos esportes

Uma celebração de esportes e jogos para homens e mulheres foi iniciada por Robert Dover, em 1632, em Chipping Campden. A coleção *Annalia Dubrensia* descreve os "Jogos Olímpicos" de Cotswold, com uma representação de mulheres dançando no frontispício do livro. Uma canção documentada por Nicholas Blundell descreveu como as meninas "dançaram até seus ossos doerem [...] e suavam tanto que ficaram como uma gelatina".[253]

Em 1638, Sir Dudley Digges, de Kent, deixou em seu testamento dinheiro para prêmios em corridas anuais, para solteiros e servas, a fim de comemorar seu aniversário, 19 de maio. O prêmio em dinheiro, de 10 libras, era o mesmo para cada categoria, fazendo dele o prêmio mais valioso de toda a Inglaterra até o século XIX. Havia tantos inscritos que foi necessário organizar corridas de qualificação para escolher os candidatos que correriam na competição.

Frontispício de *Annalia Dubrensia*, 1636, mostrando os Jogos Olímpicos de Robert Dover — note a presença de mulheres em uma competição de dança no canto superior esquerdo.

Nem todos os esportes eram patrocinados e incentivados pela elite. O futebol foi proibido em mais de trinta ocasiões entre 1314 e 1667 porque muitas partidas — times rivais que corriam pelo campo atrás da bola — terminavam em violência e desordem. As mulheres jogavam, às vezes em times de mulheres casadas contra mulheres solteiras.[254]

# A invenção do "trabalho feminino"

As leis elisabetanas impunham baixos salários aos trabalhadores em seus vilarejos e salários ainda mais baixos às mulheres, de modo que as guildas e até as feiras de contratação tentavam excluir as trabalhadoras para manter os salários altos e favorecer os trabalhadores.[255] Criou-se o entendimento de que o trabalho das mulheres era mal remunerado, menos qualificado e sem perspectiva. O conceito de "trabalho de mulher" foi criado para referir-se a um trabalho tão desagradável ou mal pago que era rejeitado pelos homens.

No fim do século XV, os rapazes passaram a ser cada vez mais favorecidos em programas de aprendiz.[256] Até Londres — a cidade das oportunidades femininas — tinha um excedente de mão de obra, e as mulheres estavam sendo eliminadas do empresariado e da posse de propriedades. Eram os homens, não as mulheres, que acumulavam, herdavam e consolidavam fortunas.[257] Em Bristol, em 1461, e em Norwich, em 1511, tecelões protestaram contra a entrada de mulheres no ofício.[258] A Portaria da Companhia dos Tecelões de 1550 determinou que nenhum tecelão podia revelar segredos do ofício a "qualquer donzela, moça ou outra mulher".[259] Um estudo sobre mulheres nas guildas de Oxford mostra maridos e esposas registrando seus nomes como membros iguais até 1540. Depois disso, o nome da esposa passou a ser omitido.

Em 1570, os oficiais da guilda recusaram-se a registrar a aprendiz de um comerciante de tecidos de Londres, apesar de "muitos murmúrios, já que muitos na empresa suspeitavam que a mulher realmente tinha o direito de ser inscrita".[260]

Na primeira metade do século XVI, apenas 73 moças haviam sido registradas como aprendizes em Londres, trabalhando, muitas vezes para uma mestra, em ofícios considerados "adequados" para mulheres. No período de 1580-1640, não há registro do ingresso de jovens mulheres em guildas de artesãos em Londres.[261]

As mulheres de Exeter só podiam candidatar-se para ser detentoras do "direito de liberdade" da cidade se fossem viúvas que tivessem trabalhado ao lado do finado marido e continuassem no ofício após a morte dele.[262] Cada cidade concedia o "direito de liberdade" a cada vez menos mulheres e os homens competiam agressivamente com elas por trabalho em todos os ofícios especializados e trabalhos lucrativos.[263] Bristol havia usado a convenção de *femmes sole* para permitir que as mulheres entrassem nos ofícios na cidade e, ainda nos anos 1530, cerca de cinco jovens mulheres por ano eram contratadas como aprendizes e treinadas como "costureiras e alfaiates". No fim do século, os programas de aprendiz para as meninas passaram a orientá-las no trabalho doméstico. Em Bristol, havia meninas aprendizes na produção de alimentos, enquanto outras eram treinadas como "donas de casa e costureiras" — na prática, empregadas domésticas. Como eram "aprendizes", elas podiam não ser remuneradas ou podiam ganhar apenas o mínimo para sua subsistência. Helen ap Richard mudou-se de Tintern, em Gloucestershire, para Bristol, em outubro de 1542, e se inscreveu em um programa de aprendiz de sete anos para ser atendente de uma loja e costurar. Seu mestre era o dono da mercearia, Roger Jones, e sua esposa era costureira.[264]

Os contratos de aprendiz começaram a designar o trabalho doméstico e a fiação como uma "habilidade" que seria "ensinada", permitindo aos empregadores beneficiar-se de sete anos de trabalho não remunerado das meninas aprendizes.[265] Em Coventry, em 1595, havia doze aprendizes do sexo feminino trabalhando para fiandeiras. William Copeland tinha uma aprendiz em sua estalagem em Romford, em 1594, a qual servia como sua cozinheira.[266] Elizabeth Deacon foi entregue a um programa de aprendiz em Salisbury, em 1612, para estudar "o mistério e as ciências dos serviços domésticos e da fiação", sem receber qualquer treinamento ou promoção.[267]

No século XVII, o número de meninas em programas de aprendiz dobrou, mas elas não recebiam uma formação que as levasse a serem "mestras" em seus ofícios; faziam tarefas domésticas e costuravam, fiavam ou cuidavam de uma loja — os chamados "aprendizados" na prática não passavam de uma forma de servidão.[268] As jovens passavam até sete anos trabalhando sem remuneração, recebendo apenas comida e hospedagem. Um programa de aprendiz em uma guilda requeria um treinamento especializado, o que culminava em um trabalho qualificado e no direito de entrada na guilda. Para os meninos, continuava sendo o caso.

No fim do século XVI, mulheres qualificadas e até membros titulares de guildas viram-se excluídas do mercado de trabalho por acordos de licenciamento locais. As mulheres foram sujeitadas a um controle e uma disciplina mais rigorosos e muitas que possuíam ou administravam tavernas ficaram sob suspeita. Como as tavernas eram lucrativas, as autoridades locais ajudavam os homens a entrar no negócio. Em 1540, a cidade de Chester decidiu que nenhuma mulher com idade entre 14 e 40 anos podia manter uma taverna ou servir como taberneira, impondo a enorme multa de 40 xelins. Em 1566, dezesseis mulheres foram processadas por tentar trabalhar em seu ofício tradicional.[269] York, onde havia o maior número de taberneiras, incluindo algumas solteiras, alterou o sistema de licenciamento em 1562, especificando que as licenças deveriam ser concedidas apenas a "cidadãos honestos". As autoridades municipais licenciaram 139 cidadãos considerados honestos — 125 deles eram homens; apenas catorze mulheres foram consideradas adequadas para obter uma licença.[270]

Muitas mulheres também foram banidas das estalagens e do negócio cervejeiro no século XVII, quando as preferências mudaram da *ale*, que podia ser produzida em casa em pequena escala usando-se malte, para a cerveja, que era produzida em maiores quantidades, em cervejarias especializadas em lúpulo. Os fabricantes de cerveja precisavam de capital ou crédito para montar cervejarias com tanques, tubulações, combustível, barris e um sistema de transporte e distribuição. Eles tinham que ser capazes de comprar grandes quantidades de lúpulo para a produção em grande escala de cerveja. A bebida podia ser conservada por mais tempo do que a *ale* e transportada para clientes distantes ou até exportada. As mulheres produtoras de *ale* nos sistemas tradicionais não tinham como competir com os cervejeiros. Uma viúva que espalhava malte com um forcado em sua maltaria, que anunciava com um galho de árvore colocado à porta que tinha *ale* recém-preparada e que vendia seu produto até o barril secar, não tinha como entrar em um negócio tão intensivo em capital. O ofício de bebidas, que era quase exclusivamente feminino, tornou-se capitalizado, estendido, mecanizado e passou para as mãos dos homens, que tiveram a chance de fazer fortunas.

A partir de 1600, as vendedoras ambulantes foram obrigadas a ter licenças para vender seus produtos nas ruas e nos mercados, licenças que se tornaram cada vez mais difíceis de obter para uma mulher solteira e que lhe eram retiradas se houvesse alguma queixa contra ela.[271] Em tempos difíceis, os homens pobres solicitavam às autoridades licenças de vendedores ambulantes e se punham a trabalhar. Até uma mulher que trabalhava com o marido mascate podia ser alvo de escrutínio. Em 1582, Isabel Wyld foi presa com o marido, Thomas, sob as Leis de Vadiagem, embora ela fosse mascate e tivesse percorrido 420 quilômetros em duas semanas, mais de 29 quilômetros por dia, passando por seis condados, para vender as mercadorias que levava na mochila.[272]

A fortuna das mulheres da classe alta também diminuiu. Por volta do século XVII, apenas algumas mulheres ricas conseguiram entrar no novo mercado monetário em expansão. Os empréstimos evoluíram para hipotecas formais, dando terras como garantia, de modo que as mulheres se viram incapazes de competir com os homens, já que não podiam deter títulos de propriedade nem abrir processos contra os inadimplentes nos tribunais, a menos que fossem registradas como *femme sole*. Elas foram quase totalmente excluídas da crescente economia do crédito, já que não podiam contrair empréstimos de capital para abrir empresas nas indústrias de manufatura em expansão nem no comércio internacional.[273] Continuaram atuando como agiotas e agentes de crédito em um nível restrito, entre parceiros de confiança. O "crédito" de uma mulher se baseava em sua reputação e em seu bom nome, seus atributos pessoais, não na escala de seus negócios.

Lojas e o ato de fazer compras passaram a ser associados a "trabalho de mulher". Nos primeiros anos elisabetanos, mulheres podiam ser proprietárias de lojas, herdá-las ou firmar parceria com o marido para comprá-las ou alugá-las.[274] Os clientes preferiam ser atendidos pelas mulheres lojistas nas lojas de varejo da moda, como as do Royal Exchange, em Londres. Mas, depois da elegância inicial, o Exchange tornou-se um ímã para encontros amorosos e prostituição; e os clientes homens brincavam que as próprias lojistas estavam à venda.[275] Em outros mercados varejistas posteriores, mulheres lojistas compravam ou alugavam quase a metade dos espaços comerciais em seu próprio nome. A maioria dos lojistas era composta de mulheres mal remuneradas.

Comprar mercadorias nos vilarejos e em Londres costumava ser um trabalho de cavalheiros — que visitavam as áreas urbanas a negócio e socializavam com mais frequência do que as esposas deixadas em casa. As mulheres de duas gerações da família Thynne, que administravam o Castelo Caus e a propriedade rural Longleat, enquanto os maridos estavam em Londres, costumavam enviar listas de compras detalhadas. Joan Thynne escreveu a seu marido, John, em 15 de novembro de 1600:

> Caro sr. Thynne, desde que te escrevi minha última missiva, lembrei-me de que o último barril de óleo para salada comprado está quase completamente esgotado. Portanto, rogo que, se te agradar, considerando que estás aí, compres o pote de óleo de tua escolha na mesma quantidade que o último que foi comprado. Além disso, se for de teu agrado, compra um barril de esturjão que será muito útil para tua mesa e que será guardado até que seja de teu agrado utilizá-lo, sendo ambos muito necessários. [...] Agradeço de coração pelos adereços que me enviaste e rogo que fales com a senhora Lincoln pedindo para fazer para cada um de teus filhos adereços e duas túnicas.[276]

A riqueza crescente das famílias da pequena nobreza resultou em mais dinheiro para o consumo de itens de luxo e mais tempo de lazer. As mulheres da classe alta começaram a ir a Londres e aos vilarejos em crescimento para fazer as próprias compras de itens luxo, e comerciantes e artífices abriram lojas para atraí-las nos chamados "Mercados para Damas".[277] Em 1609, o New Exchange foi aberto para vender itens de luxo a compradoras da elite.[278] Lojas e vitrines atraentes transformaram o comércio varejista em uma nova atividade de lazer para as mulheres ricas, que eram atendidas por mulheres pobres.[279]

Assim que fazer compras passou a ser considerado "trabalho de mulher", a atividade foi criticada por comentaristas homens que a associaram a extravagância, vaidade e perda de tempo. Eles reclamavam que as mulheres saíam de casa para fazer compras, desprotegidas, sem supervisão, indisciplinadas, e que "desperdiçavam" dinheiro. As preocupações com o fato de elas usufruírem da liberdade de fazer compras remetiam a receios tradicionais relacionados à vaidade, à sexualidade, à devassidão femininas e à fraqueza de Eva diante da tentação. Os excessos da alta costura enojaram os pensadores puritanos. A mudança também provocou ansiedades relacionadas às classes sociais: os comentaristas preocupavam-se com o fato de as mulheres da classe intermediária estarem se vestindo além de suas raízes na classe trabalhadora, violando as leis suntuárias que deveriam restringi-las a cores escuras e tecidos práticos.

Até os rituais exclusivamente femininos relacionados ao parto, que eram totalmente conduzidos por mulheres, passaram a ser regulamentados devido à crescente preocupação de que elas, por serem vaidosas ou extravagantes, não deveriam ter permissão de realizar seu trabalho às suas maneiras. Os estatutos de Chester foram alterados para controlar as tradições e os rituais ocultos relacionados ao período pós-parto e à cerimônia de purificação após o parto. Os legisladores alegaram que "grandes excessos, custos e encargos supérfluos" não deveriam ser assumidos pelos mais pobres, que se endividavam na tentativa de copiar seus superiores. Apenas a mãe, as irmãs, as cunhadas e uma parteira podiam cuidar da mãe em trabalho de parto no vilarejo e não lhes era permitido vestir-se com pompa para a ocasião.[280]

Nos cem anos entre 1550 e 1650, o trabalho ocasional — preferido pelas esposas trabalhadoras — foi mais bem remunerado do que o trabalho contratado por ano ou semestre.[281] A remuneração do trabalho ocasional, sazonal e temporário das mulheres era igual à dos homens.[282] Mas, a partir de 1650, o pagamento em dinheiro para os trabalhadores em tempo integral que moravam "fora" aumentou em comparação com o dinheiro dos trabalhadores que recebiam parte do salário na forma de alojamento e alimentação (como as criadas) ou os que eram pagos por dia (em geral, mulheres). Mesmo se o salário fosse igual, os trabalhadores pagos em dinheiro e que tinham acesso a hospedagem e alimentação gratuitas em casa se beneficiavam financeiramente. O estabelecimento de salários por círculos de empregadores manteve todos os pagamentos baixos. Aos poucos, depois de anos de desigualdade legalmente imposta, passou-se a acreditar que os salários das mulheres eram, de alguma maneira, "naturalmente" inferiores aos dos homens — até menos da metade da remuneração de um colega do sexo masculino.[283] Em Norwich, no século XV, quando o salário de subsistência era de 8 denários a 1 xelim por semana, um mestre tecelão conseguia ganhar 3 xelins por semana, enquanto uma trabalhadora não qualificada mal conseguia sobreviver com um salário de, em média, 8 denários por semana.[284]

Abriu-se uma enorme disparidade salarial entre homens e mulheres, tanto no trabalho ocasional quanto no trabalho regular contratado. Os homens recebiam um salário médio de 10 denários por dia, ao passo que as mulheres recebiam menos da metade disso: apenas 4 denários para uma mulher com trabalho regular e 3 denários (o antigo salário para homens e mulheres) pelo trabalho ocasional.[285]

No fim do século XVII, os tosquiadores de ovelhas de Norfolk recebiam 6 denários por dia se fossem mulheres, mas entre 7 e 14 denários se fossem homens.[286]

Em 1620, a maioria das mulheres trabalhava no negócio da família, isto é, para o pai ou para o marido-empregador, e assim eram impossibilitadas de procurar trabalho em concorrentes, forçadas a aceitar o salário que ele podia pagar, retirado do próprio salário ou lucro, ou simplesmente não eram remuneradas.[287] O negócio da família se beneficiava quando a esposa recebia o menor salário possível, produzia em casa o máximo de alimentos e bens que pudesse e não recebia qualquer pagamento para criar os filhos e cuidar da casa. A "dupla jornada de trabalho" era a contribuição dela para a empresa e a família.

A chamada "idade de ouro das mulheres" sem dúvida já tinha chegado ao fim no século XVII. Cada vez mais presas à casa, as trabalhadoras não tinham mais como se organizar com outras mulheres nem trocar informações sobre o mercado ou as oportunidades de trabalho. Elas não podiam sair em busca de salários melhores, não podiam viajar para conseguir empregos melhores. O "trabalho de mulher" valia cerca da metade do salário de um homem e, em muitos locais, a diferença era imposta por lei. O "trabalho de mulher" era um trabalho que os homens não queriam fazer e incluía trabalhar para a família e cuidar da casa sem receber qualquer remuneração. Não há promoção no "trabalho de mulher", nem uma carreira estruturada, nem idade de aposentadoria, nem pensão. Na verdade, não há fim — apenas a morte libertava uma mulher trabalhadora de seu trabalho.

## Protestos

No século XVI, a propriedade da terra tornou-se cada vez mais definida e contestada. A indústria, a construção e o transporte precisavam de madeira e combustível vindos das florestas e da mineração. Charnecas e terras não cultivadas, que até então não tinham uso e eram utilizadas pelos vilarejos vizinhos, tornaram-se valiosas. Os monarcas, na tentativa de sustentar-se financeiramente, fizeram uso das enormes propriedades reais vendendo-as, alugando-as ou explorando-as.

A dissolução das casas religiosas na Reforma liberou terras para novos proprietários que não tinham a tradição do senhorio benevolente local. Com o avanço do século XVI, eles criaram mais pastos de ovelhas para a produção de lã, de modo que em pouco tempo haveria duas vezes mais ovelhas do que pessoas. Eles cercaram os campos compartilhados e as florestas comunais para criar ovelhas. Araram as faixas produtivas comunais e cercaram florestas e charnecas para caçar. Por todo o país, proprietários de terras fecharam vilarejos inteiros, expulsando os inquilinos.

Em alguns condados, um em cada seis vilarejos foi destruído pelos proprietários entre meados do século XV e do século XVII.[288]

Essas mudanças foram recebidas com revoltas, raramente registradas pelos escritores publicados da classe dos proprietários de terras. Eles dissimulavam as ações dos proprietários e minimizavam os protestos, acusando os rebeldes de serem uma horda sem rumo, e a violação das novas cercas, uma invasão criminosa. Como legisladores e executores das leis, os proprietários decidiam a próprio favor contra os inquilinos e trabalhadores. Não é de surpreender que os poucos relatos tenham descrito camponeses ignorantes lutando contra a mudança inevitável, em uma guerra estúpida contra os próprios e "verdadeiros" interesses.[289]

As mulheres estiveram na linha de frente defendendo seus direitos de coleta, caça, pesca e coleta de restos de colheita em terras comunais, em terras não produtivas e nas florestas. Thorpe Moor, em Yorkshire, foi mantido livre de cercamentos pelas "esposas de Kirkby Malzeard", que enfrentaram seu senhorio, o conde de Derby, em 1549. Menos de cinquenta anos depois, o novo conde também foi derrotado por seus arrendatários, e um novo proprietário, Sir Stephen Proctor, comprou o vale de Nidderdale, em Yorkshire, e tentou cercar Thorpe Moor. Ele enfrentou rebeliões em 1597, 1600 e 1601, além de tentativas de assassinato, uma delas por um feiticeiro local contratado por seus vizinhos da pequena nobreza.[290] Os vizinhos, com sua tradição de "bom senhorio", contrastavam com o estilo protestante de Proctor, voltado ao lucro, que envolvia um controle violento e pessoal de seus arrendatários. Lady Jolyan Yorke, sua vizinha, disse: "O sr. Steven destruiu o campo todo".

Pobres, inquilinos e trabalhadores foram recrutados para ambos os lados. Aldeões pobres que haviam construído pequenas choupanas e moravam em Thorpe Moor foram atacados: uma mulher disse que ela e os filhos foram espancados e expulsos de casa em um ataque noturno; outra mulher pobre e grávida quase morreu de parto prematuro ao tentar proteger a charneca do ataque de uma turba de homens mascarados. Aldeões e inquilinos recorreram ao conhecimento coletivo e um profundo entendimento das leis para preservar as terras comuns contra as incursões de Proctor e de seus trabalhadores. Eles apelaram diretamente a Proctor — as mulheres de Kirkby Malzeard, "a maioria de joelhos [...], fizeram um humilde pedido", clamando por suas terras comunais, e a esposa de um pequeno proprietário, Dorothy Dawson, aclamada como capitã Dorothy, auxiliada por Alice Bayne, liderou um grupo de 37 mulheres em uma batalha acirrada contra mineiros contratados em 1604. Dezessete mulheres foram processadas.[291] Uma mulher que marchou com elas testemunhou perante a Star Chamber — o mais alto tribunal para decidir questões relativas à propriedade de terras — dizendo que as mulheres derrubaram cercas para manter "seus direitos comunais".[292] Os aldeões de Kirkbyshire concordaram em desistir de um terço das terras comuns, se a condessa de Derby comprasse as terras do odiado Proctor. Quando ela o fez, os arrendatários não cumpriram sua parte do acordo e recusaram-se a abrir mão das terras comuns. No dia primeiro de maio de 1615, os arrendatários e aldeões de Kirkbyshire uniram-se com uma senha secreta, quebraram cercas e disseram que seriam governados pela "lei do clube"* — o acordo da comunidade.[293]

James I e, posteriormente, seu filho Charles I foram levados a explorar as florestas reais movidos pela necessidade de dinheiro. Para não ter de recorrer ao Parlamento a fim de cobrar impostos, venderam terras e arrendamentos nas florestas reais e expandiram os limites florestais. A população local foi banida de milhares de acres: primeiro 3 mil acres na Forest of Dean e depois mais 22 mil acres em 1639, 4 mil acres na Braydon Forest, 460 acres na Feckenham Forest, 1.589 acres em Leicester e um terço de Malvern Chase — cerca de 3 mil acres.[294] As pessoas que sobreviviam coletando nas florestas e de restos de colheita rebelaram-se contra os novos proprietários de terras em uma série de ações denominadas "Levante Ocidental". As primeiras rebeliões ocorreram em Gillingham Forest, Dorset, em 1626, lideradas por catorze homens e doze mulheres, que foram detidos e multados. Para eles, não era uma questão financeira, mas de pertencimento. Eles disseram ao xerife: "Aqui nascemos e aqui morreremos".[295]

Dois anos depois, os soldados reais juntaram-se ao povo na destruição de alguns dos cercamentos, matando veados e queimando colheitas. Manifestantes presos foram resgatados pela multidão, mensageiros reais foram agredidos e a multidão derrotou o xerife de Dorset, que tentava executar um mandado de prisão para cem supostos manifestantes.

Em Forest of Dean, em março de 1631, os desordeiros anticercamento se rebelaram em massa. Quinhentas pessoas, lideradas por homens vestidos de mulher,[296] com tambores, um pífaro e bandeiras, teriam se reunido "armados com armas de fogo, *pokes*,** alabardas e outras armas" para quebrar cercas e destruir poços de mineração. Um tiro foi disparado contra um agente fundiário e a efígie de outro foi enterrada em suas próprias minas. No mês seguinte, ainda mais pessoas compareceram: três mil marcharam com faixas e tambores, derrubaram cercas e atacaram casas. A rebelião continuou nos dois anos seguintes, com pessoas derrubando cercas assim que eram reparadas. Em abril de 1631, três mil desordeiros com bandeiras e tambores removeram a maior parte dos cercamentos restantes na floresta. No fim do mês, todos os cercamentos anteriores já haviam sido removidos. Pelos dois anos seguintes, os manifestantes tentaram destruir os cercamentos assim que eram reconstruídos.

Mil manifestantes, usando roupas femininas, reuniram-se em Braydon no verão de 1631 para destruir cercas e ameaçar o proprietário. Um criado que

---

* "Clube" no sentido de clava, uma arma improvisada de madeira, pesada, para golpear ou esmagar. [N.T.]

** Lança de ponta afiada, utilizada para atacar de longe e manter os adversários afastados. [N.T.]

denunciou os desordeiros às autoridades teve sua casa vandalizada, e o xerife e um oficial da corte que representava o rei foram expulsos a tiros.

As rebeliões em Feckenham não foram consideradas parte do Levante Ocidental, mas seguiram o mesmo padrão: pessoas destruíram as novas cercas em março de 1631, depois que o apelo por seus direitos às terras comuns foi negado em juízo. No ano seguinte, trezentas pessoas que se amotinaram contra o cercamento travaram uma batalha campal com quarenta homens armados, o xerife, um vice-tenente e um juiz de paz, que registraram que o povo "de uma forma muito ousada e presunçosa apresentou-se perante nós com espírito combativo, portando armas (como lanças, machados, forcados, espadas e similares)".

Em Leicester, as autoridades locais apoiaram o povo nas rebeliões anticercamento de 1627 e 1628. A Corporação de Leicester e os cidadãos apelaram ao Conselho Privado contra um novo proprietário que estava cercando terras comuns. O proprietário de terras contava com o apoio do Conselho Privado e da Câmara dos Lordes, mas as prisões e os processos contra os manifestantes foram abandonados sem alarde.

Tanto as rebeliões da Forest of Dean quanto as de Braydon/Chippenham foram convocadas por uma "Lady Skimmington", um pseudônimo usado por vários líderes, invocando a liderança feminina nos protestos. Apenas alguns dos manifestantes do sexo masculino se vestiram como mulheres — talvez não mais do que sete — e podem tê-lo feito para se disfarçar e invocar o tradicional *skimmington ride* — uma manifestação de reprovação comunitária. Quando os líderes das rebeliões da Braydon Forest foram presos, como sinal de humilhação eles foram expostos no pelourinho vestindo roupas femininas.

Muitos dos manifestantes foram mulheres que defendiam o que era visto como uma causa específica das mulheres: seu modo de vida na terra. Uma mulher só poderia alimentar a família e participar da economia se tivesse acesso às terras comuns. Era habitual que as terras comuns fossem descritas como uma "esposa de agricultor" — sua companheira e ajudante, e os cercamentos eram espartilhos ridículos, como se o proprietário rural tentasse amarrar um cinto ao redor de uma mulher fértil e mantê-la para si. Muitas mulheres esperavam ter imunidade contra a prisão devido a seu *status* jurídico inferior. A Star Chamber* confirmou, em 1605, que os maridos eram responsáveis pelas ações de suas esposas: "Se uma mulher ofende por transgressão, motim ou de qualquer outra maneira, e uma ação é movida contra ela e seu marido, o marido é responsável, mesmo se a ação tiver ocorrido sem seu conhecimento".[297]

---

* A Star Chamber foi uma corte inglesa conhecida por suas práticas judiciais controversas, pela ausência de júri e pelos julgamentos severos, e foi abolida pelo Parlamento devido a preocupações com liberdades individuais. [N.T.]

As mulheres foram mais do que apoiadoras nos levantes; elas quase sempre os lideraram. Longe de ser uma "horda sem rumo", os levantes foram eventos coreografados nos quais mulheres do povo exigiam que os alimentos fossem vendidos ao preço habitual no mercado local, para que pudessem alimentar a família. Às vezes, interceptavam carroças que saíam com alimentos do mercado; invadiam depósitos e pesavam elas mesmas os grãos, muitas vezes pagando o que consideravam o preço justo; e contestavam os moleiros ou padeiros do vilarejo que usavam medidas de peso fora do padrão. Normalmente, as ameaças não levavam à violência física; os aproveitadores se curvavam ao grande número de mulheres furiosas, reduziam os preços ou desistiam de exportar alimentos e os vendiam localmente. No cenário ideal, o motim seria encerrado por uma autoridade local, normalmente o juiz de paz, que chegava ao mercado, pesava o alimento e designava um preço justo, endossando a ação das mulheres.

Em 1629, uma crise da indústria têxtil causou privações por toda a Inglaterra. Comerciantes de milho compravam grãos de trigo e centeio nos mercados locais para enviá-los às cidades e até ao exterior. Magistrados locais de Maldon, Essex, relataram que desordeiros tentavam alugar mosquetes e ameaçaram "matar fazendeiros ou quaisquer outros intermediários que pudessem ser usados para comprar ou vender qualquer grão".[298]

Trabalhadoras pobres e esposas de trabalhadores ou artesãos marcharam com os filhos até o cais, onde vários navios de grãos estavam sendo carregados. Elas embarcaram nos navios e encheram seus gorros e aventais com centeio para moer e transformar em farinha de pão.[299] Tais quais as mulheres que se amotinavam contra o cercamento, elas acreditavam não estar sujeitas à lei: "As mulheres estavam fora do alcance das leis do reino, mas podiam [...] ofender sem temer a punição da lei".[300]

E estavam certas. As orientações do século XVII para os magistrados diziam: "Se um grupo de mulheres (ou crianças abaixo da idade madura) se reunir em defesa de sua própria causa, essa assembleia não é punível por estes estatutos, a menos que um homem de idade madura as tenha levado a se reunir para a prática de algum ato ilegal", o que significa que uma multidão de mulheres reunidas espontaneamente não seria um crime.[301] Só seria um crime se elas fossem lideradas por um homem importante. Uma revolta exclusivamente de mulheres não podia ser punida por lei.

Uma das rebeldes foi Ann Carter, esposa de um próspero açougueiro, dona da própria casa, que empregara dois criados no ano anterior. Seu marido perdeu o negócio e a casa da família, e Ann caiu na pobreza. Outra foi Elizabeth Sturgeon, esposa de um trabalhador, a qual alegou estar "na pobreza e querendo comida para os filhos".[302]

Ann Spearman, uma trabalhadora que ganhava por dia, explicou que foi roubar centeio dos navios "porque não tinha como comprar grãos no mercado e [porque] certos navios flamengos [...] [estavam] em Burrow Hills [...] para receber grãos para levar além-mar". Margaret Williams disse aos magistrados que invadiu os navios "por sua própria vontade [...] por necessitar de grãos [...] que estavam sendo levados [...] e por ela ser uma mulher pobre". Perguntaram a uma mulher quem a havia incitado ao motim e ela respondeu: "O clamor do país e sua própria necessidade".[303]

Poucas manifestantes foram presas, acusadas ou condenadas por qualquer crime, mas foram "amarradas" para manter a paz. Ann Carter negou ter liderado o motim e também foi "amarrada". Os magistrados locais revistaram os navios graneleiros em busca de outros alimentos de necessidade local, como bacon, queijo ou manteiga. Os líderes dos vilarejos — oficiais de justiça, vereadores e *burgesses* — concordaram em comprar milho a suas próprias custas e vendê-lo aos pobres a um preço combinado: "o grão fornecido pelo sr. Jacobs, um comerciante, deverá ser adquirido a um preço justo para beneficiar os necessitados e evitar que seja transportado a outro lugar".

O resultado da rebelião foi considerado um sucesso tanto pelo povo quanto pela elite que reconheceu a validade de seu apelo. A ameaça inicial de violência foi seguida por uma ação direta não violenta por parte das mulheres. Os magistrados apoiaram a ação e os cidadãos estabeleceram um preço justo pela comida. Chegaram a conquistar uma proteção nacional: o Conselho Privado anunciou que cereais não deveriam ser retirados de áreas famintas e vendidos em outros locais. Deveriam ser oferecidos primeiramente no mercado local.

Contudo, apenas três meses depois, mais navios chegaram a Maldon para levar grãos. Desta vez, Ann Carter liderou abertamente os rebeldes e, como os comerciantes continuaram enviando milho das áreas famintas, ela viajou pelos vilarejos têxteis para angariar apoio e enviou cartas, que assinou como "Capitã":[304] "Venham, meus bravos rapazes de Maldon, serei sua líder, pois não morreremos de fome".[305]

Cerca de trezentos homens e mulheres, trabalhadores têxteis desempregados, marcharam com Ann Carter, invadiram um navio, atacaram a tripulação, roubaram a carga e forçaram o navio a partir vazio. Outro grupo de manifestantes invadiu um armazém e levou grãos. Eles atacaram o principal comerciante, sr. Gamble, e o obrigaram a dar-lhes 20 libras. Ele chamou os magistrados, e a multidão se dissipou quando os juízes de paz chegaram.

O Conselho Privado criou um tribunal especial para julgar os desordeiros por um crime que descreveu como "de natureza tão grave e de consequências tão perigosas que equivale a pouco menos que uma insurreição".[306]

Ann Carter, a proprietária de açougue que caiu na pobreza e se autodenominava "Capitã", foi enforcada. O mesmo aconteceu com quatro desordeiros acusados de roubar 15 quartos de grãos de centeio; mas a rebelião convocada por Carter forçou a regulamentação do mercado. Os magistrados de Essex passaram a importar e vender grãos aos pobres por um preço inferior ao preço de mercado e medidas especiais foram tomadas para garantir que Maldon e os vilarejos têxteis se mantivessem bem providos.[307]

As mulheres saíram às ruas para defender muitas causas diferentes, quase sempre ligadas a seus direitos tradicionais. Elas protestaram contra os sistemas de drenagem de terras alagadas, que alteraram o modo de vida nas áreas pantanosas: houve levantes de mulheres na Ilha de Axholme, no final das décadas de 1620 e 1630, e novamente no fim do século. Em uma ocasião, os rebeldes foram liderados por uma mulher da classe alta, Catherine Popplewell, que recrutou uma multidão de homens, mulheres e crianças em Belton para destruir cercas e colheitas nos campos recém-drenados.[308]

Quando Charles I tentou angariar fundos com impostos novos e ilegais, as mulheres se colocaram na linha de frente da resistência. Em Litchborough, Northamptonshire, em 1637, os cobradores de impostos chegaram para coletar o chamado "dinheiro de navio" — um imposto tradicionalmente cobrado apenas sobre cidades portuárias e costeiras. Se os homens desapareceram de vista, as mulheres fizeram barricadas em casa, recusando-se a pagar, e receberam o apoio de uma multidão de mulheres e crianças que expulsaram os cobradores. Em 1663, Sarah Walter, esposa de um proprietário rural de Newcastle, recusou-se a pagar o *hearth tax* (imposto sobre lareiras)* e disse que levantaria um exército contra qualquer cobrador.[309]

Ao longo do século XVII, as mulheres continuaram participando e, por vezes, liderando as rebeliões em defesa dos direitos tradicionais e policiando os preços e as práticas dos mercados locais, especialmente dos mercados de alimentos. Em 1608, mulheres de Southampton embarcaram em um navio graneleiro antes que este pudesse partir para Londres e exigiram os mantimentos nele transportados; em 1630 e no ano seguinte, mulheres de Dorchester amotinaram-se para defender o fornecimento de alimentos. Uma mulher de Newcastle esperava ver Charles I "enforcado no rabo de um cavalo e com cachorros devorando suas entranhas".[310]

Uma mulher radical de Londres apoiou a execução do rei e previu que a restauração de seu filho, em 1660, não duraria mais que um ano.**[311]

Esposas defenderam seus maridos. Em Newcastle, em 1653, o "grande clamor" de cinquenta esposas forçou Bartholomew Yates a dispensar a tripulação recém-recrutada de seu navio. Yates provavelmente pressionou os homens a firmarem um contrato longo e perigoso para servir a Marinha, mas as mulheres os resgataram. Elas se uniram aos manifestantes homens nas rebeliões dos tecelões de Londres em 1675, exigindo a destruição dos novos teares.[312]

---

* O *hearth tax* era um imposto que incidia sobre cada lareira ou fogão de uma residência. No contexto histórico, era uma forma de tributação que visava avaliar a riqueza das pessoas com base no número de lareiras que tinham em casa. [N.T.]

** A previsão se concretizou apenas em parte. Após a execução do rei Charles I, em 1649, seu filho, Charles II, foi restaurado ao trono da Inglaterra, em 1660, o que marcou o fim do período conhecido como a Commonwealth Inglesa e o início da Restauração Monárquica. No entanto, apesar de Charles II ter enfrentado uma série de desafios políticos, incluindo conflitos religiosos e disputas com o Parlamento, ele conseguiu manter sua posição como monarca por 25 anos até sua morte, em 1685. [N.T.]

Quase duas mil esposas de marinheiros escravizados, detidos pelos turcos em Salé, Marrocos, exigiram ao lorde almirante, duque de Buckingham, que ajudasse seus maridos. Elas reclamaram que uma petição anterior feita ao rei havia sido ignorada. Nesse caso, como em outros protestos, as mulheres parecem ter sentido que a ação direta era permitida como último recurso, caso os governantes e os proprietários de terras não respondessem a queixas anteriores. Quando Charles I visitou York, em maio de 1642, cem mulheres o abordaram, queixando-se de questões locais; quando ele chegou a Leicester, em julho, enfrentou uma delegação de mulheres nobres que o interpelou para reclamar do xerife. Elas também invocaram a imagem tradicional da misericórdia de uma rainha quando, em 1634, apelaram a Henrietta Maria, para libertar os maridos presos após um protesto para melhorar os salários e as condições de trabalho nas minas de chumbo de Derbyshire.[313]

Mulheres defenderam as igrejas locais, especialmente em períodos de mudança religiosa. Em 1538, mulheres de Exeter, armadas com cajados e lanças, invadiram o Priorado St. Nicholas para impedir que trabalhadores demolissem o "coro alto" — a galeria que corre ao longo do biombo do coro, dividindo o corpo da igreja do altar, típico de igrejas católicas romanas. Os comissários para a dissolução dos mosteiros, sob Henry VIII, ordenaram que o biombo fosse removido para que os paroquianos pudessem ver o altar, mas as mulheres não aceitaram. Elas perseguiram os trabalhadores até a torre, de onde eles tiveram que pular para fugir. Um vereador, enviado para explicar as mudanças às mulheres, foi agredido e fugiu, e elas montaram barricadas para defender a igreja de um breve cerco.[314]

Em 1566, o bispo Grindal foi pressionado duas vezes por sessenta mulheres fiéis de Londres que exigiam o retorno de um conferencista puritano. Durante a rebelião do Norte em defesa do catolicismo romano, em 1569, a filha de um *churchwarden* da Igreja, Barbara Collyng, liderou as mulheres de Long Newton, condado de Durham, para restabelecer o antigo altar de pedra da igreja paroquial, restaurando-o como local de culto católico romano.[315]

Em 1581, outra dama, Mary Villars, e nove paroquianos de Oadby, Leicester, exigiram o afastamento do ministro "bêbado e ocioso"; Margaret Frith assinou uma petição em janeiro de 1641 queixando-se da grave negligência do ministro em St. Mary Cray, Kent. Em agosto de 1577, a capela de Brentwood, em Essex, foi defendida da dissolução por trinta mulheres armadas com ferramentas agrícolas e utensílios de cozinha — e uma chaleira com água fervente. Elas foram lideradas por Thomasina Tyler. Quando o xerife chegou para executar as prisões, metade escapou e as restantes foram libertadas porque ninguém sabia ao certo se elas podiam responder por si próprias.

Alguns protestos deixaram evidente que as mulheres esperavam não ser responsabilizadas criminalmente pela ação. Em 1642, mulheres de Yorkshire organizaram uma manifestação de maneira a parecer um dia de festa tradicional, contratando um tocador de gaita de fole e levando bolos e cerveja para a manifestação, talvez na esperança de angariar a simpatia dos magistrados. Algumas manifestações públicas de fato foram mais uma festa do que um protesto; era o caso do chamado *rag*, um espetáculo lúdico que podia ter um propósito sério. Algumas manifestações foram tranquilas e pacíficas: o conselho de Leicester foi instado a conceder a um torneiro a "liberdade da cidade" graças a dez mulheres fabricantes de meias que se encarregaram de dizer aos vereadores, em 1658, que a cidade precisava de um bom torneiro.[316]

Mulheres também se uniam para manter os padrões morais e cívicos na comunidade. Em 1612, três mulheres de Kent espancaram um marido que abusava da esposa.[317] Mas eram as transgressoras que suportavam o maior peso das punições comunitárias, como o *rough music*, quando os vizinhos batiam panelas e frigideiras e tocavam instrumentos, ou o *skimmington ride*, a elaborada pantomima para expressar desaprovação, com músicos a cavalo, ora fantasiados, ora usando chifres.[318] Agnes Mills, esposa de um cuteleiro, reclamou às autoridades que trezentos ou quatrocentos homens chegaram armados e, batendo tambores, a espancaram, a jogaram em um buraco e a mergulharam no rio em um *ducking stool* em Calne, Wiltshire, em 1618. Ela provavelmente era considerada uma mulher violenta, adúltera ou combativa: a maioria das demonstrações contra as mulheres era dirigida às que desafiavam a autoridade masculina. As punições comunitárias contra mulheres rebeldes tinham o objetivo de servir de advertência a todas as demais. Um dos homens participantes de um *skimmington ride*, em Suffolk, em 1604, explicou que a manifestação não teve como único objetivo que "a mulher ofensora se envergonhasse da contravenção para com o marido [ao espancá-lo], mas também advertir outras mulheres a [não] causar a mesma ofensa".[319]

Ações da comunidade contra as mulheres visavam manter os padrões morais e cívicos e contavam com o apoio das líderes comunitárias contra as transgressoras. Em Maidwell, Northamptonshire, em 1672, Lady Haslewood, a esposa do escudeiro, convocou um *skimmington ride* contra uma mulher que espancou Anthony Cable, seu marido bêbado e um pequeno proprietário de terras da paróquia. O marido de Lady Haslewood, Sir William, proibiu a manifestação porque Anthony era um de seus protegidos.[320]

As queixas das mulheres contra mulheres "violentas" chegaram a ser tão numerosas quanto as queixas apresentadas aos tribunais pelos homens. No pânico que se seguiu às guerras civis, foram as mulheres locais as principais acusadoras e testemunhas, de modo a manter a reputação da comunidade e impor convenções sobre o "bom" comportamento feminino.[321]

Mas em Bristol, em 1667, um homem da elite, William Bullocke, considerado um "cavalheiro espancador de mulheres", teve de contratar um guarda para protegê-lo da fúria do povo, liderado por mulheres. Em 1616, cinco mulheres londrinas fizeram uma manifestação perante os magistrados para reclamar de um marinheiro que espancara sua esposa grávida até ela sofrer um aborto. Um funcionário da paróquia de Holborn que tentou enviar uma mulher grávida a outra paróquia enquanto ela estava em trabalho de parto foi processado por oito mulheres quando o bebê morreu.[322]

Mulheres defendiam mulheres contra a injustiça em sua comunidade: 25 mulheres testemunharam em apoio à parteira Taylor, da cidade de Saffron Walden, quando esta foi acusada de não comparecer à comunhão, em 1631. Elas usavam um comportamento codificado para disciplinar a comunidade; um casamento em um vilarejo em Ratcliffe, Leicestershire, em 1610, foi interrompido por jovens solteiras dançando com guirlandas de salgueiro "de maneira muito profana".[323]

Algumas recusavam-se terminantemente a reconhecer a autoridade dos poderes civis. Uma mulher de Stratford acusada de comportamento combativo por um tribunal elisabetano gritou aos magistrados: "Pelas chagas de Deus! Que uma Praga Divina recaia sobre todos vocês, um peido do meu traseiro a todos vocês!".[324]

Para escapar do castigo, as mulheres continuavam utilizando lacunas nas leis que se referiam exclusivamente aos homens: o marido de Margaret Ridhall disse à Igreja de Londres, em 1588, que se declarava culpado e que "se submeteria à dupla punição se fosse incapaz de evitar que ela cometesse a mesma ofensa no futuro". No mais alto tribunal do país, a Star Chamber, em 1603, uma queixosa combativa foi considerada "clamorosa" e foi açoitada, e seu marido foi multado em 20 libras por não ter sido capaz de controlá-la adequadamente.[325]

No radicalismo cada vez mais intenso do século XVII, as mulheres começaram a expandir seu repertório de protestos, que iam desde a ação direta sem palavras até a petição escrita, desde as rebeliões por comida até manifestações políticas. O século XVII seria chamado de "o século das inglesas rebeldes".[326]

Durante as guerras civis, mulheres lideraram manifestantes em protestos pela paz e, após a vitória parlamentar, protestaram contra o governo de Cromwell e exigiram a restauração da monarquia. Em meio ao caos dos anos de guerra, mulheres pobres e trabalhadoras assumiram a liderança política de suas comunidades, e seu envolvimento na vida política atingiu uma "maré alta" que levaria séculos para retornar.[327]

# Petições

Petições ao Parlamento ofereciam um caminho já estabelecido para os homens prestarem queixas, mas, em 1642, pela primeira vez, as mulheres escreveram e publicaram uma petição coletivamente, redigindo uma queixa por escrito e assinando-a com seus nomes. Três importantes petições, supostamente escritas por mulheres, surgiram nessa época, as quais exigiam assistência para seus ofícios, proteção contra os católicos romanos, reforma religiosa e paz.[328] Dois dos apelos foram copiados de petições feitas por homens e podem até ter sido escritos por eles, mas um dos documentos — apresentado pela sra. Anne Stagg, esposa de Giles Stagg, um membro pobre da Guilda de Cervejeiros, e ela própria quase com certeza uma cervejeira — provavelmente foi escrito por mulheres para mulheres. A petição de Anne Stagg, intitulada "De mulheres nobres e esposas de artífices dentro e nos arredores da cidade de Londres", emitida em fevereiro de 1642, exigia a expulsão dos bispos e de todos os católicos romanos da Câmara dos Lordes, a proibição da missa católica romana e o apoio do exército aos protestantes, que podiam correr perigo devido aos rebeldes católicos romanos na Irlanda: "A ideia de tais acontecimentos tristes e bárbaros faz com que nossos ternos corações se derretam em nosso peito".[329] A menção de sentimentos e a expressão dramática do medo da violência infligida pelos católicos romanos são exclusivas dessa petição específica e sugerem que foi composta por uma mulher. O tom é respeitoso: "Fazemo-lo sem qualquer autoconceito ou orgulho, sem buscar nos igualar aos homens nem em autoridade nem em sabedoria. Mas, conforme nossa posição de cumprir o que devemos a Deus e à causa da Igreja, seguimos aqui o exemplo dos homens que cumpriram este dever antes de nós".[330]

A sra. Stagg e suas colegas foram recebidas à porta das Casas do Parlamento por John Pym, o líder parlamentar. Elas não foram convidadas a entrar. Ele lhes disse: "Voltem a suas casas e transformem a petição que vocês aqui entregaram em orações em casa por nós; pois estivemos, estamos e estaremos (até onde nosso poder nos permite) prontos para socorrê-las, a vocês, seus maridos e filhos, e para retribuir a confiança que nos foi depositada".[331]

Pym agradeceu Anne Stagg, uma peticionária respeitosa, e a mandou voltar para casa, instruindo-a a orar em casa enquanto o governo se dispunha a ajudá-la e a suas colegas signatárias.

Em agosto de 1643, outro grupo composto de várias centenas de mulheres reuniu-se em frente ao Parlamento para exigir a paz nas guerras civis inglesas. No dia seguinte, elas voltaram aos milhares, exigindo ver John Pym e apresentar-lhe seu apelo, intitulado "A petição de muitas mulheres civilmente inclinadas". Um jornal estimou algo entre cinco mil e seis mil mulheres pobres, com fitas brancas nos gorros para simbolizar a paz. Um relato afirmou se tratar de "prostitutas, alcoviteiras, coletoras de ostras, cozinheiras, pedintes e a própria escória das periferias, além de muitas mulheres irlandesas".[332]

É mais provável que se tratasse de mulheres trabalhadoras passando por dificuldades devido à disrupção de seu ofício durante as guerras civis e à ausência dos maridos, que foram lutar na guerra. Elas fizeram as manifestações tradicionais diante do Parlamento e bloquearam a entrada. Os membros do Parlamento não tiveram a reação tradicional dos líderes comunitários, que normalmente ouviam o protesto e faziam mudanças. Um regimento da cavalaria de Sir William Waller foi convocado para dispersar as manifestantes e, segundo uma testemunha, Thomas Knyvet, "houve muitos ferimentos causados pelos cavalos e soldados da infantaria".[333]

As manifestantes apedrejaram os soldados, e tiros foram disparados — uma das mulheres estava armada com uma espada velha e enferrujada. Relatos a descreveram como uma "virago". Uma jovem e dois homens foram mortos e muitas manifestantes ficaram feridas. De acordo com um jornal: "Tumultos são perigosos e espadas nas mãos de mulheres fazem coisas desesperadas".[334]

Posteriormente, as requerentes também exigiram ser ouvidas em uma audiência e recusaram-se especificamente a ficar em casa. Em 1649, Elizabeth Lilburne, esposa de John Lilburne, o líder radical, assumiu a campanha dos niveladores[*] quando seu marido foi detido e encarcerado. Ela e outras niveladoras, exigiram a libertação dos maridos por meio de petições coletivas, grupos de pressão e manifestações.[335] Elizabeth apresentou uma petição de niveladoras notoriamente acerba:[336] "E nós, que somos cristãs, ainda assim devemos ficar quietas em casa? [...] E não devemos demonstrar nenhum sentimento por nossos sofrimentos? [...] Que seja considerado tolice, presunção, loucura ou qualquer outra coisa, enquanto tivermos vida e respirarmos, nunca os abandonaremos".[337]

Aquelas mulheres não foram recebidas pelas autoridades com a proposta de um acordo. O Sargento de Armas disse-lhes com grosseria: "A Câmara já deu uma resposta a seus maridos e é nosso desejo que vocês voltem para casa, cuidem de seus próprios afazeres e ocupem-se com suas tarefas domésticas".[338]

As mulheres não voltaram para casa; ao contrário, realizaram outra manifestação na semana seguinte e continuaram apresentando petições ao Parlamento. Em 1653, outra niveladora, Katherine Chidley, liderou um grupo de mulheres até o Parlamento, apresentando uma petição assinada por seis mil nomes que atacava o estilo de vida luxuoso dos membros do Parlamento e reivindicava o direito de serem ouvidas — ela disse que, uma vez que Deus ouvia as mulheres, o Parlamento não podia fazer nada menos que isso.

Uma pequena petição privada de Johanna Cartwright e seu filho Ebenezer exigiu do governo o regresso dos judeus à Inglaterra. Foi uma sugestão bem-vinda para Oliver Cromwell, desejoso do estímulo financeiro e dos contatos internacionais de cidadãos judeus bem-sucedidos. Em 1655, o Parlamento concordou que nenhuma lei proibia a readmissão, abrindo caminho para o retorno dos judeus à Inglaterra.[339]

Um apelo de mulheres realistas sequer se dirigiu ao Parlamento vitorioso, mas foi pura e simplesmente publicado. Em 1660, elas escreveram uma "declaração"

---

[*] Os niveladores foram um grupo político radical de forte visão republicana que defendia ideias democráticas e igualitárias, buscando maior participação política para os cidadãos comuns, igualdade perante a lei e a limitação do poder do governo. [N.T.]

pública de mulheres contra o governo, intitulada *A Virgem Real; ou A declaração de várias donzelas da outrora honorável cidade de Londres*.[340]

Essa publicação, tal como outras petições de mulheres, com exceção da petição de Anne Stagg, foi recebida com negação, recusa e até indignação. Alegações de que as mulheres queriam um "parlamento de mulheres" foram apresentadas por oponentes diante de qualquer contribuição feminina depois de 1647.[341] Mas esse temor não passava de uma fantasia masculina. Nenhuma peticionária exigiu o direito de participar do Parlamento, nem mesmo de votar. As mulheres só queriam expor seu caso à Câmara, sem exigir qualquer cargo na política. Elas se manifestaram para defender questões específicas, sem reivindicar o direito de representar suas comunidades como porta-vozes ou membras do Parlamento.

Apesar do julgamento e da execução do rei, em janeiro de 1649, nada indicava que, agora que os homens haviam sido libertados do governo de um monarca masculino, as mulheres também estariam livres. Tudo indicava que a queda do rei não equivalia à queda do poder masculino. O debate filosófico deixou evidente que, embora a figura do rei tivesse desaparecido, todos os outros instrumentos do governo masculino — lei, religião, casamento e tradições misóginas — permaneceriam. Oliver Cromwell liderou uma rebelião contra a tirania real, e não em oposição à tirania doméstica contra esposas e filhos ou, menos ainda, em protesto à opressão legal às mulheres. A maioria dos parlamentares concordaria que a rainha Henrietta Maria fora menos oprimida do que deveria.

A enorme disrupção causada por uma longa guerra civil contra os Stuarts, e depois contra um governo puritano, criou um clima de incerteza e ansiedade, não de radicalismo — e certamente não de feminismo. Não havia um senso de unidade entre as mulheres de todas as classes, não havia irmandade. As mulheres alfabetizadas só queriam mais respeito, não direitos. Elas redefiniram o papel de Eva na história da Criação, procuraram na Bíblia exemplos de "boas" mulheres; mas não foram mais longe. Tentaram melhorar a imagem das mulheres, mas ninguém clamou por oportunidades melhores às figuras femininas, educação a elas, direito a voto ou igualdade perante a lei. Mesmo assim, houve pânico diante da possibilidade de ascensão das mulheres, e acreditava-se que elas estavam decididas a derrubar o domínio dos homens.[342] Os homens que haviam tomado o poder do rei ficaram ansiosos e defensivos para manter seu poder longe das mãos das mulheres. O "mundo foi virado de cabeça para baixo" — mas não para as mulheres.[343] Gerrard Winstanley, que escreveu de modo poético e urgente sobre a transformação do campo para que cada homem pudesse ter seu próprio lote de terra, não se manifestou sobre os direitos das proprietárias de terras; ele mal chegou a mencionar a espinha dorsal da força de trabalho no campo — as mulheres.

As pequenas seitas religiosas extremistas continuaram sendo os únicos lugares onde as mulheres eram vistas como iguais aos homens perante Deus. Foram os únicos grupos que argumentaram a favor de mais liberdades para elas ou concederam direitos às mulheres dentro do grupo. Nenhum dos mais importantes grupos radicais da década de 1650 defendeu a igualdade feminina, e as escritoras limitaram suas reivindicações à igualdade moral, não à igualdade perante a lei ou na política.[344] Como explicou um panfleto de 1632 sobre os "Direitos das mulheres": "Todas elas são consideradas casadas ou prestes a se casar e seus desejos são sujeitos ao marido".[345]

# Casamento

O casamento precoce arranjado pelos pais ainda era comum para as mulheres da classe alta. As herdeiras, em especial, eram levadas à família dos futuros maridos quando ainda eram crianças. Margaret Plumpton foi enviada aos 4 anos, em 1464, para morar com a família de seu futuro marido.[346] O tutor de Katherine Willoughby, Charles Brandon, 35 anos mais velho que ela, ordenou seu casamento aos 14 anos — consigo mesmo. Ela escreveu: "Não consigo imaginar qual crueldade um de nós poderia cometer de maneira mais perversa do que colocar nossos filhos em um estado tão miserável ao não permitir que eles escolham, de acordo com as próprias preferências, aqueles com quem devem professar tamanho compromisso e tamanho amor para sempre".[347]

O consentimento da noiva era irrelevante quando ela não passava de uma menina sob o comando dos pais. O pai de Mary Boyle, Richard, o conde de Cork, casou todas as filhas antes que elas tivessem idade suficiente para recusar, sempre para obter vantagens financeiras. Mas Mary (1625-1678) desafiou o pai quando tinha apenas 14 anos: "Mantive minha aversão ao casamento, tendo vivido tão confortavelmente que relutava em mudar minha condição e nunca consegui me comprometer com qualquer proposta de casamento oferecida, implorando a meu pai para recusar todas as propostas mais vantajosas, mesmo sendo muito instada por ele para que eu me estabelecesse".[348] Ela acabou se casando por amor e se tornou Mary Rich, condessa de Warwick.

Mary Rich foi uma exceção. A maioria das noivas-mirins não tinha como recusar; cabia ao ministro garantir que a pequena noiva consentisse quando o pai a entregasse ao marido. Isso era o suficiente.

Alguns jovens casais escolheram um ao outro e casaram-se mesmo contra a vontade dos pais. Maria Audley, de 16 anos, conheceu Thomas Thynne em uma festa da família sob a supervisão de sua mãe Lucy, a Lady Audley; eles se casaram na mesma noite e foram colocados para dormir juntos, completamente vestidos, para que o casamento fosse considerado como consumado. Passou-se um ano até que os pais de Thomas, Joan e John Thynne, descobrissem que o filho era casado e tentassem declarar a união inválida, chegando a levar o caso ao tribunal.[349] A história desse casamento e da rivalidade entre as famílias pode ter sido a inspiração para *Romeu e Julieta*.

Algumas noivas grávidas da classe baixa foram forçadas a se casar para dar um pai a seus filhos; outras podem ter se casado na igreja apenas para confirmar um casamento já combinado, segundo as tradições populares: 25% das noivas na dinastia Tudor casaram-se grávidas.[350] Em Norwich, no século XVII, os pais "vendiam" a noiva em uma tradicional "feira de esposas" a um noivo previamente escolhido.[351]

A lei não era objetiva em especificar até que ponto um marido podia ser violento ao disciplinar, punir ou abusar da esposa. Livros de orientações cheios de ódio recomendavam a violência: um panfleto de 1671 recomendava que o marido deveria: "Ensinar-lhe boas maneiras com um porrete de madeira".[352] Um ditado popular de 1591, "Mulheres e galinhas se perdem a vagar", mudou em trinta anos para: "A mulher honesta (fica) melhor em casa com um osso quebrado do que vagando, / A mulher e a galinha perdem-se ao vagar".[353]

Um estatuto londrino do século XVI determinou que os homens não podiam bater nas mulheres depois das nove horas da noite, para não perturbar os vizinhos.[354] A execução do rei, em 1649, deixou todos os chefes de família do sexo masculino mais nervosos: a retórica contra as mulheres rebeldes, apesar do pequeno número destas, intensificou-se e os livros de orientações centraram-se na necessidade de conter e controlar as mulheres.

As classes intermediárias emergentes desaprovavam, em teoria, a violência física, especialmente no casamento, e os "livros de conduta" com orientações sobre como levar uma vida respeitável a desaconselhavam.[355] Mas a restrição não chegou à aristocracia nem aos trabalhadores e, quando homens violentos eram levados ao tribunal, os júris eram tolerantes.[356] Costumava-se aceitar que os maridos deveriam evitar o assassinato: nenhum espancamento conjugal deveria causar ferimentos tão graves a ponto de levar à morte da esposa; mas os poucos maridos acusados de matar a esposa podiam transformar com facilidade a acusação em uma confissão de morte acidental após uma violência "razoável". Os júris relutavam em apresentar um veredito de culpado ao assassino de uma esposa quando a punição fosse enforcamento e estripação. Os júris, formados exclusivamente por homens, preferiam considerar os réus culpados de matar acidentalmente suas companheiras. Os homens eram os principais assassinos domésticos: aproximadamente três quartos dos assassinatos conjugais foram caracterizados por maridos que mataram a esposa.[357]

O crime de uma mulher matar o marido, embora mais raro, era visto como muito mais grave, pois ela atacava o chefe da família: o mestre designado por Deus.[358] O assassinato de maridos era chamado de pequena traição, ao passo que o assassinato de um rei era uma grande traição. A punição era a morte na fogueira, mas isso raramente acontecia até o século XV, quando o Parlamento introduziu a morte na fogueira como uma punição padrão para os hereges.[359] Margery Mills foi queimada até a morte por envenenar o marido em Charlwood, Surrey, em setembro de 1599.[360]

Algumas mulheres podem ter reagido à crescente opressão por parte dos homens. Uma mulher, esposa de um proprietário rural de Yorkshire, recusou-se a lhe dar acesso à propriedade com a qual ela contribuiu com seu dote para o casamento, que passou a pertencer a ele — por lei e pelos costumes. No dia primeiro de janeiro de 1648, ele registrou em seu diário: "Hoje de manhã, usei algumas palavras de persuasão para que minha esposa se abstivesse de me falar sobre o que já passou e prometi-lhe que me tornaria um bom marido no futuro e ela me prometeu que faria o que eu desejasse em todas as questões, exceto assinar documentos; e prometi nunca pedir isso a ela".[361]

Antes da Reforma, não havia divórcio, apenas a anulação do casamento em condições muito limitadas e pelo próprio papa. Depois que Henry VIII concedeu a si mesmo os próprios divórcios, os súditos puderam requerer, a grande custo, por uma lei específica do Parlamento, o término de seu casamento, por razões muito restritas. O adultério por parte da esposa podia ser citado como uma razão para o divórcio, mas o adultério por parte do marido era legalmente permitido. Um estudo de testamentos de homens da aristocracia de 1450-1550 mostrou que, de 763 nobres, 51 deixaram heranças a amantes ou filhos ilegítimos. Se as esposas não sabiam dessas infidelidades, passavam a saber com a morte dos maridos, quando a viúva — executora do testamento na maioria dos casos — era forçada a pagar uma herança às amantes e aos bastardos.[362] Imagino que essa informação aliviasse muito a dor do luto.

A maioria dos casamentos terminava por simples separação ou deserção, e muitas famílias acabaram sendo chefiadas por mulheres sozinhas devido à fuga dos maridos. Um marido que abandonasse uma esposa rica podia levar os filhos e todo o dinheiro da família. Uma esposa que se separasse tinha de deixar os filhos aos cuidados do marido; ela não podia casar-se de novo e não tinha direito a qualquer parte da fortuna da família.[363] Os casamentos das classes mais baixas ainda podiam ser encerrados por um acordo em rituais populares, como a "venda da esposa", muitas vezes a seu amante, simbolizando o fim de uma união e o início de uma nova. Uma nova Lei do Adultério foi aprovada em 1650, sob o Parlamento moralista de Cromwell. A efêmera lei "para suprimir os pecados detestáveis do incesto, adultério e fornicação" punia atos de incesto e adultério, mas apenas os praticados por esposas e seus amantes, homens sedutores e "cafetinas" — bem como mulheres que cobravam por sexo e as sexualmente ativas. Três mulheres foram enforcadas por adultério antes de a lei ser revogada com o retorno do notoriamente promíscuo Charles II.

O Parlamento fez outra alteração na cerimônia de casamento. A promessa de dispor-se a fazer sexo e oferecer carinho por parte da esposa foi omitida. O endosso público da excitação sexual da esposa com o marido desapareceu. O mesmo aconteceu com a promessa de felicidade feminina: "Gentileza e obediência na cama e à mesa". O novo *Diretório para o culto público a Deus,* de 1645, determinou votos matrimoniais curtos e simples na Igreja. Agora o marido tinha que prometer "ser um esposo amoroso e fiel a ti até que Deus nos separe pela morte". E a noiva prometia o mesmo amor e fidelidade, mas também obediência: "Ser uma esposa amorosa, fiel e obediente a ti até que Deus nos separe pela morte".[364]

Essas promessas eram cumpridas em alguns casamentos. Diários mantidos por mulheres alfabetizadas (apenas as da classe alta, e mesmo assim muito poucas) mostraram que, de 21 casamentos, os casamentos felizes superaram os infelizes em quinze para seis.[365] Lápides, memoriais, poemas e cartas para maridos e esposas referem-se a casamentos marcados por companheirismo e amor até a morte. Lady Anne Harcourt deixa evidente como foi uma sorte ter encontrado um bom marido no século XVII: "Tive muita misericórdia em meu casamento com ele, sendo ele a resposta a minhas orações, sendo um marido religioso, prudente e amoroso".[366]

# Viúvas

O tratamento dispensado às viúvas deteriorou-se no século XVII devido a sua proeminência como chefes de 10% das famílias inglesas medievais,[367] já que sobreviviam ao marido em 69% dos casamentos aristocratas e nobres,[368] bem como a sua importante posição no mercado imobiliário de Londres. As viúvas usufruíram de grande confiança por parte de seus primeiros maridos no século XVI: 89% das viúvas de Abingdon foram nomeadas executoras do testamento dos maridos, e sua herança não estava condicionada a que permanecessem solteiras.[369] Mas, a partir do século XVII, as viúvas foram empobrecidas pelo testamento, que passaram a determinar que uma viúva perderia a herança no caso de um novo casamento. Os maridos criaram uma restrição à propriedade para excluir todas as mulheres das heranças. A restrição transformou o "patrimônio" da tradição normanda em uma obrigação legal permanente para continuar na família,[370] negando a propriedade à viúva ou a descendentes do sexo feminino e deixando-a a um herdeiro do sexo masculino — por mais distante que fosse. A restrição se popularizou no século XVII, reduzindo a herança de viúvas e filhas e fazendo com que seu trabalho para a família beneficiasse apenas o herdeiro mais velho do sexo masculino. Esses herdeiros estavam bem cientes da vantagem de herdar propriedades com uma administradora experiente. Um amigo do herdeiro do Castelo de Caus o instruiu a trabalhar com sua mãe em seu projeto de mineração de chumbo nas Colinas Mendip: "Durante a vida dela, ela pode se beneficiar disso, mas você e os seus poderão receber os lucros resultantes para sempre; você deve se contentar em dar a ela a melhor parte (dois terços), um terço para você caso você contribuir com um terço dos custos quando estiver concluído".[371] A restrição empobreceu as mulheres durante séculos — os romances de Jane Austen (duzentos anos depois, no início do século XIX) mostram a ansiedade das mulheres em relação às dificuldades futuras das viúvas e de suas filhas devido à restrição.

Um estudo sobre mulheres de Abingdon, Berkshire, entre 1540 e 1720 sugere que, a partir do início do século XVII, as viúvas optaram cada vez mais por não se casar de novo. As únicas que se casavam pela segunda vez eram as que tinham filhos pequenos. Essa mudança nos costumes tradicionais em Abingdon provavelmente se refletiu no resto do país. Tudo indica que, durante grande parte do século XVI, uma viúva de Abingdon era a verdadeira herdeira, isto é, a pessoa que herdava a fortuna do marido. Entretanto, a partir de cerca de 1570, os testamentos só lhe seriam concedidos se ela não se casasse novamente. No século XVII, a preocupação passou a ser que os filhos herdassem, mas aparentemente não se confiava que sua mãe, a viúva, protegeria a herança dos filhos. Depois de 1660, a confiança nas viúvas como executoras do testamento dos maridos diminuiu: apenas 74% delas foram nomeadas como executoras.[372]

Algumas viúvas de Abingdon herdaram fortunas e outras, demonstrando habilidades empreendedoras, aumentaram o patrimônio dos falecidos maridos. Isabel Pophley herdou a cervejaria de seu segundo marido e expandiu o negócio, comprando e administrando diversas estalagens. Ela morreu rica, com muitas propriedades, joias com diamantes e investimentos.[373]

## Mulheres solteiras

Após 1536, com a dissolução dos conventos, monastérios e abadias, as mulheres solteiras perderam a possibilidade de uma carreira com elevado *status* social. Não havia trabalho fora da casa nem nos negócios da família para as solteiras aristocratas, exceto servir como companheiras de parentes ricos ou patronos, ou — para muito poucas — na corte.

Com a intensificação da ansiedade em relação às mulheres solteiras no final do século XVI, poucas escapavam das suspeitas e da vigilância das autoridades.[374] Só conseguiam evitar a censura as mulheres solteiras cujos recursos eram garantidos e que possuíam a própria casa; as mais velhas em quem se podia confiar que não corromperiam a moral de ninguém ou que não teriam um filho bastardo às custas da paróquia; e as que morassem com os genitores e o pai houvesse falecido recentemente. Todas as solteiras eram vistas com menos tolerância do que a concedida às viúvas, que podiam herdar casas e, por vezes, oficinas e ser membras de guildas ou receber o *status* de cidadãs. Uma mulher solteira, Ann Faulkner, e sua irmã viúva, Mary Stokes, herdaram, juntas, o ofício da mãe, mas foram nomeadas nos registros da cidade de Southampton como uma única profissional — a viúva. Por ser solteira, presumia-se que Ann dependia de sua irmã Mary, a viúva de fato, embora ambas tivessem herdado igualmente.[375]

No século XVII, a população de mulheres solteiras atingiu o auge, perfazendo aproximadamente 30% da população do país, uma proporção extraordinariamente alta.[376] As trabalhadoras solteiras sustentavam-se com a própria renda ou iam morar com agregados familiares e trabalhavam como criadas em troca de alojamento, alimentação e salários, ou viviam com a família e contribuíam com seu trabalho ou renda.

## Mulheres que amam mulheres

O anseio em relação às práticas sexuais entre pessoas do mesmo sexo prevalecia em toda a Europa, mas apenas a intimidade sexual entre homens era proibida pela Igreja e considerada ilegal.[377] As leis descreviam explicitamente atos proibidos aos homens, mas, como não existiam leis penais contra as práticas sexuais entre mulheres, não havia descrições oficiais de tais práticas. Mulheres que amavam mulheres podiam acreditar que seu afeto e suas ações eram isentas de pecado e não estavam ao alcance da lei. Era comum mulheres viverem juntas em intimidade: dormindo na mesma cama, passando o dia inteiro na companhia uma da outra — às vezes, optando por viver juntas e não com a família ou com o marido —, mas raramente foi registrado que elas encontrassem prazer sexual uma com a outra. Há dois registros de visitas de bispos a conventos antes da Reforma segundo os quais descobriu-se mulheres dormindo juntas. Em Littlemore, um priorado que, segundo registros, tinha vários problemas financeiros e disciplinares, a prioresa foi acusada de dormir com uma das freiras em sua cama. Nenhuma menção foi feita a qualquer relação sexual, mas o bispo Alnwick determinou que as mulheres deveriam dormir separadas. No Priorado Flamstead, em 1530, uma das freiras, Johanna Mason, explicou que dormia com outra freira para não perderem a hora das matinas. O bispo inspetor, John Longland, determinou que a prática teria que acabar.[378]

O amor de algumas mulheres por outra durou até a morte: Kateryn Parr, última rainha de Henry VIII, era profundamente amada por várias de suas damas, que arriscaram a própria segurança para ficar com ela. Sua amiga e colega reformista da Igreja, Anne Askew, preferiu a tortura e a morte na fogueira a incriminá-la. É difícil imaginar um amor maior que esse.

# Parte 5

# 1660-1764
# Impedidas de entrar e impedidas de sair

## Apropriação de terras

> Portanto, contenta-te com teu grau inferior
> E (Deus) proverá para teus filhos e para ti.[1]

Essa foi a recomendação das *Orientações para o pobre homem* (ou *O guia do homem casado*), não uma balada escrita assente na experiência, mas algo muito pior: uma balada escrita por um escritor aristocrático rico para convencer os pobres de que eles tinham sorte de estar em sua condição de pobreza, de que eles deveriam se contentar com sua sorte e nunca — nunca! — rebelar-se novamente.

Não que a revolução tivesse beneficiado os pobres. Embora os radicais das guerras civis tivessem exigido que as terras fossem devolvidas e que os pobres fossem restituídos às terras, o novo governo não cumpriu suas promessas. Nem o retorno da monarquia com Charles II, em 1660, marcou um regresso ao "bom senhorio". A velocidade dos cercamentos aumentou, expulsando as mulheres da terra, enquanto a corte ociosa e hedonista pregava a importância do trabalho duro e da disciplina como virtudes dos trabalhadores.

Em apenas quarenta anos, cerca de um quarto de toda a Inglaterra passou para a propriedade privada: terras não cultiváveis, bosques, terras altas e zonas alagadas foram declarados propriedade privada, cercados com muros e sebes ou aradas, por cerca de 1.700 leis distintas promulgadas pelo Parlamento, dominado por proprietários de terras.[2] Aquelas belas paisagens que servem de cenário para as grandiosas casas de campo do século XVIII se estenderam sobre vilarejos esvaziados e vidas arruinadas. Os caminhos abertos por pessoas que passaram gerações inteiras vivendo da terra foram bloqueados; as terras comuns onde elas coletavam lenha para cozinhar e se aquecer e onde colocavam seus animais para pastar foram cercadas e fechadas. As pessoas já não podiam levar animais para pastar, montar suas colmeias, colher bagas, cogumelos e nozes, coletar lenha e caçar livremente. Uma família do campo não podia mais viver da terra. Foi um roubo extraordinário por parte da elite — especialmente para um povo que já havia perdido tantas terras comuns devido aos cercamentos. Vilarejos que costumavam trabalhar coletivamente de repente descobriram que as poucas famílias mais ricas tinham ocupado toda a terra e os aldeões tornaram-se empregados de seus antigos vizinhos; a isso se seguiram métodos agrícolas mais eficientes e aumento da produção. O impacto sobre a população pobre de camponeses foi severo e lamentado até por alguns membros da elite: Thomas More, em *Utopia* (1516), e Oliver Goldsmith, em seu poema *A vila deserta* (1770), lamentaram mais de dois séculos depois a ruína da vida no campo. Os trabalhadores escreveram as próprias baladas — não de nostalgia, mas de raiva:

> A lei prende o homem ou a mulher
> Que rouba o ganso das terras comuns
> Mas deixa solto o vilão maior
> Que rouba do ganso o que ele tem de comunal.
>
> A lei exige que expiemos
> Quando tomamos o que não é nosso,
> Mas deixa intactos os nobres e as damas
> Que tomam o que é teu e o que é meu.
> Os pobres e miseráveis não escapam
> Se conspiram para a lei violar;
> Assim deve ser; mas prosperam
> Os que conspiram para fazer as leis.
>
> A lei prende o homem ou a mulher
> Que rouba o ganso das terras comuns
> E os gansos faltarão nas terras comuns
> Até os homens e as mulheres tomarem o que é seu.[3]

Até as comunidades que conseguiram manter as terras comuns perderam seus direitos tradicionais. A carne de caça — veado, lebre, coelho, faisão, perdiz — agora pertencia ao proprietário, e a caça esportiva tornou-se uma mania entre os ricos. Em 1671, novas leis declararam ilegal que um arrendatário caçasse, inclusive nas próprias terras.[4] Depois que a caça de raposa se tornou um esporte — quase uma obsessão — da elite, os camponeses foram proibidos de matar as raposas que atacavam suas galinhas. Até os peixes nos rios e lagos estavam fora dos limites sob os novos "direitos" de pesca. Em 1723, a notória "Lei Negra" criou mais de duzentos novos crimes, que foram ampliados ao longo dos anos subsequentes, cada um deles punível com enforcamento — todos dirigidos a camponeses que tentavam viver de suas antigas terras. Qualquer pessoa que caçasse, roubasse colheitas, queimasse feno ou derrubasse as odiadas cercas poderia ser condenada à morte.

As mulheres foram as que mais sofreram. Já não era possível para uma mulher subsistir com os campos compartilhados do vilarejo, pois eles tinham desaparecido. Ela não podia mais levar seus animais para pastar nas terras comuns, que estavam cercadas. Ela foi excluída dos bosques onde costumava coletar lenha ou criar porcos. Não podia pescar no riacho ou no rio, nem caçar coelhos ou pombos para comer. Recebendo salários mais baixos pelo trabalho ocasional no qual se destacavam, as mulheres também não conseguiam ganhar a vida com o trabalho remunerado.

Elas foram expulsas das terras comuns e forçadas a trabalhar para os outros a fim de ganhar dinheiro e comprar bens que antes elas mesmas produziam. A mudança gerou um excedente de trabalhadores, o que fez com que os salários despencassem *à* metade. Os camponeses que não podiam trabalhar para os vizinhos eram forçados a viajar para trabalhar sazonalmente ou migrar para as cidades.[5] As leis elisabetanas da dinastia Stuart que ordenavam que as mulheres deveriam ficar em casa foram subitamente dissolvidas.[6] De repente, tornou-se social e moralmente aceitável para uma mulher solteira sair de casa em busca de trabalho; na verdade, tornou-se ilegal que ela *não* trabalhasse. Bristol mais do que dobrou sua população, de 21 mil, em 1700, para cerca de cinquenta mil, em 1750. Manchester passou de uma população de cerca de dezoito mil habitantes, em 1750, para 89 mil, em 1801.[7] Um quarto da população estaria vivendo em cidades por volta de 1800, muitas vezes em terríveis cortiços urbanos.[8]

As mulheres solteiras e as viúvas já não podiam sustentar-se em suas choupanas. Elas foram trabalhar como empregadas domésticas e em oficinas nas cidades em crescimento, para viver com os empregadores. Mas uma mulher presa a seus dependentes no campo não tinha como ganhar dinheiro sem acesso às terras comuns nem trabalhar nas cidades; ela estava confinada ao campo, produzindo alimentos na pequena horta que lhe restava, tendo filhos, amamentando — efetivamente produzindo o leite para o bebê —, cuidando dos filhos, dos idosos e dos doentes, fabricando tecidos e costurando roupas, preparando comida e bebida, arranjando lenha para o fogo e, por vezes, cera para as velas. Para garantir a sobrevivência das famílias, todo o trabalho das esposas, toda sua produtividade, deveria ser entregue gratuitamente às próprias famílias, de modo a liberar o marido para trabalhar o máximo possível por salários em dinheiro. O valor do trabalho não remunerado das esposas se tornou invisível.[9] A tradição de mulheres que trabalham sem remuneração para a família e de homens que se dedicam ao trabalho assalariado foi estabelecida pelos cercamentos de terras comuns no século XVII — muito antes da invenção da retórica do "homem provedor". O abismo entre os salários dos homens e das mulheres fora estabelecido localmente pelos magistrados desde os tempos elisabetanos. Mas agora os proprietários-juízes de paz mudaram a maneira como fixavam os salários: já não especificavam um salário mínimo que os empregadores deveriam pagar, mas estabeleciam um limite máximo que os empregadores locais não poderiam exceder. De maneira bastante deliberada, os magistrados reduziram as remunerações como um todo e, mais especificamente, as das mulheres. A disparidade salarial entre trabalhadores e trabalhadoras foi mantida. Um homem que produzisse feno em 1684 não poderia receber mais de 10 pence por dia, enquanto uma mulher que trabalhasse a seu lado, fazendo o mesmo trabalho, não poderia receber mais de 6 pence ou até menos. No próspero negócio de servos domésticos, um cozinheiro residente ganhava 4 libras por ano, e uma cozinheira, 2,5 libras.[10]

A Inglaterra era um país pobre no fim do século XVII: não havia excedentes na balança comercial, as epidemias eram frequentes e, quando algo prejudicava a safra, as pessoas morriam de fome. Mais de um terço de todas as crianças morriam na infância, e a população caiu de 5,23 milhões, em 1660, para 4,93 milhões, em 1680. Daniel Defoe identificou diferentes classes: os ricos, os intermediários e "os profissionais que trabalham duro, mas não passam necessidade; os camponeses, agricultores etc., que levam uma vida moderada; os pobres, que passam por dificuldades; e os miseráveis, que se alimentam das migalhas e realmente passam necessidade".[11]

## Protestos

A grande apropriação de terras não foi recebida passivamente. A população defendeu quase todos os campos, tomando medidas legais — apelos aos senhorios, apelos à Igreja, petições — e ilegais — rebeliões, destruição de cercas, sabotagem de máquinas, caça furtiva e incêndios criminosos. Protestos seguiram-se à drenagem de zonas alagadas como o Fens, à aragem de antigos prados e a outras mudanças na utilização de terras. Houve manifestações para protestar contra o custo, a venda e a exportação de alimentos para fora do mercado local. Os protestos podiam ser violentos e turbulentos. Grandes revoltas ocorreram por toda a Inglaterra nos anos de fome em todas as décadas a partir de 1740.[12] Em apenas um ano, 1766, ocorreram mais de 130 rebeliões, em que os pobres tentavam forçar os agricultores e os comerciantes de milho a manter no país os cereais usados para fazer pão. Os proprietários de terras e os ricos descreveram as revoltas como "insurreições", e o povo, como uma "turba". Mas muitos mantiveram a tradição, com inquilinos e trabalhadores protestando e proprietários de terras fazendo concessões.

As mulheres lideraram as queixas. Sua presença era proeminente nos mercados, pressionando os varejistas e produtores de alimentos, intermediários e agricultores a manter os preços baixos e a não exportar alimentos. Mulheres da classe trabalhadora lideraram uma ação direta que foi tão convincente para a elite que um historiador a chamou de "economia moral da multidão".[13]

Um grupo de mulheres revoltou-se em Lyme, em 1678, contra a importação de linho e lona. Muitas mulheres rebeldes eram de famílias que, mais tarde, se uniriam à rebelião do duque de Monmouth contra a tirania e o catolicismo romano de James II — parte de uma tradição de manifestações públicas e radicalismo político na próspera cidade de Dorset.[14] Uma safra ruim em 1693 fez com que as mulheres de Northamptonshire levassem facas ao mercado e obrigassem os varejistas de grãos a vender localmente, a preços justos. No mercado de Oxford, moleiros, padeiros e produtores de milho foram apedrejados por uma multidão de mulheres.[15]

No mercado de Nottingham, eclodiu uma rebelião de vários dias para impedir que os comerciantes de Lincolnshire retirassem centenas de quilos de queijo do condado. O proprietário de um armazém reuniu a própria milícia de cavaleiros para encontrar os queijos roubados em Castle Donington, a 22 quilômetros de distância. Mas a elite tradicional ficou do lado dos pobres contra os novos ricos. O juiz de paz de Castle Donington recusou-se a assinar mandados de busca para permitir que a milícia privada revistasse as casas da população. Em resposta, a milícia prendeu suspeitos de desordem e sitiou a casa do magistrado, exigindo que ele ouvisse o caso contra os desordeiros. Isso, por sua vez, desencadeou uma revolta de mulheres e crianças locais em defesa do magistrado, as quais resgataram os manifestantes. As mulheres e crianças expulsaram a milícia da cidade.[16]

Até uma mulher sozinha poderia provocar uma resposta solidária. De acordo com o jornal sensacionalista *Newgate Calendar*, uma mulher, Ann Flynn, foi detida em 1750 e encarcerada por cinco semanas antes de comparecer ao tribunal, acusada de roubar uma paleta de carneiro. Ela

> contou uma história triste que tocou todos os corações. Admitiu o roubo, mas declarou solenemente que foi instada a cometê-lo pela mais aflitiva das angústias: seu marido estava doente e não conseguia ganhar um único xelim havia doze semanas, e, com dois filhos pequenos, ela foi levada ao extremo. Naquela situação deplorável, continuou a pobre mulher, enquanto lágrimas corriam por seu rosto pálido, ela agarrou desesperadamente a paleta de carneiro, pela qual já havia sido confinada por cinco semanas.

Segundo o relato do jornal sensacionalista, o júri vacilou em considerá-la culpada, e o juiz disse: "Senhores, entendo sua hesitação". Os homens da elite se emocionaram com o apelo de uma mulher pobre. O escriturário ordenou que

Ann Flynn fosse libertada após pagar uma multa de 1 xelim, e o júri pagou do próprio bolso a multa por ela.[17]

Muitos crimes provocados pela fome foram ignorados; muitas rebeliões no país terminaram sem qualquer registro; muitas terminaram rapidamente, com os magistrados decidindo no local reduzir os preços e até distribuindo alimentos aos pobres. Mas as atitudes endureceram ao longo do século XVIII, e os magistrados passaram a ficar cada vez mais do lado dos usurpadores. O pensamento radical — que viria a inspirar revoluções violentas na França e na América — teve origem na Inglaterra, onde a raiva contra a ganância se generalizou, fazendo com que a elite gananciosa ficasse cada vez mais temerosa. Londres era a cidade mais tumultuada do mundo ocidental antes de 1789.[18] Na Inglaterra, tal como na Revolução Francesa, as mulheres foram vanguardistas no pensamento radical e na ação violenta.

Elas também protestaram contra as novas máquinas e as novas práticas que ameaçavam derrubar os salários ou deixavam desempregados os artesãos qualificados. Em 1675, mulheres manifestantes destruíram teares automatizados em Spitalfields, em defesa das práticas artesanais. Em 1697, cerca de cinco mil mulheres foram ao Parlamento se queixar da concorrência estrangeira na indústria de tecelagem da seda.[19] As mulheres levaram os filhos e organizaram o protesto: "Elas juntaram moedas e pagaram a uma mulher para 'convocar os tecelões para ir a Westminster e fazer uma petição ao Parlamento'".[20]

William Blackstone achou necessário observar em *Comentários sobre as leis da Inglaterra* (1771) que as mulheres não tinham o direito legal de se rebelar e não deveriam ser autorizadas a esconder-se atrás da alegação de que não tinham uma identidade legal. O medo de tumultos se intensificou a tal ponto que foi criada a Lei dos Tumultos, em 1714. A lei definia uma "multidão" como um grupo composto de mais de doze pessoas. Um magistrado ou autoridade civil deveria ler a lei em voz alta em qualquer encontro de mais de uma dúzia de cidadãos e, uma hora após a leitura, soldados ou milícias podiam atirar para matar. Foi um ato extraordinário e agressivo de uma elite contra seu próprio povo. Pode ter afetado mais as mulheres do que os homens. Já se especulou que, temendo a aplicação da lei, as mulheres esvaziaram as ruas imediatamente, desaparecendo dos registros.[21]

## Apropriação de poder

A restauração de Charles II, em 1660, representou o retorno visível do patriarcado. Os homens que convidaram a monarquia a regressar — por falta de qualquer outra ideia — estabeleceram sua contraparte. Charles teve que abrir mão de seus direitos reais tradicionais e aceitar o fim de todos os impostos, multas e taxas feudais que ainda restavam.[22] Daquele momento em diante, os ingleses não teriam mais senhores.

Foi o fim definitivo e completo do feudalismo para esses homens. E uma grande apropriação de poder. Os homens ingleses tornaram-se cidadãos legais com direitos perante a lei; a família real tornou-se uma grande proprietária de terras e reis. Mas as mulheres inglesas — que disputaram, pregaram e lutaram pela liberdade inglesa — nada ganharam com a derrubada do Parlamento e o regresso do rei. As mulheres entraram no mundo pré-moderno tal como haviam entrado no mundo medieval: como servas, propriedades dos maridos, sem qualquer existência legal.

Abalados pelas guerras civis, os pensadores ingleses se consolaram com a revolução do pensamento (agora chamada de Iluminismo) na Europa inteira, que defendia que o progresso seria ascendente e que a humanidade iria melhorar e tornar-se mais civilizada, culta e lógica. Foram desenvolvidas novas ciências, baseadas na observação do mundo real, não na especulação; o pensamento racional passou a ser mais valorizado que a inspiração, e a lógica, mais que a magia. Todo o mundo natural passou a ser observado em detalhes e documentado pelos autodenominados cientistas, com base na crença de que a rica diversidade da natureza poderia ser compreendida ao ser definida e categorizada. A diversidade dos seres humanos, com um único corpo humano que poderia ter qualidades masculinas e femininas e mudar de mulher para homem, não se adequava a essa nova moda de rotulagem precisa e restrita. Os novos filósofos decidiram que havia apenas dois sexos: fixos e imutáveis, completamente opostos, masculino e feminino, o normal e o outro.[23] Propuseram esse modelo binário simples porque os favorecia; eles o encontraram porque o procuraram, porque se adequava a suas ideias de *status* masculino e feminino. Quando viam comportamentos ou uma natureza que não confirmavam seu modelo binário rígido, inventavam explicações. A mudança de sexo do feto em desenvolvimento e a presença de todos os órgãos sexuais no início do desenvolvimento foram ignoradas.[24] A existência de apenas dois sexos, completamente opostos, nunca foi uma observação autêntica corroborada por todas as evidências, mas um modismo intelectual no pensamento europeu modernizador; inventado para explicar e justificar a desigualdade sexual.[25]

Novas teorias sobre o corpo das mulheres basearam-se na dissecação de cadáveres e no uso do recém-inventado microscópio. A palavra "vagina" foi inventada no século XVII para definir um órgão "feminino" que anteriormente era denominado "bastão" interno ou invertido — ou seja, um pênis.[26] A natureza das mulheres passou a ser deduzida com base em seu corpo: a raiva e a loucura perigosas criadas pelo útero volúvel, a angústia causada pela frustração sexual, o mau humor provocado pela menstruação, a deterioração da menopausa. Os novos pensadores do "Iluminismo" concordavam que as mulheres eram o oposto dos homens, considerados "normais": as mentes irracionais femininas eram comparadas com a rigorosa lógica masculina; os sentimentos emocionais, com o pensamento controlado; e corpos frágeis, com a força masculina.

Essas ideias ganharam força com a observação, pelos filósofos homens da elite, das mulheres cada vez mais ociosas de sua própria classe. John Locke, um dos grandes pensadores do Iluminismo, aconselhou as mulheres que o ato de levantar objetos pesados "não pertence a seu sexo" e "põe em perigo sua saúde", indiferente ao mundo a seu redor, repleto de mulheres trabalhando lado a lado com homens.[27] A única coisa que ficou mais leve para as mulheres foi o salário que recebiam.

A Royal Society, uma associação de cientistas e filósofos fundada em 1660, excluiu as mulheres durante 285 anos, demonstrando — com base exclusivamente em sua lista de membros — a superioridade da mente masculina. Como se acreditava que as mulheres eram criaturas sentimentais, e os homens, seres racionais, elas não tinham lugar em uma associação dedicada à lógica e à racionalidade. Como disse o fundador, Joseph Glanvill: "A verdade não tem chance de ser declarada quando os afetos vestem as calças e as mulheres governam".[28]

Os homens eram intelectuais enquanto as mulheres eram sensuais, movidas por suas emoções e paixões físicas incontroláveis. O útero era "um animal dentro de um animal".[29] Os escritores obscenos do Iluminismo ainda sustentavam que as mulheres eram sexualmente vorazes. Rabelais observou mulheres "perseguindo loucamente o tapa-sexo* dos homens".[30]

Até a capacidade das mulheres de gerar filhos era minimizada como se fosse uma função animalesca, ao contrário das ideias brilhantes gestadas na mente racional masculina. Como dizia o livro de citações: "Ninguém, a não ser os tolos, é apto a ter filhos".[31]

Os filósofos da elite e os chamados cientistas tinham boas razões para argumentar que a natureza das mulheres não era confiável e que elas não eram adequadas para assumir posições de autoridade. As mulheres radicais e combatentes da classe baixa tinham atuado como líderes durante o caos das guerras civis, lutando ao lado dos homens na defesa de vilarejos e casas, pregando e profetizando nas pequenas seitas religiosas, entrando na política, argumentando e fazendo petições, sempre na vanguarda da ação direta contra os cercamentos, a escassez de alimentos e o desequilíbrio do mercado. As aristocratas defenderam, em condições consideradas impossíveis, casas situadas e mantiveram a riqueza, o *status* e a unidade da família na ausência dos homens. Com todas essas mulheres no controle, o país tinha caído no inferno. O comentarista Richard Allestree observou: "Tudo parece invertido, até os sexos. Enquanto os homens caem na efeminação e na gentileza das mulheres, as mulheres assumem a confiança e a ousadia dos homens".[32]

Agora que o rei foi restaurado, esperava-se que as mulheres assertivas retornassem para a paz de seu lar. As combatentes que haviam marchado e lutado e as

---

* O tapa-sexo, em inglês *codpiece*, era uma peça de roupa masculina que cobria a região genital. Era frequentemente usada como peça de moda e podia ser bastante decorada e exagerada. [N.T.]

nobres generais que haviam defendido a casa de cercos foram enviadas de volta a seu opressivo trabalho doméstico e civil. Os historiadores observaram: "Ninguém queria uma heroína na vida cotidiana. Pelo contrário, esperava-se que as mulheres renunciassem a papéis extraordinários para contribuir com o que todos supostamente desejavam: um retorno à normalidade".[33]

Os pensadores iluministas concordavam que as boas mulheres eram naturalmente modestas e, se não o fossem, deveriam ser ensinadas. Como disse o filósofo Jean-Jacques Rousseau: "Se a timidez, a castidade e a modéstia próprias [das mulheres] são invenções sociais, é do interesse da sociedade que as mulheres adquiram essas qualidades, que devem ser cultivadas nas mulheres".[34]

Parecia que elas tinham de ser ensinadas a assumir sua natureza modesta e tímida. Uma obra importante para fazer exatamente isso, imensamente popular no século XVII, foi *O clamor das damas*, escrita por Richard Allestree, em 1673, e que, em 1727, já havia sido reimpressa nove vezes. Esses livros ficaram conhecidos como "livros de conduta", pois ensinavam aos leitores como se comportar. Foi um momento decisivo na criação da feminilidade inglesa moderna.[35]

Allestree fora um soldado realista durante as guerras civis e recuperou seu cargo como ministro da Igreja Anglicana com o retorno de Charles II. Com base em sua eminência no movimento realista, autoridade espiritual e experiência mundana, ele explicava a verdadeira natureza das mulheres às próprias mulheres: "Admita-se que, no que diz respeito ao intelecto, elas estão abaixo dos homens; no entanto, na parte mais sublime da humanidade, elas são iguais: elas têm alma".[36]

O comentário de Allestree representava uma enorme concessão às mulheres, contradizendo a crença anterior de que elas não tinham alma, e sim que, como os animais, eram apenas corpos. Como possuidoras de alma, as mulheres podiam liderar espiritualmente no âmbito privado, enquanto no mundo mais amplo eram governadas com segurança por homens com mentes superiores.

*O clamor das damas* adverte as mulheres, com detalhes horrendos, de como elas são vistas quando lhes faltam modéstia e mansidão e de como, ao exercitar essas virtudes, serão mais atraentes para Deus e para a sociedade (e atrairão um marido) do que as mulheres imodestas. A afabilidade e a compaixão são mais do que meras virtudes: constituem a maneira pela qual uma mulher tem sucesso na sociedade (e atrai um marido). A devoção a Deus também é importante, porque ajuda a mulher a tornar-se um membro valioso da sociedade (e atrair um marido). Escrito para mulheres alfabetizadas — as classes intermediárias e aquelas acima —, o livro cita o esnobismo grosseiro para desencorajar o mau comportamento e repete continuamente que o comportamento exigente, vocal e assertivo pertence às classes mais baixas e não deve ser praticado por uma dama. "Uma mulher desordeira [...] é uma criatura que só deve ser procurada em barracas e mercados, não entre pessoas de qualidade."[37]

Uma "dama" é um ser visivelmente diferente de uma mulher trabalhadora. A "natureza da mulher" passa a significar essa criatura refinada que tem o tempo e a necessidade de aperfeiçoar os comportamentos prescritos. O autocontrole sexual feminino — na verdade, a frigidez sexual — é a maior qualidade de uma dama. Os mitos do amor cortês e os entretenimentos baseados nas histórias de amor cortês retornaram com a monarquia, e a dama do castelo combinou-se à perfeição com a heroína burguesa de Allestree. Ambas eram sexualmente castas, talvez frígidas. Ambas tinham de proteger a si mesmas e sua reputação da agressão masculina e de seu próprio desejo traiçoeiro: "Aquela que ouve qualquer discurso desenfreado viola seus ouvidos. Aquela que diz qualquer coisa viola sua língua. Cada olhar indecente vicia seus olhos, e o mais leve ato de flerte deixa uma mácula sórdida atrás de si".[38]

Se o casamento não puder ser alcançado por uma mulher, Allestree promete que há prazeres na vida de solteira; no entanto, sua descrição desses prazeres é tão breve que fica evidente que, na verdade, não há nenhum. Mesmo se o casamento for uma prisão para uma mulher, Allestree afirma que é "melhor ser uma prisioneira na própria casa do que na casa de um desconhecido".[39]

## Protestos políticos

A monarquia restaurada foi abertamente antagônica aos protestos das classes mais baixas, especialmente das mulheres. Novas leis contra petições, manifestações em massa e liberdade de imprensa foram aprovadas em 1661 e 1662.[40] Algumas mulheres recusaram-se a ser silenciadas e continuaram defendendo a educação feminina, pregando em seitas exclusivas para mulheres e trabalhando na imprensa clandestina, como a heroína Elizabeth Calvert, que atuou como gráfica e livreira ao lado de seu marido, Giles, na Black Spread Eagle, em St. Paul Churchyard, e na Black Spread Eagle, em Barbican. Depois da Restauração, Elizabeth liderou a publicação de panfletos radicais, mesmo quando seu marido estava preso. Ela trabalhou em textos antimonarquia com outras editoras, como Hannah Allen, Joan Dover (mais tarde Darby) e Ann(a) Brewster, e foi presa duas vezes. Viúva em 1663, continuou publicando textos subversivos e foi detida com sua criada Elizabeth Evans, seu aprendiz Mathias Stephenson e seu filho Nathaniel. Foi presa em 1664, e seu filho morreu antes de ela ser libertada para cuidar dele. Embora sua gráfica tenha sido destruída no Grande Incêndio de 1666, Elizabeth Calvert continuou imprimindo textos radicais e enviando-os a toda a Inglaterra.

Sua prensa secreta, fora dos limites de Londres, foi encontrada e destruída em 1668, mas ela retornou a St. Paul's Churchyard um ano depois, abriu outra gráfica e foi presa e julgada por publicar outro livro proibido. Elizabeth fugiu do julgamento em 1671, e as acusações contra ela foram retiradas, mas voltou a ser presa três anos depois por outro crime. Implacável, contratou outro aprendiz antes de fazer seu testamento em favor de seu único filho sobrevivente, Giles — uma rebelde até sua morte, em 1675.[41]

Outras mulheres escreveram livros contra o rei restaurado, publicaram panfletos e se manifestaram contra ele: 11% dos casos de discurso subversivo contra Charles II julgados em tribunal foram proferidos por mulheres antimonarquia.[42] As mulheres contestaram as novas leis que proibiam petições. As trabalhadoras, tecelãs de seda e fabricantes de vidro intimidaram seus parlamentares e forçaram as Casas do Parlamento a ouvir suas preocupações sobre seus ofícios.[43]

As mulheres se juntaram em massa às rebeliões contra a monarquia restaurada. A confeiteira londrina Ann Smith escondeu Archibald Campbell, o conde de Argyll, durante a primeira revolta dele contra James II, irmão e herdeiro de Charles II. Smith e seu marido fugiram para o exterior com Argyll e financiaram sua segunda revolta contra James, na Escócia, em 1685. Apesar desse extraordinário ato de traição, ela foi perdoada em 1686. Deborah Hawkins prometeu que "vestiria calças para lutar pelo duque de Monmouth", se isso fosse necessário para não ver o católico romano James herdar o trono.[44] Filho bastardo de Charles II, Monmouth também cooptou as chamadas "Garotas de Taunton", vinte alunas que bordaram uma bandeira para ele e o saudaram como rei sob a liderança de sua professora, a sra. Musgrave. Todas foram presas por traição e enviadas como servas contratadas para trabalhar nas grandes *plantations* de açúcar nas colônias do Caribe. A sra. Musgrave morreu na prisão, mas as famílias das meninas foram autorizadas a comprar perdões da segunda esposa de James II, a rainha Mary de Modena, a "proprietária" das meninas.[45]

Elizabeth Gaunt, uma lojista de Londres, escondeu um dos conspiradores do levante de Monmouth, mas foi traída por ele. Por ser mulher, sem qualquer ligação direta com a conspiração, ela esperava receber uma acusação menor, porém foi acusada de traição e condenada à morte na fogueira, sem contar com a clemência de ser estrangulada antes. Mas a execução pública decretada por James II saiu pela culatra. A coragem de Elizabeth Gaunt angariou apoio para sua causa. Ela fez um discurso contumaz, escrito de próprio punho para publicação, e o proclamou em voz alta antes de sua terrível morte na fogueira:

> Deixo a Ele, o Vingador de todas as injustiças, que pisoteará os príncipes como se fossem cimento e será terrível para os reis da terra; e saibam também que, embora os senhores estejam aparentemente firmes devido ao poder em suas mãos e distribuem sua violência com uma mente cheia de desdém, movidos pelo ódio antigo e novo, empobrecendo e de todas

as maneiras afligindo os que têm sob seu comando, mas, a menos que os senhores possam proteger Jesus Cristo e todos seus santos e anjos, jamais conseguirão realizar seus negócios, nem suas mãos concluirão seus empreendimentos; pois Ele estará sobre os senhores antes que percebam; e, portanto, que os senhores sejam sábios, instruídos e aprendam. Este é o desejo daquela que não encontra misericórdia dos senhores.[46]

Outra mulher, Alice Lisle (1617-1685), de 68 anos, foi acusada de traição por abrigar dois rebeldes em fuga. Ela argumentou que não sabia que eles eram rebeldes e achava que um deles era apenas um pregador radical. Por ser viúva de um regicida que apoiara a execução de Charles I, Alice enfrentou um julgamento que lhe foi desfavorável desde o início. Seu marido, John Lisle, fugira do país na esteira da restauração da monarquia e fora assassinado por um espião realista no exílio, em Lausanne, em 1664. Vinte anos depois de sua morte, 36 anos após o regicídio por ele cometido, seu crime pesou contra sua viúva. O juiz Jeffreys decidiu que Alice Lisle não poderia falar em sua própria defesa, porque Charles I não fora autorizado a falar em defesa própria; e o júri, relutante, considerou-a culpada de traição. James II adiou a execução por uma semana após a sentença até que, dado que ela era uma mulher aristocrata, finalmente comutou a pena por uma mais misericordiosa: em vez de ser queimada viva, Alice foi decapitada no mercado de Winchester — foi a última mulher a ser executada legalmente dessa maneira na Inglaterra.[47]

Uma jovem matou um oficial realista com a própria espada enquanto ele estuprava a mãe dela após a derrota de Monmouth, em Westonzoyland, Somerset. Mary Bridge, de apenas 12 anos, agarrou a espada do estuprador e esfaqueou-o no coração. Ela foi a única apoiadora de Monmouth libertada pelo famoso juiz Jeffreys, que lhe deu a espada de lembrança. A arma foi passada de geração em geração em sua família e pode ser vista hoje no Museu de Somerset, em Taunton.

Protestos irromperam contra o juiz Jeffreys, que enforcou centenas de rebeldes protestantes e puritanos que lutaram pelo duque de Monmouth, em 1685. Viúvas e filhas dos homens enforcados e exilados escreveram uma petição especificamente feminina para denunciar Jeffreys e convidá-lo a visitá-las em West Country: "Onde nós, as boas mulheres do oeste, ficaremos felizes em vê-lo e lhe daremos uma recepção diferente da que recebemos há três anos".[48]

Os temores do católico romano James II e de sua esposa, Mary de Modena, culminaram com o surpreendente nascimento de um filho, quase imediatamente denunciado como "falso filho" por agitadores protestantes. O medo de um príncipe católico romano de Gales inspirou um segundo levante contra James II, desta vez encorajado por suas duas filhas protestantes, as princesas Mary e Anne, e liderado por um grupo de nobres que ofereceram o trono do rei a sua filha protestante, Mary, e o marido dela, William de Orange. O casal assumiu a monarquia, e seus poderes reais foram ainda mais restritos por uma Declaração de Direitos, em 1688.

Os novos monarcas não foram bem recebidos por todos. Algumas mulheres que ainda apoiavam o exilado rei James II, da dinastia Stuart, depois de ele ter fugido, ameaçaram arrancar os olhos do prefeito que apoiou William e Mary em Kingston upon Thames, em 1716.[49]

Mais uma vez, a Inglaterra teve uma rainha reinante na figura de Mary, e o Parlamento e a própria rainha tentaram estabelecer a supremacia de seu marido não pertencente à nobreza sobre a esposa real. Os biógrafos da rainha sugerem que ela foi intimidada até a total submissão por seu marido emocionalmente frio. Mesmo antes de o trono lhes ser oferecido, ela prometeu torná-lo rei para o resto da vida e obedecê-lo, colocando seus votos matrimoniais de obediência acima de seu *status* real. Embora Mary fosse a herdeira do trono, William insistiu que ele também fosse coroado, para governar com ela. Os nobres que convidaram o casal precisavam da linhagem de Mary no trono para dar a aparência de legitimidade à invasão por parte do exército de seu marido. Eles, que obviamente não tinham interesse algum nos direitos das mulheres monarcas, concordaram prontamente que o casal, formado por alguém da linhagem real de Stuart e um governante eleito, fosse coroado igualmente como rei e rainha.

A Declaração de Direitos, apresentada à rainha e ao rei governantes, muitas vezes aclamada como um passo heroico em direção à democracia, nem chega a mencionar as mulheres. Foi criada apenas para proteger os direitos dos parlamentares, dos protestantes e dos júris masculinos. Foi inspirada no trabalho de pensadores alinhados com John Locke, incluindo mulheres — Mary Astell e Damaris Cudworth —, que argumentavam que não existia um "estado natural" de monarquia, mas que o poder dos reis só era estabelecido por meio de um acordo com o povo. Entretanto, embora não existisse uma monarquia natural, existia um estado chamado patriarcado natural: uma tirania dos homens sobre as mulheres, concedida por Deus e mantida pela força física superior do homem: "Contudo, o marido e a esposa, embora tenham apenas uma preocupação comum, mas entendimentos diferentes, inevitavelmente também terão vontades diferentes; portanto, sendo necessário que a última determinação — ou seja, a regra — seja tomada, esta naturalmente cabe ao homem, por ser mais capaz e forte".[50]

Foi uma manobra brilhante para preservar o patriarcado após a decapitação da monarquia, para manter a autoridade dos homens enquanto reduzia a dos reis. Nem os oponentes de Locke, as mulheres filósofas pró-realistas, puderam defender as mulheres. Como realistas, elas foram obrigadas a defender a autoridade masculina na sala do trono e em casa. Como realistas, elas nomearam o rei como o pai da nação e o chefe da família. Elas não poderiam nutrir ideias rebeldes contra a autoridade masculina ao mesmo tempo que apoiavam a maior autoridade masculina de todas: o rei.[51]

Duas rainhas sucessivas não melhoraram o *status* das mulheres; nem Mary nem sua irmã Anne, que veio a sucedê-la, encorajaram as mulheres a ocupar posições de autoridade ou abriram caminho para a ascensão de poderosas princesas reais, e ambas morreram sem deixar herdeiras ou quaisquer herdeiros diretos. A submissão de Mary ao marido fez com que, mesmo quando ela atuava como regente durante as frequentes ausências de William, ninguém tivesse a sensação de que uma mulher havia assumido o comando.

A rainha Anne, embora enfatizasse sua instrução insuficiente e lutasse com problemas de saúde causados por dezessete gravidezes e nenhum filho sobrevivente, participou de mais reuniões do conselho do que qualquer monarca anterior e teve um grande interesse na política de seu tempo. Mas, considerando que os políticos se dividiam em dois partidos rivais opostos — os Whigs e os Tories[*] — e que ela era profundamente influenciada por suas favoritas, Anne ganhou a reputação de ser excessivamente emotiva, mutável e facilmente influenciada. E todo seu trabalho duro foi esquecido.

# Trabalho

A maioria das mulheres continuava se sustentando em um campo cada vez mais restrito e em uma economia deliberadamente fechada a elas. As mulheres que moravam na própria casa procuravam agregar algum trabalho lucrativo à produção doméstica. Jane Milward, esposa de um mineiro do fim do século XVIII, alimentou o marido Richard e os seis filhos, conforme descrito em um relatório:

> A administração do terreno é, em boa medida, deixada à sua esposa Jane, embora seu marido sempre a ajude a cavar depois das horas de trabalho normal (na vala). Em treze anos, seu pedaço de terra rendeu boas colheitas de batatas, ervilhas e repolhos, que ela vendia em Shrewsbury. Ela criava um porco e usava os excrementos dele como adubo junto com todo o material orgânico que ela e seus filhos conseguiam coletar. Sem o empenho de Jane, a família de seis filhos teria sido reduzida à pobreza.[52]

Em tempos difíceis, mulheres e homens tinham que aceitar qualquer trabalho para garantir a própria sobrevivência e a de seus filhos. A sra. Jones, de Ruthin, no País de Gales, no final do século XVIII, combinou com o marido que ele

---

[*] Os Whigs eram associados ao liberalismo e ao Parlamento, enquanto os Tories eram ligados ao conservadorismo e à monarquia. [N.T.]

deveria assumir o trabalho feminino tradicional, deixando-a livre para tricotar a lã das ovelhas da família. Embora possuíssem uma pequena chácara, eles não conseguiam sobreviver com a própria produção: o agricultor teve que assumir o trabalho da esposa para permitir que ela assegurasse a produção dos itens a serem vendidos — manteiga e tricô. O filho conta como foi o acordo entre eles:

> "Farei um acordo com você; cuidarei da comida para nós e para as crianças durante todo o inverno se você, além de cuidar do cavalo, do gado e dos porcos, se encarregar de lavar a louça e as roupas, arrumar as camas e limpar a casa. Eu mesma farei a manteiga."
>
> "Como você vai conseguir?", meu pai perguntou.
>
> "Vou tricotar", ela respondeu. "Temos lã. Se você preparar a lã, eu a fiarei."
>
> O acordo foi fechado, meu pai fazia o trabalho doméstico além de cuidar da chácara e minha mãe tricotava. Foi assim que ela nos sustentou até a colheita seguinte.[53]

As mulheres solteiras chefiavam os agregados familiares na posição de viúvas independentes, esposas abandonadas, mães solteiras e solteironas, sustentando a si mesmas, muitas vezes vivendo na pobreza em comunidades rurais, mas, por outras, com muito sucesso nas cidades: especialmente trabalhando com bens de luxo e no varejo, emprestando pequenas quantias a conhecidos — credores de confiança. Registros judiciais mostram que a maioria das esposas era autossuficiente: 60% das que compareceram ao tribunal disseram que se sustentavam com o próprio trabalho.[54] Das mulheres londrinas, 77% das solteiras e 71% das viúvas ganhavam a vida com trabalho remunerado[55] e em torno de 40% das lojas e negócios de Londres pertenciam a mulheres.[56]

Algumas empresárias tiveram enorme sucesso. Elinor Mosley, uma mulher solteira, ganhou a liberdade de ofício em Londres ao ingressar na Guilda dos Relojoeiros mesmo sendo tecelã, e empregou quatro aprendizes, bem como criadas, em sua casa e oficina na Gracechurch Street. Ela se casou aos 47 anos, mas manteve o negócio e sua filiação à guilda em seu nome de solteira. É provável que o negócio tenha sido assumido por sua irmã.[57] Em 1750, artífices solteiras administravam ou possuíam 36 lojas ou oficinas em Southampton, e uma delas, Jane Martin, uma tecelã, tinha tantos produtos em estoque que usava carrinhos com rodas de metal para fazer as entregas — e foi multada de acordo com os regulamentos da cidade por danificar o pavimento.[58]

Registros de outros vilarejos sugerem que uma mulher tinha de comprovar renda ou *status* para poder abrir um negócio por conta própria e ganhar dinheiro.

As mulheres que abriam lojas em Oxford precisavam ter capital ou conexões familiares. Em Londres, elas tinham que ser herdeiras de comerciantes ou artífices, ter uma família abastada ou capacidade de comprar o direito de ingressar em uma guilda que aceitasse esse tipo de acordo.[59]

Até as mulheres que administravam uma pequena oficina podiam ganhar fortunas. Alice Dant, uma mascate, vendia pequenas peças de roupa — fitas e meias — que levava em uma mochila. Ela deixou uma fortuna de 9 mil libras para os pobres. Samuel Pepys, o repórter, surpreendeu-se com a competência de uma comerciante, a sra. Bland: "Parece que ela entende muito disso e tem um ótimo desempenho".[60]

Uma mulher teve tanto sucesso como *designer* de produtos de seda que seus livros de design autografados foram preservados. Anna Maria Garthwaite (1688-1763) foi filha de um clérigo provincial em Grantham. Seu extraordinário talento para as cores e o design a levou a treinar como aprendiz de um mestre tecelão de Londres — provavelmente uma mulher —, que a inscreveu na Weavers' Company, uma guilda de costureiros. Garthwaite participou de um círculo artístico e científico de boticários e botânicos especializados em desenhos botânicos.[61] Ela possivelmente conheceu uma artista botânica de sucesso, Elizabeth Blackwell, cujo livro *Um curioso herbário contendo quinhentos cortes das plantas mais úteis, usadas na prática da medicina, ao qual é incluída uma breve descrição das plantas e seus usos comuns na medicina* teve muitas impressões em 1737.

Garthwaite ascendeu à posição de mestra tecelã e, inspirada em desenhos de flores e plantas, desenhou e fez lindas sedas que foram usadas em vestidos, estofados e decoração, assim como exportadas. Ela levou sua irmã e seu pupilo para morar consigo na casa de seu grão-mestre tecelão, em Spitalfields, o centro da tecelagem de seda de alta qualidade. Suas vizinhas também foram tecelãs de sucesso: Sarah Gabell, que "recebeu trinta libras para treinar Henrietta Griffith", e, em 1742, Elizabeth Forward, uma mulher solteira que aceitou 60 libras para receber a filha de um vigário como sua aprendiz.[62]

A viúva de um tecelão, Margaret Hey, assumiu o cargo de seu marido na Weavers' Company e treinou vários aprendizes do sexo masculino. Outra tecelã foi Mary Willis, que trabalhou ao lado do marido e foi sócia por direito próprio da empresa, permanecendo no negócio e na Weavers' Company após a morte dele.[63] Phoebe Wright (falecida em 1778) foi outra *designer* de seda cujas criações para o tear incluíam bordados. Sob a patronagem da rainha Charlotte, esposa de George III, Wright fundou a Escola Real para Bordados Femininos com sua sobrinha, Nancy Pawsey, e teceu e bordou o dossel do trono da sala de audiências do rei usando pinturas florais de Mary Moser (1744-1819) como base para seus trabalhos. Moser foi uma das duas únicas mulheres integrantes da Academia Real Inglesa no século XVIII.[64]

As mulheres também dominaram outras indústrias têxteis. A cidade de Doncaster ficou conhecida pelas mulheres produtoras de meias, que tricotavam em oficinas caseiras e eram famosas por irromper, sem ser convidadas, quartos em pousadas para emboscar viajantes e vender seus produtos.[65]

As mulheres continuaram dominando o negócio de alimentos, tanto como produtoras quanto como varejistas. Feiras de rua de todo o país dependiam das mulheres que levavam frutas, verduras e alimentos de produção caseira.[66] Em 1662, Eleanor Davies, de The Maypole, Strand, foi licenciada "para matar e vender todo tipo de carne fresca, exceto bovina, na próxima Quaresma".[67] As vendedoras ambulantes tinham os próprios trajetos; vendiam em cestos que levavam nos braços ou equilibrados na cabeça e que continham frutas e legumes da estação, como morangos, cerejas e aspargos. As mulheres que preparavam alimentos e vendiam-nos no varejo tornaram-se ainda mais importantes nas cidades em crescimento, uma vez que muitas famílias urbanas compravam refeições na padaria, tais quais tortas e carnes cozidas, bem como pães e pudins. Os londrinos, cujas casas eram pequenas demais para comportar um forno de pão, compravam pão dos padeiros, e a cerveja deixou de ser fabricada em casa com o rompimento do ciclo em que se usava o lêvedo da fermentação na panificação caseira.[68]

Os novos mercados (*exchanges*) eram edifícios construídos com lojas de varejo em seu interior, mais ou menos como um *shopping center* moderno. Lojistas mulheres eram contratadas para atender os clientes nas novas unidades.[69] Os *exchanges* tornaram-se centros de compras, agora uma atividade social e de lazer, e foram dominados por lojistas mulheres no século XVII. Em 1690, 47% das lojas dos *exchanges* pertencia a mulheres e 46% delas eram mantidas por mulheres lojistas. Daniel Defoe descreveu: "Os dois grandes centros para mulheres comerciantes são as lojas do Exchange, em especial do Royal Exchange e do New Exchange em Strand".[70]

As mulheres do Royal Exchange atuavam no comércio de produtos leves, decorativos e têxteis: armarinhos, cintos, tecidos para roupas e decoração, tecidos finos, bordados, chapéus e acessórios de cabeça, secos e molhados e roupas. Outros negócios femininos ofereciam pinturas (pintoras de retratos), venda de couro e alfaiataria. As mulheres eram viticultoras, ourives, barbeiras, barbeiras-cirurgiãs e médicas, escrivãs, notárias, defensoras, ferreiras, livreiras, ferragistas, picheleiras, armeiras, seleiras, marceneiras e salgadoras.[71] Algumas mulheres varejistas eram tão bem estabelecidas que emitiam a própria moeda na forma de fichas comerciais para usar como troco durante a constante escassez de moedas oficiais. Seis fichas comerciais adquiridas por mulheres datadas de 1660 a 1670 sobreviveram.

Uma moeda de mulher: uma ficha de meio centavo cunhada por Mary Long com o sinal da Rosa em Russell Street, Covent Garden, 1669.

A restauração da monarquia permitiu a reabertura de teatros, feiras e entretenimentos, e as mulheres voltaram a atuar como animadoras, dançarinas, acrobatas e musicistas. Na Feira de Bartolomeu de 1698, em Smithfield, Londres, as mulheres equilibristas e trapezistas foram muito admiradas.[72] Nos anos 1720, na capital, uma jovem ficou conhecida como a Campeã Europeia de boxe profissional, em lutas provavelmente disputadas com poucas regras e com as mãos nuas.[73] As mulheres se apresentaram pela primeira vez no palco em papéis femininos e houve uma onda de criatividade feminina. Escritoras produziram peças, poemas e livros; artistas mulheres produziram pinturas populares — em 1671, a sra. Mary Beale cobrou 10 libras por um retrato de corpo inteiro;[74] ela fazia parte de um pequeno grupo de artistas profissionais que trabalhava em Londres e tornou-se a principal provedora financeira de sua família, posição que manteve de 1670-1671 até a década de 1690. A exploradora Celia Fiennes (1662-1741) aproveitou as novas liberdades para viajar milhares de quilômetros a cavalo e a pé pela Inglaterra na condição de mulher solteira, acompanhada apenas por criados. Ela escreveu um diário de suas viagens, mas não o publicou.

O único trabalho aberto para uma dama que não incorria em perda de *status* gentil era o de governanta de crianças da elite em uma casa particular ou acompanhante de uma dama de classe alta. Esses cansativos e humilhantes postos de "companheiras" foram criados da exigência de que as damas da família demonstrassem delicadeza e fragilidade: agora elas tinham que ser cuidadas, acompanhadas, vigiadas ou servidas. As mulheres solteiras pobres, das classes intermediária e alta ou as viúvas que tentassem manter seu *status* podiam ver-se à mercê de um empregador, sem produzir nada de valor e praticamente sem remuneração. Alguns cargos eram literalmente não remunerados, como o anunciado no jornal *Daily Advertise*, em 7 de julho de 1772:

> Uma dama viúva de cerca de 40 anos, de família, caráter e educação, gostaria de supervisionar a família de um cavalheiro solteiro, que seja pequena, e

que seja um homem de boa moral e não tenha menos que a mesma idade. A dama espera ser tratada como amiga e companheira, pois nenhum salário é exigido, a menos que o cavalheiro tenha filhos e queira que a dama atue na qualidade de governanta, estando devidamente qualificada para cuidar de jovens damas; não tem objeções quanto à cidade ou ao campo.[75]

Mulheres ocupavam posições de autoridade e eram líderes de suas comunidades, nas instituições locais, na saúde pública e em suas propriedades privadas. Anna Maria Garthwaite, tecelã de seda, atuou como executora dos bens do pai quando tinha 27 anos.[76] Mulheres respeitáveis das classes mais baixas denunciavam sexo ilícito, filhos ilegítimos e infanticídio, constituindo "júris de matronas" a pedido do tribunal para decidir sobre questões de gravidez e impotência. Juradas e mulheres "vigilantes" ajudaram na identificação e acusação de bruxas. Mulheres ensinavam em escolas gratuitas e supervisionavam o aprendizado de indigentes, servindo como guardiãs e matronas dos pobres. Durante os anos da peste, inspecionavam os mortos e moribundos em busca de sinais da doença e mantinham listas dos mortos da paróquia.[77]

De 1688 a 1755, um quarto das prisões britânicas tinha uma viúva como guardiã.[78] Era comum uma viúva herdar o cargo de seu falecido marido. Eliza Prince, viúva de John, que trabalhava em uma casa de correção de Berkshire, observou de modo bastante incisivo às autoridades que poderia manter a tradição familiar de administrar a prisão, ou, caso contrário, a paróquia teria que sustentar a ela e seus oito filhos, além de pagar o salário de um novo carcereiro.

> Que o marido da peticionária, seu pai e seu avô têm sido responsáveis pela casa de correção em Abingdon por muitos anos e a peticionária tem um irmão e um cunhado muito bem qualificados e dispostos a ajudá-la na futura administração desta prisão, e ela pode fornecer segurança suficiente, se necessário, para a execução a contento do cargo de carcereira. Portanto, a peticionária humildemente roga para ser mantida no cargo de carcereira da casa de correção, para que assim ela possa prover o sustento à sua família, um encargo que de outra forma inevitavelmente recairia à paróquia.[79]

O cargo de sacristão — empregados pelas igrejas paroquiais para cuidar do cemitério e tocar os sinos — era de mulheres, especialmente em Londres.[80] Uma mulher nomeada sacristã de uma igreja em Londres, em 1739, apresentou seu caso ao King's Bench quando os paroquianos tentaram substituí-la por um homem. O tribunal afirmou que havia "muitas" mulheres sacristãs em Londres. Uma decisão no fim do século decretou que uma mulher poderia assumir o cargo, uma vez que se tratava de "um cargo privado de confiança",[81] refletindo o sentimento crescente de que as mulheres podiam realizar trabalhos que envolviam "cuidar". No cemitério *quaker* nas proximidades de Bunhill Fields, Deborah Morris herdou o cargo de sacristã e coveira de seu pai por doze anos, 1745-1757, quando o entregou ao marido.[82]

As mulheres serviam como supervisoras dos pobres, uma tarefa importante e difícil que afetava a ordem pública e distribuía a caridade local. A contínua incerteza sobre as mulheres perante a lei no século XVIII foi explorada por Mary Jacques de Derbyshire, que se esquivou com sucesso de seu dever cívico explicando que "ela, como mulher, era incapaz de exercer o cargo e nem por lei era obrigada a servi-lo".[83]

A supervisora do albergue de pobres de Chelmsford recebeu o cargo apesar do desafio legal. Contudo, o tribunal observou que, embora as mulheres fossem proprietárias independentes e contribuíssem para os encargos públicos, não poderiam votar para eleger membros do Parlamento ou para o cargo de corregedor e não podiam ocupar cargos públicos.[84]

O fim do século XVII testemunhou a exclusão deliberada das mulheres dos cargos cívicos.[85] Cada vez mais, elas tiveram que escolher um deputado — homem — para fazer o trabalho. Só se não houvesse nenhum homem disponível, a mulher poderia assumir a responsabilidade que até então tinha sido parte natural de sua posição social na elite. A opinião jurídica afirmava que era "inadequado" que as mulheres assumissem cargos.[86]

A exclusão das mulheres do eleitorado começou em 1640 e já estava em grande parte concluída em 1690, quando passou a ser aceito que elas não votavam.[87] Em um caso levado ao King's Bench, em 1739, os juízes concordaram que as mulheres tinham o direito legal de votar, mas aconselharam que não o fizessem, uma vez que elas "não têm capacidade de julgamento" em questões públicas.[88]

# Educação

As mulheres eram contratadas como professoras, mas principalmente para ensinar meninas. As jovens da elite recebiam sua educação de governantas, cujo baixo *status* e baixo salário eram objeto de sermões preocupados e romances pungentes, mas nenhuma melhoria. Às vezes, essa educação em casa para meninas era de alto padrão. As filhas de Anthony Cook foram altamente educadas em um experimento deliberado para testar as habilidades femininas; Lucy Hutchinson (n. 1620) falava francês e inglês e já sabia ler aos 4 anos. Em 1698, dizia-se que as filhas do visconde Hatton eram "boas estudiosas do latim".[89]

As meninas da classe intermediária eram cada vez mais enviadas para a escola, criando uma comunidade de mulheres instruídas nas escolas residenciais, um bom avanço para as mulheres solteiras das classes intermediárias que não queriam casar-se ou trabalhar como governantas ou companheiras. O convento católico romano de Mary Ward em Mickelgate Bar, York, expandiu-se para se transformar em internato e escola diurna, sobrevivendo ao constante assédio de grupos anticatolicismo. A madre superiora foi presa em 1694, a casa foi atacada em 1696 e o convento só foi salvo por um espectral São Miguel, cavalgando em meio à multidão — segundo a lenda.

As mulheres que preferiam a companhia de outras mulheres foram atraídas pelas escolas que estavam sendo abertas em Londres e nas cidades maiores. As novas escolas para meninas eram todas de sexo único e os currículos variavam entre os altamente acadêmicos — Henry Purcell compôs *Dido e Eneias* para ser apresentado pelo famoso coro de alunas da Escola Feminina de Josiah Priest, em 1688[90] — a algo que era pouco mais que uma preparação para a vida conjugal: passatempos decorativos, música amadora, leitura leve e, acima de tudo, regras de etiqueta.

A partir de 1670, academias para cristãos não pertencentes à Igreja Anglicana, chamadas de "Academias Dissidentes", foram autorizadas a oferecer uma educação de padrão universitário para radicais religiosos que se recusavam a prestar os juramentos exigidos nas universidades de Oxford e Cambridge. Algumas faculdades dissidentes permitiam a entrada de mulheres, porém nenhuma delas tinha permissão de se formar.[91]

Depois de 1660, um pequeno grupo de mulheres, incluindo Bathsua Makin, Elizabeth Elstob e Mary Astell, criticou em público o sistema educacional inglês, vinculando a má educação das mulheres a sua falta de *status*. Seus comentários foram em grande parte ignorados. Como declarou Richard Brathwaite em um tratado de 1642: "Uma verdadeira dama não deseja a estima de nenhuma escriturária; ela prefere ser aprovada por sua vida do que por seu aprendizado".[92]

# Exclusão

A partir do século XVIII, as mulheres foram excluídas de um número cada vez maior de áreas da vida: voto, liderança comunitária, trabalho, empreendedorismo, e até como inventoras — nenhuma mulher registrou patentes depois de 1660.[93] Elas foram excluídas do trabalho remunerado, de trabalhos de alto *status* ou especializado e de qualquer trabalho que exigisse educação formal ou habilidades de alto nível. Essas mudanças foram justificadas pela nova "ciência" sobre o corpo das mulheres e a natureza feminina. Os filósofos já não argumentavam que os homens deveriam falar em nome das mulheres e governá-las com base em uma autoridade concedida por Deus na Bíblia, pois ambos eram seres humanos; agora os homens deveriam falar pelas mulheres porque eram o oposto delas: capazes enquanto as mulheres eram incapacitadas.[94]

Até as da classe alta foram excluídas da vida pública e de trabalhos lucrativos. A irmandade do sexo feminino foi dividida por classe, e as mulheres da classe trabalhadora eram consideradas inferiores a todas. A ideia de que as nobres deveriam levar uma vida muito diferente das mulheres das classes mais baixas foi vigorosamente promovida a partir de 1760.[95] O dr. John Gregory escreveu *Conselho de um pai para suas filhas*, um best-seller instantâneo, em que capturou e descreveu o espírito da época, segundo o qual "uma dama" era definida como uma pessoa enfaticamente improdutiva. Nem os passatempos de uma dama deveriam ter valor. O dr. Gregory recomendava bordado, tricô, arte e artesanato. As atividades tinham o objetivo de preencher as horas passadas em casa. Até sair de casa era desencorajado.[96]

Em 1730, 42% das esposas de Londres afirmavam que não tinham emprego remunerado e eram quase todas mantidas pelo marido.[97] O trabalho de administrar a casa — manter a aparência externa e o bom funcionamento da família, estabelecer contatos com clientes ou fregueses, supervisionar os empregados, encomendar e controlar alimentos e serviços para a família, gerar filhos, educá-los e criá-los, administrar e manter a vida social familiar e sua apresentação ao mundo —, tudo isso, e muito mais, era feito por mulheres das classes intermediária e alta, mas era definido como lazer, como parte do cotidiano da dona da casa; era trabalho não remunerado em famílias que queriam parecer tão refinadas que suas mulheres podiam ficar ociosas.

As profissões exclusivamente masculinas criticavam veementemente as mulheres experientes, porém não qualificadas. As médicas, enfermeiras e cirurgiãs passaram a ser excluídas das associações profissionais, que exigiam um diploma universitário quando nenhuma mulher tinha permissão de frequentar uma universidade.[98] Os pacientes, persuadidos de que a prescrição de medicamentos e cirurgias era uma função que deveria ser aprendida na universidade e licenciada por uma associação, passaram a escolher médicos, e as curandeiras foram deixadas aos pacientes mais pobres ou forçadas a trabalhar em enfermagem. Em 1650, cerca de 65% dos profissionais da saúde declaravam ser profissionalmente qualificados e licenciados; dez anos depois, esse número subiu para 75%.[99]

Elizabeth Cellier (?1640-após 1688), uma parteira experiente, descreveu os perigos do parto para mulheres atendidas por um médico sem qualquer experiência, ainda que altamente qualificado, "em especial aqueles que confessam que ajudaram uma mulher a dar à luz e, ao serem questionados 'o que eles fariam em tal caso', respondem que 'ainda não estudaram o tema, mas o farão quando se fizer necessário'".[100]

Cellier argumentou que deveria haver um colégio de parteiras para que as mulheres desenvolvessem suas habilidades tradicionais, obtivessem certificação e formassem uma associação profissional. Ela publicou *Um plano para a fundação de um hospital real [...] e para a manutenção de uma associação de parteiras qualificadas*.[101] Nenhuma associação foi fundada, e as parteiras eram contratadas por pacientes pobres, enquanto homens qualificados, porém inexperientes, atendiam as classes intermediária e alta.

Registros de despesas médicas em Kent mostram pacientes ricos transferindo despesas de enfermeiros (principalmente mulheres) para médicos (principalmente homens).[102] As médicas que continuaram atendendo passaram a cuidar apenas de mulheres e crianças. Dos 43 pagamentos a mulheres por assistência médica durante doença nos registros de Kent, dois foram por servir como mensageiras, sete por cuidar de criança e treze por tratamento de doenças menos graves. Apenas 21 pagamentos foram feitos a mulheres pela realização de cirurgias ou prescrição de medicamentos aos pacientes, em comparação com 1.756 pagamentos a médicos e cirurgiões do sexo masculino.[103]

Nesse período, a atividade bancária e o comércio internacional de dinheiro cresceram com muita rapidez, e as mulheres, que já dominavam os negócios de crédito e de empréstimo de dinheiro em pequena escala, estavam bem posicionadas para se beneficiar da enorme expansão global. No entanto, elas não puderam expandir-se devido à falta de *status* legal. Nenhum empréstimo ou hipoteca oferecido por uma mulher poderia ser executado por um tribunal. As mulheres estavam restritas a pequenos empréstimos, aqueles que elas poderiam cobrir e cobrar pessoalmente, e a uma clientela que sabiam ser confiável. Elas não conseguiram expandir seus negócios de crédito e penhores de modo a atingir desconhecidos, quanto mais no nível das finanças internacionais.

As mulheres judias provaram ser a exceção, especializando-se no comércio internacional e no empréstimo de dinheiro, pois sua palavra era excepcionalmente confiável. Oliver Cromwell incentivou o povo judeu a voltar à Inglaterra em benefício do comércio internacional e, em 1660, havia 35 famílias judias só em Londres. Os colonos originais vindos de Espanha e Portugal foram seguidos por famílias judias, principalmente de Amsterdã e dos Países Baixos. Em 1690, judeus *ashkenazi* formaram a própria congregação e adquiriram uma sinagoga em Duke's Place. Os judeus espanhóis e portugueses possivelmente tiveram duas sinagogas: uma em Creechurch Lane e outra em St. Helens.[104] Em 1690, havia cerca de quatrocentos judeus em Londres, e o censo de 1695 mostrou que, das 110 paróquias da capital, 48 tinham moradores judeus; a maior parte da população judia ficava em All Hallows, London Wall; St. Andrew, Undershaft; St. Helen, Bishopsgate; St. James, Duke's Place; St. Katharine Cree, Aldgate; e St. Katherine, Coleman.[105] A segurança da comunidade judaica era garantida pelo próprio rei, desesperado por dinheiro e agiotas.[106] O sucesso dos judeus levou um observador, William Erbery, a se perguntar se os muçulmanos também não deveriam emigrar para a Inglaterra: "Esta comunidade cristã, parecendo tão favorável aos judeus, por que não aos turcos?"[107]

O Bank of England foi criado em 1694, enquanto a Child's, a Coutts e a parceria que viria a se tornar o Barclays Bank começaram a deter grandes reservas de dinheiro e a fazer empréstimos internacionais. O banqueiro Edward Blackwell tinha mil clientes e mantinha 500 mil libras em depósito.[108] Em meados do século

XVII, as taxas de juros eram de, em média, 5%.[109] A expansão do comércio para o Extremo Oriente — e, acima de tudo, o comércio global de escravizados — levou a uma enorme expansão do sistema bancário, em todas as suas formas, nos séculos XVII e XVIII; mas as mulheres, sem permissão para firmar contratos legalmente aplicáveis em seus nomes, não puderam entrar na onda.

As gráficas foram muito atingidas pela restauração de Charles II. Folhetos religiosos e instrutivos tiveram um *boom* nas guerras civis e nos anos de Cromwell: houve 132 mulheres impressoras no século anterior ao retorno da monarquia,[110] mas o mercado dos sermões puritanos despencou sob o novo rei hedonista. Para reduzir o número de impressoras, a Stationers' Company, de Londres, recusou licenças às gráficas mais pobres, todas administradas por viúvas, sobreviventes de equipes formadas por marido e mulher. Apenas as viúvas mais importantes sobreviveram nos negócios.[111]

Guildas e associações profissionais de todo tipo continuaram fechando as portas a mulheres artífices e aprendizes, de modo a excluí-las dos trabalhos mais lucrativos, deixando-lhes apenas as partes menos rentáveis do negócio. Embora viúvas e esposas de artífices ainda pudessem ser admitidas num gesto de respeito ao homem, mais importante mesmo depois de falecido, as empreendedoras solteiras foram banidas. Elas estavam literalmente sozinhas: Jane Zains teve de pagar uma taxa até trinta vezes maior que um artífice ou uma viúva para abrir seu negócio de cortinas de linho em Southampton, em 1680.[112]

A partir de 1731, homens e mulheres ingleses de ascendência africana foram excluídos de programas de aprendiz em Londres por uma proclamação do senhor prefeito: "Nenhum negro ou qualquer pessoa de cor será admitida como aprendiz em qualquer uma das guildas desta cidade, sendo a promulgação válida a qualquer homem livre a partir do presente momento".[113] Quando as leis contra os "ciganos" foram revogadas pela rainha Anne, no início do século XVIII, a decisão prejudicou a campanha dos magistrados de Northumberland contra bandos de homens e mulheres que eles não chamavam de "ciganos", mas de "'Baleys Shaws Falls' ou 'ffawes', que vêm a este país para viver juntos [...], ameaçando queimar casas e suspeitos de furtos, roubos e outras práticas malignas e cavalgam armados para o grande terror dos súditos de Vossa Majestade".

Um "grande número" foi preso, mas a maioria dos homens fugiu da prisão, deixando mulheres e crianças para trás. As mulheres foram açoitadas, e as crianças, mantidas em albergues até se tornarem aprendizes. Nos anos posteriores, alguns seriam recapturados e transportados para a Virgínia como servos contratados — vinculados a uma forma de servidão.[114]

Até o pequeno negócio de venda de alimentos frescos na rua ficou mais hostil para as mulheres no fim do século XVIII. Aquelas que vendiam seus produtos nas ruas e nas feiras livres se viram sob uma pressão cada vez maior, acusadas de desordem, medidas falsas, venda de bens roubados e bloqueio de estradas. Especialmente em Londres, estatutos locais foram aprovados para restringir e controlar as vendedoras. O comércio de rua costumava ser o mercado das pessoas que não tinham dinheiro para comprar e alugar barracas ou lojas, mas até as ruas foram fechadas às mulheres.

Artesãs e mulheres que faziam seus produtos em casa, como alfaiates ou sapateiras, abriam as janelas da frente para a rua e negociavam com os transeuntes e, em meados do século XVIII, varejistas de todo tipo abriram lojas nos cômodos frontais das residências. Por se tratar de residências, eram oficialmente propriedade dos chefes de família; uma mulher podia ser a única lojista, podia possuir todo o estoque, podia ter feito tudo sozinha, mas oficialmente a loja não era dela: das lojas registradas, apenas 6% eram oficialmente administradas por mulheres e 4,5% eram de proprietárias mulheres.

Até a fiação, a ocupação tradicional de todas as mulheres trabalhadoras, foi ameaçada por uma nova invenção. Diz a lenda que James Hargreaves, um tecelão de tear manual, viu a roda de fiar de sua esposa caída no chão com a roda ainda girando e o fuso ainda enrolando o fio em sua casa em Oswaldtwistle, Lancashire. Ele percebeu que uma roda montada lateralmente poderia alimentar muitos fios para muitos fusos — e a máquina giratória com vários fusos foi inventada. A máquina destruiu o comércio doméstico que tinha sido a base econômica de quase todas as mulheres. As primeiras máquinas foram instaladas (por vezes alugadas) em residências e oficinas e operadas por mulheres a baixos salários; mas, quando as máquinas ficaram maiores e mais pesadas, a partir de 1720, foram transferidas para fábricas de energia hidráulica. A fiação tornou-se mecanizada e industrializada: centenas de novas máquinas foram instaladas em novos edifícios conhecidos como *mills* — "moinhos", em homenagem aos primeiros moinhos de milho — e as mulheres passaram de artesãs individuais a meras "mãos" operárias, trabalhando em turnos, na velocidade imposta pelas máquinas, forçadas a abandonar um ofício conhecido por milhares de anos como "trabalho de mulher". Nos primeiros anos de altos salários da indústria, as mulheres chegaram a ser expulsas das máquinas por fiandeiros homens que tentavam excluí-las do trabalho bem remunerado.

O ofício da tecelagem de seda, ameaçado por importações estrangeiras baratas, tornou-se cada vez mais hostil para as mulheres. A maioria dos tecelões de seda do século XVII era constituída pelos donos dos teares da família e empregava membros familiares: filhos para cuidar dos fios, a esposa para fixar os fios e tecer ou fiar a seu lado. Aprendizes eram levados para a casa da família, onde seriam treinados, trabalhariam e viveriam com a família, até montarem a própria oficina familiar quando se qualificassem para ser um patrão tecelão.[115] Por volta do século XVIII, a guilda passou a desencorajar os negócios familiares, preferindo que os homens se qualificassem como tecelões, ingressassem na guilda e depois treinassem um número limitado de aprendizes do sexo masculino. Os mestres tecelões passaram a ter como objetivo manter aprendizes treinados no próprio negócio, pagando salários baixos para maximizar os lucros. Criou-se um abismo entre trabalhadores e patrões, porém ambos tentavam excluir as mulheres. A Weavers' Company, a Guilda de Costureiros, que no passado aceitara o extraordinário talento de Anna Maria Garthwaite, foi instada por seus membros a excluir as mulheres do ofício. Uma balada dos anos 1720 queixava-se amargamente de qualquer guilda que ainda admitia mulheres:

> Agora descobrimos que os Mestres tomaram outro caminho,
> Para admitir as Mulheres e aumentar seu ganho,
> Pois desde que têm notícias de casa, tantos Homens se foram,
> Acreditam ser adequado admitir Mulheres em seu lugar,
> [...]
> Vocês, viúvas, esposas e donzelas, que desejam ser
> Admitidas como Tecelãs livres em nossa Guilda,
> Três libras é o preço, e aceite meu gentil conselho,
> Sua oferta de dinheiro fará de você um membro em um piscar de olhos,
> E, para garantir que eles não a interpretem mal,
> Os Mestres as dispensarão com um beijo gentil e amoroso,
> Pois agora vocês têm uma vocação, dos Mestres do Salão,
> Para admitir, se considerar adequado, seus meninos e meninas e todos os outros.[116]

Em 1769, seis homens invadiram a casa de um modelista, Daniel Clarke, perguntando "onde a vadia da esposa estava, dizendo que a matariam e cortariam as orelhas dele se ela não aparecesse e lhes mostrasse onde estava o trabalho". Clarke admitiu que fora sua esposa quem desenhara os padrões para a seda que estava em seu tear, mas que "eles poderiam ter certeza de que ela jamais voltaria a fazê-lo". Os homens subiram até o andar em que o tear era guardado na casa da família Clarke, arrancaram-lhe a seda inacabada, um cetim florido de duas cores, em um padrão chamado de "mancha de leopardo". Como Elizabeth Clarke relatou mais tarde: "Fui eu que fiz, eles se ofenderam porque era um trabalho bom demais para ser de uma mulher". Posteriormente, Daniel Clarke foi acusado de entregar provas contra tecelões de seda amotinados e foi linchado por uma multidão de três mil pessoas e afogado em um lago.[117]

Com a introdução de novos tecidos, como a chita e o algodão da Índia, graças às importações estrangeiras, as dificuldades no comércio da seda se intensificaram. As consumidoras foram culpadas por preferirem tecidos estrangeiros e as trabalhadoras foram culpadas por entrarem no ofício.

Para as costureiras, a chegada da "mântua", um novo tipo de vestido, lhes ofereceu a oportunidade de ingressar na alfaiataria. Um vestido largo que entrou na moda nos anos 1680, originalmente como um sobretudo, sem qualquer armação interna ou espartilho, a mântua podia ser confeccionada por alguém sem uma extensa formação profissional como aprendiz, isto é, que não houvesse tido um mestre, e sem uma grande oficina ou muitos materiais. As costureiras de anáguas passariam com facilidade para a confecção de mântuas, beneficiando-se da oportunidade. Assim que a Guilda dos Alfaiates percebeu que as mântuas eram um mercado lucrativo e em expansão, pôs-se a defender leis que impedissem o trabalho das "fabricantes de mântua". A guilda instaurou processos implacáveis contra costureiras, muitas vezes mulheres pobres e solteiras que trabalhavam sozinhas, alegando que elas estavam invadindo o trabalho de alfaiataria.[118] A Mercers' Company, uma guilda que incluía alfaiates, armarinhos, modistas, merceeiros e ferreiros, também processou profissionais especializadas solteiras. As costureiras se viram em um beco sem saída: não tinham autorização para trabalhar se não integrassem uma guilda, mas também não tinham autorização para candidatar-se a essa instituição exclusiva para homens. Ann, uma tecelã de Oxford, publicou a seguinte carta no *Jackson's Oxford Journal,* em setembro de 1771: "A Mercer's Company está me ameaçando implacavelmente com um processo imediato se eu não abandonar meu negócio ou adquirir uma 'liberdade da empresa', que custaria cerca de 20 libras; uma soma quase igual a tudo o que possuo".[119]

As mulheres banidas das guildas foram forçadas a trabalhar por conta própria, sem qualquer proteção de uma associação comercial. Se o trabalho pudesse ser feito com pequeno dispêndio de capital, ou em um espaço pequeno, ou se fosse enquadrado no trabalho doméstico, elas trabalhavam sozinhas. Se conseguissem encontrar um membro da guilda disposto a contornar as regras e explorar trabalhadores não regulamentados, poderiam trabalhar na oficina de um mestre, sem formação, sem regulamentação e sem ingressar na guilda. Quando as condições econômicas pioraram no século XVIII, as mulheres trabalhadoras não tinham qualquer proteção e foram forçadas, pela pobreza, a aceitar salários baixos. Isso confirmou a suspeita das guildas de que as trabalhadoras reduziriam o salário de todos.[120] A situação ficou tão difícil que o título "produtora de mântuas" passou a ser usado como sinônimo de prostituta, já que a maioria das mulheres que as produziam tinha que vender sexo por dinheiro ou comida para sobreviver.[121]

# Prostituição

A produção de mântuas era um dos muitos ofícios pelos quais as trabalhadoras mulheres entravam no trabalho sexual para complementar a renda, e dos quais saíam assim que podiam. Em Londres e nas cidades provinciais, o mercado da prostituição era variado: ia desde mendicantes prostitutas até bordéis de luxo e amantes exclusivas. Alguns bordéis eram elegantes e caros, à moda dos clubes de cavalheiros, e se mantiveram visíveis e tolerados dos anos 1660 ao início do século XIX. Outros eram especializados: sete jovens mulheres abriram uma casa em Covent Garden, Londres, durante a Commonwealth e serviram como "confessoras", oferecendo absolvição como se fossem padres católicos romanos, juntamente com serviços sexuais[122] — os dois papéis eram igualmente desaprovados pelos puritanos da Commonwealth. Um dos primeiros guias para prostitutas em Londres foi publicado em 1691: *Um catálogo de enganadoras, falsas e prostitutas, andarilhas da noite, meretrizes, amigas, mulheres gentis e outras da tribo do lençol* lista as mulheres disponíveis na Feira de Bartolomeu; entre as 21 mulheres listadas, o guia destacava Mary Holland — "alta, graciosa e atraente, tímida em relação a seus favores" —, que estaria disponível por 20 libras, e sua irmã, Elizabeth, que seria "indiferente ao dinheiro, mas será tentada por uma ceia e dois guinéus".

A prostituição, especialmente em Londres, era generalizada e houve clamores pós-Restauração para que o trabalho sexual fosse legalizado em áreas específicas, porém a ideia foi combatida por outra onda de puritanismo, que surgiu com a Casa Protestante de Orange (William e Mary), em 1688. A partir de então, as prostitutas podiam ser açoitadas em público, e foram formadas sociedades para perseguir donos de bordéis e prostitutas em Londres e em muitas cidades do interior. Foram as novas associações morais — e não os juízes de paz tradicionais — que moveram a maioria das acusações contra as prostitutas: em Londres, foram mais de mil acusações por ano.[123]

Os homens, como clientes, nunca eram processados por usar os serviços de uma prostituta. Apenas um homem foi convocado ao tribunal, em 1721. Thomas Brass admitiu ter solicitado os serviços de uma mulher na rua, tido relações sexuais com ela e pagado-lhe, mas não foi acusado de nada. Ele foi convocado como testemunha da acusação contra ela por prostituição. O depoimento de Brass persuadiu os magistrados a condená-la (o nome dela não foi registrado) à prisão na Casa de Correção de Middlesex, por "apanhá-lo nas ruas e carregá-lo para uma taberna e concordar em deixá-lo dormir com ela por 4 xelins e 6 pence".[124] Acreditava-se que seria melhor para todos se os homens da elite restringissem seu apetite sexual dentro do lar doméstico da elite e usassem mulheres pobres para o sexo. As crenças iluministas sobre o equilíbrio saudável dos humores ditavam que os homens deveriam evitar a frustração sexual.[125] Com o fim da Lei de Licenciamento de 1695, a pornografia passou a ser amplamente disponível para homens alfabetizados,[126] a qual em geral descrevia a luxúria masculina e a passividade feminina,[127] para fins de masturbação masculina — o que só passou a ser considerado prejudicial à saúde ou um mal social no século XIX.[128]

As mulheres pobres também podiam ser usadas como um método de conversão de homossexuais. Diz-se que Lady Saville converteu seu filho, Sir George, da homossexualidade, em 1750, afastando-o de um amante, um garçom da cafeteria Mount, e levando-o para o campo para ter relações sexuais com servas e trabalhadoras rurais. Henry Harris relatou a cura: "Lady Saville levou seu rebento mais novo de Sodoma para o campo e, para afastá-lo desse vício antinatural, fez um grande esforço para colocá-lo entre os lençóis com todas as criadas de sua casa e com todas as vadias leiteiras da vizinhança".[129]

## Escravizados e proprietárias de escravizados

Mulheres inglesas ricas se envolveram no crescente comércio de escravizados na posição de proprietárias. A rainha Catherine de Braganza comprou ações da empresa de seu marido, Charles II, a Royal Adventurers Trading into Africa, fundada em 1660 para sequestrar e enviar pessoas escravizadas do continente africano. A amante de Charles, Louise de Kérouaille, mandou pintar um retrato de si mesma com o braço em volta de um pajem em aparente adoração.

As mulheres da família Morice, comerciante de escravizados, foram homenageadas com navios negreiros batizados com seus nomes: *Anne, Katherine, Sarah* e *Judith*. Outras filhas de mercadores de escravizados e proprietários de grandes *plantations* de açúcar consolidaram fortunas escravagistas por meio de casamentos vantajosos.[130]

A corte real incluía escravizados nascidos na África, até mesmo um homem comprado por 50 libras. James II continuou investindo no comércio de escravizados, e sua filha, a rainha Anne, assinou um contrato no valor de 7,5 milhões de libras para a Grã-Bretanha fornecer escravizados às Índias Ocidentais espanholas, ficando com 20% para si.[131]

Os escravizados não apenas eram comercializados por meio do Atlântico para as *plantations* do Novo Mundo como também eram importados para a Europa. Na Inglaterra, eram usados principalmente para o serviço doméstico, e era considerado elegante ter acompanhantes mulheres e pajens nascidos na África. Uma menina negra de 8 anos foi leiloada em público em Liverpool, em 1765: "A ser vendida em leilão na cafeteria George's, das 6 às 8 horas, uma linda garota negra de cerca de 8 anos de idade, muito saudável e recém-chegada do litoral. Qualquer pessoa interessada em comprá-la pode dirigir-se ao capitão Robert Syers, na mercearia do sr. Bartley Hodgett, perto do mercado, onde ela será exibida até o momento da venda".[132]

Uma menina escravizada de 6 anos de pele branca, trazida da Jamaica, foi exibida como novidade em Charing Cross, em 1756. Cada espectador pagou 1 xelim para vê-la. A descrição, na linguagem ofensiva da época, dizia que ela tinha "todas as feições de uma etíope, mas com cabeça loira e lanosa, pele e tez tão claras quanto o alabastro".[133]

Os escravizados foram levados à Inglaterra com o retorno de seus proprietários coloniais, que continuaram a explorá-los no país, embora houvesse dúvidas sobre a legalidade da escravidão. Uma mulher escravizada, Katherine Auker, obteve liberdade parcial no tribunal de Middlesex, em 1690. Ela disse ao tribunal que havia sido levada à Inglaterra por seu mestre, Robert Rich, um fazendeiro em Barbados, seis anos antes. Katherine obtivera instrução religiosa e fora batizada na Igreja de St. Katherine, perto da Torre de Londres. Havia a crença, entre alguns, de que as pessoas batizadas eram automaticamente livres, mas a família Rich não libertou Katherine Auker. Eles abusaram dela fisicamente: seu depoimento diz que ela foi "torturada e expulsa de casa", mas não a libertaram oficialmente da escravidão. Quando a família voltou a Barbados, capturou-a e ameaçou lhe cortar o nariz e as orelhas, mas ela conseguiu fugir. Como ninguém empregaria uma mulher escravizada de outro proprietário, ela estava desamparada. Foi provavelmente sua pobreza, que poderia constituir um encargo para a paróquia, que lhe valeu uma audiência favorável no tribunal, o qual decidiu: "Ordenamos que Kath' Auker, uma negra, tenha liberdade para trabalhar até que seu mestre retorne de Barbados e sustente-a". Ela não foi libertada da escravidão, mas foi autorizada a trabalhar como criada até o retorno de seu proprietário, quando voltaria à escravidão e passaria a ser de responsabilidade dele. É provável que ela tenha conseguido desaparecer no trabalho em Londres e assim obtido a própria liberdade.[134]

Era comum os jornais do século XVIII publicarem anúncios sobre escravizados foragidos, muitos dos quais ameaçavam simpatizantes para que não os escondessem ou protegessem:

> Fugiu de seu mestre, em Black-Heath, uma mulher negra, com cerca de 25 anos, muito gorda, (responde pelo nome de Cælia) e registrada pelo nome de Cælia Edlyne e tem vários anos para servir. Ela tem uma cruz, a marca de seu país, em uma bochecha, logo abaixo do olho, e manca, sendo um pouco inclinada à hidropisia. Ela lava, passa, engoma e cerze notavelmente bem. Quem a capturar e notificar o fato no Bar of the Jamaica Coffee-House para que seja levada à Justiça receberá uma recompensa de 2 guinéus; mas quem a acolher será processado com o máximo rigor da lei.[135]

Os escravizados fugitivos encontravam acolhimento e refúgio nas comunidades brancas da classe trabalhadora. Christmas Bennett fugiu para Whitechapel, um bairro trabalhador de Londres:

> Fugiu na última quinta-feira de manhã da casa do sr. Gifford, em Brunswick-Row, Queen-Square, Great Ormond-Street, uma criada negra

contratada, de pele amarelada, chamada Christmas Bennett; usava um vestido de popeline cinza-escuro, forrado com seda cinza, marcada sob cada orelha indicando um problema médico e um curativo atrás do pescoço, e pode estar escondida em algum lugar nas proximidades de Whitechapel. Quem a abrigar após esta publicação será severamente processado; e uma recompensa de 1 guinéu será concedida a qualquer pessoa que forneça informações sobre ela, para que ela possa ser capturada.[136]

Segundo o historiador Peter Fryer, havia uma consciência nas comunidades brancas e negras de que deveriam se unir: "Eles viam os negros como vítimas de seus inimigos, companheiros de luta contra um sistema que degradava tanto os brancos pobres como os negros pobres. Com a ajuda deles, Londres tornou-se, nos anos 1760, um centro de resistência negra".[137]

Homens e mulheres negros desenvolveram suas próprias comunidades na Inglaterra: um jornal de Londres noticiou uma festa na qual as pessoas "jantaram, beberam e se divertiram com dança e música, composta por violinos, trompas e outros instrumentos, em um bar na Fleet Street, até as 4 horas da manhã. Nenhum branco foi autorizado a participar e todos os artistas eram negros".[138]

Nas áreas remotas da Inglaterra, os ex-escravizados eram mais isolados e visíveis; mas houve amizades e casamentos entre brancos e negros. O "desaparecimento" de milhares de africanos e caribenhos chegados à Inglaterra como escravizados e fugitivos foi causado por casamentos mistos por amor entre a população imigrante e a população nativa.

## Trabalho literário

Houve um crescimento extraordinário de escritoras e uma explosão na produção de livros no século XVII; se entre 1616 e 1620 apenas oito novos livros escritos por mulheres foram publicados, nos últimos anos do século as mulheres produziriam centenas deles: 653 novos títulos foram publicados por 231 autoras nomeadas, algumas das quais escreveram vários livros.[139] Esse *boom* editorial foi impulsionado por autoras que escreveram para manter a família unida após as guerras civis, registrando suas experiências extraordinárias e ganhando confiança para publicar suas opiniões práticas, espirituais e políticas.

As mulheres *quakers*, cuja teologia ensinava que mulheres podiam dar testemunho, foram especialmente proeminentes, contribuindo com 20% das publicações femininas durante o século, e profetisas de outras religiões também escreveram e publicaram suas visões. A viúva Joan Whitrowe publicou seu conselho à rainha Mary, em 1690,[140] em que diz ao rei William: "Aceite este conselho, embora de uma mulher. Deus não faz acepção de pessoas".[141]

A filósofa Lady Anne Conway desenvolveu uma teoria da religião, com base em sua leitura da Cabala, do Alcorão e dos textos *quakers*.[142] Mas poucas profetisas desfrutaram da precisão de Lady Eleanor Davies, que previu que seu marido morreria três anos depois em uma briga na qual ele queimaria seu manuscrito. Ele morreu na mesma semana em que destruiu o manuscrito dela.[143] (Com razão.)

Livros de conselhos práticos escritos por mulheres para mulheres se popularizaram a partir de 1640, com livros médicos e de receitas publicados por mulheres. O número de autoras pode ser subestimado, já que os editores e leitores do sexo masculino nem sempre reconheciam a autoria feminina em trabalhos científicos e médicos. O *Opuscula Philosophica,* de Anne Conway, não foi creditado a ela, mas ao homem que traduziu seu texto do latim para o inglês. Livros anônimos eram atribuídos a homens se os temas não fossem considerados adequados para uma mulher. Os leitores de não ficção preferiam que os livros fossem de autoria masculina, mas mulheres também foram autoras de pesquisas médicas e bulas de remédios, incluindo a condessa de Arundel, Althea Talbot; a viscondessa Ranelagh, Katherine James; a condessa de Kent, Elizabeth Gray; Hannah Woolley; e a condessa de Cumberland, Margaret Clifford, e sua filha, a condessa de Pembroke, Anne Clifford.[144]

Aristocratas como Mary Sidney e Anne Conway escreveram tratados filosóficos e de ciências naturais. A mais conhecida das damas polímatas, apontada pelos contemporâneos e depois por historiadores por suas excentricidades, foi a duquesa de Newcastle, Margaret Cavendish.[145] A duquesa intransigente, autora de peças de teatro, uma autobiografia e uma biografia do marido, estudou e escreveu sobre ciência. Conhecida como "Meg Louca", ela acreditava que a ignorância feminina resultava da inexperiência:

> Somos mantidas como pássaros em nossas casas, impedidas de voar para testemunhar as diversas mudanças da fortuna e os vários humores ordenados e criados pela natureza e, com a inexperiência em relação à natureza, nos falta o entendimento e o conhecimento e, consequentemente, a prudência e a inventividade dos homens.[146]

Esses anos também testemunharam o surgimento de diários escritos por mulheres da elite. Essas obras não constituem uma representação confiável da vida das mulheres normais, já que não existe qualquer diário registrado ou escrito por uma mulher pobre antes de 1660 (o que não quer dizer que nenhum tenha sido escrito, mas apenas que não foi valorizado a ponto de ser guardado).[147] Alguns foram editados por amigos e familiares. Outros eram exercícios espirituais, com pecados e omissões exagerados para aumentar o efeito; todos relatavam que a única maneira de realizar seus exercícios espirituais e manter o controle de seus longos e árduos dias de trabalho era acordar muito cedo e ir para a cama tarde. Mary Rich, a condessa de Warwick, foi responsável pela administração de sua mansão em Essex; supervisionava pessoalmente a produção de leite, ovos e frangos, bem como administrava toda a propriedade, e criou as três sobrinhas do marido. Como dona da casa e administradora da propriedade, ela mantinha os livros contábeis de ambas. Sua vizinha, Elizabeth Walker, que também mantinha um diário, tinha responsabilidades muito parecidas, além do trabalho braçal em suas terras.[148]

Os diários mostram algumas mulheres da elite desfrutando do isolamento e da proteção de um casamento no qual o marido representava a família no mundo dos negócios, das leis e da política, ao passo que a esposa assumia os encargos da administração da propriedade e da casa. Mas algumas mulheres, como Lady Anne Clifford, queriam mais: "Todo esse tempo meu marido esteve em Londres, onde usufruía de todos os grandes e infinitos recursos que chegavam a ele [...], e eu fiquei no campo, com o coração triste e pesado [...]. Posso dizer verdadeiramente que sou como uma coruja no deserto".[149]

Como os diários muitas vezes eram escritos como um exercício espiritual, eles enfatizavam a vida espiritual e, às vezes, um intenso relacionamento emocional — até sensual — com Deus. A condessa de Warwick escreveu sobre "calor" e "fogo" em momentos de intensidade espiritual e emocional. Algumas esposas registraram explicitamente que seus casamentos eram infelizes e outras escreveram do profundo alívio pela morte do marido.[150]

Katherine Philips (1632-1664) foi uma poeta, tradutora e dramaturga que se recusou a publicar, mas divulgou seus poemas entre amigos e familiares. Os poemas foram publicados sem sua permissão, para sua angústia: "Nem mesmo posso ter um pensamento privado e devo ter minha imaginação saqueada e exposta para o entretenimento de charlatães ou trapaceiros e dançar na corda-bamba para o entretenimento da turba".[151]

Apesar de sua aversão a ter seus textos publicados, Philips ficou conhecida como a "Incomparável Orinda" por usar nomes clássicos para se referir a seus amigos. A fervorosa amizade feminina foi seu principal tema, e ela foi considerada uma das grandes poetas de sua época. Seu amigo Sir Charles Cotterell pretendia elogiar seu talento quando escreveu, em 1667: "Algumas de [suas obras] não seriam uma desonra para o nome de qualquer homem que entre nós é mais estimado por sua excelência no gênero e não há nenhuma [obra] que não possa passar com favor quando se lembra que elas foram escritas apressadamente com a caneta de uma mulher".[152]

Quase todos os temas eram abertos às autoras do início do século XVIII, incluindo críticas à condição das mulheres e especulações sobre alternativas ao casamento. O único tema que as autoras evitaram totalmente, pelo menos até o fim do século, foi a contracepção, posto que era "óbvio" que o primeiro dever da esposa era produzir filhos.[153]

Hannah Woolley (1622-1675), filha de uma médica, fundou a própria escola para meninas em Hackney, onde ensinava habilidades artesanais refinadas, e escreveu *O manual de uma dama*, no qual argumenta que uma dama deve conhecer todas as tarefas práticas da casa, incluindo física e medicina. Ela exclamou: "O homem tende a pensar que fomos meramente destinadas à propagação do mundo e para manter seus habitantes humanos gentis e limpos; mas, se tivéssemos a mesma oportunidade de instrução, ele consideraria nosso cérebro tão frutífero quanto nosso corpo".[154]

Os autores dos séculos XV e XVI eram defensivos em relação às mulheres: seus títulos falavam de "santuários" e "proteções" para elas. Mas, nos séculos XVII e XVIII, os autores ficaram mais ousados e passaram a falar de "defensoras femininas" e de "defesas de damas".[155] Cada vez mais, as autoras argumentavam que, se as mulheres tivessem acesso à mesma educação que os homens, seriam iguais a eles ou até superiores.[156]

O primeiro periódico voltado especificamente para as mulheres, *The Ladies' Mercury*, foi lançado em 1693 e seguido por muitos outros, em sua maioria editados por escritoras profissionais, inclusive algumas romancistas de sucesso, fornecendo uma oportunidade para as escritoras *freelancer* e uma inspiração para as leitoras. Contudo, esses periódicos tendiam a ter vida curta, obliterados pelas publicações masculinas mais estabelecidas e de maior prestígio, em especial a *Gentleman's Magazine*.[157]

A primeira mulher a ganhar a vida escrevendo foi a notória dramaturga, romancista e por vezes espiã realista Aphra Behn, que publicou dezesseis peças teatrais em dezenove anos, a partir de 1670. Seu romance de 1682, *Cartas de amor entre um nobre e sua irmã*, teve dezesseis edições. Ela escreveu peças obscenas e espirituosas para serem interpretadas por atrizes que agora ganhavam acesso ao palco, incluindo a amante do novo rei, Nell Gwynn. Behn, que afirmava que os casamentos arranjados eram pouco melhores que a prostituição, seria condenada pela liberdade sexual de seus escritos, mas teve um enorme sucesso.[158]

Com raras exceções, foi muito difícil para as primeiras autoras ganharem a vida escrevendo. Aquelas que não contavam com o apoio da família dedicavam-se a todo tipo de texto: jornalismo, panfletagem, pesquisa e escrita factual, várias formas de ficção e publicações em série. Essas escritoras, que tentavam ganhar a vida com o trabalho de *hack* — nome dado em referência à paróquia londrina de Hackney, onde viviam —, viam-se forçadas a aceitar encomendas de redação de qualquer editora que pagasse por elas. Essas autoras perdiam *status* por serem mulheres contratadas, ao contrário de autoras refinadas que davam a sua escrita o feitio de passatempo elegante. Jane Barker (1652-?), uma das primeiras mulheres a ganhar a vida escrevendo, complementava a renda vendendo seu próprio medicamento patenteado, no qual concedeu a si mesma o título de médica: *O famoso emplastro de gota da dra. Barker*. Eliza Haywood (1693-1756) ficou famosa como esposa fugitiva, dramaturga e romancista de histórias de amor obscenas que versavam sobre o sofrimento e as restrições sexuais femininos.

A nova forma de ficção, o romance, evoluiu no lastro de muitas experiências literárias em forma e gênero por volta de 1720 até se tornar a voz dominante do Romantismo. Dizia-se que os leitores preferiam autoras para os romances, muitos dos quais foram publicados anonimamente — por "Uma Lady". Algumas dessas autoras podem até ter sido *Ladies* de fato. Uma pesquisa de títulos entre 1750 e 1769 mostra mais autoras do que autores em onze dos dezenove anos; mas poucas mulheres eram tão bem pagas quanto os homens.[159]

As escritoras podiam enfrentar críticas por falarem abertamente, uma vez que a convenção, segundo a qual deveriam permanecer caladas e, acima de tudo, "modestas", mantinha-se forte e estava em alta. Algumas mulheres tentaram evitar a censura alegando que escreviam apenas para outras mulheres ou escolhendo temas considerados apropriados para elas, como economia doméstica ou devoção a Deus. Algumas desenvolveram o hábito de se desculpar pela publicação, e culpavam sua educação inadequada por quaisquer falhas em suas obras, na esperança de convencer os homens a serem mais generosos em suas críticas. Um estudo de prefácios de livros de poesia entre 1667 e 1750 revelou que metade se desculpava pelo fato de a autora ser mulher, ademais de garantir ao leitor que ela não era uma poeta profissional e que suas poesias não foram escritas com a intenção de ser publicadas.[160]

Mas, ao escrever e publicar no próprio nome, as mulheres desafiaram a crença de que eram naturalmente pouco inteligentes, incapazes, incoerentes e excessivamente emotivas. As escritoras do século XVII — pelo simples fato de existirem — contradiziam os pressupostos convencionais e as alegações cada vez mais veementes sobre a incapacidade e a pouca inteligência das mulheres e suas oportunidades limitadas. Os anos 1660 testemunharam o nascimento das primeiras ideias conscientemente feministas, com autoras declarando que nada justificava as restrições às mulheres ou a falta de oportunidades: nem a Bíblia nem a natureza feminina. Uma autora que se autodenominou "Esther Sowerman" inverteu a história da Criação para provar a superioridade feminina, alegando que "as mulheres eram superiores aos homens, pois foram criadas da costela de Adão e não do pó".[161]

Mary Astell (1666-1731) argumentou que não havia qualquer razão lógica para o domínio masculino, que os homens não nasceram livres e as mulheres não nasceram escravizadas.[162] Em seu livro *Uma proposta séria para as mulheres* (1694), ela propôs a criação de centros residenciais para mulheres solteiras; seriam locais de educação e refúgio — assim como os conventos protestantes —, onde as mulheres poderiam viver separadas dos homens. Ela se inspirou na rainha Anne, sua patrona, e suas amigas incluíam Lady Mary Wortley Montagu, Judith Drake, Elizabeth Elstob e muitas outras. Elas foram as precursoras dos *bluestocking salons* do século XVIII, que eram reuniões de intelectuais organizadas por mulheres em Londres, cujos principais faróis viriam a ser Hester Thrale, Hester Chapone, Elizabeth Montagu e Elizabeth Carter: todas escritoras que ajudavam outras escritoras.[163] Outras mulheres corresponderam-se com filósofos e cientistas homens.

O livro de Mary Astell a respeito do casamento, *Algumas reflexões sobre o casamento* (1700), sugeria que uma união poderia se tornar uma relação de tirania e escravidão.[164] Uma esposa escolhia um "monarca para toda a vida" e nada podia fazer senão "agradar e obedecer".[165] Ela alegava que não havia nada de assustador em ser chamada de "solteirona" e que estas poderiam ser "monarcas absolutas do próprio útero".[166]

Astell desafiou a ideia da superioridade dos homens citando o paradoxo do "lacaio da rainha", um exemplo de como a desigualdade baseada no gênero (o lacaio era superior à rainha) entrava em conflito com a desigualdade baseada na classe (a rainha era superior ao lacaio): "Se todo homem é, por natureza, superior a toda mulher, seria um pecado para a mulher ter domínio sobre qualquer homem, e a rainha não deveria comandar, mas obedecer a seu lacaio".[167]

# Esportes

Após vinte anos de supressão parlamentar dos esportes, a Restauração anunciou o regresso das exibições públicas de mulheres em corridas, arremesso de lanças, futebol, críquete e luta em competições públicas por apostas, desafios ou prêmios em dinheiro. Samuel Pepys presenciou meninas disputando corridas por apostas no Bowling Green, em Londres, em 1667. Em Manchester, em 1681, três mulheres correram nuas pelo prêmio de um *Holland shift* — uma premiação tradicional que consistia em uma anágua ou um vestido feito de material "holandês" de boa qualidade. Em Lancashire, em 1696, em uma corrida de cavalos, meninas disputaram um avental e um guinéu. Em Berkshire, um ano depois, em outra competição de corrida, as mulheres competiram entre si por um avental.[168]

Em meados do século XVIII, várias corridas anuais femininas foram organizadas em todo o país, com as vencedoras de uma corrida sendo excluídas das outras, o primeiro exemplo de uma série de corridas femininas inter-relacionadas. As corridas que ofereciam aventais ou anáguas como prêmio eram muito populares. As mulheres corriam descalças, usando coletes e ceroulas brancas, e às vezes nuas. As corredoras dominavam o esporte, correndo as mesmas distâncias que os homens, e até distâncias maiores. As corredoras rápidas ganharam fama, desafiando umas às outras: em 1712, "A Leiteira Voadora da Rua Ormond" correu contra "A Bess Maluca de Southwark" por 5 guinéus, em Hounslow Heath.[169]

Em 1732, multidões recorde reuniram-se nas janelas e varandas das casas em Pall Mall para assistir a uma corrida vencida por Hannah Williams, que ganhou como prêmio um belo avental holandês. O marido de Hannah a obrigou a vender seu prêmio e comprar dois carretéis de "fio grosso" com o dinheiro.[170]

Algumas mulheres se destacaram como boxeadoras e pugilistas. Elizabeth Wilkinson Stokes recebeu o título de campeã, embora o boxeador mais habilidoso, James Figg, não fosse chamado de campeão.[171] Ela publicou um desafio no *London Journal*, em junho de 1722: "Eu, Elizabeth Wilkinson, de Clarkenwell, tendo discutido com Hannah Highfield e exigido satisfação, convido-a a me encontrar no palco e lutar comigo por 3 guinéus, com cada mulher segurando meia coroa em cada mão, e a primeira mulher que deixar cair o dinheiro perderá a luta".[172]

Hannah respondeu: "Eu, Hannah Highfield, de Newgate Market, ao ser informada sobre a determinação de Elizabeth Wilkinson, não deixarei, se Deus quiser, de dar-lhe mais golpes do que palavras, desejando desferir-lhe golpes sem levar nenhum dela. Ela pode esperar uma boa surra".[173]

Elizabeth Wilkinson criou regras e um código de vestuário para as lutas femininas, segundo os quais as lutadoras deveriam usar "jaquetas de pano, saias curtas logo abaixo do joelho, anáguas holandesas, meias brancas e sapatos baixos". Famosa pelo pugilismo, ela também lutou com espadas, facas e bastões. Um espectador de uma luta descreveu, em 1728:

> Uma pequena inglesa, cheia de fogo e muito ágil [...] usava fitas vermelhas. Começaram a lutar com "uma espécie de espada de duas mãos, de 1 ou 1,5 metro de comprimento; a guarda estava fechada e a lâmina tinha cerca de 7 centímetros de largura e não era toda afiada, apenas cerca de 15 centímetros era afiada e essa parte cortava como uma navalha. Depois de alguns golpes hesitantes, a irlandesa foi cortada na testa e a luta foi interrompida para que o ferimento fosse costurado por um cirurgião e uma cobertura fosse aplicada ao ferimento. Ela tomou "um grande copo de bebida alcoólica para recuperar a coragem", e a luta recomeçou, dessa vez com cada lutadora "segurando uma adaga na mão esquerda para se defender dos golpes". A irlandesa foi novamente ferida e de novo a luta foi interrompida para que ela fosse costurada. Quando a luta recomeçou, as mulheres seguraram escudos de vime para defesa, mas a irlandesa recebeu "um ferimento longo e profundo por todo o pescoço e garganta", que foi costurado mais uma vez, mas ela estava ferida demais para continuar. Com "as combatentes [...] escorrendo suor, e a irlandesa também pingando sangue", a luta chegou ao fim e moedas foram atiradas às lutadoras.[174]

Elizabeth Wilkinson era conhecida como a mais importante lutadora inglesa até seu nome desaparecer dos registros nos últimos anos do século XIX, quando o boxe passou a ser um esporte masculino e ela foi esquecida.[175]

"A maior partida de críquete disputada nesta região da Inglaterra", segundo o *Reading Mercury,* de 1745, foi entre as criadas de Bramley, que usavam fitas azuis, e as criadas de Hambledon, com fitas vermelhas na cabeça: "As meninas Bramley fizeram 119 pontos, e as meninas Hambledon, 127. Foi o maior número jamais visto em tal ocasião para os dois sexos. As meninas arremessaram, rebateram, correram e pegaram a bola tão bem quanto a maioria dos homens é capaz de fazer nesse jogo".[176]

O primeiro relato de um jogo de futebol com regras ao estilo moderno é de uma partida feminina. Em 1726, foi relatado que mulheres jogaram uma partida "amistosa" de futebol com seis pessoas em cada time no Bowling Green, em Bath, em um dia de semana, mas elas jogavam profissionalmente por dinheiro aos domingos em um campo, para uma plateia pagante.[177]

# O Romantismo

Por volta de 1740, a insistência do Iluminismo na superioridade do pensamento (masculino) sobre o sentimento (feminino) começou a ser desafiada por uma nova insistência no mérito de sentimentos intensos e na revelação da verdade profunda das emoções profundas. Era a "sensibilidade".[178] Somente as classes altas tinham sensibilidade. Adam Smith, pai do Iluminismo, declarou que a sensibilidade estava "muito acima da grosseria vulgar da humanidade".[179]

Um novo abismo foi aberto entre as mulheres, de modo a separar as estoicas e indiferentes das altamente sensíveis e nervosas. Esperava-se que as damas da aristocracia nascessem com uma sensibilidade refinada que as levasse à virtude, enquanto as mulheres da classe trabalhadora representavam a "grosseria vulgar da humanidade". As pessoas passaram a acreditar que as mulheres da aristocracia, da pequena nobreza e das classes médias emergentes eram tão diferentes das mulheres das classes trabalhadoras que não tinham quase nada em comum — eram praticamente outra espécie. Até sua biologia — força física, sexualidade, limiar de dor — era considerada diferente.[180]

Como seria de esperar, essa nova visão confirmou as ideias de amor cortês sobre a delicadeza e a frigidez das mulheres da elite, e foi reforçada pelos livros de conduta que passaram mais de um século ensinando que as mulheres deveriam ser improdutivas, sexualmente frias e inativas. Esses traços, decorrentes de um adestramento, passaram a ser observados em damas refinadas como se fossem de ocorrência natural — constituintes da diferença "natural" entre as damas e as mulheres de classe baixa.

Observadores descreviam uma enorme diferença entre as mulheres virtuosas da classe alta e as mulheres obscenas e sem instrução das classes mais baixas.[181]

O estudo dos órgãos sexuais das mulheres foi utilizado para confirmar a diferença entre elas e os homens, sua inferioridade em relação aos homens e sua incapacidade para a vida como um todo. No fim do século XVII, a crença de que a natureza das mulheres das classes intermediária e alta era maternal, terna, emocional e ilógica, e de que elas eram fisicamente frágeis, ou pelo menos inativas, implicava que as mulheres fossem nitidamente inadequadas para cargos públicos ou para assumir responsabilidades fora de casa.[182] As da classe trabalhadora foram banidas de cargos de autoridade com base na suposição de que eram ignorantes e mal-intencionadas, devido à falta de instrução, "naturalmente" volúveis e pouco confiáveis por serem mulheres.

Os romances substituíram os livros de conduta como a forma mais popular de ensinar às mulheres alfabetizadas as qualidades necessárias para demonstrar cortesia. Sentimentos apaixonados pela natureza ou pela arte podiam abalar uma dama e levá-la às lágrimas ou mesmo ao desmaio; já a sexualidade era completamente reprimida. Nos romances do século XVIII, as heroínas eram altamente emotivas, mas nunca sexualmente vorazes. Elas sentiam paixão; mas não luxúria. Na vida e na literatura, quase todo o interesse no comportamento feminino concentrava-se na maneira como a mulher reprimia o apetite sexual; e a "virtude" de uma mulher passou a significar nada mais que sua inatividade sexual.[183]

De início, as narrativas seguiam a tradição literária de "histórias", ou seja, biografias ficcionalizadas. À medida que muitas autoras, anônimas e nomeadas, apropriaram-se do formato, desenvolveram-no de modo a adequá-lo a suas preferências e baseá-lo em sua experiência. A heroína deixou de ser uma mulher dos tempos clássicos ou a amante de um membro da realeza na França; as autoras inglesas da elite passaram a situar as ficções no lugar que elas mais conheciam: o lar inglês e o campo inglês imaginários. Estava longe de ser o verdadeiro lar da classe alta inglesa, que era arduamente sustentado pelo trabalho mal remunerado de um exército de empregados domésticos, financiado por trabalhadores mal pagos em uma fábrica distante e por escravizados separados à força de sua terra. Não era o verdadeiro campo inglês, cada vez mais um lugar de pobreza, com as mulheres sendo expulsas da terra para ganhar a vida por outros meios. Era uma Inglaterra fantasiosa de uma idade de ouro imaginária, em que existia o bom senhorio, o campesinato era feliz e as damas moravam em grandes mansões ou castelos.

A heroína típica dos novos romances é cortejada por um jovem totalmente adequado, de *status* e riqueza superiores, e separada dele pelas circunstâncias. À medida que os romances se tornaram mais "góticos", isto é, mais sombrios, exóticos e improváveis, a heroína passou a ser raptada e abusada por inimigos. As histórias, ainda ambientadas na Inglaterra, agora geralmente envolviam confusões de identidade ou a interferência de falsos amigos para separar o casal conveniente. A aventura da história era a heroína aprendendo a se conhecer, vivenciando e reprimindo emoções, encontrando a virtude e, enfim, enxergando a adequação de seu pretendente — que geralmente ganhava uma grande fortuna durante a separação do casal e sua própria jornada emocional. Os dois se casavam com o consentimento dos pais e responsáveis, um consentimento que muitas vezes lhes havia sido negado antes.

Os novos romances ensinavam aos leitores — a elite letrada — que ser uma dama de sucesso era como ser a corda de um instrumento musical afinada à perfeição, tocada por sentimentos morais e emoções elevadas. Em *Pamela*, de Samuel Richardson, e posteriormente em *Clarissa*, a aventura da heroína consiste em controlar seu desejo sexual (identificado como "gosto" ou "amor", mas nunca "luxúria") e guiar um homem predador para um casamento respeitável. A "virtude" no romance do século XVIII deteriorou-se em repressão sexual. Dos 150 romances mais populares nas bibliotecas comerciais em circulação entre 1739 e 1801, apenas duas heroínas tiveram relações sexuais fora do casamento, e uma delas foi estuprada. Ambas morreram.[184] Julie, no romance *Julie ou a nova Heloísa*, morreu de uma doença provocada pelo remorso por ter praticado sexo adúltero — e gostado; Clarissa culpou a si mesma pelo estupro cometido pelo noivo. Não foi o estupro que fez dela suicida, mas o fato de ter se permitido sentir-se atraída por seu pretendente. Essas duas foram as primeiras vítimas fictícias do duplo padrão sexual das mulheres que se impunham uma posição mais elevada do que os homens e puniam-se pelo fracasso.

## Amor e casamento nos livros e na vida

O amor como uma boa razão para o casamento — preferível aos casamentos arranjados — surgiu primeiro nos romances e depois na vida real da Inglaterra de meados do século XVIII. Antes, os casamentos da elite eram acordos comerciais que tinham em vista a fortuna da família: Frances Langdale (1710-1773) conheceu o futuro marido quando ele já vinha negociando o casamento por três semanas. Ele se encontrou com o pai e a avó dela semanas antes de Frances vê-lo, quando o acordo já estava fechado.[185]

Os casamentos arranjados tornaram-se uma trama dos romances com o objetivo de criar conflito e angústia para a heroína e um obstáculo ao casamento com o homem de sua escolha. Esse desenvolvimento no mundo da ficção teve um impacto no mundo real: na Inglaterra, a classe média e até a classe alta começaram a levar em consideração as preferências da noiva ou do noivo e a conceder-lhes o direito de veto, embora os pais europeus tenham demorado mais a mudar.[186] O livro de conselhos *O clamor das damas* declarou, em 1673, que a escolha do marido deveria ser feita pelos pais, e às jovens só era permitido o veto.

Mas fazer fortunas e unir propriedades é preciso; empreendedores socialmente ambiciosos adquiriam *status* oferecendo uma filha em casamento a um noivo de *status* superior. Pessoas em idade de se casar não podiam circular livremente e encontrar um parceiro ao acaso. Rapazes e moças em idade de se casar eram apresentados uns aos outros no estreito círculo de amigos e familiares ricos. Em todas as cidades inglesas, especialmente Londres, onde a chamada "temporada" (entre abril e novembro) trazia festas e até assembleias com entrada mediante ingresso para jovens da elite, as comunidades organizavam locais de encontro e eventos para apresentar os jovens ricos uns aos outros. O custo, a etiqueta e os requisitos de entrada privada significavam que apenas os jovens que tivessem patronos aristocratas ou riqueza podiam entrar, conhecer e escolher dentre opções rigorosamente pré-selecionadas.

Mesmo assim, não era uma escolha livre para as mulheres. Uma mulher poderia consentir, mas não propor. A tradição era que o homem pedisse permissão à família da mulher e, então, propusesse casamento a ela, que consultava a família e amigos e aceitava ou recusava. A tradição das classes trabalhadoras, em que uma mulher propunha casamento a um homem de quem gostasse, manteve-se restrita às classes inferiores. Todas as outras jovens tinham de lidar com a difícil situação social de encorajar um pretendente sem jamais cruzar a linha tênue da modéstia. Milhares de conselhos foram escritos ou sussurrados para as jovens damas a respeito de como se destacar, mas sem exagero; como conduzir, mas sem insinuar.

Pior ainda para as damas, o sistema de escolha masculina colocava as mulheres como concorrentes umas das outras. Nas gerações anteriores, em que os casamentos da elite eram arranjados entre desconhecidos, a amizade entre duas mulheres era, muitas vezes, o relacionamento mais importante da vida de ambas. Já no novo sistema em que mulheres competiam entre si por um noivo, toda mulher era uma rival.

A tendência à visão do amor como razão para o casamento causou grande preocupação aos pais de herdeiras. O medo de casamentos secretos e informais entre mulheres ricas e homens oportunistas voltou a se intensificar em meados do século XVIII, cujos romances enalteciam os casamentos por amor e cujas heroínas fictícias desafiavam suas famílias fictícias. Em 1753, uma nova lei determinou que todos os casamentos deveriam ser realizados na igreja, por um ministro ordenado, perante testemunhas registradas, com uma licença especial ou após a divulgação pública da intenção de se casar. Sob as novas restrições, as noivas foragidas tinham que viajar para o norte, cruzando a fronteira com a Escócia, onde os casamentos informais do *handfasting*\* ainda eram possíveis. O primeiro vilarejo do outro lado da fronteira era Gretna Green, onde um único ferreiro estimou que realizava a cerimônia de casamento sobre a bigorna tradicional para mais de cem casais fugitivos por ano.[187]

Não era nada fácil para uma mulher encontrar um homem de quem gostasse e atraí-lo, derrotar suas rivais e convencer seus pais a oferecer o melhor pacote econômico, tudo isso na estreita janela de tempo durante a qual ela estava no auge da beleza e podia bancar a "temporada". John Gregory aconselhou sua filha em 1761: "Sem uma dose incomum de sensibilidade natural e de uma boa sorte bastante peculiar, uma mulher neste país tem muito pouca probabilidade de se casar por amor".[188]

Uma esposa escolhida por suas habilidades artesanais, pela riqueza que traria e pelos filhos que geraria poderia ter uma razoável esperança de um casamento satisfatório. Já uma escolhida por amor tinha que entregar todos esses benefícios além de fazer o marido feliz — algo muito mais difícil de definir e, portanto, atingir. O casamento por amor não criou um casamento igualitário: o fardo da inteligência emocional recaía principalmente sobre a esposa. Richard Steele, comentarista social do século XVIII e fundador do *Spectator*, deixou evidente: "Com amor, a esposa deve ao marido simpatia e gentileza de conversação. Ela deve esforçar-se por dar-lhe tanto apoio e conforto na vida quanto possível, para que possa ser digna desse propósito especial da criação da mulher: ser útil para seu marido".[189]

Alguns maridos tentaram ser amorosos e atenciosos. O reduzido tamanho das famílias da elite e da classe média no século XVIII talvez seja um indicativo de que os maridos atenciosos tentavam evitar partos perigosamente frequentes, retirando-se antes da ejaculação ou até evitando relações sexuais plenas.[190] Uma mulher do século XVII reclamou: "O marido dela não a tratava como convém a um homem casado, e a semente que deveria ser plantada em terra boa, ele desperdiçava na parte externa do corpo dela e, com isso, ameaçava que, caso ela engravidasse, ele lhe arrancaria os intestinos".[191]

A ternura conjugal passou longe desse casamento.

A esposa idealizada no romance romântico da sensibilidade poderia escolher o marido por amor, mas sempre encontrava uma fortuna. A história de *Pamela*, romance de enorme sucesso, supostamente a história em que um homem sem coração é subjugado pelo amor verdadeiro, é, na verdade, a história de uma escalada social de sucesso. Todos os conselhos sobre como ser "felizes para sempre" deixaram de pronunciar uma palavra que fosse sobre a origem do dinheiro que pagava o lar feliz. Nenhuma mulher fictícia ganhava o próprio dinheiro, trabalhava ou

---

\* O *handfasting* era um tipo de casamento informal em que o casal se comprometia entre si em um ritual realizado fora da igreja e sem a presença de um ministro ordenado. [N.T.]

administrava um negócio depois do casamento. As heroínas, assim como as esposas, não trabalhavam e não eram remuneradas.

Outra grande ausência nos romances era a sexualidade feminina. Embora o amor fosse a única razão válida para se casar, era um amor etéreo. A excitação feminina, quando descrita, soava como uma doença: desmaios, hemorragias nasais e palpitações. O autor Henry Fielding argumentou, em 1746, que o desejo e a atividade sexual feminina da classe alta deveriam ser reprimidos. As damas deveriam "preservar sua inocência e pureza naturais".[192]

No mundo real das classes altas, a virgindade das noivas — sempre uma exigência dos homens, que queriam ter a certeza de que o herdeiro, de fato, fosse seu filho — passou a ser compulsória, e demonstrada pela frieza, até pela frigidez, das jovens mulheres antes do casamento. Qualquer intimidade era proibida mesmo em longos noivados, e acompanhantes e horários rigorosos de visita garantiam que não haveria oportunidade. Até depois do casamento, as esposas aristocratas eram alertadas de que qualquer desejo sexual lhes faria perder o respeito dos maridos. Em 1742, Bernard Mandeville relatou a repressão bem-sucedida das paixões nas mulheres: "Para contrabalançar esse violento desejo natural, todas as jovens têm fortes noções de honra cuidadosamente inculcadas nelas desde a infância".[193]

Depois de 1750, os livros de conduta não precisavam mais aconselhar sobre a importância de reprimir o desejo sexual feminino, pois ele não existia mais. No fim do século, no romance epônimo de Fanny Burney (1796), a heroína Camilla está profundamente apaixonada, mas totalmente livre de luxúria. Seu pai lhe garante: "Você não tem paixões, minha menina inocente, pelas quais deve enrubescer".[194]

As mulheres das classes alta e média foram castradas por uma poderosa combinação de teorias médicas sobre o corpo feminino e descrições da natureza feminina nos romances. Os médicos homens, elegantes e caros — que só atendiam pacientes mulheres da classe alta —, registraram que as mulheres eram incapazes de atingir o orgasmo e algumas sentiam repulsa pela intimidade sexual. Os médicos alegavam que o apetite sexual em uma dama era anormal e deveria ser eliminado por meio de uma dieta de fome, medicamentos, orações e, se necessário, contenção física. Do mesmo modo que o medo da concorrência das mulheres no mercado de trabalho foi eliminado nas guildas e nos ofícios excluindo-se as mulheres do trabalho especializado, o antigo medo da sexualidade feminina voraz foi eliminado excluindo-se as mulheres do sexo.[195]

As casas das famílias das classes intermediária e alta se transformaram em bolha protetora para as mulheres. A sujeira, o pecado e os problemas do mundo real deveriam ser deixados para fora. A esposa virtuosa criava um santuário para ela e sua família. A antiga teoria grega de Aristóteles de que o lar e o trabalho eram lugares distintos e diferentes foi adaptada para sugerir que as mulheres eram diferentes dos homens e precisavam de um espaço diferente. A expressão "esferas distintas", uma espécie de *apartheid* sexual, dominou as ideias sobre os lugares em que as mulheres deveriam ficar e as maneiras como deveriam se comportar.

A família como unidade divina — marido, esposa e filhos — refletia-se até no uso dos bancos da igreja. As famílias da classe alta, que antes ficavam mais próximas do altar, com as damas atrás dos cavalheiros e os servos atrás de ambos, passaram a pagar uma taxa para pais e filhos ocuparem os primeiros bancos, onde sentavam-se juntos. Estes formavam bancos familiares, ocupados pela família nuclear chefiada pelo pai, e não pela família mais ampla que incluía visitantes, aprendizes, empregados, servos e parasitas.[196] Os bancos tornaram-se unidades com muros altos e portas, às vezes trancadas, como se a "bolha" da esfera distinta tivesse chegado à igreja.

Apesar do entusiasmo pelo casamento nos romances, as mulheres que não apenas leram a respeito, mas que experimentaram um casamento na vida real, pareciam relutantes em empreender um segundo. Um número considerável de viúvas — até um quarto em uma paróquia do século XVII — não voltou a se casar. Por outro lado, os homens tendiam a casar-se novamente após a morte da esposa: em 1688, havia cerca de noventa mil viúvos para 275 mil viúvas.[197] A explicação alegremente egoísta de um agricultor de Essex, no século XVIII, revela por que um homem quereria casar-se novamente... e por que uma viúva preferia ficar sozinha: "Tendo experimentado muito conforto no casamento e meus filhos precisando de uma mulher cuidadosa para administrá-los e criá-los, logo decidi me casar novamente".[198]

Quer fosse casada por amor ou por acordo, era quase impossível para uma esposa dissolver o casamento. A Lei do Adultério — que tornou crime a infidelidade, punível com a morte — foi revogada em 1660, em decorrência do retorno de uma corte real sexualmente liberal. Trinta anos depois, em 1698, sob o governo mais repressivo de William e Mary, uma nova tentativa de criminalizar o adultério e puni-lo com a morte ou exílio fracassou.[199]

O divórcio era permitido apenas por decreto individual do Parlamento, cuja obtenção custava centenas de libras e favorecia o marido, que podia divorciar-se da esposa pela mera alegação de adultério, enquanto as esposas precisavam demonstrar uma ofensa mais grave do que a infidelidade masculina. A maioria das esposas que se separavam queixava-se de violência; mas a violência doméstica não era considerada uma razão para o divórcio.[200] Uma esposa divorciada tinha de provar que seu casamento havia sido bígamo, isto é, que seu marido já era casado com outra pessoa, ou que lhe tinha sido forçado por estupro, ou que seu marido a sodomizava: sexo anal ou penetração vaginal com "equipamento". Poucas mulheres tinham os meios ou as testemunhas para provar suas queixas; mas até uma esposa que conseguisse abandonar um bígamo, um estuprador ou um sodomista perderia os filhos e qualquer fortuna que tivesse trazido ao casamento ou feito durante a união. A riqueza e os filhos eram propriedade do marido.[201]

Não é de surpreender que houve apenas duas petições de divórcio bem-sucedidas por parte de esposas queixosas na Câmara dos Lordes nos duzentos anos desde 1650, até a alteração da lei, em 1857.[202] Quer o casamento fosse por "amor" ou por acordo, as mulheres ainda não passavam de indigentes obrigadas por lei a viver sob a guarda dos maridos.

Uma mulher extremamente incomum usou a própria riqueza pessoal e sua extraordinária ousadia para encontrar uma rota de fuga sem igual nas leis que regiam as esposas. Mary Edwards (1705?-1743) era a filha única de pais ricos; seu pai possuía propriedades em Londres e arredores. Sua mãe vinha de uma família holandesa rica e não reivindicou a propriedade dos Edwards, mas passou tudo para Mary, de 23 anos, que foi considerada a mulher mais rica da Inglaterra. Em dois anos, Mary Edwards, apaixonada, afirmava ter se casado em segredo com um jovem alferes aristocrata da Guarda, o lorde Anne Hamilton, caçula do quarto duque de Hamilton. O anúncio do casamento foi publicado na *Gentleman's Magazine*, em julho de 1731: "O Lorde Anne Hamilton com a srta. Edwards, de grande fortuna".[203] Diz-se que o casamento ocorreu na Prisão Fleet, onde clérigos se disponibilizavam a casar casais apressados ou que queriam se casar em segredo.

Em março de 1733, Mary Edwards deu à luz um filho e provocou escândalo ao declarar-se solteira na certidão de batismo dele, a quem designou "Gerard Anne Edwards, filho da sra. Mary Edwards, solteira", sem nomear o pai da criança. Mas, no mesmo ano, ela estendeu o uso de seu brasão ao lorde Anne, que adotou "Edwards" como seu nome do meio em 1733.

A família vivia junta e contratou Hogarth para pintar um retrato dos três no terraço de sua casa em Kensington. Pouco tempo depois dessa cena de domesticidade virtuosa, Mary Edwards descobriu que seu marido havia roubado 17 mil libras de suas ações do Bank of England e da Companhia das Índias. Ela informou seus advogados e exigiu a devolução dos fundos, descrevendo-se como "Mary Edwards, solteirona". Ela negou qualquer casamento e, desse modo, bloqueou os direitos dele, como marido, a sua fortuna, e declarou o filho bastardo e a si mesma uma mulher cuja reputação havia sido arruinada. Foi uma manobra de extraordinária ousadia. Os advogados forçaram lorde Anne Hamilton a devolver o dinheiro, e ele deixou esposa e filho.

A ruína social não se seguiu ao incidente. A riqueza e a coragem de Mary Edwards a salvaram de ser excluída da sociedade refinada, e ela continuou vivendo com o filho na vila rural de Kensington e na grande mansão da St. James' Street, sendo uma famosa patrona das artes. Em 1742, posou para Hogarth, que a retratou envolta em joias e cercada de símbolos de independência — e resistência à tirania —, como um busto de Alfredo, o Grande, que resistira aos *vikings*, e de Elizabeth I, que resistira aos espanhóis. Um globo indica sua liberdade no mundo e um pergaminho dizia:

> Lembrem-se, ingleses, das Leis, dos Direitos...
> Tão caros comprados
> O preço de tanta Contenda
> Transmite-o cuidadosamente à Posteridade...

Um Spaniel (longe de ser o cachorrinho de colo de uma *lady*) a olha em adoração sob sua mão estendida. E que sorriso!

No mesmo ano em que Mary Edwards encomendou o retrato para celebrar seu estado de solteira, lorde Anne Hamilton, então com 33 anos, casou-se com uma herdeira de 16 anos, Anna Powell. A lei e seus tutores aparentemente aceitaram que não houvera casamento anterior.[204]

Pessoas pobres e da classe trabalhadora que queriam dissolver o casamento simplesmente se separavam. Dez por cento dos casamentos em Colyton, Devon, terminaram em separação em 1725-1765. Em sua maioria, foram os maridos que abandonaram as esposas: 33 homens abandonaram a esposa, em comparação com seis mulheres que abandonaram o marido. Algumas separações eram públicas e formalizadas por rituais populares, como saltar para trás sobre uma vassoura ou a *performance* pública da "venda da esposa".[205]

## Mulheres que amam mulheres

A corte da Restauração de Charles II e a cultura londrina que a copiou eram sexualmente permissivas; flertes e namoros homossexuais ocorriam abertamente. Diz-se que duas das amantes do rei realizaram uma cerimônia de casamento — talvez um jogo erótico para o entretenimento de Charles, ou uma expressão do autêntico desejo delas.[206] Corriam boatos de que Barbara, a Lady Castlemaine, e Frances Stewart dormiam na cama de Castlemaine, mas, como amantes de Charles II, pode ter sido apenas uma artimanha para chamar a atenção do rei.

Na corte e na vida cotidiana, as mulheres eram amigas e amantes. Elas proclamavam amizades intensas que eram permitidas e até incentivadas pela sociedade.[207] As que descreveram seus relacionamentos parecem falar de relações apaixonadas e até eróticas, mas sem imitar a relação heterossexual. Muitas enalteciam seus amores como se fossem mais espirituais do que o amor carnal dos homens.

"Sou como alguém que perdeu a luz do sol que tudo alegra", escreveu a filósofa e filantropa Elizabeth Burnet (1661-1709) quando sua amiga Sarah Churchill partiu após uma visita. A autora e herdeira Lady Rachel Russell (1636-1723) falou de sua "amiga deliciosa". A escritora Anne Dormer (1648-1695) escreveu à irmã: "Você sabe muito bem que eu a amo mais do que minha própria vida, tanto que me é desnecessário lhe dizer isso".[208]

Algumas autoras sentiam-se sexualmente atraídas por mulheres, mas apenas descreviam seus sentimentos nos termos mais etéreos. A poeta Katherine Philips publicou esta carta de amor a uma mulher:

> *Minha excelente Lucasia, sobre a nossa amizade:*
> Eu não vivi até este momento
> Coroar minha felicidade
> Quando pude dizer, sem nenhum tormento,
> Não sou tua, mas sou ti.[209]

Havia muitas amizades apaixonadas interligadas na corte da dinastia Stuart: Anne Killgrew, dama de honra da corte, escreveu uma série de poemas apaixonados para "Eudora", que eram explicitamente poemas de amor, mas tão respeitáveis que chegaram a ser publicados por seu pai após a morte de Anne. Uma contemporânea, Anne Finch, a condessa de Winchilsea, que escreveu sob o pseudônimo "Ardelia", compôs um poema de amor erótico para Anne Tufton, condessa de Salisbury, alegando ser um rato branco que podia ser acariciado, rastejar em suas "tranças castanhas" e ser admitido em seu seio.[210] Anne Finch foi amiga de Elizabeth Singer Rowe, que por sua vez era amiga apaixonada da poeta Frances Thynne, condessa de Hertford. Todas essas poetas da elite escreveram poesias de amor sensual para mulheres.

Na corte de Anne Hyde, primeira duquesa de York e esposa do futuro James II, houve relatos escandalosos de flertes entre damas de companhia. Suas filhas, ambas princesas reais e herdeiras de James, tiveram relacionamentos abertamente apaixonados com amigas. A princesa Mary, esposa de William de Orange, que se tornaria a rainha Mary II, foi íntima de Frances, a Lady Bathurst. Por vinte anos, as duas se correspondiam usando apelidos carinhosos e referiam-se uma à outra como marido e mulher. Em 1678, Mary descreveu a gravidez com o marido como se ela tivesse traído o amor das duas: "Embora eu tenha bancado um pouco a prostituta, eu te amo acima de todas as coisas do mundo".[211]

A irmã e sucessora de Mary, a rainha Anne, era abertamente apaixonada por Sarah, duquesa de Marlborough, que só foi suplantada por uma nova favorita, Abigail Masham. Relatos chocantes de que a rainha passava as noites com mulheres foram cuidadosamente elaborados para evitar possíveis consequências legais.[212] Já a imprensa falou da "expressão desagradável dos feitos sombrios da noite". A rejeitada duquesa de Marlborough afirmou que a rainha Anne não tinha "qualquer inclinação a não ser por pessoas do próprio sexo".[213]

Sarah, a duquesa de Marlborough, parecia confiante de que acusar a rainha de ser atraída por uma dama de companhia não levantaria questões sobre o relacionamento prévio das duas. Ela pode ter pensado que estaria protegida das fofocas sobre sua intimidade com a rainha devido a seu próprio casamento por amor, ou que seria protegida do escândalo por seus aliados políticos e por seu *status* aristocrático.

Uma poeta da classe trabalhadora escreveu um poema apaixonado sobre a amizade feminina. Elizabeth Hands, uma serva doméstica, escreveu: "a amizade de Maria era mais para mim do que o amor".[214]

Jane Barker, vinculada à corte de James II, deixou evidente que a amizade feminina não apenas era um purificador de sentimentos, mas pertencia a uma ordem superior à de outros relacionamentos terrenos. A heroína fictícia de *Peça de retalhos para damas* (1723) era solteira, sustentava a si mesma e desfrutava de amizades com outras mulheres. Ela escreveu elogiando a amizade feminina:

> Amizade é um mistério singular
> Que pode unir dois corações em um;
> Purifica nosso amor, faz fluir,
> No rio mais claro que há de existir.
> Eleva a alma, leva-a a se mover,
> Em direção à perfeição, a um amor Celestial.[215]

Amizades sentimentais eram descritas pelas mulheres como "amor". Constantia Fowler escreveu sobre sua cunhada, em 1630: "Pois nenhuma criatura teve mais sorte do que eu em ganhar o afeto dela. Acredito que sou abençoada com a amante mais perfeita e constante com a qual alguma mulher já foi abençoada".[216]

Em um poema de Anna Seward, uma mulher entra em desespero quando sua melhor amiga fica noiva e prevê os frios encontros das duas no futuro:

> Quando passardes por mim com o olhar desviado,
> Fingindo não me ver, a me ferir e entristecer,
> E a adoecer meu coração triste, não poderei suportar
> Tal eclipse de teus raios que alegram minha alma
> Não poderei aprender a arrancar meu coração
> De tua forma amada, que vagueia em minha memória;
> Nem no horizonte pálido do desespero,
> Poderei suportar os dias invernais e sombrios.[217]

Por volta do século XVIII, o casamento com um homem tornou-se conhecido como "o funeral ou o túmulo da amizade".[218] Mas algumas mulheres casadas mantiveram relacionamentos intensos com outras mulheres mesmo após o casamento. A primeira feminista, Mary Wollstonecraft, que teve dois casos amorosos escandalosos com homens, apaixonou-se por sua amiga Fanny Blood no primeiro encontro. Wollstonecraft encorajou sua irmã Eliza a abandonar o marido para morar com ela e instou Fanny a se juntar a elas em uma casa sem homens, dando aula em uma escola. Quando Fanny deixou a casa para se casar, Wollstonecraft declarou: "O mundo é um deserto para mim". Ela acompanhou a amiga Fanny até Portugal para ajudá-la no parto e esteve presente no momento de sua morte.[219]

Mary Astell, a pioneira educadora, propôs a criação de uma academia exclusivamente feminina onde mulheres e meninas morariam juntas. A ideia nunca chegou a ser concretizada devido à hostilidade em relação à estrutura de "convento". Mary Astell prometia que as estudiosas e funcionárias desfrutariam de uma "amizade nobre, virtuosa e desinteressada", mas confessou que tinha uma "fraqueza por amar mulheres".[220] Cercou-se de amigas ao longo da vida, às vezes perturbada pela intensidade de seus sentimentos, que nem sempre eram correspondidos. Alguns biógrafos sugerem que ela se voltou ao amor das mulheres depois do fracasso de uma proposta de casamento. Essa crença tradicional sugere que as mulheres procuram a companhia e o amor das mulheres quando não conseguem um homem. É mais provável que Mary Astell tenha visto o fracasso do noivado como uma possibilidade de fugir do casamento com um homem. Mais tarde na vida, ela criticou abertamente o casamento, que chamou de "tirania" e "escravidão", e estabeleceu um vínculo satisfatório com uma amiga, Lady Catherine Jones (1672-1740), com quem viveu até sua morte.[221]

Lady Catherine Jones engatou um relacionamento com Mary Kendall (1677-1710) — tão conceituado que foi celebrado pelas autoridades da Igreja e pelo primo de Kendall, que mandou instalar uma estátua de mármore dela na capela St. John the Baptist em Westminster. A inscrição celebra: "Aquela estreita união e amizade / em que ela viveu / com Lady Catharine Jones // E em testemunho disso ela desejou que nem suas cinzas / após a morte / pudessem ser separadas".[222]

Anna Maria Garthwaite, a estilista de seda, foi morar com sua irmã casada, Mary, quando o pai delas morreu. Mary a chamava de "minha irmã amorosa" e, com a morte de seu marido, deixou sua casa em York para se juntar a Garthwaite na casa-ateliê desta em Londres, em um lar exclusivamente feminino, composto também de duas criadas e uma pupila.[223]

Monumento a Mary Kendall (1677-1710), capela St. John the Baptist, Abadia de Westminster. Suas cinzas foram posteriormente misturadas com as de Lady Catherine Jones.

A dramaturga Catherine Cockburn, nascida Trotter, filósofa e teóloga moral, teve relacionamentos profundos com mulheres e manteve uma relação apaixonada com sua patrona, Lady Sarah Piers. Cockburn escreveu a peça *Inês de Castro* para o palco de Londres, em 1795. O drama de enorme sucesso fala de uma mulher que ama o marido e a amiga igualmente. A história tem um fim trágico, mas não antes de a esposa dizer especificamente que o amor da amiga lhe é tão precioso quanto o amor do marido. Outras peças celebraram amizades sentimentais aristocratas entre mulheres.[224]

O autor de *Clarissa*, Samuel Richardson, reuniu um círculo de amigas que enalteceram as apaixonadas amizades femininas em seus romances e envolveram-se em intensas amizades sentimentais entre si. Elizabeth Carter, estudiosa clássica e tradutora do poeta grego Epiteto, referiu-se a Catherine Talbot nos seguintes termos: "Minha paixão, penso nela o dia todo, sonho com ela a noite toda e de uma forma ou de outra a introduzo em todos os temas de que falo".[225]

Embora as amizades amorosas das mulheres da elite fossem por vezes aclamadas como um amor superior, livre de luxúria e típico de sua natureza refinada, referências escandalosas e divertidas a mulheres que faziam sexo com mulheres começaram a aparecer em jornais sensacionalistas, peças de teatro e pornografia. Acusações codificadas eram impressas nos cadernos de escândalo, em geral, referindo-se a aristocratas corruptas ou à realeza estrangeira. Uma chamada "história", escrita por Seigneur de Brantome, *Vidas de damas galantes*, usa a palavra *lesbienne* e descreve *fricarelle* (esfregar) como a atividade sexual de mulheres amantes, que só são atraídas uma à outra devido à ausência de homens e que "abominam" a prática assim que conseguem um homem.

*O brinde*, de William King, uma sátira de poema épico, usou pela primeira vez a expressão "amores lésbicos" para referir-se à intimidade sexual entre duas mulheres, em 1732; mais tarde, os termos "tribadismo" e "paixão sáfica" foram usados para descrever a intimidade sexual entre mulheres. Mas "tríbade" também podia ser intersexo — agora diagnosticado como uma condição médica — ou ainda a um homem ou uma mulher que tinha amantes de ambos os sexos. A prática do amor homossexual por parte das mulheres era conhecida a ponto de entrar na gíria popular: chamava-se "*A Game of Flats*",* e as lésbicas eram chamadas de *tommies*, talvez numa correspondência à gíria para homossexuais, *mollies*, ou uma abreviação de *tom-boys*.**[226]

Com a intensificação, desde o início do século XVIII, do escrutínio e dos comentários críticos sobre as mulheres solteiras e suas amizades, as expressões apaixonadas de amizade entre mulheres tornaram-se mais moderadas, e elas próprias, mais discretas no cortejo a outras mulheres. Em 1724, um panfletário anônimo descreveu mulheres inglesas "beijando-se e deslizando uma na outra de maneira lasciva e repetindo o ato com frequência". No fim do século, as mulheres que viviam juntas de maneira extravagante e aberta, especialmente as atrizes, cantoras

---

* Uma referência a jogos de cartas, que eram chamadas de *flats*, e uma alusão ao contato da genitália feminina "lisa" (em inglês, *flat*). [N.T.]

** Mulheres que adotam comportamentos e estilos de vestimenta considerados mais masculinos. [N.T.]

e artistas menos respeitáveis, foram submetidas a um rigoroso escrutínio.[227] Todas as amizades femininas tinham que ser firmemente definidas como assexuadas e denominadas "amizades sentimentais".

Da crença de que todas as mulheres da classe baixa eram sexualmente ativas decorria que amigas da classe trabalhadora se tornassem suspeitas de atividade sexual e, a partir do século XVIII, as amizades entre mulheres solteiras passaram a ser objeto de escrutínio e suspeita. As mulheres da classe trabalhadora que viviam e trabalhavam juntas podiam ser separadas de acordo com as leis laborais, as quais permitiam aos magistrados decidir como e onde elas trabalhariam. Quatro mulheres de South Milton, Devon, que juntas haviam sido autossuficientes em uma fiação, foram obrigadas a trabalhar no serviço doméstico, em que quase certamente seriam separadas. Mulheres *quakers* que viviam em comunidade enfrentavam perseguição, como Jane e Anne Wright, separadas e retiradas de casa mesmo sendo irmãs.[228]

Um tratado médico descreveu as diferenças entre uma garota sexualmente saudável da classe trabalhadora e uma jovem delicada. Outro, de 1725, *Suplement to Onania,*\* uma advertência contra a masturbação, explica que "E. N.", uma menina de classe alta, foi ensinada a se masturbar por uma criada: "E. N., de natureza tenra e naturalmente inclinada a ser fraca, desenvolveu uma série de distúrbios como resultado". Por outro lado, a criada que iniciou a jovem "não sofre de nenhuma condição física, é uma moça forte de 27 anos".[229]

Os textos médicos que chegavam a mencionar a sexualidade feminina da classe alta a descreviam como uma aberração. As discussões tinham como objetivo desencorajar a sexualidade feminina e não diagnosticá-la. Dizia-se que as mulheres que tocavam o órgão genital no de outras mulheres provavelmente morreriam de doenças do útero. O livro de M. Tissot, traduzido por A. Hume, *Onanism: Or, A Treatise upon the Disorders Produced by Masturbation; Or the Dangerous Effects of Secret and Excessive Venery* contém apenas um capítulo genérico sobre as mulheres: "Sabe-se que as mulheres são capazes de amar outras mulheres com a mesma intensidade que homens apaixonados e podem sentir o ciúme mais pungente quando seus objetos de desejo são abordados por homens com intenções românticas".[230]

O romancista Henry Fielding conclui seu relato sobre uma "marida" com um apelo contra o amor entre pessoas do mesmo sexo, que, embora seja "vicioso e igualmente detestável em ambos os sexos", é pior nas mulheres: "Se a modéstia é de fato uma característica peculiar do sexo feminino, é ainda mais chocante e odioso quando as mulheres a prostituem e a degradam".[231]

---

\* "Onania" se refere a uma série de tratados escritos no século XVIII que condenam a masturbação. O mais conhecido é *Onania, ou o pecado hediondo da autopolução, e todas as suas terríveis consequências, em ambos os sexos, consideradas com conselhos espirituais e físicos para aqueles que já se entregaram a essa prática abominável.* [N.T.]

No fim do século XVIII, tanto o entusiasmo pelas amizades apaixonadas entre mulheres quanto o pânico posterior relativo à intimidade sexual das mulheres já eram coisa do passado. Menos textos foram publicados para reclamar do amor excessivo de mulheres por mulheres. A repressão à sexualidade feminina da classe alta fez com que também as amizades entre elas não se afigurassem sexuais. O antigo alvoroço contra o modismo das amizades entre mulheres transformou-se em ávida curiosidade pelos casos raros, e os comentários sobre isso ficaram mais críticos.

## Mulheres que se casam com mulheres

Baladas e peças populares sobre mulheres que se casavam com mulheres, em geral, apresentavam personagens motivadas pela ganância e terminavam em desespero. A balada *Casamento entre mulheres ou um casamento maluco em Deptford* (1684) conta a história da fraude praticada contra uma família por uma serva doméstica grávida. Outra balada, *A derrota da donzela desprezível* (1685), retrata uma mulher que rejeita pretendentes do sexo masculino, os quais se vingam quando ela é seduzida por uma mulher vestida de homem. A noiva se mata ao descobrir que seu marido é uma mulher.[232]

Em 1680, Amy Poulter, esposa de Arthur Poulter, vestiu-se de homem e deu-se o nome de James Howard para cortejar Arabella Hunt, de 18 anos, uma famosa cantora e musicista profissional da corte da rainha Mary. O romance de verão foi aprovado pela mãe de Arabella, e James casou-se com ela diante de testemunhas na igreja paroquial de St. Marylebone, em 12 de setembro do mesmo ano. O jovem casal passou seis meses vivendo na casa da mãe de Arabella, em Haymarket, na capital.[233] Uma testemunha do casamento, Sara Cunningham, de 24 anos, disse ao tribunal consistório de Londres que James "vestia-se em grande parte com roupas femininas, especialmente quando ia à cidade, alegando haver grandes razões e circunstâncias para se vestir assim".[234]

Seis meses depois do casamento, Arabella solicitou sua anulação no tribunal consistório alegando que seu marido, James, era "de duplo sexo, hermafrodita".[235]

Amy Poulter ficou viúva com a morte de Arthur, em janeiro de 1681, quatro meses depois de seu casamento com Arabella. Ela disse ao tribunal que havia sido "seduzida por más companhias e conselhos" e que havia cortejado Arabella vestida tanto de homem quanto de mulher — "não a sério, mas precipitada e indevidamente e de uma maneira brincalhona, jocosa e lúdica […] fez um acordo com Arabella Hunt na forma de um casamento".

Amy disse que, assim que Arabella percebeu que era uma mulher, "elas abandonaram imediatamente […] a companhia uma da outra […] e desde então viveram, e agora vivem, separadas uma da outra, como deveriam fazer, esta respondente bem sabendo [...] que estava errada, e que foi, e ainda é, uma mulher e uma mulher perfeita [...], não um homem, e não um hermafrodita ou pessoa de duplo sexo".[236]

O tribunal convocou um júri composto de cinco parteiras, que examinaram Amy Poulter e anunciaram que ela era uma mulher "perfeita [...] em todas as suas partes".

Para Amy Poulter, foi um ganho. Se tivesse sido declarada intersexo pelo tribunal, ou até declarada homem, ela poderia ter perdido o dote anual de viúva resultante de seu casamento com Arthur e ter sido humilhada em público.[237]

O tribunal declarou o casamento nulo e sem efeito, não por ter sido realizado entre duas mulheres — não havia lei específica contra uniões do mesmo sexo[238] —, mas porque Amy Poulter já era casada na ocasião. O tribunal anulou a união bígama, levou em conta o relato das parteiras de que Amy era uma mulher "perfeita" e decidiu que as duas mulheres estariam livres para se casar no futuro. Não houve outra acusação a responder.

Arabella continuou sua carreira como musicista da corte altamente conceituada e morreu solteira, em 1705; apenas cinco semanas depois de o tribunal ter anulado seu casamento como uma "marida", Amy Poulter morreu e foi enterrada em Cottered, Hertfordshire.

O casamento das duas não foi o único entre mulheres registrado nesse período. Em 1694, uma jovem (não identificada) foi acusada de se casar com uma serva, também jovem, para receber seu dote, e de planejar um segundo casamento com outra mulher. Suas cartas de amor foram lidas em voz alta para a diversão do tribunal criminal. Ela foi condenada a ser açoitada e detida em Bridewell até o tribunal decidir sua punição.

Em 1719, Catherine Jones compareceu perante o tribunal criminal de Old Bailey, em Londres, acusada de bigamia por ter contraído um segundo casamento enquanto seu marido, John Rowland, com quem era casada havia seis anos, estava no exterior. Sua defesa foi que seu casamento com Constantine Boone não era um casamento de verdade, pois Boone era intersexo.

De acordo com o relato não muito confiável do *Newgate Calendar*, uma testemunha disse ao tribunal que Constantine Boone fora criada como menina e aprendido bordado, até que, aos 12 anos, fugiu para o mar como um menino. Catherine Jones disse em sua defesa que Constantine Boone fora exibida como intersexo na Feira de Bartolomeu e em outros lugares. Constantine Boone confirmou a veracidade da alegação, e outras testemunhas disseram que Boone tendia a ser mais mulher do que homem. O júri aceitou a defesa, isto é, que não houve casamento, já que Constantine Boone era intersexo, e livrou Catherine Jones da acusação de bigamia.[239]

Em 1720, Sarah Kerson, que se autodenominava John, tentou casar-se com Anne Hutchinson, porém o tribunal presumiu que seu objetivo era roubar o dinheiro de Anne. Como a maioria dos casamentos entre mulheres, o caso só chegou ao tribunal quando houve uma queixa criminal associada à união. O casamento entre mulheres não era um crime em si, e pode ter havido muitas "maridas" que nunca chegaram a chamar a atenção das autoridades. Um casamento entre mulheres foi registrado sem maiores comentários pelo secretário da igreja de Taxal, em Cheshire, em 1707: "Hannah Wright e Ann Gaskall, Paróquia de Prestbury, 4 de setembro de 1707". E, um ano depois, na igreja de Prestbury: "Ane Norton e Alice Pickford, Paróquia de Prestbury, 3 de junho de 1708".[240]

Algumas décadas depois, em 1734, em Soho, Londres, o clérigo recusou-se a emitir uma certidão de casamento para John Mountford, um alfaiate, e Mary Cooper, uma mulher solteira, tendo anotado que "suspeitava de duas mulheres sem certificado",[241] o que sugere que ele se recusou a casá-las pelo único motivo de que elas não tinham uma licença para o casamento.

Em 1737, um clérigo oficializou o casamento de John Smith e Elizabeth Huthall e, mais tarde, registrou suas dúvidas: "Na opinião deste clérigo após a cerimônia, julgo que ambas eram mulheres. Se o indivíduo denominado John Smith for um homem, é um homem de baixa estatura, pálido e magro, com não mais que 1,5 metro de altura".[242] Ainda assim, tudo indica que o casamento foi realizado e as autoridades não foram alertadas.

Em 1747, descobriu-se após a cerimônia de casamento que um casal recém-casado — John Ferren e Deborah Nolan — era composto de mulheres, mas o casamento não foi contestado: "Descobriu-se após o término da cerimônia que o suposto John Ferren era uma mulher".[243]

A Lei do Casamento de 1753, que exigia a publicação dos proclamas nas paróquias locais ou a emissão de licenças especiais de casamento, bem como o registro de todos os casamentos, destinava-se apenas a evitar casamentos de má-fé levados a cabo por caçadores de dote. A lei não proibia casamentos entre mulheres, que continuaram sendo celebrados ao longo do século XVIII. Na verdade, a popularidade dos casamentos femininos pode ter crescido sem alardes durante esse período. O número de relatos individuais sem dúvida aumenta, e o termo "marida" é usado sem explicação, como algo cotidiano.[244]

Uma mulher que viveu como homem, marido e soldado só foi descoberta durante uma visita ao hospital em Edimburgo, em 1759. Outra esposa amava tanto a "marida" que, quando ambas foram denunciadas por um velho conhecido, viajou para York "em grande aflição, implorando que não fossem separadas". No mesmo ano, uma "marida", Samuel Bundy, nascida Sarah Paul, foi presa por fraude contra sua esposa, Mary Parlour, que a denunciou às autoridades. Quando o caso foi apresentado ao tribunal, a esposa Mary recusou-se a testemunhar contra a "marida", e o caso foi arquivado.[245] Em 1764, uma "marida", John Chivy, morreu depois de viver como agricultor e marido por mais de vinte anos.

Outra mulher que tentou viver como homem e casou-se não com uma, mas com três mulheres, foi ficcionalizada por Henry Fielding, um magistrado e romancista. Ele alegou que seu relato foi extraído de documentos judiciais e publicou-o na forma de romance, intitulado *The Female Husband*, em 1746.

Não há nada de sentimental nesse romance. A voz é típica do Iluminismo, não do movimento romântico: o autor adota uma abordagem cáustica e dura e tem um interesse forense pela heroína e sua queda. Fielding alega que Mary Hamilton nasceu na Ilha de Man, em 1721, filha de uma viúva abastada e de um sargento aposentado, e foi seduzida por uma mulher mais velha que havia sido corrompida pelos metodistas. Mary apaixonou-se profundamente por sua sedutora e ficou com o coração partido quando foi rejeitada, porque a outra escolheu se casar com um homem. Fielding faz a defesa tradicional da superioridade da relação heterossexual sobre a intimidade feminina, já que a ex-amante de Mary a insta: "Siga meu exemplo agora, como fez antes com minha tentação, e entre o mais rápido possível no estado santificado ao qual fui chamada ontem. No qual, embora eu ainda seja apenas uma noviça, acredite, há deleites que superam infinitamente os tênues carinhos que experimentamos".[246]

Mas Mary Hamilton embarcou para Dublin, alegou ser uma ministra metodista, cortejou e casou-se com uma viúva mais velha e rica, que descobriu que Mary era uma mulher na noite de núpcias. Mary fugiu para West Country e cortejou e casou-se com duas outras mulheres, e a cada vez foi descoberta e fugiu. Seu último casamento durou três meses; a noiva tinha laços profundos com Mary, que passou a alegar ser um médico chamado George Hamilton, e que morava com a noiva na casa de sua família. Um encontro casual com alguém que havia conhecido George durante um casamento anterior gerou rumores, e um magistrado emitiu um mandado de prisão — não pelo casamento entre pessoas do mesmo sexo, nem mesmo por bigamia, mas por um vício criminoso que não foi especificado nos autos. Uma busca nos pertences de Mary/George revelou "Algo muito vil, perverso e escandaloso em sua natureza".

Isso é tudo o que Fielding diz sobre a descoberta do que talvez fosse uma espécie de pênis falso para ludibriar as duas últimas noivas, que seriam virgens na noite de núpcias. Se algum tipo de "equipamento" fosse usado para penetrá-las, isso constituiria crime de sodomia. Mas Hamilton não foi acusada desse crime. Ela foi detida em Bridewell e acusada sob a Lei da Vadiagem de "tentar submeter a práticas falsas e enganosas alguns dos súditos de Sua Majestade".

Os juízes proferiram um veredito em que não decretam se Hamilton era homem ou mulher: "Que ele ou ela, prisioneiro no tribunal, é um trapaceiro incomum e notório, e nós, o Tribunal, condenamos a ela ou a ele, seja quem for, a ser preso por seis meses, e durante esse tempo a ser açoitado nas cidades de

Taunton, Glastonbury, Wells e Shepton Mallet, e deve fornecer garantias de bom comportamento pelo tempo que os sábios magistrados previamente mencionados devam ou possam, em sua sabedoria e julgamento, exigir".[247]

Hamilton foi chicoteada em público em quatro cidades mercantis e passou meses na prisão. Fielding alega que, na noite do pior espancamento, ela tentou subornar o carcereiro para levar uma jovem à prisão para fazer sexo — um evento quase certamente fictício, criado para mostrar a corrupção moral de uma "marida". Até este ponto, o próprio relato de Fielding descrevia Hamilton como nem predatório nem promíscuo, mas apenas persistente em sua tentativa de criar um lar conjugal com uma mulher amada, por lucro, amor e sexo. Na verdade, exatamente como qualquer marido faria.

## Mulheres vestidas como homens

Não havia lei contra mulheres que se vestiam como homens, mas a ordem bíblica se fazia valer, e as mulheres travestidas podiam ser processadas por desordem. Mesmo quando se vestiam como homens para sua própria segurança, como em viagens longas, eram submetidas ao *frisson* causado pelo temor coletivo a uma mulher em desconformidade com seu lugar social.

Os teatros, que voltaram a funcionar após o encerramento dos anos de Cromwell, não só permitiam mulheres no palco como também criavam "atos de calças", em que atrizes usavam calças masculinas e mostravam as pernas e ligas com meias de seda, para a alegria do público misto. Essas mulheres eram populares entre todos os públicos e especificamente solicitadas nas "noites das mulheres" pelo público exclusivamente feminino. Elas continuaram sendo muito populares até o aumento, no século XVIII, do desconforto em relação ao comportamento feminino e à ansiedade em relação ao erotismo entre mulheres. Alguns historiadores sugerem que as peças teatrais "com calças" foram desencorajadas quando ficou evidente que as atrizes eram preferidas pelo público feminino; as personagens com calças sinalizavam a independência, a sexualidade e a preferência femininas por outras mulheres — e foram eliminadas aos poucos.[248]

Uma mulher que se apresentava no palco vestida de homem e ocasionalmente se passava por homem também na vida real foi a chamada Princesa Alemã, Mary Carleton (1634-1673). Nascida Mary Moders, filha de um músico de Canterbury, ela se casou com um sapateiro local antes de fugir para Barbados. Lá, casou-se com um cirurgião, Thomas Day, o que a levou a ser acusada de bigamia.[249] Ao ser libertada, mudou-se para Colônia, onde foi "confundida" com outra mulher e assumiu a identidade de Maria de Wolway, retornando a Londres como uma condessa alemã. Foi induzida pela astúcia do escriturário de um advogado a se casar e, quando ele descobriu que ela não tinha fortuna alguma, o pai dele a processou por bigamia.

Ela alegou ter se formado como advogado homem nos Inns of Court* e conduziu com sucesso sua própria defesa, sendo liberada pelo júri e aclamada pelo público. Escreveu sua autobiografia, que foi dramatizada na peça *Um combate espirituoso ou a mulher vitoriosa*, e apresentou-se interpretando a si mesma no palco de Londres; o jornalista Samuel Pepys assistiu a uma apresentação. Carleton continuou cometendo fraudes criminais até ser presa, em 1671, por roubar uma caneca de prata. A pena de morte foi comutada por exílio na Jamaica, mas ela voltou à Inglaterra e continuou cometendo fraudes e roubos, sendo presa novamente. Foi vestida com muita elegância a seu julgamento e a seu último passeio, à forca. Foi enforcada em Tyburn, em 22 de janeiro de 1673.[250]

Atriz que usava calças dentro e fora do palco, Charlotte Charke (1713-1760) publicou uma versão ficcionalizada de sua vida em 1755, na qual descreveu ter sido criada como uma "moleca", assim como sua infelicidade no casamento e como foi forçada pela pobreza a apresentar-se no palco, onde interpretava papéis femininos e "de calças". Nas viagens, ela se vestia como homem, autodenominado sr. Brown, e flertava com as mulheres; Charlotte declarava-se incapaz de ter habilidades e comportamentos femininos convencionais. Passou grande parte da vida com sua amiga e empresária, e elas viajavam como marido e mulher. O travestismo de Charlotte levou-a a um namoro com uma herdeira e à possibilidade de um casamento lucrativo com uma mulher rica — mas ela desistiu do relacionamento por não acreditar que poderia ser uma "marida".[251]

Uma mulher de ascendência africana que se recusou a conformar-se ao comportamento feminino convencional e usar roupas femininas convencionais disfarçou-se de homem, autodenominou-se John Brown e ofereceu-se para servir como guarda na empresa escravagista Royal African Company. Talvez ela estivesse tentando chegar à África — é possível que tenha sido escravizada na costa da Guiné e estivesse tentando voltar para casa. Se alguém um dia lhe perguntou sua intenção, a resposta não foi registrada. Mas ela conseguiu fazer a viagem. O capitão do *The Hannibal*, de Londres, Thomas Philips, explicou em seu diário de bordo, em novembro de 1693, como ela foi descoberta:

---

* Associações profissionais localizadas em Londres para advogados, as quais fornecem educação jurídica, orientação e oportunidades de *networking*. [N.T.]

> Hoje de manhã descobrimos que um dos guardas da Royal African Company era uma mulher que se alistou para o serviço sob o nome de John Brown, sem levantar qualquer suspeita, e estava havia três meses a bordo sem qualquer desconfiança, sempre deitada entre os outros passageiros, e sendo tão competente e disposta a fazer qualquer trabalho como qualquer um deles: e acredito que ela teria passado despercebida até nossa chegada à África se não tivesse caído muito doente, o que levou nosso cirurgião a consultá-la e lhe prescreveu um *clister*; quando seu assistente foi administrar, ficou surpreso ao encontrar mais portas de fuga do que esperava, o que o obrigou a uma investigação mais aprofundada, que, assim como sua confissão, manifestou a verdade sobre seu sexo; ele me passou a informação e, por caridade, bem como em respeito a seu sexo, ordenei-lhe um alojamento privado separado dos homens e dei ao alfaiate alguns tecidos simples para costurar roupas de mulher; em retribuição, ela se mostrou muito útil lavando minhas roupas e fazendo tudo o que podia até desembarcarmos com os demais no Castelo de Cabo Coast, na Guiné. Ela tinha cerca de 20 anos e era uma aprazível jovem negra.[252]

Todo um gênero de textos populares descreveu mulheres que se passavam por soldados. Em 1692, o *Gentleman's Journal* contou a história de uma bela mulher inglesa que se passou por soldado durante dois anos no exército francês, promovida a "Cavaleiro do Governador de Pignerol até ser descoberta como uma mulher brincando com uma pessoa do mesmo sexo".[253]

Uma irlandesa, Christian Cavanagh (1667-1739), administrava uma estalagem em Dublin com a ajuda de seu marido, Richard Welsh, que desapareceu, provavelmente recrutado à força para o exército britânico. Aos 26 anos, em 1693, "Kit" Cavanagh vestiu-se de homem e alistou-se como soldado de infantaria para encontrar o marido. Ela foi capturada pelos franceses na Batalha de Landen, libertada — ainda sem ter seu sexo descoberto — e enviada à companhia do capitão Tichborne, em uma troca de prisioneiros. Uma briga com um sargento da companhia por causa de uma mulher terminou em duelo, no qual Kit Cavanagh matou o sargento, motivo pelo qual foi dispensada do exército.

Ela voltou a se alistar, desta vez nos Scots Greys,[*] com os quais lutou até a Paz de Ryswick, em 1701, quando alistou-se novamente nos Greys para lutar na Guerra da Sucessão Espanhola. Ela continuou lutando mesmo depois de ter sido ferida na Batalha de Blenheim. Na sequência, encontrou seu marido, que estava com outra mulher. Kit Cavanagh concordara que ela e o marido deveriam se

---

[*] Um regimento de cavalaria pesada do exército britânico, famoso por seu uniforme cinza e pela reputação de bravura e habilidade militar. [N.T.]

De *O anuário feminino*, 1904, Kit Cavanagh (Christian Davies, 1667-1739), que serviu no exército britânico e foi enterrada com todas as honras militares.

passar por irmãos e continuaram no exército até a Batalha de Ramillies, quando ela fraturou o crânio e descobriu-se que, na verdade, Kit era uma mulher.

O brigadeiro dos Scots Greys, lorde John Hay, ordenou que ela continuasse recebendo sua pensão até ser formalmente dispensada como soldado e contratada como cozinheira. O infiel marido morreu na Batalha de Malplaquet, em 1709, e Kit procurou seu corpo e o enterrou. Casou-se com outro soldado da cavalaria, Hugh Jones, e depois viveu com o capitão Ross dos Scots Greys, assumindo o apelido de Mãe Ross.

Quando os Greys foram desmobilizados em 1712, Kit Cavanagh foi apresentada na corte à rainha Anne, que lhe concedeu 50 libras e uma pensão de 1 xelim por dia por seu extraordinário serviço militar. Casou-se pela terceira vez até que, finalmente, se aposentou no Royal Hospital Chelsea, onde foi entrevistada pelo escritor Daniel Defoe, que publicou sua história. Ela morreu aos 72 anos e foi enterrada com todas as honras militares no hospital.

Sabe-se que várias mulheres se passaram por homens para servir no exército e na marinha. Segundo o *Gentleman's Journal*: "Há apenas dois anos, tivemos uma jovem a bordo da Frota, vestida de homem, que demonstrou todos os sinais da mais destemida coragem. Várias outras ainda vivem, algumas nesta cidade, que serviram em campanhas inteiras e lutaram golpe por golpe contra os soldados mais viris".[254]

Outra mulher recrutada para o exército britânico em 1704 não foi celebrada por sua coragem, e sim presa, chicoteada e submetida a trabalhos forçados. Elizabeth Morris vestiu-se de homem e alistou-se como soldado no regimento do tenente-general Steward.[255] Ela possivelmente recebeu essa condenação por não estar seguindo o marido, mas buscando realizar seus próprios desejos.

Duas famosas mulheres que se vestiam em roupas masculinas tornaram-se piratas: Mary Read e Anne Bonny, cuja história foi publicada em *Uma história geral dos roubos e assassinatos dos piratas mais notórios*, em 1724. Nascida por volta de 1700, na Irlanda, Anne Bonny vestiu-se de menino e se autodenominou "Andy" na esperança de se tornar escriturária de um advogado. A família emigrou para a Carolina, onde Anne, contra a vontade de seu pai, casou-se com um pirata chamado James Bonny. Depois que o casal se mudou para as Bahamas, Anne tornou-se amante do pirata Jack Rackham, fugiu com ele em seu navio e disfarçou-se de integrante homem em sua tripulação, que já incluía Mark/Mary Read (ou Reid), que se vestia como menino desde muito jovem, ganhara uma herança e mais tarde veio a ingressar no exército britânico. Mark/Mary casara-se como mulher e mudara-se para as Índias Ocidentais com o marido, mas, quando este morrera, ela entrou na tripulação de Rackham como homem (Mark). Rackham inicialmente ficou com ciúme da amizade de Anne Bonny com Mark Reid, até que Mark/Mary se revelou mulher e ele permitiu que elas fossem amigas amorosas.[256]

Anne Bonny (*c.* 1697-?1721) em *Uma história geral dos roubos e assassinatos dos piratas mais notórios*, 1724, do capitão Charles Johnson, possivelmente um pseudônimo de Daniel Defoe.

Anne Bonny casou-se com Jack Rackham a bordo, e ele, Anne e Mark/Mary roubaram o navio *William*, recrutaram uma nova tripulação e atuaram como piratas até outubro de 1720, quando foram atacados por uma corveta contratada pelo governador da Jamaica. A tripulação, que estaria bêbada demais para lutar, foi levada à Jamaica, onde foi enforcada. As últimas palavras de Anne Bonny ao marido foram: "Se você tivesse lutado como um homem, não precisaria ser enforcado como um cachorro".[257]

Mark/Mary e Anne imploraram por sua vida alegando estar grávidas, e a execução foi adiada. Mark/Mary morreu na prisão e Anne desapareceu dos registros.

Uma ilustração da pirata Mary Read (1695-1721) em "As aventuras e o heroísmo de Mary Read", *O livro dos piratas*, 1837.

Nottinghamshire tem uma história interessante (provavelmente uma ficção) sobre uma salteadora de estradas: Joan Phillips, filha de um rico fazendeiro, foi persuadida pelo amante a se vestir de homem e assaltar uma diligência na Loughborough Road. Diz-se que ela foi julgada nas Sessões Judiciais da Quaresma em Nottingham e executada em abril de 1685 em uma forca erguida em Wilford Lane, perto de onde fora capturada.[258]

Hannah Snell (1723-1792) adotou o nome de seu cunhado, James Gray, e vestiu o terno dele para procurar o marido desertor. Ao descobrir que ele havia sido executado por assassinato, decidiu manter a identidade masculina e entrou no 6º Regimento de Infantaria de John Guise, à época em que este marchou contra o Jovem Postulante ao Trono, Charles Edward Stuart, em 1745. Mas Hannah desertou depois de levar uma surra brutal de seu sargento e juntou-se aos fuzileiros navais, com os quais navegou para a Índia.

Foi ferida nas pernas e na virilha, mas teve a bala retirada por uma mulher indiana, para que o cirurgião do regimento não descobrisse seu sexo. Ao retornar à Inglaterra em 1750, ela revelou ser mulher e solicitou uma pensão. Publicou sua história em livro, *A mulher soldada*, e criou um espetáculo teatral em que apresentava exercícios militares e cantava vestida de uniforme. Foi dispensada com honras e recebeu sua pensão.

Hannah Snell (1723-1792) de uniforme militar completo, pintura de Richard Phelps, gravura de John Young, gravurista do príncipe de Gales.

Aposentada, casou-se duas vezes e teve dois filhos de cada marido e, ao morrer, foi enterrada no Chelsea Hospital em um gesto de respeito a seu serviço militar.

Um gênero popular de baladas celebrava mulheres que lutaram vestidas de homem no exército ou na marinha. Em sua maioria, as baladas celebravam a aventura feminina e seu retorno à vida civil e à feminilidade, mas a possibilidade de uma vida de sucesso como homem também era divulgada e popularizada.[259]

Algumas mulheres se vestiam de homem para se libertar das convenções do comportamento feminino. Sally Salisbury o fazia para sair com amigos homens desordeiros. Há registros de uma briga em um *pub* de Gateshead, em que se descobriu que um dos rufiões era uma mulher vestida de homem. Catherine Meadwell, separada do marido, usava roupas masculinas e usou o nome do capitão Clark para encontrar seu amante. Talvez a história mais surpreendente de todas seja a de um cocheiro que trabalhou por dezesseis anos para a aristocrática família Harvey e só se descobriu ser uma mulher quando deu à luz.[260]

Os relatos do século XVII sobre a vida dessas mulheres eram constituídos primordialmente da narrativa de aventuras, não de uma condenação. Os textos voltados a orientar as pessoas sobre a aparência falavam principalmente em vestir-se de acordo com o *status* social, como se a classe importasse mais do que o gênero. Contudo, no fim do século, os escritores começaram a exortar as mulheres a vestirem-se como mulheres e identificaram o travestismo como um problema social, uma falha moral ou até um sintoma de loucura.[261] O novo desconforto se intensificou quando as mulheres começaram a se travestir em público, levando os figurinos do palco à vida cotidiana.[262] Usar roupas masculinas não como piada ou atuação era visto como uma ameaça por parte de mulheres que poderiam querer assumir também a autoridade dos homens.

Embora os comentaristas insistissem cada vez mais que havia apenas dois sexos, manteve-se a consciência da existência de pessoas conhecidas na época como "hermafroditas". Um panfleto de 1718 sobre hermafroditas discutiu principalmente a transformação de mulheres em homens, uma vez que ainda se pensava — como os filósofos gregos — que um corpo físico mudaria para melhor, ou seja, que uma mulher evoluiria para se transformar em homem. Qual era a vantagem de ir na direção oposta? Qualquer pessoa com uma sexualidade indeterminada provavelmente seria uma mulher no processo de se transformar em homem.[263]

A cultura *mollie* de homens homossexuais incluía homens que se passavam por mulheres e até se identificavam como mulheres. Havia cerimônias de casamento simuladas nas *mollie houses*\* e até "partos simulados", quando um *mollie* se retirava para um quarto e simulava o trabalho de parto.[264]

Por volta de 1770, jovens nobres, admiradores da cultura italiana, se autodenominavam *macaronis* e se vestiam de maneira elaborada, com salto alto, perucas altas e brancas, os rostos empoados de branco e *blush* nas bochechas. Embora sua aparência fosse feminilizada, sua intenção não era se passar por mulher, mas ser homens glamorosos. No entanto, a *Oxford Magazine* os descreveu como um novo

---

\* O termo *molly house* era usado na Inglaterra para referir-se a um local de encontro para homens homossexuais e pessoas que não se conformavam com os padrões de gênero. Os locais de encontro costumavam ser tavernas, bares, cafés ou até quartos privados, onde os homens podiam socializar ou encontrar possíveis parceiros sexuais. [N.T.]

gênero: "Um novo tipo de animal, nem macho nem fêmea, algo do gênero neutro, recentemente surgido entre nós [...]; fala sem sentido, sorri sem graça, come sem apetite, cavalga sem exercício, vadia sem paixão".[265]

A revista pode ter expressado antipatia, mas não houve pânico moral, como havia acontecido com as mulheres que usavam roupas masculinas. Os homens não se sentiam ameaçados por homens femininos da mesma maneira que por mulheres másculas.

## Mulheres solteiras

No século XVI, a palavra *spinster* designava alguém que ganhava a vida fiando lã; cem anos depois, a mesma palavra, em português "solteirona", passou a denotar uma mulher solteira, inclusive em tribunais e registros oficiais.[266] Cinquenta anos depois, em 1650, tornou-se um termo ofensivo para uma mulher que não conseguira encontrar um marido. O termo perdeu sua conotação de ofício produtivo e passou a significar apenas uma mulher que havia fracassado em sua única função: casar-se. A população tinha mais homens solteiros do que mulheres solteiras, mas se acreditava que os solteiros levavam uma vida digna e agradável, enquanto as solteiras teriam uma vida inteira de amargor.[267] Os jovens solteiros eram vistos com indulgência por postergar o casamento, já que os homens podiam casar-se a qualquer momento — o fato de serem virgens inexperientes não os tornava preferíveis. Os homens tinham outras opções além do casamento, que não era um dever nem um destino para eles, mas algo como um passatempo. Dadas as liberdades e os salários mais altos, ser solteiro deve ter sido mais agradável do que ser solteira. Expressões como "semeando aveia selvagem", de 1576,[268] e "meninos serão meninos", que se originou em 1569 como "crianças serão crianças", sugeriam que o mau comportamento de meninos e homens e até o crime por parte de jovens solteiros eram aceitáveis pela sociedade.

Já as mulheres solteiras eram vistas com desdém cada vez maior. A Inglaterra (muito mais do que qualquer outro país da Europa) viu um aumento no abuso contra mulheres solteiras no século XVIII. Em 1713, um poema anônimo, "Sátiro sobre solteironas", celebrou o abuso de mulheres solteiras e as descreveu como "vadias nojentas e imundas" que deveriam se casar com leprosos e libertinos em vez de serem "cuspidas com desprezo".[269]

Embora os escritores incentivassem as mulheres solteiras a se casar para aumentar a população e garantir que as mulheres ficassem sob o controle dos maridos,[270] um quarto de todas as mulheres optou por não se casar na década de 1660.[271] Dado que 20% a 30% de todas as noivas casavam grávidas, pode ser que algumas tenham sido forçadas ao casamento devido à pressão social sobre mulheres solteiras sexualmente ativas e mães solteiras.[272]

Algumas solteiras tiveram uma vida pessoal e financeira bem-sucedida, criando lares com outras mulheres e deixando legados a outras solteiras e parentes. Pelo menos cinquenta pares de irmãs solteiras viviam juntas em Southampton, em 1745, muitas das quais trabalhavam juntas, e não era raro que deixassem suas economias para outras mulheres solteiras.[273]

Em meados do século XVIII, acreditava-se que o destino da mulher era casar-se. Apenas um romance popular apresenta um destino diferente para elas: *Millenium Hall* (1763), escrito por Sarah Scott depois que seu marido se suicidou, deixando-a com dinheiro suficiente para viver como viúva. Ela optou por não voltar a se casar e aproveitou a oportunidade para criar uma comuna feminina com sua irmã, Lady Barbara Montagu, e Sarah Fielding, Jane Collier, Elizabeth Cutts e Margaret Riggs, que viviam com Margaret Mary Ravaud. Scott e Montagu dividiam uma casa em Batheaston — um vilarejo nos arredores de Bath — e ensinavam doze meninos e doze meninas da classe trabalhadora na comuna, os quais empregavam para costurar artigos de primeira necessidade aos pobres da vizinhança.[274]

Scott descreveu uma comuna feminina fictícia em seu romance, que se tornou *best-seller*, uma das poucas vozes dissidentes na onda crescente de livros e histórias de conduta que alegavam que as mulheres eram irracionais, movidas pelos sentimentos e só podiam estar seguras em casa, sob os cuidados do pai ou do marido. Ainda assim, a vida de solteira em uma comunidade virtuosa, tal como enaltecida por Scott, restringiu-se às damas da alta sociedade. As meninas da classe trabalhadora que estudavam em sua escola fictícia aprendiam a cuidar da casa e eram preparadas para uma vida de serviço e casamento.

Parte dos sentimentos negativos em relação às mulheres solteiras ocorreu quando o crescimento populacional estagnou na Inglaterra, enquanto a população da Europa continental crescia. Economistas acreditavam que uma grande força de trabalho era essencial para a riqueza de um país, e os imperialistas queriam um excedente de população para enviar ao exterior. As mulheres férteis que se recusavam a se casar eram consideradas incapazes de contribuir para o bem-estar da nação; as que preferiam mulheres ou ficar solteiras eram consideradas antipatrióticas e egoístas.[275]

# Crime e castigo

A maioria das mulheres assassinas era acusada sob a Lei do Infanticídio de 1624, que presumia que qualquer mulher solteira que tivesse um bebê natimorto o havia matado deliberadamente. Não existia presunção de inocência e não era necessária qualquer acusação do pai. Cabia à mulher acusada provar que *não* tinha assassinado seu bebê. Uma mulher que não conseguisse provar que seu bebê nascera morto seria enforcada sob a presunção de assassinato.[276] Em Londres, no período de cem anos a partir de 1660, 46 mulheres foram consideradas culpadas e executadas por infanticídio, 28 por homicídio e dez por "pequena traição": matar o marido ou empregador.[277]

Apesar das evidências do contrário, acreditava-se que as mulheres eram naturalmente assassinas. O *boom* de publicações que se seguiu às guerras civis concentrou-se muito mais em histórias moralizantes sobre assassinas de marido do que em histórias de assassinatos mais comuns: homens matando homens em altercações violentas nas ruas e assassinando a esposa em casa. Mas as assassinas de marido se tornaram uma moda literária; eram imensamente populares como forma de entretenimento, como mais uma razão para suspeitar de mulheres e como um tipo de propaganda contra as que eram desobedientes.

O jornal sensacionalista *Newgate Calendar*, que relatava de maneira não muito confiável as audiências judiciais na Prisão de Newgate, adorava uma história de esposa assassina. O jornal relatou que Catherine Hayes assassinou seu marido em 1726, embebedando-o e decapitando-o. Segundo o *Calendar*, quando lhe mostraram a cabeça decepada do marido assassinado, ela a acariciou e pediu uma mecha de cabelo como lembrança. Catherine foi condenada à forca na fogueira pelo crime de "pequena traição", de assassinato do marido, e o *Calendar* relatou detalhes horríveis quando o enforcamento falhou e a mulher, ainda viva, empurrou com os pés os gravetos em chamas, levando três horas para morrer.[278]

Mas as histórias de assassinas de maridos revelaram-se complicadas. Qualquer tentativa de explicar o ponto de vista da esposa assassina evidenciava as dificuldades ou até a injustiça de sua situação. Mary Channel, uma jovem de apenas 18 anos, de Dorchester, foi forçada a se casar com um vizinho bem mais velho e rico, dono de uma mercearia do vilarejo. Mary odiava o marido e deu-lhe veneno de rato. Foi considerada culpada de assassinato e condenada a morrer queimada. Mas a população não teve como se comprazer da dor da jovem:

> Ela foi levada pelos oficiais responsáveis até o local da execução com um capuz lhe cobrindo o rosto. Depois de murmurar algumas profanações, ela tirou o vestido e o capuz de seda branca e os entregou à sua serva — que a acompanhou até a fogueira — e foi morta, conforme a sentença antes pronunciada contra ela, declarando sua fé em Cristo; e até o fim continuou a protestar contra as coerções de seus pais, que foram a única causa de sua morte torturante. Desse modo, a uma pequena distância da cidade de Dorchester, ela respirou pela última vez por volta do mês de abril, Anno Domini 1703.[279]

Muitos relatos revelaram que esposas assassinas eram tratadas com crueldade; um desses relatos descreveu uma parteira que se voltou contra o marido depois de uma vida inteira de espancamentos e agressões sexuais tão extremos que ela chegou a levantar um grito de alerta contra ele por estupro. Apesar dos abusos que sofreu e de suas incontáveis justificativas, a parteira não encontrou justiça no sistema legal e acabou sendo acusada de "pequena traição" pelo assassinato do marido, um crime para o qual não havia defesa. Descrever uma esposa assassina como uma mulher que agira para se defender era vê-la não como um estereótipo de maldade, mas como uma mulher maltratada, uma pessoa com opiniões e poder próprios, o que seria muito perigoso.

Relatos de esposas assassinas não só contradiziam o ensinamento da Igreja de que marido e mulher eram uma só carne como desafiavam a supremacia masculina. Não é de admirar que um escritor da época tenha afirmado que uma esposa desobediente era uma "rebelde doméstica, uma traidora do lar"[280] e vinculado o doméstico ao político para exigir que os crimes domésticos fossem punidos com severidade em uma sociedade que temia cada vez mais a rebelião.[281]

A lei que determinava que esposa e marido eram uma só pessoa e que um cúmplice poderia ser punido por assassinato pesou muito sobre Deborah Churchill, que se interpôs entre o marido e o amigo dele durante uma altercação. O amigo foi morto, o marido fugiu e Deborah Churchill foi acusada pelo Old Bailey, em junho de 1708, por ser cúmplice do esfaqueamento. Ela foi condenada e implorou por misericórdia, alegando estar grávida. Um júri formado por matronas, convocado para confirmar a gravidez e salvar sua vida, relatou não saber dizer se ela estava ou não grávida. No dia 17 de dezembro do mesmo ano, depois de seis meses sem nenhum sinal de gravidez, Deborah foi enforcada em Tyburn, culpada de nada mais do que ser a esposa espectadora de um marido assassino.[282]

Em sua maioria, as mulheres criminosas eram ladras e fraudadoras, e, entre 1670 e 1720, superavam o número de ladrões do sexo masculino nas prisões de Londres. As ladras especializavam-se em furtar lojas, roubar seus empregadores domésticos, bater carteiras e receber e vender bens roubados. Elas preferiam a especialidade feminina de vestuário e roupas de cama, e as mulheres urbanas eram mais propensas a recorrer ao crime do que as do campo, provavelmente por viverem por conta própria e terem de sobreviver com baixos salários.[283]

Alice Gray foi enforcada em 1708 por ajudar no estupro de uma menina de 10 anos, a qual dormia no mesmo quarto que ela; Alice levou ao quarto um homem, John ou Thomas Smith, que transmitiu à criança uma doença venérea. Alice Gray nada declarou ao tribunal além de jurar inocência.[284]

Algumas mulheres criminosas operavam em grande escala. Nan Hereford, uma vigarista, contratou uma mulher mais velha e de aparência respeitável para fazer amizade com um boticário local em King Street, Londres. A mulher mais velha disse ao médico rico que sua sobrinha era uma herdeira em busca de um marido. O boticário pagou-lhe 100 libras pela apresentação e deu à nova esposa 250 libras no dia do casamento para suas despesas antes que ela pudesse receber a própria herança. Consumado o casamento, o boticário foi à casa do tio rico de sua noiva para receber a herança. Lá, ele descobriu que havia sido enganado. O homem apresentou suas verdadeiras sobrinhas e nada sabia sobre a esposa do boticário, que abriu um alerta contra ela, mas Nan Hereford já havia fugido com suas 350 libras.

Ela furtou lojas com grande lucro por seis anos, fazendo-se passar por uma importante dama, muitas vezes usando uma liteira como veículo de fuga, até que foi pega por um comerciante de linho que recusou um suborno de 100 guinéus para não a processar. Hereford foi presa e levada a Newgate, onde, em uma dramática tentativa de fuga, ateou fogo em sua cela. Após o incidente, foi mantida algemada e acorrentada até ser enforcada em dezembro de 1690.[285]

Mary Young entrou na vida do crime após não conseguir se sustentar trabalhando como costureira na capital. Ela se juntou "a vários homens e mulheres, reunidos em uma espécie de clube, perto de St. Giles. Essas pessoas ganhavam a vida cortando as bolsas das mulheres e roubando relógios e outros itens dos homens nas avenidas dos teatros e em outros locais públicos".[286] Mary aprendeu a arte de bater carteiras e se tornou membro sênior da gangue, batizada com o nome de "Jenny Diver"; especializaou-se em furtar relógios de bolso rompendo-lhes as correntes e chegou a furtar um anel do dedo de um cavalheiro enquanto ele segurava sua mão para ajudá-la a entrar na igreja. Como líder da gangue, ela coreografava arrastões em que o bando inteiro atuava em conjunto. Em duas ocasiões, fingiu passar mal na rua e furtou os bolsos das pessoas que a ajudaram a se levantar, enquanto seus falsos criados furtavam a aglomeração de curiosos e o resto da gangue passava pela multidão. Jenny Diver liderou o grupo em uma expedição a Bristol para cometer furtos e fraudes na feira. De volta a Londres, cometeu uma fraude e um furto contra um jovem que conheceu no teatro, o qual foi levado a acreditar que a encontraria na casa dela para um caso de amor clandestino; ela foi para a cama com ele até que uma mulher da gangue, fingindo ser uma criada, bateu na porta dizendo que o patrão, seu marido, havia voltado para casa. Diver pegou as roupas do amante assustado, o conteúdo de seus bolsos, suas joias e sua bengala com ponta de prata e trancou-o nu no quarto para mantê-lo a salvo do marido ciumento imaginário, enquanto a gangue fugia da casa alugada.

Jenny Diver criou um esquema de seguro para sua gangue criminosa: se algum deles não pudesse participar de um golpe devido a doença, os outros lhe dariam 10% do lucro até ele se recuperar. Ela manteve sua carreira de fraudes e roubos, foi pega duas vezes e transportada duas vezes para as colônias, mas voltou antes do tempo nas duas ocasiões, foi presa por bater carteiras e executada em 1740.

Já a "salteadora de estradas" Ann Holland atuava ao lado de seu segundo marido, James Wilson. Após a execução deste, ela se casou de novo e, com seu terceiro marido, tornou-se fraudadora e extorsionária, até ser capturada e executada em 1705.[287]

Punições severas para pequenos crimes recaíam mais sobre mulheres e crianças. Mulheres e meninas consideradas culpadas de furtar bens com valor inferior a 10 pence eram açoitadas em Bridewell ou nas ruas. Se os bens valessem mais de 12 pence (1 xelim), elas poderiam ser enforcadas ou transportadas para o exterior como servas contratadas por até dez anos nas colônias inglesas.[288] Em 1667, uma mulher, que já havia sido marcada a ferro quente por um delito, foi considerada culpada de roubar duas camisas e quatro aventais no valor de 8 pence. Por se tratar de crime reincidente, ela foi condenada à pena de morte, mas um pedido de perdão foi apresentado ao rei, pois ela e o marido "desejam muito que ela seja transportada para as *plantations*".[289] Em 1659, Margaret Griffiths implorou para ser condenada a ser transportada para a Virgínia, onde poderia servir sob o comando de seu irmão.[290]

A crueldade da lei muitas vezes era amenizada pelos júris, que podiam subvalorizar os bens roubados e assim permitir que o acusado evitasse a pena de morte. Uma mulher poderia evitar a execução alegando gravidez, de modo que a sentença fosse adiada até o nascimento do bebê, dando-lhe tempo para obter um perdão, uma redução da pena ou até fugir. As mulheres tentavam engravidar enquanto aguardavam o julgamento ou antes de ser examinadas, para isso, tinham relações sexuais com carcereiros ou outros presos. Acontecia de outras mulheres ajudarem as infratoras. O júri de matronas que examinava aquelas que estavam prestes a ser executadas relatava gravidez com uma frequência surpreendente: 27%, em 1685 e, em 1686, surpreendentes 43% das mulheres condenadas à forca pelo Old Bailey foram declaradas grávidas e tiveram suas execuções adiadas ou canceladas.[291]

As mulheres permaneciam em desvantagem devido à ausência de *status* legal. Elizabeth Gaunt, acusada de abrigar um rebelde após a derrota das forças do duque de Monmouth, foi identificada por um homem já declarado proscrito por traição e ainda assim a palavra dele teve mais valor do que a dela. Como ela disse em seu discurso antes de ser queimada na fogueira por traição: "Meu sangue também será encontrado à porta do júri injusto, que me considerou culpada devido ao juramento de um homem fora da lei".[292]

Uma grande população prisional composta de inocentes foi criada quando as novas leis relativas aos pobres separaram crianças de pais indigentes e prenderam adultos desempregados. A primeira *workhouse* pública — um campo de trabalhos forçados — foi criada pela Corporação dos Pobres de Londres, em 1662, e a primeira *workhouse* privada já aprisionava indigentes três anos depois. Casais eram separados, já que homens e mulheres ficavam alojados em seções distintas na *workhouse*, e os presos eram alimentados e forçados a trabalhar sob estrita supervisão e só podiam ser libertados se conseguissem encontrar algum outro trabalho. Em 1712, catorze cidades da Inglaterra já haviam aberto a própria *workhouse*,[293] aprisionando pessoas culpadas de não outra coisa senão serem pobres.

Novas instituições — as chamadas "casas de correção", a meio caminho entre uma prisão e uma *workhouse* — começaram a ser criadas por todo o país, segundo o modelo da primeira casa para mulheres em Bridewell, Londres, muitas vezes sendo chamadas de *bridewells*. Essas instituições destinavam-se a homens e mulheres condenados ou acusados de crimes triviais contra a ordem pública, como vadiagem, mendicância e furto de comida. O trabalho era punitivamente duro, e os detentos só recebiam para comer o mínimo para não morrer de fome. A punição era mais rigorosa para as mulheres, que representavam dois terços dos prisioneiros nacionais das *bridewells*. Algumas mulheres pobres recebiam clemência, enquanto outras eram condenadas. Viúvas indigentes — favorecidas pelos superintendentes paroquiais como "merecedoras" — podiam ser autorizadas a permanecer em prisão domiciliar e recebiam entre 6 e 12 pence por semana, o que não era suficiente para saírem da miséria. Mas se esperava que as jovens da paróquia, especialmente as mulheres solteiras e independentes, encontrassem trabalho e pagassem pelo próprio sustento, e elas podiam ser presas se fossem encontradas sem trabalho ou se recusassem a aceitar um emprego. Se uma mulher viajasse em busca de trabalho, podia ser despida e açoitada pelo supervisor de qualquer paróquia na qual entrasse e expulsa, devido ao medo da comunidade de ela conceber um bastardo e colocar o custo da criança sobre a paróquia. Mulheres errantes eram retiradas da paróquia sempre que possível — por vezes pela força bruta — ou presas em uma casa de correção e depois expulsas.[294]

As mulheres das classes intermediária e alta raramente eram convocadas aos tribunais, uma vez que não eram levadas pela pobreza a cometer pequenos crimes. A partir de 1693, as mulheres instruídas puderam escapar de acusações, já que tanto mulheres alfabetizadas quanto homens foram autorizados a pleitear o chamado "benefício do clero": ao provarem que sabiam ler, recebiam uma punição menos severa.

Com a consolidação da ideia da fragilidade feminina, gerou-se entre os magistrados a tendência a acreditar que os maridos forçavam as esposas ao crime e que as mulheres eram inocentes. Disso decorreu que, diante de provas convincentes de um crime, as mulheres eram julgadas com mais severidade — afinal, além do direito penal, haviam transgredido o código social da "bondade" feminina.[295]

# Feitiçaria

A perseguição a mulheres impopulares da classe trabalhadora sob o pretexto ou a crença de que eram bruxas não se manteve por muito tempo depois da

Restauração. As mulheres ainda eram acusadas de bruxaria, mas os tempos de temor generalizado às bruxas ou de julgamentos em massa provocados por caçadores de bruxas haviam chegado ao fim.

Um dos últimos julgamentos fatais ocorreu em 1682 e resultou na morte de três mulheres idosas. Temperance Lloyd foi acusada pelos vizinhos em Heavitree, Exeter, de usar imagens mágicas (símbolos) para provocar doença e morte e de se associar com o diabo. Ela foi interrogada e confessou ser cúmplice de "um homem preto" — um demônio. Mary Trembles, uma mendiga, foi acusada de usar técnicas de bruxaria para causar doenças e ataques epilépticos. Ela contou que havia sido iniciada na bruxaria por outra mendiga idosa, Susanna Edwards, que, por sua vez, culpou Temperance Lloyd. Todas as três mulheres foram consideradas culpadas e executadas em 25 de agosto em Heavitree.[296] A última mulher executada legalmente por bruxaria morreria no mesmo local dois anos depois: Alice Molland foi enforcada por enfeitiçar três mulheres, em 1684.[297]

Segundo relatos, a última pessoa a ser legalmente condenada por bruxaria foi em Hertfordshire, em 1712. Jane Wenham era uma viúva conhecida na região por "bruxaria, profanações, maldições, ociosidade, roubo e prostituição".[298] Ela brigou com um fazendeiro vizinho e foi acusada de provocar ataques e delírios em sua serva, Ann Thorn. Jane Wenham pediu para ser mergulhada no rio a fim de provar sua inocência, mas o juiz local, Sir Henry Chauncy, recusou-lhe o teste do mergulho e impôs-lhe um teste de recitação do pai-nosso. Como hesitou na oração, Jane foi presa e julgada por bruxaria. No julgamento, o júri a considerou culpada, mas ela foi dispensada da forca pelo juiz, Sir John Powell, que duvidou das provas e obteve o perdão real para ela. Wenham precisou deixar seu vilarejo para a própria segurança, mas teve a sorte de ser acolhida por um patrono rico.[299]

Em 1735, a nova lei da bruxaria fez coro ao crescente ceticismo dos legisladores: o crime passou de praticar para fingir praticar bruxaria. Mas as mulheres suspeitas foram atacadas até o fim do século XVIII. Alice Green, esposa de um trabalhador, foi mergulhada em dezembro de 1748, depois que "pessoas maliciosas e más fizeram uma denúncia de que ela era bruxa". Ruth Osborne, com mais de 70 anos, foi mergulhada em público com seu marido, John, em um lago perto de Tring, em 1751; uma multidão de mil pessoas se reuniu para assistir, e alguns espectadores até pagaram pelo espetáculo. Ruth morreu durante a provação, e seu marido morreu logo depois. Os juízes locais consideraram Thomas Colley culpado do assassinato dela e o condenaram à morte quando ficou provado que ele havia usado repetidamente um pedaço de pau para empurrar Ruth Osborne para baixo da água e cobrado ingressos dos espectadores.[300]

# Violência

Em 1674, um tribunal decidiu que a violência contra uma esposa era ilegal na Inglaterra: os maridos só podiam repreender e prender as esposas. O especialista jurídico William Blackstone discordou e, em 1764, reafirmou que os maridos podiam bater nas esposas dentro de "limites razoáveis":

> O marido também, pela lei antiga, pode dar à esposa uma correção moderada. Pois, como ele deve responder pelo mau comportamento dela, a lei considera razoável confiar-lhe esse poder de restringi-la, por meio de castigo doméstico, com a mesma moderação com que um homem pode corrigir seus aprendizes ou filhos; pelos quais o patrão ou progenitor também é responsável, em alguns casos, por responder. Mas esse poder de correção era confinado a limites razoáveis e o marido era proibido de usar qualquer violência contra a esposa.[301]

O importante aqui é a definição de "razoável". Uma ou duas surras era razoável, a surra entre quatro paredes era razoável, uma surra que não chegasse a ser tentativa de homicídio era razoável. A lei consuetudinária inglesa permitia que uma esposa "implorasse pela paz" contra um marido violento perante um magistrado, que poderia ordenar ao marido que não voltasse a agredi-la. Esse recurso era muito raro e concedido apenas após repetidos ataques severos e públicos.[302]

Em 1669, foi relatado que um vizinho disse a um marido que ele era "um homem muito doente por bater tanto na esposa".[303]

A violência em público contra as esposas e o espancamento de mulheres tornaram-se inaceitáveis nas classes intermediárias à medida que o comportamento polido e a etiqueta foram adotados; já nas classes trabalhadoras, a desaprovação da comunidade voltava-se a maridos violentos. As exposições públicas, a zombaria e o abuso antes voltados aos maridos que não conseguiam controlar esposas combativas ou adúlteras passaram a ser dirigidos aos maridos que não controlavam a própria raiva. Em 1747, mulheres lideraram uma manifestação contra um conhecido espancador de esposas, em Billingshurst, Sussex, e, um ano depois, em Islington, perto de Londres, mas o abuso violento de esposas continuou entre as classes inferiores.[304] A violência doméstica, especialmente entre os pobres e trabalhadores, pode ter sido intensificada pela chegada à Inglaterra de bebidas alcoólicas destiladas fortes e baratas, em particular o gim holandês, introduzido pela monarquia hanoveriana.[*]

---

[*] A monarquia hanoveriana refere-se ao período de 1714 a 1901, em que os monarcas da Casa de Hanôver governaram o Reino Unido. Entre esses monarcas, estão George I, George II, George III e a rainha Vitória. Durante esse tempo, o país passou por mudanças significativas, como o crescimento do império colonial britânico e a Revolução Industrial. [N.T.]

Os homens eram o sexo violento: acusados de 91% de todos os assassinatos em Surrey no século XVIII.[305] Em média, houve dois maridos assassinos para cada esposa assassina.[306]

O estupro, agora definido como agressão pessoal, ainda era usado como técnica de rapto. "Sibble" Morris, uma herdeira de 16 ou 17 anos, foi raptada por John Wheeler, que, com a ajuda de duas mulheres, Mary Hendon e Margaret Pendergrass, forçou a jovem a um casamento falso. Richard Russel a estuprou, transmitindo-lhe uma doença venérea. Os três foram acusados, em 1728, de "casar à força, ilegalmente, e profanar Sibble Morris; contra sua vontade". Richard Russel não foi preso e, como John Wheeler era servo de Margaret Pendergrass, apenas as duas mulheres cúmplices foram consideradas culpadas e enforcadas.[307]

No século XVII, quando o estupro passou a ser definido como agressão pessoal, a própria mulher — não seu tutor, marido ou pai — poderia ser indenizada, e o estuprador, punido como criminoso. Com a evolução do entendimento sobre a concepção, até mesmo uma vítima de estupro grávida poderia ter sua palavra levada a sério se dissesse que não consentira nem tivera um orgasmo. No entanto, a palavra de uma mulher permaneceu "naturalmente" pouco confiável. Muitos homens levados a julgamento simplesmente negavam o ato, e lhes bastava dar sua palavra para obter um veredito de inocência.[308] Como observou um lorde chefe de Justiça do século XVII: "Em um caso de estupro, é a vítima, e não o réu, que está em julgamento".[309]

Embora os pareceres jurídicos refletissem um "horror geral ao estupro",[310] os juízes raramente decidiam de acordo. Nos cerca de 150 anos entre 1558 e 1700, apenas 48 condenações por estupro foram registradas em Sussex e 21 em Hertfordshire.[311] Os júris se mostravam muito mais dispostos a condenar assassinos do que estupradores. Em Surrey, entre 1660 e 1800, houve mais que o dobro de condenações por homicídio do que por estupro (2,5 vezes mais). Oitenta e cinco por cento dos acusados de homicídio foram considerados culpados em comparação com apenas 55% dos acusados de estupro. As condenações por tentativa de estupro foram mais numerosas: 64% dos homens acusados de tentativa de estupro foram considerados culpados.[312] A pena de morte pode ter desencorajado os magistrados de acusar homens de estupro, e os jurados, de emitir um veredito de culpado, os quais prefeririam uma acusação de tentativa de estupro com punição física e multas, e alguns estupros podem ter sido tentados e interrompidos por pessoas que depois testemunharam em tribunal para o crime menor.

O sexo forçado, violento ou indesejado no casamento não era considerado um crime, porque entendia-se que a esposa dava seu consentimento no dia do casamento e que esse consentimento nunca poderia ser retirado. Mas as crianças com menos de 12 anos não podiam consentir — qualquer relação sexual com uma criança era considerada um estupro. No Relato dos Procedimentos dos Governadores do Lock Hospital para Doenças Venéreas, de 1751, constatou-se que mais de cinquenta crianças com idade entre 2 e 12 anos foram tratadas nos quatro anos desde a fundação do hospital, devido a alguma doença contraída em relações sexuais forçadas. Os governadores, acreditando se tratar de casos em que estupradores faziam sexo com uma virgem para se curar de doenças venéreas, decidiram iniciar uma campanha para combater a crença.[313]

# Saúde

As epidemias, incluindo a Grande Peste de 1665, continuaram a varrer o país. Em Londres, provavelmente cerca de 20% da população da cidade morreu de peste, que afetou em especial as mulheres, uma vez que as trabalhadoras da cidade eram particularmente pobres e subnutridas e, muitas vezes, trabalhavam em bairros sujos e superlotados nas áreas de enfermagem, saúde e sexo. Os "buscadores" contratados pela paróquia para identificar vítimas da peste e fechar suas casas eram em sua maioria mulheres, já que elas usufruíram de uma pequena alta na oferta desses trabalhos mal remunerados (4 pence por dia para as buscadoras), altamente perigosos e desagradáveis.[314]

O maior perigo para a vida das mulheres era o parto. Em uma época na qual o estupro pelo marido não era crime, em que não havia métodos de contracepção eficazes nem conhecimento de como as infecções eram transmitidas, o parto era uma ameaça constante para as esposas.

Com a substituição das parteiras tradicionais por médicos homens, os partos não ficaram mais seguros, apesar das alegações das guildas e faculdades exclusivamente masculinas. Embora o dr. Peter Chamberlen tenha inventado o fórceps, um instrumento para pegar e retirar um bebê preso no canal pélvico, ele manteve sua invenção, que tinha o potencial de salvar muitas vidas, no mais absoluto sigilo: três gerações de sua família — Chamberlen, seus três filhos e um neto — ganharam fortunas com o sofrimento das mulheres e dos bebês.[315] Os médicos da família Chamberlen só usavam o fórceps na sala de parto depois de vendar os olhos da mulher para que ela não visse o instrumento e — se sobrevivesse — não pudesse descrevê-lo aos rivais.

Sem o fórceps, a única maneira de dar à luz um bebê preso no canal pélvico era esperar a morte da mãe e realizar uma cesariana em seu cadáver. Diz muito sobre a atenção dispensada às mulheres e aos bebês o fato de a Royal Society of Physicians ter permitido que os homens da família Chamberlen lucrassem com o uso exclusivo de sua invenção enquanto médicos e parteiras sem o instrumento continuavam cuidando de mães e bebês moribundos.[316] A taxa média de mortalidade de mulheres durante o parto no século XVIII era de cerca de uma em cada quarenta mulheres.[317]

A concepção, a gravidez e o nascimento permaneceram um mistério e nem as mulheres mais importantes do país que tentavam dar à luz um herdeiro real podiam ter certeza de um resultado seguro. A rainha Anne teve dezessete gestações e morreu sem produzir um herdeiro homem para a dinastia Stuart. Ela sofreu sete abortos espontâneos e teve cinco bebês natimortos. Dois bebês morreram ainda recém-nascidos, dois morreram de varíola e seu único filho sobrevivente morreu aos 11 anos.[318]

Camisinhas eram usadas para proteger o homem de infecções, não para impedir a gravidez; e ervas que causam aborto espontâneo, bem como abortos cirúrgicos, eram os contraceptivos mais facilmente disponíveis. Em 1732, a abortista Eleanor Beare, uma herbalista (e suposta envenenadora), foi condenada ao pelourinho por um tribunal de sua cidade natal, Derby. Ela foi atacada com legumes e ovos e depois apedrejada por uma multidão revoltada que a lincharia se oficiais da paróquia não a tivessem protegido. Ela foi uma das várias abortistas cujos casos foram relatados no *Newgate Calendar*.[319]

O pensamento renascentista, que considerava os homens sensatos e autocontrolados, e as mulheres, irracionais e extremamente emotivas, fazia concessões ao irracionalismo ocasional dos homens. A "doença do amor" era um distúrbio masculino, quando um homem, nas garras do desejo, podia perder a razão habitual — tudo indica que o personagem Romeu sofre dessa doença em *Romeu e Julieta*, escrito nos anos 1590. A doença do amor era descrita pelos comentaristas mais obscenos como luxúria exagerada: *cuntstruck* (algo como "enamorado por uma vagina", mas em termos mais grosseiros).

Contudo, em meados do século XVIII, influenciadas pelo movimento romântico, as emoções intensas entraram na moda para os dois sexos e os sintomas dessa "doença" passaram a ser adequados a todos. Homens de sensibilidade aguçada, como os heróis dos romances sentimentais, podiam expressar suas emoções com lágrimas, desespero, fuga, raiva, insônia, jejum e até suicídio, como no romance imensamente popular de Johann Goethe, *Os sofrimentos do jovem Werther* (1774). Homens sensíveis expressavam desespero diante da crueldade do mundo.

No caso das mulheres, as emoções eram expressas sem tanto estardalhaço. Elas não tinham a opção de viajar ou fugir e não se suicidavam violentamente com armas; as mulheres nos romances se automutilavam de maneiras mais passivas, como jejum, comportamentos neuróticos ou degradação até estados de exaustão ou mesmo catatônicos.

Um conjunto de sintomas apresentados por jovens mulheres foi chamado de "doença verde", supostamente causada por frustração sexual e curada pela penetração peniana.[320] Mas, conforme passou-se a esperar que as jovens fossem frias sexualmente, a "doença verde" deixou de ser atribuída ao desejo por sexo. Com isso, os sintomas da "doença verde" foram normalizados e considerados parte do amadurecimento feminino. Menstruação atrasada e irregular, distúrbios alimentares, desmaios, choro, exaustão, depressão, fragilidade e mal-estar passaram a ser cada vez mais vistos como um comportamento normal das mulheres da elite.

A crença crescente na assexualidade feminina e no desinteresse das mulheres pelo sexo fez com que os médicos finalmente admitissem que o orgasmo feminino não era necessário para a concepção. Mas eles foram além e declararam que a mulher não contribuía em nada para a concepção! Os especialistas acreditavam que o embrião inteiro estava contido no esperma e que o óvulo não passava de um receptáculo passivo para o crescimento do bebê,[321] ou seja, era um ninho, não um ovo. Uma mulher era, na verdade, um vaso vazio. Assim, Lady Peregrina Chaytor queixou-se sobre sua gravidez em 1701, em uma carta ao marido: "Desejo que você não tivesse me dado [a gravidez] neste momento, quando eu preferiria pensar em coisas melhores".[322]

Ainda não existiam anestésicos, e os médicos do século XVIII mantinham-se firmes na opinião de que a dor no parto era ordenada por Deus como parte do castigo de Eva. Oferecer alívio da dor iria contra a vontade de Deus e era, portanto, um pecado "contrariar as operações daquelas forças naturais e fisiológicas que a Divindade nos ordenou a desfrutar ou a sofrer".[323]

Nem a determinação de fortalecer a saúde dos herdeiros aristocráticos a fim de que uma nobreza vigorosa fosse restaurada ao lado do rei, regressado ao trono em 1660, teve qualquer influência nas práticas de criação dos filhos nem em persuadir as famílias da elite a deixar as mães amamentarem seus bebês. A crença de que a amamentação impedia a concepção implicava que, para os homens decididos a ter mais herdeiros, era mais eficiente deixar o bebê aos cuidados de uma ama de leite e conceber outro filho do que manter o primeiro bebê com a mãe. A mulher da classe trabalhadora que se tornava ama de leite era forçada a separar-se do próprio filho, ou amamentá-lo apenas depois do bebê da classe alta, retirando recursos de seu próprio bebê recém-nascido e colocando sua saúde em perigo. O comércio da amamentação usava a mãe da classe trabalhadora como uma produtora de leite, como uma vaca. Era uma prática cruel e dispendiosa da elite; ironicamente, causou uma taxa de mortalidade mais elevada entre os bebês aristocratas do que dos pobres: um em cada cinco bebês da elite morria na infância contra um em cada sete bebês das classes mais baixas. A ênfase crescente na fragilidade feminina como indicativo de que a mulher era uma "dama" e a ideia de que as mulheres refinadas tinham aversão às funções físicas fizeram com que o uso de amas de leite se expandisse para as classes intermediárias. Para imitar as aristocratas, as alpinistas sociais também deixaram de amamentar. A própria Jane Austen — especialista no comportamento das damas burguesas — foi afastada de casa ainda recém-nascida, no fim do século XVIII, e entregue aos cuidados de uma ama de leite.[324]

Parte 6

# 1765-1857
# Tornando-se uma dama

## Escravidão

Em 1761, uma menina africana de apenas 7 anos de idade foi vendida em Liverpool, a quase 6,5 mil quilômetros de distância de sua família, na Gâmbia. Ela sobreviveu ao rapto, à separação dos pais e a uma viagem de seis semanas da África às colônias do novo mundo (chamadas de "Ilhas do Açúcar"), presa em um porão do convés do navio. Nas Ilhas do Açúcar, a maioria dos escravizados foi arrastada para a luz do sol, lavada e limpa para ser vendida, enquanto a carga de açúcar, rum e melaço era carregada no fétido porão; a menina, contudo, foi mantida a bordo, provavelmente como parte das "regalias do capitão", um subsídio de escravizados concedido aos capitães do comércio escravagista para uso privado ou venda. Ela foi comprada por Henry Hervey Aston e sua esposa Catherine, uma família de empresários de Liverpool, para ser companheira de brincadeiras de suas duas filhas. Eles a batizaram de Chloe Gambia em homenagem à terra natal da menina, que serviu como escravizada doméstica e depois como governanta. Morreu aos 68 anos e, cristã batizada, foi enterrada com uma lápide no cemitério da igreja de St. Peter, em Aston, Cheshire.[1]

Chloe foi uma entre os muitos milhões de homens e mulheres raptados na África e entre os milhares enviados a Inglaterra para trabalhar como escravizados e empregados domésticos ou mesmo (no caso de crianças pequenas) como companheiros em famílias inglesas brancas. A posse de escravizados foi um símbolo de *status* na elite desde meados do século XVII até a abolição da escravidão na Inglaterra, em 1833, e, embora meninos e homens fossem preferidos para lacaios e pajens, meninas e mulheres escravizadas também eram levadas ao país. De acordo com o lorde chefe de Justiça Mansfield, havia pelo menos catorze mil escravizados africanos na Inglaterra em 1772.[2]

Embora o trabalho fosse mais leve do que o trabalho fatal nas *plantations* americanas e das Índias Ocidentais, o tratamento dispensado na Inglaterra a homens e mulheres escravizados era intensamente cruel, muitas vezes terminando em morte. Tanto mulheres quanto homens negros eram marcados a ferro quente e chicoteados, como comprovam as cicatrizes dos fugitivos descritas nos anúncios que pediam seu retorno: "Fugida do sr. Shute, comerciante da Pudding Lane, perto do Monumento, uma jovem mulher negra, de tez amarelada, estatura média e esguia, com duas marcas na pele, uma acima do ombro e outra acima do peito, abaixo da clavícula".[3]

Acreditava-se que a condição de escravidão na Inglaterra havia sido abolida com o feudalismo, mas na prática os escravizados levados das colônias à Inglaterra — onde a escravidão era um *status* legal — não eram automaticamente libertados à chegada no país. A maioria deles libertava-se fugindo, mas os que conseguiam escapar tinham dificuldade de sobreviver em uma sociedade que já oferecia pouca ajuda e apoio aos pobres ingleses, quanto mais aos recém-chegados. As mulheres recém-libertadas não tinham uma paróquia de origem, nenhum direito de residência em qualquer lugar nem onde pedir caridade. Muitas não tinham instrução e tinham pouco treinamento no trabalho doméstico inglês. "Charlotte" foi levada à Inglaterra por seu proprietário, o capitão Howe, que faleceu. Os superintendentes da paróquia de Thames Ditton lhe recusaram assistência, e o caso foi a tribunal perante o lorde chefe de Justiça Mansfield, em 1785. Mansfield decidiu a favor da paróquia e contra a mulher desamparada, declarando que, por não ter sido contratada por salário, ela não tinha direito à caridade.[4]

Uma mulher escapou da escravidão após a morte de seu proprietário e tornou-se, por um tempo, uma prostituta e dona de bordel de enorme sucesso. Sua vida foi descrita em um diretório de profissionais do sexo de um bordel londrino no King's Place. O panfleto *Deleites noturnos* descreve uma garota africana, nascida na Guiné, na África Ocidental, que foi raptada muito jovem, vendida como escravizada, sobreviveu à travessia do Atlântico até a Jamaica e foi vendida ao proprietário de uma grande *plantation*. Ele contratou um professor para ensiná-la a ler e escrever e fez dela a supervisora dos escravizados domésticos. Ele a estuprou repetidamente e ela deu à luz dois de seus filhos; depois de três anos na Jamaica, ele a levou à Inglaterra como escravizada — segundo alguns relatos, o homem se casou com ela.

O diretório de prostitutas de Londres foi escrito sob um pseudônimo. A "Ordem de São Francisco" é uma provável referência aos clubes de cavalheiros da alta sociedade de Francis Dashwood.

278 MULHERES NA HISTÓRIA

O panfleto *Deleites noturnos* descreveu sua vida na Inglaterra com seu proprietário, nos termos ofensivos da época:

> Apesar das belezas desta Ilha muitas vezes atraírem a atenção dele e ele dar vazão a seus apetites naturais com frequência com suas próprias mulheres do campo, ainda assim ela permaneceu incomparável como uma chama constante; não era extraordinária em qualquer aspecto; embora sua tez pudesse não ser tão envolvente quanto a das belas filhas de Albion, ela tinha muitos atrativos que não costumam ser encontrados no mundo feminino que se entrega à prostituição. Ela era fiel à cama dele, cuidadosa com suas exigências domésticas, precisa em suas contas e não permitia que nenhum dos servos se impusesse a seu senhor e, nesse aspecto, ela lhe poupava algumas centenas por ano. Sua pessoa era muito atraente: ela era alta, bem-feita e elegante e, desde sua chegada à Inglaterra, dedicou-se à leitura e, por recomendação de seu mestre, leu vários livros úteis e divertidos, escritos para mulheres, com o que ela melhorou consideravelmente sua compreensão e atingiu um grau de polidez que dificilmente pode ser encontrado em uma mulher africana.[5]

Apesar de sua lealdade, quando o mestre de Harriot morreu de varíola, não lhe deixou nada além das roupas dela, algumas bugigangas e 5 libras em dinheiro. Ela foi morar em um bordel e tornou-se a favorita de "uma vintena de colegas e cinquenta plebeus que nunca lhe presentearam com nada menos que um papel macio comumente chamado de nota bancária".

Ela ganhou o suficiente com a prostituição para comprar a própria casa no King's Place, em Londres, e contratou as colegas para trabalharem como prostitutas. O panfleto *Deleites noturnos* relata que ela se apaixonou por um oficial da guarda, pagou as dívidas dele e recusou-se a fazer sexo com outros homens. Uma viagem a Brighton deixou seus servos sem supervisão em Londres, e eles roubaram seus bens e contraíram dívidas que ela não conseguiu pagar. No momento da escrita de *Deleites noturnos*, Harriot havia sido acusada no King's Bench por endividamento e não há registro de sua libertação nem de sua vida após a prisão.

Outras mulheres africanas trabalharam como prostitutas em Londres; outro guia menciona: "As curvilíneas srta. Lowes de Upper Charlotte Street, Soho, e a srta. Wilson de Lichfield Street, Soho, têm traços e inteligência deveras agradáveis e são encontradas com frequência no teatro à noite".[6]

Algumas mulheres conseguiram libertar-se da escravidão e ter uma vida de sucesso na Inglaterra. Uma delas foi Mary Prince, que nasceu escravizada em Brackish Pond, Bermudas, em 1788, filha de um serrador e de uma escravizada doméstica. Quando o proprietário da *plantation* morreu, a mãe de Mary e seus seis irmãos e irmãs foram vendidos a um novo proprietário. Mary era a escravizada companheira da neta do novo proprietário, mas, aos 12 anos, foi alugada a outro proprietário e obrigada a separar-se da mãe e dos irmãos: "Chorei amargamente ao me separar de minha querida patroazinha e da srta. Betsy e, quando beijei minha mãe, meus irmãos e irmãs, pensei que meu pequeno coração iria se partir, doeu muito; mas não houve o que fazer e fui forçada a ir".[7]

Mary era espancada por seu novo proprietário e sua esposa e foi vendida para realizar trabalhos braçais pesados em Salt Ponds, nas ilhas Turks e Caicos, onde trabalhou retirando sal para secar, com água até a cintura. Depois de dez anos, foi levada para as Bermudas por seu mestre quando ele se aposentou, e de lá para Antígua. Ela sofria de reumatismo, uma condição muito dolorosa, e era espancada regularmente, mas frequentava uma igreja da Morávia, onde conheceu o marido, um carpinteiro que havia comprado a própria liberdade. Mary poupou dinheiro com trabalho extra e tentou comprar sua liberdade, mas seus proprietários — a família Woods — recusaram-se a lhe vender. Eles a açoitaram por se casar sem sua permissão e a separaram do marido, levando-a para a Inglaterra. Por fim, cada vez mais impacientes com a piora de sua saúde debilitada, e depois de várias brigas, expulsaram-na:

> Eu não sabia o que fazer. Eu sabia que era livre na Inglaterra; mas eu não sabia para onde ir nem como ganhar a vida; por isso não gostei de sair de casa. Mas o sr. Wood disse que chamaria a polícia para me expulsar; e finalmente resolvi que não seria mais tratada assim e que partiria e confiaria na Providência. Aquela tinha sido a quarta vez que eles ameaçaram me expulsar e, não importava para onde eu fosse, eu estava decidida a levá-los a sério dessa vez; embora eu achasse muito difícil, depois de ter vivido com eles por treze anos e trabalhado para eles como um cavalo, ser expulsa dessa maneira como um mendigo.[8]

Mary encontrou o abolicionista Thomas Pringle e tornou-se serva dele e de outros abolicionistas. Sua posição legal era incerta. Ela nasceu na escravidão — um *status* legal nas Bermudas — e, embora tivesse sido expulsa por seus proprietários na Inglaterra, não fora oficialmente libertada por eles, que não lhe permitiram comprar a própria liberdade. Após um ano de permanência na Inglaterra, seus proprietários se preparavam para retornar a Antígua. Mary estava presa no país: se voltasse para seu marido, Daniel, em Antígua, retornaria a um estado de escravidão legal e voltaria a pertencer à família Woods. Uma petição ao Parlamento não teve sucesso e, quando a família partiu para Antígua, Mary foi deixada para trás, uma mulher livre apenas na Inglaterra, mas separada do marido, em Antígua. Ela ditou a história de sua vida a uma mulher branca que se compadecera dela — Susanna Moodie, irmã da historiadora Agnes Strickland —, a primeira narrativa de uma mulher escravizada a ser publicada. Após a publicação, Mary desaparece dos registros. Em 1834, todos os escravizados foram libertados nas Bermudas e Antígua pela abolição legal da escravidão, e é possível que ela tenha regressado como uma mulher livre para seu marido.

Dido Elizabeth Belle (1761-1804) é, talvez, a escravizada inglesa mais conhecida, graças à fama de seu proprietário e aos livros e filme sobre ela. Ela nasceu de uma mãe escravizada, Maria Belle, nas Índias Ocidentais, filha de Sir John Lindsay, um oficial da marinha que levou a menina de 4 anos consigo quando voltou para casa, na Inglaterra. Relatos idealizados do relacionamento dele com Maria sugerem que Lindsay pode tê-la resgatado da escravidão enquanto participava de uma patrulha antiescravista e cuidado do bebê quando ela morreu,[9] mas, por ser uma mulher escravizada, seu consentimento seria desnecessário. Independentemente de ter sido um estuprador ou um salvador, Lindsay levou a criança para seu tio em Kenwood House, em Londres. William Murray e sua esposa Elizabeth, um casal sem filhos, estavam criando sua legítima sobrinha branca, Lady Elizabeth Murray, com quem a menina Dido foi criada para lhe servir de companheira.

William Murray foi o primeiro conde de Mansfield e lorde chefe de Justiça, de modo que atuou em vários casos importantes que examinaram a legalidade da escravidão na Inglaterra. Suas longas e ponderadas deliberações eram intencionalmente ambíguas. Embora muitas vezes aclamado como o juiz inglês que libertou os escravizados na Inglaterra, ele apenas apresentou argumentos individuais em favor da liberdade de escravizados individuais e, falando de modo geral, pronunciou: "Desconheço quais seriam as consequências se os senhores perdessem suas propriedades ao trazerem acidentalmente seus escravizados para a Inglaterra. Espero que isso nunca seja finalmente discutido; pois eu gostaria que todos os senhores os considerassem livres e que todos os escravizados pensassem que não são, porque então ambos se comportariam melhor".[10]

Dido Belle morou com a família de lorde Mansfield como se fosse uma parente pobre — presente em ocasiões familiares, mas não em grandes jantares, companheira e membra da família, mas não socialmente igual, recebendo uma mesada menor do que sua prima legítima branca. Ela teve a vida típica de uma parente pobre e refinada de uma família da elite nas funções de companheira, assistente pessoal e até secretária de William Murray. Entretanto, a diferença entre a herdeira branca, Elizabeth, e sua prima ilegítima, Dido, não passava despercebida. O retrato de Elizabeth Murray (veja o caderno de fotos) mostra Dido Elizabeth Belle em um traje exótico com um turbante na cabeça, posicionada atrás de sua parente, carregando pinhas. A jovem branca leva um livro em uma das mãos, com a outra mão apoiada de maneira um tanto desajeitada no braço de Dido — como se a segurasse, mantendo-a atrás.

O retrato não é uma representação sentimental de um relacionamento terno. É um exemplo bastante típico de pinturas de escravizados, nas quais escravizados ou servos negros são contrastados com seus proprietários brancos, a fim de demonstrar a riqueza do proprietário e enfatizar a beleza física tanto do escravizado quanto do proprietário — com destaque para a pessoa branca, que contratou o pintor. Outros retratos de escravizados e mestres também os apresenta levando frutas ou flores exóticas: um pitoresco emblema do trabalho escravo.

Apesar de lorde Mansfield decidir sobre a liberdade de escravizados individuais na Inglaterra, ele tinha tantas dúvidas a respeito da segurança de Dido Belle que "confirmou" sua liberdade em seu testamento — para deixar evidente que, o que quer que ela houvesse sido durante sua vida, sua morte a libertara. Ele lhe deixou uma pequena herança que lhe permitiu casar-se com um criado branco da nobreza e estabelecer-se com ele na classe média de Pimlico: um casamento e um lar típicos de uma parente pobre de uma família da elite.

Saartjie Baartman era filha de um tropeiro do povo Khoikhoi, da África Austral. Ela foi levada à Inglaterra em 1810 com seu mestre, Hendrik Cesars, um escravizado liberto, por Alexander Dunlop, cirurgião da Cape Slave Lodge,* que tinha como atividade secundária a exibição de animais exóticos na Europa. Dunlop a exibiu em Londres como a "Vênus Hotentote", cobrando 2 xelins por pessoa, uma das várias crianças do povo Khoikhoi exibidas como curiosidades.

A Associação Africana levou o caso de Saartjie Baartman ao Tribunal do Rei e argumentou que ela havia sido escravizada e tinha sido descrita por Dunlop como sua "propriedade". O inquérito aceitou a alegação de que Baartman era livre, trabalhava por escolha e receberia metade dos lucros de sua exposição. Cesars e Dunlop levaram Saartjie para ser exposta em feiras rurais e, em 1811, ela foi batizada como Sarah Bartman e casou-se com um homem de ascendência africana.[11]

Apesar das promessas de que seria libertada, ela foi vendida a um proprietário francês, exposta em Paris durante onze horas por dia e, após sua morte, em 1815, seu corpo foi dissecado, e seus restos mortais, guardados em um museu, só retornaram à África do Sul para serem sepultados em 2002.

Matilda Foster nasceu escravizada em 1818, em Elim Estate, na paróquia de St. Elizabeth, Barbados, e deu à luz Fanny, filha de um homem branco, um ano após a abolição legal da escravidão, de modo que a bebê nasceu livre. Matilda e sua filha chegaram à Inglaterra e foram registradas no censo de 1851, em St. Pancras: Matilda trabalhava como lavadeira, e Fanny, como empregada doméstica. Fanny casou-se ou morou com James Eaton, um carregador, com quem teve dez filhos. Além do trabalho em casas de família, Fanny Eaton trabalhou como modelo artística na Academia Real Inglesa de Artes, muitas vezes se passando por uma heroína não branca para

---

* A Cape Slave Lodge era uma instituição histórica localizada na Cidade do Cabo, na África do Sul, durante o período colonial, e teve um papel importante no comércio de escravizados na região, sendo o local onde eles eram mantidos antes de serem vendidos em leilões ou distribuídos para trabalhar em *plantations*, minas ou serviços domésticos. [N.T.]

um clube de desenho que incluía alguns pintores pré-rafaelitas. Também foi modelo para as artistas Rebecca Solomon e Joanna Wells, mas seus honorários como modelo não foram suficientes para libertá-la do serviço doméstico. Terminou seus dias morando com uma de suas filhas casadas e morreu aos 88 anos.[12]

Teorias de inferioridade racial foram desenvolvidas após os primeiros raptos de africanos com a finalidade de justificar e desculpar o crescente e incrivelmente lucrativo comércio transatlântico de escravizados. Quando pessoas eram raptadas e escravizadas na Irlanda, no século XVII, um mito da inferioridade irlandesa surgira como justificativa; antes disso, o racismo havia sido dirigido a outros grupos explorados: os judeus e os chamados "ciganos". A noção fantasiosa de que os povos africanos eram adequados para a escravidão e até do "benefício" que ela lhes trazia era apresentada por pessoas que lucravam com esse sistema. O racismo tornou-se um conceito extremamente popular: mas apenas em países que lucravam com a escravidão e precisava convencer que escravizar uma pessoa provava a superioridade do traficante. Não é por acaso que a expressão moderna *"might is right"* (algo como "a lei do mais forte") foi cunhada por um abolicionista em 1846: "O que vale é 'a lei do mais forte' e a velha loucura cambaleia em sua carreira insana, escoltada por exércitos e marinhas".[13]

Os imperialistas ingleses, em sua carreira insana escoltada por exércitos e marinhas, já estavam convencidos de que eram inatamente superiores a todas as mulheres, aos judeus, aos irlandeses, a alguns povos asiáticos e aos povos das primeiras nações das Américas e da Austrália. O racismo e o sexismo justificaram o domínio dos homens brancos da elite sobre metade de seu próprio país e, potencialmente, sobre todo o resto do mundo. Citando Deus (e encontrando menções ao racismo e ao sexismo na Bíblia), citando os clássicos (e encontrando menções à misoginia e à escravidão na Grécia Antiga), citando as novas ciências que, de maneira muito conveniente, descobriam tudo o que os imperialistas ingleses mais queriam, esses homens usaram a religião e a ciência para justificar o rapto, a escravidão e excluir pessoas das próprias terras, oportunidades, educação e liberdade.

O racismo foi uma tentativa nítida de justificar a escravidão e o Império Britânico, mas não foi sua causa. A crença na inferioridade feminina foi alardeada após a opressão das mulheres, mas não foi sua causa. No século XVIII, algumas mulheres perceberam essa relação e protestaram, enquanto outras, ante os benefícios que obtinham como proprietárias de escravizados e como mulheres da elite, se abstiveram de protestar. Mulheres da elite eram proprietárias diretas de escravizados e, quando a indenização viesse a ser paga aos proprietários por suas supostas perdas devido à abolição, 41% dos pagamentos seriam feitos a mulheres identificáveis.[14]

Mary Seacole (1805-1881), hoje aclamada heroína da enfermagem, foi rejeitada como enfermeira pelo governo britânico e pelas instituições de caridade oficiais devido ao preconceito contra sua cor. Ela era descendente livre de escravizados, filha de uma pensionista e de um tenente do exército britânico, e foi criada, casou-se e enviuvou na Jamaica e trabalhou na Jamaica e no Panamá como médica. Quando chegou a Londres, tentou trabalhar como enfermeira voluntária no exército britânico durante a Guerra da Crimeia, mas foi rejeitada tanto pelo governo quanto pela instituição de caridade oficial, o Fundo da Crimeia. Ela cogitou tratar-se de preconceito racial: "Será possível que essas damas tenham hesitado em aceitar minha ajuda porque meu sangue corre sob uma pele um pouco mais escura que a delas?".[15]

Supostamente uma das duas únicas fotografias originais de Mary Seacole (1805-1881), encontradas nos arquivos do Winchester College; Mary é a única não combatente na coleção de fotos.

Florence Nightingale (1820-1910) declarava ter posado para apenas uma fotografia — a pedido da rainha Vitória. Aqui está outra, tirada por William Edward Kilburn, retratista da Regent Street.

Mary Seacole candidatou-se para trabalhar como assistente de Florence Nightingale: "Mais uma vez tentei e desta vez consegui uma entrevista com uma das assistentes da srta. Nightingale. Ela me deu a mesma resposta e eu compreendi em sua expressão o fato de que, se houvesse uma vaga, eu não teria sido escolhida para preenchê-la".

Seacole embarcou em um navio para a Crimeia, onde construiu a própria hospedaria com os destroços de casas destruídas por bombardeios nas ruínas de uma cidade, a apenas 1,5 quilômetro do quartel-general britânico. Ela cuidou de soldados feridos, os quais também ajudava quando retornavam do campo de batalha para serem enviados de volta para casa, fornecendo comida e bebida para oficiais pagantes e gratuitamente para soldados feridos. Dizia-se que era possível comprar qualquer coisa com a "Mãe Seacole", desde uma âncora até uma agulha de costura. Ela abordou Florence Nightingale (1820-1910) na Crimeia. Nightingale escreveu: "Tive a maior dificuldade em repelir os avanços da sra. Seacole e em impedir a associação dela com minhas enfermeiras (absolutamente fora de questão!) [...]. Qualquer pessoa que se dispuser a empregar a sra. Seacole conhecerá uma grande gentileza — também muita embriaguez e conduta imprópria".[16]

Mary Seacole ganhou uma aposta de que seria a primeira mulher inglesa a chegar a Sebastopol. Ela entrou na cidade com o exército britânico vitorioso em setembro de 1855 e ajudou os soldados até o fim da guerra, incorrendo em prejuízo financeiro. Foi agraciada com a Medalha da Crimeia, e vários eventos de arrecadação de fundos foram organizados para celebrar seu serviço e pagar suas dívidas.

Ela publicou sua autobiografia, *As maravilhosas aventuras da sra. Seacole em muitas terras*, em julho de 1857, antes de voltar à Jamaica para uma visita, e acabou morando em uma casa confortável em Londres, onde morreu em 1881, deixando 2,5 mil libras em seu nome. Ela se orgulhava de sua raça mista e de sua história:

> Sou crioula e tenho um bom sangue escocês correndo em minhas veias. Meu pai foi um soldado de uma antiga família escocesa [...]. Tenho alguns tons de marrom mais profundo em minha pele, o que demonstra minha relação — e me orgulho dessa relação — com aqueles pobres mortais que vocês uma vez escravizaram, cujos corpos a América ainda possui.[17]

## Servidão

Ser um aprendiz na Inglaterra do século XVIII, especialmente no caso das numerosas crianças legalmente separadas dos pais sob as Leis dos Pobres, significava viver anos em condições de escravidão: servidão, um vínculo de sete anos a um mestre, sem remuneração e vulnerável a uma crueldade criminosa. Sarah Metyard e sua filha eram proprietárias de uma oficina de chapelaria em Bruton Street, em Londres, e tinham cinco meninas aprendizes indigentes que moravam em *workhouses* da paróquia. As duas mulheres torturaram uma menina, Anne Naylor, amarrando-a, espancando-a e matando-a de fome, mas só foram presas quatro anos depois, quando partes do corpo da menina foram encontradas. Metyard e sua filha foram executadas por assassinato em Tyburn, em julho de 1762.[18] O jornal *Newgate Calendar*, que adorava um bom escândalo, relatou que Elizabeth Brownrigg, uma parteira que morava com o marido, um encanador, em Flower-de-Luce Court, Fleet Street, torturou e submeteu a um regime de fome três meninas de um albergue que haviam sido colocadas sob seus cuidados. Quando uma das meninas fugiu e denunciou o abuso, as autoridades locais a liberaram do programa de aprendiz, mas não conseguiram condenar a família Brownrigg. Vizinhos denunciaram a tortura de outra menina, que morreu após ser libertada, e Elizabeth Brownrigg foi presa e executada em Tyburn, em setembro de 1767, enquanto seu marido e filho foram condenados a seis meses de prisão.[19]

Não havia vaga no Foundling Hospital para uma criança de 2 anos, encontrada na soleira de uma porta em Castle Street, Holborn, em 1809, e a criança foi enviada para a *workhouse* paroquial e "largada" — deixada para morrer de exposição aos elementos naturais — por Thomas e Elizabeth Pugh, que alegaram que o pai desertor lhes havia prometido 300 libras pela morte de sua filha. Eles foram condenados a seis meses de prisão.[20] Em 1829, Frances Colpitt, uma menina de 10 anos, foi aprendiz na paróquia sob a tutela da sra. Esther Hibner para aprender uma técnica de bordado. Todos os aprendizes da oficina eram tratados com crueldade, passavam fome e eram espancados, e Frances acabou morrendo. No julgamento, descobriu-se que outra criança aprendiz havia morrido. Hibner foi executada; sua filha e sua assistente Anne Robinson foram consideradas culpadas de agressão e presas na casa de correção.[21]

## Escravizados protestam contra a escravidão

O protesto mais eficaz de mulheres e homens escravizados na Inglaterra era simplesmente fugir. A maioria das pessoas de ascendência africana na Inglaterra dos séculos XVIII e XIX conquistou corajosamente a própria liberdade, algumas fugindo repetidamente até encontrar um lugar para se esconder — muitas vezes, com famílias brancas da classe trabalhadora. Alguns escravizados, pouquíssimos, foram libertados ao chegar à Inglaterra, pois seus proprietários acreditavam que não existia qualquer *status* legal de escravidão no país e assim os empregavam como criados mediante um salário. Contudo, quando esses proprietários queriam voltar para a casa nas colônias, com frequência tentavam levar consigo os criados, que, por conta do regime legal, voltavam a ser escravizados. Muitos deles fugiam para evitar o retorno às colônias e diversos relatos descrevem fugitivos e resgates de pessoas em navios prontos para retornar às Índias Ocidentais ou às Américas. Alguns ex-escravizados ajudavam outros a fugir. O *Daily Advertiser* de 17 de junho de 1743 relatou:

> Uma mulher negra, com por volta dos 19 anos e duas letras marcadas no peito e no ombro, escapou do navio *Hannah*, conduzido pelo capitão

Fowler rumo à Jamaica, no dia 6 deste mês. Atende pelo nome de Sabinah e supostamente foi iludida por algum outro negro da região de Whitechapel, Rag-Fair ou Rotherhith. Quem a levar à casa do finado sr. Neale, em Lawrence-Pountney-Hill, receberá 3 guinéus a título de recompensa; ou, se a embarcar novamente no navio a qualquer momento entre esta e a próxima terça-feira, 10 xelins adicionais.[22]

O *Gazetteer and New Daily Advertiser* publicou o seguinte anúncio em 25 de março de 1765:

> Foragida de seu mestre na noite da sexta-feira passada, uma mulher negra, chamada Joan, de aproximadamente 18 anos, que não fala nada além de inglês. Usava, quando partiu, um vestido marrom, capa vermelha e sapatos de couro preto; tem lábios muito grossos e cerca de 1,75 metro de altura. Quem souber informações de onde ela possa ser encontrada ou levá-la ao capitão John Grant, na casa do sr. Stewart, em Finch Lane, receberá uma recompensa de 2 guinéus. Nenhuma recompensa maior será dada, visto que pessoas adequadas foram contratadas para encontrá-la.
>
> P.S.: Qualquer pessoa que a esconder será processada.[23]

Ellen Craft nasceu na escravidão, filha ilegítima de uma escravizada e de seu proprietário branco em Clinton, Geórgia, na América. Aos 11 anos, ela foi dada de presente à filha de seu proprietário — sua meia-irmã branca — e levada com a família para Macon, na Geórgia. Ellen casou-se com um carpinteiro habilidoso, William Craft, nascido na escravidão, e os dois planejaram uma fuga espetacular. Ellen disfarçou-se de uma idosa proprietária de escravizados, e seu marido fingiu ser seu escravizado; os dois fizeram uma perigosa viagem de comboio e de barco, na qual percorreram mais de 1.300 quilômetros até a liberdade, na Filadélfia.[24] Eles viveram em Boston como pessoas livres, mas, caçados por traficantes de escravizados, fugiram para a Inglaterra, onde Ellen disse que "preferia morrer de fome [...] como mulher livre do que ser escravizada do melhor homem que já existiu no continente americano".[25]

Ao chegar à Inglaterra, os dois receberam ajuda de abolicionistas; Ellen Craft trabalhou como proprietária de uma hospedaria, e seu marido, William, como marceneiro. Eles fizeram campanha pelo fim da escravidão, contando as próprias histórias em encontros antiescravagistas e atuando no Comitê de Emancipação de Londres.[26]

Nascida livre na África Ocidental, escravizada e enviada a Boston, Estados Unidos, com apenas 8 anos, Phillis Wheatley (1753-1784) seria uma grande influência para as mulheres inglesas negras e brancas. John Wheatley a comprara para ser empregada doméstica de sua esposa, Susannah: "Uma criança esbelta e frágil [...] por uma bagatela".[27] Eles calcularam que ela tinha cerca de 7 anos, porque estava perdendo os dentes de leite. Ensinada pela filha deles, Mary, aos 14 anos a menina já lia grego e latim e publicou um poema sobre a morte de um ministro. Aos 20 anos, em busca de uma editora, Phillis foi levada a Londres pelo filho dos Wheatleys, Nathaniel, e em 1773, sob a patronagem de Selina Hastings, a cristã evangélica que era condessa de Huntingdon, publicou sua coletânea de poemas, a primeira escrita por uma mulher negra americana. Seus proprietários lhe concederam a liberdade.

A exemplo de outros escritores ingleses, Phillis Wheatley compôs na tradição clássica, mas seu biógrafo sugere que ela se especializou na elegia devido a suas raízes na cultura da África Ocidental, onde as jovens tradicionalmente cantavam louvores aos mortos. De volta à América, agora uma mulher livre, Phillis casou-se com um empresário afro-americano livre e autodenominado "advogado", John Peters, em Boston. Eles tiveram três filhos, que morreram ainda na primeira infância. A família caiu na pobreza e John Peters foi preso por endividamento. Phillis trabalhou como faxineira em uma pensão e continuou escrevendo poesia. Ela morreu na pobreza em dezembro de 1784, com 143 poemas inéditos.[28]

Phillis Wheatley condenava a escravidão, mas celebrou o fato de a escravidão tê-la afastado daquilo que ela descreveu como sua cultura pagã na África. Sua linguagem é um reflexo de sua época:

**Sobre ser trazida da África à América**
*Por Phillis Wheatley*

Foi a misericórdia que me trouxe da minha terra pagã,
Ensinou minha alma obscurecida a compreender
Que há um Deus, e também um Salvador:
Uma vez que eu nem busquei nem conhecia a redenção.
Alguns veem a nossa raça negra com olhar desdenhoso,
"A cor deles é um matiz diabólico".
Lembrem-se, cristãos, de que negros, negros como Caim,
Podem, sim, ser refinados e unir-se à hoste angelical.[29]

Em 1787, quarenta mulheres de origem africana e setenta mulheres brancas tomaram a decisão extraordinariamente corajosa de viajar a Serra Leoa para fundar uma colônia de pessoas livres. Financiadas pelo Comitê dos Negros Pobres, organizado por voluntários brancos e pelos famosos africanos Ignatius Sancho e Olaudah Equiano, 280 homens africanos, juntamente com mulheres africanas e suas esposas e namoradas brancas, embarcaram em um navio para a África Ocidental. A colônia, ignorada pelo governo, fracassou em dois anos e os pioneiros, exceto sessenta, morreram.

Phillis Wheatley (1753-1784), retrato do frontispício de seu livro *Poemas sobre vários assuntos, religiosos e morais*.

Algumas pessoas de ascendência africana viviam livres na Inglaterra. Além dos fugitivos e dos libertos, crianças africanas foram enviadas pelos pais, graças a contatos (feitos por meio do comércio de escravizados), para estudar em escolas inglesas, na esperança de que ingressassem na sociedade inglesa e se beneficiassem de oportunidades de negócios. No fim do século XVIII, várias escolas nos portos negreiros de Liverpool e Bristol ensinavam crianças africanas livres, enviadas da África por famílias que queriam criar seus filhos na cultura inglesa.[30]

Uma escravizada liberta que fosse dona de propriedade pôde votar nas eleições inglesas antes que as mulheres brancas livres conquistassem o direito a voto. Ignatius Sancho, o escritor, músico e empresário, abriu uma mercearia na Charles Street, Westminster e, como proprietário, votou em 1780.[31]

## Mulheres brancas da elite protestam contra a escravidão

O fundador e líder do movimento antiescravagista, William Wilberforce, excluiu especificamente as mulheres da campanha: "Senhoras se reunindo, publicando, indo de casa em casa para pedir assinaturas em petições — a mim parecem procedimentos inadequados para a figura feminina, conforme delineado nas Escrituras".[32]

Muitas damas concordaram. Eliza Conder insistiu que o lugar das mulheres era em casa: "Se quisermos sair de nossas esferas, quem tomará nosso lugar? Quem, como 'guardiã do lar', deve 'guiar' nossa casa e educar nossos filhos? Os cavalheiros terão a gentileza de oficiar por nós?".[33]

Apesar de não serem bem-vindas — informadas de que as Escrituras eram contra elas —, mulheres das classes alta e intermediária engajaram-se na campanha pela abolição da escravidão desde 1772, quando o primeiro escravizado inglês foi libertado na Inglaterra por um processo judicial, passando por 1807, quando o comércio de escravizados foi tornado ilegal, até 1833, quando o *status* de escravizado foi tornado ilegal nos territórios ultramarinos ingleses. Em 1820, nomes femininos eram abundantes nas petições: as principais escritoras contra a escravidão incluíam Ann Yearsley, Hannah Moore e Anna Barbauld,[34] e o primeiro apelo à abolição total e imediata foi publicado em 1824 por uma mulher, a *quaker* radical Elizabeth Heyrick. Sua crença na abolição imediata acabou sendo adotada como a política nacional da campanha, após seis anos de resistência por parte dos homens, mais moderados, que queriam uma mudança gradual.

Em 1825, damas fundaram a primeira organização feminina antiescravagista, em Birmingham, boicotando o açúcar e angariando fundos por meio de bazares nos quais vendiam produtos caseiros femininos.[35] Em seis anos, foram criadas setenta associações antiescravagistas de mulheres.[36] Em 1850, o número dessas associações já ultrapassava o de associações de homens, constituindo uma rede feminina nacional com ligações internacionais que enviava petições ao Parlamento e atuava com alta eficácia na arrecadação de fundos e na panfletagem.[37]

As damas reuniam-se paralelamente às sociedades masculinas, em grupos só de mulheres. Impossibilitadas de participar em comitês políticos e não convidadas a falar, elas ofereciam conselhos ao comitê masculino, assistência e angariação de fundos. Seria somente na segunda metade do século XIX que algumas mulheres abolicionistas trabalhariam ao lado dos homens como iguais. Em 1853, a primeira sociedade antiescravagista mista foi fundada em Leeds e, no ano seguinte, a sociedade de Manchester enviou as duas primeiras representantes femininas para o encontro exclusivo de homens da Sociedade Antiescravagista Britânica e Estrangeira. Em 1859, duas mulheres afro-americanas, Sarah Parker Redmond e Ellen Craft, entraram no Comitê de Emancipação de Londres, que era aberto a todos, independentemente de cor ou sexo, e Sarah Parker Redmond deu palestras por toda a Inglaterra.

As mulheres das classes alta e média acreditavam que poderiam apoiar a abolição da escravidão sem enfrentar resistência, pois suas campanhas expressavam "Piedade pelo sofrimento e o desejo de aliviar a miséria, que são os sentimentos naturais e permitidos das mulheres".[38]

A visão das mulheres brancas inglesas da elite sobre a escravidão era que, embora nenhuma mulher devesse ser escravizada a um senhor, as mulheres poderiam e deveriam ser protegidas e controladas por um marido ou pai. O objetivo dessas damas abolicionistas brancas era que as mulheres escravizadas trocassem seu *status* legal de bens móveis pertencentes a um senhor pelo *status* legal de bens móveis pertencentes a um marido ou pai. Elas acreditavam que suas próprias vidas constituíam um exemplo da plena liberdade que uma mulher escravizada desejaria e deveria ter: liberdade sob o controle de um marido ou pai. Uma mulher escravizada não deveria ser libertada para se comportar como um homem; ela deveria ser libertada para ocupar seu lugar no lar, como uma mulher: secundária em relação ao homem, livre para "ocupar sua posição adequada como filha, esposa e mãe".[39]

A combinação benigna da escravidão do casamento com a abolição foi explicitamente celebrada no casamento da abolicionista Priscilla Buxton, ocorrido no "dia da emancipação", 1º de agosto de 1833, quando a lei para libertar os escravizados ingleses foi oficialmente aprovada. Os colegas abolicionistas da noiva ergueram as taças em um brinde a que ela pudesse "usufruir por muito tempo dos grilhões que lhe foram colocados naquele dia e daqueles que ela ajudou a quebrar".[40]

Priscilla Buxton, como a maioria das mulheres da elite, acreditava que as mulheres deveriam ser limitadas — e, se possível, quase confinadas — à vida familiar. Essas damas sentiam que era justificado interferir na questão da escravidão porque o trabalho de caridade, evangélico e até político fazia parte de seu dever de manter a vida familiar — tanto a de outras famílias como a sua própria.

Sarah Ellis argumentou em seu livro *As esposas da Inglaterra* (1843) que as damas deveriam sair de seus papéis domésticos para enfrentar questões como a "extinção da escravidão, a abolição da guerra em geral, a crueldade para com os animais, a pena de morte, a temperança e muitas outras, sobre as quais não saber ou não sentir é quase igualmente vergonhoso. Em suma, a política das mulheres deve ser a política da moralidade".[41]

A maioria das mulheres da elite não achava que deveria ir além de tentar reproduzir o lar ideal da classe alta entre as mulheres escravizadas e pobres. Até meados do século XIX, poucas damas acreditavam que deveriam fazer campanha por qualquer outra coisa que não fossem as questões domésticas. Mulheres corajosas podiam se engajar em campanhas contra o direito de voto das mulheres. Sarah Dymond, da Sociedade Antiescravagista de Senhoras de Taunton, escreveu: "Comprometer-me-ei a organizar um encontro público, o que acredito poder fazer sem sair de minha esfera adequada; oponho-me decididamente à questão da mulher".[42]

## Mulheres brancas da classe trabalhadora protestam contra a escravidão

Poucas mulheres da classe trabalhadora tinham tempo ou dinheiro ou eram convidadas a participar de uma reunião antiescravagista da elite. Tendo de lidar elas próprias com o trabalho duro, a pobreza e a exposição aos abusos, as mulheres da classe trabalhadora na Inglaterra estavam familiarizadas demais com algumas condições da escravidão e não se chocavam com as revelações de abuso de mulheres escravizadas. Elas exigiam um tratamento melhor a todos os trabalhadores — escravizados, em servidão e livres[43] — e usaram a escravidão para ilustrar sua própria opressão. As abolicionistas da classe trabalhadora acreditavam que não era certo escravizar as pessoas, mas questionavam por que os escravizados africanos deveriam ser libertados enquanto os trabalhadores brancos eram mantidos em servidão. Tais mulheres viam os abolicionistas adotarem uma atitude paternalista no que dizia respeito à opressão das mulheres estrangeiras, distantes, e uma indiferença quanto à opressão das mulheres de seu próprio país.

No século XIX, defensores de melhores condições para as mulheres trabalhadoras, como Robert Sherard, escritor e filantropo, usaram a frase "escravidão branca" para apontar as dificuldades sofridas pelas mulheres brancas da classe trabalhadora na Inglaterra, em uma mensagem confusa que evocava a escravidão negra como uma terrível injustiça ao mesmo tempo que desviava a atenção da abolição por comparar a escravidão negra com a exploração legal de trabalhadoras exauridas e descrever sua própria angústia como homem branco da elite: "Na pálida procissão dos Escravos Brancos da Inglaterra, não pude ver nada além de tristeza, fome e sujeira, trapos, comida estragada, feridas abertas e movimentos incessantes, instintivos, porém laboriosos — uma bigorna e um martelo sempre descendo —, todos vagos e, em uma névoa ainda não tingida de vermelho, um espetáculo tão hediondo que o excluí de vista, perguntando-me o que há de certo em tudo isso".[44]

Apesar das dificuldades da própria vida, muitas mulheres da classe trabalhadora exigiram a abolição da escravidão assinando milhares de petições e boicotando produtos resultantes desse sistema. Mulheres lideraram o boicote a produtos como açúcar, chá, café e chocolate, embora as muito pobres não pudessem pagar esses luxos para a família, nem se quisessem. Lydia Hardy, em Chesham, escreveu a seu marido Thomas — o fundador da London Corresponding Society, a primeira associação política da classe trabalhadora — em 1792: "As pessoas aqui são tão contra isso quanto em qualquer outro lugar e ouvi dizer que há mais pessoas que tomam chá sem açúcar do que com açúcar".[45]

Grandes encontros para protestar contra a escravidão foram realizados em cidades industriais, inclusive nos portos negreiros. Muitos abolicionistas da classe trabalhadora continuaram fazendo campanha pelos direitos dos trabalhadores, o que causou uma separação ainda maior entre os abolicionistas da classe trabalhadora e os abolicionistas da elite. Apenas em 1788, organizações radicais da classe trabalhadora fizeram cem petições exigindo a abolição.[46]

As comunidades da classe trabalhadora acolheram, ajudaram e esconderam escravizados foragidos, pois viam a escravidão como um problema de exploração de classe, na medida em que empregadores da elite oprimiam tanto os trabalhadores livres quanto os escravizados. Até os abolicionistas podiam ser os inimigos: empregadores cruéis de pessoas pobres, tanto negras quanto brancas. Os escravocratas e os brancos da elite queixavam-se de que homens e mulheres fugitivos e libertos estavam ajudando os novos imigrantes a alcançar a liberdade. Edward Long afirmou: "Ao chegarem a Londres, esses servos logo conhecem um grupo de negros que, tendo fugido de seus respectivos proprietários em momentos diferentes, repousam aqui com tranquilidade e indolência e se esforçam para fortalecer seu grupo, seduzindo o maior número possível desses migrantes a entrar na associação e trabalhar para atingir seus objetivos".[47]

Homens e mulheres livres de ascendência africana organizaram rotas de fuga que levavam a comunidades simpatizantes da classe trabalhadora branca. John Fielding, o magistrado de Londres, declarou em 1768: "Os negros, embriagados pela liberdade, entram nas sociedades e visam corromper e semear a insatisfação na mente de cada novo servo negro que vem à Inglaterra [...]. Eles têm a turba a seu lado".[48]

William Cobbett, um observador das classes trabalhadoras inglesas, acreditava que os ingleses, ao contrário de outros povos, não sofriam do racismo branco e que os escravizados fugitivos e libertos podiam facilmente encontrar mulheres brancas dispostas a casar-se com eles. A linguagem que ele usa é ofensiva demais para ser repetida, mas sua conclusão foi que as mulheres brancas inglesas da classe trabalhadora não eram racistas: "Ele, se estiver disposto a isso, sempre encontrará uma mulher não apenas para ceder a seus [...] abraços [...] mas para acompanhá-lo ao altar e tornar-se sua esposa [...]; essa propensão bestial é, devo afirmar com tristeza e vergonha, peculiar aos ingleses".[49]

## Desigualdade salarial

Teorias convincentes — mas em grande parte sem pé nem cabeça — sobre economia, religião, classe e gênero conduziram as trabalhadoras pobres do país para as péssimas condições de trabalho, marcadas pela exploração, das primeiras fábricas, em meados do século XVIII. A nova "ciência" da economia política argumentava que todos deveriam vender seu trabalho ao preço que pudessem obter e que os empregadores deveriam pagar o mínimo possível, confiando-se que o mercado estabeleceria o valor certo, um pouco acima do salário de fome. Puritanos e protestantes pregavam que Deus recompensava os verdadeiros fiéis com riqueza, de modo que os pobres só podiam culpar a si mesmos. Se por um lado médicos identificavam a sensibilidade especial das mulheres da classe alta, que deveriam ser protegidas de realidades desagradáveis, por outro declaravam que a natureza insensível das mulheres da classe trabalhadora as adaptara ao trabalho árduo, desagradável e perigoso.

Enquanto nos séculos XIII e XIV os salários foram relativamente iguais, a diferença entre o salário médio dos homens e o das mulheres variou muito antes de despencar para uma taxa constante de meio salário para elas, agora com o apoio da maioria dos economistas políticos — com a honrosa exceção de John Stuart Mill. Os pensadores da elite, em sua maioria homens, continuaram convencidos de que os homens deveriam receber mais do que as mulheres, e o governo aprovou a nova Lei dos Pobres de 1834 com base nessa suposição:[50]

> É claramente um desperdício de energia, uma extravagância supérflua (um erro econômico) empregar uma máquina potente e dispendiosa para realizar um trabalho que pode ser tão bem executado por uma máquina mais fraca e mais barata.
>
> Mulheres e meninas são operadoras menos dispendiosas do que os homens [...], portanto seria um desperdício e uma tolice, do ponto de vista econômico, obrigar um homem a fazer o que elas podem fazer com igual eficiência. Ao empregar a mão de obra mais barata, o item é fornecido ao público a um custo mais baixo e, portanto, a demanda pelo item aumenta.[51]

A partir de 1850, era amplamente aceito que uma mulher receberia e deveria receber cerca da metade do salário de um homem, se é que ela trabalhasse fora, e o salário mínimo — recebido apenas pelos homens — tornou-se conhecido como "salário do ganha-pão". A "lei das trocas desiguais", criada em 1808 pelo economista político francês Jean Baptiste Say, argumentou que, uma vez que as necessidades econômicas de uma mulher eram satisfeitas pelo marido, ela não ficaria em desvantagem caso seu salário fosse menor.[52] Caberia ao homem ganhar o salário que alimentava a família, ganhar o "pão". A partir de 1821, a expressão "ganha-pão" passou a ser usada para referir-se ao homem que ganha o suficiente para prover a família.[53]

Em 1840, uma comissão parlamentar criada para explorar a disparidade salarial ouviu de um tecelão de teares manuais de Stockport:

> Joseph Sherwin [...] geralmente ganhava 6 xelins e 6 pence por semana, e sua esposa, 3 xelins enrolando bobinas para dois outros teares. No entanto, ele não conseguia subtrair de seu salário e adicionar ao dela o valor dos serviços de sua esposa para enrolar bobinas para seu tear. A sra. Sherwin recebia para enrolar bobinas 3 pence para cada 1 xelim ganho por cada um dos dois tecelões que contrataram os serviços dela; cada um desses tecelões, então, ganhava apenas 9 pence para cada 1 xelim de tecido. Tendo em vista que ela conseguiria enrolar três teares (o de seu marido mais dois outros), a sra. Sherwin poderia ganhar o mesmo que esses dois tecelões (9 pence = 3 × 3 pence). Joseph Sherwin admitiu: "Eu deveria pagar três pence de cada xelim recebido se não tivesse uma esposa".
>
> Seu verdadeiro salário, então, era de apenas 4 xelins e 10 pence, e o verdadeiro salário de sua esposa era de 4 xelins e 7,5 pence. O que parecia ser uma razão salarial de 0,46 (3 xelins ÷ 6 xelins e 6 pence) revela-se, na verdade, salários quase iguais. Se os dados salariais de que dispomos superestimam os rendimentos dos homens e subestimam os rendimentos das mulheres, poderá não haver disparidades salariais a explicar.[54]

De fato, o comitê estava no caminho certo! Não era que as mulheres ganhassem, de alguma forma, um salário menor: elas não ganhavam nada! Quando a sra. Sherwin trabalhava enrolando bobinas para tecelões, ela era paga, mas, quando trabalhava para o marido, não recebia nada. Se as mulheres ganhassem por cada trabalho que realizavam — tanto para o marido quanto para os empregadores —, dificilmente haveria qualquer disparidade salarial entre homens e mulheres. A disparidade foi criada pela tradição segundo a qual o trabalho das mulheres em casa deveria ser feito gratuitamente. Mesmo quando produzia bens vendáveis, a sra. Sherwin não ganhava dinheiro, do mesmo modo que ela não ganhava quando produzia bens e serviços consumidos em casa: cultivo de alimentos, cozinha, limpeza, manutenção doméstica. O problema é que esse *insight* ofuscante do comitê não fez diferença alguma na vida real; as mulheres continuaram trabalhando de graça para os maridos e suas horas de trabalho continuaram não sendo remuneradas, o que reduzia seus rendimentos e seu salário.

A fabricação de alfinetes e agulhas forneceu um bom exemplo de como o trabalho artesanal bem remunerado, que poderia ter sido realizado por artesãos homens ou mulheres bem remunerados, foi dividido no chamado "trabalho por peça", mal remunerado, mecanizado e — uma vez que se tornou suficientemente mal remunerado e desqualificado — alocado a mulheres trabalhadoras não qualificadas. Em 1728, a *Enciclopédia de Chambers* descreveu a oficina de um artesão: "O artesão ocupa o centro do processo de produção [...]; o ritmo da produção é fixo e cada tarefa requer uma habilidade considerável".[55] Um século depois, em 1835, o observador Andrew Ure notou como as máquinas estavam tirando o trabalho qualificado dos trabalhadores artesãos: "Sempre que um processo requer particular destreza e firmeza de mão, ele é retirado o mais rápido possível do artesão [...] e é alocado a um mecanismo peculiar, de tal modo autorregulado, que uma criança seria capaz de operá-lo".[56]

Karl Marx descreveu o resultado em 1867: "Na fábrica automatizada [...] uma mulher ou uma menina opera quatro [...] máquinas e assim produz cerca de seiscentas mil agulhas por dia".[57]

Sempre que possível, um artesão habilidoso, que produzia um objeto do início ao fim, era substituído por uma equipe de trabalhadores que fazia partes do objeto, e depois por uma máquina que fazia várias partes, operada por uma mulher mal paga, cuja manutenção e limpeza muitas vezes ficavam a cargo de crianças. A mulher e as crianças não recebiam o salário do ganha-pão, uma vez que deveriam ser sustentadas pelo pai da família; não precisavam de treinamento e não atuavam como aprendizes em uma guilda capaz de definir salários; trabalhavam em uma fábrica ensurdecedora ou até em uma oficina com péssimas condições de trabalho, ao lado de sua casa ou instalada em sua área de moradia; não conseguiam organizar-se para obter melhores condições ou salários e, se reclamassem, poderiam ser facilmente substituídas por outras mulheres pobres e não qualificadas.

O salário do ganha-pão foi justificado aos trabalhadores por economistas políticos que agora acreditavam que a prosperidade do país dependia de uma população baixa — o menor número possível de "passageiros" — e alta produtividade — um "motor" forte para avançar a nação —, a ser alcançada por chefes de família responsáveis. Reformistas da classe média ensinavam que alocar todas as mulheres como donas de casa em tempo integral era a solução para a pobreza, a doença e a imoralidade. Essa ideia era pregada nos púlpitos como o caminho para as mulheres se tornarem líderes espirituais em seus lares. Os homens qualificados eram remunerados de maneira justa e voluntária pelas indústrias em expansão, enquanto o sistema de trabalho por peça empurrava cada vez mais trabalho para mulheres e crianças mal remuneradas. As guildas e os sindicatos exclusivos de homens concordaram em proteger os salários e os empregos dos homens das trabalhadoras mulheres. O acordo era conveniente para as profissões que já as excluíam. Era romantizado nos livros e romances de conduta, que afirmavam que uma verdadeira mulher só poderia cumprir sua natureza na esfera distinta de sua casa, longe do trabalho, imaculada e intocada pelo dinheiro. Conquistou até algumas esposas da classe trabalhadora, que trocaram salários mais baixos para si mesmas por salários melhores para seus maridos. A União Política Feminina de Newcastle observou em 1840: "Não é verdade que os interesses de nossos pais, maridos e irmãos deveriam ser os nossos? Se eles são oprimidos e empobrecidos, não partilhamos esses males com eles?".[58]

O clamor pelo salário do ganha-pão tornou-se um ciclo que reforçou a desigualdade para as mulheres, uma vez que os baixos salários e sua exclusão do treinamento e do trabalho qualificado as forçaram a depender dos homens, que teriam de ganhar um salário para sustentar pelo menos duas pessoas,[59] ou seja, exigia-se um salário de ganha-pão para o trabalho masculino qualificado, o qual os empregadores só poderiam pagar se oferecessem os salários mais baixos a mulheres não qualificadas. As muitas mulheres que não conseguiam casar com um bom provedor não tinham qualquer perspectiva a não ser um trabalho mal remunerado. As mulheres tornaram-se "leprosas industriais",[60] em empregos não qualificados que os homens deixavam vagos por serem muito mal pagos.

## Mulheres e trabalho

Nos anos 1850, mulheres de todas as classes viram-se deliberadamente excluídas do trabalho lucrativo, da educação, da formação profissional, das guildas e ofícios, das profissões e de posições de autoridade. Até mulheres ricas e de alto *status* começaram a designar um deputado masculino para desempenhar tarefas cívicas.[61]

O treinamento e a adesão a guildas tornaram-se exclusivamente masculinos. Os encadernadores de livros excluíram as mulheres de seu sindicato em 1779, e os alfaiates de Londres tentaram proibi-las até de trabalhar em casa.[62] Ofícios antes dominados por mulheres começaram a ser administrados por homens, e as mulheres passaram a meramente auxiliar nos ofícios de fiandeiro, tecelão, padeiro, moleiro e cervejeiro, que antes eram considerados femininos. Elas não conseguiam angariar capital para comprar licenças e alugar equipamentos e propriedades para criar grandes empresas comerciais. A atuação nos prósperos negócios de bens de luxo, como livrarias, joalherias e farmácias, foi fechada às mulheres, tanto pelas guildas quanto pela exigência de capital inicial. As mulheres não podiam entrar no comércio internacional sem uma conta bancária e um seguro em seu próprio nome.[63] Elas foram até desencorajadas de lutar boxe, um esporte no qual já haviam brilhado; os jornais assumiram um tom crítico em suas reportagens, descrevendo as pugilistas como dominadoras e pouco femininas.[64]

"Trabalho feminino" passou a significar trabalho árduo, desagradável e mal remunerado. Como observou a historiadora Dorothy George: "É quase possível dizer que não há trabalho pesado ou desagradável demais para ser feito pelas mulheres, desde que também seja mal remunerado".[65]

Apenas a escassez de mão de obra — como ocorreu em Coventry, Yorkshire e West Country no início do século XIX — possibilitava que as mulheres trabalhassem ao lado dos homens e recebessem o mesmo salário.[66]

Quando a *spinning mule*\* de Samuel Crompton começou a ser utilizada nas fábricas de algodão, a partir de 1820, os homens monopolizaram a nova máquina. Eles alegaram que o trabalho era pesado demais para as mulheres e definiram a tarefa como trabalho "qualificado", exigindo — e obtendo — um salário à altura. Quando a tecnologia voltou a evoluir, com a invenção da *spinning mule* automática, muito mais leve, que foi instalada nas fábricas a partir de 1840 e podia ser operada por mulheres, os fiandeiros recusaram-se a permitir que mulheres usassem as novas máquinas, forçando-as a tarefas não qualificadas, como as de "costureiras, cardadoras e produtoras de tendas", em troca de salários mais baixos — em geral, metade do salário de um operador de *spinning mule*.[67]

Em 1830, o número de mulheres trabalhadoras já era superior ao de homens nas fábricas da indústria de algodão: 65 mil mulheres para sessenta mil homens.[68] O comissário de uma fábrica relatou, em 1844, que elas faziam turnos mais difíceis do que os homens: "Seu trabalho é mais barato e elas são mais facilmente induzidas a tolerar fadiga corporal severa do que os homens".[69]

O advento da tecelagem mecanizada contou a história oposta. Os tecelões manuais eram a elite bem remunerada, que trabalhava principalmente na própria casa, com a ajuda da esposa e filhos. Era um trabalho tão bem remunerado que, em meados do século XVIII, os homens tentaram excluir as mulheres da tecelagem quebrando seus teares e ameaçando as tecelãs. Quando as fábricas começaram a adotar os teares mecanizados, por volta do fim do século, os tecelões se opuseram com violentas rebeliões, destruindo as máquinas. Mas os empregadores mantiveram-se firmes e passaram a empregar mulheres e crianças até que a

---

\* A invenção de Samuel Crompton revolucionou a indústria têxtil por permitir a produção em massa de fios de algodão de alta qualidade com mais eficiência e rapidez. [N.T.]

pobreza extrema, inclusive a fome, forçou os tecelões tradicionais a trabalharem nas odiadas fábricas. Mas já era tarde demais para eles fazerem da tecelagem industrial um ofício exclusivamente masculino. Ao entrar nas fábricas, encontraram mulheres tecelãs que já sabiam trabalhar nos teares mecânicos, organizadas e remuneradas como trabalhadoras qualificadas. No nordeste de Lancashire, em particular, homens e mulheres tecelões reconheceram seus interesses comuns e organizaram-se para conquistar salários e condições iguais.[70]

Nem todos os sindicatos eram contra as mulheres. O Grande Sindicato Nacional Consolidado de 1833 as recrutou para trabalhar em seções exclusivamente femininas. Os sindicatos incluíam rendeiras, fabricantes de chapéus de palha, montadoras de sapatos, lavadeiras, modistas e até empregadas domésticas. Foi proposta a criação de um alojamento para mulheres que trabalhavam em casa; mas as associações de trabalhadores por turnos, não qualificados e mal remunerados, não conseguiam organizar-se com eficácia; as mulheres só poderiam ter sucesso se dominassem uma indústria. Em Stockport, em 1840, a maioria dos operadores de teares mecânicos eram mulheres (58%) e elas lutaram por seus direitos lado a lado com os homens na indústria. Elas atuaram ao lado dos homens nas greves e manifestações de 1808, em Manchester, e na greve geral dos trabalhadores do algodão, em 1842. Também organizaram as próprias greves: bordadeiras de Loughborough fizeram uma greve em 1811 e lavadeiras de Kensington entraram em greve em 1842.[71]

A divisão da produção em tarefas pequenas e menos qualificadas possibilitou que fossem feitas por mulheres pobres em casa. O sistema de "terceirização" ou "trabalho por peça" dividiu o ofício de, por exemplo, costurar uma peça de roupa em várias tarefas repetitivas menos qualificadas. Intermediários forneciam às mulheres peças de alfaiataria, confecção de rendas, sapataria, confecção de botões e pequenos trabalhos em metal, e as mulheres faziam repetidamente a mesma parte do processo. Às vezes, elas tinham de pagar um depósito pelas matérias-primas, o qual podia ser tão caro que eram obrigadas a trabalhar de graça até a dívida ser paga. Os materiais também podiam ser perigosos. As mulheres manuseavam e armazenavam produtos tóxicos ou perigosos em casa e podiam adoecer ou ser despedidas sem qualquer auxílio financeiro. Isoladas em casa, recebendo o mais baixo salário possível dos intermediários, elas tinham poucas oportunidades de comparar salários ou de se organizar para obter melhores condições. Mesmo depois que as tarefas foram mecanizadas e transferidas para as fábricas, mulheres e crianças ainda eram empregadas em casa na preparação e no acabamento de artigos fabricados.

Mulheres trabalhadoras, especialmente as que trabalhavam em casa, constituíam uma força de trabalho "reserva". Quando o governo precisou de uniformes e roupas para os doze anos das guerras napoleônicas (1803-1815), o trabalho foi feito principalmente por mulheres em casa, sob o sistema de "terceirização", o que impôs um desafio às guildas de alfaiates, que tentavam proteger os salários de seus integrantes. O trabalho que podia ser feito por uma trabalhadora em casa a preços mais baixos era chamado de "trabalho precário" e era conhecido por ser "suado" — sobrecarregado e mal pago, com prazos apertados. Os primeiros lucros da maioria das indústrias não vieram da mecanização e das fábricas, mas do trabalho suado das trabalhadoras em casa.[72]

A utilização generalizada dessas mulheres para trabalhos precários, uma prática registrada até 1906, foi destacada em um relatório da *Revista do Sindicato das Mulheres*:

> A fabricação de cigarros, a costura de sapatos femininos, a costura de luvas, a confecção de correntes e a fabricação de meias, porta-joias, bolas de tênis, cintos, gravatas, móveis, escovas e selaria eram todas ofícios que podiam ser feitos em casa, os quais entre doze e dezesseis horas por dia geravam, em média, ganhos de 5 xelins (25 pence) a 7 xelins (35 pence) por semana [...]; um vestido podia ter sido feito por uma costureira razoavelmente remunerada em uma oficina arejada, enquanto os botões e enfeites eram produzidos por uma trabalhadora precária [...]; bolos de casamento fabricados em boas condições sanitárias provavelmente eram embalados em belas caixas montadas e coladas em um cortiço infestado de doenças.[73]

A Comissão Real de 1842 incluiu ilustrações detalhadas do trabalho de mulheres e crianças em minas de carvão.

Somente no século XIX haveria alguma preocupação com o fato de mulheres e crianças estarem arriscando sua segurança e saúde em condições terríveis:

> As mulheres geralmente trabalhavam no subsolo em minas de carvão, principalmente como parte de equipes familiares. Enquanto os homens trabalhavam na superfície, as mulheres carregavam ou arrastavam o carvão em trenós ou banheiras pelos túneis até os elevadores ou, às vezes, até a superfície [...]. Nos fornos de cal, as mulheres trabalhavam carregando cestos de carvão e calcário, enquanto os homens soltavam o calcário, o

peneiravam, colocavam os cestos na cabeça das mulheres, que jogavam o calcário no forno. Ambos os sexos ajudavam a cortar o carvão e o calcário em pequenos pedaços e a encher os cestos [...]. As mulheres eram empregadas no carregamento de ardósia em barcos em Devon (depois de extraída por homens), onde o trabalho foi descrito como "excessivamente difícil" (por Richard Ayton, um observador em 1814), mas as mulheres "realizam tanto em dado tempo quanto os homens".[74]

As terríveis condições das mulheres e crianças que trabalhavam no subsolo vieram a público após um acidente na mina de carvão Huskar, nas proximidades de Barnsley, em 1838, quando 26 crianças (onze meninas) morreram afogadas enquanto trabalhavam. Um inquérito sobre as condições apontou que as mulheres ficavam nuas até a cintura para trabalhar no calor das minas e usavam calças para o trabalho pesado. Esse detalhe foi tão chocante para a elite quanto o perigo do trabalho.

Sabia-se que as mulheres trabalhadoras podiam ser tão produtivas quanto os homens. O jornalista Henry Mayhew observou um homem coletor de terra em East End, Londres, em 1840, que estava:

> escavando o solo peneirado de um dos montes menores e, com grande esforço envolvendo força e atividade, lançando cada pá cheia no topo de um monte mais alto, que lembrava um pouco uma pirâmide. Em frente ao homem estava uma mulher pequena, de constituição robusta e com os braços nus acima dos cotovelos; era sua parceira no trabalho e lançava pá após pá com ele ao topo do monte mais alto. Ela usava um vestido de algodão velho e sujo, aberto na frente e dobrado atrás, à moda do século passado. Tinha trapos velhos amarrados nos tornozelos para evitar que a terra lhe entrasse nos sapatos, uma espécie de toalha grossa presa na frente a título de avental e um lenço vermelho bem preso em volta da cabeça. Nesse estado, ela trabalhava arduamente e não apenas acompanhava o homem, mas muitas vezes jogava duas pás enquanto ele jogava apenas uma, apesar de ele ser um sujeito alto e forte.[75]

A maioria dos trabalhos em cemitérios era feita por mulheres. Sarah Arnold trabalhou como coveira no cemitério de Southwark em Long Lane, Bermondsey, por oito anos a partir de 1786, substituindo seu marido, John, após a morte dele. Mary Davis cavou sepulturas por um ano em Whitechapel, em 1785, e Mary Harper foi a coveira de Wandsworth, em 1786.[76] Mulheres sacristãs eram comuns em Londres, responsáveis por organizar a escavação de sepulturas e supervisionar os cemitérios paroquiais.[77]

O advento de lojas fixas em locais privilegiados criou a função de balconista. As mulheres haviam sido expulsas do trabalho no varejo devido à crença de que era impróprio para uma jovem atender clientes em uma loja, mas, por ser desqualificado e desvalorizado, o trabalho em lojas foi imediatamente rotulado como "trabalho de mulher" — não qualificado e mal pago.[78] A maioria dos cargos era presencial, e o trabalho era notório por jornadas extremamente longas e salários baixos. Em 1842, houve uma tentativa frustrada de regular o horário de trabalho e, nos anos 1860, houve uma tentativa de afastar as mulheres do mau hábito de fazer compras à noite, alertando-as para o risco de "colocar em perigo a saúde de seu próprio sexo, especialmente das mães da próxima geração".[79] Damas aristocratas — quatro duquesas, duas marquesas e seis condessas — deram o exemplo quando concordaram em não fazer compras depois das 14 horas aos sábados.

Nenhuma mulher da classe trabalhadora que trabalhasse tão arduamente quanto um homem em tarefas igualmente perigosas e pouco saudáveis era encorajada a considerar-se moralmente superior e fisicamente frágil. Ninguém achava que as mulheres da classe trabalhadora eram naturalmente inadequadas para o mundo do trabalho ou que deveriam ficar em segurança em casa. Na verdade, os homens que criaram as novas indústrias forçaram as mulheres da classe trabalhadora a trabalhar mais arduamente do que nunca. Os homens ricos protegiam sua esposa e filhas, encorajando-as a um trabalho espiritual leve em casa, adequado a sua natureza frágil, enquanto exploravam brutalmente as trabalhadoras nos campos, nas fábricas, nas minas e nas ruas.

Foi apenas quando a mão de obra barata do sexo masculino se tornou amplamente disponível que os empregadores e os trabalhadores homens começaram a alegar que o trabalho era difícil demais ou inadequado para as mulheres. O governo não se preocupava com o fato de as mulheres realizarem trabalhos forçados até 1808, quando os comissários da Lei dos Pobres inquietaram-se com a inadequação das trabalhadoras rurais a serem donas de casa, já que não tinham formação doméstica adequada: "O trabalho rural, se habitual, acostuma o corpo todo à ação em uma escala muito ampla para a vida doméstica; o olho se torna descuidado com a precisão e a limpeza, os hábitos se tornam pouco domésticos e desfavoráveis à subordinação pessoal. Aparentemente todos concordam que muito trabalho no campo no início da vida não constitui um bom exercício para os futuros deveres de uma mulher".

Dizia-se que as mulheres que trabalhavam arduamente ao lado dos homens eram "criaturas grosseiras e licenciosas, desprezando todo tipo de restrição e entregando-se, com audácia vergonhosa, à mais detestável sensualidade".[80]

As campanhas "cavalheirescas" para manter as mulheres afastadas do trabalho árduo ou perigoso só surgiram depois que os trabalhadores homens perceberam que, se as condições melhorassem para as mulheres e crianças, melhorariam para todos. As mulheres e as crianças viram-se cada vez mais banidas do trabalho fabril e industrial nos últimos anos do século XIX, mas continuaram fazendo de tudo para ganhar a vida em negócios não regulamentados. Henry Mayhew, que observou os pobres de Londres, fez o seguinte relato sobre vendedores de flores, em 1851:

> Domingo é o melhor dia para vender flores [...]; no auge e no orgulho do verão, quatrocentas crianças vendiam flores aos domingos nas ruas. A venda de flores está quase inteiramente nas mãos de crianças, com o número de meninas superando o de meninos em mais de oito para um. A idade das meninas varia de 6 a 20 anos, poucos meninos têm mais de 12 anos e a maioria tem menos de 10.
>
> Há duas classes de floristas. Algumas moças, que sem dúvida constituem o menor grupo dos dois, aproveitam-se da venda de flores nas ruas para fins imorais, ou melhor, procuram complementar os pequenos lucros de seu comércio com tais práticas. Suas idades variam dos 14 aos 19 ou 20 anos e, às vezes, ficam oferecendo suas flores até tarde da noite.
>
> O outro grupo de floristas é composto de meninas que, total ou parcialmente, dependem da venda de flores para seu próprio sustento ou para ajudar os pais. Em geral, são muito perseverantes, principalmente as crianças mais novas, que correm descalças e dizem: "Por favor, cavalheiro, compre minhas flores. Tenha dó de mim!" ou "Por favor, gentil dama, compre minhas violetas. Compre, por favor! Coitadinha de mim! Compre um buquê, por favor, gentil dama!".[81]

As meninas pobres que não conseguiam educação nem treinamento cresciam e se transformavam em mulheres pobres. Mayhew observou mulheres chamadas de "cotovias" vasculhando as margens de rios e lagoas de maré em busca de produtos para vender:

> Entre as cotovias da lama podem ser vistas muitas mulheres idosas, e é realmente lamentável observá-las, especialmente durante o inverno, curvadas quase ao meio pela idade e pela enfermidade, tateando a lama úmida em busca de pequenos pedaços de carvão, lascas de madeira ou qualquer tipo de lixo levado pela maré. Essas mulheres levam sempre consigo um cesto velho ou uma velha chaleira de lata, onde colocam tudo o que encontram. Em geral, levam uma maré inteira para encher esse receptáculo, mas, quando enchem, é o máximo que as velhas e frágeis criaturas conseguem levar para casa.[82]

Vendedoras de flores, prostitutas, criminosas e donas de casa estariam entre os 6,5 milhões de mulheres listadas como "desocupadas" no censo de 1851. As "desempregadas" e os três milhões de homens desempregados incluíam a elite, que declarava viver "em lazer" — embora, talvez, supervisionasse a terra, investisse em ações, alugasse propriedades e lucrasse com ativos. A maioria das mulheres que se autodenominavam "trabalhadoras" trabalhava na indústria, fosse na produção por peça em casa ou em turnos nas fábricas: um milhão de mulheres e 1,7 milhão de homens. Mais do que na agricultura e na pesca: setecentas mil mulheres e 1,6 milhão de homens.[83]

As mulheres não conseguiam mais ganhar a vida com dignidade no mundo rural depois de terem sido expulsas dos campos e florestas comuns devido aos cercamentos. As pequenas proprietárias de barracas e produtoras de alimentos foram expulsas dos mercados locais. No fim do século XVIII, em Billericay, Essex, as mulheres de fortuna intermediária já não administravam as barracas das feiras semanais — os proprietários das barracas passaram a ser homens, e as mulheres vendiam em carretas. Ao mesmo tempo, em Oxfordshire, as mulheres desistiram de produtos caros: cavalos, gado e cereais passaram a ser comercializados por homens, enquanto elas vendiam frutas e legumes.[84]

A mecanização da agricultura atraiu os homens para os empregos das mulheres. A fabricação de queijo e manteiga era uma arte tradicional de leiteiras e queijeiras, que mantinham e ordenhavam o rebanho leiteiro, batiam a manteiga e prensavam os queijos manualmente.[85] Todos sabiam do vínculo das mulheres com seus rebanhos, assim como a necessidade de mãos suaves para garantir a qualidade dos laticínios. Mas, quando a produção de laticínios foi mecanizada, os homens entraram na indústria e exigiram um salário correspondente a um ganha-pão.

Na agricultura, algumas poucas mulheres tornaram-se proprietárias de terras e arrendatárias prósperas, trabalhando em negócios agrícolas lucrativos. As proprietárias haviam administrado suas terras durante as ausências frequentes dos maridos nos séculos anteriores, mas, a partir de meados do século XVIII, a agricultura e a propriedade de terras tornaram-se uma ocupação da moda para os homens. O aumento dos lucros depois dos cercamentos atraiu investidores homens para a terra e, quando a posse de propriedades campestres passou a sinalizar prestígio e *status* social, os artífices da classe média foram incentivados a comprar terras. A entrada de capital, das máquinas e das teorias científicas na agricultura tradicional colocou as mulheres proprietárias de terras em desvantagem, sem acesso à ciência, à engenharia ou à educação financeira. As mulheres agricultoras também tinham dificuldade em angariar capital para comprar novas máquinas agrícolas. A crença do movimento romântico de que os homens tinham um cérebro científico e racional, enquanto as mulheres eram emotivas e abertas à natureza selvagem desencorajou ainda mais as mulheres que tentavam ganhar a vida na agricultura. Como disse uma agricultora amargurada em Gloucestershire, no início do século XIX: "Uma mulher que se dedica à agricultura é alvo de zombaria".[86]

Uma empresária conseguiu transformar sua herança falida em uma indústria de enorme sucesso. Eleanor Coade (1733-1821) administrou com sucesso seu negócio de linho em Londres, que tinha um estoque de tecidos no valor de 200 libras em meados dos anos 1760. Apesar da falência e morte de seu pai, ela aumentou o estoque para um valor de 4.750 libras em 1767, antes de deixar o negócio e entrar em sociedade com Daniel Pincourt, um fabricante da chamada "pedra artificial".\* Quando Pincourt alegou ser o único proprietário do empreendimento, Coade o afastou do negócio e assumiu o controle da empresa. Ela desenvolveu sua própria fórmula para a pedra, chamada Lithodipyra ou pedra Coade, uma cerâmica que podia ser despejada em moldes e sair com a aparência de uma pedra esculpida. Era feita de argila do Sudoeste da Inglaterra (a casa de sua família ficava em Lyme Regis) misturada com pederneira, areia e vidro, e queimada duas vezes em altas temperaturas.

Eleanor morava nas instalações da fábrica em Narrow Wall, Lambeth, e fez enorme sucesso com seus produtos, criando estátuas clássicas e adornos para edifícios. Ela expôs seu trabalho na Sociedade de Artistas. Em 1774, foram cinco peças:

> Uma peça de chaminé, em pedra artificial, para um salão da nobreza. De um design do sr. Johnson.
>
> Uma vestal e pedestal; em pedra artificial.
>
> Uma sibila em pedra artificial.
>
> Estátua e pedestal para candelabro.
>
> Um tripé.[87]

Embora fabricados (e não esculpidos), as estátuas e os ornamentos ainda eram caros: uma estátua de jardim de 2,7 metros de altura custava 100 guinéus, enquanto um capitel coríntio custava 14 libras.[88] A pedra Coade dominou o mercado. Coade produziu pedra artificial para a tela gótica da Capela de St. George, Windsor, para o Royal Pavilion, Brighton, para a Carlton House, Londres, e para o Royal Naval College em Greenwich. Pouco depois de sua morte, sua empresa produziu uma grande quantidade da pedra artificial que foi usada na reforma do Palácio de Buckingham. A Belmont House, a casa da família Coade em Lyme Regis, é decorada com motivos feitos de pedra Coade, e o belo leão de South Bank, na ponte de Westminster, em Londres, é feito de pedra Coade.

Eleanor Coade nunca se casou, mas recebeu o título honroso de "sra." Coade. Em 1813, ela vendeu sua fábrica para seu gerente por 4 mil libras — ele esperava herdá-la de graça. Ao morrer em Camberwell, em 1821, ela deixou sua fortuna

---

\* A "pedra artificial" é uma mistura de cimento, agregados minerais e outros materiais que são moldados e endurecidos para criar uma substância que se assemelha à pedra. É utilizada em estátuas, detalhes arquitetônicos, cercas, construção civil e aplicações industriais. [N.T.]

Uma fotografia moderna do South Bank Lion mostra como a pedra Coade pode ser duradoura. A estátua foi feita em 1837, na oficina de Eleanor Coade.

para escolas de caridade, clérigos e diferentes membros de sua família. Ela especificou que seus legados a amigas casadas não deveriam ser controlados pelos maridos.

O trabalho doméstico empregava 466 mil mulheres e 150 mil homens.[89] Em meados do século XIX, mais de três quartos dos empregados domésticos eram mulheres. O serviço doméstico constituía a maior ocupação individual para as mulheres e a de crescimento mais rápido; contudo, apesar do entusiasmo dos conselheiros da elite pela entrada das mulheres da classe trabalhadora no serviço doméstico, o trabalho era, em grande parte, odiado pelas próprias mulheres. Sempre que era possível encontrar outro trabalho por perto, elas o preferiam. Em York, em 1851, 60% das mulheres trabalhavam no serviço doméstico, mas, em Stockport e Preston, onde as fábricas têxteis forneciam alternativas de trabalho árduo em condições terríveis, apenas 3% das mulheres haviam escolhido o serviço doméstico.[90]

Os servos domésticos ganhavam mais e conferiam mais *status* à casa da elite. Em 1798, um criado de uma mansão senhorial recebia 50 libras por ano e podia esperar receber um uniforme, alojamento, alimentação e gorjetas.[91] As criadas superiores, como governantas e damas de companhia, ganhavam menos da metade disso: até 20 libras por ano. Uma cozinheira ganhava entre 7 e 15 libras, as governantas, entre 4 e 10 libras, e a humilde assistente de cozinha recebia 2 libras por ano. Os criados das casas da classe média ganhavam metade do salário dos criados da elite, e uma faxineira de um edifício público ou uma garçonete em um bar ou restaurante ganhava menos de 2 libras por ano e tinha poucas chances de receber hospedagem e refeições.[92] Esse salário não seria suficiente para ela se sustentar, de modo que teria que arranjar outro emprego, depender de outra pessoa, roubar ou vender sexo.

Muitas mulheres da classe trabalhadora consideradas "desempregadas" no censo de 1851 deveriam ter sido registradas como "não remuneradas". Eram produtivas em casa, sustentavam a família às próprias custas — trabalhando para a família e para o marido, ajudando ou mesmo atuando como sócias plenas dele —, mas não recebiam qualquer remuneração e nenhum dos lucros. As crianças também trabalhavam sem remuneração nos negócios da família. Uma testemunha perante uma comissão parlamentar, em 1840, descreveu um tecelão manual no trabalho: "1. O homem estava tecendo no tear; 2. Um menino de 10 anos enrolava as bobinas; 3. A esposa trabalhava ao lado do marido; 4. A filha ficava atrás do tear, pegando os fios quebrados da trama [...]; a peça era [...] obra da família".[93]

O dinheiro também fluía para os homens da elite. Embora um quinto de todas as empresas britânicas pertencesse a mulheres empresárias e fosse administrado por elas no século XIX, uma noiva rica deixava tudo ao marido no dia do casamento, a menos que providências especiais fossem tomadas. As mulheres que investiam na empresa familiar não eram reconhecidas como investidoras, acionistas ou proprietárias e não recebiam dividendos.[94] Os nomes das mulheres desapareceram das listas de diretores e os nomes das empresas ostentavam o estilo "Pai e Filhos" — ainda que filhas trabalhassem no negócio. A exclusão das mulheres como empresárias em uma empresa familiar foi confirmada pelas Leis das Empresas de 1856-1862, que criaram a responsabilidade limitada integral* e libertaram as empresas da propriedade familiar e do controle por parentesco.[95] Quando marido e mulher tinham o próprio negócio, esperava-se que os rendimentos dela pagassem as despesas familiares ou sustentassem os negócios do marido, mas os rendimentos dele não contribuíam para os dela.[96]

As mulheres continuaram a trabalhar com sucesso no teatro, onde atraíam homens da classe alta que podiam dar-se ao luxo de mantê-las como amantes. Quem quase fez a transição para esposa foi uma mulher judia: Hannah Norsa.

Primeira mulher judia a estrelar no palco inglês, interpretando Polly Peachum em *A ópera do mendigo*, em Drury Lane, 1732, Hannah Norsa era filha de um taberneiro, Isaac Norsa, e de sua esposa, Esther de Aharon de Chaus. Hannah chamou a atenção de Robert Walpole, conde de Orford, e viveu com ele como sua esposa em Houghton Hall, Norfolk, recebendo convidados e transitando nos

---

* *Full limited liability* é um tipo de empresa na qual os acionistas são responsáveis apenas pelo valor de suas contribuições para a empresa. Em caso de falência ou processos judiciais contra a empresa, os acionistas não são pessoalmente responsabilizados por dívidas ou obrigações além do montante que investiram nela. [N.T.]

círculos mais importantes da sociedade. Uma dama local relatou: "Ela é uma mulher muito agradável e ninguém jamais se comportou melhor em sua posição. Ela tem a boa palavra de todos e exerce grande influência em Houghton. Ela é tudo menos uma dama. Chegou em um landau* e seis cavalos, e um certo sr. Paxton, um jovem clérigo, está com ela".

Walpole planejava casar-se com Hannah Norsa quando sua esposa morresse, mas a condessa não compactuou com o plano e ele morreu antes dela, endividado. Os amigos teatrais de Hannah fizeram uma apresentação beneficente para ela, que viveu solteira até morrer, em 1784, deixando uma considerável fortuna.[97]

O trabalho das mulheres da elite, agora libertadas das velhas restrições ao que cada classe podia vestir, consistia em ostentar a classe e a riqueza da família, exibindo roupas e joias caras. A elite proprietária de terras cercou parques e usou terras agrícolas para a prática de esportes, e a elite urbana fundou cada vez mais locais de entrada exclusiva a convidados. Mesmo se uma família aspirante não conseguisse ascender muito, poderia ao menos utilizar a etiqueta da elite para se distinguir de suas origens na classe trabalhadora. Pessoas da classe média estudavam jornais, tabloides de escândalos, livros de conduta e copiavam os costumes e os arranjos domésticos da classe

Hannah Norsa (1712-1784), atriz e cantora, viveu com Robert Walpole, conde de Orford, em Houghton Hall depois que ele se separou de sua esposa, até a morte de Walpole, em 1751.

alta, em uma tentativa de demonstrar que tinham superado suas origens na classe trabalhadora. O maior indicador da ascensão de uma família às classes médias era o lazer das mulheres.[98] Até a expressão "dinheiro de bolso" — que antes se referia a uma anuidade significativa paga pelo marido à esposa para as despesas domésticas — passou a designar os ganhos triviais que uma esposa mantinha para gastos menores. Mas até esse dinheiro de bolso, tal qual o dinheiro das despesas domésticas dado a uma esposa, permanecia, por lei, sendo propriedade do marido, que podia exigir sua devolução.[99] Mesmo se ela poupasse, suas economias seriam legalmente dele, que poderia exigir que lhe fossem entregues a qualquer momento. O marido de uma mulher rica declarava a renda dela, pagava o imposto devido com o

---

* O landau, um tipo de carruagem conversível puxada por cavalos, era associado à classe alta e à nobreza, utilizado para viagens confortáveis e elegantes. Era comum ver landaus em ocasiões formais, como casamentos, passeios pela cidade ou eventos sociais importantes. [N.T.]

dinheiro dela, mas podia até reivindicar uma dedução do imposto para si mesmo. A Lei Tributária de 1824 estabeleceu que as esposas pertenciam a um grupo de pessoas cujos impostos deveriam ser pagos por um administrador, guardião, tutor ou curador. Desse modo, as mulheres foram enquadradas no mesmo grupo que "bebês, lunáticos, idiotas ou louco":

> E fica promulgado que o administrador, guardião, tutor, curador ou comitê de qualquer pessoa que seja um bebê ou mulher casada, lunático, idiota ou louco, e que tenha a direção, controle ou administração da propriedade de tal bebê, mulher casada, lunático, idiota ou louco [...] estará sujeito aos referidos deveres.[100]

No fim do século XIX, as mulheres já haviam sido excluídas de quase todo o trabalho médico. Quase todos os pacientes que tinham condições de pagar preferiam consultar um membro de uma associação de médicos ou cirurgiões — instituições essas que eram exclusivas aos homens. Até a obstetrícia passou a ser dominada por profissionais do sexo masculino, provavelmente porque as parteiras não tinham acesso às novas técnicas e tecnologias — como o fórceps para partos difíceis. As famílias da elite preferiam o parteiro da moda, o *accoucheur*, cuja designação em francês indicava seu *status* elevado. Os paupérrimos ainda podiam recorrer a parteiras baratas, mas, no censo de 1851, apenas cerca de duas mil parteiras relataram trabalhar, e todas apenas em tempo parcial.[101]

As mulheres continuaram a trabalhar sem remuneração para a Igreja Anglicana, embora não ocupassem nenhuma posição reconhecida na instituição. Ainda assim elas conseguiram se organizar e até pregar nas crescentes igrejas dissidentes.

John Wesley (1703-1791) permitiu que mulheres ministrassem aulas bíblicas em sua nova Igreja Metodista, e uma dessas mulheres, Mary Bosanquet, argumentou que uma mulher deveria pregar se experimentasse um "chamado especial". Wesley concordou. Quando o número de alunos em sua turma excedeu a capacidade, Bosanquet e a professora Sarah Crosby pregaram para centenas de pessoas. Crosby deixou o marido para morar com Bosanquet e duas outras pregadoras proeminentes, Sarah Ryan e Mary Clark. Unidas por uma missão espiritual, inspirando-se umas às outras, enfrentando dificuldades e, por vezes, perigos, as mulheres metodistas tiveram intensos relacionamentos amorosos vivendo e trabalhando juntas, separadas dos homens.[102]

Após a morte de Wesley, a Igreja Metodista proibiu as mulheres de pregar e as oradoras metodistas deixaram de pregar ao público e se tornaram professoras de crianças nas escolas dominicais, além de organizadoras de eventos sociais. Revistas metodistas publicavam pequenos retratos de pregadoras solteiras no século XVIII, mas, no início do século XIX, elas desapareceram em favor das esposas de ministros.[103]

Os chamados Metodistas Primitivos, um grupo dissidente que deu início a sua missão em 1805, permitia que pregadoras entrassem nas casas e comunidades dos trabalhadores para pregar, o que muitas vezes ocorria nas novas áreas urbanas e cortiços, que não eram servidos por uma igreja paroquial e nunca chegavam a receber a visita de um ministro da Igreja Anglicana. As pregadoras, em geral, eram jovens, com cerca de 20 anos de idade, e começavam a pregar após uma experiência espiritual na adolescência. Mulheres como Elizabeth White, Harriet Randborn e Harriet Maslin foram inspiradas na adolescência e começaram a pregar ainda muito jovens. Elizabeth Gorse Gaunt e Hannah Howe pregaram em áreas remotas de Derbyshire. Mary Thorne e Johanna Brooks, ambas mulheres mais velhas, pregaram para a denominação cristã bíblica em Devon e em Cornwall, acompanhando pregadoras itinerantes mais jovens, como Em Cottle e Elizabeth Dart.

A pregadora primitiva Ann Carr (1783-1841), uma mulher pobre e sem instrução, criada por um casal de tios, voltou-se à pregação evangélica após a morte de seu jovem noivo. Ela se tornou uma pregadora itinerante, juntando-se aos Metodistas Primitivos e dando testemunho em pátios de fábrica, ruas e reuniões campais, viajando com Hannah Woodhouse e Sarah Eland. Quando os líderes Metodistas Primitivos tentaram controlar essas pregadoras carismáticas, Carr fundou uma nova denominação exclusivamente feminina de pregadoras, a Sociedade Revivalista Feminina, que pregava em casas e pátios de fábricas, especialmente para mulheres trabalhadoras. Como parte do grupo, Elizabeth Tomlinson e Sarah Kirkland viajaram com Ann Carr pelas cidades industriais têxteis de Nottingham e Derby, antes de seguirem para Leeds, o centro da indústria de lã de West Riding.

O movimento Revivalista Feminino atingiu seu auge nos anos 1830 com um clube de poupança, um programa de educação de adultos e uma escola dominical, mas entrou em colapso com a morte de Ann Carr, em 1841.[104] Sua amiga e colega Martha Williams escreveu sua biografia. A morte de Carr e o fechamento da Sociedade Revivalista Feminina marcaram o fim das pregadoras na Inglaterra até uma nova onda nos anos 1860, que excluiu as mulheres da classe trabalhadora e se especializou em "damas pregadoras" que se orgulhavam de pregar apenas quando eram formalmente convidadas por uma igreja, nunca de improviso ou ao ar livre, e apenas com a permissão de seus maridos ou pais.[105]

As mulheres *quakers*, que haviam sido profetisas e pregadoras famosas, também foram desencorajadas pelos anciãos de sua fé a dar testemunho em público. Em vez disso, eram encorajadas a realizar encontros apenas para mulheres e a especializar-se em atos de caridade para os pobres e na disciplina moral.[106]

Joanna Southcott (1750-1815) formou uma sociedade fundamentada em suas profecias que sobrevive até hoje. Ela previu o fim do mundo (tudo bem que deveria ter sido em 2004). Nascida em uma família de agricultores de Devon e trabalhando no setor de serviços e em lojas em Honiton, Southcott, ela se uniu aos Metodistas

Wesleyanos e depois foi a Londres para vender "selos do Senhor" — ingressos para o céu para pessoas eleitas para a vida eterna. Extremamente persuasiva, conquistou dez mil seguidores somente em Londres. Southcott declarou que estava prestes a dar à luz o novo Messias, mas morreu sem filhos pouco depois da data prevista.

O renascimento evangélico extremamente influente da Igreja Anglicana a partir de 1780 alimentou e reforçou as reivindicações da espiritualidade das mulheres, encorajando as devotas a praticar a espiritualidade em casa e a auxiliar obras das igrejas; mas as mulheres evangélicas da Igreja Anglicana nunca se tornaram pregadoras. Os evangelistas enfatizavam a importância das boas ações em detrimento dos rituais, e as mulheres das classes média e alta eram encorajadas a reunir-se para realizar trabalhos de caridade e ações reformistas, e a ir a lares pobres com a missão de "melhorar" os pobres, isto é, ensinar às mulheres um comportamento refinado, a ser boas donas de casa e a frequentar a igreja. O trabalho social das mulheres, por vezes muito condescendentes, levou algumas a ver, pela primeira vez, as condições intoleráveis suportadas pelas mulheres pobres e encorajou algumas damas a se lançar a um trabalho político em prol da mudança social.

Os homens, especialmente os incompetentes de todas as classes, se beneficiavam muito de excluir as mulheres de trabalhos lucrativos e interessantes. Se as mulheres fossem consideradas irracionais, poderiam ser banidas das universidades e deixar espaço para homens menos competentes. Se elas fossem proibidas de exercer profissões e realizar trabalhos lucrativos, haveria menos concorrência para os homens e mais lucro para eles. Se as mulheres fossem encorajadas a gastar e a consumir, impulsionariam um mercado para os novos produtos industriais. Se as mulheres ricas entregassem sua fortuna ao marido no momento do casamento, os lucros crescentes do cercamento, da escravidão e da Revolução Industrial poderiam fluir para os homens. Sempre que as mulheres são banidas dos blocos de partida, é certo que um homem terminará a prova em primeiro lugar e, se a raiva for banida do comportamento feminino, ninguém levantará a voz em protesto.

# Educação

As meninas de lares pobres podiam receber educação, embora não igual à dos meninos. Toda escola de vilarejo oferecia aulas de leitura e escrita para meninas e, nas cidades, algumas escolas eram exclusivas a elas. As aulas davam às meninas da classe trabalhadora uma alfabetização mínima: o suficiente para seguirem instruções e prepará-las para uma vida de trabalho pouco qualificado.

Já a educação das garotas da classe média em grande parte evitava as disciplinas acadêmicas, ao contrário da educação de seus irmãos, dos quais se esperava que frequentassem uma universidade ou a faculdade de direito como parte de seu desenvolvimento à maturidade masculina. Ainda assim, as meninas da elite e da classe intermediária aprendiam a ler, escrever e fazer contas, talvez uma língua estrangeira, bem como música, arte, costura, artesanato e etiqueta. Uma pequena cidade mercantil como Chester tinha cerca de uma dúzia de escolas para meninas,[107] algumas das quais forneciam formação acadêmica, e outras, as lições mais superficiais. A crescente publicidade sobre a fragilidade dos corpos femininos alertava que estudar poderia ser um fardo pesado demais para as garotas da elite.

Algumas mulheres excepcionais conseguiram obter uma educação acadêmica, e outras conseguiram publicar e ser reconhecidas por sua contribuição para a ciência. Margaret Bryan, uma professora do século XVIII, publicou *Um compêndio sistemático da astronomia*, em 1797. Lady Hester Stanhope identificou um antigo sítio arqueológico palestino com base em um manuscrito medieval e o escavou ela mesma. A paleontóloga Mary Anning encontrou o primeiro dinossauro plesiossauro completo em Lyme Regis e, em 1836, Etheldred Bennett foi nomeada membra da Sociedade Imperial de História Natural em Moscou, uma instituição exclusivamente masculina, que, impressionada com sua coleção de milhares de fósseis, confundiu seu primeiro nome com o de um homem e lhe concedeu o certificado. Duas mulheres, Mary Somerville e Caroline Herschel, foram eleitas para a Royal Astronomical Society, em 1835. Em 1843, Ada Lovelace criou um algoritmo para um computador que ainda estava para ser inventado. Anna Thynne construiu o primeiro aquário autossustentável, e Mary Anne Whitby, uma pioneira ocidental no cultivo de bichos-da-seda, trabalhou com Charles Darwin nos estudos dos genes das lagartas. O trabalho de Mary Horner Lyell como geóloga e especialista em caracóis terrestres nas Ilhas Canárias ficou em parte à sombra de seu marido mais famoso, Charles Lyell, a quem é creditado um trabalho que pode ter sido dela.

# Saúde

Apesar da alardeada experiência masculina na medicina, a taxa de mortalidade infantil e a morte de mulheres durante o parto permaneceram elevadas: 7,5 a cada mil nascimentos, em 1750, e cinco a cada mil nascimentos, em 1850.[108] À medida que a Inglaterra expandia seu império além-mar, a nação precisava de mais soldados e marinheiros, pioneiros e administradores para seu império crescente, o que a fez voltar sua atenção à alta taxa de mortalidade infantil. Comentaristas culparam o alvo fácil: o fracasso das mulheres da classe trabalhadora como donas de casa e mães. "Quaisquer que sejam as melhorias arquitetônicas ou sanitárias que possam ser feitas nas residências dos artesãos, ainda se descobrirá, enquanto as esposas permanecerem como estão, que [...] enquanto uma residência será um verdadeiro palacete em termos de conforto, outra não passará de um lamaçal doméstico de desolação."[109]

Se ao menos as mulheres ficassem em casa o dia todo, sua presença por si só resolveria os problemas de umidade, água contaminada, paredes bolorentas, doenças infecciosas, a fome e o analfabetismo!

Na verdade, a elevada taxa de mortalidade por infecções bacterianas pós-parto era causada principalmente por médicos ocupados que iam de um paciente a outro sem esterilizar seus equipamentos, trocar de bata ou avental nem lavar as mãos. Epidemias corriam soltas em hospitais de internação; em 1770, no hospital de repouso de Westminster, com 63 leitos, dezenove mulheres contraíram febre puerperal e apenas seis sobreviveram.[110] Um grande avanço ocorreu em 1795, quando um cirurgião naval, Alexander Gordon, observou o padrão de infecções durante uma epidemia no Poor Hospital e chegou à conclusão de que parteiros e cirurgiões estavam infectando os pacientes: "É abominável saber que eu mesmo tenha sido o meio de transmitir a infecção a um grande número de mulheres".[111]

A sugestão de que um homem da elite seria o responsável pela infecção de mulheres da classe trabalhadora foi tão ofensiva para os médicos que Gordon foi afastado da profissão. Com isso, as pessoas continuaram acreditando que "os médicos são cavalheiros e as mãos dos cavalheiros são limpas".[112]

O trabalho de Louis Pasteur (1822-1895) e Joseph Lister (1827-1912), finalmente, provou a existência de bactérias e, a partir do fim do século XIX, os profissionais passaram a usar antissépticos, reduzindo as infecções. A responsabilidade pela saúde pública passou a caber ao governo, não apenas às mulheres da classe trabalhadora, que até então eram as únicas preocupadas com a limpeza das casas nos cortiços, as únicas que clamavam por água potável e esgotos funcionais.

Uma dessas mulheres da classe trabalhadora foi Kitty Wilkinson, uma migrante irlandesa em Liverpool que trabalhara como operária em uma fábrica de algodão e empregada doméstica. Durante a epidemia de cólera de 1832, ela abriu sua lavanderia aos vizinhos pobres por 1 penny por semana, permitindo-lhes usar sua caldeira e água sanitária para desinfetar as roupas. Kitty ficou conhecida como a "santa dos cortiços" e fez campanha por banhos públicos para os pobres. Em 1842, foi nomeada superintendente dos banhos públicos e foi reconhecida ao ser presenteada com um bule de prata da rainha Vitória.[113]

Kitty Wilkinson (1786-1860) salvou milhares de vidas durante a epidemia de cólera de 1832, durante a qual abriu sua lavanderia, em Liverpool, aos vizinhos.

## Esferas distintas

A ideia de que mulheres e homens habitavam mundos diferentes — "esferas distintas", desenvolvidas com base nos antigos filósofos gregos, romantizadas pelo conceito de amor cortês, reforçadas durante o Iluminismo e popularizadas pelo movimento romântico — recebeu um enorme ímpeto com a aceitação, a partir do século XVII, de que existiam apenas dois sexos — homem e mulher — e que esses sexos eram opostos. Cada um dos sexos diferentes deveria ter uma vida e atividades diferentes, adequadas a si. A esfera masculina compreendia o mundo externo e ativo: conquista militar, sucesso nos negócios, poder executivo e ação adequada a um cérebro racional e decisivo e a um corpo forte. A esfera feminina abrangia o trabalho doméstico, espiritual, emocional, materno e conjugal no lar, adequado a uma natureza emotiva e sensível, cujo corpo era pouco confiável, e a saúde, frágil.[114]

Seres sensíveis, irracionais, sexualmente frígidos, corpos sem força, domésticos em vez de voltados ao mundo, facilmente persuadidos mesmo quando a tentação era fatal: é evidente que um ser tão frágil deveria ser protegido por alguém mais forte e mantido em algum lugar seguro. Com o tempo, os homens alteraram o mundo para torná-lo ainda mais adequado a eles, criando instituições exclusivamente masculinas: centros de aprendizagem e de esporte, atividades de lazer e jogos para homens, clubes abertos apenas a "cavalheiros" — em ruas que já eram declaradas impróprias para mulheres. As mulheres aceitaram todo o poder que puderam em sua própria esfera doméstica: criando regras de etiqueta e moralidade e restringindo a entrada. Com o tempo, elas passaram a acreditar que poderiam levar essa elite doméstica para o mundo — que eram responsáveis por todos os lares: lares de escravizados, lares da classe trabalhadora, lares pobres — e que era o dever moral das damas ensinar às mulheres pobres como se comportar. Um número notável de mulheres da elite transformou as esferas distintas de uma fortaleza criada para proteger e isolar as mulheres em trampolim para a ação no mundo.

## Sexo

A castidade não precisava mais ser imposta por homens que policiassem o comportamento das mulheres; esperava-se que toda mulher refinada policiasse a si mesma e tranquilizasse os homens demonstrando seu total autocontrole. O filósofo David Hume declarou: "Uma mulher tem tantas oportunidades de entregar-se em segredo [...] que nada pode nos dar segurança a não ser sua absoluta modéstia e discrição".[115]

A partir do século XVIII, dizia-se que as damas eram totalmente diferentes de suas obscenas e mundanas antepassadas medievais. No início do século XIX, cada vez mais especialistas declaravam que as mulheres da classe alta eram naturalmente frígidas.[116] "A mulher raramente deseja qualquer gratificação sexual para si. Ela se submete aos abraços do marido, mas em grande parte para satisfazê-lo."[117] Os médicos concordavam que as mulheres nunca praticavam relações heterossexuais por prazer, mas apenas como um dever para com o marido e para conceber filhos.

O amor materno predominava nas mulheres, e os maridos eram aconselhados a sequer tentar excitar as esposas.[118] Em 1850, o *Westminster Review* escreveu: "Com a exceção das 'mulheres decaídas', a natureza tornou o desejo sexual nas mulheres adormecido 'até ser excitado por familiaridades indevidas'".[119]

As mulheres da classe alta que sentiam desejo sexual provavelmente o negavam ou ocultavam. Anne Lister (1791-1840), uma mulher da elite em Yorkshire, considerava-se uma raridade. Ela se preocupava com a possibilidade de ser diferente não apenas por desejar mulheres, mas por sentir esse desejo. Lister descreveu seus sentimentos de desejo como "masculinos", como se não tivesse palavras para descrever o desejo feminino.[120]

As damas que admitiam sentir desejo sexual e as meninas e mulheres que eram flagradas se masturbando eram diagnosticadas com "histeria" e "excitação nervosa" e tratadas com banhos frios, repouso e dieta restrita. Mas a virgindade casta vinha com seus próprios problemas. De acordo com um especialista, R. J. Culverwell, em 1844, as mulheres celibatárias mais velhas eram propensas a distúrbios nervosos: "como é verdadeiramente atestado pelas misérias da histeria e outros distúrbios nervosos, que permeiam os ramos de mulheres tanto jovens quanto idosas de cada família e constituem um deveras formidável inimigo da felicidade doméstica".[121]

A histeria era uma doença exclusiva das mulheres da elite, diagnosticada por médicos especializados em mulheres da elite, em um círculo autorrealizável. A histeria revelou-se misteriosa: não tinha causa física evidente, era mutável, diferente em cada paciente, talvez causada pelo movimento errático do útero, pela sensibilidade feminina ou até pela loucura herdada ou pela masturbação. Os sintomas eram tantos que foi fácil para os médicos do século XIX diagnosticarem cada vez mais mulheres com histeria e, diante de tamanha publicidade, a situação tornou-se mais generalizada e mais extrema. As pacientes podiam cair na passividade, inclusive algo semelhante a um coma, ou podiam tornar-se hiperativas, com convulsões, desmaios e, por vezes, violência.[122]

Uma vez que homens e mulheres eram definidos como opostos completos, a nova crença de que as mulheres da elite eram naturalmente frígidas implicava que seus opostos — os homens — seriam naturalmente lascivos e levados a procurar satisfação sexual. O mito do tirânico impulso sexual masculino — romantizado nas histórias de amor cortês — foi revivido para ajudar a reforçar as naturezas contrastantes dos dois sexos. As mulheres eram frígidas e os homens, lascivos. Mas havia um problema. Os médicos estavam certos de que a frustração sexual era extremamente prejudicial à saúde masculina. Ninguém havia se preocupado muito com isso antes, mas a crença se transformou em pânico. A restrição sexual enfraquecia a vontade e o corpo masculinos e podia levar a deficiências e doenças fatais. E a mesma coisa podia ser dita da masturbação. Como satisfazer homens cuja saúde depende de nunca aceitarem um não como resposta?

A solução foi a exploração das mulheres pobres para servir os homens da elite, da mesma maneira que já acontecia com todos os outros trabalhos desagradáveis, cansativos, pouco qualificados e mal remunerados. Ninguém sugeria que mulheres operárias eram tão refinadas que haviam perdido o desejo sexual. Ninguém sugeria que elas eram tão frágeis que deveriam ser protegidas da luxúria masculina. Os dois pesos e duas medidas na moralidade sexual — homens são sexualmente ativos e mulheres não — permitiram que as virgens da elite se tornassem esposas frígidas da classe alta, protegidas das exigências conjugais de sexo, enquanto os maridos da elite se satisfaziam com mulheres pobres que eles consideravam robustas e sexualmente ativas. Um livro de conduta para servos advertia que, embora os servos não fossem perseguidos por mulheres, era "muito provável que as servas fossem atacadas por seus senhores ou colegas servos".[123]

Agora que os especialistas declaravam que a concepção não era causada pelo orgasmo feminino e que as mulheres não tinham orgasmo, os homens estavam libertados de qualquer necessidade de dar prazer sexual a suas parceiras — esposas ou qualquer outra mulher. Os homens não precisavam mais se preocupar com a excitação sexual feminina. Agora, a relação sexual era definida como a penetração peniana na vagina, tão melhor se realizada na posição recomendada pela Igreja: cara a cara, com o homem por cima. A posição colocava o ritmo, a pressão e a duração sob controle do homem, e a conclusão do ato era sua ejaculação. Essa definição das classes alta e intermediária para as relações sexuais era ensinada às classes trabalhadoras e mudou as tradições de cortejo, que já vinham sob pressão na vida urbana.

Nos vilarejos pré-industriais e nas pequenas comunidades rurais, os rituais de cortejo envolviam toda a comunidade, os jovens, os recém-casados e os idosos, que se reuniam para o trabalho sazonal ou em celebrações e supervisionavam casualmente os jogos e as danças. Os jovens formavam pares e trocavam de casal e o namoro acontecia em âmbito "semipúblico", com outros casais por perto. Uma jovem podia desfrutar de encontros casuais com vários parceiros antes de se decidir por um — ou simplesmente não se decidir. Dar as mãos, beijos e brincadeiras físicas faziam parte de uma abordagem despreocupada à intimidade que ocorria na segurança da comunidade. Tradições de cortejo como o *bundling* — toques sexuais sem penetração — e jogos de cortejo nos quais os casais formavam pares e se escondiam juntos ou brincadeiras de beijo, nas quais os casais se escondiam e procuravam um ao outro, eram abordagens divertidas e fáceis ao desejo sexual e ao prazer. A condenação social, a Igreja ou a lei só seriam invocadas se algo desse errado — uma gravidez causada por um pai desertor, uma relação adúltera ou uma promiscuidade escandalosa. A atividade sexual, em muitas formas, era permitida e até encorajada dentro do controle comunitário. A expressão "fazer amor" não significava sexo; significava cortejar, flertar, envolver e encantar.[124]

Mas os rituais comunitários de cortejo da vida no vilarejo, com amigos de longa data, sob a vigilância tolerante da comunidade, não tiveram como ser transferidos a ambientes urbanos com desconhecidos, e a vida urbana e os horários industriais não proporcionavam eventos ou espaços aprovados para o namoro. Romances divulgavam a ideia de "apaixonar-se" como um evento rápido, até instantâneo, e descreviam encontros que ocorriam na privacidade das casas da classe alta, sempre na presença de um acompanhante, para evitar qualquer intimidade sexual.

Os membros de um casal escolhiam um ao outro, e eram exclusivos um do outro, desde o início da história. Eles avançavam por experiências compartilhadas e conversas até o casamento e, a partir de então — de modo tácito, mas inferido —, progrediam até o sexo da elite: penetração peniana, com o homem dominante e o orgasmo masculino. As ideias da classe média sobre o sexo eram pregadas no púlpito, ensinadas em livros de conduta e recontadas em romances e folhetos de escândalos. O sexo lúdico das classes trabalhadoras deu lugar ao delicado tabu da intimidade antes do casamento; o toque sexual tornou-se apenas um estágio no caminho para a penetração; a relação sexual passou a significar apenas penetração peniana; e a excitação e a satisfação femininas tornaram-se irrelevantes.[125]

Os desenhos pornográficos, que antes mostravam beijos e carícias em posições e combinações imaginativas, passaram a retratar o sexo com penetração e o homem por cima. Os romances pornográficos, que contavam histórias do progresso agradável de mulheres lascivas por meio de muitas experiências até seu arrependimento, passaram a contar histórias de passividade e até de vitimação. Qualquer mulher fictícia que praticasse sexo voluntário era considerada hipersexualizada ou moralmente perdida, ou ambos.

A tendência para relações sexuais com penetração, em vez de rituais de cortejo e *bundling*, é demonstrada no aumento das gestações pré-matrimoniais. No início do século XIX, a proporção de noivas grávidas e de filhos bastardos já havia duplicado. As mulheres grávidas no dia do casamento representaram 33% de todas as noivas, e 5% dos bebês nascidos vivos foram de mães solteiras.[126]

Nem todos os homens aproveitaram as oportunidades de satisfazer-se sexualmente com parceiras pouco entusiasmadas. O movimento romântico promoveu o homem ideal com sentimentos e consciência enaltecidos, um conceito que se combinou com o entusiasmo evangélico para sugerir a abnegação sexual masculina antes e até durante o casamento. Alguns casais comprometeram-se em uniões altamente espirituais, com sexo apenas para a concepção de filhos. Alguns maridos — de todas as classes — praticavam a contenção para evitar gestações frequentes. Em uma época de contracepção pouco confiável, na qual os *accoucheurs* homens não forneciam abortivos, como faziam as parteiras de outrora, os casais das classes média e alta só podiam impedir a gravidez por meio da restrição sexual.

## Mulheres divididas

Um dos efeitos menos estudados das esferas distintas é a divisão que se criou entre as próprias mulheres: o conceito criou um enorme abismo entre a "dama" da elite e a "mulher" das classes abaixo dela. As mulheres da elite eram consideradas cultural e até biologicamente diferentes das mulheres trabalhadoras e eram obrigadas a levar uma vida muito diferente.¹²⁷ Abriu-se uma divisão entre as mulheres que eram encorajadas a ser fracas na sala de estar e frígidas no quarto e aquelas que só sobreviveriam nos campos, nas fábricas e nas ruas se fossem extraordinariamente fortes e resilientes.

No interior dos altos muros das fábricas sem janelas, ensurdecidas pelo barulho das máquinas, expostas ao perigo e a agressões e lesões, doentes e malnutridas, as operárias eram invisíveis para as damas que compravam os linhos finos na elegante loja de tecidos. Lareiras aquecidas e reluzentes nas salas de estar da classe média queimavam o carvão que uma mineira arrastara mina afora, que a criada colocara na lareira, cuja chaminé fora limpa por uma criança. As damas podiam mordiscar iguarias porque as mulheres mal pagas cultivavam, levavam ao mercado, compravam, preparavam e serviam os alimentos, e limpavam os restos depois que a mulher da elite se alimentava. Uma dama ociosa e perfumada, elegantemente vestida, contava com o auxílio de um exército invisível de mulheres trabalhadoras, as quais carregavam a água quente para o banho pelas estreitas escadas dos fundos, faziam o sabão, lavavam a roupa de cama e até vestiam fisicamente a dama com os complicados fechos de vestidos que eram trocados várias vezes ao dia para diferentes ocasiões, trançando-lhes o cabelo em estilos elaborados que demandavam uma cabeleireira todas as noites.

Apesar do entusiasmo pela natureza por parte dos escritores e leitores românticos, as mulheres da elite evitavam ver a destruição das vidas das mulheres pobres no campo do mesmo modo que evitavam ver a exploração das mulheres pobres nas indústrias e nas cidades. O cercamento das terras comuns e as mudanças na utilização do campo, a exploração dos trabalhadores rurais e a crueldade para com as mulheres nunca são mencionados nos romances, embora autores e leitores pertencessem às classes proprietárias de terras. Os personagens dançam nos pastos, mas não há menção aos cercamentos.

Nem as mulheres radicais das classes mais altas conseguiram reduzir a divisão de classes. A filha de Elizabeth Fry, a grande reformista *quaker*, participava de um encontro antiescravagista em Norwich, em 1840, quando a reunião foi interrompida por mulheres cartistas* exigindo o direito a voto para todos os homens. Ela descreveu as mulheres reformistas da classe trabalhadora como um pesadelo: "Também vi algumas mulheres que provocavam os homens e cujas vozes estridentes se sobressaíam ao rugido deles. Ouvi dizer que eram três irmãs socialistas conhecidas, as mais vis das vis". Outra mulher radical, Elizabeth Pease, arriscou seu *status* ao apoiar o cartismo e disse tratar-se de uma "postura quase ultrajante para uma dama".¹²⁸

---

* O movimento cartista, um movimento de reforma política e social, buscava direitos democráticos, incluindo o sufrágio universal masculino, o voto secreto e a representação parlamentar igualitária. [N.T.]

Uma das cinco mulheres retratadas na Tapeçaria de Bayeux. Essa pode ser a esposa do Rei Harold, Edith Swan Neck, fugindo com seu filho Ulf de uma casa incendiada pelos invasores normandos.

Um dos 93 pênis; um homem nu com uma ereção tenta alcançar uma mulher nua que se encolhe de medo diante dele.

Imagem na página anterior: Uma gloriosa acrobata equilibrando-se nas pontas de espadas enquanto músicos tocam. De Smithfield Decretals, *c.*1340

Esta iluminura da *Bíblia moralizada* (*c.*1220, Paris) ilustra um "pecado da boca" com dois pares de amantes do mesmo sexo se beijando. O casal de mulheres, à esquerda, é auxiliado por demônios.

*Um jardim de prazer*: esta ilustração para o poema "O Romance da Rosa", de Guillaume de Lorris (1200-1240), inclui duas moças se beijando, mulheres dançando, discutindo, e uma "plantando bananeira".

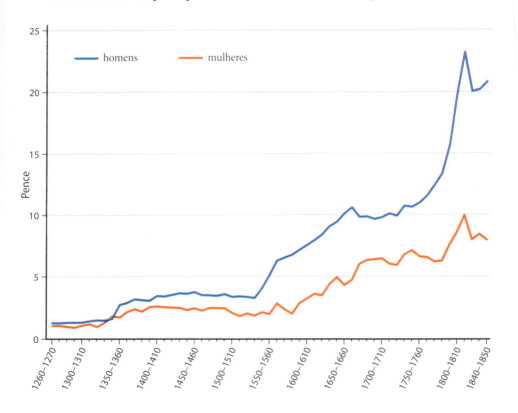

Salários médios em pence por dia de homens e mulheres não qualificados.

Os salários médios das mulheres na Inglaterra de 1260 a 1850 mostram uma igualdade de remuneração entre homens e mulheres até o final do século XIV, seguida de uma diferença cada vez maior, com as leis mantendo baixos os salários das mulheres e aumentando os dos homens.

Representação sexualmente provocativa da execução de Lady Jane Grey, de Paul Delaroche, em 1833, incluindo um carrasco vestindo calças vermelhas e uma adaga bastante sugestiva. A verdadeira Jane Grey não tinha nada da vítima vendada, vestida de branco virginal, tateando em busca do bloco de execução. Aos 16 anos, ela caminhou até o cadafalso no Tower Green e disse à multidão que a esperava: "Pessoas do bem, apresento-me para morrer". Fez questão de ler seu livro de orações antes de pedir ao carrasco para "despachá-la com rapidez".

Imagem no verso: A inspiração para a capa deste livro e para todas as mulheres presas em um casamento com um marido desonesto! Retrato feito pelo pintor William Hogarth de Mary Edwards (1705-1743), que descobriu que seu marido estava roubando sua fortuna. Divorciada, ela teria perdido sua fortuna e seu filho. No entanto, ela negou que já tivesse sido casada, declarou-se uma "solteirona" e afirmou que seu filho era um bastardo, arriscando sua reputação para se livrar do marido.

Arabella Hunt (1662-1705), uma bela e famosa cantora e musicista profissional da corte da rainha Mary, que teve seu casamento com James Howard dissolvido quando descobriu que ele era uma mulher chamada Amy Poulter, que já era casada. Arabella nunca se casou de novo e Amy morreu cinco semanas após o fim do casamento.

Chevalier d'Éon (1728-1810) foi criado na França como o herdeiro masculino da família Beaumont. O condecorado soldado se vestiu de homem para servir como um capitão militar e como uma mulher chamada Lia de Beaumont para espionar a Rússia e a Inglaterra em favor da França. Um exímio esgrimista, é mostrado à direita em um célebre duelo com o Chevalier de Saint-Georges. Pintura de Alexandre-Auguste Robineau, *c*.1787.

Esta representação de Dido Elizabeth Belle (1761-1804), filha de um escravizado, com sua prima Lady Elizabeth, pintada por David Martin em 1778, é típica de retratos de escravizados. Dido é mostrada em um traje exótico levando uma bandeja de frutas — produtos de uma *plantation*. Está atrás de Elizabeth, que tem um livro na mão e desajeitadamente a mantém a distância com o outro braço.

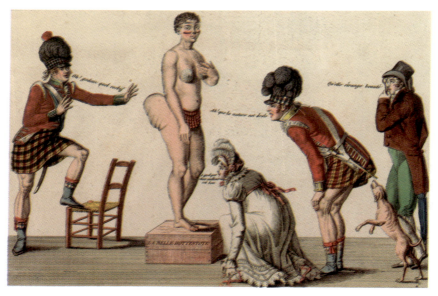

Esta gravura de Saartjie Baartman (1789-1815), feita por Louis François Charon, retrata espectadores despudorados de uma exposição: uma jovem tentando espiar por baixo da tanga, enquanto outros — highlanders vestindo kilts — expõem as próprias pernas e nádegas. A mulher escravizada olha diretamente para fora da gravura, como quem pede para ser libertada da situação. Ela morreu no ano em que a gravura foi feita, aos 26 anos.

Reconhecida internacionalmente, a paleontóloga Mary Anning (1799-1847) destacou-se por suas descobertas jurássicas nos depósitos fósseis de Lyme Regis. Suas descobertas revolucionaram o conhecimento científico sobre a vida pré-histórica, mas ela não era elegível para ingressar na Sociedade Geológica de Londres. Em vida, seus achados extraordinários raramente foram publicados ou creditados a ela, e ela recebeu pouquíssima compensação por eles. Este retrato de Mary e seu cachorro Tray, feito por Benjamin Donne, seu vizinho, é uma cópia de uma pintura de 1842.

Este retrato das Damas de Llangollen de certa forma confirma a calúnia contra elas: que eram um casal "estranho", vestidas com roupas masculinas e imitando marido e mulher. James Henry Lynch copiou, sem permissão, o desenho secreto que Mary Parker fez do rosto das inseparáveis amigas, Eleanor Butler (c.1738-1829) e Sarah Ponsonby (c.1755-1831), acrescentou os casacos masculinos, as cartolas e sua famosa cena do jardim, e reproduziu a imagem em larga escala.

Augusta Ada King, a Condessa de Lovelace (1815-1852), uma matemática extraordinária, filha de Lord Byron e amiga e colega de Charles Babbage, "o pai dos computadores". Em 1843, ela publicou uma tradução do italiano de um "esboço" da máquina analítica de Babbage com suas próprias anotações. Ela sugeriu que a "máquina" poderia fazer mais do que cálculos, descrevendo uma sequência de operações, o primeiro programa de computador.

Fanny Eaton (1835-1924) foi uma filha de escravizado que nasceu logo após a abolição da escravatura e levada à Inglaterra por sua mãe. Fanny teve dois filhos e trabalhou como empregada doméstica e modelo artística na Academia Real Inglesa. Simeon Solomon retratou Eaton em sua pintura *A mãe de Moisés*, e ela foi um dos temas prediletos de muitos artistas pré-rafaelitas. Este desenho a giz é de Walter Fryer Stocks, *c.*1859.

Dame Millicent Fawcett (1847-1929) é retratada nesta pintura intimista de Ford Madox Brown (c.1872) dedicando sua vida a seu marido cego e muito mais velho, Henry Fawcett. Também foi uma referência para as causas femininas: uniu dezessete sociedades sufragistas para fundar a União Nacional das Sociedades pelo Sufrágio Feminino, ajudou a fundar o Newnham College para mulheres, em Cambridge, apoiou a abolição do tráfico de escravizados e defendeu mulheres e crianças ameaçadas na Guerra dos Bôeres, na África do Sul. Ainda em vida, testemunhou todas as mulheres obtendo o direito ao voto.

"Você sabe cozinhar?", gritou um homem, a título de provocação. "Sim! Você sabe dirigir uma carruagem de quatro cavalos?", respondeu Constance Markievicz (1868-1927), em sua campanha pelo voto feminino, conduzindo sua carruagem com quatro cavalos cinza. Filha de um explorador do Ártico e nascida em uma família anglo-irlandesa, ela lutou contra a ocupação britânica na Irlanda e foi condenada à morte, embora tenha sido libertada em 1917, sob uma anistia geral. Presa novamente no ano seguinte por protestar contra o serviço militar obrigatório na Primeira Guerra Mundial, ela se candidatou pelo Sinn Féin e obteve 66% dos votos, mesmo na prisão, recusando-se a assumir o cargo — embora, de qualquer maneira, ainda estivesse presa.

Maud Allan (1873-1956), uma musicista, atriz e dançarina aclamada internacionalmente, conhecida por suas performances sedutoras, perdeu um dos processos de difamação mais sensacionalistas do século XX, contra um parlamentar de direita que a acusou de lesbianismo e de ser uma espiã. O juiz observou que o traje que Maud usava em suas performances era "na verdade… pior que nada".

Esta pintura de Thomas Cantrell Dugdale, de 1936, mostra a indiferença das classes altas de Londres à marcha da fome nas ruas. As centenas de homens, vistos como uma multidão indistinta, não passam de um divertimento casual para a mulher moderna de cabelo curto que segura seu colar de pérolas em uma mão e sua piteira comprida na outra. Seu parceiro se diverte soprando anéis de fumaça e nem chega a olhar para fora.

Rotha Lintorn-Orman (1895-1935) fundou os Fascistas Britânicos, a primeira organização fascista da Grã-Bretanha. Vinda de uma família militar e tendo se juntado aos escoteiros, ela precisou ser persuadida a entrar para a organização das escoteiras. Rotha serviu no Corpo de Emergência Feminino na Primeira Guerra Mundial. Sua organização, os Fascistas Britânicos, perdeu integrantes para a União Britânica de Fascistas, comandada por Sir Oswald Mosley.

4 de outubro de 1936: Policiais prendem uma manifestante quando moradores locais impediram a passagem da marcha da União Britânica de Fascistas na Cable Street, em East End, Londres.

A Unidade de Ambulâncias Femininas Hackett-Lowther. Fundada em 1917 por Norah Desmond Hackett e May "Toupie" Lowther. Elas adquiriram veículos e recrutaram mulheres antes de partir para a linha de frente na França. Como o exército britânico recusou-se a usar a unidade feminina, elas prestaram quase três anos de serviço em tempos de guerra atuando no Terceiro Exército Francês.

Uma integrante do Exército Terrestre Feminino (1915-1918) conduz um cavalo para fora dos estábulos na Primeira Guerra Mundial. Esta fotografia é de Horace Nicholls.

Esta pintura de 1943 de Laura Knight (1877-1970) retrata Ruby Loftus (1921-2004), de 21 anos, trabalhando em um torno industrial produzindo um parafuso de um anel de culatra para um canhão antiaéreo Bofors. Ruby se tornou especialista na produção de anéis de culatra em apenas sete meses — o que normalmente levava anos. Depois da guerra, Ruby e seu marido, John Green, emigraram para o Canadá e ela nunca mais trabalhou em uma fábrica ou em engenharia.

"Doze anos de dedicação à Igreja… mas só o CÃO ganha a COLEIRA!", diz o cartaz da dra. Una Kroll, referindo-se sarcasticamente ao colarinho clerical. O Movimento para a Ordenação de Mulheres atuou de 1979 a 1994 e foi a principal organização a defender que as mulheres deveriam poder ser sacerdotisas na Igreja Anglicana.

A hostilidade de classe também ocorreu de baixo para cima. Mulheres trabalhadoras xingavam em público as damas que usavam sedas estrangeiras e as novas chitas indianas que competiam com os têxteis ingleses no fim do século XVIII. Em 1804, mulheres fabricantes de luvas de Worcester atacaram mulheres que usavam luvas de seda por estas terem optado pela nova moda em vez das luvas de couro produzidas localmente.[129]

Outra terrível divisão se abriu entre as mulheres: a racial. As mulheres abolicionistas da elite inglesa excluíram de seus comitês as escravizadas libertas. As únicas mulheres de ascendência africana que dividiram uma plataforma com as abolicionistas da elite inglesa vieram da América: a escravizada liberta e abolicionista, Ellen Craft, e a mulher livre e abolicionista, Sarah Parker Redmond.

O famoso símbolo antiescravagista feito pela fábrica de porcelana fina Wedgewood em 1787, intitulado "Não sou eu um homem e um irmão?", popularizou-se entre os abolicionistas da Inglaterra. Mas somente em 1838 foi cunhada uma moeda em favor dos direitos das mulheres escravizadas — "Não sou eu uma mulher e uma irmã?". A moeda foi criada para a Sociedade Americana Antiescravagista e ficou popular na América.

As mulheres da elite inglesa não nutriam qualquer sentimento de irmandade com as mulheres de classes inferiores ou de outra raça.[130] As damas da elite clamavam por direitos políticos somente para sua própria classe. Elas chegaram a usar o exemplo da escravidão para apoiar sua campanha — comparando a desigualdade de gênero com a escravidão. Mary Wollstonecraft, a filósofa e escritora, escreveu: "Chamo as mulheres de 'escravizadas' no sentido político e civil".[131] Wollstonecraft definiu as mulheres brancas das classes média e alta como escravizadas de seus maridos e pais e comparou-as com aquelas das *plantations* de açúcar para enfatizar seu apelo à liberdade das mulheres da elite: "Será que metade da espécie humana, tal como os pobres escravizados africanos, estará sujeita a preconceitos que a brutalizam [...] apenas para adoçar o cálice do homem?".[132]

A comparação insensível entre a escravização violenta que chegava a tirar a vida de mulheres africanas com a opressão das mulheres brancas da elite foi uma trágica falha de irmandade numa mulher que ficou famosa justamente pelas campanhas em prol das mulheres. Wollstonecraft escreveu *Uma reivindicação dos direitos do homem* para argumentar contra a monarquia e a aristocracia, seguida de sua obra-prima, *Uma reivindicação dos direitos das mulheres*. Apesar de ser uma defensora efusiva da educação das mulheres e ciente de que

"Não sou eu uma mulher e uma irmã?": são os dizeres do medalhão americano de cobre de 1838 que mostra uma escravizada liberta. Não houve equivalente no Reino Unido.

as meninas eram treinadas desde cedo para servirem como companheiras de seus futuros maridos, mais importantes do que elas, Wollstonecraft nunca defendeu direitos iguais para todas as mulheres. Ela foi uma defensora das diferentes classes, isto é, defendia uma vida diferente e melhor para as mulheres das classes alta e média em relação às da classe trabalhadora. Era a favor da educação para as meninas pobres, mas só até os 9 anos de idade, quando deveriam ingressar em algum ofício ou em algum trabalho não qualificado. "Direitos para as mulheres" significava, para Wollstonecraft, direitos para as damas — o que pode ser dito de quase todas as mulheres políticas radicais ativas no século XVIII e início do século XIX. A igualdade que Wollstonecraft vislumbrou era a igualdade entre as mulheres da elite e os homens da elite. Ela não exigia direitos iguais para as mulheres da classe trabalhadora ou para as escravizadas.

A expansão do comércio britânico e depois do Império Britânico criou a necessidade de uma narrativa racista para justificar a opressão dos povos nativos, destruindo suas vidas e tomando suas terras. As teorias racistas abriram um abismo entre as mulheres, com as brancas apoiando a aventura imperialista. Missionárias e esposas e filhas de missionários comprometeram-se a converter pessoas na África, Índia e Ásia. Doações de grupos de mulheres financiaram 70% do trabalho missionário inglês.[133] Aquelas que atuavam na área da saúde constituíram uma parte crucial da expansão imperial, uma vez que somente mulheres podiam atender as mulheres indianas em reclusão* e que as missionárias podiam entrar nos lares indianos. Mulheres das classes média e alta em busca de um marido também viajaram por todo o Império, especialmente para a Índia. Uma vez casadas, elas reproduziam, tanto quanto possível, a "esfera distinta" do lar: classista, racista, permissiva para com os homens e exploradora das mulheres escravizadas ou servas. As indianas amantes de oficiais ingleses viram-se excluídas do círculo social da elite das mulheres brancas; até as esposas indianas eram desaprovadas.

Em 1857, eclodiu a Primeira Guerra da Independência da Índia. Ficou conhecida na Inglaterra como o "Motim Indiano" — expressão que projetava a imagem de um navio cuja tripulação havia jurado obediência, em vez de uma terra invadida por estrangeiros que impuseram um regime militar. Depois da guerra, foi impossível manter a ficção de que os ingleses tinham sido bem-vindos ou convidados aos reinos indianos, e os poucos contatos sociais entre mulheres indianas e inglesas desmoronaram. As mulheres sabiam que uma divisão de classe e raça atravessava a irmandade feminina. Como disse Sarah Ellis em 1845: "O que deveríamos pensar de uma comunidade de escravizados que traíram os interesses uns dos outros ou de um pequeno bando de marinheiros naufragados em uma costa hostil que foram desonestos uns com os outros?".[134]

---

* "Mulheres em reclusão" refere-se às mulheres indianas que viviam em *purdah*, um sistema de segregação de gênero que restringia a interação das mulheres com homens desconhecidos dentro ou fora de casa. [N.T.]

# Protestos de mulheres da elite

A doutrina das esferas distintas convenceu as mulheres da elite de que seu devido lugar era em casa e que suas melhores companhias eram outras mulheres. Excluídas da política e do ensino superior, desencorajadas de ganhar o próprio dinheiro e direcionadas ao lar, forçadas a viver juntas sem nada de importante para fazer, as mulheres das classes intermediária e alta conheciam-se na interminável série de eventos sociais e logo encontraram causas que as unissem.[135] As mulheres ativas não tinham como ser persuadidas a viver para sempre confinadas a uma bolha doméstica. Harriet Martineau escreveu, em 1832: "Quero fazer algo com a caneta, já que nenhum outro meio de ação na política está ao alcance da mulher".[136]

Uma das primeiras e excepcionais mulheres políticas foi Georgiana, duquesa de Devonshire. Aristocrata extremamente rica, presa a um casamento infeliz, ela mergulhou em campanhas políticas, organizando encontros de apoio às visões e aos políticos do partido Whig, contra a tirania e o monarquismo. Chegou a fazer campanha em palanques públicos em prol do Whig, em 1784 e 1788 — enfrentando calúnias, condenação e zombaria por discursar nas ruas. Sua vida privada foi retratada como um escândalo contemporâneo. Ela apoiou a restrição do poder real e os interesses do partido Whig e exigiu uma governança melhor: mas não a democracia — e, certamente, não o voto para os trabalhadores. Georgiana não era a favor do direito de voto às mulheres de qualquer classe — ela queria influência, não o voto para as mulheres. Via a si mesma e a todas as mulheres da classe alta como conselheiras e apoiadoras dos eleitores e políticos.

A defesa do casamento revelou-se uma causa natural para as mulheres, e foi objeto da maior petição feminina desde as guerras civis inglesas, quando, em 1820, o rei George IV tentou divorciar-se de sua ex-esposa, a rainha Caroline. Pelo menos dezessete petições criadas exclusivamente por mulheres foram enviadas para apoiar a rainha. Uma petição de mulheres da elite londrina teve quase dezoito mil assinaturas e foi subscrita por "senhoras casadas da metrópole".[137] As esposas das classes alta e média apoiaram outra esposa, cujo casamento arranjado fora um fracasso espetacular. Caroline de Brunswick casou-se com George, príncipe de Gales, em 1795, embora todos soubessem que ele já era casado em segredo. O casal real separou-se logo após o nascimento da filha, e ele acusou falsamente a esposa de adultério e imoralidade. Caroline foi proibida de ver a filha e mudou-se para o exterior. Em 1817, após saber da morte de sua filha — falecida durante o parto —, Caroline retornou à Inglaterra para reivindicar sua posição como rainha. As tentativas de George IV de divorciar-se dela fracassaram e, em 1821, ele a impediu de ser coroada. Em uma cena extraordinária, ela bateu com os punhos nas portas trancadas da Abadia de Westminster para ser admitida.

Para grande alívio dele, ela morreu pouco depois, deixando como legado uma perturbadora questão: as esferas distintas não poderiam beneficiar as mulheres se os maridos se aproveitassem da própria liberdade para abandonar as esposas dependentes. Se eles assim o fizessem, não haveria lar para uma mulher transformar em esfera distinta. Não haveria um lar para ela, ponto-final.

As mulheres de alto *status* ainda tinham alguns direitos políticos. Podiam promover seu candidato preferido ao Parlamento e fazer campanha por ele, especialmente se fosse um parente, como parte respeitável de seu dever para com a família. Os 10% de mulheres proprietárias de terras com inquilinos tinham o poder de nomear um candidato para a eleição e assumiam a responsabilidade de ordenar a seus inquilinos que votassem nele — era sua responsabilidade como proprietárias de terras. Mas, embora pudessem nomear o membro do Parlamento e ordenar que seus inquilinos votassem nele, elas mesmas não tinham direito a voto na política nacional. Com as petições cartistas que exigiram o voto aos trabalhadores, as contradições ficaram ainda mais evidentes. Parecia absurdo para as mulheres da elite que um homem pobre e sem instrução exigisse o direito a votar, quando sua superior social feminina não o tinha: mais uma vez, a contradição do lacaio da rainha voltava à tona. É lógico que um homem era superior a uma mulher; mas e quando ele era lacaio e ela rainha? A anomalia levou algumas mulheres a argumentar que as damas da elite deveriam ter direito a voto — e outras, que o voto não poderia ser dado aos homens da classe trabalhadora.

As mulheres da elite que se uniram e até discursaram em público em favor da abolição da escravidão, pressionando alguns membros do Parlamento e encorajando outros, começaram a questionar-se por que não podiam escolher diretamente seus membros do Parlamento. E, se as mulheres podiam influenciar os membros do Parlamento, por que elas mesmas não deveriam ser membras do Parlamento? Alguns comitês antiescravagistas exclusivamente femininos transformaram-se em sociedades sufragistas, que passaram a exigir o direito ao voto e um lugar na vida pública para as mulheres da elite. Todas as sociedades sufragistas de Londres, Manchester, Bristol e Edimburgo surgiram do movimento antiescravagista.[138]

Foi uma mulher solteira da elite quem primeiro levantou a questão de que, como proprietária de terras, ela tinha direito a voto, mas como mulher, não. Em 1832, Mary Smith, de Yorkshire, argumentou que, como pagava os mesmos impostos e taxas que um eleitor homem, ela deveria votar como ele. Ela convenceu seu representante, Henry Hunt, a levantar a questão no Parlamento; no entanto, ele foi ridicularizado[139] e a Lei da Representação do Povo, de 1832, foi aprovada para proibir explicitamente as mulheres de votar na eleição de membros do Parlamento. A linguagem da lei foi alterada de "pessoas e povo" — que implicava tanto mulheres como homens — para "homens" — nitidamente excluindo as mulheres. A lei referiu-se aos eleitores do sexo masculino e ao voto dos homens em específico, eliminando qualquer ambiguidade e consolidando em termos jurídicos a tradição do voto exclusivamente masculino.[140] A ironia é que o projeto de lei que excluiu as mulheres é conhecido na história como a Lei da Grande Reforma, uma vez que aboliu os pequenos e, muitas vezes, corruptos círculos eleitorais rurais e redesenhou as fronteiras para que as novas cidades em crescimento pudessem eleger os próprios representantes. Também ampliou o direito de voto para incluir mais homens das classes intermediárias, como empresários, lojistas, agricultores ricos e pequenos proprietários de terras. Por essas razões, foi considerada uma "Grande Reforma" para a história parlamentar, mas não para a história das mulheres, que foram explicitamente excluídas, sem importar sua riqueza ou *status*, de votar nas eleições parlamentares nacionais.

Contudo, em 1850, aparentemente revertendo a proibição imposta às eleitoras, a Lei de Interpretação determinou que as leis que citavam "homens" e "masculino" deveriam ser entendidas em referência a "pessoas", incluindo, assim, as mulheres. Mas nem tanto! Nem tanto! O próprio procurador-geral anunciou que se tratava de "uma suposição deveras inexplicável"![141] Em resposta a essa nova lei, milhares de mulheres da elite cadastraram-se para votar. Em 1867, um processo judicial decidiu que os juízes analisariam os costumes e práticas de cada região para seguir a tradição local; e que não eram obrigados a permitir o voto feminino.[142]

Algumas mulheres filantropas que trabalharam juntas nas campanhas de abolição da escravidão tentaram mudar diretamente as tradições sociais. Seguras de que não enfrentariam resistência no interior de sua "esfera" já que estariam voltadas exclusivamente à vida doméstica, aventuraram-se em lares da classe trabalhadora. Lá, descobriram o abuso sexual e a violência sofridos pelas mulheres. A preocupação das mulheres da elite com o problema somou-se à aflição nacional com a violência conjugal, divulgada por Caroline Norton, que não conseguiu obter o divórcio do marido cruel apesar de ele ter lhe atirado livros e um tinteiro, escaldado-a com uma chaleira e possivelmente provocado-lhe um aborto.[143] Uma nação imperial com uma rainha no trono, orgulhosa de seu espírito cavalheiresco, ficou chocada com os relatos de abusos, e o pânico moral que se seguiu em relação à violência doméstica resultou na aprovação de um projeto de lei contra a agressão, em 1853. Um membro do Parlamento, Henry Fitzroy, disse à Câmara dos Comuns: "Ninguém pode ler os jornais sem ficar constantemente horrorizado e espantado com os numerosos relatos de casos de ataques cruéis e brutais perpetrados contra o sexo mais fraco por homens que nos envergonham de se dizer ingleses, mas ainda assim são capazes de tais atos atrozes".[144]

A maioria dos comentaristas do século XIX considerava que as terríveis condições dos lares da classe trabalhadora resultavam do fracasso de esposas e mães da classe trabalhadora em reproduzir as virtudes da vida familiar da classe média. Livros de conselhos como o *Economia das casas humildes*, de William Cobbett, ensinavam que um lar de sucesso para a classe trabalhadora só poderia ser criado e mantido se a mulher não trabalhasse fora e se dedicasse em tempo integral a cuidar do lar.[145] Era uma combinação persuasiva do conceito de esferas distintas e do salário do ganha-pão. As esposas não deveriam competir por trabalho e causar a redução dos salários, mas ficar em casa, em sua esfera distinta, enquanto os maridos ganhavam um salário do ganha-pão suficiente para prover a família.

Conforme o desejo de melhorar a vida dos pobres ganhava urgência, criaram-se cada vez mais comitês e associações de "melhoria" e de caridade com ramos femininos separados e, em 1840, eram milhares as mulheres voluntárias.[146] As mulheres da elite urbana reuniam-se e dividiam entre si os bairros da classe trabalhadora para fazer visitas não solicitadas, distribuindo conselhos e, por vezes, recursos; enquanto isso, as damas das zonas rurais mantinham a tradição da elite de visitar e supervisionar os inquilinos e os pobres rurais, como os proprietários sempre fizeram.[147]

Visitar os pobres, sempre uma parte da patronagem aristocrata e da vigilância aos vizinhos, inquilinos e empregados pobres, era uma prática adotada também pela classe média, cujos comitês de visita organizavam-se em regiões para inspecionar prisões, hospitais, orfanatos e hospícios. Os homens atuavam nos conselhos das instituições de caridade e tomavam as decisões executivas e administrativas; enquanto as damas arrecadavam fundos, especialmente por meio da venda dos intermináveis produtos artesanais caseiros. Os "bazares" de instituições de caridade deram às mulheres da elite a oportunidade de se reunir e se organizar, sem discutir sobre política nem ser vistas pelo público como pouco femininas. Todo o trabalho filantrópico visava elevar a vida das mulheres da classe trabalhadora e de suas famílias aos padrões da elite em termos de limpeza, saúde, segurança — e disciplina. As mulheres da elite queriam que as da classe trabalhadora tivessem lares com um padrão considerado respeitável... e que não saíssem de casa.[148]

Mulheres refinadas queriam ajudar, mas não se associar de maneira comprometedora. As doações para o Hospital Lock de Doenças Venéreas eram feitas anonimamente — infecções sexualmente transmissíveis eram um tabu.[149] Porém, aos poucos, as mulheres da elite ficaram mais ousadas em seu trabalho público e passaram a vincular seus nomes às causas, especializando-se na moderação, resgatando e reformando prostitutas e melhorando as condições dos operários fabris, especialmente mulheres e crianças. Para realizar seu trabalho de caridade, as damas, que entravam em lares da classe trabalhadora com a intenção de melhorá-los, perceberam que as dificuldades e a pobreza eram causadas pela desigualdade: o lar e o estilo de vida da elite se baseavam na exploração dos pobres, em especial das mulheres. Para algumas damas — que lutariam pela saúde pública ou pela segurança nas minas e fábricas —, foi um *insight* revolucionário.

# Protestos de mulheres trabalhadoras

As mulheres trabalhadoras persistiram na defesa de suas famílias contra a fome, a perda de suas terras, o ataque a suas vidas tradicionais, o aumento dos preços dos produtos locais nos mercados locais e a deterioração dos salários e das condições de trabalho. Em 1769, Benjamin Franklin escreveu: "No espaço de um ano vi rebeliões no país por causa do milho; rebeliões por causa das eleições; rebeliões contra *workhouses*; rebeliões de mineiros; rebeliões de tecelões; rebeliões de coletores de carvão; rebeliões de serradores; rebeliões de wilkesitas;* rebeliões de ministro do governo; rebeliões de contrabandistas, nas quais funcionários da alfândega e fiscais foram assassinados, navios foram armados, e tropas do rei, alvejadas".[150]

Todas essas rebeliões foram lideradas ou apoiadas por mulheres — mulheres da classe trabalhadora. Observadores da pequena nobreza continuaram descrevendo os protestos da classe trabalhadora como rebeliões perigosas; negando que fossem um ato teatral amplamente compreendido pelos trabalhadores e interpretado pelas mulheres com o objetivo de apelar — acima das vozes dos mercadores, usurpadores e artífices — a uma figura de autoridade tradicional, o juiz de paz local. Se este não se apresentasse, ou se não julgasse a favor da multidão — pesando os pães, examinando a farinha adulterada ou fixando o preço dos grãos —, o protesto continuava a escalar, culminando em violência contra propriedades ou pessoas.[151]

Na Exeter de 1766, homens e mulheres locais interceptaram uma carroça que saía da cidade com um carregamento de ervilhas secas e levaram o carroceiro perante o magistrado para insistir que as ervilhas fossem vendidas localmente. Quando o magistrado recusou-se a desempenhar seu papel tradicional de fixar o preço, a situação tornou-se mais violenta. Outros grupos saquearam lojas da cidade, levando a comida da qual precisavam e impedindo a saída de outras carroças de alimentos.[152]

A guerra com a França em 1793 bloqueou as importações vindas da Europa, e uma safra ruim em 1794 causou um novo e generalizado surto de protestos populares, com as pessoas invadindo as ruas e soldados protegendo os mercados. Em 1815, o Parlamento, constituído em sua maioria de produtores de trigo, ordenou que nenhum trigo estrangeiro poderia ser importado até que o preço para os produtores ingleses locais atingisse um pico, fixado em 4 libras por *quarter*.** Os preços dos quinze anos anteriores durante a guerra flutuaram de 2,8 libras

---

* "Wilkesitas" é o termo utilizado para se referir aos apoiadores do político britânico John Wilkes, que lutavam por liberdades civis e eram ativos na política do século XVIII. [N.T.]

** Um *quarter* é uma unidade de medida de volume de grãos, especialmente de trigo, e equivale a aproximadamente 127 quilogramas. [N.T.]

por *quarter* para inacessíveis 13 libras e 3 pence.[153] Muitos acreditavam que essa lei — a Lei do Milho — proibia o trigo barato produzido pela população pobre da Inglaterra em favor do lucro dos proprietários.[154]

As mulheres trabalhadoras, como sempre, tiveram destaque nos tumultos, especialmente as que tentavam impedir a produção local de ser exportada e manter os preços baixos. Em Gloucestershire, depois de uma colheita ruim e um inverno frio, cinco mulheres foram acusadas de "terem se reunido de forma desenfreada e tumultuada, com diversas outras pessoas, no dia 24 de junho, na paróquia de Tewkesbury anteriormente mencionada, para o terror dos súditos de Sua Majestade e em violação da paz".[155]

Foi uma rebelião típica por alimentos, liderada por mulheres para impedir que a farinha de trigo saísse da cidade para ser vendida em um mercado mais lucrativo. O juiz que julgou o caso, Sir Alexander Thomson, relatou ao ministro do Interior que uma multidão exigiu que o produtor local de milho, Richard Jenkins, revelasse o que estava fazendo com uma barcaça, carregada de farinha, atracada no meio do rio, fora do alcance da população. Jenkins mandou a multidão se dispersar e falou com a líder, Helen Macmaster, de 21 anos. Ele relatou: "Ela gritava a plenos pulmões".

Juízes de paz locais chegaram e apelaram à multidão — agora com cerca de duzentas pessoas — que se dispersasse. A Lei dos Tumultos foi lida, mas sem efeito. Por volta das 4 horas da tarde, a multidão invadiu a barcaça e pegou a farinha. Helen Macmaster e Anne Mayall, duas jovens esposas com filhos famintos, dirigiram-se ao produtor de milho. Elas "o amaldiçoaram e disseram que ele era um malandro tão grande quanto qualquer outro".

Sarah Kinson e Mary Aldridge, ambas de 16 anos, "não foram meras espectadoras, mas tomaram parte ativa no tumulto". Outra jovem, Haptia (Happy) Fielder, disse que "gostaria de poder pular da ponte para a barcaça e jogar a farinha na água".

Uma testemunha viu Helen Macmaster levando farinha em seu avental e alertou-a sobre as consequências. Ela respondeu: "Não se preocupe com isso. Você não tem uma moeda para me dar?". Ele lhe deu 1,5 penny para voltar para casa, mas ela disse que "pegaria mais um pouco de farinha".

As cinco jovens foram detidas e enviadas à prisão do distrito — longe da cidade de Tewkesbury, para evitar qualquer tentativa de resgate. Foram consideradas culpadas de rebelião e condenadas a seis meses de prisão, que cumpriram na divisão de Bridewell, da prisão de Gloucester — isoladas de outras mulheres, que estavam, em sua maioria, confinadas por dívidas.[156]

Mulheres lideradas por Margaret Boulker atacaram, em Snow Hill, Birmingham, um moinho de milho movido a vapor depois que uma cliente reclamou que o pão que comprara estava abaixo dos padrões legais de peso. As rebeldes apedrejaram o moinho e entraram na casa de contagem. A guarda de Yorkshire foi convocada e homens trabalhadores uniram-se à rebelião. Dois homens foram mortos a tiros[157] e Margaret Boulker foi enforcada em Warwick.[158]

Em 1795, uma "pequena multidão de mulheres" teria assaltado a carroça de um moleiro em Bexley, Sussex; e em Brighton, naquele mesmo ano, uma multidão de duzentas mulheres e meninas desfilou com pedaços de pão em gravetos, simbolizando a ameaça de violência, caso não recebessem pão. As autoridades locais costumavam ser tolerantes com esses protestos teatrais. Um magistrado foi processado por ajudar uma rebelião de mulheres em Somerton, Somerset, em 1795, na qual apoiou as mulheres que impediam um carregamento de milho de sair da cidade.[159]

Na cidade de Seaford, Sussex, membros da Milícia de Oxford saquearam um moinho, lojas e estalagens, confiscaram um navio carregado de farinha e venderam pão e alimentos às famílias locais a um "preço justo". Os soldados Edward Cooke e Samuel Parrish admitiram ao tribunal que impediram a saída de alimentos do condado porque suas famílias estavam morrendo de fome. Eles foram fuzilados por insubordinação e outros foram condenados a execução, exílio e chicotadas.[160] Em 1799, outra safra ruim e uma recessão econômica levaram a mais tumultos entre os pobres e famintos. Também nesse caso, mulheres lideraram os desordeiros. Em Bath, uma dama idosa derrubou uma grande cesta de batatas caríssimas, que foram rapidamente recolhidas por mulheres e crianças. No tumulto que se seguiu, todos os sacos do mercado foram roubados, inclusive todas as batatas. A multidão marchou até Walcot, nas proximidades, e encontrou batatas escondidas por um fazendeiro; eles o agrediram e lhe roubaram as batatas.[161] Em Nottingham, mulheres atacaram a padaria, provaram o pão e demonstraram que o padeiro estava adulterando a farinha com cal e alume. Uma horda em King's Lynn — "principalmente mulheres" — só desistiu de atacar a casa do moleiro quando a Lei dos Tumultos foi lida.

O governo tentou resolver o problema do alto preço do trigo persuadindo os pobres a consumir outros grãos. Em 1800, a Lei do Pão Integral, popularmente conhecida pelas donas de casa céticas como "Lei do Veneno", proibiu os moleiros de produzir qualquer coisa além de farinha integral.[162] Em Horsham, Sussex, um grupo de mulheres rebeldes dirigiu-se ao moinho local:

> Várias mulheres dirigiram-se ao moinho de Gosden, onde, insultando o moleiro por ter-lhes servido farinha integral, agarraram o pano que ele usava para peneirar a farinha de acordo com as instruções da Lei do Pão e cortaram-no em milhares de pedaços, ameaçando destruir todos os utensílios similares que ele tentasse usar no futuro para a mesma finalidade. Posteriormente, a líder amazônica dessa procissão de anáguas presenteou suas associadas com uma bebida alcoólica equivalente a um guinéu no pub Crab Tree.[163]

Safras ruins e escassez de alimentos desencadearam rebeliões até 1801, e, em muitos casos, as autoridades — quer fossem a pequena nobreza das pequenas cidades mercantis ou o próprio governo — atenderam as exigências das pessoas famintas e distribuíram alimentos, providenciaram assistência aos pobres e ordenaram aos aproveitadores que não exportassem alimentos dos mercados locais nem aumentassem os preços.[164] A Lei do Pão seria revogada dois meses depois do protesto no moinho de Gosden.[165]

Uma carta para a *Gentleman's Magazine,* em 1795, deixou evidente que alguns membros da elite entendiam que sua própria sobrevivência dependia de não deixar os pobres morrerem de fome: "Muitos planos são traçados, e esquemas, propostos para evitar que nossos pobres pereçam por falta de pão; mas duvido que seja alguma caridade, exceto para nós mesmos, evitar que eles se rebelem e nos destruam".[166]

Assustado com o aumento do radicalismo no país e na França, o governo tentou reduzir o preço dos alimentos, especialmente do trigo. O uso de grãos na destilação de bebidas alcoólicas foi proibido, assim como as exportações de trigo, enquanto as importações foram permitidas e um novo sistema de assistência aos pobres foi introduzido em algumas regiões, pelo qual, se o preço do pão subisse acima de um nível especificado, os superintendentes paroquiais eram forçados a pagar um complemento ao salário do pai de família. As punições ficaram mais rigorosas: pessoas podiam ser presas sem acusação nem julgamento; a "traição" foi redefinida como desprezo pelas ordens do governo; e multidões foram proibidas: qualquer reunião de mais de cinquenta pessoas tinha de ser licenciada por um magistrado.[167]

Isso não impediu as mulheres de se reunirem e liderarem rebeliões para garantir alimento, nem de organizarem manifestações para protestar contra os cercamentos, nas quais colocavam animais para pastar ou coletavam alimentos ou lenha em terras que tradicionalmente eram de propriedade comum. Uma mulher, a quem foi negado o direito de coletar restos de colheita na propriedade de um agricultor de Easthorpe, em 1799, obedeceu ao agricultor e deixou os grãos no chão após a safra, mas voltou na noite seguinte com outras trinta mulheres.[168]

Mulheres foram especificamente convocadas em Wakefield, Yorkshire, em 1795:

> Aviso:
>
> A todas as mulheres e habitantes de Wakefield, desejamos que se reúnam na Igreja Nova [...] na próxima sexta-feira às 9 horas [...] para discutir o preço do milho.
>
> Por desejo dos habitantes de Halifax, que as encontrarão lá.[169]

Uma carroça carregada de sacos de trigo e farinha foi interceptada em Handborough, Oxfordshire, em 1795. Mulheres subiram na carroça e jogaram os sacos na beira da estrada, fixando o preço em 40 xelins por saco de farinha, "e elas fixaram esse preço e se recusaram a pagar mais; se isso não bastasse, elas tomariam a farinha à força. O primeiro proprietário rural finalmente concordou: 'Se esse deve ser o preço, que assim seja'".[170]

Mulheres da classe trabalhadora também lideraram outras rebeliões: contra pedágios que cobravam dos viajantes nas estradas, contra impostos locais e contra as novas máquinas na produção de tecidos — por preverem, corretamente, que as máquinas as deixariam sem trabalho.

Em Shepton Mallet, em 1776, mulheres solteiras e tecelões atacaram a *workhouse* da cidade, onde uma máquina de fiar havia sido montada para demonstrar os benefícios do novo equipamento.[171] Rebeliões com destruição de máquinas, entre 1811 e 1812, e, posteriormente, os "plug riots" — a destruição das caldeiras das fábricas pela retirada dos parafusos, também chamados de *plugs* —, em 1842, foram realizadas principalmente por pequenas associações de homens, com o apoio de multidões de manifestantes, incluindo mulheres. Nos ataques de 1830 às debulhadoras, nas proximidades de Londres, mulheres foram acusadas de incêndio criminoso e de envio de cartas com ameaças.[172]

Alguns homens rebeldes vestiram-se como mulheres, um disfarce menos suscetível a punições do que o uso de máscaras, e também um eco dos trajes das *skimmington rides* de outrora. Era comum os homens de West Country que protestavam contra os novos pedágios usarem saias e chapéus femininos. Mais a oeste, no País de Gales, nos anos 1830, os ataques travestidos a pedágios em estradas ficaram conhecidos como "Motins de Rebeca", uma referência ao laço de irmandade — da bênção dada a Rebeca no Gênesis: "Ó nossa irmã, que tu te tornes mãe de muitos milhões de pessoas! E que os teus descendentes sejam vitoriosos sobre os inimigos!".[173]

Nas rebeliões de Londres, estima-se que as mulheres tenham constituído cerca de 39% dos manifestantes.[174] Robert Southey queixou-se, em 1807: "As mulheres são muito mais propensas a se rebelarem, têm menos medo da lei, em parte por ignorância, em parte porque presumem o privilégio do sexo e, portanto, em todos os tumultos públicos, são as que mais se destacam em violência e ferocidade".[175]

O "privilégio do sexo" provavelmente era mais visível para um homem da classe alta como Robert Southey do que para as mulheres pobres que se rebelavam contra a escassez de comida. Hannah Smith, de Manchester, liderou ataques de homens, mulheres e crianças a carrinhos de batatas e lojas, em 1812, e vangloriava-se de sua capacidade de "reunir uma multidão em um minuto". Ela foi capturada em uma rebelião por comida, mas acusada de roubo em estradas, um crime punível com a morte. Hannah Smith foi enforcada. Não houve muito privilégio de sexo nesse caso. Dizia-se que as mulheres da classe trabalhadora eram "a espinha dorsal dos protestos, pois eram a espinha dorsal de suas comunidades, remendando os feridos e ocultando os procurados pelas autoridades [...]. Também eram as responsáveis por prover para a família quando os homens eram presos".[176]

Em 1780, as mulheres se envolveram nos protestos contra o catolicismo em Londres, conhecidos como os "Motins de Gordon", em homenagem ao lorde George Gordon, que chefiou a oposição da Associação Protestante à Lei dos Papistas de 1778, que propunha mais tolerância aos católicos romanos. Convocando sessenta mil pessoas para uma manifestação sob a alegação de que os católicos romanos tentariam usar o exército britânico e outras instituições britânicas em benefício próprio, Gordon contou com o apoio das classes trabalhadoras "respeitáveis": artífices, escriturários e aprendizes de Londres. No entanto, as manifestações organizadas transformaram-se nas rebeliões mais destrutivas da história da capital, incluindo ataques à Prisão de Newgate e ao Bank of England, que só foram suprimidos com a interferência do exército, com consequências brutais: trezentas a setecentas pessoas foram mortas. Dos 110 manifestantes levados a julgamento, vinte eram mulheres, algumas de ascendência africana.[177] Charlotte Gardner, uma mulher africana, foi enforcada em Tower Hill por ajudar a destruir a casa de um taberneiro durante os tumultos.[178]

Miss Sarah Burney, filha do compositor Charles Burney, assistiu ao ataque à casa de um magistrado, Sir William Hyde, que já havia lido a Lei dos Tumultos e convocou o exército contra os desordeiros. Apesar de seu horror face às pessoas que chamou de "turba" e de "uma multidão enfurecida", o que ela descreveu foi uma manifestação que seguiu as regras da comunidade. Mesmo no calor da violência, os manifestantes levaram um carro de bombeiros para apagar os incêndios nos edifícios vizinhos e evitar incendiar as casas vizinhas:

> St. Martins Lane, Londres, 8 de junho de 1780.
>
> Quando a casa de Hyde foi esvaziada de todos os móveis, a multidão arrancou as janelas e suas molduras e começou a destruir o piso e os painéis dos cômodos, até alguns dos vizinhos (que penduravam fitas azuis em suas janelas o tempo todo para provar sua religião, muitos dos quais talvez tivessem razões particulares para se alegrar com o desastre do juiz) suplicarem-lhes que não mantivessem um fogo tão forte diante de suas casas, pois tinham todas as razões para temer que elas e a rua toda logo estariam em chamas, apesar dos bombeiros... Após isso, os líderes deram sua palavra e todos eles passaram correndo por nossas janelas até o fundo de Leicester Fields, com tochas acesas nas mãos, como uma multidão enfurecida... Cada um carregava algo dos incêndios em nossa rua, para que nada escapasse — e com eles fizeram em Leicester Fields uma Grande Fogueira —, as mulheres enfurecidas eram mais ativas e ocupadas do que os homens

> — e eles continuaram derrubando painéis, portas etc. até entre as 2 e as 3 horas da manhã para manter a fogueira acesa e destruir completamente a Casa dos Pobres.[179]

Quando os soldados chegaram, chamados para reprimir os tumultos, eles pareceram tomar uma atitude favorável aos desordeiros:

> No início da noite, cerca de trinta guardas marcharam na rua liderados por um alferes — mas a ousada população não pareceu nem um pouco alarmada, pelo contrário, eles os receberam com gritos e vivas... O alferes se dirigiu a eles — mas não ousou se opor a tantas centenas de pessoas que se reuniram após seu breve discurso... Ele se virou e marchou, saindo da rua da mesma forma como entrou, a multidão gritando e aplaudindo os soldados enquanto se afastavam e um dos soldados até se juntou aos vivas. Foi mais alarmante do que qualquer coisa — pois se o poder militar não agisse e não fosse temido pela população, não haveria chance para o fim dos ultrajes que as pessoas poderiam estar dispostas a cometer.[180]

O aspecto ritual do protesto fica nítido mesmo nessa rebelião anticatólica de trabalhadores urbanos, em Londres. A classe trabalhadora — em grande parte composta de artífices respeitáveis e suas esposas[181] — fez do protesto um espetáculo; as famílias da elite, observando das elegantes janelas de suas salas de estar, não fizeram qualquer tentativa ou gesto para impedir ou parar a rebelião e realizaram seu próprio teatro de apoio, exibindo fitas e gritando *slogans* de aprovação:

> Enquanto o sr. B., minha irmã e eu ficamos na janela, a multidão diminuiu bastante, pois muitos haviam partido para atacar outros lugares — vi cerca de dez homens e mulheres em um grupo olhando para nossas janelas... "Não ao papismo!", gritaram eles — e repetiram isso duas ou três vezes —, mas, como homens, mulheres e crianças gritaram "não ao papismo!" milhares de vezes naquela a noite e, na verdade, durante todo o dia, não sabíamos se eles estavam dirigindo-se a nós naquele momento, até que um dos homens disse ao resto do grupo, apontando para nós: "Aqueles três são papistas!"... "Pelo amor de Deus", exclamou a pobre Etty ao sr. Burney, "Grite 'não ao papismo' ou qualquer coisa assim" — o sr. B então pegou seu chapéu e gritou "não ao papismo" da janela... Incomodou-me muito ouvir isso, embora não parecesse brincadeira na situação atual ser apontada por esses desgraçados como sendo papista — "Deus abençoe Vossa Excelência!", eles exclamaram e se afastaram, satisfeitos.[182]

Como demonstra o relato de srta. Burney, bastou um pequeno gesto da elite para satisfazer os desordeiros. Assim como a pesagem dos pães pelo juiz de paz no mercado era uma garantia para a classe trabalhadora de que a elite entendia aquela manifestação e concordava com ela.

As rebeliões não eram a única forma de protesto das mulheres: com o avanço do século XVIII, elas criaram associações formais, às vezes por escrito. Criaram sociedades afins para se ajudar, organizar seguros e como um espaço onde os membros poderiam trocar informações sobre as condições de trabalho ou a remuneração. A crescente pobreza das famílias trabalhadoras inspirou os trabalhadores a formar novas organizações, como os primeiros sindicatos, chamados "combinações". Alguns sindicatos eram mistos, mas, quando as trabalhadoras foram excluídas das associações exclusivamente masculinas, elas formaram as próprias associações. As fiandeiras de Leicester formaram a "Irmandade de Leicester", em 1780.[183]

As rebeliões no Norte da Inglaterra centraram-se nas fábricas têxteis quando as novas máquinas substituíram os teares manuais. Os tecelões de teares manuais eram os mais ricos dos artesãos, com o tear instalado em sua casa, a família fiando para fornecer linha e o tecelão coletando lá ou algodão cru e entregando o tecido pronto regularmente por bons salários; esse estilo de vida, porém, foi destruído pelo advento do tear mecânico, que os industrialistas instalaram em enormes galpões à beira de rios (para energia hídrica), no Noroeste da Inglaterra, a partir de 1780. Com a fome provocada pelas guerras napoleônicas, safras ruins e a redução dos salários dos artesãos provocada pelos teares mecânicos, eclodiram violentos protestos em massa. A maioria das rebeliões de destruição de máquinas foi iniciada por homens, liderados por uma figura mítica imaginária, "Ned Ludd", e os desordeiros foram nomeados em sua homenagem como "ludditas". Algumas mulheres se rebelaram ao lado dos homens, autodenominando-se "esposas de Ludd", e, em abril de 1812, alguns homens usaram trajes femininos e adotaram o nome de "esposas de Ludd" em um ataque a uma fábrica em Stockport. No mesmo ano, uma mulher que se autodenominou "Lady Ludd" liderou uma rebelião feminina por comida em Leeds.

Em 20 de abril, quatro mulheres — Alice Partington, Anne Dean, Ann Butterworth e Millicent Stoddard — foram detidas por rebelião, tumulto e quebra de janelas da fábrica têxtil de Burton, em Manchester, e condenadas a seis meses de prisão. Quatro dias depois, duas jovens conduziram manifestantes à fábrica de algodão Westhoughton, em Bolton, Lancashire: "Cerca de cinquenta rebeldes se reuniram perto do moinho [...]. Eles derrubaram os portões e começaram a quebrar janelas [...] liderados por duas jovens, Mary Molyneux, 19, e sua irmã Lydia, 15, que foram vistas [...] com forcados e picaretas de carvão nas mãos quebrando as janelas do prédio [...], gritando 'em frente, rapazes!' para encorajar os homens".[184]

Os homens incendiaram o galpão, destruindo todas as máquinas, o algodão cru e as cambraias tecidas. As mulheres foram presas por "intencional, maliciosa e ilegalmente incendiar e queimar a tecelagem, os depósitos e a loja dos srs. Rowe e Duncough, em Westhoughton, com a intenção de ferir os referidos srs. Rowe e Duncough".[185]

Em sua evolução ao longo do século XIX, os sindicatos se estruturaram sobre as antigas associações de artífices do sexo masculino — a maioria delas, exclusivamente masculinas, excluía as trabalhadoras mulheres por culparem-nas pela redução dos salários. A London Corresponding Society, que propôs políticas para os trabalhadores, tinha apenas membros homens em 1792.

Todas as vozes radicais foram suprimidas pelo governo temeroso durante a Revolução Francesa, mas sua recuperação, a partir de 1815, revelou-se mais aberta às mulheres. Em um encontro ao ar livre em 1818, aberto ao público, o tecelão radical Samuel Bamford argumentou que as mulheres deveriam poder votar nessas reuniões. Ele escreveu: "Tratava-se de uma ideia nova, e as mulheres que compareceram em grande número àquela cordilheira desolada ficaram extremamente satisfeitas com a ideia — os homens não foram nada dissidentes quando a resolução foi apresentada, e as mulheres levantaram as mãos, em meio a muitas risadas; a partir de então, elas passaram a votar nas reuniões radicais".[186]

Desde os primeiros anos do século XIX, os trabalhadores de Manchester e das áreas circundantes reuniam-se em pequenos comitês e depois em encontros públicos maiores para exigir o fim da corrupção no governo, o livre comércio para reduzir o preço dos alimentos, em especial o pão, melhores salários e condições de trabalho e direito a voto para os trabalhadores homens. Em julho de 1818, houve uma greve dos fiandeiros de algodão e, em setembro, uma greve dos tecelões e uma marcha de 1.222 homens e 355 mulheres, que conquistaram um aumento salarial.[187]

Um jornal radical descreveu as mulheres que clamavam por reformas: "Seus argumentos são muito convincentes. Dizem que, como os homens abandonaram a causa da liberdade, elas vão apoiá-la. Dizem que a liberdade é do sexo feminino e, portanto, toda mulher deveria ser livre. O homem, dizem elas, abandonou vergonhosamente seu posto — e não tem o direito de controlar a mulher; já que ele perdeu o poder de se defender [...]. A mulher não pode esperar proteção de covardes incapazes de se proteger! E exigem o Sufrágio Universal em toda sua extensão".[188]

Um encontro em janeiro de 1819, em Manchester, contou com a presença de oito mil trabalhadores, ainda que alguns empregadores tenham trancado homens e mulheres em suas fábricas para impedi-los de participar. Um membro radical do Parlamento, Henry Hunt, exigiu o direito a voto para "indivíduos": "Que todo indivíduo, em idade adulta, e não incapacitado por crime ou insanidade, tenha o direito a voto para a eleição de um representante no Parlamento".[189]

As mulheres de Blackburn organizaram uma Sociedade Reformista Feminina e, usando nos gorros e chapéus um adereço verde como símbolo de liberdade, dirigiram-se ao palanque para um encontro ao ar livre, em junho de 1818. Alice Kitchen fez um breve discurso declarando que as mulheres associavam a pobreza de seu lar e a fome que passavam à corrupção do governo. Ela concluiu:

> Nós, as mulheres reformistas de Blackburn, portanto, clamamos veementemente a vocês e a todos os homens da Inglaterra, da maneira mais solene, que se manifestem e se unam ao movimento para que, por meio de uma resistência decidida e constitucional aos nossos opressores, o povo possa obter parlamentos anuais, sufrágio universal e eleição por voto, os únicos elementos que podem salvar-nos da miséria persistente e da morte prematura. Aguardamos com horror o inverno que se aproxima, quando a necessidade de alimentos, roupas e todos os requisitos dobrará.[190]

Uma mulher de Ashton escreveu ao comitê de mulheres de Blackburn clamando por uma revolução: "Estamos à beira do precipício do qual não há como recuar [...]; mergulhemos com ousadia, pois não nos resta outro caminho senão a escravidão ou a exaustão. Vamos provar que somos verdadeiras mulheres inglesas e que estamos decididas a não suportar mais esta opressão ilegal".[191]

As integrantes da Sociedade Reformista Feminina foram duramente criticadas nos jornais da elite por não se limitarem à própria casa nem cumprirem seus deveres domésticos. A ideia de esferas distintas foi evocada para qualificá-las como mulheres que estavam invadindo as questões masculinas sem que tivessem esse direito. Mas a Sociedade Reformista Feminina de Manchester, sobrepujando a divisão de classes, publicou uma carta aberta às mulheres da classe alta em que as chamou de irmãs e descreveu a pobreza da vida que levavam, a qual resultava de homens da elite que lucravam na indústria e corrompiam o governo.[192] Elas não receberam resposta, mas ainda assim deram voz à ideia de que a irmandade era mais importante do que a divisão de classes. A voz delas foi uma das poucas a questionar a divisão das mulheres.

Em agosto de 1819, a maior manifestação pública a favor do sufrágio universal, da reforma governamental e do livre comércio convocou uma multidão de cerca de sessenta mil pessoas para St. Peter's Fields, Manchester. Sociedades de toda a região marcharam com bandas e cantos, com muitas mulheres vestidas totalmente de branco levando bandeiras, usando gorros da liberdade e faixas ou fitas verdes. O radical Samuel Bamford descreveu a marcha da Sociedade Reformista de Middleton até St. Peter's Fields:

> Toda a nossa coluna, com o povo de Rochdale, consistiu em cerca de seis mil homens. À nossa frente estavam uma ou duas centenas de mulheres, a maioria jovens esposas, sendo que a minha estava entre elas. Uma ou

duas centenas de nossas mais belas jovens — namoradas dos rapazes que estavam conosco — dançavam ao som da música ou cantavam trechos de canções populares: uma ou duas crianças foram mandadas de volta para casa, embora algumas tenham seguido conosco; enquanto, de cada lado da nossa linha, caminhavam alguns milhares de retardatários. Desse modo, acompanhados dos nossos amigos e das nossas mais próximas e queridas relações, seguimos lentamente em direção a Manchester.[193]

A Sociedade Reformista Feminina clamou por alimentos mais baratos e pelo direito a voto aos homens: "Como esposas, mães, filhas, em suas capacidades sociais, domésticas e morais, elas avançam em apoio à causa sagrada da liberdade".[194] A multidão reunia-se para ouvir Henry Hunt, um membro do Parlamento, na plataforma, rodeado pela Sociedade Reformista Feminina e suas faixas, quando a guarda de Manchester e Salford foi convocada pelos magistrados locais para prendê-lo.[195] A guarda atacou a multidão, derrubando uma mulher e matando uma criança, e prendeu o parlamentar. Os magistrados de Cheshire ordenaram ao 15º regimento dos hussardos que dispersasse a multidão, e os soldados atacaram com sabres e mataram até dezessete pessoas, incluindo quatro mulheres: Margaret Downes, de Manchester, atingida por sabre no peito; Mary Heys, de Chorlton Row, pisoteada pela cavalaria, morta devido aos ferimentos quatro meses depois, após dar à luz prematuramente; Sarah Jones, de Silk Street, Manchester, golpeada na cabeça por um policial; e Martha Partington, de Barton, esmagada até a morte em um porão. Elizabeth Gaunt sofreu um aborto após o ataque e perdeu o bebê. Entre quatrocentas e setecentas pessoas ficaram feridas. Um manifestante radical registrou o que viu:

> A guarda atacou com o frenesi mais furioso: mataram homens, mulheres e crianças indiscriminadamente e pareciam ter iniciado um ataque premeditado com a mais insaciável sede de sangue e destruição [...]. As mulheres parecem ter sido os alvos preferidos da Cavalaria Assassina. Uma mulher, que estava perto de mim e que segurava uma criança nos braços, foi atingida com um sabre na cabeça e seu bebê ficou EMPAPADO COM O SANGUE DA MÃE. Outra foi esfaqueada no pescoço com a ponta de um sabre, no que deve ter sido uma tentativa deliberada por parte do assassino militar. Algumas foram atacadas com sabres no peito: tão desumana, indiscriminada e diabólica foi a conduta da Guarda de Manchester.[196]

O "massacre" teve como alvo as mulheres, que, embora representassem apenas uma em cada oito pessoas, compuseram um quarto dos feridos (cem dos quatrocentos feridos).[197] Elas não foram — como afirmou um relatório — esmagadas ao tentar escapar, mas atingidas por cassetetes ou sabres.[198]

Alguns integrantes da multidão reagiram, a exemplo de "uma jovem casada do nosso partido, com o rosto todo ensanguentado, cabelos esvoaçantes, o chapéu pendurado pelo barbante e o avental pesado com pedras, [que] manteve o agressor a distância até que caiu para trás e quase foi detida; mas escapou coberta de ferimentos graves. Foi perto deste lugar e mais ou menos nesse momento que um guarda foi perigosamente ferido e caiu do cavalo ao ser atingido pelo fragmento de um tijolo; que supostamente foi atirado por essa mulher".[199]

As mulheres sobreviventes prestaram depoimento no inquérito de um dos manifestantes. Elizabeth Farren, de Lombard Street, Manchester, disse: "Eu estava com meu filho [...], temi por sua segurança e, para protegê-lo, segurei-o ao meu lado com a cabeça baixa, para evitar o golpe. Para que poupassem meu filho, fui cortada diretamente na testa".

Ann Jones, da Windmill Street, testemunhou: "Vi muitas pessoas feridas e muito ensanguentadas [...], muitas pessoas na minha casa e a confusão era enorme e alguns dos policiais chegaram triunfantes diante da minha porta, gritando: 'Este é o Waterloo de vocês! É Waterloo'".[200]

Um magistrado observou que as mulheres da classe trabalhadora eram revolucionárias, inimigas da classe dele: "Era um clamor geral e aberto entre eles que a pequena nobreza desfrutara de vantagens por tempo demais e que agora era a vez deles".[201]

Era verdade que as mulheres da classe trabalhadora percebiam que a única forma de o Parlamento voltar-se aos interesses delas era se os homens da classe trabalhadora tivessem direito ao voto. As Mulheres Reformistas de Manchester deixaram evidente o motivo de seu apoio ao voto para os homens: "Não suportamos mais ver nossos maridos e nossos filhos vestidos com trapos".[202] Elas não exigiam votos para as mulheres — seria radical demais e poderia pôr em risco toda a campanha. A Sociedade Reformista Feminina de Blackburn, em 1819, declarou como sua missão "ajudar a população masculina deste país a obter seus direitos e liberdades".[203]

A petição nacional pelo voto dos homens tornou-se a principal campanha do século XIX, com a "Carta do Povo" angariando cinquenta mil assinaturas de mulheres na primeira semana.[204] Mas os cartistas tiveram o cuidado de não exigir o voto das mulheres. Muitos cartistas, como muitas pessoas da classe trabalhadora, aceitavam a teoria das esferas distintas. Eles só exigiam votos para os homens — para que um Parlamento de trabalhadores pudesse impor um salário mínimo suficientemente alto para que um homem provedor da família mantivesse a mulher e os filhos em casa.[205]

A doutrina das esferas distintas também fazia sentido para as mulheres da classe trabalhadora, que, para justificar a criação de associações exclusivas de mulheres voltadas a conquistar votos para os homens, diziam que as políticas do governo colocavam seus lares em perigo. A Associação de Mulheres de Stockport declarou, em 1839: "Lamentamos termos sido levadas pela extrema necessidade a nos afastar dos limites normalmente prescritos para os deveres femininos; mas quando [...] mesmo poupando tudo o que podemos somos incapazes de atender às necessidades de subsistência [...] sentimo-nos justificadas em declarar nossa convicção de que apenas a adoção dos princípios da Carta do Povo pode efetivamente livrar-nos de nossa angústia".[206]

Mas, naquele mesmo ano, a União Política Feminina de Newcastle discordou: elas acreditavam que as mulheres não deveriam ser confinadas às tarefas domésticas: "Dizem-nos que a província das mulheres é sua casa e que o campo da política deve ser deixado aos homens; isso nós negamos. Não é verdade que os interesses de nossos pais, maridos e irmãos deveriam ser os nossos? Se eles são oprimidos e empobrecidos, não partilhamos esses males com eles? Se assim for, não deveríamos nos ressentir da injustiça cometida a eles? Lemos os registros do passado e os nossos corações foram tocados com os elogios dos historiadores àquelas mulheres que lutaram contra a tirania e exortaram seus compatriotas a serem livres ou morrerem".[207]

Três enormes petições, a última acompanhada de uma manifestação em massa em 1848, exigiram o voto aos trabalhadores, mas, diante da recusa do governo e de problemas na liderança do movimento, os cartistas não conseguiram manter o ímpeto.

Outras associações de mulheres quase sempre se manifestavam em defesa do lar. Em alguns casos — como durante os protestos contra a nova Lei dos Pobres de 1834 —, elas contaram com a participação de mulheres da elite. Em Elland, a sra. Susan Fierly falou da "dignidade e igualdade dos sexos" em um raro exemplo em que uma mulher da classe alta estendeu um senso de igualdade às mulheres pobres. Enquanto isso, as mulheres da classe trabalhadora protestavam à moda antiga: roubaram uma carroça de pão destinada à *workhouse*, atiraram pedras nos guardiões da Lei dos Pobres, tumultuaram uma reunião dos comissários da Lei dos Pobres e chegaram a rolar os comissários na neve.[208]

A irmandade entre as classes continuou sendo uma raridade. Ficou cada vez mais evidente para as mulheres da classe trabalhadora que sua segurança e a sobrevivência de suas famílias eram uma questão de classe; um salário digno só seria ganho com o acesso às Casas do Parlamento, votando contra os proprietários de terras e empregadores e impedindo que as leis destruíssem a vida dos pobres com cercamentos, controles salariais e caridade punitiva. Obviamente, elas não buscaram apoio nos proprietários de terras e empregadores nem nas esposas e filhas deles.

## Crime e castigo

O número de julgamentos contra mulheres por bruxaria caiu com a redução da superstição, especialmente entre as classes média e alta; mas ainda houve surtos de pânico em vilarejos e comunidades da classe trabalhadora, onde a suspeita contra vizinhos ou mulheres excêntricas podia transformar-se em um linchamento ritualizado. Em 1785, Sarah Bradshaw foi acusada pelos vizinhos e escolheu o tradicional teste de "mergulhar" a bruxa para ver se o diabo a ajudaria a flutuar; Bradshaw afundou na água, foi arrastada para fora e declarada inocente.[209] Em 1792, uma dama idosa de Stanningfield, Suffolk, deixou-se mergulhar perante a comunidade em uma última tentativa de limpar seu nome após anos de acusações de bruxaria. Ela também afundou e, embora tenha sido arrastada para fora da água, ficou "quase sem vida".[210]

Uma mulher, apelidada de "a bruxa de Yorkshire", alegava curar maldições.[211] Segundo um relato publicado no *Newgate Calendar*, Mary Bateman, esposa abandonada e gatuna, estabelecera-se como cartomante e encantadora em Marsh Lane, nas proximidades de Timble Bridge, Leeds. Ela foi procurada por uma mulher que sofria de uma doença terminal, a sra. Pirgo. Mary Bateman lhe deu esperança dizendo que poderia acabar com a maldição. A sra. Pirgo entregou dinheiro a Mary Bateman: moedas e notas, que ela amarrou em bolsas de seda para que fossem costuradas na cama da enferma. A sra. Pirgo também pagou utensílios domésticos e comida para Mary, que preparou pudins para sua paciente e deu-lhe mel misturado com mercúrio. Essa dieta se provou fatal para a sra. Pirgo, mas seu marido, William, continuou seguindo as prescrições de Bateman e só chamou as autoridades quando descobriu que as bolsas de seda costuradas em sua cama, que deveriam conter notas e guinéus, continham apenas folhas de repolho e moedas de cobre. O júri considerou Mary Bateman culpada de assassinato. Ela implorou por sua vida alegando estar grávida, o que exigiria um exame por um comitê de matronas ou parteiras. Sua alegação "criou uma consternação geral entre as damas, que se apressaram em abandonar o tribunal para evitar a convocação a uma responsabilidade tão desagradável que lhes seria imposta. Sua senhoria, em consequência, ordenou que as portas fossem fechadas e, em cerca de meia hora, doze mulheres casadas foram reunidas, prestaram juramento ao tribunal e foram incumbidas de investigar a veracidade da gravidez da prisioneira". O júri composto de matronas retirou-se com a acusada e, ao regressar ao tribunal, proferiu o veredito de que Mary Bateman "não está grávida". Mary Bateman foi executada em 1809.[212]

A partir de meados do século XVIII, a crença de que as mulheres tinham uma natureza — muito diferente dos homens — "pura" e "altruísta" e que eram fracas e frágeis aumentou a propensão dos tribunais a culpar o marido pelos crimes de sua esposa. Entre 1600 e 1800, em Sussex, mulheres foram acusadas de apenas 13% dos crimes contra a propriedade, e, em Surrey, de apenas 24%.[213] Muitas mulheres ladras e até assassinas foram libertadas porque seus maridos foram considerados os principais criminosos, segundo o *Newgate Calendar*.

Charlotte Walker foi libertada repetidamente por júris favoráveis porque sua aparência jovem e esbelta os fez duvidar de que ela tivesse roubado ou agredido homens adultos. Ela tinha apenas 1,5 metro de altura e 23 anos quando compareceu pela primeira vez ao tribunal acusada de agressão, em 1777. Walker seria presa por roubo em 27 ocasiões e libertada quinze vezes. Para se defender, ela desmerecia os homens que alegavam ter sido roubados por ela, retratando-os como bêbados imorais e apontando contradições em seus testemunhos. Sua crítica ao testemunho de Joseph Bowman, roubado por ela em French Horn Yard, convenceu o júri: "Ele disse […] que eu o segurei pelos dois braços e o roubei. Eu digo que precisaria ter três mãos para roubá-lo enquanto segurava seus dois braços".

Em 1800, Walker foi julgada por furto, considerada culpada e condenada à morte, exilada para Nova Gales do Sul, onde viveu com um sapateiro catorze anos mais novo até sua morte, em 1806.[214]

Algumas mulheres foram criminosas ambiciosas e imaginativas. Uma fraudadora, Elizabeth Harriet Greeve, passava-se por aristocrata e era tão convincente que seu caso foi relatado no *Newgate Calendar*. Ela alegava ser de uma família aristocrata e oferecia favores e o patrocínio de seus amigos por um preço: "A uma das incautas vítimas de sua artimanha, ela disse ser prima-irmã de lorde North; a outra vítima, disse ser prima de segundo grau do duque de Grafton; a uma terceira, disse ser quase aparentada com Lady Fitzroy: em algumas ocasiões ela fingia ter grande intimidade com lorde Guilford; e se o jovem primeiro-ministro governasse o Estado na ocasião, ela teria, sem muita dúvida, ostentado o patrocínio do sr. Pitt". Greeve foi presa em novembro de 1773 por prometer a um entalhador de carruagens que lhe conseguiria o cargo de escrevente nos depósitos do Escritório de Provisões da Marinha Real. Ela pegou tudo o que ele havia poupado ao longo de toda a vida — 36 libras —, prometeu a William Kent, de Streatly, Berkshire, o cargo de inspetor costeiro e recebeu 62 libras do marido de outra mulher: "Em seguida, Elizabeth Cooper compareceu perante os magistrados e acusou a prisioneira de lesar seu falecido marido em 62 libras, sob um pretexto semelhante ao do último caso, o que causou tamanha perda e decepção, disse a pobre viúva aflita, que partiu o coração do marido". Identificou-se que Elizabeth Harriet Greeve era uma fraudadora que já havia sido exilada e que havia retornado antes de cumprir a pena completa. Ela voltou a ser exilada.[215]

O clorofórmio foi usado pela primeira vez para deixar um paciente inconsciente em 1847 e, apenas três anos depois, em 1850, uma criminosa inovadora, Elizabeth Smith, conhecida como "Beth Gorda", abordou um jovem advogado chamado Frederic Jewitt em Londres. O jovem cavalheiro provavelmente foi abordado com uma oferta de sexo e, enquanto ele considerava o preço, ela pressionou um lenço embebido em clorofórmio sobre sua boca, fazendo-o cair inconsciente. Ele acordou em uma hospedaria em Thrall Street, Spitalfields, despido e sem relógio, anel nem dinheiro. A srta. Smith — "Beth Gorda", nos documentos do tribunal — tentou escapar do grito de alerta escondendo-se em um famoso bordel da George Street, não muito longe dali, mas foi detida e condenada por roubo; foi a primeira criminosa a constar nos autos de um processo por usar clorofórmio.[216]

As mulheres pugilistas foram cada vez mais criminalizadas. Ainda assim, em 1795, Mary Ann Fielding lutou contra uma mulher não nomeada — "uma notável judia de Wentworth Road" —, com os famosos campeões de boxe masculino "Gentleman" Jackson e Daniel Mendoza como seus respectivos técnicos; e, em 1789, o jornal *The Times* anunciou uma revanche entre um "Coronel" anônimo e uma boxeadora que o derrotara.[217]

Um novo delito foi criado em 1803 para criminalizar as abortistas. Realizar um aborto após os "chutes" do bebê, quando os movimentos fetais eram sentidos pela mãe, passou a acarretar pena de morte. Mas o sucesso da acusação dependia de a mulher que solicitou o aborto declarar ao tribunal que, antes do procedimento, sentira os movimentos do bebê. Para não depender de uma delação tão improvável, os médicos exigiram uma redefinição da lei, em 1837, a fim de tornar o aborto um crime em qualquer estágio da gravidez — de modo que a opinião da mãe quanto aos "chutes" passou a ser irrelevante.[218]

O crime de "pequena traição", especificamente o assassinato do marido pela esposa ou de um senhor por um servo, foi abolido como crime distinto de assassinato na Lei de Ofensas contra a Pessoa de 1828. Em 1868, o enforcamento público foi banido, e a última mulher a ser enforcada em público foi Frances Kidder, de 25 anos, pelo assassinato da enteada.[219]

Houve uma explosão de prostituição no século XVIII, principalmente de mulheres que vendiam sexo na impossibilidade de encontrar outro trabalho ou quando os outros trabalhos eram tão mal pagos que uma trabalhadora solteira não tinha como sobreviver. As prostitutas eram tão populares que o filósofo Bernard Mandeville escreveu, em 1724, *Uma modesta defesa dos bordéis públicos*, em que argumentou que deveria haver bordéis estatais para permitir que os homens se satisfizessem sem estarem sujeitos a criminosos e doenças venéreas. Apenas em Londres, a polícia estimou 7.261 prostitutas em 1851.[220] Por volta de 1900, esse número já havia subido para cinquenta mil[221] e, em meados do século, era de oitenta mil.[222] A *Westminster Review* de 1850 relatou números ainda mais elevados: afirmou que até 360 mil prostitutas trabalhavam na capital, um quarto de todas as mulheres trabalhadoras da cidade.[223] As Leis da Vadiagem de 1822, 1834 e 1844 incluíram uma cláusula que proibia o "aliciamento" e ganhar a vida com "ganhos imorais"; mas, apesar da crença nos desejos incontroláveis dos homens, o governo demonstrava pouca vontade política em abordar as causas da prostituição. A lei contra o aliciamento foi amplamente aplicada contra homens homossexuais e a cláusula de "ganhos imorais" dirigiu-se principalmente a cafetões do sexo masculino. As autoridades faziam "vista grossa" para a prostituição feminina nas ruas, em tavernas, casas obscenas e bordéis de alta classe. As mulheres detidas nas ruas raramente eram presas por aliciamento — apenas se fossem indiscretas, quando normalmente seriam acusadas de desordem, embriaguez ou vadiagem: "Das várias centenas de prostitutas que aparecem nos livros de cobrança de Saint James em Londres, entre 1733 e 1739, muitas dão nomes falsos, sendo o nome preferido srta. Ninguém".[224]

Essas mulheres realmente devem ter se sentido como "ninguém". Henry Mayhew, reformista social e jornalista, convocou uma reunião de costureiros em Londres, em 1849, e uma idosa anônima lhes disse:

> O máximo que consigo ganhar é uns 3 xelins e 6 pence por semana. Sou hospedada pela pessoa que me emprega. Às vezes, sou obrigada a trabalhar até meia-noite pelos meus 3 xelins e 6 pence; e agora, nestes curtos dias, mal consigo ganhar qualquer coisa. Muitas vezes fui obrigada a me prostituir. Nestes doze anos não morei totalmente nas ruas, mas foi quase tão ruim quanto. Mal posso ganhar, senhor, o que como. Penso que o pequeno número de nós aqui presentes resulta da vergonha que as mulheres têm de vir [...]. Mas não me envergonho de revelar os erros que cometi devido à angústia. O baixo salário pelo trabalho nos obriga a fazer a coisa errada. Não fazemos o que fazemos pela nossa vontade. E agora, para uma mulher da minha idade, é quase mais do que posso suportar, senhor.[225]

Um guia de prostitutas de Londres, publicado anualmente, custava 2 xelins e 6 pence e vendeu cerca de oito mil exemplares por ano durante dezoito anos, a partir de 1757, até cair em desuso. Descrevia até duzentas mulheres que trabalhavam como prostitutas com tantos detalhes que o livreto pode ter sido comprado para fins de masturbação; seja como for, as descrições, em geral, se baseavam em mulheres reais e devem ter sido precisas dentro do estilo da época:

> Sally Robinson, de Maiden Lane
>
> A origem desta mulher é um pouco obscura, mas ela vendeu salsichas na rua até os 15 anos de idade, quando a célebre sra. Cole teve a visão de vender sua virgindade por 30 guinéus, dos quais ela generosamente deu a Sal um presente de 5 xelins para curá-la da gonorreia que contraiu de seu deflorador. Ela é uma garota alta e gorda, mas não é grosseira, nem seu rosto é desagradável, mas é mercenária como o diabo, o que reduz todas as suas boas qualidades.[226]

A lista inclui mulheres jovens:

> Senhorita..., Rua Newman, 44, Rua Oxford
>
> Esta pequena beldade ainda não completou 16 anos e, para compensar sua deficiência de altura, ela é elegantemente formada, nem lhe falta beleza [...]. Dois guinéus o levarão a conhecer melhor esta beldade e você não terá razões para se arrepender.[227]

A lista também inclui uma rara menção a uma mulher judia. Cito a misoginia e o antissemitismo em benefício da precisão:

> Senhorita Lawr-e, Igreja de St. Anne, 6, Soho
>
> A religião dos judeus não lhes permite comer carne de porco ou festejar com os cristãos; até que ponto esta dama adere estritamente aos detalhes de sua fé não podemos afirmar com certeza; mas o que podemos dizer com verdade é que ela não tem a menor objeção à concupiscência cristã e abrirá sua sinagoga do amor, mesmo aos sábados, seja para judeus, turcos ou infiéis, se acharem apropriado procurá-la no endereço acima.
>
> Esta jovem israelita renunciou a seus amigos levíticos por um cristão, que lhe deu provas interiores de uma nova fé, provas estas que lhe foram tão convincentes que, a partir daí, ela continuou a converter-se completamente à ortodoxia. Ela tem um temperamento alegre, tem bons dentes, cabelo escuro, olhos negros, nariz romano, cor fresca, tamanho médio e é libertina na aparência.[228]

Uma *Lista de damas de Covent Garden* que descrevia prostitutas e seus preços foi publicada pelo "sr. Harris" durante trinta anos, a partir de 1760, e serviu de guia para duas gerações de clientes da elite. Nos anos 1830, já havia estabelecimentos demais para serem descritos: novecentos bordéis e 850 casas de "má fama".[229]

Algumas prostitutas profissionais de tempo integral viviam bem do sexo, mas a maioria das mulheres nas ruas vendia sexo em troca de comida, uma cama para passar a noite, álcool ou presentes. Seu número aumentou rapidamente à medida que o salário do ganha-pão dos homens forçou a redução dos salários das mulheres. Ladra desde pequena, Ellen Reese, afirmou que "só se tornou uma prostituta regular quando não conseguiu mais furtar em lojas — era uma situação miserável de qualquer maneira, mas ir para a rua era mais lucrativo".[230]

Ann Illiard e sua filha, multadas e detidas por manterem um bordel, provavelmente foram presas e condenadas em abril de 1809: não por administrarem um bordel, mas devido ao "grande número de mulheres desordeiras" e das "indecências" cometidas "em um raio de cinquenta metros de distância de uma escola de caridade para mulheres, no pátio de Cavendish, Houndsditch".[231] As autoridades da paróquia solicitaram à sra. Illiard, uma viúva, que fechasse o bordel, mas ela recusou dizendo que "não tinha outros meios para obter seu sustento". Ela e sua filha foram detidas. O tribunal considerou as mulheres culpadas e multou a mãe, de 60 anos, em 150 libras, e a filha, que tinha cerca de 30 anos, em 50 libras: "A filha então implorou para proferir uma ou duas palavras ao Tribunal, nas quais declarou sua inocência; disse que só tinha ido visitar a mãe, cuja profissão ela lamentava; e que não conseguiria pagar nem 50 xelins. Acrescentou que os nomes pelos quais elas respondiam não eram seus nomes verdadeiros e que as instalações pertenciam a outras pessoas, que as alugaram para sua mãe por uma taxa semanal e que agora a haviam abandonado. Diante disso, sua mãe se aposentou, aparentemente dominada pela tristeza".[232]

O problema que eram as prostitutas doentes e pobres inspirou alguns filantropos da elite a abrir o primeiro "Magdalen Hospital", em Londres, em 1758. Nomeados em homenagem a Maria Madalena, a prostituta penitente perdoada por Jesus, esses hospitais não foram criados para ajudar as prostitutas, mas para impedir que as mulheres entrassem na prostituição. As jovens que haviam sido seduzidas ou estupradas eram preferidas, enquanto as prostitutas eram consideradas muito difíceis de corrigir. Qualquer mulher grávida ou qualquer pessoa com uma doença sexualmente transmissível era encaminhada aos hospitais de internação para mulheres carentes ou para os hospitais Lock, que eram basicamente prisões que tratavam pacientes com doenças venéreas. Devido à pobreza das mulheres da classe trabalhadora, sempre havia muito mais candidatas do que vagas disponíveis. Elas se candidatavam uma vez por semana, fazendo fila para entrevistas, cujo objetivo era descobrir "se tinham desejo de corrigir-se ou apenas um desejo de alívio da pobreza".[233]

O Magdalen Hospital de Londres admitiu quase quatro mil jovens em cinquenta anos, desde 1758. A maioria aprendia a cuidar da casa e recebia alta para trabalhar na casa de alguma família ou voltava a sua família biológica, enquanto cerca de 15% das jovens eram expulsas por "comportamento impróprio". Outro quinto das mulheres saía antes do período de internação ou morria.[234] O Magdalen Hospital era dirigido por homens, com patronagem de mulheres das classes alta e média. Sua capela, com o Coro Magdalen, tornou-se a igreja da moda, e as meninas podiam ser vistas trabalhando mediante agendamento; entretanto, elas podiam recusar-se a ser exibidas a ex-empregadores ou conhecidos. Em 1800, cerca de trezentas casas Magdalen já haviam sido abertas por toda a Inglaterra, cada vez mais especializadas em serviços de lavanderia. Algumas se transformaram em um destino ao qual mães solteiras eram enviadas para trabalhar, cujos filhos ilegítimos lhes eram tirados e colocados para adoção.

Para as mulheres da elite inglesa, o abuso sexual das mulheres da classe trabalhadora por parte de seus maridos já não podia ser um recurso secreto para manter os casamentos sem sexo da elite. A crise de confiança na superioridade inglesa causada pela Primeira Guerra da Independência da Índia, em 1857, espalhou-se extensamente. A superioridade moral da elite inglesa, sustentada financeiramente por um marido provedor e ornamentada com uma esposa em sua esfera distinta, já não tinha ares de sucesso na Inglaterra nem era um objeto de admiração no exterior. As prostitutas desafiavam a imagem da superioridade moral masculina branca tanto quanto os indianos revoltados, e as mulheres representavam uma falha visível na raça superior, um vetor de doenças, um sinal de que os homens não eram o que diziam ser: moral e socialmente superiores. Como a Inglaterra podia afirmar ser uma raça superior e avançar em sua conquista do mundo se não era capaz de demonstrar superioridade moral nem dentro de casa?

## Estupro

A crença generalizada de que os homens da elite podiam usar as mulheres da classe trabalhadora para fins sexuais provavelmente levou a um aumento no número de estupros por parte de homens das classes média e alta e a uma relutância em denunciá-los. Apenas um homem da elite foi acusado de estupro de crianças em Londres. Sir John Murry foi considerado inocente em 1719.[235] Um homem conhecido como "Mestre do Estupro da Grã-Bretanha", Francis Charteris, foi condenado por estuprar sua criada Anne Bond, mas perdoado pelo rei em abril de 1730.[236] Dos 45 casos de estupro levados ao tribunal de Old Bailey de 1770 a 1799, nove (20% dos estupros registrados) foram cometidos por um empregador ou um parente do empregador contra uma criada. A maioria dos casos de estupro em Londres parece ter sido cometida por estupradores da classe média-baixa contra conhecidas da classe intermediária-baixa ou colegas de trabalho; em apenas 27% (doze) desses casos o agressor era um desconhecido — talvez por se considerar difícil demais encontrar um homem que não tivesse sido identificado pela mulher.[237]

Em Surrey, entre 1660 e 1800, a cada um ano e meio, somente um caso de estupro seria levado a juízo. Nos tribunais de Sussex, no mesmo período, isso ocorria com ainda menos frequência: em média, um caso a cada quatro anos.[238] Em Surrey, entre 1660 e 1802, duas vezes mais mulheres apresentaram acusações de tentativa de estupro aos tribunais do que acusações de estupro em si — 86 contra 42[239] —, o que pode refletir a disposição do júri em condenar os réus por acusações menores. No Old Bailey, Londres, entre 1770 e 1800, foram julgados 43 casos de estupro contra mulheres e meninas com mais de 12 anos e 7% dos réus (três homens) foram considerados culpados; já em quinze casos no Circuito

Judicial Nordeste no mesmo período, 13% (dois homens) foram condenados.[240] Se a vítima de estupro tivesse menos de 9 anos, considerava-se estupro independentemente de qualquer argumento apresentado pelo réu.[241] A pena de morte para estupro de adultos ou para relações sexuais com crianças menores de 10 anos foi abolida em 1841; estava em vigor desde 1540.

As mulheres locais tinham autoridade em casos de estupro e incesto. Júris compostos de matronas podiam inspecionar uma vítima para verificar virgindade, doença ou gravidez, testemunhar sobre sua reputação e até recomendar um veredito.[242] A reputação de uma mulher era um fator decisivo, e seria atestada por outras mulheres. Mas, em 1836, todos os réus acusados de todos os crimes passaram a ter o direito a um advogado de defesa para falar em seu nome, interrogar testemunhas e contestar provas contra eles.

Os casos de estupro tornaram-se um teatro no qual homens qualificados e altamente instruídos ensaiavam explicações e justificativas em defesa do estuprador acusado. Advogados da classe alta interrogavam uma mulher pobre que fora estuprada, questionando seu caráter, história e confiabilidade. As mulheres que a conheciam já não eram convocadas para emitir seu parecer. Isso foi devastador para as mulheres que denunciavam um estupro, que agora se viam confrontadas com um interrogatório hostil como as principais testemunhas de um crime cometido contra elas.[243]

## Esportes

Em Londres, em 1768, o maior tenista da Inglaterra, o sr. Tomkins, foi derrotado por 2 a 1 por uma francesa de 40 anos, madame Bunel, que usava "uma saia curta e uma jaqueta confortável, que não restringia seus movimentos, com os quais ela voava de um lado ao outro da quadra".

Os apostadores furiosos que apostaram no sr. Tomkins exigiram uma revanche. Madame Bunel aceitou o desafio de defender seu título de campeã, por um prêmio considerável em dinheiro. Foi um importante evento político e social, com a presença do embaixador francês e da nobreza. Madame Bunel venceu novamente o adversário, dessa vez por 4 a 2.[244]

Uma amazona, Alicia Meynel, desafiou seu cunhado, capitão Flint, para uma corrida de mais de 6 quilômetros em 1804. Ela liderou a maior parte da corrida em sua égua, *Vinagrillo*, antes de sua montaria ficar manca e Meynel ser obrigada a desistir. Cerca de dez mil espectadores assistiram à corrida, alguns com cartazes com os dizeres "Anáguas para sempre!". Um enorme prêmio de 3 mil libras foi oferecido para um novo desafio, aceito pelo sr. Bromford, que desistiu durante a corrida. No ano seguinte, Alicia Meynel desafiou o jóquei de maior sucesso da

Inglaterra, Francis Buckle, três vezes vencedor do Derby, entre várias outras competições clássicas. Diante de uma multidão de, segundo relatos, trinta mil pessoas, os dois competiram em uma corrida extremamente acirrada, com Alicia Meynel vencendo o campeão por meio pescoço em um final empolgante — e ela estava montando com a sela adaptada das damas, com as duas pernas unidas do lado esquerdo do cavalo, e não uma de cada lado.[245]

A remadora inglesa Ann Glanville alcançou fama nacional em 1842, tornando-se conhecida como a remadora feminina campeã do mundo, vencendo as dez melhores equipes masculinas da França. Ela fazia apresentações com uma equipe exclusivamente feminina. Ann casou-se com John Glanville, que trabalhava como barqueiro no rio Tamar, criou catorze filhos e assumiu o cargo de barqueira quando seu marido adoeceu.[246]

## Definindo meninas e treinando mulheres

O movimento romântico se opôs à prática tradicional de envolver o bebê em panos e prendê-lo a uma tábua, preferindo uma abordagem mais livre e tátil. Mais bebês passaram a ser amamentados pela mãe devido à advertência feita aos pais de que a criança poderia ser moralmente corrompida ou infectada por uma ama de leite. O apego dos filhos à mãe virou moda mesmo entre as classes mais altas e endossou a crença de que as mulheres não eram sexuais, mas altamente maternais.

A partir do século XVIII, com a disponibilização de tecidos laváveis — algodão, linho e musselina —, mesmo os pais da classe trabalhadora podiam dar-se ao luxo de vestir os bebês com vestidos brancos até eles começarem a engatinhar, quando bainhas eram costuradas nos vestidos para fazer "casacos curtos", sem distinção entre meninos e meninas. Mas a ênfase cada vez mais intensa na ideia de que havia apenas dois sexos rigidamente definidos, sem variação, levou à necessidade de identificar o sexo de um bebê já ao nascer, para criar uma criança adequada a seu futuro. Em 1837, o registro público de nascimentos exigia que o pai decidisse o sexo do filho no momento de nascimento e o registrasse (não havia outras opções) mediante as autoridades. O comportamento adequado ao sexo definido era ensinado às crianças desde cedo. Sarah Stickney Ellis escreveu, em 1843: "Os meninos cresciam acostumados a um tratamento calculado para torná-los determinados, francos e ousados, enquanto as meninas eram treinadas para induzir os extremos opostos de fraqueza, artifício e desamparo tímido".[247]

Não era fácil ensinar meninas saudáveis a se conter e a se reprimir; mas as roupas da elite, com corpetes justos e saias longas, esmagavam os pulmões e o abdômen e restringiam a mobilidade. A moda feminina prejudicava o crescimento das meninas: "Assim como o corpo das mulheres era deformado a partir dos 2 anos de idade por suportes de metal que contraíam a parte superior do tronco (e tornavam sua saúde atraentemente delicada), também a mente das meninas era deformada pelas ordens de permanecerem quietas e tolas".[248]

Este anúncio de 1883 da *Harper's Magazine* promove "espartilhos de saúde perfeitos" combinados para mãe e filha.

O movimento evangélico — uma renovação do entusiasmo na Igreja Anglicana — definiu o lar da classe média como o centro da virtude moral e da religiosidade das mulheres: "O que é encontrado em todo o círculo de prazeres da moda que pode produzir sentimentos de deleite tão requintados quanto os que o marido afetuoso desfruta ao voltar para casa do trabalho e do cansaço do dia e encontrar sua esposa ocupada com as tarefas domésticas?".[249]

O lar era o melhor lugar para uma dama; e não demorou para que fosse o único lugar para ela. No século XVIII, as ruas de Londres onde ficavam os "clubes de cavalheiros" foram fechadas às mulheres da elite, que não podiam ser vistas nelas, e, no século XIX, apenas as ruas designadas como comerciais eram visitadas pelas damas. No início do século, notícias nos jornais sobre casos de estupro intensificaram o temor ao mundo externo e nutriram a crença de que não era seguro para as mulheres sair à rua.[250]

Com a idealização das mulheres, passaram a ser exigidos delas comportamentos impossíveis. O crítico de arte e filósofo John Ruskin, decepcionado com sua mãe e depois com sua esposa, não hesitou em culpá-las: "Não há guerra no mundo, nem injustiça; mas vocês, mulheres, são responsáveis por tudo. Não pelo que provocaram; mas pelo que não impediram. Não há sofrimento, nem injustiça, nem miséria na terra; mas a culpa de tudo é sua".[251]

A dona de casa semienclausurada era a marca registrada do lar das classes alta e média. Tornou-se um modelo para famílias da classe média, que deixavam esposas e filhas ociosas para se qualificarem ao ingresso na classe alta. Até as famílias da classe trabalhadora faziam de esposas e filhas não remuneradas uma tentativa de demonstrar sua prosperidade e respeitabilidade. Em 1849, Henry Mayhew, o grande observador dos trabalhadores de Londres, relatou: "A parcela mais respeitável dos carpinteiros e marceneiros não permitirá que sua esposa faça qualquer outro trabalho além de cumprir seus deveres domésticos e familiares".[252]

## A jovem Vitória

A coroação de uma jovem de 19 anos como rainha da Inglaterra, em 1838, despertou um novo entusiasmo pela monarquia e ofereceu um exemplo vivo de mulher idealizada da elite. A doutrina das esferas distintas destinadas a produzir meninas modestas, delicadas, semi-instruídas e não produtivas teve um excelente exemplo na nova rainha. Ela foi criada praticamente em reclusão, protegida pela mãe rigorosa da vida desregrada da corte, especialmente de seus tios, de comportamento impróprio ou moralmente questionável. A ênfase em sua criação protegida, sua modéstia virginal e sua dependência em relação a seu primeiro primeiro-ministro, William Lamb, lorde Melbourne, enfatizou a subserviência de todas as mulheres — inclusive uma rainha —, como sugeria a teoria das esferas distintas.

A poeta Elizabeth Barrett Browning imaginou a jovem rainha vertendo lágrimas em sua coroação — por causa de sua modéstia quando menina, de sua inocência como virgem e do poder avassalador de suas emoções como mulher. Conhecida como a "rosa da Inglaterra", Vitória foi contrastada com seus impopulares antecessores, os reis de Hanover: "A Inglaterra estava farta dos vícios masculinos rudes dos reis que a precederam, de sua ganância por dinheiro público, dos corpos grosseiros e mentes ainda piores, de seus absurdos e falta de decoro [...]. A nação ficou encantada em associar os modos elegantes, o frescor juvenil e a pureza com o cetro e as vestes do Estado".[253]

Ao casar-se com o príncipe Albert, em 1840, Vitória sinalizou sua obediência ao marido como mestre do lar, sua deferência em relação a ele e seu papel de mulher doméstica: esposa e mãe, reforçando a ideia de que um casamento feliz era criado e nutrido pela submissão feminina, por mais importante que a esposa fosse. Depois do casamento, Vitória mudou deliberadamente sua imagem de bela jovem para uma mulher pouco aprumada e matronal.[254]

A rainha Vitória com uma coroa de louros composta de rosas, cardos e folhas, *c.* 1841-50.

## Casamento

A Lei do Casamento introduzida pelo lorde Hardwicke, em 1753, proibiu todos os casamentos, salvo os realizados na igreja local da noiva ou do noivo, por um clérigo da Igreja Anglicana, após a convocação dos proclamas, exceto mediante uma licença especial. *Quakers* e judeus podiam usar seus próprios locais de culto, mas ninguém mais estava autorizado a meramente proferir os votos matrimoniais diante de testemunhas. A lei foi criada para evitar o rapto de herdeiras, casamentos em fuga do lado de lá das fronteiras escocesas, casamentos de menores sem o consentimento dos pais e casamentos secretos em locais como a Prisão de Fleet.

Foi o que aconteceu com a srta. Ellen Turner, uma herdeira de 15 anos, filha do alto xerife de Cheshire, que foi convencida a fugir do internato da sra. Daulby em Liverpool, em fevereiro de 1827, pelo advogado Edward Gibbon Wakefield, seu irmão William e a sra. Frances Wakefield. Os fraudadores a levaram em uma carruagem e lhe garantiram que seu pai perderia tudo o que tinha devido à falência de um banco, mas que um casamento com William Wakefield lhe traria capital e o salvaria da desgraça. Convencida por essa história, a Srta. Turner viajou a Gretna Green, na Escócia, e foi casada com Wakefield pelo ferreiro do vilarejo em sua forja — um casamento legal na Escócia. Os três convenceram a srta. Turner a ir para França, porém o tio dela e um membro do Bow Street Runners,[*] que já os perseguiam, os capturaram em Calais. William Wakefield o tranquilizou: "Você pode dispor de sua sobrinha como achar adequado, mas a receberá de minhas mãos uma virgem pura e imaculada".

Os irmãos raptadores foram presos por três anos, mas o pai da herdeira não processou a sra. Frances Wakefield por considerá-la uma mulher que havia sido enganada pelo marido. A srta. Turner foi liberada de seus votos matrimoniais por uma moção de anulação na Câmara dos Lordes.[255]

As leis mais rigorosas para os casamentos protegeram as herdeiras ricas; contudo, tiveram o efeito de criar uma divisão ainda maior entre a vida dos trabalhadores e a da elite, uma vez que os trabalhadores não podiam pagar um casamento oficial na Igreja e muitos viviam em cortiços urbanos, destituídos de uma igreja paroquial ou qualquer ministério religioso. Diversas mulheres trabalhadoras continuaram a coabitar, a "casar-se" e separar-se por meio de rituais populares como a "venda de esposa", passando do parceiro anterior ao novo, encenando uma "venda" em público ao novo homem de sua escolha. Alguns comissários locais da Lei dos Pobres chegaram a forçar maridos a vender a esposa para evitar manter a família em *workhouses*. Pelo menos um magistrado do início do século XIX afirmou não acreditar que tivesse o direito de impedir a venda de esposas. O costume inglês de vender esposas espalhou-se por País de Gales, Escócia, Austrália e Américas, antes de finalmente desaparecer nos primeiros anos do século XX.

Observadores da elite, envergonhados, condenavam os casamentos e os divórcios tradicionais — vendas, compromissos de fidelidade e saltos para trás sobre uma vassoura — como pagãos, anárquicos e degradantes. Algumas vendas podem ter sido uma transferência aberta da esposa como escravizada de um "proprietário"

---

[*] Antiga força policial voluntária de Londres, famosa por seu trabalho em casos criminais. [N.T.]

a outro. Entre 1820 e 1830, algumas mulheres trabalhadoras se opunham à venda de esposas, sugerindo que não se tratava mais de um "casamento tradicional", e sim de uma maneira de os homens evitarem sua responsabilidade doméstica para com as mulheres com quem viviam como maridos e pais.[256]

Os casamentos da classe trabalhadora não levavam a esposa a se tornar dependente e submissa ao marido, pelo menos até o século XIX, quando os baixos salários das mulheres praticamente impossibilitaram que uma mulher sobrevivesse sozinha. Baladas populares como *Não serei uma esposa submissa* evocavam os argumentos contra a escravidão e aplicavam-os a maridos tirânicos.[257] A violência nos casamentos da classe trabalhadora era um tema comum, e algumas canções celebravam o espancamento das esposas ao passo que outras condenavam a prática. Nenhuma canção amplamente popular enaltecia casamentos igualitários e marcados pela parceria, mas o radical Samuel Bamford escreveu ternos poemas de amor para sua esposa e filhos.

> Quão felizes podemos ser, meu amor!
> Quão felizes podemos ser,
> Se nossos meios humildes melhorarmos,
> Minha esposa, meu filho e eu.
> Nosso lar será um ninho de tartaruga,
> Onde dever, paz e amor,
> Seus moradores abençoarão,
> E a tristeza afastarão.
> Mesmo com a desaprovação do mundo,
> A paz serena será nossa;
> O mundo com todos os seus poderes tiranos,
> Não pode abater a mente livre.
> Pois se me levarem para longe,
> E me prenderem com uma corrente,
> Nosso filhote ficará ao teu lado —
> Portanto, não te queixes, amor, não te queixes.[258]

Cartista ativo, tecelão de teares manuais e manifestante no protesto de Peterloo, Bamford deixou evidente que a felicidade no casamento dependia de o casal melhorar seus "meios humildes" e enfrentar a tirania.

O amor tornou-se a principal razão para o casamento no século XIX, tanto para a elite quanto para a classe trabalhadora, e histórias sobre o amor encontrado, perdido e recuperado constituíam a principal aventura nos romances populares produzidos em massa para o crescente público feminino. As mulheres das classes média e alta aprenderam a se adequar às normas da virgindade: uma mulher não deveria sequer expressar verbalmente seus sentimentos até que o homem lhe dissesse que a amava e lhe propusesse casamento. O noivado, simbolizado pelo anel e pelo anúncio da intenção de se casar, deveria durar menos de um ano, uma vez que noivados mais longos traziam o perigo da tentação do sexo antes do casamento. As mulheres da classe trabalhadora aparentemente sucumbiam à tentação: uma grande proporção se casava grávida. Entre 20% e 40% das noivas subiram grávidas ao altar das paróquias rurais inglesas em 1800-1848.[259]

Com a diminuição das oportunidades de trabalho para as mulheres da elite, o casamento tornou-se a única ambição aceitável, e a ficção da união por amor dourou a pílula do acordo comercial calculista. O cortejo tornou-se uma habilidade essencial; o casamento, um ritual social cada vez mais significativo; a virgindade, um requisito; e o defloramento, um divisor de águas na vida de uma mulher.[260]

O vestido branco — cor escolhida pelas debutantes nos salões da rainha para ingressar na vida social — passou a ser a preferência das noivas que ingressavam na vida de casadas. Em seu casamento, a rainha Vitória usou um vestido de gala de renda branca. A gravura extremamente popular dela e do príncipe Albert no dia do casamento, em 1840, mostra-o olhando diretamente para o espectador enquanto guia sua noiva, que olha para fora do enquadramento. Ela está meio passo atrás, com a mão apoiada na dele. Ele aponta o caminho com o dedo indicador, e os lábios dela estão ligeiramente abertos. É evidente que estão indo para onde ele quer; e ela está emocionada.

Os rituais cada vez mais elaborados em torno dos votos matrimoniais — a saída da noiva de casa, a entrega da noiva ao noivo pelo pai, a mudança de nome, o uso de um vestido especial e o uso permanente de um anel num determinado dedo para simbolizar que ela é propriedade de seu marido — espelham exatamente os rituais da escravidão: "O ritual da escravização incorporou [...] primeiro, a rejeição simbólica pelo escravizado de seu passado e seus parentes; segundo, uma mudança de nome; terceiro, a imposição de alguma marca visível de servidão; e, por último, a suposição de um novo *status* na família ou na organização econômica do senhor".[261]

As esposas vitorianas entravam em uma condição de coerção e controle legal em um lar da elite, o qual foi reconhecido como uma prisão protetiva para esposas no caso judicial de Cecilia Anne Cochrane, que viveu separada do marido por alguns anos, mas foi raptada por ele em 1840. O juiz, o sr. Coleridge, não liberou Cecilia Anne Cochrane, nem mesmo à própria mãe, que exigia sua filha com base na antiga lei de *habeas corpus* que impedia a prisão sem provas de irregularidade. O tribunal confirmou o direito do marido de prender a esposa:

> O marido tem a custódia da esposa e pode confiná-la se achar conveniente. No entanto, se uma esposa se ausenta do marido sem que ele tenha cometido qualquer ato de má conduta e ele, por estratagema, consegue ter acesso

a seu corpo e ela declara sua intenção de voltar a deixá-lo assim que possível, ele tem o direito de restringir sua liberdade até ela se dispor a retornar ao cumprimento de seu dever conjugal.²⁶²

O marido tinha o direito de prender a esposa fugitiva até que ela concordasse em ter relações sexuais e permanecer com ele. O juiz prosseguiu: "Para a felicidade e a honra de ambas as partes, [a lei] coloca a esposa sob a tutela do marido e concede a ele o direito, para o bem de ambos, de protegê-la do perigo das relações desenfreadas com o mundo, impondo a coabitação e a residência comum".²⁶³

O sr. Coleridge encerrou sua decisão com a declaração de que a felicidade pessoal de Cecilia Anne Cochrane era menos importante do que a estabilidade do casamento, proclamando: "Que ela seja restituída ao sr. Cochrane!"²⁶⁴

Até os casamentos que não eram um pesadelo de coerção legal podiam ser tiranias. Um colaborador do *Spectator* apontou os prazeres de ser marido: "Nada é mais gratificante para a mente do homem do que o poder ou o domínio, e considero-me plenamente possuidor desse poder por ser um pai de família".²⁶⁵

O trabalho doméstico passou a ser descrito às noivas das classes média e alta como uma oportunidade de autoexpressão. O movimento romântico, que dourou a pílula das desigualdades entre homens e mulheres, aliou-se ao entusiasmo do evangelismo do século XIX para promover o trabalho doméstico como uma oportunidade para a mulher brilhar como esposa, mãe e guia espiritual: "Uma verdadeira esposa na casa do marido é sua serva; ele sabe em seu coração que ela é uma rainha".²⁶⁶

A crescente demanda por crianças mais saudáveis para trabalhar nas indústrias e ajudar na expansão imperial britânica fez com que as mulheres fossem encorajadas a se casar e ter filhos. O império precisava tanto de oficiais quanto de soldados, e ataques ao casamento passaram a ser vistos como "não femininos e antipatrióticos".²⁶⁷

As escritoras aprenderam a guardar em seus diários privados qualquer crítica que tivessem sobre o casamento. Em 1819, Hester Thrale escreveu sarcasticamente sobre os "prazeres" de seu casamento: "Manter minha cabeça sobre uma bacia* seis meses por ano"; ela, porém, não publicou seus pensamentos.²⁶⁸

Apesar da crença de que as mulheres da elite eram imunes ao desejo sexual, sua atividade sexual nunca foi tão registrada e divulgada como quando jornais e panfletos começaram a noticiar processos judiciais de indenização instaurados por cônjuges traídos que buscavam o divórcio ao abrigo da lei de 1670, criada para substituir represálias violentas pela honra do marido na forma de uma compensação monetária a ser paga a ele pelos danos a sua propriedade — sua esposa.²⁶⁹ Os casos de indenização por adultério na classe alta se transformaram em verdadeiros best-sellers,

---

* "Bacia" (no original, *bason*), neste contexto, era uma grande tigela de bronze usada pelos sacerdotes para receber o sangue das vítimas sacrificiais durante rituais religiosos bíblicos. [N.T.]

com descrições lascivas das atividades sexuais e menção aos participantes em um código fácil de ser decifrado, como "Lady M." e "Sir...", em histórias que ficaram conhecidas como *crim cons* — de *criminal conversations* (conversas criminosas) —, ou seja, relatos das relações sexuais adúlteras. As acusações de adultério e os testemunhos de servos, amigos ou espiões constituíam uma leitura fascinante, e os acordos podiam ser surpreendentes: em 1769, o duque de Cumberland foi condenado a pagar a lorde Grosvenor 10 mil libras; em 1807, lorde Cloncurry abriu um processo judicial contra seu ex-amigo, Sir John Piers, e recebeu uma indenização de 20 mil libras por adultério.[270] Diz-se que o casal culpado estava tão absorto em fazer amor que não notou que um artista italiano, Gaspare Gabrielli, no alto de uma escada, pintava um afresco na parede do mesmo cômodo.

"Crim. con. Um esboço feito pelo seignior Gabrielli. Avaliado por doze conhecedores em 20 mil libras!" — a enorme indenização concedida a lorde Cloncurry em seu divórcio.

Inevitavelmente, a descrição dos adultérios revelou que as mulheres aristocratas eram sexualmente ativas: elas procuravam e desfrutavam de sexo com homens e outras mulheres. Assim, em uma tentativa de manter a pureza da esfera distinta do lar, assim como o duplo padrão de repressão sexual das esposas, todas as divorciadas eram imediatamente condenadas ao ostracismo: os eventos sociais e os clubes da classe alta eram fechados a qualquer mulher divorciada ou a qualquer mulher separada do marido por praticamente qualquer razão. Qualquer mulher maculada por algum escândalo era excluída dos eventos e dos *establishments* da elite. Qualquer mulher de classe alta ou média que tivesse o azar de ser apanhada em qualquer ato sexual era rejeitada ou exilada ao estrangeiro, enquanto os maridos adúlteros continuavam sendo membros respeitados da sociedade, enriquecidos pela fortuna de uma esposa abandonada, criando os filhos deles.

## Mulheres solteiras

Quando o censo de 1851 revelou que, da população de vinte milhões de pessoas, 2,5 milhões de mulheres eram solteiras e que o número de mulheres ultrapassava o de homens em meio milhão, houve um clamor de indignação misógina.[271] Foi a primeira vez que mulheres solteiras foram contabilizadas, assim como foi a primeira vez que o estado civil foi divulgado, e muitos comentaristas ficaram horrorizados. As mulheres solteiras — muitas já banidas de trabalhos lucrativos e de uma vida significativa sob a alegação de que deveriam ser protegidas do perigo de "relações desenfreadas com o mundo", como diria o juiz Coleridge[272] — eram consideradas improdutivas e parasitas. As solteiras passaram a ser cada vez mais caracterizadas como "mulheres excedentes".

O economista político vitoriano W. R. Greg escreveu um ensaio pomposo sobre o problema da "mulher excedente", propondo que, se as mulheres fossem mais encantadoras, e as esposas, menos exigentes com os maridos, elas encontrariam homens solteiros dispostos a se casar: "Quando as esposas se tornarem menos dispendiosas e menos exigentes, mais homens aprenderão a preferi-las às amantes".[273] As solteiras "restantes" deveriam ser enviadas às colônias, onde havia proporcionalmente mais solteiros, que se disporiam a casar-se com qualquer uma.

"Temos 1,5 milhão de mulheres adultas solteiras na Grã-Bretanha. Meio milhão dessas mulheres são procuradas nas colônias, mais meio milhão pode se ocupar de maneira útil, feliz e indispensável no serviço doméstico. O mal visto dessa maneira assume dimensões administráveis, restando apenas meio milhão residual para ser resolvido na prática".[274]

A linguagem relativa às mulheres solteiras deteriorou-se. Chamar uma mulher de "excedente" insinuava que nenhuma mulher solteira tinha qualquer valor, e a palavra "solteirona" tornou-se um insulto. Mas o cenário cada vez mais hostil e a explosão de comentários sobre o excedente de mulheres não as persuadiram a embarcar nos dez mil navios que Greg acreditava serem necessários para exportar mulheres solteiras às colônias; pelo contrário, esse cenário conscientizou as solteiras, pela primeira vez, sobre seu número e sobre si mesmas como integrantes de uma comunidade.

# Safismo

"Sempre que duas damas passam muito tempo juntas [...] isso agora tem um nome grego e se chama safismo."²⁷⁵ Foi o que disse a escritora Hester Thrale em um de seus momentos de "falso choque" sobre a mudança de atitude em relação ao sexo. Era consenso que todos os corpos agora eram masculinos ou femininos, sem gradações, de modo que as mulheres que amavam mulheres não tinham qualquer justificativa para serem quase homens, intersexo e movidas pela luxúria masculina. Elas deveriam ser totalmente mulheres e apenas mulheres, de maneira que estavam erradas em sentir desejo, terrivelmente erradas em agir sobre o desejo e duplamente erradas em fazê-lo com o sexo errado.²⁷⁶ Os autoproclamados especialistas concordavam que as mulheres que escolhiam amar mulheres estavam sendo deliberadamente depravadas.²⁷⁷

A intimidade sexual entre mulheres não era muito conhecida fora dos círculos sofisticados. Hester Thrale, também uma patrona das artes, reverenciava a amizade feminina sentimental e se horrorizava com a possibilidade de que mulheres que moravam juntas fossem sexualmente ativas: "É o meu flagelo pensar sobre o mundo e todos os indivíduos que nele habitam em uma perspectiva boa, mais do que merecem; supõe-se que aquela casa da srta. Rathbone não passava de uma gaiola de pássaros impuros vivendo em um celibatário pecaminoso. Tenha misericórdia de nós!".²⁷⁸

Houve uma mulher sexualmente atraída e ativa com mulheres que pensou ser a única no mundo. A rica proprietária de terras Anne Lister (1791-1840), apelidada em Yorkshire, onde morava, de "Cavalheiro Jack", usou sua riqueza e *status* para proteger-se e seduzir muitas mulheres. Ela registrou em diários secretos e codificados suas experiências com várias parceiras e muitos eventos sexuais. Uma de suas preferidas foi uma vizinha, Marianna Belcombe. Lister descreveu uma noite de amor com Marianna na qual as duas experimentaram orgasmos múltiplos. Marianna foi obrigada por sua família, e por seu próprio desejo de se conformar às convenções, a casar-se com um homem rico. Depois do casamento, ela só pôde encontrar-se com Anne sob o pretexto de visitas entre amigas, quando dormiam juntas como amigas aparentemente não sexuais. As duas contraíram uma doença sexualmente transmissível — provavelmente do marido de Marianna.

Anne viajou pela Europa para explorar seu amor pelas mulheres, e foi assertiva, quando não agressiva sexualmente com mais de uma amante hesitante, antes de abandoná-la e seguir em frente. Ela leu sobre mulheres amantes na literatura clássica e estava curiosa para conhecer uma mulher de sua vizinhança sobre a qual se dizia sentir atração sexual por outras mulheres: "Ela era uma figura que eu desejava encontrar havia muito tempo para esclarecer minhas dúvidas sobre se tal pessoa realmente existe hoje em dia [...]; há mais srtas. Pickfords no mundo do que eu pensava?".²⁷⁹

Anne Lister também visitou um famoso casal de mulheres, as "Senhoras de Llangollen", e descreveu sua experiência em uma carta a Marianna Belcombe, que perguntou se as mulheres eram sexualmente ativas: "Diga-me se você acha que a relação delas sempre foi platônica e se você acredita que uma pura amizade pode ser tão exaltada [...]; não posso deixar de pensar que certamente não é platônica. Deus me perdoe, mas olho para mim mesma e duvido. Sinto a enfermidade de nossa natureza e hesito em declarar que tais apegos sejam cimentados com algo mais terno do que a mera amizade".[280]

Mais tarde na vida, Anne Lister se apaixonou por uma herdeira rica, Anne Walker. As duas fizeram uma cerimônia privada na Igreja na qual receberam a comunhão juntas, o que consideraram uma cerimônia de casamento vinculativa, e viveram juntas até a morte de Anne Lister.

A atividade sexual entre mulheres, até então ignorada, encoberta ou referida apenas em cartas discretas e privadas, passou a ser discutida em círculos mais amplos, e fofocas e acusações foram publicadas. As mulheres que amavam mulheres eram chamadas pela gíria *tommies*, mas as pessoas com instrução clássica falavam de "safistas" — da poeta grega Safo, que escreveu sobre seu amor pelas mulheres.[281]

Uma mulher da elite insultada publicamente de safista foi Anne Seymour Damer (1749-1828), uma artista e romancista inglesa com ligações com a aristocracia da Inglaterra e da Europa. Viúva pelo suicídio do marido e herdeira de Horace Walpole, Anne Damer combinou independência financeira com genialidade artística trabalhando como escultora. Ela usava jaquetas e camisas masculinas com saias e foi satirizada em um poema, que a caracterizou como "safista" e no qual a gíria *tommy* foi publicada pela primeira vez para referir-se a uma mulher que ama mulheres. O falso epitáfio de 1780 dizia que ela era "suscetível às fraquezas que a rigorosa virtude censura".[282]

Ela também foi denunciada por lesbianismo em um panfleto, *O Clube do Partido Whig*, em 1794, acusada de seduzir a atriz Elizabeth Farren: "Superior à influência dos *homens*, ela deve sentir um prazer mais requintado com o toque da bochecha da sra. D...r do que com a fantasia de quaisquer novidades que a noite de núpcias possa prometer".[283]

Viúva rica, Damer podia se dar ao luxo de esculpir, colecionar livros, atuar e escrever. Ela transitava nos círculos da elite da Europa e foi amiga íntima de Georgiana, duquesa de Devonshire, bem como de Lady Elizabeth Foster, amiga de Georgiana e amante de seu marido. Damer conhecia Sarah Siddons, que, por sua vez, era amiga da atriz Elizabeth Ashe, da escritora Mary Berry e de Emma Hamilton, a famosa amante do almirante Nelson. A desaprovação inglesa à conduta da sra. Damer surgiu em uma altura em que o lesbianismo foi associado com uma influência estrangeira e com um comportamento boêmio e artístico. Maria Antonieta, rainha da França, foi acusada de "orgias sáficas",[284] uma calúnia que combina — em uma única acusação inclusiva — antigalicismo, antimulheres e antimonarquia.

A tempestade de publicidade negativa que se seguiu aos casos de Anne Damer e de outras mulheres suspeitas de "safismo" implicou que, no fim do século XVIII, até as mulheres da elite mais protegidas estivessem cientes do potencial componente físico e erótico das amizades femininas apaixonadas. Mas elas podiam optar por ignorá-lo.[285]

Como a relação sexual era firmemente definida como penetração peniana da mulher, inclusive da menos entusiasmada, a intimidade sensual entre mulheres não era considerada uma relação sexual. Sem um homem munido de um pênis, a relação não poderia existir. Era uma enorme vantagem para as amantes que escapassem aos comentários, cujo desejo mútuo ficava oculto pela crença de que mulheres não sentiam desejo sexual e de que qualquer coisa que fizessem juntas não poderia ser "relação sexual". Essa mistificação manteve as mulheres amantes escondidas durante séculos e impediu que o lesbianismo fosse criminalizado nos livros jurídicos, pois alguns legisladores pensavam que ele simplesmente não era possível, enquanto outros preferiam ignorar o fato.

Amigas e amantes mulheres podiam frequentar juntas os círculos sociais mais elegantes sem ser caluniadas, desde que definissem sua amizade como sentimental, altamente emocional e até apaixonada, e ocultassem qualquer intimidade sexual. Alguns casais de mulheres viveram juntos durante anos na tradição da "amizade sentimental" e muitos desses casais podem nunca ter tido relações sexuais. Edith Simcox, a escritora e líder reformista, expressou sua adoração apaixonada por Mary Ann Evans (que publicava sob o pseudônimo George Eliot), a qual foi retribuída apenas com amizade. Geraldine Jewsbury escreveu à esposa de Thomas Carlyle, Jane Welsh Carlyle: "Ah, Carissimia, você nunca sai da minha cabeça nem do meu coração. Depois que você partiu na terça-feira, senti-me terrivelmente infeliz, infeliz demais até para chorar [...] e o que pode ser feito?".[286] As duas mulheres foram boas amigas até a morte de Jane, em 1866.

"Senhoras de Llangollen" foi o nome dado a Eleanor Butler (c. 1738-1829) e Sarah Ponsonby (c. 1755-1831). Elas se conheceram quando Eleanor tinha 29 anos, e Sarah, apenas 13, e tornaram-se amigas inseparáveis. Aos 23 anos, Sarah recusou um pedido de casamento e fugiu com Eleanor, de 39 anos, para morar com ela em uma casa em Llangollen, no País de Gales, e levar uma vida de amizade privada, cultura e jardinagem. Elas ficaram conhecidas como as "Senhoras de Llangollen", um casal excêntrico que usava jaquetas masculinas sobre trajes de montaria com saias longas. As duas consideraram processar por difamação um jornal que insinuou que Eleanor assumia um papel masculino e Sarah era mais feminina, mas um amigo, o filósofo Edmund Burke, recomendou que ignorassem a calúnia: "Seu consolo deve ser que vocês sofrem apenas com a baixeza da época em que vivem, que sofrem com a violência da calúnia pelas virtudes que lhe conferem a estima de todos os que sabem estimar a honra, a amizade, os princípios e a dignidade lógica, e que vocês sofrem ao lado de tudo o que há de excelente no mundo".[287]

Burke lembrou às damas que seu *status* de elite bastaria para protegê-las das acusações vulgares. Elas poderiam simplesmente definir seu relacionamento como "sentimental" e ninguém poderia contradizê-las. Mas, se processassem o jornalista por difamação, teriam de apresentar provas em tribunal para provar que era falsa a implicação de que uma assumia o papel masculino e a outra, o feminino. Ao ignorarem a calúnia, elas evitaram apresentar-se ao tribunal e puderam sustentar a superioridade do exemplo "puro" de amizade sentimental que eram. A lápide de Sarah Ponsonby no cemitério de Llangollen descreve Lady Eleanor Butler como sua "amada companheira".

As mulheres acusadas de ter relações sexuais com outras mulheres não foram as únicas a negar a acusação em público e recorrer ao *status* de elite para provar que a intimidade sexual não havia ocorrido. Em 1795, Eliza Frances Robertson, uma professora de Greenwich, foi acusada de fraude, de travestismo, de passar-se por homem e de ter relações sexuais com sua amiga e colega de trabalho na escola. A defesa de Robertson, escrita na prisão de Huntingdon e posteriormente publicada, usou deliberadamente uma linguagem extravagante e religiosa; ela escreveu como se fosse uma mulher de classe média de quem se esperava que fosse sexualmente frígida: "Os críticos das razões para a afeição entre a autora e sua amiga, a srta. Sharp, não entendem ou não valorizam os tipos de sentimentos descritos na Bíblia, como a amizade entre Naomi e Ruth [...]. Nosso Salvador não apenas aprovou a amizade entre pessoas do mesmo sexo como consagrou ele mesmo a amizade pelo exemplo divino".[288]

Outra dupla de professoras, Marianne Woods (1781-1870) e Jane Pirie (1779-1833), teve a vida arruinada após cometer o erro que as Senhoras de Llangollen evitaram. Elas abriram um processo por difamação contra o tutor de um aluno, que as acusara de serem amantes. Embora as Senhoras de Llangollen, que contavam com recursos independentes, pudessem dar-se ao luxo de ignorar os comentários, as professoras de classe média só poderiam ganhar a vida se sua reputação não fosse maculada pela sexualidade. Lady Helen Cumming Gordon disse a outros pais e responsáveis que as duas professoras de 20 anos se chamavam de "querida", dividiam um quarto e uma cama no internato que possuíam em Edimburgo, e foram ouvidas se beijando, se acariciando e ofegando. As duas jovens processaram por difamação e ganharam o caso em um recurso na Câmara dos Lordes com base no fato de que, uma vez que a relação sexual necessariamente envolvia penetração peniana da vagina e uma vez que apenas a penetração peniana da vagina poderia causar o orgasmo feminino, não importava o que elas estivessem fazendo, não podia tratar-se de sexo. O advogado delas disse ao tribunal: "Suas partes íntimas não são moldadas para penetrar uma na outra, e sem penetração o orgasmo venéreo não pode ocorrer".[289]

Contudo, a maior parte da indenização de 10 mil libras foi para pagar honorários advocatícios, e as duas se separaram: Marianne retornou a seu empregador anterior, em Londres, e Jane Pirie permaneceu em Edimburgo, provavelmente excluída do trabalho na educação e profundamente deprimida.

Georgiana, duquesa de Devonshire, suportou durante anos um triângulo amoroso com seu desagradável marido, William Cavendish, quinto duque de Devonshire, e a amante dele, sua amiga Lady Elizabeth "Bess" Foster. Os adultérios sexuais de Georgiana com homens foram amplamente divulgados, e ademais as duas mulheres nutriam um relacionamento profundo e talvez uma ligação sexual: "Minha querida Bess", escreveu Georgiana, "ouves a voz do meu coração clamando por ti? Sentes o que é para mim estar separada de ti?".[290]

## Mulheres se representando como homens

A crescente ênfase na modéstia feminina, inclusive no palco, reduziu a aceitação das atrizes que se vestiam como homem e interpretavam personagens "de calças". Benjamin Victor, um comentarista do teatro londrino, expressou a mudança da tendência em meados do século XIX: "A partir de agora, vós, belas do palco, devem considerar se é apropriado [...] interpretar personagens masculinos. Arriscarei, em nome de todos os espectadores sóbrios, discretos e sensatos, responder 'Não!'. É necessário algo muito além da delicadeza de vosso sexo para alcançar o ponto da perfeição, de modo que, se o atingirem, poderão ser condenadas como mulheres e, se não o fizerem, serão prejudicadas como atrizes".[291]

Algumas mulheres se vestiam como homem para garantir sua segurança em um mundo misógino. Outras se vestiam como homem para acompanhar os maridos — por vezes no serviço militar. Christian Davies, Mary Knowles e Mary Talbot tornaram-se heroínas populares no século XVIII, tais qual Hannah Snell, disfarçando-se de homem para seguirem os maridos.

"Le Petit Matelot" ("O pequeno marinheiro") foi o codinome de uma espiã inglesa que atuou como mensageira do governo britânico em uma rede de espionagem em Paris, em 1795. Arabella Williams, viúva de um soldado britânico, disfarçou-se de grumete para transportar dinheiro e mensagens durante dois anos ou mais, até maio de 1801, quando as autoridades francesas a prenderam.[292]

O *Newgate Calendar* apelidou Sarah Penelope Stanley de "A Soldada" quando ela foi acusada de pequeno furto, em 1796. Stanley era filha de um administrador de terras e foi aprendiz de modista em Lichfield. Depois de abandonar o marido, um sapateiro pobre, para ir a Londres, ela se vestiu de homem, trabalhou como escriturária e acabou sendo recrutada para um regimento de cavalaria leve. Stanley serviu por um ano antes de ser promovida a cabo, até revelar ser mulher. O comandante de sua unidade providenciou sua dispensa honrosa e fez amizade com ela, assim como outros oficiais e alguns moradores de Carlisle. Ao regressar a Londres, ela passou por dificuldades financeiras e roubou uma capa; diante do tribunal, ela se defendeu dizendo que se tratava de sua primeira ofensa e que pretendia indenizar a vítima e vestir-se como mulher no futuro. O tribunal foi tão simpático a ela que dois subxerifes e seu carcereiro deram-lhe dinheiro quando ela foi libertada.[293]

Em 1832, Anne Jane Thornton, uma menina de 15 anos, fez uma viagem transatlântica vestida de grumete para encontrar o homem que amava e que fora para a América. Ao chegar lá, descobrindo que ele havia morrido, ela trabalhou em outros navios, autodenominando-se Jim Thornton. Em sua travessia de volta a Londres, no navio *The Sarah*, um tripulante notou que ela era mulher, e Thornton foi levada ao capitão, que a manteve no cargo.

Ele disse: "Ela subia pelo mastro em qualquer clima e enfrentamos um mar tumultuado. Coitada, ela passou por maus bocados, sofreu muito com a chuva, mas suportou tudo muito bem e foi um excelente marinheiro".[294] Anne Thornton escreveu a própria biografia, *A vida interessante e as aventuras maravilhosas daquela mulher extraordinária Anne Jane Thornton, a marinheira*, e recebeu um subsídio do rei, uma doação dos cidadãos de Londres e o arrendamento de uma fazenda na Irlanda. Embora recebida por uma multidão de admiradores, ela posteriormente seria agredida por seus vizinhos homens, que exigiam que ela se casasse. Ela se casou com um amigo que a resgatou deles em 1836.

As pugilistas mulheres continuaram treinando e lutando em público por prêmios consideráveis, mas as críticas a elas em jornais e revistas ridicularizavam sua feminilidade — que as tornava boxeadoras inferiores — ou a falta dela, quando elas se despiam da cintura para cima para lutar. Uma testemunha em um processo judicial contra mulheres pugilistas desordeiras disse, de maneira depreciativa, que não era possível afirmar se eram homens ou mulheres.[295]

A identidade da marinheira Anne Thornton (1817-1877) foi descoberta depois que ela se recusou a fazer sexo com um tripulante que a viu nua.

Outras mulheres foram processadas por se vestir como homem: Mary Jones foi detida por usar roupas masculinas e causar tumulto na Tummil Street, em Londres, enquanto Ann Lewis foi detida por vestir-se de marinheiro; as duas mulheres possivelmente foram acusadas de comportamento vulgar em público, uma ofensa mais grave do que se travestir discretamente.[296]

Ao visitar a prisão de Newgate para fundar uma escola para os filhos das detentas, a *quaker* Elizabeth Fry testemunhou cenas "terríveis demais para serem descritas", incluindo "mendigar, xingar, jogar, brigar, cantar, dançar, vestir-se com roupas de homem".[297]

Algumas modas femininas foram condenadas apenas por insinuarem o estilo masculino. A introdução da jaqueta "masculina" ao traje de equitação feminino incomodou os comentaristas John Gay e Joseph Addison, que alegaram que isso misturava os sexos, que deveriam ser mantidos completamente separados.[298]

## Mulheres que se casam com mulheres

Uma mulher que se passava por homem para viver com outra mulher, ou até com uma sucessão de mulheres, era chamada de "marida" (*female husband*), um termo que se tornou popular e difundido. Algumas "maridas" faziam parte de uma dupla sexualmente íntima de mulheres e adotavam uma identidade masculina para conquistar a aceitação da sociedade; outras adotavam uma identidade masculina temporária para seduzir certa mulher; algumas possivelmente sentiam que não deveriam ter nascido mulheres; e outras devem ter adotado disfarces masculinos por razões práticas, como escapar de situações perigosas. Relatos de "maridas" passaram a ser comuns em revistas e jornais do século XVIII.

Em junho de 1773, foi relatado que uma jovem se vestiu como homem e se casou com uma mulher mais velha e rica: "O objetivo era apossar-se do dinheiro e fugir, mas a velha dama mostrou-se muito sábia".[299] Em julho de 1777, a *Gentlemen's Magazine* relatou sobre "uma mulher condenada a seis meses de prisão por vestir roupas de homem e ser casada com três mulheres diferentes com um nome fictício e por defraudá-las de dinheiro e bens. Jane Marrow foi condenada ao pelourinho. O lixo que o público jogou nela no tempo em que ela passou no tronco a cegou".[300]

Mulheres da elite continuaram se valendo do privilégio de sua classe e da suposição de frigidez para viverem juntas, e até se autodenominavam casadas sem levantar suspeitas. Elizabeth Barrett Browning registrou a seguinte conversa com a sra. Cochrane sobre Matilda Hays (minha tatara-tatara-tia!) e Charlotte Cushman, uma atriz que, segundo Browning, era uma figura "irrepreensível":

> Pelo que entendi, ela e a srta. Hayes fizeram votos de celibato e de apego eterno uma à outra — elas moram juntas, se vestem da mesma forma [...]; é um casamento feminino. Acontece que eu disse: "Bem, nunca ouvi falar

de tal coisa!". "Nunca?", perguntou a sra. Cockrane. "Ah, mas não é nada incomum!"

Elas estão a caminho de Roma, de maneira que ouso dizer que as veremos com frequência. Embora seja uma atriz, a srta. Cushman tem um caráter irrepreensível.[301]

Elizabeth Hughes Steele, uma mulher de aparência "masculina", foi amiga e empresária da atriz de enorme sucesso Sophia Snow Baddeley (1745-1786), que representava papéis de Shakespeare nos teatros da Drury Lane, em Londres, em meados do século XVIII. Baddeley financiava, com amantes ricos, um estilo de vida extravagante, o qual Elizabeth Hughes Steele administrava em Londres, vestindo-se como homem e passando-se por marido de Baddeley durante as viagens. Em uma ocasião, um homem insultou Baddeley, e Steele o desafiou para um duelo e arrancou-lhe a pistola da mão. Dizia-se que ela era "mais apta para ser homem do que mulher".[302]

Em 1766, a *Gentlemen's Magazine* relatou que Mary East (*c*. 1739-1880), que tinha sofrido uma "decepção amorosa" aos 16 anos, escolheu viver com sua melhor amiga, que também havia sofrido uma "decepção amorosa", como marido e mulher.[303] East se autodenominava James How, e o casal administrou vários bares até que se estabeleceu no White Horse, em Poplar, Londres. Elas eram aceitas como marido e mulher, mas o casal foi chantageado por um homem que conheceu Mary East antes de ela se tornar James How. As duas pagaram a ele por seu silêncio até a morte da sra. How, em 1765, quando James How recusou-se a fazer outro pagamento e foi atacado pelo chantagista. Ela levou o extorsionário a juízo, assumiu sua identidade anterior como Mary East para ganhar o caso e o chantagista foi humilhado no pelourinho e condenado a quatro anos de prisão. Mary aposentou-se do trabalho e de sua identidade masculina, mas permaneceu em Poplar, onde conquistou o respeito da comunidade, até sua morte, em 1780; ela foi enterrada na St. Matthias Old Church.

A escritora Mary Diana Dods (1790-1830) adotou o pseudônimo David Lyndsay enquanto morava com sua irmã viúva. Depois, em parceria com uma mulher, Isabella Robinson, Mary Diana Dods adotou uma identidade masculina e o nome Walter Sholto Douglas. As duas se passavam por marido e mulher, e Walter Douglas afirmava ser o marido legal de Isabella e pai de sua filha. A autora Mary Shelley ajudou o casal a obter passaportes como marido e mulher, e elas deixaram a Inglaterra para morar juntas na França.[304]

Tudo o que sabemos sobre Sarah Geals (1824-?) está registrado em seu julgamento por atirar acidentalmente com uma arma de fogo em seu empregador, James Giles, um sapateiro. Giles disse ao tribunal que Sarah Geals mudou de sexo e tornou-se William Smith depois de "uma decepção", que vivia com uma amante, Caroline, como marido e mulher havia 17 ou 18 anos em uma pequena casa e que trabalhava para ele, Giles, cortando couro.

Giles testemunhou: "Eu pagava a ela um salário regular, igual ao dos homens que trabalhavam na mesma função — não fazia ideia de que ela não era homem; acredito que ela se apresentava como homem casado, mas nunca perguntei diretamente".[305]

Giles contratou a esposa de William Smith, Caroline, para cuidar de sua esposa doente e, quando esta morreu, Caroline continuou trabalhando para ele como governanta. Alguns meses depois, ela lhe contou que seu marido, William, era, na verdade, uma mulher chamada Sarah, e o sapateiro propôs que ela abandonasse a "marida" e se casasse com ele. Eles convenceram William Smith a aceitar a separação e usar roupas femininas, e William se tornou Sarah, aceitando como compensação uma loja alugada em Bow. Quando a loja faliu, os recém-casados alugaram um apartamento para Sarah. Mas eles brigaram; Sarah se opôs à maneira como James Giles tratava Caroline, a esposa que ele havia tirado dela, e decidiu deixar a Inglaterra. Ela escreveu para James:

> Grafton Street, 38, 12 de junho, 1865.
>
> Senhor, estive pensando em nossa briga, mas você foi a causa, e não Caroline. Sei que ela viria me visitar com frequência, mas você a mantém afastada. Ela é muito submissa e você a faz trabalhar como uma escrava, como uma pobre serva. Se você a amasse, não permitiria isso, sabendo do declínio de sua saúde. Desde que você a teve, lhe quebrou o espírito. Se o jantar não estiver pronto exatamente na hora que você deseja, ela fica em um estado tão agitado que quase morre de medo. Como eu lhe disse no domingo, sou uma mulher espirituosa e no outro dia você segurou meus braços até eles ficarem pretos e azuis. Senhor, ainda estou inclinada a chegar a um acordo, para evitar mais aborrecimentos ou problemas, e você sabe o que quero dizer — o caso entre nós dois que ocorreu em Bow. A melhor coisa que você pode fazer é me fornecer algumas libras. Eu irei à Nova Zelândia e você se livrará daquela a quem tantas injustiças cometeu. Exijo uma resposta. Diga a Caroline para me trazer ou me enviar alguns xelins. Prometo que a pagarei. Nada disso é culpa dela, mas sua, senhor. Lembre-se disso.
>
> P.S. — Senhor, exijo uma resposta.[306]

Como James Giles não respondeu, Sarah Geals levou uma pistola carregada para a oficina. A arma disparou por acidente, e ela se entregou às autoridades. Sarah não foi processada por se passar por homem nem por ser "marida", e a atividade sexual entre a "marida" e a esposa não foi investigada. Ela foi acusada apenas de tentativa de assassinato contra James Giles, e o disparo acidental da pistola resultou em uma pena de cinco anos de trabalhos forçados.[307]

Lia de Beaumont, Mademoiselle d'Éon, uma aristocrata nascida na França, foi objeto de uma grande aposta em Londres em 1776, publicada na *Westminster Gazette*:

> Este cavalheiro declara que d'Éon (também conhecido como Chevalier d'Éon) é uma *mulher* no sentido mais claro da palavra; ele sustenta esta declaração com uma aposta de qualquer quantia, de 1 a 5 mil guinéus, ou propõe a qualquer um que deposite 5 mil guinéus na mão de seu banqueiro para receber 10 mil libras se d'Éon provar ser um *homem* e *hermafrodita* ou qualquer outro animal que não seja uma *mulher*.[308]

Charles Geneviève Louis Auguste André Timothée d'Éon de Beaumont (1728-1810) foi declarado menino ao nascer para herdar o título da linhagem masculina. Criado como menino, tornou-se advogado e intelectual francês, disfarçou-se de mulher para espionar a Rússia, mas retomou a aparência masculina para servir como diplomata francês, capitão dos dragões* e líder da delegação de paz francesa em Londres. Ele foi agraciado com uma ordem real e militar e o título de "Chevalier" e recebeu ordens dos franceses para espionar a Inglaterra e preparar-se para uma invasão francesa.

O Chevalier d'Éon vestiu-se como mulher para a missão de espionagem e entrou na sociedade londrina como Lia de Beaumont. Depois que surgiram dúvidas sobre seu gênero, um *pool* de apostas foi aberto na Bolsa de Valores de Londres, com probabilidades de 3:2 de Chevalier ser uma mulher.[309] A própria Lia pode ter iniciado os rumores para ser recebida de volta na França como uma heroína patriótica, ou pode ter recebido uma comissão pelas apostas.[310]

A morte de Luís XV pôs fim à rede de espionagem, e o novo rei, Luís XVI, pagou por documentos secretos e um enxoval de roupas femininas para Lia de Beaumont usar em seu regresso à França. Ela entrou na elite da sociedade francesa vestida de mulher. Um contemporâneo a descreveu nos termos da época: "Ele foi obrigado a retomar o traje daquele sexo ao qual, na França, tudo é perdoado. A vontade de voltar a ver sua terra natal o levou a submeter-se à condição, mas ele se vingou combinando a longa cauda de sua toga e os três babados profundos das mangas com a atitude e a conversa de um granadeiro, o que fazia dele uma companhia deveras desagradável".[311]

Em agosto de 1777, Lia de Beaumont escolheu uma identidade masculina e usou um uniforme de granadeiro para se voluntariar ao serviço militar na Guerra

---

* Um dragão era um tipo de soldado que se caracterizava por se deslocar a cavalo mas combater a pé. [N.T.]

da Independência Americana, mas foi impedida de lutar no conflito, não teve permissão para retornar a Londres e recebeu ordens de continuar usando roupas femininas. Ela acabou voltando a Londres, mas, após a execução de alguns membros da família d'Éon durante a Revolução Francesa, ficou sem a renda familiar. Firmou uma parceria com uma atriz, a sra. Bateman, para fazer apresentações de esgrima, e as duas travaram um duelo de esgrima no Haymarket Theatre, em 1793.[312] Ela solicitou à Assembleia Nacional Francesa para liderar uma divisão de mulheres soldados contra os Habsburgos.

Lia de Beaumont morreu em sua casa em Londres, aos 81 anos, e um exame médico revelou "órgãos genitais masculinos em todos os aspectos perfeitamente formados, seios notavelmente cheios e um formato arredondado incomum dos braços e pernas".

Parte 7

# 1857-1928
# Esferas distintas

## Protestos

Em 1854, uma jovem solteira de 27 anos, sem formação jurídica nem publicações anteriores, escreveu e publicou um panfleto sobre as leis inglesas que se aplicavam a todas as mulheres — não apenas às ricas e bem-nascidas. Barbara Leigh Smith (1827-1891) não estava de olho apenas nos próprios direitos. Integrante de um grupo de pensadoras feministas progressistas chamado "Senhoras de Langham Place" — um grupo informal de reflexão sobre os direitos das mulheres[1] —, ela fundou o *English Women's Journal* para analisar as condições de todas as mulheres de todas as classes. Ela fez campanha contra a escravidão, em prol do sufrágio feminino e contribuiu para a fundação do Girton College, Cambridge, em 1869.

Barbara Leigh Smith, ao contrário de outras pensadoras da época, considerava as mulheres como um grupo, isto é, como um gênero, não dividido por classe, riqueza, *status*, cor ou religião. Isso representou um marco histórico, uma revolução na história das mulheres, que até então se compreendiam somente em relação a um homem, ou em sua posição de classe, ou seja, com base no fato de serem ou não uma "dama". A partir daí, as mulheres começaram a ser consideradas como um grupo identificável, com necessidades em comum. Essa nova atitude inspirou algumas campanhas na virada do século XIX, assim como a ausência dessa atitude explicou o fracasso de outras.

Era difícil para as mulheres se unir em um grupo coeso. Algumas mulheres da classe trabalhadora não acolhiam as mulheres da elite que vinham lhes dar conselhos ou que faziam campanhas por elas. Algumas mulheres da elite consideravam as pobres quase como uma espécie diferente. O racismo dividia as mulheres, e o estado civil dividia esposas, viúvas e solteiras.

A posição de classe da própria Barbara Leigh Smith não era nítida. Ela era filha ilegítima de um homem radical da elite, Ben Leigh Smith, e de uma modista,

Anne Longden. Conforme as crenças do pai, seus filhos foram todos educados na escola local com as crianças da classe trabalhadora. Os pais viviam juntos abertamente, mas nunca se casaram. O panfleto de Barbara Leigh Smith, *Um breve resumo em linguagem simples das leis mais importantes relativas às mulheres, juntamente com algumas observações sobre elas*, exigia uma mudança nas leis para todas as mulheres. Ela escreveu: "Marido e esposa são uma só pessoa perante a lei; a esposa perde todos os seus direitos de mulher solteira e sua existência é quase completamente absorvida na existência do marido. Ele é civilmente responsável pelos atos ilícitos dela [...] e ela vive sob a proteção dele".[2]

Seu resumo foi deliberadamente provocativo: "O corpo de uma mulher pertence ao marido, ela vive sob sua custódia: e ele pode fazer valer seu direito por meio de um *habeas corpus*".[3]

Barbara Leigh Smith (1827-1891), reformista feminista das leis.

Leigh Smith não estava exagerando. Nem o *habeas corpus* — a lei consagrada na vida inglesa desde o século XII para impedir que um réu fosse preso ilegalmente — permitia resgatar mulheres confinadas pelos maridos.[4] Como M. S. de Bedford Street, Londres, escreveu ao *Daily Telegraph,* em 21 de agosto de 1888: "Eu ainda era uma menina quando tive que me casar e, depois de alguns anos, me vi praticamente viúva, tendo sido obrigada, pela brutalidade de meu marido, a pedir a separação. Meu pedido só me foi concedido quando, devido a sua brutalidade, perdi um olho, graças à lei tão misericordiosa que me obrigou a viver com um homem até ficar mutilada para o resto da vida".[5]

Outra importante defensora de uma mudança nas leis do casamento foi Caroline Norton, autora aristocrata que largou o marido bêbado e infiel, George, em 1836, com a intenção de viver de sua renda como escritora. George exigiu em juízo os ganhos dela e teve seu pedido concedido pelo tribunal; ele raptou os filhos de ambos e acusou Caroline de ter um caso adúltero com um amigo dela, lorde Melbourne, o primeiro-ministro. Melbourne conseguiu se defender da acusação de adultério e ganhou o caso; no entanto, a reputação de Caroline Norton ficou destruída. George recusou o divórcio e a impediu de ver os três filhos. Ele lhe informou (tarde demais) que o filho caçula estava no leito de morte após um acidente fatal. Ela escreveu ao Parlamento clamando por uma mudança nas leis: "O que sofri com respeito àquelas crianças, só Deus sabe [...], sob a lei maligna que permitia que qualquer homem, por vingança ou por interesse, tirasse bebês da mãe".[6]

A esposa que se divorciasse de um marido adúltero e abusivo ou que fosse abandonada por ele automaticamente perdia os filhos, quaisquer que fossem as razões da separação. Os maridos ganhavam a custódia de todos os filhos, de qualquer idade, e uma divorciada corria o risco de nunca mais vê-los.[7]

Todos os divórcios tinham de ser, primeiro, submetidos ao tribunal eclesiástico, depois a um tribunal civil para indenizar o marido pela perda da esposa adúltera e, por fim, submetidos a um ato privado do Parlamento na Câmara dos Lordes. Esse processo custava uma taxa astronômica — de 200 a 5 mil libras[8] —, quando o salário semanal de um trabalhador era de 9 xelins e 3 pence.[9] Desse modo, só os muito ricos tinham condições de se divorciar. Na realidade, só homens ricos podiam divorciar-se. Em dois séculos, a Câmara dos Lordes concedeu 321 divórcios a homens e quatro a mulheres, e, destes últimos, dois foram anulações de casamentos bígamos. Os únicos dois divórcios concedidos a mulheres foram para mulheres cujos maridos cometeram adultério com a própria irmã.[10]

A Lei das Causas Matrimoniais de 1857 melhorou a vida das esposas na medida em que lhes permitiu manter a própria renda, sem ter de entregá-la a um marido desertor, e solicitar uma pensão alimentícia para os filhos do casamento dissolvido. Além disso, desde que não fosse a parte infratora, a mulher podia ser autorizada a ficar com os filhos e recuperar o dote com o qual contribuíra para o casamento.

Em 1870, a Lei da Propriedade das Mulheres Casadas permitiu que todas as mulheres casadas, bem como esposas separadas, mantivessem os próprios rendimentos ou herança. Anna Grenville, primeira duquesa de Buckingham e Chandos, escreveu se queixando ao marido, que havia desperdiçado a própria fortuna e esperava usar a dela: "Ainda que eu não tivesse contribuído com um único centavo sendo sua esposa, deveria ter tido direito a sua confiança, mas [...] certamente tenho um direito adicional e forte de ser consultada, uma vez que uma parcela tão grande da propriedade é minha".[11]

Os opositores parlamentares temiam que os atos "criassem uma igualdade fictícia, artificial e antinatural entre homem e mulher". Eles estavam certos. Quando as mulheres deixaram de perder tudo — filhos, casa, riqueza — com o divórcio, houve mais igualdade no casamento.

O novo tribunal de divórcio recebeu uma enxurrada de petições: 253 no primeiro ano, e 580 em 1911, e a demanda aumentou tão rapidamente que os pedidos de pensão alimentícia para esposas vítimas de abuso ou abandonadas tiveram de ser transferidos para magistrados locais — chegaram a onze mil petições por ano.[12] As mudanças na lei para mulheres casadas salvaram Emily Hall, que se casou com Edmund Jackson em 1887, mas o deixou alguns dias após a cerimônia. Ele obteve um mandado judicial para fazê-la voltar (e ter relações sexuais com ele), mas ela contestou o ex-marido e a decisão do tribunal. Edmund raptou Emily em 1891 e manteve-a presa à força. As irmãs dela entraram com uma ação de *habeas corpus,* e o caso foi levado a três juízes seniores.[13] Meirinhos levaram cadeiras para as três esposas dos juízes assistirem ao pronunciamento da decisão dos maridos sobre a legalidade ou não do rapto e detenção de uma mulher fugitiva por um marido violentamente abusivo.[14] Os juízes, sob o olhar rigoroso das esposas, decidiram que não era legal, e Emily Hall foi liberada para viver com sua família de origem.

O julgamento revelou-se impopular, com multidões se manifestando em frente à casa de Emily, cantando "Pois ele é um bom companheiro" em celebração a um homem que raptara a esposa da família dela em plena luz do dia. Embora Emily não tenha sido forçada a viver com o marido, ele não a liberou do casamento, e ela morreu como sua esposa — ele chegou a tentar, sem sucesso, comparecer a seu leito de morte.[15]

As autoras mulheres deixaram de evitar críticas ao casamento. Mona Caird escreveu no *Westminster Review,* em 1888, que a instituição em si era um fracasso, pois forçava as mulheres a se tornar propriedade dos maridos, reprimindo suas mentes e espiritualidade. Ela defendeu que as meninas tivessem acesso à educação para que pudessem ser moral e financeiramente independentes dos maridos e argumentou a favor de uma maior liberalização do divórcio para que as esposas infelizes pudessem levar vidas independentes.[16]

As esposas vitorianas responderam com 27 mil cartas, como a do trecho a seguir, da esposa de um comerciante de Worthing: "Eu mesma sou uma esposa abandonada, e meu marido me tratou com excepcional desprezo e crueldade, mas me orgulho de dizer que tamanha é minha reverência pela santidade do voto matrimonial que, se meu marido me convocasse para voltar para ele amanhã, eu iria e, com vontade sincera e afeição amigável, me empenharia para cumprir meu dever para com ele".[17]

As mulheres haviam absorvido as lições dos professores, pregadores e livros de conduta segundo as quais elas nasceram inferiores aos homens e a verdadeira felicidade da mulher se encontrava no lar, em um papel subserviente. Uma vez estabelecida, essa crença seria muito duradoura.

Porém, algumas mulheres se rebelaram.

Edith "Biddy" Lanchester (1871-1966), filha de um arquiteto, estudou matemática superior na Politécnica de Londres e botânica e zoologia na Biblioteca e Instituto Científico de Birkbeck. Tornou-se professora, trabalhou como secretária de Eleanor Marx, filha de Karl, e discursou em encontros e comícios.

Em 1895, aos 24 anos, apaixonou-se por um operário de fábrica, James Sullivan, e, como ela se opunha ao voto nupcial de obediência, eles decidiram viver juntos sem se casar. Na véspera de sua mudança para o novo lar, seu pai, seus irmãos e um suposto especialista, o dr. George Fielding Blandford, conversaram com Edith Lanchester e concordaram que ela estava louca. O médico explicou seu diagnóstico: "Se ela tivesse dito que pensava em suicídio, um atestado podia ter sido emitido e assinado sem questionamento [...]. Declaro que seria igualmente justificável emitir e assinar um atestado similar dado que ela expressou sua determinação em cometer suicídio social".[18]

Biddy Lanchester, uma combatente pela liberdade. Ela "não foi uma mera marionete nas mãos do poder; um satélite que tomasse sua luz de empréstimo [...] ela brilhou".

O médico emitiu o atestado, em que indicou como causa de sua doença mental o "excesso de educação". Ela foi algemada pelo pai e levada, aos protestos, para um hospício, onde foi intimidada, coagida e agredida. O caso provocou um escândalo. Colegas da Federação Socialista Democrática cantaram o hino revolucionário "A Bandeira Vermelha" sob a janela gradeada do hospício e, quatro dias depois, Edith Lanchester recebeu alta, após os comissários a diagnosticarem como "sã; porém tola".[19] Ela teve dois filhos com James Sullivan e por toda a vida apoiou causas radicais.

A Lei de Causas Matrimoniais de 1923 acabou com o duplo padrão das leis que aceitavam o adultério da esposa como justificativa válida para o divórcio, mas não o adultério do marido. A partir daquele ano, o adultério de qualquer um dos cônjuges passou a ser considerado uma justificativa válida para o término do casamento. A proporção de petições apresentadas por esposas aumentou de 41%, em 1921, para 62%.[20]

Ironicamente, com a possibilidade de as esposas divorciarem-se dos maridos adúlteros, as incontáveis esposas abusadas e estupradas, para obter um divórcio, deixaram de denunciar a violência contra elas. Com isso, a violência conjugal passou a ser registrada muito raramente.[21]

Algumas mulheres instruídas, como Barbara Leigh Smith, defenderam reformas que beneficiaram todas as mulheres e viam-se como "feministas", isto é, interessadas no progresso de todas as mulheres de todas as classes. Contudo, muitas mulheres das classes média e alta fizeram campanha pelas mulheres pobres numa espécie de patronagem benevolente. Como explicou a Associação Cooperativa de Mulheres: "Muitas organizações eram administradas por mulheres da classe média que faziam coisas 'às mulheres trabalhadoras'". Por sua vez, a Associação Cooperativa de Mulheres, fundada em 1883, incentivava as mulheres da classe trabalhadora a ingressar em cooperativas voltadas a promover questões que efetivamente fariam uma diferença na vida delas.[22]

Os protestos contra a pobreza e a saúde precária dos trabalhadores se proliferaram quando os médicos descobriram a "teoria dos germes" e, com isso, que as infecções geradas nos cortiços estavam sendo transmitidas aos lares das classes alta e média. O governo aprovou as primeiras leis de saúde pública nos anos 1840. Uma epidemia de cólera, em 1854 — que mataria mais de dez mil pessoas no país —, foi atribuída à qualidade da água que se bebia em Soho, Londres. O dr. John Snow demonstrou que a água — contaminada com germes de cólera provenientes da poluição, de fossas e de esgotos abertos — era enviada pelo sistema de tubulações para bombas d'água comunitárias e para as casas dos ricos. A doença não respeitava classes sociais. Em 1858, o "grande fedor" do rio Tâmisa tornou Londres insuportável para todos, desde os bairros pobres até as Casas do Parlamento. Michael Faraday, o cientista, escreveu no *The Times*: "O cheiro era péssimo e comum a toda a água; era o mesmo que hoje emana dos bueiros das ruas; o rio inteiro era, naquela época, um verdadeiro esgoto".[23]

O medo das doenças epidêmicas do século XIX — varíola, tifo, cólera, febre amarela, escarlatina e tuberculose — aumentou em decorrência da incerteza sobre o modo de transmissão das doenças e da inexistência de uma cura. As campanhas para prevenir doenças se voltavam contra habitações precárias, falta de higiene e pobreza, algo que todas as mulheres poderiam apoiar e que beneficiaria a todas. As campanhas de saúde assumiram um tom moralizante e, para o fundador metodista John Wesley, havia pouca distinção a ser feita entre "sujeira" e "pecado":[24] "Juntamente com as lições mais importantes que as senhoras se empenham a ensinar a todos os pobres que visitam, seria um ato de caridade ensinar-lhes mais duas coisas, com as quais eles, em geral, estão pouco familiarizados: diligência e limpeza".[25]

As classes médias levaram a lição a sério e passaram a acreditar que a limpeza e a organização de suas casas, e o ócio elegante de suas mulheres, as distinguiam de seus vizinhos mais pobres. A espiritualidade passou a ser sinônimo de respeitabilidade, e a paixão espiritual da revolução romântica culminou em uma ostentação externa que vinha a propósito de um esnobismo. A historiadora Barbara Ehrenreich chama isso de "uma ofensiva política organizada contra os pobres e os trabalhadores [...]; não como irmãs, mas como *melhoradoras*".[26]

As damas em campanha continuaram a se organizar em grupos para visitar bairros inteiros e entrar em todas as casas da classe trabalhadora. As visitantes das classes altas tiveram contato com esposas cujos maridos ganhavam o suficiente para mantê-las em casa, mulheres que trabalhavam em casa em condições de exploração e mulheres impossibilitadas de trabalhar devido à gravidez, lesão, deficiência física, doença, doença mental ou alcoolismo. Foi uma experiência chocante para as mulheres que viviam protegidas da realidade.

As visitantes ofereciam orientações sobre tarefas domésticas, incentivavam a frequência à igreja e às escolas dominicais para crianças e promoviam uma vida saudável — especialmente a abstinência de álcool: todas as igrejas ofereciam clubes de temperança.[27] A esperança das visitantes era que sua presença por si só transformasse os lares da classe trabalhadora. A Sociedade Nacional para a Prevenção da Crueldade Contra as Crianças afirmou em seu relatório, de 1902, que bastava que as mulheres das classes baixas fossem expostas ao exemplo das mulheres da elite: o "exemplo de refinamento e delicadeza de maneiras, fala e hábitos coloca inconscientemente diante delas um ideal de vida mais elevado do que estavam acostumadas".[28]

Algumas poucas mulheres da classe média que ajudavam os pobres como patronas acumularam tanto conhecimento com seu trabalho voluntário que lhes foram oferecidos cargos oficiais como inspetoras do governo, visitantes e supervisoras. O trabalho evoluiu da ação filantrópica com base na esfera distinta, e elas se sentiram autorizadas a assumir cargos profissionais sem que isso implicasse a perda de qualquer distinção. Em 1900, cerca de meio milhão de mulheres já trabalhava como voluntárias não remuneradas ou como filantropas profissionais e semiprofissionais.[29] Algumas poucas foram nomeadas para as Juntas Comerciais a partir de 1909, para apresentar seu parecer sobre um salário mínimo em indústrias conhecidas pelas condições precárias de trabalho: produção de correntes, alfaiataria industrial, fabricação de caixas de papel, produção mecânica de rendas e acabamentos — trabalhos normalmente feitos por mulheres. Uma delas foi Beatrice Webb (1858-1943), que escreveu um relatório minoritário ao governo posicionando-se contra o atrelamento do salário ao sexo do trabalhador: o salário deveria ser pelo trabalho, não pelo sexo do trabalhador; mas a opinião da maioria era que um salário justo para o sustento da família deveria ser o dobro do salário necessário para uma mulher solteira.[30]

O problema das infecções sexualmente transmissíveis inspirou uma campanha inovadora que tirou as mulheres da esfera distinta de seus protegidos lares e uniu-as às mulheres mais pobres da classe trabalhadora: as prostitutas. Ficou evidente que o lar não podia ser isolado do mundo e que a liberdade da sexualidade masculina tinha um custo tanto para a esposa quanto para a prostituta. No início do século XIX, presumia-se que as mulheres castas e monogâmicas estavam a salvo de doenças, protegidas na esfera distinta de seu lar exclusivo. Acreditava-se que a sífilis, a pior das infecções sexuais, gerava-se espontaneamente no corpo de mulheres promíscuas e era transmitida aos homens. O dr. William Acton (1813-1875) explicou que uma prostituta era "um mero instrumento de impureza [...], uma praga social, levando contaminação e imundície a todos os cantos aos quais tem acesso".[31]

A Lei de Doenças Contagiosas, aprovada em 1864, forçou as prostitutas dos portos e bases militares a se apresentar em delegacias de polícia para inspeção regular de doenças. Qualquer mulher podia ser presa sob suspeita de prostituição e examinada à força por um cirurgião do exército, obviamente um homem. Uma mulher descreveu a experiência de ser examinada com um espéculo: "É comum usarem vários. Eles parecem abrir a passagem primeiro com as mãos, então nos examinam e depois enfiam os instrumentos, e os puxam para fora e os empurram para dentro, e os giram e torcem".[32]

A prisão, o exame e o tratamento eram deliberadamente dolorosos e humilhantes com o intuito de dissuadir as mulheres de prostituir-se. A ativista Josephine Butler chamou o procedimento de "estupro cirúrgico". Como relatou uma mulher de Kent acusada de prostituição: "São homens, nada senão homens, do primeiro ao último, que somos obrigadas a suportar! Cometi um erro para agradar um homem e depois fui jogada de um homem a outro. Os policiais homens nos agarram e nos prendem. Por homens somos examinadas, manipuladas, medicadas. No hospital é um homem que faz as orações e lê a Bíblia para nós. Somos julgadas por magistrados homens e só nos livramos das mãos dos homens quando morremos".[33]

Se fosse infectada, uma mulher era presa em um *lock hospital* ou em uma *workhouse* e sentenciada a três meses de tratamento, posteriormente estendido para um ano. Não havia cura conhecida para as doenças, mas o mercúrio, um veneno que podia causar insuficiência renal, era amplamente utilizado como pomada, inalado, ingerido e inoculado.

Apenas as mulheres suspeitas de vender sexo eram presas ou tratadas. O ato sexual do homem e o pagamento por parte dele não eram ilegais. Nenhum homem era tratado à força, nenhum sequer era questionado pela polícia, e eles nunca eram citados por nome no tribunal. Apesar do rigoroso tratamento dispensado às mulheres, porém, já estava evidente, em 1875, que as doenças não se limitavam às prostitutas; elas estavam se alastrando para além dos clientes homens e infectando esposas e filhos ainda não nascidos.[34]

Duas mulheres foram internadas na Enfermaria de Doentes do Centro de Londres, em Fitzrovia, em fevereiro daquele ano, uma das quais era uma prostituta de 19 anos com úlceras em todo o corpo. Os médicos apelidaram a paciente de "AG" em suas anotações e observaram a propagação da doença para a qual não havia cura: a sífilis. A outra paciente, apelidada de "AP" nas anotações, era uma dama casada, da classe média, com 30 anos, altamente instruída, que havia sofrido sete anos de abortos espontâneos, apresentava uma grande ferida na língua e sofria de dor de cabeça constante. Os médicos notaram que ela falava como se estivesse "demente" e a internaram para observação. Ela também contraíra sífilis; mas, como havia sido noiva virgem e esposa celibatária, não poderia ter gerado espontaneamente a infecção devido a uma promiscuidade sexual.[35] A única explicação, por mais inconveniente que fosse para os médicos da elite e seus pacientes aristocratas, era que as mulheres sexualmente promíscuas não estavam gerando espontaneamente a sífilis. A infecção da sra. AP deveria ter vindo do sr. AP. Ele, como milhares de outros homens, usava mulheres pobres para fazer sexo e levou a sífilis a seu próprio lar. A doença era generalizada: 30% dos soldados e marinheiros que declararam estar doentes tinham doenças venéreas[36] e, em 1916, um relatório de uma comissão real estimou que mais de 10% dos residentes urbanos tinham sífilis e um número ainda maior tinha gonorreia.[37]

A prostituta AG morreu uma semana depois de ser internada no hospital. Como nenhuma família se apresentou para dar a seu corpo um enterro respeitável, os médicos fizeram uma autópsia e descobriram que a membrana ao redor de seu cérebro havia se transformado em gelatina.[38] A outra paciente, AP, internada no mesmo dia, perdeu a capacidade de falar e faleceu algumas semanas depois.

Senhoras confinadas saíram da proteção de suas casas e se manifestaram em defesa das prostitutas. A ativista Josephine Butler disse: "É injusto punir o sexo que é vítima da depravação e deixar impune o sexo que é a principal causa, tanto da depravação como de suas temidas consequências".[39] A pioneira da enfermagem, Florence Nightingale, uma mulher solteira da aristocracia, teve a coragem de publicar um ensaio opondo-se à regulamentação policial das prostitutas, no qual demonstrou com dados que as detenções de mulheres tiveram pouco efeito no controle da doença. A reputação de Nightingale de heroína da Guerra da Crimeia rendeu-lhe uma audiência respeitosa, mas a abominável Lei de Doenças Contagiosas foi estendida em 1868: de todos os portos para 138 cidades e, posteriormente, para um raio de 16 quilômetros de cada cidade.

As mulheres da elite foram banidas da primeira campanha contra a Lei de Doenças Contagiosas, pois o comitê, formado exclusivamente por homens, considerava o tema tabu, inadequado para mulheres. Florence Nightingale, Elizabeth

Wolstenholme e Josephine Butler fundaram sua própria entidade: a Associação Nacional de Senhoras para a Revogação das Leis de Doenças Contagiosas, um comitê de campanha ativo que apontou que o ataque às mulheres da classe trabalhadora era um ataque a todas as mulheres. Elas não apoiavam a reforma das prostitutas, pois alegavam que o problema estava na Lei de Doenças Contagiosas, uma vez que não se tratava de um esforço em prol da saúde pública, mas de uma tentativa velada de garantir aos homens mulheres livres de doenças. Todas as mulheres que participaram da campanha — tanto filantropas ricas quanto mulheres pobres — foram radicalizadas e instruídas pelo movimento, e muitas viram uma conexão entre o abuso das mulheres e a escassez de seus direitos legais.[40]

O comitê reuniu grandes nomes do feminismo do século XIX. Josephine Butler viajou pela Grã-Bretanha divulgando a ideia da "irmandade" das mulheres. Ela organizou 99 encontros em 1870. Muitos espectadores se chocaram ao ouvir uma dama falar em público sobre sexo e prostituição, e ela foi alvo de homens que usavam prostitutas, por cafetões e por donos de bordéis. Em Pontefract, em 1872, sua sala de aula foi incendiada enquanto a polícia observava sem fazer nada.

Após a apresentação às Casas do Parlamento de uma enorme petição, com 2,5 milhões de assinaturas, os atos foram suspensos e revogados em 1886, mas apenas na Inglaterra.[41] Eles continuaram em vigor no Império Britânico, onde as leis eram usadas para segregar as trabalhadoras sexuais indianas de suas famílias e comunidades. As mulheres indianas a serviço dos soldados ingleses eram forçadas a morar em alojamentos especiais, perto de bases militares, e a ter relações sexuais apenas com homens brancos.[42] Josephine Butler defendia a irmandade independentemente de raça e classe: "Nossas pobres irmãs indianas requerem nossa solidariedade, mais ainda que as nossas próprias compatriotas que foram sujeitas às Leis de Doenças Contagiosas, pois não apenas são mulheres oprimidas pelos homens como também são mulheres de uma raça conquistada e oprimida por seus conquistadores. A esperança de libertação deve parecer-lhes muito distante".[43]

Butler passou a fazer campanha contra a prostituição infantil na Inglaterra e o tráfico de mulheres e crianças escravizadas para a Europa. Em 1880, ela identificou uma quadrilha de abuso sexual infantil que tinha como integrante o chefe do esquadrão da polícia belga, e as evidências apresentadas por Butler levaram ao julgamento, à condenação e à prisão do chefe do esquadrão, de seu vice e doze donos de bordéis. Com Florence Soper Booth, Butler convenceu o editor da *Pall Mall Gazette* a comprar uma menina de 13 anos de sua mãe por 5 libras para demonstrar a facilidade do abuso de crianças. Após uma longa campanha, o Parlamento aumentou a idade de consentimento por parte de uma criança de 12 para 13 anos e, finalmente, em 1885, para 16 anos.[44]

Outra integrante do comitê da Lei de Doenças Contagiosas, Elizabeth Wolstenholme, fundou em 1889, com Richard e Emmeline Pankhurst, a associação que viria a ser a precursora da União Social e Política das Mulheres. Wolstenholme, que morreu aos 84 anos, em março de 1918, viveu o suficiente para ver as mulheres conquistarem o direito ao voto. Sua colega Millicent Fawcett, outra ativista contra a Lei de Doenças Contagiosas, organizou a União Nacional das Sociedades de Sufrágio Feminino, fundou o Newnham College, em Cambridge, e liderou outras campanhas femininas.

Como disse Christabel Pankhurst: "A causa da doença sexual é a sujeição das mulheres. Portanto, para destruir uma, devemos destruir a outra".[45] Pankhurst associou a libertação das mulheres mediante o direito ao voto à libertação das mulheres das demandas sexuais masculinas com seu *slogan*: "Votos para as mulheres! Castidade para os homens!".[46]

(Por incrível que pareça, o *slogan* não pegou.)

## Mulheres contra o voto

Nem todas as mulheres aceitavam que, para mudar as leis impostas a elas, deveriam se politizar e tornar-se membros do Parlamento e eleitoras. Caroline Norton, a mãe angustiada que teve os filhos levados pelo pai e que, praticamente sozinha, forçou mudanças na lei com a Lei da Custódia de Crianças, de 1839, nunca apoiou o sufrágio feminino: "A posição natural da mulher é de inferioridade em relação ao homem. Amém! É algo designado por Deus, não uma invenção do homem. Acredito nisso com toda a minha alma, como parte da minha religião. Nunca defendi a doutrina selvagem e ridícula da igualdade".[47]

Muitas outras mulheres desejavam participar da vida pública, mas permanecer fora da vida política. Ativistas como Etta Lemon, cuja extraordinária cruzada forçou o governo a criar regras conservacionistas para regulamentar o comércio de peles e penas de aves selvagens, também fundaram a Liga Nacional de Oposição ao Sufrágio Feminino, uma campanha *contra* o direito ao voto das mulheres nas eleições nacionais. Um panfleto de 1896 mostrou a conexão entre as duas causas: "Se as mulheres são tão burras e estúpidas que não conseguem entender a crueldade da qual são culpadas nesta questão, elas sem dúvida provam ser inadequadas para serem eleitoras".

A Liga Nacional de Oposição ao Sufrágio Feminino foi fundada em 1908 por mulheres incríveis, incluindo Lady Jersey, a romancista sra. Humphrey Ward, a exploradora Gertrude Bell, as reformistas sociais Sophia Lonsdale e Violet Markham, e a educadora Beatrice Chamberlain, filha de Joseph Chamberlain. As ações iniciais foram um enorme sucesso, com uma petição com 337.018 assinaturas e o recrutamento de nove mil membros pagantes em 1909 — muito mais do que qualquer campanha pró-sufrágio. Em 1913, a liga contava com 270 filiais e mais de 33 mil membros, enquanto a União Social e Política das Mulheres, das sufragistas, tinha apenas dois mil.[48]

Os antissufragistas argumentavam que as mulheres não eram competentes para governar um grande e complexo império. Elas eram "excluídas pela natureza e pelas circunstâncias do conhecimento e da experiência política abertos aos homens". A liga argumentava que, uma vez que as reformas em prol das mulheres foram introduzidas com sucesso por mulheres de fora do Parlamento, estava provado que elas tinham uma influência que ia além da política partidária. A ideia era que as mulheres fossem consultadas pelo governo sobre as questões femininas, e a liga propunha a criação de um Conselho Nacional ou Comitê Consultivo de Mulheres para fazer recomendações e influenciar as decisões do Parlamento exclusivamente masculino.[49] As mulheres estavam satisfeitas em votar nas eleições locais e até servir em cargos governamentais locais, uma vez que a paróquia e o condado eram uma extensão da "casa" da mulher, onde se esperava que ela tivesse autoridade moral. Já os negócios, as finanças, a guerra e a diplomacia nacionais continuariam sendo responsabilidade dos homens, e deveria caber a eles eleger os parlamentares masculinos. Permitir às mulheres o direito ao voto nas eleições parlamentares nacionais colocaria os grandes poderes do Estado nas mãos de um eleitorado inexperiente e ignorante, o que supostamente seria ruim para o império e para as mulheres.

Eliza Lynn Linton comparou sufragistas a prostitutas: "A jovem fútil e a mulher forte são gêmeas, nascidas no mesmo dia e alimentadas com a mesma comida; mas uma escolheu o escarlate, e a outra, o cinza, uma considerou o direito da mulher de ser superficial e vulgar, a outra, seu direito de ser emancipada e pouco feminina".[50]

O medo real e tácito era que, se todos, homens e mulheres, votassem aos 21 anos, haveria uma maioria feminina. As mulheres, incluindo todas as "solteiras excedentes", superariam os homens em número. Esse era o maior obstáculo para dar o voto às mulheres... e quase nunca era mencionado.

Era inevitável que uma associação fundada para impedir que as mulheres alcançassem o poder político atraísse mulheres que haviam demonstrado incompetência. "Era o nosso destino, como antissufragistas, atrair todas as ultrafemininas e as damas incompetentes", declarou uma organizadora antissufrágio — infelizmente sem qualquer senso de irmandade.[51]

Evelyn Baring, conde de Cromer, ocupou a presidência da Liga Masculina de Oposição ao Sufrágio Feminino, em 1908. Quando os homens se fundiram com a associação de damas, ele automaticamente assumiu o controle da nova Liga Nacional de Oposição ao Sufrágio Feminino e deixou bem evidente por que as mulheres não deveriam ter direito ao voto: "Sentimentalismo extremo [...], afinidades vagas e indisciplinadas, generalizações precipitadas baseadas na inexperiência e informações imprecisas: qualidades que são, em termos gerais, características da maioria do sexo feminino".[52]

As damas da associação concordavam que eram incapazes. Como Caroline Norton escreveu a William Gladstone, em 1850: "Não me aventuro a propor melhorias na lei. Sou sensível demais ao ridículo da minha tentativa de ajustar toda uma estrutura de possibilidades legais, mesmo se me considerasse capaz de uma tarefa que, na verdade, está totalmente fora da alçada de uma mulher".[53]

Os homens da classe alta pretendiam dominar a associação resultante da fusão. Eles queriam que as mulheres os ajudassem, mas que não se envolvessem em questões políticas: "Sou fisicamente incapaz de travar uma batalha eterna contra todas essas mulheres violentas", escreveu um deles. "Com suas ideias sobre a melhor maneira de tratar o sexo masculino, a srta. Lewis, na verdade, deveria ser uma sufragista; foi um mero acaso que ela esteja ao nosso lado."[54]

A rainha Vitória, uma das pessoas mais poderosas do mundo como imperatriz da Índia, posicionou-se veementemente contra o direito ao voto das mulheres. Em uma carta de 1870, Theodore Martin, amigo de confiança da monarca, escreveu: "A rainha está muito ansiosa para recrutar todos os que possam falar ou escrever para se juntar ao combate a essa loucura má e ímpia dos 'Direitos das Mulheres', com todos os seus horrores concomitantes, sobre os quais seu pobre sexo frágil está inclinado, esquecendo todo o senso de decoro feminino [...]. A mulher se tornaria o mais odioso, cruel e repugnante dos seres se fosse autorizada a se assexuar".[55]

## Mulheres a favor do voto

O sistema eleitoral da Inglaterra era irremediavelmente corrupto, e uma mulher rica podia escolher o representante de sua paróquia no Parlamento simplesmente subornando o eleitorado. A votação aberta, sem voto secreto, significava que qualquer mulher da elite com inquilinos ou empregados podia simplesmente ordenar-lhes que votassem no candidato de sua escolha. A sra. E. H. Bruton escreveu a todos os seus inquilinos antes da eleição de 1868: "Senhor..., peço que vote em meu pai, J. W. S. Erle-Drax, ao receber esta missiva".[56]

Mesmo quando o voto foi estendido aos homens da classe média, em 1884, a palavra "homens", expressa na lei, deixou evidente que ela valia apenas para os homens. As mulheres permaneceram excluídas. Helen Taylor, filha da sufragista Harriet Taylor e enteada do filósofo John Stuart Mill, concorreu à eleição em Camberwell, em 1885, como uma Democrata Radical Independente, enquanto o Projeto de Lei do Sufrágio Feminino estava em tramitação nas Casas do Parlamento.[57] Algumas pessoas temiam que sua candidatura ameaçasse o progresso do projeto de lei, ao passo que seus oponentes a chamavam de "uma mulher agitadora assexuada".[58]

No dia da nomeação dos candidatos, o presidente da paróquia de Camberwell recusou-se a aceitar a documentação de Helen, que renunciou. O *Standard* a ridicularizou, escrevendo que ela havia "demonstrado desconhecimento da regra gramatical básica na diferenciação entre os gêneros masculino e feminino".[59] A Lei do Sufrágio Feminino foi um fracasso, e mulheres que haviam se registrado para votar foram repelidas em uma série de processos judiciais.

Em 1894, a Lei do Governo Local expandiu o direito ao voto nas eleições locais a todas as mulheres que possuíssem propriedades em seu nome. A concessão evitou que o voto das mulheres fosse mais numeroso que o dos homens, manteve o voto entre as classes proprietárias e dividiu as mulheres por classe: as proprietárias conquistaram o direito ao voto, enquanto as pobres e as casadas, cujas casas estavam no nome dos maridos, continuaram sem esse direito. De repente, os "votos para mulheres" tornaram-se "votos para mulheres solteiras", deixando de ser uma campanha feminista em benefício de todas as mulheres.

Algumas mulheres da classe trabalhadora fizeram as próprias campanhas. Em Lancashire, onde as mulheres constituíam a maioria nas fábricas têxteis, as chamadas "moças fabris" tinham uma forte consciência política. Elas sabiam que apenas um Parlamento constituído pelo voto de mulheres e com integrantes mulheres acabaria com a exploração das trabalhadoras. As mulheres de Lancashire defenderam ativamente o direito ao voto para as mulheres da classe trabalhadora[60] e, em 1902, as trabalhadoras têxteis de todo o Norte da Inglaterra apresentaram uma petição ao Parlamento com 37 mil assinaturas exigindo votos para as mulheres.[61]

Essas mulheres constituíram uma exceção à regra geral do esnobismo. Outras campanhas pelo sufrágio, conduzidas por mulheres da elite, exigiam apenas que o voto em todas as eleições fosse estendido às mulheres proprietárias: eram mulheres das classes alta e média defendendo os próprios interesses. Millicent Fawcett (retratada no caderno de fotos), filha de uma família liberal da classe média, uniu dezessete sociedades sufragistas para fundar a União Nacional das Sociedades Sufragistas Femininas, à frente da qual organizou manifestações pacíficas em prol do direito ao voto para mulheres proprietárias da classe média. Fazendo campanhas pacíficas, organizando encontros e propondo reformas ao Parlamento, a União Nacional das Sociedades Sufragistas Femininas foi a maior organização a defender o voto das mulheres: mais de três mil mulheres marcharam, em fevereiro de 1907, na chamada "marcha na lama". Elas eram muito mais numerosas e influentes do que a União Social e Política das Mulheres de Emmeline Pankhurst, fundada em 1903. Mas o grupo de Pankhurst ocuparia as manchetes e dominaria os registros históricos devido a sua campanha de desobediência civil e ataques terroristas. Até a União Social e Política das Mulheres exigia o voto apenas para mulheres ricas.

A partir de 1905, as ações da União Social e Política das Mulheres tornaram-se mais violentas: as ativistas passaram a quebrar janelas, organizar incêndios criminosos, plantar bombas e algemar-se a grades em campanhas sob o lema "Ações, não palavras". Em junho de 1908, mais de 250 mil pessoas participaram da manifestação do "Domingo da mulher", organizada pela União Social e Política das Mulheres, no Hyde Park, o maior comício político do século em Londres. Quando o então primeiro-ministro, Herbert Henry Asquith, recusou-se a recebê-las, as sufragistas quebraram janelas na Downing Street* e algemaram-se às grades. O jornal da União Social e Política das Mulheres tinha uma tiragem de vinte mil exemplares em 1909.[62] Em 1910, após a expiração de um projeto de lei parlamentar que concedia o voto para mulheres proprietárias, trezentas mulheres marcharam até as Casas do Parlamento e foram recebidas por policiais, que teriam sido deliberadamente recrutados de áreas da classe trabalhadora e instruídos a espancar e abusar das mulheres da classe alta. O governo negou as alegações. Um jornalista relatou a descrição de uma das manifestantes, a srta. H.: "Um policial [...] colocou o braço ao meu redor e agarrou meu seio esquerdo, mordendo-o e torcendo-o, causando muita dor, enquanto dizia: 'Você está querendo isso há muito tempo, não é?'".[63]

Em 1913, Emily Wilding Davison colocou-se na frente do cavalo do rei no hipódromo de Epsom, talvez numa tentativa de amarrar as cores das sufragistas nas rédeas, mas foi pisoteada e morreu. As táticas cada vez mais violentas da União Social e Política das Mulheres, em especial sua campanha de bombardeamentos e incêndios criminosos entre 1912 e 1914, afastaram parte do público e algumas de suas próprias membras. Cinco pessoas morreram nos bombardeios (incluindo uma sufragista) e pelo menos 24 ficaram feridas (incluindo duas sufragistas). A União Social e Política das Mulheres inventou a carta-bomba e bombardeou duas vezes a casa do chanceler, David Lloyd George, em 1913. Emmeline Pankhurst foi condenada a três anos de prisão por seu papel no ataque.

Muitas sufragistas presas por violência fizeram greves de fome e foram alimentadas à força. Mary Richardson descreveu a tortura que sofreu, em 1914:

> Eles me alimentaram durante cinco semanas pelo nariz e [...] a comida não entrava na garganta, mesmo com eles dobrando e torcendo meu pescoço de todas as maneiras possíveis. A comida me subia pelo nariz e parecia perfurar-me os olhos [...]. Depois forçaram-me a abrir a boca, inserindo-lhe os dedos e cortando-me as gengivas [...] e a parte interna das minhas bochechas [...] quando eu estava cega e enlouquecida de dor, eles me colocaram duas grandes mordaças. Depois colocaram tubos e pressionaram minha língua com os dedos e taparam meu nariz para enfraquecer a resistência natural bem como a resistência proposital na minha garganta.[64]

---

* A Downing Street, rua no centro de Londres, é famosa por abrigar no número 10 a residência oficial e escritório do primeiro-ministro britânico. [N.T.]

Na tentativa de evitar que as mulheres morressem na prisão, o Parlamento introduziu a Lei dos Prisioneiros (Dispensa Temporária por Problemas de Saúde) ou, como ficou conhecida, a Lei do "Gato e Rato". Mulheres em greve de fome eram libertadas até se recuperarem da provação e voltavam a ser presas.

Oferecendo violência por um lado e sofrendo violência por parte da polícia e do público por outro, os membros começaram a deixar a União Social e Política das Mulheres; em 1914, dizia-se que o grupo tinha apenas cinco mil membros, em comparação com os supostos cinquenta mil da União Nacional das Sociedades Sufragistas Femininas, mais pacífica.[65] Os dois grupos interromperam a campanha durante a Primeira Guerra Mundial e encorajaram as mulheres a unirem-se ao esforço de guerra.[66] Emmeline Pankhurst e sua estimada filha, Christabel, organizaram manifestações para encorajar as mulheres a trabalharem no esforço de guerra e participaram da campanha feminina das "penas brancas", entregando penas de pássaros — uma acusação de covardia — a homens à paisana.

No pós-guerra, a Lei da Representação do Povo, de 1918, teve como objetivo resolver uma série de problemas interligados. Os homens trabalhadores sem economias ou bens, que haviam sido recrutados e forçados a arriscar a vida na fatal guerra mundial, conquistaram o direito ao voto a partir dos 21 anos, como uma recompensa por seu serviço. Contudo, se todas as mulheres com mais de 21 anos recebessem o direito ao voto, superariam os homens em número. Ninguém, nem os ativistas pró-voto, queria que a maioria da população feminina se refletisse na democracia. Quando o voto masculino foi estendido a todos os homens maiores de 21 anos, o voto feminino ficou restrito às mulheres maiores de 30 anos que possuíam casa própria. Os votos eram exclusivos às damas ricas mais velhas — não eram votos para as mulheres. Lorde Cecil admitiu as razões no Parlamento: "Foi introduzido o limite de idade de 30 anos para evitar estender o direito ao voto a um grande número de mulheres, por receio de que pudessem constituir a maioria no eleitorado deste país. Foi apenas por esse motivo e não teve relação alguma com suas qualificações. Ninguém sugeriria a sério que uma mulher de 25 anos é menos capaz de votar do que uma mulher de 35 anos".[67]

A aritmética convinha aos homens, que queriam manter o poder nas mãos dos homens: 8,4 milhões de mulheres se cadastraram para votar. Elas representavam menos da metade (40%) do eleitorado, embora superassem em número os homens no país. A concessão satisfez as damas da classe alta que exigiam o voto, mas traiu as mulheres da classe trabalhadora, que ainda se viam privadas de direitos. A solução também resolveu o enigma do "lacaio da rainha". Ela lhe era superior socialmente e, embora ele tivesse direito ao voto agora, ela também o tinha.

A primeira mulher a ser eleita ao Parlamento pelas eleitoras meticulosamente restritas foi Constance Markievicz (1868-1927), filha de um explorador do

Ártico, de uma família anglo-irlandesa. Ela entrou na vida política fazendo campanha pelo voto das mulheres, dirigindo a própria carruagem, puxada por quatro cavalos cinza iguais. Quando um homem gritou: "Você consegue fazer o jantar?", ela respondeu: "Sim. Você consegue dirigir uma carruagem de quatro cavalos?".

Ela foi presa por protestar contra a visita do rei George V à Irlanda e uniu-se ao Exército de Cidadãos Irlandeses para lutar ao lado de outras setenta mulheres no Levante da Páscoa contra a ocupação britânica. Feriu um franco-atirador do exército britânico, possivelmente atirou em um policial e ajudou na defesa contra um cerco de seis dias em St. Stephen's Green, Dublin.

Declarou-se inocente da rebelião, mas foi condenada à morte, sentença que foi comutada em prisão perpétua. Segundo relatos, ela disse: "Eu preferiria que vocês tivessem tido a decência de atirar em mim".[68]

Libertada da prisão em 1917 por uma anistia geral, Markievicz voltou a ser presa em 1918 por protestar contra o serviço militar obrigatório de homens na guerra. Candidatou-se ao partido irlandês Sinn Féin na prisão e foi eleita ao Parlamento pelo distrito eleitoral de Dublin St. Patrick, então parte do Reino Unido. Obteve 66% dos votos, o que fez dela a primeira mulher eleita para a Câmara dos Comuns, entretanto, em apoio ao boicote do Sinn Féin ao Parlamento imperial, recusou-se a assumir o cargo. Foi um mero detalhe técnico, já que ela ainda estava presa em Holloway.

Na impossibilidade de Constance Markievicz fazê-lo, a primeira mulher eleita ocupou seu assento no Parlamento, em Westminster, em 1918. Viva! Mas, na verdade, o cargo era do marido. Waldorf Astor, membro do Parlamento pelo Partido Conservador em Plymouth, herdou o título nobiliárquico do pai e decidiu integrar a Câmara dos Lordes. Para manter seu cargo na Câmara dos Comuns, ele recomendou que o Parlamento aceitasse sua rica esposa, uma *socialite* americana, em seu lugar. Nancy Astor, que nunca demonstrara interesse algum pelo sufrágio feminino, foi eleita. Sufragistas homens e mulheres celebraram a entrada de uma mulher conservadora rica da classe alta no Parlamento. Posteriormente, Nancy Astor explicou que foi bom que a primeira integrante do Parlamento houvesse sido uma mulher rica, pois isso lhe permitiu contratar a melhor equipe para orientá-la.[69] Um terço das mulheres eleitas entre as guerras (dez delas) ocupou cargos parlamentares pertencentes aos maridos. Até que, em julho de 1928, a Lei da Representação do Povo foi aprovada, dando direito a voto a todos — homens e mulheres — com mais de 21 anos.

Nesse ponto, ficou evidente que não havia políticas ou questões femininas que unissem todas as mulheres. O grande terror do "Parlamento das mulheres", uma ginecocracia que arruinaria a nação, temida desde o século XVI, não se concretizou com a entrada das mulheres no Parlamento. As eleitoras mulheres estavam divididas em quase todas as questões, mesmo as que afetavam diretamente os direitos e liberdades das mulheres. Raça, classe e outras desigualdades dividiam profundamente a irmandade. Não havia nada que se aproximasse de um voto feminino uno.

# Protestos da classe trabalhadora

Algumas organizações de mulheres eram igualitárias, como a Liga Protetora e Previdenciária das Mulheres, fundada em 1874 por Emma Paterson com inspiração nos sindicatos de mulheres na América. A liga trabalhava com associações femininas de encadernadoras, costureiras, estofadoras, fiandeiras de Leeds e tecelãs de lã de Dewsbury e Batley. Criou uma associação de crédito mútuo, o Women's Halfpenny Bank, em 1879, e em 1906 tornou-se a Federação Nacional das Mulheres Trabalhadoras. Lucy Re-Bartlett, da campanha da União Social e Política das Mulheres pelo voto das mulheres, declarou que uma nova consciência estava surgindo entre as mulheres do país e do exterior.[70]

Brasão da Associação de Tecelãs de Dewsbury, Batley e Distritos Circundantes, fundada por Ann Ellis. Seu *slogan*: "A união faz a força".

Em 1875, as mulheres trabalhadoras lideraram sua primeira greve organizada, em West Yorkshire. Em fevereiro, começou um rumor de que os empregadores reduziriam os salários dos trabalhadores "de má qualidade", isto é, os que trabalhavam com lã recuperada. Uma jovem tecelã casada — Ann Ellis, da tecelagem Skelsey Mill — foi nomeada por tecelões, homens e mulheres, para organizar um protesto. Ela formou o Comitê de Tecelãs de Dewsbury e Batley, composto de treze mulheres, para representar 25 mil trabalhadores e, em 16 de fevereiro, discursou no primeiro encontro de tecelões em greve, nove mil deles, em um campo perto da tecelagem Spinkwell Mills, em Dewsbury. De acordo com o *Dewsbury News*, "Ela nunca tinha subido em uma plataforma como fez nesta greve [...]. Ela se decidia e ia, em vez de ceder aos patrões [...]; as mulheres haviam começado a batalha e teriam que ir até o fim".

Os homens reconheceram a liderança excepcional por parte das mulheres: "Assumindo a frente e assumindo o trabalho — não havia outro lugar na Inglaterra onde elas tivessem feito isso", relatou o *Huddersfield Examiner*.

O comitê exclusivamente feminino das tecelãs em greve recusou a ajuda oferecida pela Liga Protetora e Previdenciária das Mulheres e pelo Sindicato Nacional das Mulheres Trabalhadoras; elas não queriam a interferência das mulheres da classe média, e sim organizar a própria greve e definir os próprios termos. Os grevistas homens recusaram-se a aderir ao Sindicato Operativo, composto apenas de homens, e apoiaram as mulheres na liderança da greve. Um homem explicou ao *Examiner*: "Os homens devem ser fiéis e verdadeiros às mulheres [...]; um homem que não apoia uma mulher não é um homem". Outro homem disse que as mulheres "vão precisar de coragem".[71]

Apesar das ameaças individuais feitas pelos patrões às integrantes do comitê de que seus maridos seriam demitidos, as mulheres recusaram-se a negociar um corte salarial, exigindo o valor integral do salário e nada menos. Ellis disse que os trabalhadores não conseguiriam viver com nada menos do que o salário integral, o qual não cobriria as despesas de aluguel, aquecimento e alimentação. Trabalhadores das indústrias vizinhas e das minas próximas fizeram doações para um fundo de greve que permitiu às trabalhadoras passarem seis semanas em greve. Finalmente, os patrões se renderam, desistindo do corte salarial proposto e pagando o salário combinado, em todas as fábricas, exceto duas.

No restante do país, os sindicalistas homens mostraram-se relutantes em acolher as mulheres nas campanhas. Um sindicalista escreveu à liderança do movimento em 1889 dizendo que tanto as mulheres quanto os homens deveriam ser organizados localmente: "Por favor, enviem um organizador para esta cidade, pois decidimos que, se as mulheres daqui não puderem ser organizadas, elas devem ser eliminadas".[72]

Uma fabricante de correntes de Cradley Heath, em 1910.

Uma das maiores ações organizadas de mulheres trabalhadoras foi a das fabricantes de correntes de West Midlands. Essas mulheres produziam correntes leves em forjas instaladas ao lado de casa e perfaziam mais de dois mil somente em Cradley Heath. Um intermediário ou intermediária entregava barras de ferro de 3 metros de comprimento a cada fabricante de correntes, que cortava as barras e aquecia e martelava o ferro quente até formar cinco mil elos de correntes, trabalhando na forja por até 12 horas por dia. O intermediário então coletava as correntes acabadas e entregava mais barras de ferro. Após deduzir cerca de 25% pela prestação de seu serviço, o intermediário pagava o salário definido pelo empregador. As mulheres geralmente ganhavam entre 4 e 5 xelins por semana. O valor era fixado pelas Juntas Comerciais, mas os empregadores, que faziam parte do conselho do ofício, definiam o máximo que ofereceriam, geralmente fixando os salários das mulheres em cerca da metade do salário masculino.[73] O comentarista social Robert Sherard descreveu a forja de uma fabricante de correntes:

> É possível encontrar galpões com cinco ou seis mulheres, cada uma trabalhando em sua bigorna; todas falam alto para se fazer ouvir acima do fragor de seus martelos e do barulho de suas correntes, ou podem cantar em um coro dissonante; a princípio, a visão dessa sociabilidade nos faz esquecer da miséria que, no entanto, é muito visível, seja nos trapos imundos e nas botas absurdas que as mulheres usam, seja em seus rostos abatidos e nos rostos das crianças assustadas, penduradas ao peito de suas mães enquanto estas manejam o martelo ou esparramadas na lama do chão, em meio às chuvas de faíscas.[74]

Em março de 1910, a Junta Comercial estabeleceu novos salários para as mulheres fabricantes de correntes, que agora receberiam uma taxa mínima de 2,5 pence por hora, em vez do antigo pagamento por peso. Era o máximo que os empregadores pagariam, e deveria ter dobrado o pagamento das mulheres por uma semana de 55 horas. Sem qualquer intenção de pagar o novo valor, os empregadores começaram a armazenar correntes velhas e recusaram-se a fornecer barras de ferro às fabricantes de correntes a menos que elas concordassem em trabalhar pelo valor antigo. Os empregadores enviavam contratos com salários mais baixos e tentavam persuadir as mulheres — cuja maioria não sabia ler nem escrever — a assiná-los. Três representantes da Federação Nacional das Mulheres Trabalhadoras — Julia Varley, que começou a trabalhar como operária aos 13 anos; Mary Macarthur, filha de um carpinteiro; e Charles Stitch, que começou a fazer correntes aos 8 anos de idade — visitaram as fabricantes de correntes: "Fomos às forjas, conversamos com as mulheres enquanto elas martelavam, despertando-lhes a consciência para suas responsabilidades, apelando a seu orgulho e a sua maternidade", disse Varley.[75]

Quando as mulheres fabricantes de correntes exigiram o novo valor, conforme o combinado, os patrões passaram a vender seus estoques antigos e pararam de comprar novas correntes. O impasse durou sete meses até que o peso da opinião pública e o interesse internacional pelo tratamento dispensado às fabricantes de correntes forçaram os empregadores a pagar a nova taxa e eliminar do sistema os intermediários.

Foi uma grande vitória para as suadas mulheres trabalhadoras e para a Federação Nacional das Mulheres Trabalhadoras.

Ficou nítido que o salário do ganha-pão não apenas era contra os interesses das mulheres solteiras como também era contra os interesses dos homens, pois, sempre que possível, os empregadores desqualificavam os empregos e os transferiam para mulheres e crianças a baixos salários. A mecanização e as novas invenções iam tornando os trabalhos mais leves e menos qualificados.

Foi uma mulher, Clementina Black, que, em 1888, explicou esse fato bastante óbvio quando disse ao Conselho do Sindicato das Mulheres que, quando as mulheres eram "empregadas apenas porque eram mais baratas, todo o trabalho gradualmente caía em suas mãos [...] e isso resultava em salários mais baixos para prejuízo geral tanto de homens como de mulheres".[76]

Em 1888, outra greve de mulheres chamou a atenção do país e tornou-se um modelo para a greve geral nas docas do ano seguinte. No século XIX, a maioria dos palitos de fósforo britânicos era feita com fósforo branco venenoso e a maioria dos trabalhadores da indústria era formada por mulheres: 1.276 mulheres e 245 homens, em 1897.[77] A gigantesca fábrica de fósforos Bryant & May, no East End de Londres, empregava mais mulheres do que qualquer outro lugar; entretanto, a maior parte do trabalho não era feita na fábrica, mas em condições de "exploração" nas casas dos trabalhadores, para evitar requisitos de segurança.

O trabalho podia ser fatal. O fósforo venenoso, que os trabalhadores ingeriam e inalavam acidentalmente nas fábricas lotadas e nas oficinas domésticas, fazia com que suas mandíbulas esfarelassem — uma condição chamada "mandíbula de Phossy". O pagamento dos trabalhadores era reduzido por multas devido a delitos menores: a empresa alegava que pagava entre 10 e 12 xelins por semana a "trabalhadores fixos", mas, em 1888, as trabalhadoras relataram receber apenas 4 xelins por semana. Os trabalhadores não contavam com qualquer representação sindical e, como trabalhadores em tempo parcial e ocasionais, tinham dificuldade de se organizar.

Quando lançou-se sobre cinco trabalhadoras — Mary Driscoll, Alice Francis, Eliza Martin, Kate Slater e Jane Wakeling — a suspeita de que haviam denunciado à jornalista radical Annie Besant sobre as condições na fábrica, três delas foram despedidas.[78] Como resultado, 1.400 trabalhadoras fizeram uma manifestação e, alguns dias depois, a fábrica interrompeu a produção. A administração da Bryant & May sugeriu que as mulheres da classe trabalhadora só teriam agido por influência de agitadores externos. O presidente disse aos acionistas: "Todos vocês sabem muito bem como esta greve surgiu. Por um tempo considerável, tem ocorrido uma agitação no East End de Londres, tendendo a [...] provocar descontentamento entre os trabalhadores".[79]

"Passe-me o veneno": o artigo contundente de Annie Besant revelou aos acionistas as condições tóxicas de trabalho na fábrica Bryant & May.

O boato dos "agitadores externos" foi criado para tranquilizar os acionistas e contestar as alegações do contundente artigo que Annie Besant publicou no jornal *The Link* no sábado, 14 de julho de 1888. Ela escreveu:

> Os senhores sabiam que mulheres e meninas cujo trabalho gerou o dividendo de 22,5% pago em fevereiro estão vivendo, ou morrendo, em Old Ford, Bromley, Tiger Bay e outros distritos do leste de Londres, com salários que variam de 4 xelins a cerca de 13 xelins por semana? Que o salário pode chegar a ser inferior a 4 xelins e que uma menina de 16 anos foi dispensada do emprego quinze dias atrás e recebeu apenas 2 xelins e 8 pence por uma semana de trabalho? Os senhores sabiam que, mesmo apesar dos lastimáveis malabarismos de seu secretário, o sr. Carkeet, o "salário médio" das "trabalhadoras adultas" que os senhores empregam é de apenas 11 xelins e 2 pence por semana? E não deixemos de considerar que o fato de haver um "salário médio" de 11 xelins e 2 pence não ajuda as mulheres que, tal como a esposa de um estivador de 29 anos e mãe de cinco filhos, levaram para casa 5 xelins e 6 pence no último sábado […]. O que os senhores pensariam da esposa de um acionista da Bryant & May sustentando a família por uma semana com míseros 11 xelins e 2 pence? Os senhores gostariam de começar seu

trabalho às 5h30 da manhã e chegar em casa às 7 horas da noite, tendo passado praticamente o tempo todo de pé, e fazer isso por cinco dias, recebendo apenas meio dia adicional no sábado, e levar para casa 11 xelins e 2 pence como recompensa? E se os senhores atingissem a média, mas recebessem apenas 5 xelins e 6 pence depois de quinze anos no trabalho, os senhores não diriam, como minha pobre amiga me disse outro dia, "Estou simplesmente exausta"?[80]

Foram as mulheres da classe trabalhadora de Bow que convocaram a greve e a executaram, conquistando a reintegração das organizadoras da greve, intervalos de almoço adequados em refeitórios distantes do fósforo venenoso, banheiros limpos, o fim das multas e uma remuneração adequada. Elas fundaram um dos maiores sindicatos do país, o Sindicato das Mulheres Fabricantes de Fósforos, para proteger suas condições de trabalho no futuro.[81] As primeiras mulheres inspetoras de fábricas foram nomeadas para garantir a segurança, especialmente em empresas que empregavam muitas mulheres, e o fósforo branco seria finalmente proibido nos palitos de fósforos da Inglaterra quatro anos depois da Convenção de Berna de 1906.

Enquanto tudo isso acontecia, as mulheres em greve eram chamadas de "meninas" e a manifestação ficou conhecida como "Greve das Meninas Fabricantes de Fósforos". Ainda assim, apesar da linguagem paternalista, a paralisação teve um efeito enorme, inspirando a grande greve portuária no ano seguinte. Ao convocar um encontro de milhares de trabalhadores portuários, o líder dos estivadores, John Burns, disse: "Fiquem unidos. Lembrem-se das mulheres fabricantes de fósforos que venceram a luta e formaram um sindicato".[82]

O período de 1907-1911 foi de "grande agitação", quando a adesão das mulheres aos sindicatos aumentou e as mulheres organizaram manifestações industriais. Só em Londres, a sindicalista Mary Macarthur organizou vinte greves simultâneas que reuniram duzentas mulheres. As mulheres perceberam que, se não recebessem salários iguais, seriam usadas para reduzir os salários dos homens. Como explicou Eleanor Rathbone: "Se os salários dos homens e das mulheres, de fato, se basearem em condições fundamentalmente diferentes e se essas condições não puderem ser alteradas, as mulheres serão eternamente as vilãs, condenadas a prejudicar as perspectivas dos homens sempre que forem colocadas em competição com eles".[83]

Elas estavam determinadas a não ser as "eternas vilãs" que reduziam salários e furavam greves. Nos péssimos trabalhos que, em geral, eram-lhes atribuídos, elas entraram em greve para aumentar os salários e melhorar as condições. Produtoras de picles, catadoras de trapos, lavadoras de garrafas, lavadeiras, produtoras de envelopes, biscoitos, caixas chocolate e latas, bem como trabalhadoras de destilarias e confeitarias — trabalhos leves, pouco qualificados e mal remunerados, alguns em condições de exploração — entraram em greve entre 1910 e 1914. As ações das mulheres surgiam da mesma maneira que as rebeliões de outrora, organizadas por elas para garantir o suprimento de alimentos a preços justos: quando um incidente causava um senso generalizado de indignação. Em 1911, uma vendedora de arenque amarrou um pano vermelho em uma vassoura e a carregou como uma bandeira enquanto convocava os trabalhadores para uma greve.[84] Ela não tinha a assistência de um sindicato nem de agitadores externos: tratava-se de mulheres se manifestando em prol das mulheres.

Nos conjuntos habitacionais precários e nos cortiços das novas cidades industriais, a manifestação das mulheres assumiu uma nova forma: a "greve dos aluguéis". Nos primeiros anos da Primeira Guerra Mundial, com um grande número de homens ausentes, muitas mulheres não estavam conseguindo pagar o aluguel, especialmente depois que os proprietários impuseram um aumento de 25%, como no distrito de Govan, em Glasgow, em 1915. A agitação se espalhou para outras cidades escocesas e para as cidades inglesas de Leeds, Bradford, Edmonton, Barrow, Workington, Coventry e Birmingham, até que o governo criou a Lei de Restrição de Aluguel em 1915 e, em 1919, ordenou que as prefeituras disponibilizassem novos conjuntos habitacionais de boa qualidade para os trabalhadores.[85]

Em Bradford, mulheres da classe trabalhadora passaram a usar a nova tática da "greve dos aluguéis" para controlar homens abusadores. Para forçar um proprietário a despejar um homem e sua amante da casa da família, elas deixavam de pagar o aluguel até ele ser obrigado a desocupar o imóvel. Wood, que trabalhava em uma tinturaria, não fazia nenhuma contribuição financeira para a família e vivia da renda da esposa, uma faxineira que também vendia mercadorias de porta em porta. O casal tinha quatro filhos, entre eles uma menina chamada Maud. Quando Maud tinha 4 anos, Wood, que bebia muito, levou a amante para morar na casa da família. Quando Maud tinha 10 anos, seu pai abusou sexualmente dela e transmitiu-lhe uma doença venérea, o que a levou a contar à mãe. A briga entre marido e mulher foi tão violenta que chegou a ser ouvida pelos vizinhos. Mais tarde, já adulta, Maud contou: "O dia mais feliz da minha vida foi quando cheguei da fábrica e ele tinha ido embora. Minha mãe diz que 'ele foi expulso'. Os vizinhos assinaram uma petição dizendo que deixariam de pagar o aluguel se meu pai não fosse despejado. Bem, a vizinha ouvia tudo o que estava acontecendo e achou a situação toda muito injusta para a minha mãe. Então, ela criou a petição e ele foi obrigado a sair de casa e levar sua amiga consigo".[86]

Em 1918, uma greve espontânea de mulheres motoristas de ônibus e trabalhadoras do sistema de transporte público paralisou o transporte em Londres e em outras cidades durante a guerra quando um grupo de mulheres, sem apoio sindical, reuniu-se no Pátio de Ônibus de Willesden e exigiu que as 3.500 mulheres empregadas pela London General Omnibus Company recebessem o mesmo salário que os homens pelo mesmo trabalho, além do bônus de 5 xelins pelo salário do ganha-pão. Tanto os sindicatos quanto os empregadores, compostos exclusivamente de homens, estavam comprometidos com um salário do ganha-pão que favorecesse os homens. As mulheres de Willesden entraram em greve no dia seguinte, e mulheres motoristas de ônibus de Acton, Archway, Hackney e Holloway aderiram ao movimento. Outras mulheres que trabalhavam no metrô de Londres também entraram em greve, paralisando o metrô, e mulheres paralisaram o sistema de transporte de ônibus em Bath, Birmingham, Bristol, Hastings e Southend. Cerca da metade de todas as mulheres empregadas nos transportes — dezoito mil trabalhadoras — passou alguns dias em greve até receber a oferta do bônus de 5 xelins (mas ainda sem remuneração igual à dos homens) e voltar ao trabalho.[87]

A recessão do pós-guerra levou as trabalhadoras a abandonar a campanha pela igualdade salarial, exigindo, em vez disso, a criação de empregos e melhores salários para todos. Grupos de mulheres desempregadas uniram-se informalmente para se ajudar, e o Grupo de Mulheres do Congresso Sindical de 1922 exigiu seguro-desemprego para criadas, faxineiras e trabalhadoras domésticas.[88]

Em 1926, proprietários de minas de carvão tentaram reduzir os salários dos mineiros e o Congresso Sindical convocou uma greve geral. Os sindicatos tinham tanto medo de causar uma agitação política que restringiram a greve às indústrias pesadas: 1,7 milhão de trabalhadores entrou em greve e algumas trabalhadoras mais radicais, como as operárias da fábrica de doces Rowntree's, em York, se manifestaram em apoio aos mineiros em greve. A resposta do governo foi imediata e hostil. A paralisação foi interrompida depois de nove dias, em grande parte por voluntários da classe alta e colarinhos-brancos convocados pelo governo. A filiação sindical ruiu sob a pressão da legislação antissindical e das exaustivas derrotas durante a greve. Os mineiros resistiram por mais seis meses, até serem forçados pela miséria a voltar ao trabalho por salários ainda mais baixos.

A greve geral revelou-se uma experiência profundamente divisiva para as mulheres inglesas. As da classe trabalhadora nas zonas mineiras viviam em condições de pobreza extrema, o que levou uma militante trabalhista a descrever os bairros afetados como "zonas de fome". Mulheres invadiram o escritório do auxílio-desemprego em Merthyr quando os benefícios foram cortados, e mulheres da região de Rhondda romperam três cordões policiais para levar suas queixas ao príncipe de Gales.

A esposa de um mineiro escreveu pedindo ajuda: "Estou grávida. Meus filhos não têm sapatos nem roupas e, para piorar a situação, não temos nenhuma comida em casa e as crianças choram de fome [...]. Se o senhor nos visitar, verá que a situação é pior que a relatada nesta carta, mas não tenho mais papel para escrever. Por favor, acredite na minha palavra".

Muitas mulheres das classes ricas e trabalhadoras se solidarizaram com os mineiros e com a terrível pobreza que suas famílias sofreram durante seis meses sem remuneração. Marion Phillips, líder do Partido Trabalhista, criou o Comitê de

Mulheres para Assistência Humanitária às Esposas e Filhos dos Mineiros. Exclusivamente feminina, a entidade organizou manifestações, "dias da bandeira",* bazares, concertos e um "dia dos sapatos" para angariar fundos e comprar sapatos para os filhos dos mineiros. Pessoas doaram roupas, alimentos e dinheiro, e um esquema para que os filhos dos trabalhadores ficassem com famílias adotivas temporárias levou as mulheres a abrir suas casas às crianças pobres: "As anfitriãs eram de todas as classes da sociedade, desde mulheres ricas que tinham carros até trabalhadoras que moravam em apartamentos apertados, mas as crianças pareciam adaptar-se facilmente a todas. Muitas vezes, quando chegavam, as 'tias' se preocupavam muito em alimentar as crianças. Mas elas estavam tão acostumadas a ter pouco, talvez até nada, e chegavam tão cansadas da viagem, que no começo só comiam pão com geleia, para a amarga decepção da anfitriã, ansiosa para vê-las desfrutar da primeira refeição sólida em semanas".[89]

Nem todas as mulheres foram solidárias à causa. A Associação das Mulheres pelo Império, liderada pela sra. Flora Drummond — que atuara em uma campanha dos Pankhursts contra as greves durante a guerra —, instou as esposas a desencorajarem os maridos de entrar em greve: "Cabe a nós fazer tudo o que pudermos para salvar essas mulheres delas mesmas".[90]

Mas, pelo jeito, as esposas dos mineiros não queriam ser salvas de si mesmas. Um encontro da Associação das Mulheres pelo Império exigiu uma forte presença policial para proteger os oradores de uma multidão de 500-600 pessoas, "em sua maioria mulheres", que protestavam e ameaçavam uma "rebelião". Grandes comícios de mulheres em apoio à greve dos maridos foram realizados em maio de 1926, com a presença de dez mil mulheres. Em junho, em Blaenavon, duas mil pessoas (em sua maioria mulheres) quase causaram uma rebelião quando trancaram o "oficial substituto" em seu escritório depois de ele ter recusado pagamentos de assistência aos maridos a menos que estes assinassem recibos. Algumas "rebeliões" pareciam se inspirar nos protestos comunitários de outrora. As esposas dos mineiros do País de Gales criticaram fura-greves fazendo manifestações muito parecidas com as procissões medievais para expor indivíduos por comportamento inadequado, as *skimmington rides*. Em Bryneath Colliery, algumas esposas abordaram um mineiro fura-greve, William Gregory, a caminho da mina. Elas o vestiram com uma camisa branca e o levaram a sua casa, em Coity, em um carrinho de mão e ao som de uma sanfona. Seis mulheres foram acusadas de reunião ilegal e intimidação; todas, exceto uma, foram levadas a julgamento e ficaram em liberdade condicional por doze meses.[91]

---

* Os dias da bandeira (*flag days*) são eventos de angariação de fundos nos quais voluntários coletam doações em locais públicos, aos quais geralmente levam pequenas bandeiras ou distintivos da organização beneficente. [N.T.]

A greve geral deu a muitas mulheres da elite a oportunidade de brincar de classe trabalhadora, por vezes até vestindo imitações de uniformes. Foram poucas as pessoas, contudo, que se ofereceram para substituir os homens em greve em seus trabalhos árduos ou sujos. Os voluntários escolhiam empregos dos quais achavam que iriam gostar: estudantes homens se meteram a dirigir ônibus e trens e usaram seus carros particulares como táxis, enquanto mulheres voluntárias de classe alta e média se encarregavam de tarefas domésticas para ajudá-los — cozinhar refeições quentes, servi-las em refeitórios e limpar os refeitórios depois. As mulheres da classe alta realizavam trabalhos geralmente feitos por seus criados: lavar roupas e arrumar camas nos alojamentos improvisados montados em parques de Londres e em estações ferroviárias.[92] Um voluntário da classe alta disse: "Lembro-me de ter gostado muito da greve geral, sem nunca pensar nos mineiros. Foi uma pena quando chegou ao fim. Eu e meus colegas voluntários não tínhamos uma opinião específica sobre o que havia de certo ou errado na greve; simplesmente não tínhamos simpatia nem antipatia em relação aos mineiros; mas achávamos que era nosso dever ajudar o país a não ser tão afetado".[93]

Lady Lindsay (ex-duquesa de Westminster) viu a greve como um interlúdio na temporada de eventos sociais: "De certa forma, todos nós nos divertimos muito. Como eu disse, não estávamos seriamente interessados nos problemas da época. Eu não sabia se os mineiros tinham ou não o suficiente. Parece ruim, mas a verdade é essa. Éramos *tão jovens*! Não me lembro de ninguém discutindo o que era certo e errado. Fazíamos o que nossos pais mandavam […]. Era […] uma diversão. Quando a greve terminou, simplesmente voltamos à nossa vida de antes, tiramos o pó de nossos vestidos de festa e fomos ao próximo baile".[94]

O clima festivo não tinha nada a ver com a vida das mulheres da classe trabalhadora. O jornal *Labour Woman* escreveu: "As mulheres das classes governantes de hoje já desfrutaram do esplendor da temporada. Deixem-nas ir. Afinal, elas pertencem ao passado, deixaram-se ficar por tempo demais. As mulheres do futuro, as mulheres que ajudarão a tornar nosso país grande, não por 'temporada', mas com felicidade duradoura, acham-se em outros lugares. Principalmente no meio das mulheres, nas minas de carvão".[95]

## A natureza das mulheres

"Vocês têm ideia de quantos livros são escritos sobre as mulheres no decorrer de um ano? […] Vocês sabem que elas talvez sejam o animal mais discutido do universo?", escreveu Virginia Woolf, em 1929.[96] Os homens mais importantes do século exploraram as novas ciências e constataram que elas — exatamente como as antigas ciências! — provavam que os homens eram de fato superiores. Veja o que o próprio Charles Darwin declarou: "A principal distinção nos poderes intelectuais dos dois sexos é [demonstrada] pelo fato de o homem atingir, em tudo o que faz, uma eminência mais elevada do que a mulher é capaz de atingir — seja exigindo pensamento profundo, razão ou imaginação, ou apenas o uso dos sentidos e das mãos [...]. Desse modo, o homem tornou-se superior à mulher".[97]

Darwin — um dos maiores observadores do mundo natural — concluiu que as mulheres não apenas eram naturalmente inferiores aos homens como também evoluiriam para se tornar ainda mais inferiores. Enquanto os homens desenvolveriam maior superioridade em todos seus diversos talentos, as mulheres apenas se tornariam mais férteis e bem-sucedidas como procriadoras.[98]

A ideia de Darwin foi confirmada por outros pensadores como Karl Vogt, que acreditava que a evolução tornou os sexos cada vez mais especializados e, assim, levou os homens a serem mais fortes, e as mulheres, mais frágeis: "A desigualdade entre os sexos aumenta com o progresso da civilização".[99]

O autor de um livro de conduta publicado em 1859 observou que a ciência confirmava a superioridade dos homens concedida por Deus. Um marido deveria "considerar-se o sacerdote de sua família, designado por Deus".[100]

Como seria de esperar, as mulheres deveriam ser encorajadas a se especializar na única coisa que eram capazes de fazer bem: conceber e dar à luz. A maternidade foi elevada a alturas religiosas pelos filósofos, como que para consolar as mulheres de que era a única coisa que podiam fazer. Um homem que se autodenominava especialista recomendou a criação de: "Uma nova filosofia do sexo que coloca a esposa e a mãe no centro de um novo mundo e faz dela o objeto de uma nova religião e quase de um novo culto que lhe dará uma isenção reverente da competição sexual e voltará a consagrá-la às responsabilidades mais elevadas da raça humana".[101]

A maternidade, executada no plano mais elevado de todos, tinha o poder de salvar o mundo, segundo o psicólogo G. Stanley Hall: "Mulheres no Parlamento e no jornalismo, sua representação no governo local e nacional, nas negociações de paz, nos encontros de trabalhadores, na ciência e na literatura: tudo isso produzirá apenas pequenos resultados até as mulheres perceberem que a transformação da sociedade começa com o nascituro [...]. Essa transformação requer um conceito inteiramente novo da vocação da mãe, um tremendo esforço de vontade, de inspiração contínua".[102]

Seguindo essa linha de pensamento, a exigência das mulheres por salários e oportunidades iguais não passaria de uma tentativa frustrada de ir contra o físico, a natureza e o destino evolutivo das mulheres, como bem sabia W. R. Greg:

> Aqueles maquinadores irracionais [...] dispostos a abrir as profissões às mulheres e ensiná-las a se tornar advogadas, médicas e professoras, pouco sabem da vida e ainda menos de fisiologia. O cérebro e a estrutura da

> mulher são formados com admirável adequação a seu trabalho apropriado, para o qual são necessárias sutileza e sensibilidade, não força, fibra e tenacidade. A organização cerebral da mulher é muito mais delicada que a do homem. A continuidade e a severidade da aplicação necessária para adquirir o domínio em qualquer profissão, ou sobre qualquer ciência, são negadas às mulheres, e nunca podem ser tentadas impunemente por elas: a mente e a saúde quase invariavelmente entrariam em colapso sob a tarefa.[103]

Uma vez que as mulheres foram definidas como completamente diferentes dos homens — na verdade, o "oposto" —, tornou-se cada vez mais importante identificar o sexo do bebê: para que pais e outros adultos pudessem agir adequadamente a um menino ou a seu oposto, uma menina; para que a criança aprendesse desde o primeiro momento a se comportar de acordo com seu sexo e a incorporar com firmeza, desde o nascimento, uma das duas identidades sexuais possíveis.

Em meados do século XIX, os bebês usavam vestidos apenas nos primeiros meses da infância e depois eram vestidos com casacos curtos chamados "jardineiras curtas" ou "saias russas". Eram do mesmo estilo para meninos e meninas, mas codificados por cores, para que desconhecidos soubessem à primeira vista se o bebê era um "garotinho forte" ou uma "menininha linda". Um menino era vestido de rosa, por ser uma cor "forte", enquanto uma menina era vestida de azul-claro ou amarelo-claro.[104] Como Jo Paoletti registrou: "Os vestidos brancos angelicais da primeira infância, antes usados até o terceiro ano, deixaram de ser adequados para os bebês em menos de uma geração e passaram a ser não apenas errados como também prejudiciais para os meninos. Um menino não era uma menina e nunca deveria ser confundido com uma menina. Banir os vestidos brancos foi apenas o começo; rendas, babados, pregas, flores, desenhos de gatinhos e uma parte considerável do espectro de cores foram eliminados das roupas dos meninos no decorrer de várias décadas".[105]

Os meninos precisavam ser ensinados desde cedo que deveriam ser viris, mas as meninas podiam ser infantilizadas. A *Harper's Magazine* escreveu em dezembro de 1876: "A menina usa para sempre a anágua infantil, com todos os seus poderes e privilégios".[106]

Nessa altura, a anágua, com "todos os seus poderes e privilégios", já tinha se transformado em um fardo incapacitante para as mulheres da elite. O vestido era sustentado por uma estrutura rígida feita de arame, composta de muitas camadas, níveis e babados, com uma *pantalette*\* por baixo de uma enorme saia em formato de sino, muitas vezes um corpete e uma jaqueta por cima dele, um xale por cima de tudo e cabelo elaborado com tranças e sempre preso. As roupas restringiam o movimento, proibiam a ação e dificultavam respirar fundo e até impediam

---

\* Uma *pantalette* era uma peça de roupa íntima semelhante a uma calça curta. [N.T.]

a digestão. Era uma aparência que só podia ser alcançada com um exército de criados para confeccionar, lavar e consertar, e uma empregada para ajudar a dama a se vestir. As roupas não só tornavam as mulheres da elite dependentes de outras pessoas para se vestir e se despir como também as incapacitavam, tornando a caminhada um exercício árduo e impossibilitando a corrida e qualquer forma de esporte. O *look* da moda das mulheres da elite tornou-se cada vez mais parecido com uma boneca, pálida, frágil, com cintura fina. As mulheres da elite tomavam veneno, inclusive arsênico, para perder peso e clarear a pele; ingeriam ovos de tênia com a intenção de cultivar o verme parasita no estômago para consumir parte de sua comida e, quando o peso ideal fosse alcançado, tomavam uma dose de antisséptico ou um veneno suave para matar o verme.[107] Esperava-se que o verme morresse e fosse eliminado, mas alguns cresciam grandes e fortes.

As mulheres da elite usavam espartilhos feitos de osso de baleia bem amarrados, puxados por uma assistente para atingir uma cintura de 55 centímetros (25 centímetros a menos que a cintura média de uma mulher de hoje).[108] As costelas ficavam deformadas, e a coluna, permanentemente curvada.

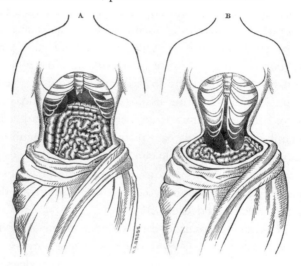

Uma ilustração de *Fisiologia para jovens*, de 1884, mostrava a posição deformada do fígado e do estômago devido ao uso do espartilho.

As mulheres sofriam de falta de ar porque seus pulmões ficavam comprimidos, além de sofrerem de constipação e indigestão. Com o tempo, os espartilhos podiam causar problemas mais graves: "costelas dobradas ou fraturadas, deslocamento do fígado e prolapso uterino (em alguns casos, o útero era forçado gradualmente, pela pressão do espartilho, a sair pela vagina)".[109]

Os chamados médicos, cirurgiões e cientistas passaram mais de um século considerando as mulheres da elite como "naturalmente" mais frágeis do que os homens.

Mas, no século XIX, novas doenças e novos diagnósticos sugeriram que as mulheres da elite não apenas eram frágeis como também inadequadas para a vida.

A fragilidade das mulheres da elite, resultante da pressão por evitar alimentos nutritivos em quantidades suficientes, fazer pouco ou nenhum exercício, não se permitir qualquer prazer sexual, viver sob extrema repressão e muito pouco estímulo mental, agora era observada em suas filhas, que passavam a vida toda jejuando e descansando, sob um enorme estresse psicológico causado pela repressão e ansiedade social. Por volta de 1900, pesquisas sobre a menstruação mostraram que o fenômeno era exclusivo das mulheres e, portanto, um sinal de fraqueza. O médico e sexólogo Havelock Ellis escreveu: "Mesmo na mulher mais saudável, um verme, por mais inofensivo e despercebido, corrói periodicamente as raízes da vida".[110] Os médicos e cientistas homens não tinham dúvidas de que o corpo feminino era "naturalmente" propenso ao colapso. O estado natural delas era viver doente.[111]

Era verdade que a vida das mulheres da elite as deixava doentes. Elas não apenas passavam fome e não se exercitavam como também se expunham a doenças por contato próximo em ambientes mal ventilados. Acreditava-se que as mulheres eram especialmente vulneráveis à tuberculose, que se disseminava em habitações e condições precárias de higiene nos bairros pobres, degradados e apinhados, e que se espalhava facilmente dos empregados e trabalhadores das fábricas exploradoras para seus empregadores e clientes. Na Londres do século XIX, um quarto de todas as mortes foram causadas pela tuberculose e, na segunda metade do século, milhões de pessoas morreram devido à doença na Inglaterra.

A tuberculose passou a ser caraterizada como uma doença "trágica". As vítimas tendiam a se comportar com uma energia frenética ou com uma exaustão melancólica — um pouco como as heroínas dos romances românticos, em um comportamento que passou a ser associado às damas extremamente sensíveis. O progresso da doença podia ser lento, dando aos pacientes tempo para despedidas no leito de morte, que muitas vezes eram registradas em prosa, poesia, ficção e pinturas. Foi apelidada de "doença romântica", e o aspecto das vítimas — pele pálida e

Turbeculose: a doença "trágica".

lábios vermelhos — entrou na moda a ponto de até mulheres saudáveis reproduzirem o rubor febril com pó branco e ruge. A crença de que nas mulheres a tuberculose estava ligada à masturbação levou a um grande fascínio pela doença.[112] O romance *A Dama das Camélias*, de Alexandre Dumas, conta a história de uma bela cortesã da classe alta que (alerta de *spoiler*!) morre tragicamente de tuberculose. O romance foi adaptado para uma peça de teatro de sucesso e depois para a ópera *La Traviata,* de Verdi, confirmando a ligação entre sexualidade feminina, doença e morte, na arte erudita.

Dizia-se que a saúde mental das mulheres era ainda mais enfraquecida pela menarca (primeira menstruação), pela menstruação, pela menopausa, pelo movimento espontâneo do útero no interior do corpo e pela excitação sexual. O sexo deixou de ser tratado com silêncio e discrição, uma atitude em geral atribuída aos vitorianos; eram acaloradas e constantes as discussões para demonstrar que a pornografia, a masturbação e o orgasmo eram essenciais para os homens e perigosos para as mulheres. Os comentaristas homens não se cansavam de apontar para a perigosa sexualidade das classes trabalhadoras, os perigos da corrupção para os jovens e que a ignorância sexual não era um estado de desconhecimento, mas a maior das virtudes.[113]

Estudiosos das mulheres das classes alta e média continuaram insistindo que elas não tinham orgasmo e, pior, passaram a acreditar que elas não sentiam prazer algum. Um livro de conselhos de 1918, *Felicidade conjugal*, afirma: "Mulheres sensatas e elegantes, que são dedicadas ao marido [...], submeter-se-iam de bom grado às exigências de seu cônjuge, mesmo que a relação sexual possa dar-lhes pouco ou nenhum prazer".[114]

Mesmo em 1928, uma pergunta em um questionário médico sobre os sentimentos sexuais das esposas foi considerada chocante e inadequada, já que quaisquer sentimentos sexuais eram tidos como anormais em mulheres casadas.[115] Mesmo assim, esperava-se que as esposas aceitassem ter relações sexuais regulares para conceber filhos e satisfazer os maridos, que de outra forma seriam levados ao estupro, ao sexo adúltero com mulheres mais disponíveis ou forçados à masturbação, considerada um hábito prejudicial à saúde.[116]

A saúde ginecológica das mulheres da elite continuou sendo um grande mistério e de grande interesse para os médicos homens devido, em parte, aos enormes honorários que estes obtinham persuadindo as mulheres a se manterem fisicamente doentes e mentalmente perturbadas. A remoção do clitóris como uma cura para a masturbação, o apetite sexual ou quase qualquer comportamento determinado pelos médicos que desviasse dos limites do comportamento feminino da elite era recomendada por médicos da família e realizada discretamente por cirurgiões. Isaac Baker Brown foi criticado não por realizar a mutilação genital feminina em suas pacientes, e sim por publicar seu tratado *Sobre a curabilidade de certas formas de insanidade, epilepsia, catalepsia e histeria em mulheres*, em 1886. Ele recomendava a remoção do clitóris em mulheres que, segundo relatos de maridos ou familiares, tinham interesse em sexo, que foram flagradas se masturbando ou que foram consideradas excessivamente emotivas de alguma forma.[117] A remoção dos dois ovários começou a ser realizada em 1870 e foi considerada um sucesso imediato na cura do que era conhecido como "falhas da feminilidade": distúrbios não apenas físicos, mas também nervosos — e quaisquer sintomas para os quais os médicos não encontrassem um diagnóstico.[118]

Acreditando que a ginecologia estava diretamente ligada à saúde mental feminina, os médicos continuaram fazendo experimentos em pacientes agitadas, infelizes ou rebeldes. O dr. Bennet, um famoso ginecologista inglês, defendeu a aplicação de sanguessugas na vulva ou no interior da vagina, no colo do útero, ainda que advertisse aos médicos que contassem as sanguessugas à medida que se desprendiam do corpo da paciente quando saciadas, para evitar perdê-las no interior da vagina. Ele observou que algumas sanguessugas aventureiras podiam avançar para a cavidade cervical do útero: "Penso que raramente testemunhei uma dor mais aguda do que a sentida por várias de minhas pacientes nessas circunstâncias".[119] (Estamos falando de um ginecologista respeitável que perdeu sanguessugas na vagina de "várias" pacientes — quem exatamente era o louco neste cenário?)

No século XIX, uma nova revisão da saúde mental das mulheres da elite sugeriu que muitas sofriam de depressão, causada por "assédio sexual, papéis domésticos subservientes que exigiam sacrifício, bem como internalização, sentimentos de desamparo devido ao pouco poder social, sentimento difuso de propósito após a Revolução Industrial alterar o papel de esposas e mães na sociedade, tratamentos psicológicos com forte viés de gênero e gestações perpétuas, que muitas vezes envolviam complicações".[120]

A saúde mental das mulheres da elite deteriorou-se tanto durante os anos de expansão e prosperidade na Inglaterra que os historiadores descreveram uma "epidemia de histeria".[121] Uma autoridade conceituada, o dr. Henry Maudsley (1835-1918), o mais proeminente psiquiatra britânico de sua época, deixou evidente que as jovens não podiam estudar pois seus "centros nervosos se encontram em um estado de maior instabilidade devido ao desenvolvimento de suas funções reprodutivas, causando uma perturbação mais fácil e grave".[122] O médico americano Silas Weir Mitchell diagnosticou homens e mulheres com histeria nos anos 1850 e prescreveu aos pacientes do sexo masculino exercícios regulares e frequentes ao ar livre. Mas, para as mulheres, exercitar-se não era uma solução — elas deveriam ter a "cura do descanso":[123] "Durante aproximadamente seis semanas, a paciente deveria ficar deitada de costas em um cômodo mal iluminado. Se o caso fosse particularmente grave, ela não deveria ter sequer permissão para levantar-se para urinar. Deveria consumir apenas alimentos macios e insossos para ganhar peso diariamente e receber uma massagem diária em todo o corpo, aumentando em vigor à medida que a cura avançasse".[124] A mulher não deveria ter acesso a qualquer coisa que lhe desse qualquer prazer. Virginia Woolf não pôde escrever durante sua "cura do descanso" e ganhou três quilos. Seu marido, Leonard, consultou cinco dos melhores médicos britânicos em saúde mental e declarou que eles não sabiam "praticamente nada".[125]

Em meados do século XIX, o diagnóstico de histeria era comprovado quando praticamente qualquer mudança de caráter era observada nas mulheres, especialmente tristeza, tédio ou fadiga. Foi apenas quando o terror intolerável da guerra moderna na Grande Guerra produziu entre oficiais e homens sintomas semelhantes aos que haviam sido chamados de "histeria" nas mulheres que os médicos foram forçados a reconsiderar a condição e o nome. Homens alistados que apresentaram sintomas de transtorno por estresse pós-traumático após o horror da guerra de trincheiras foram diagnosticados com a condição feminina de "histeria". Mas os oficiais das classes mais altas não podiam ser rotulados com uma condição típica de mulheres. Em 1916, os homens da elite que apresentavam sintomas de doença mental já eram diagnosticados com a chamada "neurastenia", um nome diferente para a mesma doença de seus subordinados.[126]

Os médicos não tinham dúvidas de que as mulheres das classes alta e média eram fracas e delicadas demais para qualquer coisa que não fosse o exercício mais leve, além de sexualmente frígidas e incapazes de concentrar-se em qualquer tarefa, ao mesmo tempo que acreditavam firmemente que as mulheres da classe trabalhadora eram robustas, sexualmente ativas, férteis e aptas para o trabalho duro, sem qualquer traço de fraqueza psicológica.[127] Mas, na verdade, o que acontecia era o contrário. As mulheres da classe trabalhadora, com dietas e moradia precárias, morriam antes e adoeciam com mais frequência. Elas comiam mal mesmo se a família contasse com o salário do ganha-pão, devido à tradição de que homens e meninos tinham o direito de se servir primeiro às refeições. As mulheres da classe trabalhadora não tinham como descansar antes ou depois do parto, e mortalidade infantil e baixas taxas de natalidade eram causadas pelo raquitismo, resultante da deficiência de vitaminas que deformava os ossos, inclusive os da pélvis, dificultando o trabalho de parto e por vezes causando a morte da mãe e do bebê.[128]

Algumas mulheres da classe trabalhadora escapavam da febre puerperal por não terem dinheiro para pagar um médico nem para ter o bebê em um hospital. Em 1927, apenas 15% das mulheres eram internadas em hospitais para dar à luz. Os partos mais seguros ocorriam nas zonas rurais, com uma parteira ou profissional que permanecia com a mãe durante o trabalho de parto, não atendia outros pacientes que podiam transmitir a infecção e evitava fazer intervenções.[129] Em 1914, começaram a ser disponibilizadas merendas escolares gratuitas para as crianças, e foram criados programas assistencialistas para as famílias pobres. Em 1920, as taxas de mortalidade infantil já haviam caído.[130]

As famílias das classes alta e média sofriam de uma mortalidade infantil desproporcionalmente alta e de morte durante o parto porque sua riqueza e seu *status* elevado as expunham às infecções transmitidas por médicos respeitáveis e caros de um paciente a outro. A taxa de mortalidade materna nos bairros da classe média da cidade de Leeds era quase duas vezes maior que nos bairros pobres, porque as mulheres da classe média eram atendidas por médicos que não seguiam as práticas de higiene, enquanto as pobres continuavam realizando os partos em casa, por vezes sem qualquer acompanhamento profissional.[131] Dora Russell cunhou a frase "é quatro vezes mais perigoso ter um filho do que trabalhar em uma mina", comparando a taxa de mortalidade materna em 1920, de quatro a cada mil nascimentos, com a de acidentes em minas, de um a cada mil mineiros.[132] A segurança no parto só melhoraria nos anos 1930, quando os médicos, incluindo os obstetras, compreenderam que estavam espalhando infecções.

As mulheres da classe trabalhadora, temendo morrer no parto ou diante da impossibilidade de criar mais um filho, mantinham a tradição popular de "provocar" hemorragias, isto é, causar o aborto. Remédios que provocavam sangramento eram anunciados em jornais e vendidos abertamente. Os métodos abortivos incluíam banhos escaldantes, pólvora misturada com margarina, casca de olmo e poejo. Em 1905, médicos relataram lábios azuis em pacientes que tentaram causar o aborto envenenando-se com chumbo.[133] Abortos feitos em segredo e as inúmeras mortes de mulheres e bebês em decorrência de métodos abortivos não foram registrados.[134]

Preservativos de borracha passaram a ser vendidos a baixo custo a partir do século XX, em substituição a peles de animais. A contracepção era associada a homens que desejavam sexo por prazer e, desse modo, que queriam evitar a concepção ou doenças, e às mulheres que eles usavam para fazer sexo, não a esposas, já que se acreditava que elas não sentiam prazer no sexo e que o toleravam apenas para conceber filhos. Muitas esposas associavam os preservativos à prostituição: em 1872, Louisa Birch, uma requerente de divórcio, incluiu a queixa de que seu marido insistia em usar preservativos com ela.[135] Feministas opunham-se aos preservativos porque os homens poderiam ter relações sexuais seguras graças à certeza de que não contrairiam doença nem conceberiam um filho; assim, maridos que antes faziam o planejamento familiar abstendo-se de sexo, agora podiam usar preservativo e exigir sexo todos os dias do mês, mesmo de esposas frágeis, inválidas e deficientes.

Os pessários vaginais\* passaram a ser vendidos em farmácias (também podiam ser caseiros) por volta de 1880. Mas, depois da Primeira Guerra Mundial, as teorias sobre a eugenia — em particular a baixa taxa de natalidade da classe dos oficiais e o aumento na taxa de natalidade de seus inferiores sociais — levaram os sociólogos a recomendar o controle da população de pobres. O trabalho heroico da paleobotânica Marie Stopes (1880-1958) em levar métodos contraceptivos

---

\* Dispositivo introduzido na vagina para obstruir o colo do útero e impedir a entrada de espermatozoides. [N.T.]

confiáveis a mulheres casadas que trabalhavam fora foi em parte inspirado pelo desejo de impedir que pessoas "inaptas" se reproduzissem.[136]

Stopes publicou um manual de conselhos, *Amor casado*, em 1918, após o fracasso de seu primeiro casamento. Inspirada pelo prazer sexual feminino, que ela descreveu em termos idealistas e espirituais, Stopes acreditava fervorosamente que as gestações deveriam ser espaçadas nas famílias e que a população que ela chamava de "o pior extremo da comunidade" deveria ser desencorajada de crescer mais rapidamente que as classes alta e média. Com o apoio de ex-sufragistas, ela fundou, em 1920, a Sociedade para o Controle Construtivo da Natalidade e o Progresso Racial e abriu clínicas gratuitas para mulheres casadas, distribuindo o capuz cervical,* que tinha a enorme vantagem de ser reutilizável e estar sob o controle da mulher. Stopes se opunha ao aborto, favorecendo a esterilização de pessoas que considerava inadequadas para procriar.[137] Ela abriu a primeira clínica para mulheres casadas em Holloway, Londres, em 1921.

Famílias das classes média e alta usavam contraceptivos desde os anos 1920 para controlar o tamanho da família, mas, devido ao temor à sexualidade das mulheres da classe trabalhadora, seria somente em 1930 que o Ministério da Saúde permitiria que enfermeiros e médicos do sistema público de saúde dessem orientações sobre a contracepção a mulheres casadas pobres e, mesmo assim, apenas por razões médicas.[138]

Uma das heroínas da história da contracepção e da educação sexual para mulheres foi Annie Besant. Nascida em 1847 em uma família evangélica da classe média, casou-se com um clérigo e teve dois filhos em três anos. Ela descreveu sua juventude em sua autobiografia: "Sinto uma profunda compaixão pela jovem que se encontra naquele momento crítico da vida, tão completa e desesperadamente ignorante de tudo o que o casamento implica, tão cheia de sonhos impossíveis, tão inadequada para o papel de esposa".

Quando seu casamento acabou, Annie mudou-se para Londres levando apenas sua filha, Mabel. Trabalhou como governanta, escreveu contos e deu palestras sobre a situação política das mulheres. Levada a julgamento por obscenidade por republicar um panfleto contraceptivo com seu amigo e camarada, Charles Bradlaugh, ela fez a própria defesa no tribunal e foi declarada inocente, mas sua reputação ficou em frangalhos. Seu marido ganhou a guarda da filha, alegando o fraco caráter moral de Annie. Em 1888, Annie atuou com as fabricantes de fósforos na greve da Bryant & May, quando disse: "É melhor permanecer em silêncio, é melhor sequer pensar, se você não estiver preparada para agir".

---

* Dispositivo semelhante ao diafragma, mas menor e feito de látex, o capuz cervical se encaixa sobre o colo do útero e forma uma barreira física para impedir a passagem de espermatozoides. [N.T.]

A prolífica escritora, palestrante e ativista Annie Besant (1847-1933) lutou pelos direitos trabalhistas, pela educação a respeito do controle de natalidade e pela autonomia política da Irlanda e da Índia.

Besant converteu-se à teosofia e viajou como missionária para a Índia, onde fez campanha pela educação e pela independência indiana, tornando-se a primeira líder do Partido do Congresso e adotando um menino indiano que acreditava ser o messias.[139]

## Mulheres solteiras

A morte de setecentos mil homens britânicos na Primeira Guerra Mundial aumentou a proporção de mulheres solteiras na população, especialmente entre as classes de oficiais nas quais a mortalidade era elevada. Como comentaristas sociais instruídas e letradas, as mulheres foram rápidas em observar: havia mais mulheres solteiras das classes média e alta do que homens para casar com elas — a maioria delas nunca se casaria.[140] O censo de 1921 reportou 1.158.000 mulheres solteiras e 919 mil homens solteiros com idade entre 25 e 34 anos.[141]

Muitas mulheres foram enviadas pelas famílias às terras imperiais da África e da Índia na esperança de que elas se casassem com um oficial do império, sobrevivessem ao posto e voltassem ricas à Inglaterra. Conhecidas como a "frota pesqueira", ao chegar às colônias, as mulheres entravam em um círculo exclusivo, racista e profundamente hierárquico, e a maioria nada fez para melhorar seu grupo.

As mulheres solteiras que ficaram na Inglaterra foram culpadas por não se casar:[142] as "solteironas" eram suspeitas de odiar homens[143], e algumas feministas confirmaram seu desdém a eles. Como afirmou Christabel Pankhurst: "Não pode haver relacionamento entre as mulheres espiritualmente desenvolvidas desta nova era e homens que, em pensamento e conduta no que diz respeito a questões sexuais, são inferiores a elas".[144]

A ideia de que uma mulher solteira poderia considerar-se igual a um homem foi ridicularizada por Edward Carpenter, pensador e poeta radical do fim do século XIX, que declarou, em 1897, que as feministas solteironas estavam sendo "inadequadas [...]. Essas mulheres não representam em nada seu sexo; algumas têm um temperamento deveras masculino; outras são 'homogêneas', ou seja, inclinadas a apegar-se ao próprio sexo, e não ao sexo oposto; essas mulheres são ultrarracionalizadas e instruídas; para muitas dessas mulheres, ter filhos é um inconveniente; para outras, a paixão sexual do homem é uma mera impertinência, que elas não compreendem e cujo lugar, consequentemente, julgam mal".[145] Apesar da condenação pela esquerda radical, da misoginia dos sexólogos e da condenação pela direita conservadora, muitas mulheres solteiras, mulheres que escolheram adiar o casamento ou não se casar, criaram uma vida interessante e valiosa para si mesmas. As mulheres se orgulhavam das amizades femininas como sua principal fonte de vida emocional. A ênfase vitoriana na assexualidade das mulheres elevou a amizade entre elas a algo mais enobrecedor e puro que o próprio casamento.[146] A ausência de qualquer vantagem financeira entre amigas da elite elevava ainda mais o *status* das amizades em uma sociedade tão obcecada por dinheiro que chegava a ser constrangedor. A amizade entre mulheres das classes altas que nada tinham a ganhar em termos materiais umas com as outras e que levavam uma vida ociosa juntas era a doutrina das esferas distintas colocada em prática: doméstica, sem lucro, sem trabalho, desconectada da realidade, espiritual, emocional, sem envolver esforço.

Algumas mulheres solteiras usavam a ausência do marido para sair da esfera distinta e viver sozinhas na própria casa, entrar em carreiras que lentamente se abriam nas franjas das profissões, trabalhar em empresas familiares, viver juntas em escolas e faculdades exclusivas para mulheres ou se relacionar como companheiras e amigas ou amantes. Muitas aproveitaram sua liberdade para levar uma vida de aventuras, identificando-se como "novas mulheres" por meio de roupas mais práticas.

Mais da metade das mulheres em organizações feministas eram solteiras ou adiaram o casamento, inspiradas pela felicidade de outras mulheres solteiras e atraídas para organizações feministas pelo desejo de viver e trabalhar com mulheres.[147] As que atuavam em causas relacionadas com a violência masculina, o duplo padrão de gênero, o salário do ganha-pão e a campanha pelo voto, em sua maioria sem o apoio dos homens, inevitavelmente se radicalizavam e se tornavam "anti-homens" — ou assim eram acusadas. As solteiras mais moderadas, vendo as desvantagens do casamento, mesmo depois das reformas da década de 1850, decidiam adiar a união ou não se casar. Uma das ativistas de Langham Place, Bessie Rayner Parkes (1829-1925), que comandou a Victoria Press* e editou *O diário da mulher inglesa*, casou-se aos 38 anos, depois de recusar um pretendente. Ela escreveu em seu diário de 1859: "Viver com ele e me afastar, mesmo que um pouco, de minhas amadas Emmie e Barbara, para depender daquele rosto inexpressivo [...], para minha nutrição intelectual [...]. Afastar-me, mesmo que um pouco, de meu querido primo Sam e de meu querido irmão Frank; ah, isso jamais. Uma mulher solteira é tão livre, tem tamanho poder".[148]

## Mulheres que amam mulheres

Uma mulher da elite que mantinha relações amorosas com outra mulher continuava sendo bem-vista na sociedade, e as duas podiam socializar como um casal sem provocar escândalo sobre sua sexualidade. Elas não alardeavam sua intimidade

---

* A Victoria Press foi uma editora e imprensa feminista estabelecida em Londres. [N.T.]

e, em geral, escapavam de serem alvo de comentários, já que se esperava que não sentissem qualquer desejo sexual.

Os comentários hostis ou satíricos sobre mulheres que amavam mulheres chegaram a perder a força em meados do século XIX, conforme se intensificou a crença de que as mulheres não tinham desejos eróticos por ninguém — quanto mais umas pelas outras. A partir de 1830, a discussão sobre a intimidade sexual entre mulheres foi medicalizada ou "pornificada"; as únicas descrições eram de médicos ou pornógrafos.[149] As descrições de alguns médicos sobre a atividade sexual feminina conseguiram fundir um alerta sombrio com elementos de excitação ou fascínio.

Em meio ao silêncio tácito sobre a sexualidade das mulheres com mulheres, muitos relacionamentos floresceram nas décadas de 1860 e 1870 e foram socialmente aceitos como amizades duradouras, chegando a ser descritos como "casamentos". Matilda Hays, que foi apresentada a Elizabeth Barrett Browning como a companheira casada da "impecável" atriz Charlotte Cushman, teve um longo relacionamento com a viúva Theodosia, a Lady Monson. Frances Power Cobbe (1822-1904), uma mulher solteira, passou a maior parte de sua vida com a escultora Mary Lloyd, a quem chamava de "marido", "esposa" e "querida amiga". As duas mulheres descreviam sua amizade como um "casamento" e pertenciam a um grupo de amigos altamente respeitável que reunia John Stuart Mill, William Gladstone e Charles Darwin, que escrevia às duas mulheres e as convidava para eventos sociais como um casal.[150]

Sophia Jex-Blake teve um relacionamento profundamente amoroso com Octavia Hill, a filantropa, a quem descrevia como "minha garota querida, amada e forte", e na aposentadoria morou com a dra. Margaret Todd, uma colega médica pioneira e romancista. Jex-Blake se considerava invulnerável à atração por homens, dizendo sobre si mesma: "Acredito que amo demais as mulheres para amar um homem".[151]

Esses relacionamentos públicos não eram necessariamente sexuais. As cartas intensas e carinhosas de Sophia Jex-Blake para Margaret Todd não contêm referências sexuais. Como médica, Jex-Blake teria aprendido que sentimentos e práticas sexuais levavam a doenças físicas e mentais em mulheres; mas ela não expressou qualquer aflição em relação a seus sentimentos, nem comparou a si mesma, ou às mulheres que amava, com pacientes que se diziam "doentes de sexualidade". Ela descreveu sentimentos de amor intenso, sem nenhuma excitação sexual, e não demonstrou quaisquer dúvidas ou constrangimento em relação a eles.[152]

Em 1912, Edward Carpenter, o poeta e "sexólogo", rejeitou a ideia de diferentes tipos de amor: "Nenhum limite nítido pode, em qualquer ponto, ser traçado para separar os diferentes tipos de apego [...]; amizades envolvendo sentimentos tão românticos que beiram o amor [...], amores tão intelectuais e espirituais que dificilmente residem na esfera da paixão".[153]

Alguns relacionamentos foram experiências profundas. Marjorie Pollard, esportista e comentarista pioneira, preferiu se matar a viver sem sua companheira,

May Morton. Marie Correlli, a romancista, teve Bertha Vyer como biógrafa e sua parceira por toda a vida. Todos sabiam que elas eram um casal. Um repórter as viu juntas em uma festa noturna: "Elas não dançaram, mas passaram a maior parte da noite abraçadas, olhando para os outros".[154]

Catherine Bradley e Edith Cooper eram amigas de infância. Quando começaram a escrever juntas, combinaram seus apelidos em um pseudônimo: Michael Field. Seus livros de poesia e drama foram um sucesso até que o público descobriu que Michael Field era o pseudônimo de duas mulheres, e suas obras caíram em desgraça. Elas escreveram: "Eu e meu amor nos demos as mãos e juramos contra o mundo que seríamos poetas e amantes para sempre".[155]

Algumas mulheres reproduziram a antiga crença de que uma "marida" era o último recurso de uma mulher incapaz de atrair um marido. Maria Richmond escreveu a uma amiga: "Espero sinceramente, querida Margie, que se você continuar solteira [...], não importa a idade que tiver, você se casará comigo, ajudando no cultivo de minha pequena propriedade e ensinando meus sobrinhos e sobrinhas".[156]

As mulheres, profundamente ligadas umas às outras, podiam introduzir uma amiga em seu lar conjugal sem causar escândalo. Nada menos que a esposa do arcebispo de Canterbury, Minnie Benson, tinha uma amiga íntima que morava com ela, seu marido e seus filhos, mas se sentia profundamente culpada.[157] Ela orava fervorosamente por uma união espiritual com a amiga e pelo fim dos "afetos carnais": "Mais uma vez, e com profunda vergonha, ó Senhor, concede que todas as afeições carnais possam morrer em mim e que todas as coisas pertencentes ao espírito possam viver e crescer em mim. Senhor, olha para mim e Lucy e traz à existência a união que nós duas desejamos tão cegamente, apesar de termos nos enganado em nossas concepções equivocadas".[158]

Maridos e esposas que viviam abertamente com uma amiga íntima, na suposição de que a amizade não era sexual, ficaram profundamente abalados com as notícias do "divórcio de Codrington", em que, em 1863, Helen Jane Smith Codrington foi acusada pelo marido de adultério com um colega oficial, entre outros. Uma amiga de Helen Codrington, Emily Faithfull (1835-1895), famosa filantropa que fundou com Bessie Rayner a Sociedade para a Promoção do Emprego das Mulheres, morava com o casal infeliz e, como foi reportado no tribunal, as duas mulheres passaram a dormir na mesma cama quando Helen Codrington recusou-se a dormir com o marido. A implicação de que as mulheres eram sexualmente íntimas e de que Helen Codrington era bissexual e promíscua convenceu o júri, que concedeu o divórcio ao marido. Foi um processo desastroso e humilhante para os três. Helen Codrington nunca mais viu os filhos e desapareceu, em desgraça, da sociedade da elite e dos registros históricos. Emily Faithfull, humilhada em público pela sugestão feita no tribunal de que era sexualmente ativa com sua amiga, foi abandonada pelo grupo feminista de Langham Place, mas continuou a lutar corajosamente pelos direitos das mulheres. Ela foi morar com sua amiga

Charlotte Robinson, a quem deixou seus bens em testamento, em agradecimento pelos "anos mais felizes" de sua vida.[159]

Algumas famílias, alertadas pelo divórcio de Codrington, cientes do número de mulheres que não queriam ou não podiam se casar, tornaram-se cada vez mais cautelosas em relação às filhas que não se curvavam ao ideal feminino, que buscavam educação ou independência, ou aparentavam, como diziam as famílias, ser "masculinas".[160] Essas jovens agora podiam frequentar as novas escolas, faculdades e até universidades para mulheres, onde as jovens das classes média e alta com ideias afins se conheciam sem a interferência dos homens. A participação em campanhas políticas em prol das mulheres também criou oportunidades para amizades "intensas, apaixonadas e comprometidas" entre elas.[161] Organizações religiosas que promoviam missões do mesmo sexo também proporcionavam um ambiente onde as mulheres encontravam-se e reuniam-se apaixonadamente ao serviço de uma causa. As meninas nascidas nos anos 1850 atingiram a maioridade e a independência em uma sociedade que permitia mais autonomia e educação para as mulheres, e algumas encontraram parceiras e amantes.[162]

Beijos, abraços e toques raramente eram mencionados, e devem ter sido tão raros na vida real quanto nas cartas. A jovem Frances Wilder escreveu uma carta extremamente sincera a Edward Carpenter pedindo conselhos sobre seu desejo sexual por mulheres, descrevendo um relacionamento com outra mulher que "nunca foi além de um aperto de mão": "Eu tinha 28 anos quando me apaixonei novamente por uma jovem da minha idade. Fiz de tudo para cortejá-la, mas logo descobri que, embora fosse bastante amigável e admirável, ela não gostava tanto de mim quanto eu dela. Muitas vezes, quando estava sozinha com ela, eu era tomada de um forte desejo de tocá-la e acariciá-la; mas sou naturalmente reservada e contida, e nunca avançamos além do aperto de mão formal. Eu não tinha desejo sexual em relação a ela e não conseguia entender meus sentimentos por ela [...], mas meu apego por essa jovem envolvia muitas emoções. Eu adorava estar com ela e ouvi-la falar, embora raramente concordasse com ela".[163]

Cartas, relatos e ficções baseadas na vida dessas mulheres enfatizavam um amor apaixonado, sentimental e não genital entre meninas e mulheres, que gerou um jargão próprio em palavras como *crush* e *pash*: um entusiasmo e uma expressão livres de vergonha do amor entre pessoas do mesmo sexo. O gênero de ficção denominado "romances escolares" celebrava o vínculo apaixonado de uma jovem com uma mentora mais velha do mesmo sexo.[164] Esses laços entre mulheres eram descritos por autores e biógrafos sem qualquer senso de vergonha ou constrangimento. Os livros deixam evidente que ligações profundas e apaixonadas entre mulheres eram normais e saudáveis — e não sexuais. Não havia vergonha nem qualquer tentativa de ocultar os vínculos entre as mulheres; as fictícias tinham a convicção de que eram mulheres melhores por amarem umas às outras.[165]

Essas mulheres estavam reagindo à doutrina das esferas distintas que privara as mulheres de instrução e oportunidades. Elas estavam conquistando uma educação adequada para se tornar financeiramente independentes, livres das restrições de sua família e livres do domínio dos homens.[166]

No início do novo século, a ideia de intimidades sexuais entre mulheres começou a surgir nas páginas de revistas feministas como a *Shafts* (1892-1896) e a *Freewoman* (1911-1912).[167] A essas alturas, uma maior abertura sobre os desejos sexuais das mulheres nos círculos boêmios, progressistas e cosmopolitas já fomentava diferenças entre as feministas: algumas queriam reconhecer abertamente o interesse sexual e o desejo pelos homens; outras achavam que tinham de manter seus desejos sexuais em segredo, pois eram dirigidos apenas a outras mulheres; e algumas continuaram sem sentir qualquer desejo nem por homens nem por mulheres.

O termo "lésbica" só começou a ser usado no século XX. O sexólogo Havelock Ellis (1859-1939) caracterizou tanto a homossexualidade quanto o lesbianismo como uma "inversão" sexual, uma definição que, apesar de restringir a imaginação a apenas dois gêneros, pode ter ajudado algumas mulheres a entender e a nomear seu desejo por outras mulheres como a feminilidade "normal", apenas "invertida". Mas só as mais ousadas teriam coragem de consultar Ellis em busca de um diagnóstico: ele acreditava que um "verdadeiro invertido" vinha de uma família com um histórico de doença mental. O sexólogo descreveu uma mulher, Alice Mitchell, que cortou a garganta do amante, como "típica". "Relações homossexuais também são uma causa de suicídio em mulheres", escreveu ele.[168] O próprio Ellis teve um casamento aberto com a escritora Edith Lees, que foi sexualmente ativa com mulheres durante o relacionamento entre os dois e nunca assassinou ninguém.

A palavra "inversão" ou "desviante" passou a ser utilizada por pensadores progressistas, e teorias se espalharam de que existia um "sexo intermediário", que possibilitava ser ao mesmo tempo homem e mulher. Frances Wilder, escrevendo para Edward Carpenter, disse: "Concluí que eu tinha [...] uma pitada de masculino. (Já ouvi mais de uma vez que tenho uma mente masculina.)".[169]

A carta de Wilder talvez seja ilustrativa de uma jovem que sempre preferiu mulheres a homens como amigas e companheiras e que passou a ver seus sentimentos como sexuais depois que pôde atribuir um nome, ainda que fosse um nome inventado, a seus sentimentos. Carpenter escreveu sobre o desejo pelo mesmo sexo como "Urania", com base em textos da Grécia antiga, e chamou de *urnings* as pessoas que amavam outras do mesmo sexo. Wilder escreveu para ele na esperança de conhecer uma mulher que se sentisse como ela. A carta, encontrada entre os papéis dele sem qualquer indício de resposta, é um raro exemplo da voz solitária de uma mulher solteira que não sabia o que fazer de seus sentimentos por outras mulheres:

> Expressei minha necessidade em um pequeno jornal pacifista e socialista perguntando se alguma mulher rebelde e solitária gostaria de se corresponder com outra.
>
> Recebi cerca de dezesseis respostas. A primeira foi de uma jovem ou mulher — por quem estou apaixonada no momento; ela é bem mais jovem do que eu e possui todas as características que mais admiro nas mulheres. Ela é deliciosamente autossuficiente, capaz e divertida. Foi ela quem me falou de seu livro e de alguma maneira me fez perceber que eu estava mais relacionada ao sexo intermediário do que até então imaginava, e acredito que (embora não a tenha questionado sobre o assunto) ela também não é uma mulher normal — ela é boa demais!
>
> Quando penso nela, sinto desejo físico, e adoraria poder conviver com ela e ter o relacionamento mais íntimo possível; e não sinto que esse desejo seja imoral ou degradante. Não é meramente ou principalmente um desejo físico — não posso suportar a ideia de perder a amizade dela, mesmo se o desejo físico nunca for satisfeito, e espero que isso não aconteça nem por um instante. Ficaria imensamente grata apenas de poder segurar a mão dela e dizer quanto a amo. Pode parecer uma tolice no papel, mas é muito real para mim. Sinto que não há nada que eu não faria por ela.
>
> [...]
>
> Anseio mais do que posso dizer amar uma mulher completa e absolutamente e receber o mesmo amor de volta. O mundo diria que uma relação física entre duas pessoas do mesmo sexo é um crime indescritível.
>
> Mas, depois de algumas semanas de reflexão, concluí que um relacionamento como esse nunca poderá ser tão degradante quanto o relacionamento sexual normal pode ser e geralmente é. Estou ciente de que não é pouco dizer que a relação sexual normal entre homens e mulheres é mais degradante do que qualquer outra, mas isso será verdade *onde quer que e enquanto as mulheres permanecerem em um estado de escravidão financeira para com os homens*, e acredito que o senhor há de concordar.[170]

No início do século XX, a maior visibilidade de mulheres que se expressavam de maneiras masculinas, tanto no vestuário quanto no comportamento, e o número de mulheres que desejavam abertamente outras mulheres intensificaram as críticas ao amor feminino e às *tommies*, embora as mulheres que amavam mulheres não fossem abertamente perseguidas.[171] Em 1919, um processo judicial por difamação acionado por Maud Allan, uma musicista e dançarina, levou a questão da sexualidade feminina com mulheres às manchetes dos jornais e à atenção do público.

Maud Allan (1873-1956) ganhou fama internacional por sua dança e atuação nos palcos, especialmente por sua *Visão de Salomé*, uma *performance* baseada na peça de Oscar Wilde, que incluía a "Dança dos Sete Véus". Um membro do Parlamento inglês publicou, em sua própria revista, um artigo intitulado "O culto do clitóris", em que alegou que Allan não apenas era lésbica como também (sugerindo, na verdade, um "portanto") uma espiã alemã; ele alegou que havia 47 mil homens homossexuais e mulheres lésbicas vulneráveis à chantagem de agentes alemães. E sugeriu que a esposa do ex-primeiro-ministro, Margot Asquith, era amante de Maud Allan, já que Margot Asquith pagara pelo apartamento de Allan em Londres. A dançarina o processou por difamação, e a defesa dele argumentou que, como ela conhecia o significado da palavra "clitóris", devia ser lésbica. O júri concordou: Allan perdeu o caso no tribunal e a acusação de que ela era lésbica foi considerada verdadeira.[172] A calúnia de que Margot Asquith era amiga de uma dançarina lésbica manchou sua reputação, mas não houve julgamentos subsequentes. Maud Allan deu aulas de dança e morou com sua amante, Verna Aldrich, mudando-se para Los Angeles e trabalhando como bosquejadora para a Macdonald Aviation.

Em 1921, uma lei para criminalizar a atividade sexual lésbica foi proposta na Câmara dos Comuns. O lesbianismo nunca tinha sido proibido, e a maioria dos políticos considerava mais seguro não chamar a atenção das mulheres castas para tais possibilidades. O membro do Parlamento John Moore-Brabazon, do Partido Conservador, recomendou ignorar as lésbicas: "Deixe-as como estão, não lhes dê atenção, não as anuncie. Esse é o método adotado na Inglaterra há centenas de anos". O Parlamento concordou que o sexo entre mulheres era terrível demais para ser descrito e o governo optou por manter o silêncio sobre as mulheres que amavam mulheres, mesmo quando outros atos sexuais eram discutidos abertamente.[173]

## Mulheres que se casam com mulheres

Lillias Barker (1895-1960) nasceu em uma família da classe média e atuou como voluntária no Destacamento de Ajuda Voluntária de enfermeiras e na Força Aérea Real Britânica Feminina na Primeira Guerra Mundial. Ela se casou com o marido no fim da guerra, mas o deixou depois de apenas seis semanas de casamento. Morou com um amante (um homem) em Paris e teve dois filhos antes de voltar com a família para uma fazenda inglesa, onde, em 1922, conheceu Elfreda Haward, a quem convenceu de que era um homem que havia se ferido na guerra e que apenas se vestia como mulher para agradar a família. As duas mulheres mudaram-se para o Grand Hotel, em Brighton, sob o nome de Sir Victor Barker e, pressionadas pelos pais de Elfreda, casaram-se — com o Sir Victor declarando-se solteiro na certidão de casamento.

Victor atuou na Brighton Repertory Company e ingressou no clube de críquete como "capitão Barker", mas deixou Elfreda em 1926. Entrou no movimento Nacional Fascista e morou na sede da organização em Londres, treinando recrutas e vangloriando-se de seu passado: lutas de rua contra os "vermelhos". Em 1928, ele se autodenominou "coronel" e abriu um café com sua nova parceira, uma atriz. Quando o café faliu, foi processado por fraude e desmascarado em sua condição de mulher na prisão de Brixton. Foi condenado por perjúrio — informação falsa na certidão de casamento — e sentenciado a nove meses na prisão feminina de Holloway.[174] Após sua libertação, ele viveu como criado e, posteriormente, foi processado por furto.

Alguns homens viviam como "esposos" (*male wives*) em casais do mesmo sexo. A partir do século XIX, houve registros de homens que se identificavam como mulheres, que formavam parcerias, realizavam cerimônias de casamento e rituais de parto, em que um dos parceiros assumia o papel de esposa e mãe.[175]

Depois da Primeira Guerra Mundial, a expressão "mudança de sexo" começou a ser cada vez mais utilizada para descrever pessoas que se vestiam e viviam como o sexo oposto a seu sexo de nascimento. O avanço da psicologia como ciência e um maior domínio de intervenções médicas possibilitaram a transição — a maioria delas de mulheres para homens. Quase todas as histórias veiculadas na imprensa eram de pessoas que acreditavam ter nascido com o sexo errado. O Charing Cross Hospital de Londres ficou famoso por ser um centro internacional especializado em ajuda médica e até cirúrgica, e os pacientes podiam escolher seu sexo livremente.[176]

O coronel Victor Barker, um de seus muitos pseudônimos, foi acusado de fraude, perjúrio e, posteriormente, furto.

# Casamento

O sexo nos casamentos da classe alta continuou intrigando os médicos, que se dividiam entre os "sexólogos", para quem todas as mulheres podiam e deviam sentir desejo sexual, e os que idolatravam as "damas" como seres acima de tais sentimentos. O amor romântico passou a ser uma razão cada vez mais valorizada para o casamento, o amor no casamento tornou-se um objetivo e os maridos esperavam obter satisfação sexual de suas esposas, não de prostitutas.

Alguns sexólogos rebelaram-se contra a crença de que as mulheres eram sexualmente frígidas, os quais argumentavam que elas viviam em um estado quase constante de excitação para garantir a concepção, a gravidez, o parto e a maternidade. Segundo Iwan Bloch, "a procriação é a natureza da mulher e, quando estão envolvidas nela, permanecem em casa, em sua própria esfera; enquanto nós, para esse propósito, devemos ir a outro lugar, para fora de nós mesmos. Também na questão do tempo, nossa parte na procriação é concentrada. Podemos dedicar à questão apenas dez minutos; enquanto as mulheres dedicam vários meses. Na verdade, elas procriam incessantemente, ficam o tempo todo diante do caldeirão das bruxas, fervendo e cozinhando; enquanto nós ajudamos apenas de passagem e não fazemos mais do que jogar um ou dois fragmentos no recipiente".[177]

Os maridos foram convencidos, de acordo com Havelock Ellis, de que as esposas poderiam ser excitadas pela persuasão masculina e de que as mulheres eram atraídas por homens fortes, decididos e até violentos, e elas gostavam da sedução forçada. Ellis sustentava que, devido a esse desejo das mulheres, o estupro — relações sexuais sem o consentimento da mulher — era raro.

Um livro didático de 1890 afirmou: "Uma mulher plenamente madura e em plena posse de suas faculdades não pode ser estuprada, contrariamente a seu desejo, por um único homem". Esse mito foi reforçado por Gurney Williams, autor do artigo "Estupro de crianças e jovens mulheres", publicado na *International Clinics*, em 1913: "O simples cruzamento dos joelhos impede absolutamente a penetração".[178]

Relações sexuais forçadas no casamento ainda não eram definidas como estupro. Em um caso judicial, *R. vs. Clarence*, de 1888, um marido foi acusado de causar intencionalmente danos físicos e graves lesões corporais depois de ter transmitido à esposa uma doença venérea enquanto a estuprava. O estupro não era ilegal, porém infectar a esposa intencionalmente era um crime.[179]

As discussões médicas sobre os danos causados pelo estupro passaram do perigo para a felicidade no casamento e, como em um passe de mágica, do perigo para a felicidade dos maridos. Em 1869, um suposto cientista, John Cowan, escreveu que os maridos que estupravam a esposa caíam doentes com uma "fraqueza do sistema nervoso", um "enfraquecimento das articulações" e uma "falta de força".[180] Estuprar a esposa era fisicamente prejudicial para o marido estuprador e só devia ser evitado por essa razão.

Com a idealização do lar da classe média como um local de cultura, saúde e afeto onde os chefes de família podiam desfrutar de descanso e dos elevados padrões espirituais e da elegância da esposa, o estupro conjugal e a violência doméstica tornaram-se cada vez mais inaceitáveis. Não há razão para pensar que a violência doméstica e o estupro conjugal tenham cessado. Mas os vizinhos já não mais testemunhavam, queixavam-se ou interferiam no abuso infligido pelos maridos às esposas da classe média. O lar que todos ambicionavam trancou as portas e manteve a vida privada entre quatro paredes.[181]

## Vitória, esposa e imperatriz

A rainha Vitória, sucedendo os reis hanoverianos, muitas vezes impopulares e libertinos, decidiu infundir em seu reinado a moralidade e o estilo das classes alta e média. Em parte, era seu estilo pessoal, fruto dos profundos laços que desenvolvera na infância e juventude com uma governanta da classe média, que vivia em uma esfera distinta da corte real, e à própria formação religiosa e adoração por seu rigoroso e respeitável marido, que ela considerava seu superior. Vitória criou uma família ao mesmo tempo burguesa e real para governar o maior império do mundo, vinculando o domínio dos ingleses a extraordinária prosperidade, desigualdade, racismo e sexismo.[182]

O enorme aumento da riqueza da nação — proveniente dos lucros da escravidão, dos cercamentos e da agricultura, da industrialização e do império — impulsionou a prosperidade de todos, exceto dos pobres e excluídos, e levou ao crescimento da classe média. Os trabalhadores passaram da pobreza para empregos mais bem remunerados, os agricultores enriqueceram com o advento de técnicas melhores e os industrialistas lucraram muito. A "elite" tornou-se menos exclusiva ao passo que as classes médias mantiveram sua tendência centenária de ascensão por meio da fusão com as classes altas pelo casamento com a aristocracia. Todas as classes investiam ou participavam ativamente no império, comércio, Igreja, administração, indústria e propriedade de terras. Minuciosas distinções sociais diferenciavam o dinheiro das famílias aristocratas dos novos burgueses, os títulos antigos dos novos, os nascidos em berço de ouro dos recém-chegados à riqueza.

E as classes médias recém-conscientizadas nada fizeram para ajudar os pobres a subirem na vida também. As famílias de classe média viam a pobreza como um estado de desgraça do qual elas ou seus pais tinham escapado triunfantemente. Adotaram práticas da elite: empregavam pobres a baixos salários, cobravam aluguéis altos por moradias inadequadas, apoiavam a Igreja que se apegava às antigas paróquias e ignorava os bairros pobres ou a ala evangélica, que entrava nos bairros pobres levando Deus, práticas de higiene, esnobismo, sexismo e racismo. As pessoas categorizadas como "pobres merecedores" recebiam conselhos e caridade, e o restante — indigentes, mendigos, viciados, loucos, criminosos, desesperados, criminosos sociais, manifestantes, prostitutas, pessoas de outras raças e religiões — era mantido afastado, sob cada vez mais temor, regulamentação e punição.

Cerca de um quarto da população pertencia à classe média em 1850, número que dobrou nos vinte anos seguintes.[183]

Embora fosse uma monarca ativa e dominadora — que discutia com primeiros-ministros, brigava com o marido, que, viúva, governou durante quarenta anos sem o marido e colocou os filhos na maioria dos tronos da Europa para garantir a continuidade da posição de poder da Grã-Bretanha —, a rainha Vitória se apresentava como uma esposa respeitosa e adorável. Ainda que fosse a rainha reinante e, depois, imperatriz, estava decidida a mostrar que seu marido era o chefe patriarcal de uma família exemplar, promovendo o príncipe Albert como o pai da família e do império, e a si mesma como uma esposa subserviente e, mais tarde, uma viúva angustiada.

"Que a mulher seja o que Deus planejou, uma ajudante do homem, mas com deveres e vocações totalmente diferentes", escreveu ela.[184]

Ela contratou governantas e tutores para educar suas filhas: Vicky, Alice, Helena, Louise e Beatrice receberam uma educação que incluiu exercícios físicos e habilidades práticas adequadas à futura carreira de esposa de monarca, a fim de orientar seus países rumo a uma constituição espelhada no modelo britânico e a um estilo de vida de classe média. Tanto o casal de reis quanto a primogênita Vicky lamentaram que ela não tivesse nascido um menino, pois Vicky se mostrava mais promissora que seu irmão, o príncipe Edward. Vicky sempre interpretava meninos em peças teatrais familiares, vestindo-se como tal para subir ao palco, com o incentivo dos pais.[185] A ambição deles em relação a Vicky permitiu a ela escolher seu próprio marido real e seu noivado, aos 15 anos, com um homem nove anos mais velho, na esperança de que o jovem casal criasse uma constituição espelhada no modelo britânico no país natal dele, a Prússia. Como todas as mães da classe média, Vitória acreditava em exportar os padrões e o estilo de seu lar, inclusive para famílias (ou nações inteiras) que não tinham qualquer interesse em adotá-los.

Todas as princesas apoiaram programas de educação feminina e treinamento em enfermagem. As meninas seguiram o exemplo da mãe real e tentaram melhorar o comportamento das mulheres em vez de mudar suas circunstâncias.[186] A princesa Louise, a segunda mais nova, era uma artista talentosa. A rainha lhe permitiu frequentar a Escola Nacional de Formação Artística, onde Louise se especializou em escultura. A jovem acreditava que as meninas deveriam ter direito à educação, mas seu marido achava que sua esposa não deveria se manifestar em público. Obediente, a princesa educadora ficou em silêncio enquanto ele subia ao palco para ler o discurso feminista escrito por ela.[187]

A rainha Vitória foi responsável por um importante avanço na libertação das mulheres da dor ao aceitar o clorofórmio durante o parto de seus dois últimos filhos, Leopold (1853-1884) e Beatrice (1857-1944), contra a orientação da Igreja, pondo fim a séculos de uma tradição de sofrimento feminino baseada na crença cristã de que a dor do parto era uma maldição divina às mulheres devido ao pecado de Eva, conforme escrito no livro de Gênesis: "E à mulher disse: multiplicarei grandemente a dor da tua concepção; em dor darás à luz filhos; e o teu desejo será para o teu marido, e ele te dominará".[188]

Ao aceitar o clorofórmio, a rainha Vitória evitou a dor considerada um dos castigos de Deus pelo pecado de Eva. A outra punição imposta às mulheres era o desejo por um marido e o domínio do marido sobre a esposa. Se as três maldições forem entendidas como uma só, a eliminação, pela rainha, da dor no parto sugere que uma mulher pode evitar as outras duas: a castidade da esposa e o domínio dos homens. O gesto foi revolucionário e, como seria de esperar, ninguém disse nada a respeito.

Embora tenha dado à luz nove filhos em dezessete anos de casamento, Vitória manteve-se — como muitas mulheres aristocratas — distante dos filhos, recusando-se a amamentar e deixando-os aos cuidados de babás e governantas. Ela possivelmente sofreu de depressão pós-parto não diagnosticada, pois se queixou de "prostração e tendência a chorar [...]; é com isso que toda mulher sofre com mais ou menos intensidade e que, com meus primeiros filhos, me causou um terrível padecimento".[189]

Ela era mais próxima de sua caçula, a princesa Beatrice, de quem esperava que permanecesse solteira e passasse a vida toda como sua companheira e secretária. Mas Beatrice ficou noiva em segredo, e a mãe passou seis meses sem falar com ela. Recuperada do choque inicial, a rainha insistiu que o jovem casal morasse consigo, para que ela pudesse ver Beatrice todos os dias. A princesa obedeceu e passou toda a vida de casada próxima da mãe, inclusive depois de enviuvar. Como uma típica filha da classe média, esperava-se que Beatrice atuasse como companheira e ajudasse nos negócios da família, sem receber qualquer reconhecimento ou remuneração.

Todos sabiam que Vitória se opunha à campanha pelos direitos das mulheres, mas ela jamais admitiu isso em público. Suas críticas, citadas com frequência, à "loucura" dos direitos das mulheres eram feitas em particular. Mas sua posição como rainha governante inevitavelmente levantou o paradoxo: embora a rainha tivesse poder para legislar, suas súditas casadas não tinham voz nas decisões políticas. Caroline Norton, que não apoiava o sufrágio feminino e cujo divórcio a obrigou a separar-se dos filhos, disse que era uma "anomalia grotesca" que as mulheres casadas fossem legalmente inexistentes em um país governado por uma soberana mulher: "As assinaturas de mulheres casadas são legalmente inúteis; elas não podem reivindicar o mais simples artigo de propriedade pessoal — não podem fazer um testamento — nem assinar um contrato de aluguel — e são consideradas inexistentes por lei".[190]

Como uma mulher que não expunha seu trabalho árduo e não era ostensivamente remunerada, Vitória fornecia um modelo para as esposas da classe média que também não eram remuneradas pelo vasto trabalho que faziam. Nesse sentido, a rainha era, como muitas mulheres, uma feminista involuntária: decidida a exemplificar a subserviência feminina, mas que acabava por demonstrar sua capacidade o tempo todo.

## Esportes

A maioria dos médicos desaconselhava as mulheres a praticar esportes. Em 1892, o fisiologista Alexander Walker realizou um longo estudo sobre as mulheres, e concluiu: "Felizmente, o temperamento atlético não ocorre nas mulheres".[191]

Os médicos concordavam que o melhor exercício para elas era caminhar ao ar livre. Outros desestimulavam as mulheres a competir com homens. Mas, em 1890, Margaret Villiers, a condessa de Jersey, que acreditava que o papel da mulher era ser "ajudante" do marido e subalterna no mundo, defendeu a possibilidade de as mulheres fazerem algo por prazer: "Será que é de fato correto [...], como costuma ser aceito sem questionamento, que, quando uma mulher tenta fazer algo que é mais comumente feito por homens, ela deseja imitar ou rivalizar com o homem? Não é concebível que ela possa gostar do trabalho ou do esporte, sem qualquer intenção de competir com o outro sexo?".[192]

As mulheres da classe alta precisavam de esportes, artesanato e artes para preencher as longas horas de lazer prescritas às damas. De acordo com a *Harper's Monthly*, de 1866, houve uma epidemia de croqué, um jogo adequado para senhoras das classes alta e média por implicar baixa tensão e exigir pouca energia. Era um esporte para poucos, já que exigia equipamentos especializados e um gramado bem cuidado. As mulheres logo foram acusadas de trapacear usando seus vestidos longos para empurrar a bola. Um manual de 1865 alertou as jogadoras: "Não trapaceie. Sabemos que as jovens gostam de trapacear neste jogo; mas só o fazem porque 'é muito divertido' e porque acham que os homens gostam [...]. Essa prática estraga o jogo a ponto de que, se for permitida, todas as regras podem ser eliminadas".[193]

Quando o interesse pelo croqué diminuiu, o tênis de grama entrou na moda, sendo um esporte ainda mais exclusivo, por exigir equipamentos mais especializados e um gramado especialmente preparado e equipado. O primeiro clube de tênis foi inaugurado em 1874, e eventos femininos foram organizados em vários clubes ingleses a partir de 1881. Maud Watson competiu pela primeira vez em Edgbaston naquele ano. Conquistou o título nas categorias individual e em dupla, jogando com a irmã Lilian, que tinha apenas 16 anos. Em 1884, Wimbledon incluiu um campeonato feminino individual, que Maud também venceu após derrotar Lilian. As participantes só puderam se inscrever no evento de Wimbledon com duas semanas de antecedência, mas treze tenistas participaram, incluindo Blanche Bingley, que viria a ser campeã. Maud Watson venceu 54 partidas consecutivas, nas quais perdeu apenas doze *sets*, até ser derrotada em Bath, em 1886, por Lottie Dod, que se tornaria não apenas a mais jovem campeã de tênis individual de todos os tempos no All England Club, em 1887, como também seria campeã feminina de golfe, em 1904, e arqueira medalhista olímpica de prata, em 1908.

Em 1900, Charlotte Cooper, de Ealing, incluiu duas medalhas de ouro olímpicas à sua lista de premiações ao vencer as competições individual feminina e de duplas mistas, o que fez dela a primeira campeã olímpica de tênis e a primeira campeã olímpica feminina na modalidade individual. Cooper, surda desde os 26 anos, continua sendo a campeã feminina mais velha de Wimbledon, e seu recorde de oito finais consecutivas de tênis individual se manteve até 1990, quando Martina Navratilova alcançou nove.[194] Em 1908, Dorothea Douglass, também de Ealing, conquistou outra medalha de ouro olímpica no tênis para a Grã-Bretanha ao derrotar Dora Boothby, que ficou com a prata. Dorothea publicou *Tênis para damas*, em 1910.

Alice Legh foi considerada a maior arqueira britânica de todos os tempos, vencendo o campeonato nacional britânico 23 vezes entre 1881 e 1922. (Sua mãe também venceu quatro campeonatos.) Ela foi a primeira arqueira a descrever em detalhes sua técnica e sua filosofia.[195] Legh decidiu não participar dos Jogos Olímpicos de 1908 com o intuito de preparar-se para o Campeonato Mundial, que venceu ao derrotar a campeã olímpica por uma boa margem.

A All England Women's Hockey Association, no momento de sua fundação, em 1895, excluiu as filhas de artífices não porque elas não devessem ser admitidas em um clube exclusivo, mas para poupá-las de esforços adicionais, segundo o *Campo de hóquei*, de 1910:

> Não seria o hóquei um exercício violento demais e um esforço prolongado demais para mulheres que muitas vezes passam grande parte de seu tempo em trabalhos manuais pesados? Essas mulheres com muita frequência têm que cuidar da própria casa [...] e fazem uma generosa quantidade de exercícios lavando roupas ou esfregando o chão — o que é um excelente exercício, mas um tanto "autossuficiente" do ponto de vista atlético [...]. Para mulheres que fazem esse tipo de coisa diariamente [...] não serão desnecessários esses jogos violentos, que provavelmente as levarão "além do limite saudável da fadiga"?[196]

Alice Legh (1855-1948) explicou: "Até damas bem idosas podem atirar com o arco e flecha, e fazer isso muito bem". Ela se aposentou como campeã nacional aos 67 anos.

Como não eram aceitas na Associação de Hóquei, exclusivamente masculina, as mulheres recusaram-se a permitir a entrada de homens no comitê da Associação de Hóquei Feminino.[197] Elas também excluíram a classe trabalhadora e realizavam amistosos durante o horário de trabalho, no meio da semana. Tanto a associação feminina quanto a masculina ficavam sediadas no sul e não aceitaram uma Liga Feminina de Hóquei fundada no norte, em 1910.

Marjorie Pollard, de Northamptonshire, jogou hóquei pela Inglaterra quase todos os anos entre 1921 e 1937. Além de editar e escrever para a *Hockey Field* e a *Women's Cricket*, ela foi repórter esportiva de jornais nacionais e, em 1935, tornou-se a primeira mulher comentarista esportiva, na BBC, em uma partida de críquete masculino.

Os anos 1870 viram o ressurgimento do críquete e, como os clubes eram exclusivamente masculinos, um grupo de jogadoras de hóquei, incluindo Marjorie Pollard, viajou até Colwall em 1926 para jogar críquete, além de fundar a Associação Feminina de Críquete. Pollard contou: "Depois da partida, fomos para o Park Hotel em Colwall [...] e discutimos como poderíamos oficializar o críquete para as mulheres — para não ser mais uma coisa evasiva, que jogávamos com medo do ridículo. Nós ponderamos, refletimos, conversamos".[198]

O golfe era considerado um esporte aceitável para as mulheres, desde que não fosse muito enérgico. Em 1899, médicos aconselharam as mulheres a dar apenas tacadas curtas (*putt*) e, se insistissem em praticar tacadas mais longas (*drive*), a realizar apenas meio ou três quartos de movimento.[199] Um campo de dezoito buracos construído especificamente para mulheres foi inaugurado em 1868, em Devon (um ano depois de St. Andrews, na Escócia), e as mulheres inglesas fizeram um torneio, acompanhadas por *caddies* homens vestidos com chamativos uniformes escarlates. O clube feminino era mantido pelas próprias mulheres, em que as sócias eram responsáveis pelas obras e pela manutenção do clube (que servia apenas lanches frios), além de pagarem pelo aquecimento e o salário das empregadas. Elas também eram responsáveis pela manutenção do campo, pela máquina de cortar grama e pelo salário dos jardineiros.[200] Em Berwick, um campo de golfe para "damas" foi construído em 1867. O clube feminino foi criado vinte anos depois, e as mulheres administravam o aluguel do campo e cuidavam da equipe de jardinagem.[201] Em 1893, o número de clubes femininos aumentou para 63, os quais convocaram um encontro para formar a Ladies Golf Union. Mais ou menos na mesma época, a importante jogadora de golfe Issette Pearson inventou o sistema de *handicap*, que acabaria sendo adotado também pelos golfistas masculinos.

Apenas o Barnehurst Golf Club, em Londres, oferecia igualdade de adesão a homens e mulheres, uso igualitário dos campos de golfe e acesso semelhante às instalações do clube, embora alguns espaços fossem reservados para cada sexo. A maioria das mulheres abriu seus próprios clubes ou ingressou em grupos femininos dentro de clubes masculinos. Alguns clubes criaram campos mais curtos e simplificados para as mulheres, e até permitiam que golfistas competitivas com baixos *handicaps* usassem os campos masculinos por tempo limitado, mas elas tinham de dar preferência aos homens nesses campos. As mulheres raramente eram bem-vindas em todas as instalações dos clubes. No Beverley e no East Riding, as mulheres podiam alugar um espaço no clube e receber bebidas por meio de uma escotilha. Em Littlestone, um dos poucos clubes onde mulheres e homens usufruíam do uso irrestrito do campo, elas só entravam na sede do clube mediante um convite especial no Natal, e nunca pela porta da frente. Quando um grupo de visitantes mulheres se deparou com as portas trancadas, teve que comer ao ar livre, na chuva.[202]

Apesar da dificuldade de entrar em percursos longos, as golfistas aprenderam a competir. Issette Pearson foi derrotada por Lady Margaret Scott no primeiro British Ladies Championship, em um campo com 38 jogadoras. O pai de Margaret, lorde Eldon, fez o discurso de aceitação em nome dela, e, embora tenha vencido mais dois campeonatos, ela se aposentou em 1897 para casar-se.[203] Dorothy Campbell venceu, em 1909, o Campeonato Aberto Britânico e Americano. Charlotte Cecil

Leitch venceu os campeonatos inglês e francês antes da guerra e o campeonato britânico em 1920 e 1921. Em 1921, derrotou a lendária Joyce Wethered nos Abertos da Inglaterra e da França, tornando-se a única pessoa a vencer a srta. Wethered duas vezes. A grande rivalidade entre ambas se manteve até 1929, quando Joyce casou-se com o lorde Heathcoat-Amory e se aposentou do golfe competitivo.

A equitação tornou-se um esporte de mulheres ricas com a ascensão da caça à raposa, no século XIX. A excelente amazona Catherine "Skittles" Walters,[204] de renomada beleza, foi uma prostituta da elite de Londres nos anos 1860; os espectadores a admiravam cavalgando na "Rotten Row",* Hyde Park, nas melhores montarias e nas vestimentas justas feitas especialmente para mulheres.[205] "A maior objeção à caça para damas e párocos estava nas maneiras e na linguagem de alguns caçadores de raposas de outrora", escreveu a revista *Ladies Field*. "Agora os costumes na caça e na sala de estar são os mesmos."[206]

O primeiro amor da última cortesã vitoriana, Catherine "Skittles" Walters (1839-1920), foram os cavalos.

O guia *Equitação para mulheres, com dicas sobre o estábulo*, pondo de cabeça para baixo o conselho anterior, declarou que as mulheres amazonas não precisavam ser guiadas durante um dia de caça por um homem que liderasse o caminho. Elas não precisavam sair da esfera distinta da vida doméstica para serem boas amazonas. Treinar cavalos e organizar seu transporte enquadrava-se nas "qualidades femininas naturais de compaixão e afeto", de acordo com a sra. Power O'Donoghue.

As mulheres, que até então cavalgavam com sela lateral e com calças por baixo da recém-inventada saia de montaria, começaram, a partir de 1910, a montar escarranchadas, usando casacos na altura dos joelhos para manter a "decência", adotando a mesma posição que meninas nas bicicletas.[207] O jornalista Arthur Munby, observando ciclistas francesas no Hipódromo de Paris em 1869, julgou que não havia "nada de indecente em seu desempenho, ou no comportamento das meninas, partindo do princípio que uma mulher pode, tal qual um homem, usar calças e andar de bicicleta em público".[208]

---

* A "Rotten Row" é uma pista de cavalgada histórica no Hyde Park, um dos maiores parques de Londres. Essa icônica via, conhecida por sua beleza cênica e importância cultural, tem sido um local popular para cavalgar e passear desde o século XVII. [N.T.]

A popularização da bicicleta nos anos 1890 criou um dilema para os médicos: a prática podia melhorar a saúde e o físico das mulheres, fortalecer os músculos abdominais, revigorar o sistema respiratório e estabilizar os nervos; contudo, eles temiam que as mulheres sobrecarregassem o coração e sofressem deformidades na coluna vertebral. Pedalar em excesso causaria deslocamento uterino e choque na coluna e talvez incitasse a masturbação. Um médico americano alertou sobre o "rosto de bicicleta", uma desfiguração facial na qual todos os traços se deslocariam para o centro do rosto.[209] Em 1893, aos 16 anos, Tessie Reynolds estabeleceu um recorde ao pedalar de Brighton a Londres e voltar* em apenas 8h30.[210]

Em 1895, Nettie Honeyball (um nome falso) publicou anúncios procurando jogadoras para um clube de futebol feminino, com o apoio de Lady Florence Dixie, a exploradora, correspondente de guerra, feminista e aristocrata.

Nettie Honeyball (de nome real desconhecido) fundou o Clube Britânico de Futebol Feminino em 1895; a primeira partida, no mesmo ano, foi vista por uma multidão de doze mil.

Juntas, elas fundaram o Clube Britânico de Futebol Feminino, formado principalmente por mulheres das classes média e alta que tinham tempo e recursos para jogar durante o dia e viajar por toda a Inglaterra para competir. Uma partida feminina disputada em 1895 contra o time de Reading atraiu um público maior do que os times masculinos.

Times femininos como as Carlisle Munitionettes jogavam futebol durante o horário de almoço e depois dos turnos de trabalho, durante os esforços de guerra.

---

* A distância aproximada entre Brighton e Londres é de cerca de 75 quilômetros. Desse modo, a ida e a volta teriam totalizado aproximadamente 150 quilômetros. [N.T.]

O gerente da Dick, Kerr and Co., uma fábrica de munições, sugeriu a uma das jogadoras, Grace Sibbert, que ela criasse um time da fábrica. As Dick, Kerr Ladies ganharam fama pela qualidade de seu jogo e pelas multidões que atraíam — muito maiores do que nas partidas masculinas, mesmo depois que os homens voltaram da guerra. Elas jogaram mais partidas em 1920 do que qualquer time masculino, e a partida do Boxing Day, no Goodison Park, lotou o estádio, com capacidade para 53 mil pessoas. Um time francês jogou amistosos contra as Dick, Kerr Ladies em uma turnê pela Inglaterra; em seguida, o time inglês fez uma turnê na França, e as inglesas permaneceram invictas.

No ano seguinte, a Federação Inglesa de Futebol anunciou que o futebol "não era adequado para mulheres", acusou as jogadoras de corrupção e baniu as equipes femininas dos campos da federação. Alice Barlow, das Dick, Kerr Ladies, declarou: "Só podemos atribuir isso à inveja. Éramos mais populares que os homens e nossas bilheterias eram destinadas à caridade". Sem acesso a campos e banido pela federação nacional, o futebol feminino desapareceu.[211] Embora alguns times, como as Dick, Kerr Ladies, tenham encontrado locais alternativos para jogar, a decisão da federação levou a maioria dos times femininos a se dissolver e reduziu o número de espectadores dos poucos times que restaram.

O time de futebol de maior sucesso da Inglaterra: o time da fábrica Dick, Kerr & Co. em 1921, ano em que foram banidas dos campos da Associação de Futebol.

Algumas mulheres eram pagas para nadar e para treinar nadadoras. As chamadas "natacionistas" eram nadadoras profissionais, que mergulhavam, prendiam a respiração, realizavam apresentações de nado sincronizado e competições de natação e atuavam como salva-vidas em locais como o Aquário de Westminster, onde as mulheres ganhavam 2 libras por semana em 1897, e Anne Luker, a mergulhadora, recebia muito mais. Nellie Easton, instrutora de natação em nove banhos metropolitanos,* organizava exibições aquáticas com alunas e chegou a anunciar que nunca usou espartilhos na água. Ela morreu em 1919, deixando uma fortuna de 2.723 libras, 10 xelins e 9 pence.[212]

As piscinas segregavam nadadores homens e mulheres e muitas vezes ofereciam piscinas inferiores para estas. Por ser mulher, Belle White, a primeira mergulhadora britânica a ganhar uma medalha olímpica, em 1912, só tinha acesso ao trampolim alto no Highgate Ponds** e um dia por semana. White também foi uma prolífica nadadora e competiu em mais três grandes competições, ganhando o ouro nos Jogos Europeus em 1927, aos 33 anos. Em 1924, Lucy Morton tornou-se a única mulher não americana a ganhar uma medalha de natação nas Olimpíadas, um inesperado ouro nos 200 metros. Lucy treinava na piscina de seu bairro, onde recebera permissão para nadar antes e depois do trabalho, quando o piscinão local normalmente estava fechado.[213]

Os campeonatos mundiais de patinação no gelo eram extraoficialmente considerados exclusivos para homens, mas, quando Madge Syers entrou na competição, em 1902, os organizadores não encontraram qualquer regra que proibisse as mulheres, e os juízes tiveram que permitir sua entrada. Ela ficou em segundo lugar e venceu o marido no campeonato nacional. Também venceu dois dos recém-criados Campeonatos Mundiais Femininos e conquistou a medalha de ouro nas Olimpíadas de Londres em 1908. Syers lançou a tendência de trajes de patinação na altura da panturrilha, para mostrar sua agilidade com os pés.[214]

O primeiro evento de ginástica feminina documentado ocorreu em 1904, em uma competição de clubes vencida pelo Lozells Athletic Club. Vinte anos depois, um campeonato britânico feminino foi realizado em Swindon e, em 1928, a seleção feminina britânica conquistou o bronze nas Olimpíadas.

Em 1921, ao retornar à Inglaterra após vencer a primeira etapa da série de atletismo das Olimpíadas de Monte Carlo, a vitoriosa equipe feminina decidiu formar o Clube Atlético das Olimpíadas de Londres.[215] A Associação Atlética Amadora Masculina não aceitava mulheres, e a Associação Atlética Amadora Feminina realizou seu primeiro campeonato em 1923, no qual Mary Lines conquistou quatro dos dez títulos. Na ocasião das Olimpíadas de Amsterdã em 1928, o Comitê Olímpico Internacional já havia incluído cinco provas femininas: 100 metros, 800 metros, revezamento 4 × 100 metros, salto em altura e disco.

---

* Os banhos metropolitanos eram estabelecimentos que ofereciam instalações para banhos e outras atividades na água, como natação, banhos terapêuticos e recreação aquática. [N.T.]

** O Highgate Ponds era uma área natural de natação, composta de vários lagos, localizada em Hampstead Heath, um grande parque urbano no norte de Londres. [N.T.]

No entanto, difundiu-se a ideia de que o esforço de correr 800 metros causava colapso nas atletas femininas, que foram banidas da modalidade até 1960.[216]

# Trabalho

O censo de 1851 definiu o trabalho doméstico apenas como "trabalho",[217] mas, em 1881, os recenseadores decidiram que, se o trabalho doméstico fosse realizado por "damas", não poderia ser trabalho.[218] Assim, as tarefas domésticas realizadas em casa por mulheres que não eram remuneradas passaram a ser consideradas "não trabalho". Isso resultou em uma queda acentuada no número de mulheres contabilizadas como empregadas na força de trabalho — de 98% no censo de 1871 para 42% dez anos depois, um desaparecimento de 56% da força de trabalho feminina.[219]

Dez anos depois, os funcionários públicos que planejaram o censo de 1891 mudaram de ideia novamente. Ao observar os deveres domésticos das damas da elite — tirar o pó de peças delicadas de porcelana, cultivar relacionamentos sociais, encomendar vestidos, escrever cartas, planejar festas, manter a contabilidade da casa, planejar cardápios, supervisionar e disciplinar empregados, marcar compromissos para o marido e às vezes fazer a contabilidade dos negócios da família, investir nos negócios e trabalhar para manter os clientes, dar à luz, alimentar e criar os filhos —, esses funcionários públicos decidiram que as atividades realizadas pelas mulheres em casa eram, afinal, trabalho: "Sendo nítida a natureza das ocupações diárias de tais pessoas, é adequado elas serem contabilizadas no Serviço Doméstico".[220]

Medo, pânico e horror! Como assim, incluir as filhas, irmãs e esposas de cavalheiros como criadas na categoria de "Serviço Doméstico"? Era necessária uma mudança para manter a ilusão de que essas mulheres viviam no ócio. Assim, em 1901, o gabinete do censo anunciou: "Chegamos à conclusão de que, em geral, seria melhor reverter nossa política".[221] O trabalho das mulheres permaneceu, mas os números mudaram. Em 1911, apenas 10% das esposas trabalhavam, em comparação com 70% das mulheres solteiras.[222]

As ocupações domésticas podem ter sido redesignadas como lazer para satisfazer famílias nobres que queriam alegar que as donas da casa não trabalhavam, mas a redefinição afetou a todos. O trabalho doméstico realizado pelas mulheres em sua própria casa foi definido como um zero econômico — "não remunerado", "não pago" e, agora, não documentado. Isso ocultou os enormes custos com a geração e criação de bebês e crianças, habitação, vestuário, alimentação e cuidados com a família com a finalidade de que os filhos ingressassem na educação formal, no treinamento profissional e no trabalho, e de que os maridos mantivessem um trabalho assalariado. A definição do censo de trabalho não remunerado também ignorava os alimentos ou bens produzidos pelas mulheres e consumidos pela família, bem como tudo o que, embora pudesse gerar dinheiro, não era caracterizado como "trabalho": produtos caseiros de toda sorte, arte e escrita, além de trabalhos administrativos, contábeis e outros não remunerados que as esposas faziam para os maridos. Esperava-se que as mulheres de todas as classes ajudassem os maridos, e esse trabalho invisível passou a ser visto como algo tão natural que muitos cargos eram atribuídos a homens devido à presunção de que suas esposas trabalhariam com eles, sem remuneração: "A maioria dos cargos de diretor de escola ia para homens casados, com base na suposição de que sua esposa atuaria como uma governanta em um internato ou como assistente de professor em uma escola diurna".[223]

Com isso, empregadores e maridos ganharam o direito de explorar as esposas. Tanto as mulheres da elite quanto as da classe trabalhadora, imersas na interminável rotina de trabalhos domésticos, eram, oficialmente, ociosas. Por não se tratar de trabalho, não precisava ser remunerado. As atividades das mulheres em casa não tinham um valor mensurável. O tempo delas não tinha valor. A ideia oficial era: as mulheres não faziam nada, em troca de recompensa mensurável nenhuma.

Ironicamente, a maioria das mulheres trabalhadoras remuneradas trabalhava de empregada doméstica na casa de outras famílias. Em 1901, o serviço em residências particulares constituía a maior ocupação individual das mulheres, chegando a 31% das trabalhadoras.[224] Era um trabalho mal remunerado, com longas jornadas, aberto às meninas quando elas paravam de estudar, aos 12 anos. Uma trabalhadora escreveu em 1906: "Quando eu tinha uns 14 anos, passei uns dezoito meses trabalhando na casa de uma família e não gostei nada, porque eu tinha que trabalhar de manhã até a noite e nunca sabia quando ia terminar e nunca podia comer em paz, porque tinha demandas de trabalho o tempo todo, só tinha meio dia por semana de folga; e tudo isso por um salário muito baixo. Nunca dá para saber se o lugar vai ser bom para trabalhar".[225]

Muitas empregadas domésticas detestavam o trabalho. Frances Wilder, da classe média, explicou como ingressou no trabalho doméstico após a morte de seu pai, um funcionário público sênior: "Ele foi, em termos gerais, um bom homem, mas achava desnecessário que suas filhas tivessem mais do que uma educação secundária, e [...] eu não tinha condições de ganhar a vida. Comecei a trabalhar como empregada doméstica — um trabalho que odeio [...]. Nunca me senti à vontade com os empregadores que (como muitos ainda fazem) mantêm uma atitude feudal para com os servos".[226]

O trabalho doméstico era pesado, com longas jornadas, considerado uma especialidade feminina, e, como seria de esperar, mal remunerado. O valor agregado pelos trabalhadores de uma fábrica era perceptível; o valor agregado em casa era invisível. Também se esperava que os criados fossem invisíveis: que limpassem e acendessem lareiras em cômodos vazios, preparassem discretamente a casa de manhã e a fechassem à noite, sem serem notados pelos donos da casa. Mudanças arquitetônicas, como alojamentos de empregados, escadas dos fundos, cozinhas no subsolo e entradas para fornecedores, esconderam ainda mais os empregados e seus serviços dos empregadores "no andar de cima". Os criados domésticos perdiam *status* conforme a família de empregadores subia pelas classes médias e não eram considerados parte da família.

A educação para as meninas das classes média e alta continuou melhorando. A Lei da Educação de 1870 exigiu que todas as meninas entre 5 e 13 anos de idade fossem à escola, e a Lei de 1880 tornou a frequência obrigatória. Em 1873, o governo, exigindo que as meninas fizessem algum tipo de exercício físico, adotou o sistema sueco de ginástica, enquanto os meninos faziam exercícios militares. Nos anos 1890, o governo se preocupava tanto com a saúde das crianças que a educação física se tornou obrigatória. Os meninos eram incentivados a participar de jogos competitivos em equipe, como futebol, hóquei e críquete, e as meninas ficavam com o *netball* e o *rounders*.* As escolas mais pobres tinham de se contentar com treinos e ginástica sueca, mas as meninas da classe trabalhadora, que precisavam ajudar em casa, não tinham tempo para as práticas depois das aulas. Elas normalmente paravam de praticar esportes quando saíam da escola.[227]

Algumas meninas ficavam na escola até mais tarde para trabalhar como assistentes das professoras, o que seria suficiente para qualificá-las como governantas ou professoras. Os salários e as condições eram péssimos. Mas um comentarista, W. R. Greg, explicou que a culpa era das próprias mulheres: "Era mal pago e pouco valorizado porque era mal feito. As governantas eram uma classe deprimida e desprezada (quando chegavam a tanto) pela mesma razão que as costureiras eram uma classe angustiada: porque, como toda mulher sabia ler, escrever e usar uma agulha, como toda mulher podia ensinar um pouco e costurar um pouco, toda mulher sem instrução e desamparada tornava-se uma costureira e toda mulher minimamente instruída tornava-se uma governanta".[228]

Em 1900, os centros diurnos da Igreja Anglicana já tinham começado a treinar professores e faculdades foram fundadas. Por incrível que pareça, os salários das professoras continuaram baixos mesmo depois de elas conquistarem uma formação melhor. As mulheres aceitavam salários baixos porque o trabalho era respeitável quando em condições limpas e podia até levá-las — como governantas — para lares de elite. Em 1901, três quartos de todos os professores eram mulheres.[229]

Mulheres da elite, que tinham tempo e recursos, podiam assistir às aulas; primeiro nas universidades de Cambridge, depois nas universidades de Londres e Oxford; já a

---

* O *netball* é um esporte de bola parecido com o basquete, jogado em uma quadra retangular por duas equipes de sete jogadores. Já o *rounders* é um esporte de bastão e bola jogado por duas equipes de seis a dez jogadores, em que o arremessador arremessa a bola e o rebatedor rebate a bola e precisa tocar os bastões das quatro bases. [N.T.]

partir dos anos 1870, foram autorizadas a fazer os exames finais.[230] Mas, em Oxford, elas adquiriram o direito de se formar ou receber um diploma depois de 1920 e, em Cambridge, só após a Segunda Guerra Mundial (1948); nessa última instituição, os homens ficaram tão horrorizados quando a graduação feminina foi proposta ao Senado, em 1946 — ainda que a proposta tenha sido derrotada —, que uma multidão de centenas de homens marchou até a faculdade feminina de Newnham, quebrou janelas e tentou arrombar os portões com um carrinho de mão.[231] Sarojini Naidu, poeta e ativista pela independência da Índia, foi a primeira asiática a estudar no King's College London e no Girton College, em Cambridge, entre 1895 e 1898, e Amy Ida Louisa King foi a primeira mulher de ascendência africana a se formar em Girton, em 1903.[232] Mas as mulheres que lutaram arduamente para chegar à universidade e estudar encontraram profissões fechadas para elas: 80% das mulheres formadas em Oxbridge acabaram se tornando professoras — ganhando cerca de três quartos do salário de seus colegas homens.[233] Quando Gwyneth Bebb e duas outras mulheres interpelaram a Sociedade de Direito para obterem sua admissão depois de se formarem em direito, o caso foi levado ao Tribunal Superior, e os juízes decidiram que o fato de as mulheres serem banidas da prática do direito fazia parte de uma tradição "prolongada, uniforme e ininterrupta da qual deveríamos ter muita relutância em nos afastar".[234]

O trabalho religioso, tanto para mulheres católicas romanas quanto para mulheres anglicanas, começou a se popularizar a partir de 1850. Conventos foram abertos para profissionais religiosos, os quais forneciam uma solução fácil para o chamado problema das "mulheres excedentes", e, em 1837, três mil freiras católicas romanas entraram em 235 conventos na Inglaterra em 1900, já eram cerca de dez mil mulheres em seiscentos conventos. As irmandades anglicanas também se expandiram e, na época, noventa conventos anglicanos já haviam sido estabelecidos.[235] As mulheres, que já eram consideradas mais espiritualizadas do que os homens, agora podiam viver em uma esfera completamente separada, enclausuradas em um convento, saindo apenas para realizar missões de caridade e espirituais. Ironicamente, a alta qualidade das escolas dos conventos criou o temor de que as meninas estivessem recebendo uma educação superior à dos meninos.[236]

Em 1870, mulheres pregadoras atuavam principalmente no recém-criado Exército da Salvação, uma organização evangélica radical, alegre e exuberante voltada à classe trabalhadora pobre. A fundadora, Catherine Booth, e suas filhas, conhecidas como as "Moças do Aleluia", criaram deliberadamente uma atmosfera festiva para divulgar sua mensagem. Booth, que trabalhava ao lado de seu marido, William, declarou que nenhuma mulher estava "sujeita ao homem em qualquer sentido em que um homem não esteja sujeito a outro; tanto a lei de Deus como a do homem reconhecem a mulher como um ser independente".[237]

As mulheres assumiram posições de liderança também em outras religiões. Fatima Cates foi uma tesoureira e fundadora do Instituto Muçulmano de Liverpool, que abriu um orfanato, uma escola e uma mesquita — a primeira da Inglaterra, onde Sadika Hanoum (nascida Teresa Griffin Viele) atuou como jornalista. A primeira mesquita construída especificamente em Woking foi financiada por Begum Shah Jahan, de Bhopal.*[238]

A Igreja Anglicana e as seitas evangélicas viram emergir uma nova onda de pregadoras, conhecidas como "damas pregadoras", a partir dos anos 1840. As mulheres se apresentavam como mulheres convencionais respeitáveis, desejosas de divulgar uma espiritualidade que complementasse o ministério dos homens.[239] Nas paróquias, a partir de 1862, as mulheres puderam ocupar o cargo de "diaconisa", que não exigia qualificações educacionais ou profissionais e não era residencial. Mulheres não ordenadas foram autorizadas a dar assistência aos párocos, mas não podiam ministrar nenhum dos sacramentos da Igreja. No Sínodo de Lambeth de 1920, a Igreja discutiu a possibilidade de as mulheres serem espiritualmente iguais aos homens no ministério — e decidiu contra a ideia. Os oponentes argumentaram que as mulheres não foram designadas por Deus para a liderança, mas deveriam ser subordinadas à autoridade masculina.[240] O sínodo orgulhava-se de ser excepcionalmente resistente à participação das mulheres: a Igreja Anglicana continuaria alegando a "deficiência do sexo" muito depois de outras profissões terem permitido às mulheres igualdade de entrada.[241]

Os oponentes do ministério feminino citaram São Paulo: "Como em todas as igrejas dos santos, conservem-se as mulheres caladas nas igrejas, porque não lhes é permitido falar; mas estejam submissas como também a lei o determina. Se, porém, querem aprender alguma coisa, interroguem, em casa, a seu próprio marido; porque para a mulher é vergonhoso falar na igreja".[242]

Outros acreditavam que as mulheres que desejavam assumir as funções de padres eram ambiciosas, o que não era um bom sinal. Gascoyne Cecil, bispo de Exeter, sugeriu: "O instinto religioso e o instinto sexual são próximos demais para serem colocados em contato próximo". O decano de Canterbury, Henry Wace, sugeriu a extraordinária alegação das diferenças de gênero no âmbito espiritual: "Há diferenças não apenas na constituição física, mas também na constituição psíquica das mulheres, o que torna inadequado a elas o ofício de pregação pública regular".[243]

A Inglaterra foi o último grande país do mundo a formar médicas.[244] As mulheres inglesas tinham de sair do país para obter formação médica e qualificar-se em faculdades e universidades médicas europeias e americanas. A primeira faculdade para médicas mulheres foi fundada em Londres em 1874, para um punhado de estudantes. A primeira médica inglesa foi Elizabeth Blackwell, que exerceu a profissão nos Estados Unidos, seguida por Elizabeth Garrett Anderson, que recebeu sua licença médica da Sociedade de Boticários em 1865. A Lei Médica

---

* Bhopal foi um estado principesco islâmico localizado na Índia central. [N.T.]

aprovada no mesmo ano tentou impedir que as mulheres médicas se formassem no exterior ao forçar que todos os médicos se registrassem em órgãos oficiais. Uma das heroínas da campanha pela formação de mulheres médicas foi Sophia Jex-Blake. Quando teve sua admissão recusada para estudar medicina na Universidade de Edimburgo, que alegou que não teria como acomodar uma única mulher, Jex-Blake publicou um anúncio nos jornais convocando outras mulheres a se unirem a ela, e seis outras mulheres estudaram com ela para tirar o diploma de medicina, apesar dos abusos verbais e físicos cometidos por estudantes do sexo masculino. Chegando para fazerem uma prova, as estudantes tiveram sua entrada barrada por uma multidão de duzentos homens; quando elas passaram nas provas finais, a universidade recusou-se a permitir que se formassem. Jex-Blake se qualificou no exterior e estabeleceu sua prática médica em Edimburgo, Escócia, e fundou o primeiro hospital para mulheres do país.

As médicas mulheres, que tanto lutaram pela qualificação e por reconhecimento, seriam cruciais para o sucesso do Império quando da expansão do Estado britânico para países onde as mulheres viviam sob o regime do *purdah*. Antes criticadas e excluídas, as médicas tornaram-se um trunfo extraordinário, desempenhando um importante papel na abertura dos países ocupados, facilitando o acesso a cuidados médicos essenciais para as comunidades locais.[245] Mas o progresso seria lento. Em 1912, as médicas na Grã-Bretanha totalizavam apenas 553.[246]

O trabalho de escritório era exclusivamente masculino. Filhos mais novos e potenciais gerentes entravam como escriturários para aprender o negócio e alçar cargos seniores. A partir de 1890, taquigrafia e datilografia passaram a ser consideradas parte do repertório de um escriturário, e os homens passaram a aprender as duas habilidades até perceberem que a taquigrafia e a datilografia não levavam à promoção na escada gerencial: "A taquigrafia e a datilografia logo passaram a ser vistas como becos sem saída, os homens as evitavam, enquanto escriturárias mulheres eram contratadas exclusivamente para realizar essas tarefas".[247] Quando as mulheres finalmente puderam trabalhar em escritórios, no século XX, foram restritas à taquigrafia e à datilografia. As competências de escriturária não levavam a cargos de gestão para mulheres. Uma datilógrafa permanecia como datilógrafa até se casar, quando automaticamente abandonava o emprego e não tinha permissão de retornar.

Quase todos os cargos na indústria, no governo e na educação exigiam que as mulheres deixassem o emprego depois de se casar. Nenhuma mulher casada podia candidatar-se a empregos de escritório, mais bem remunerados, e uma mulher solteira precisava abandonar o emprego quando se casasse. Algumas profissões seniores não admitiam mulheres: níveis mais altos no funcionalismo público, no direito e na contabilidade permaneceram fechados a todas as mulheres, solteiras e casadas.[248] Essa restrição não era vista como perda de metade da força de trabalho potencial para o país; pelo contrário, a mentalidade era que as mulheres da elite deveriam ser protegidas de trabalhos complexos para beneficiar a sociedade. Acreditava-se que a "dupla jornada de trabalho" de cuidar dos filhos e da casa *e* competir com os homens no trabalho prejudicava as mulheres da elite. Também era considerado um excesso para as solteiras. Acreditava-se que, se uma mulher tivesse que trabalhar duro e ainda por cima pensar, ela se tornaria estéril. O neurologista Paul Möbius escreveu: "Se quisermos que a mulher cumpra plenamente a tarefa da maternidade, ela não pode possuir um cérebro masculino. Se as habilidades femininas fossem desenvolvidas no mesmo grau que as do homem, os órgãos de seu corpo sofreriam e teríamos diante de nós um híbrido repulsivo e inútil".[249]

Exigências rigorosas de um comportamento feminino adequado, adotadas em todas as classes sociais, restringiam a entrada das mulheres em todas as áreas — inclusive no pugilismo. Embora não fosse um crime para uma mulher lutar profissionalmente, 96 de 166 pugilistas conhecidas foram presas por comportamento desordeiro na segunda metade do século XIX. Oito delas se mostraram boxeadoras boas o suficiente para bater nos policiais que tentaram prendê-las e fugir.[250]

Embora as mulheres que trabalhavam em casa fossem oficialmente definidas como ociosas, havia uma ênfase contraditória nas competências e capacidades necessárias para produzir um lar de alta qualidade. A esposa não tinha mais como ostentar a riqueza do marido apenas por sua aparência e por seu lazer; agora ela era obrigada a demonstrar os altos padrões, moralidade e bom gosto do marido na forma de uma casa bonita, eficiente, bem administrada e religiosa. Esperava-se que as mulheres da elite interferissem na vida de seus inquilinos, enquanto os evangélicos esperavam que as mulheres realizassem obras religiosas, de caridade e missionárias em lares da classe trabalhadora.

A primeira revista voltada à administração do lar foi a *The Englishwoman's Domestic Magazine*, publicada em 1852 por Samuel Beeton.[251] Sua esposa, Isabella Beeton, escreveu em 1861 o *Livro de administração doméstica da sra. Beeton*, que continha novecentas páginas de receitas e trezentas páginas de orientações que iam desde moda até o gerenciamento de empregados, envenenamento e criação dos filhos.

Chamar o "trabalho doméstico" de arte ou reivindicar a ele o *status* de ciência, como ocorreu mais tarde, tornou-o digno de ser realizado pela própria esposa — a inteligente e educada esposa —, de graça. Deixou de ser um trabalho chulo, não especializado, a ser feito por criados, e passou a ser um ofício com nome próprio. A ideia de que criar os filhos, limpar, cozinhar e cuidar da casa constituía uma digna ocupação em período integral não foi imposta às mulheres, mas "vendida" a elas por meio de revistas, jornais, livros e até aulas nas escolas. Mulheres criativas, enérgicas e empreendedoras, confinadas em casa pela doutrina das esferas distintas, ansiavam por uma função significativa no lar. A sra. Beeton recomendava "uma abordagem instruída às tarefas domésticas [...]; preencher o vazio doméstico e, desse modo, preservar o lar".[252]

O trabalho doméstico aumentou em complexidade devido aos equipamentos recém-inventados. O New Suburbia Gas Cooker, um novo fogão a gás de 1929, tornou a culinária mais técnica, mas prometia mais tempo de lazer nos anúncios que convidavam as esposas: "Saiam da cozinha. Ele se encarrega de cozinhar enquanto você faz compras ou se diverte".[253] Apesar das promessas, a mecanização doméstica não aumentou o tempo de lazer para as mulheres. Os fornos e fogões a gás aumentaram a complexidade da culinária e suas várias funções geraram a expectativa de que diferentes pratos fossem servidos a cada refeição. As máquinas de lavar roupas possibilitaram que essa tarefa fosse feita em casa e com mais frequência; os novos aspiradores de pó (disponíveis no mercado inglês desde 1915) forçaram a mulher a limpar os tapetes sozinha, sem ajuda, e também com mais frequência — antes, a tarefa era feita pela família, que levava os tapetes para o quintal e batia neles para tirar o pó.[254]

Os novos equipamentos de uma cozinha mecanizada, agora símbolos de uma família da elite, exigiam muitas novas habilidades, e cabia às esposas aprender, operar, limpar e manter as parafernálias domésticas e usá-las para produzir resultados superiores. Em média, as mulheres passavam o mesmo tempo para alcançar padrões mais elevados com os novos dispositivos que despendiam sem eles no passado.[255]

Com as esposas das classes média e alta se vendo sujeitas a padrões cada vez mais altos, adestrando-se a trabalhar mais ao mesmo tempo que concordavam com a ideia de que as tarefas domésticas não eram trabalho, as mulheres trabalhadoras — casadas ou solteiras, doentes ou saudáveis — toleravam longos períodos de trabalho nas fábricas, o trabalho duro em indústrias pesadas (incluindo mineração e pedreiras) ou o árduo trabalho como empregadas na casa de uma família de elite e depois ainda voltavam para casa para fazer o próprio trabalho doméstico em habitações pouco ventiladas ou aquecidas, sem acesso a água potável ou boa comida.

A Primeira Guerra Mundial transformou a vida de todas as mulheres, mesmo sem o recrutamento universal feminino. A campanha pelo direito ao voto das mulheres foi interrompida e os dois grupos nacionais que defendiam o sufrágio feminino — a União Nacional das Sociedades Sufragistas Femininas e a União Social e Política das Mulheres — dividiram-se internamente durante o conflito entre pacifistas contra a guerra e ativistas pró-guerra. A União Nacional das Sociedades pelo Sufrágio Feminino criou um registro de vagas de trabalho a serem preenchidas por voluntárias, e a líder da União Social e Política das Mulheres, Emmeline Pankhurst, urgiu que as integrantes servissem o país para conquistar o direito ao voto. Como demonstração de gratidão, o governo emitiu um passaporte de guerra para ela ir aos Estados Unidos defender o apoio norte-americano aos Aliados. Por outro lado, alguns defensores de esquerda do voto feminino — como Sylvia, filha de Emmeline Pankhurst — se opuseram à guerra, alegando que as mulheres eram naturalmente contra o belicismo. Sylvia exigiu salários e condições melhores para as mulheres da classe trabalhadora.

Uma integrante da União Social e Política das Mulheres revelou-se uma pacifista ferrenha. Alice Wealden se sustentava a muito custo vendendo roupas usadas em Buxton, Derbyshire. Com a eclosão da guerra, ela e sua filha Betty entraram na Sociedade contra o Serviço Militar Obrigatório e atuaram na rede clandestina criada para esconder opositores do serviço militar obrigatório. Em 1916, ela foi abordada por um espião do governo que lhe pediu que solicitasse veneno a seu genro, um químico. Em seu julgamento — orquestrado por espiões do governo —, ela foi acusada de planejar o assassinato do primeiro-ministro, David Lloyd George, com um dardo envenenado enquanto ele jogava golfe com o rei George.

A implausibilidade gótica da trama não deteve o júri, que considerou Alice Wealden e suas duas filhas culpadas. O júri foi informado de que as três mulheres não apenas eram politicamente desviantes como também mulheres anormais que haviam "transgredido os limites morais de seu gênero". Alice foi presa por conspiração em 1917 e, tal como seus camaradas da antiga União Social e Política das Mulheres, fez uma greve de fome. Ela foi libertada em uma anistia pós-guerra, mas, com a saúde debilitada pelo tratamento recebido na prisão, morreu em 1919.[256]

A guerra também dividiu o movimento antissufrágio entre apoiadores da guerra e pacifistas, mas, com a entrada das mulheres em empregos masculinos e até no serviço militar auxiliar durante a guerra, os líderes antissufrágio já não podiam argumentar que elas não participavam do mundo dos homens e que, portanto, deveriam permanecer em uma esfera distinta de influência feminina.[257] O conflito pôs por terra o argumento das esferas distintas como justificativa para manter as mulheres afastadas do poder — mas a divisão entre as chamadas "damas" e as mulheres da classe trabalhadora perdurou.

Muitas mulheres apoiaram a guerra e ajudaram no esforço de guerra movidas por razões patrióticas e feministas. A coragem de Vera Brittain ao abandonar uma vida confortável e segura na elite a levou a atuar como enfermeira voluntária no Destacamento de Ajuda Voluntária, convocada para a França. Ela foi motivada a agir pelo feminismo: "Não concordo que meu lugar seja em casa sem fazer nada", explicou.[258]

Nem todos acolheram bem as mulheres no esforço de guerra. Houve médicos e militares que duvidaram do comprometimento das entusiasmadas voluntárias. Algumas associações voluntárias começaram abertamente elitistas, como o Esquadrão de Enfermagem e Primeiros Socorros (fundado em 1907), aberto apenas a jovens mulheres que tinham o próprio cavalo! Quando a guerra eclodiu, o governo inglês recusou a ajuda do esquadrão, o qual — composto de apenas seis mulheres — ofereceu-se para ajudar os Aliados e viajou à Bélgica para cuidar de soldados franceses e belgas feridos. Elas só seriam convidadas a dirigir ambulâncias britânicas em 1916.[259]

Durante a Primeira Guerra Mundial, a herdeira, tenista e esgrimista May "Toupie" Lowther (1874-1944) reuniu uma unidade de ambulâncias composta exclusivamente de mulheres e foi agraciada com a Croix de Guerre.

A extraordinária esportista, motorista, esgrimista, levantadora de peso, campeã de jiu-jítsu e tenista internacional May "Toupie" Lowther (1874-1944) organizou sua própria equipe de mulheres motoristas de ambulância — a Unidade de Ambulâncias Hackett-Lowther — e levou vinte carros e trinta mulheres para a França. O exército britânico não usou serviços de ambulâncias exclusivamente femininos, e as mulheres inglesas atuaram no Terceiro Exército francês por quase três anos durante a guerra. Lowther recebeu a medalha militar francesa, a Croix de Guerre, em reconhecimento por seu serviço.

Muitas unidades de mulheres surgiram de associações voluntárias lideradas por filantropas da elite que foram convidadas a atuar nos serviços oficiais quando ficou evidente que a guerra exigiria muita mão de obra. Unidades como o Exército das Mulheres na Agricultura, o Corpo Auxiliar Feminino do Exército, o Serviço Naval

Real Feminino e a Força Aérea Real Feminina tornaram-se organizações oficiais. Para muitas mulheres das classes alta e média, o trabalho ao lado de outras mulheres em tempos de guerra representou a primeira oportunidade de ver mulheres da classe trabalhadora como iguais e de aprender sobre suas dificuldades. Contudo, para outras, a experiência na guerra perpetuou a divisão de classes: as mulheres motoristas de ambulância do Esquadrão de Enfermagem e Primeiros Socorros às vezes usavam casacos de pele por cima dos uniformes[260] e todos sabiam que elas vinham de famílias da elite e não acolhiam mulheres da classe trabalhadora.

As espiãs inglesas não eram amadoras glamorosas e sexualmente predatórias como muitos gostam de retratar. Gertrude Bell informou o governo sobre suas viagens pelo Oriente Médio a partir de 1900 e, em 1916, foi recrutada por T. E. Lawrence (Lawrence da Arábia) para trabalhar com o chamado "Gabinete Árabe". Ela também foi nomeada oficial política do exército da Força Expedicionária Indiana. Gertrude Bell fingia não fazer ideia do valor de seu trabalho: "Acredito que vou receber algum pagamento, mas por sorte não vou precisar usar uniforme! Eu deveria receber abas brancas [um símbolo de posição militar], pois sou subordinada ao Departamento Político. Não é irônico?".[261]

Entre 1909, quando o Gabinete do Serviço Secreto Britânico foi formado, o qual viria a ser dissolvido em 1919, seis mil mulheres seriam recrutadas. O Departamento de Inteligência de Campo contava com 132 oficiais e com milhares de funcionários de ascendência inglesa e africana. O sistema de inteligência não pagava bem e não era bem administrado, de modo que dependia fortemente de mulheres obstinadas e discretas, movidas pelo patriotismo e pelo senso de realização.[262]

Flora Sandes (1876-1956) foi a única mulher inglesa a combater na Primeira Guerra Mundial. Ela ingressou no Esquadrão de Enfermagem e Primeiros Socorros com seu cavalo, mas foi atuar no Comboio Feminino para o Transporte de Doentes e Feridos de Mabel St. Clair Stobart, em que transportava soldados feridos na Primeira Guerra dos Bálcãs em 1912. Daí, ela entrou na Cruz Vermelha Sérvia e ajudou os feridos durante a "Grande Retirada" pela Albânia, quando — uma vez que todos os outros profissionais de saúde foram mortos ou fugiram — foi alistada no exército sérvio e avançou sobre Bitola (Monastir), onde foi ferida em um combate corpo a corpo. Promovida a

Flora Sandes (1876-1956), a única mulher a combater na Primeira Guerra Mundial, serviu na linha de frente como sargento-mor do Exército Real Sérvio.

sargento-mor e condecorada, passou o resto da guerra administrando um hospital e mais tarde foi comissionada como a primeira mulher oficial do exército sérvio.[263]

O governo inglês bania mulheres combatentes, mas recrutou ativamente mulheres para trabalhar nas fábricas de guerra, triplicando o número de mulheres em locais de trabalho controlados pelo governo, uma vez que as indústrias militares e de munições precisaram de operários quando os homens foram recrutados para o serviço militar.[264] No fim da guerra, 46,7% da força de trabalho seria feminina.[265]

Até as donas de casa foram solicitadas a ajudar. A Liga Nacional da Economia Alimentar, a Exposição Patriótica de Administração Doméstica da União Nacional das Sociedades pelo Sufrágio Feminino e a Associação de Reforma Alimentar exigiram que as donas de casa contribuíssem para o esforço de guerra. Como dizia um cartaz do governo: "A linha de combate britânica muda e se expande e agora inclui *você*. A luta não é apenas em terra e no mar; está na *sua* despensa, na *sua* cozinha e na *sua* sala de jantar. Cada refeição que você serve é literalmente uma batalha".[266]

Mulheres casadas com homens de outras nacionalidades podiam ser colocadas sob suspeita ou até detidas em um campo de internamento.* Com a Lei do Nacionalismo de 1914, as mulheres inglesas que se casassem com um estrangeiro perderiam a nacionalidade, mas um homem inglês que se casasse com alguém de qualquer nacionalidade permaneceria inglês. Segundo a Lei de Restrição de Estrangeiros de 1914, uma esposa estrangeira, ou uma inglesa casada com um homem estrangeiro, não podia possuir qualquer equipamento de comunicação sem fio ou de sinalização; algumas tiveram que cadastrar seu local de residência; outras foram presas. Mais tarde, durante a guerra, as pessoas foram proibidas de anglicizar um nome que soasse estrangeiro — como fez a família real, que mudou de Saxe-Coburgo para Windsor em 1917. Alguns estrangeiros — pessoas nascidas no exterior — que haviam assumido a cidadania britânica descobriram que esta lhes fora revogada.[267]

Uma mulher inglesa, Martha Earle, foi detida e encarcerada durante um ano na prisão feminina de Holloway por escrever a sua irmã na Alemanha usando o que ela explicou ser um palavreado comum na família. "Nunca estive em uma situação como aquela em que estou hoje e estou quase enlouquecendo", ela escreveu em maio de 1918. "Nunca pensei que uma carta à minha irmã seria considerada um crime".[268]

O pânico moral se direcionou a não ingleses, especialmente às mulheres. Frieda Lawrence, nascida na Alemanha, e seu marido, o romancista D. H. Lawrence, tiveram de deixar sua casa de campo em Cornwall pois temia-se que ela pudesse observar a movimentação de navios nas rotas marítimas e reportar à Alemanha. Margot Asquith, já suspeita por seu glamour, por sua amizade com a dançarina Salomé

---

* Um campo de internamento é uma instalação designada pelo governo para deter pessoas consideradas inimigas ou suspeitas de representarem ameaça à segurança nacional durante períodos de conflito, guerra ou emergência nacional. [N.T.]

Maud Allan e por visitar um campo de prisioneiros de guerra, foi acusada de espionagem em uma carta enviada ao Departamento de Investigação Criminal.[269]

Comentaristas dos tempos de guerra exigiam a erradicação dessa "doença" da sociedade, ou seja, de qualquer pessoa que parecesse "diferente". A Universidade de Edimburgo demitiu todos os funcionários alemães em setembro de 1914, e a detenção em campos de internamento de todos os "estrangeiros" foi desencadeada pela revolta do público com o naufrágio de um navio civil inglês, o *Lusitania*, que levou à perda de 1.198 passageiros e tripulantes em 1915. A população atacou com violência empresas com nomes alemães e pessoas consideradas alemãs. Mulheres inglesas casadas com não ingleses podiam ser deportadas e, em 1915, quase sete mil mulheres nascidas no exterior ou casadas no exterior já haviam sido repatriadas, e outras foram ameaçadas de deportação se não saíssem voluntariamente. Devido à superlotação dos campos de internamento, algumas mulheres tiveram de ser mantidas em prisões com criminosos. Mulheres acusadas de espionagem ou outros crimes sob a Lei de Defesa do Reino foram presas com presidiárias no Reformatório de Embriagados de Aylesbury.[270]

*Pogroms* antissemitas na Rússia antes da guerra levaram 120 mil judeus russos a fugir ao Reino Unido, mas, quando os combates começaram, todo o povo judeu — cerca de trezentos mil — viu-se sob crescente suspeita na Inglaterra. Milly Witkop (nascida Vitkopski), uma anarquista judia nascida na Ucrânia, trabalhava em uma fábrica de roupas em Londres antes da guerra e vivia com um radical alemão, Rudolf Rocker. Witkop foi presa em 1916 e detida sem julgamento sob a Lei de Defesa do Reino. Rocker e o filho mais velho do casal foram presos em um campo de internamento masculino, e o filho menor deles, de 8 anos, ficou sem família. Ela representou a si mesma perante o conselho em 1917: "Os senhores me mantiveram na prisão por quinze meses sem julgamento. Por que os senhores dispensam a mim um tratamento diferente dos meus camaradas Shapiro, Linder e Lenoble? Por que não deveríamos todos ter permissão para ir à Rússia? Os senhores sabem que fui presa devido às minhas opiniões políticas. No entanto, fui presa com criminosas, com prostitutas, com mulheres doentes, com quem tenho que dividir o banheiro, o chuveiro e as louças".[271] Milly Witkop exigiu sua deportação da Inglaterra para a União Soviética, mas se recusou a partir sem o companheiro e o filho. Ela permaneceu presa em um campo de internamento até 1918, quando se juntou aos dois na Holanda.

Em 1916, o governo introduziu o serviço militar obrigatório para homens solteiros com idade entre 18 e 41 anos, posteriormente aumentando a idade para 50 anos e incluindo homens casados. As vagas de trabalho deixadas por eles precisariam ser preenchidas: na produção essencial, na qual em 1916 trabalhavam 2.479.000 mulheres,[272] e nas fazendas produtoras de alimentos, onde 260 mil mulheres do Exército das Mulheres na Agricultura começaram a trabalhar.[273] As mulheres foram persuadidas a trabalhar na guerra como uma forma de "serviço" à nação, comparável ao serviço militar prestado pelos homens, e muitas delas, da classe trabalhadora e da elite, abraçaram o desafio.

Os conselhos trabalhistas* recrutaram mulheres trabalhadoras e as colocaram em trabalhos essenciais, como produção de munições, alocando-as em alojamentos temporários. As mulheres casadas tendiam a ser voluntárias na indústria pesada e em trabalhos ao ar livre, como agricultura e trabalhos braçais, porque, para atrair trabalhadores, os empregadores desses setores forneciam auxílio para cuidar dos filhos ou comprar alimentos.[274] Alguns empregadores receberam subsídios do governo para oferecer às mulheres privilégios especiais e manter a segurança e a saúde das trabalhadoras e de seus filhos.

As solteiras, que podiam viajar, eram alocadas nas fábricas de munições, onde carregavam cartuchos com explosivos, sob constante risco de acidentes e explosões, assim como de envenenamento por TNT. As fábricas empregavam médicos para monitorar a saúde dos trabalhadores, incluindo a toxicidade hepática, que pode resultar em icterícia (coloração amarelada da pele e dos olhos), e muitas outras doenças que se seguiam ao manuseio, inalação ou ingestão de TNT; mas eles eram orientados a priorizar a produção das munições e só depois tratar os pacientes. Os médicos estavam lá para gerenciar a força de trabalho, isto é, remover da produção as trabalhadoras que apresentassem uma icterícia tão grave que provavelmente morreriam, para depois ocultar a causa da morte nos atestados de óbito e evitar o pagamento de indenizações sempre que possível.[275]

O apelido alegre dado às mulheres com icterícia de "canárias", devido à pele amarelada, negava a gravidade do envenenamento. Elas, em sua maioria jovens e solteiras, longe de casa, notavam que sua pele ficava amarelada e seus cabelos caíam em razão do trabalho com TNT, mas só depois souberam que se tratava de sintomas de icterícia tóxica. Com o avanço da guerra, equipamentos de proteção passaram a ser distribuídos aos trabalhadores da indústria de munições, bem como leite gratuito e refeições subsidiadas para neutralizar o veneno, com a reorganização de turnos para permitir pausas regulares às trabalhadoras e para rotacioná-las entre áreas de trabalho mais e menos perigosas.

A imprensa divulgava propagandas aprazíveis sobre as trabalhadoras da indústria de munições, com jornalistas e, posteriormente, historiadores valorizando a ideia de uma união entre mulheres de todas as classes em um trabalho essencial de guerra:

---

* Os conselhos trabalhistas foram organizações criadas para lidar com questões trabalhistas e de emprego durante a guerra. Eles desempenharam um papel importante na mobilização da mão de obra e na alocação de trabalhadores para setores considerados vitais para o esforço de guerra. [N.T.]

> Elas vinham dos escritórios e das lojas, do serviço doméstico e das salas de costura, das escolas secundárias e das faculdades, e da tranquilidade das casas senhoriais dos ricos ociosos [...]. Mesmo nos primeiros dias das mulheres nas fábricas de munições, as vi trabalhando juntas, lado a lado, a filha de um conde, a viúva de um lojista, a recém-formada de uma universidade, a empregada doméstica e a jovem de uma fazenda remota da Rodésia cujo marido servia no exército. O status social, uma barreira tão rígida neste país antes da guerra, foi esquecido nas fábricas, da mesma maneira que nas trincheiras, e todas trabalhavam juntas como membros de uma família unida.[276]

A irmandade no trabalho, assim como a unidade da nação, em tempo de guerra não passava de uma quimera propagandística. A maioria das duzentas mil mulheres que trabalhavam com munições eram da classe trabalhadora, em grande parte fugindo do serviço doméstico. Pouquíssimas mulheres ricas e privilegiadas se encarregaram de trabalhos sujos ou perigosos, e muitas usaram a desculpa de que tinham de manter as casas em funcionamento para os oficiais que voltavam da guerra — cujo conforto era mais importante do que o dos soldados que regressavam. As voluntárias da elite tinham habilidades limitadas, incompatíveis com as necessidades da indústria durante a guerra. Elas estavam acostumadas a dar ordens, mas não eram habituadas ao trabalho duro, de maneira que raramente eram úteis, mesmo como gerentes ou supervisoras. Muitas vezes eram alocadas no preparo de refeições nos refeitórios das fábricas. Às vezes, elas levavam as empregadas para fazer o trabalho.[277]

As relativamente poucas mulheres das classes alta e média que se voluntariaram por patriotismo não foram bem-aceitas no chão de fábrica por não apoiarem as exigências dos trabalhadores por melhores condições ou salários. Podendo voltar para suas casas confortáveis depois do trabalho, elas não precisavam de melhores condições de trabalho; de acordo com as memórias de uma trabalhadora de munições de classe média, Joan Williams, "O 'trabalho de guerra' era muito mais romântico quando as condições não eram muito confortáveis".[278]

Cartaz de recrutamento de 1916 para operárias na indústria de munições. O soldado de infantaria atrás da mulher se despede enquanto ela veste o uniforme para trabalhar com produtos químicos tóxicos.

1857-1928 – ESFERAS DISTINTAS   441

O trabalho filantrópico e de caridade era muito mais adequado às mulheres das classes altas do que o trabalho árduo nas fábricas de guerra. A duquesa de Westminster e Sutherland fundou hospitais no exterior, e Lady Hamilton (esposa do comandante-chefe no Mediterrâneo) coordenou fundos específicos em auxílio às tropas de seu marido.[279]

As mulheres que substituíam os homens deveriam receber o salário integral dos homens, em um plano transparente entre o governo, exclusivamente masculino, e os sindicatos, exclusivamente masculinos, para usar as mulheres no trabalho de guerra, mas evitar que elas se tornassem uma concorrência barata aos soldados que retornassem. Apesar do acordo, era comum as mulheres receberem menos do que o salário dos homens. Mesmo na Woolwich Arsenal, a maior fábrica de munições, à qual o governo estava desesperado para atrair trabalhadores assim como para mantê-los, apenas as operadoras de guindaste, as inspetoras e as funcionárias do departamento de pagamento ganhavam o mesmo que os homens — e foram necessárias duas greves para conquistar essa igualdade salarial.[280]

Um relatório secreto do Ministério de Materiais de Guerra explicou que os trabalhadores homens acreditavam que só recuperariam seus empregos depois da guerra se as trabalhadoras recebessem o mesmo salário que os homens. A política de igualdade salarial para o trabalho durante a guerra foi implementada apenas para possibilitar a demissão das mulheres e sua expulsão "das regiões industriais nas quais elas penetraram durante a guerra. Curiosamente, as mulheres parecem não se dar conta disso".[281]

Na verdade, as trabalhadoras estavam totalmente cientes de que precisariam abandonar o trabalho bem remunerado para dar lugar aos homens que voltavam da guerra. Muitas consideravam seu dever fazê-lo. A presunçosa suposição do governo de que as mulheres não percebiam estar sendo usadas em tempos de guerra em empregos dos quais seriam demitidas ignorava o patriotismo que as levara ao trabalho de guerra, inclusive em resposta ao apelo do governo em 1915: "Faça a sua parte; substitua um homem que luta por nós na frente de batalha".[282]

A maioria das mulheres abandonou o emprego sem reclamar para dar a vaga aos homens que retornavam. Menos mulheres declararam-se empregadas no censo de 1921 do que em 1911 — e algumas, rejeitadas pelos empregadores, jamais voltaram ao mesmo emprego. Havia uma retórica, difundida e tranquilizadora para os homens, de que os que voltavam da guerra eram melhores no trabalho do que as mulheres que haviam sido instadas a substituí-los e depois instadas a abrir mão dos empregos. A sindicalista Mary Macarthur descreveu a exclusão das mulheres dos empregos: "Agora a mulher está sendo demitida de seu emprego na guerra com a justificativa de que ela nunca foi tão satisfatória quanto poderia ter sido".[283]

Durante a guerra, a União Social e Política das Mulheres mudou seu *slogan* de "O direito da mulher ao trabalho" para o mais respeitoso "O direito da mulher a servir" e, depois da guerra, ninguém, muito menos as damas sufragistas, exigiu que a mulher tivesse direito ao trabalho. Um leitor escreveu para o *Daily Herald*: "Nenhum homem decente permitiria que sua esposa trabalhasse, nenhuma mulher decente trabalharia se soubesse o mal que causa às viúvas e às mulheres solteiras que precisam de trabalho [...]; mandem essas mulheres de volta ao lar, para limpar a casa, cuidar do marido e ser uma mãe para os filhos".[284]

Em 1919, a União Nacional das Sociedades pelo Sufrágio Feminino mudou de nome para União Nacional das Sociedades para a Igualdade de Cidadania e seguiu uma política do "novo feminismo" sob a liderança de Eleanor Rathbone, que defendia que o trabalho das mulheres deveria ser nas funções de esposa e mãe: "A maioria das mulheres trabalhadoras não passa de aves migratórias em suas profissões. Casar-se, conceber e criar os filhos são suas ocupações permanentes". A abordagem de Rathbone dividiu os membros, mas contribuiu para o retorno das mulheres ao lar após a Primeira Guerra Mundial.[285]

Contudo, as mulheres saíram transformadas pela guerra. Algumas receberam um salário justo por seu trabalho pela primeira vez na vida. Algumas contaram com a proteção de um sindicato, com representantes dos trabalhadores nas fábricas. Outras viram os representantes dos trabalhadores obterem melhorias na segurança no trabalho ou negociarem salários melhores. Algumas desfrutaram de boas condições, como banheiros e refeitórios limpos, e outras usufruíram de benefícios como subsídios para alimentação ou saúde. As mulheres que trabalhavam e, por vezes, viviam juntas tiveram mais facilidade de organizar ações coletivas. As da classe trabalhadora que foram alocadas em empregos longe de casa e trabalharam para diferentes empregadores ficaram mais confiantes e aprenderam novas habilidades. As que receberam alimentos para a família como parte de um acordo salarial o qual visava a atraí-las a trabalhos perigosos ou árduos exigiam um subsídio em tempos de paz para cada filho, uma educação melhor e alimentos melhores. As demitidas de fábricas para devolver as vagas aos homens exigiam seguro-desemprego igual ao deles.[286]

Em muitos casos, com pais e irmãos lutando na guerra, a disciplina patriarcal no lar ruiu e as mulheres perderam a deferência para com a autoridade masculina. As jovens, atuando em algumas indústrias e ganhando salários iguais aos dos homens, conquistaram a admiração do público por sua determinação ou até por seu heroísmo; algumas tomaram gosto pela nova liberdade, passando a consumir meias de seda e cosméticos. Alguns comentaristas viram nisso um sinal de colapso moral, e a Lei de Defesa do Reino foi evocada para impor um toque de recolher nas cidades portuárias e proibir a entrada das mulheres em *pubs* e bares. Patrulhas femininas foram formadas em muitas cidades que tinham acampamentos militares para proteger as mulheres dos soldados. Anúncios convocando voluntárias para essas patrulhas foram publicados no *Suffragette*, o jornal da União Social e Política das Mulheres. No entanto, uma vez em ação, as voluntárias acabaram por patrulhar as ruas e prender mulheres apenas por conversar com soldados;[287] longe de controlar os homens predadores, elas vigiavam aqueles comportamentos das mulheres considerados "perigosos".[288] Como confirmou a carta de "um general": "Os serviços prestados pelas duas damas em questão revelaram-se de grande valor. Elas removeram as origens dos problemas dos soldados de uma maneira que a polícia militar não tinha como fazer. Não tenho dúvida de que o trabalho dessas duas damas representa uma importante salvaguarda para o bem-estar moral das jovens da cidade".[289] Nem todos concordavam que as mulheres civis deveriam ser "removidas" por serem a origem de problemas. "Três respeitáveis servas" queixaram-se da "Liga da Decência e da Honra", criada pelo Sindicato Nacional das Mulheres Trabalhadoras: "Seria péssimo se nós, homens e mulheres, não pudéssemos cuidar de nossa própria vida [...]; essas chamadas 'damas' [...] deveriam cuidar da vida delas e, em vez de ingressar na Liga de Honra, deveriam ingressar na Liga do Trabalho Duro. Quando isso acontecer, elas não terão muito tempo para preocupar-se com a vida alheia. Acreditamos que esse é um dos piores insultos para nós, mulheres, e também para os soldados".

O retorno dos homens da guerra marcou o momento ideal para conselheiros e comentaristas de repente se lembrarem da importância do trabalho doméstico e da presença da esposa e da mãe em casa. Essas duas vertentes de pensamento — eliminar as mulheres da concorrência por trabalho remunerado e romantizar o trabalho não remunerado em casa — levaram o Conselho do Sindicato das Mulheres a exigir uma "pensão materna" em 1919 e um comitê do governo a lembrar as mulheres que elas tinham um propósito muito mais importante do que o trabalho assalariado: "A função primária das mulheres no Estado deve ser considerada [...]; ela deve ser salvaguardada como a dona de casa da nação".[290]

Mulheres asiáticas e africanas e seus descendentes foram as que mais sofreram com a redução do mercado de trabalho, quando os empregos de guerra foram reduzidos e os soldados que regressavam da guerra passaram a exigir seus empregos civis de volta. Quando marinheiros e soldados de países imperiais foram desmobilizados, houve uma pressão para fazer com que os homens voltassem a seus países de origem. Homens brancos da classe trabalhadora lideraram manifestações raciais contra homens de cor desmobilizados. Em 1919, marinheiros negros foram atacados nas ruas de cidades portuárias como Liverpool e Bristol, em tumultos e batalhas campais. Em apenas uma noite em Liverpool, setecentos homens, mulheres e crianças negras procuraram abrigo em prisões para fugir de uma violenta manifestação racial.[291] Uma revolta eclodiu em Newport quando rumores foram espalhados de que um homem negro tinha abraçado ou se dirigido a uma mulher branca, e em Cardiff racistas atacaram um grupo de homens negros que estavam acompanhados de suas esposas brancas.[292] A retórica branca das revoltas — todas causadas por linchamentos perpetrados por multidões brancas motivadas pelo ódio racial e por descontentamentos econômicos — exigia que os soldados negros voltassem às colônias e o fim da associação entre homens negros e mulheres brancas. A ironia de um povo colonizador insistindo que os colonos permanecessem na terra onde nasceram foi apontada por Felix Hercules, do movimento de libertação nacional nas Índias Ocidentais Britânicas, no *The Times*, em junho de 1919:

> Não acredito que possa ser dada qualquer desculpa aos homens brancos que fazem justiça com as próprias mãos porque dizem acreditar que a associação entre homens da minha raça e mulheres brancas é degradante.
>
> Se [...] o problema puder ser resolvido enviando imediatamente todas as unidades não brancas de volta a seu próprio país, então deveríamos ser obrigados a garantir que todos os homens brancos sejam enviados da África e das ilhas das Índias Ocidentais de volta à Inglaterra para que a honra de nossas irmãs e filhas possam ser mantidas intactas.[293]

Mulheres brancas foram usadas como desculpa para reclamações e como justificativa para revoltas racistas. A segurança ou os sentimentos delas nunca foram considerados. As mulheres brancas eram acusadas de imoralidade se fizessem amizade, amassem ou se casassem com homens de ascendência africana ou asiática. Um pânico se espalhou em torno dos filhos dessas uniões, e o racismo foi alimentado pela lentidão e indecisão do governo em enviar os soldados desmobilizados de volta a seus países de origem e pelo não reconhecimento ou recompensa por seu serviço.[294]

A mudança mais notável nos padrões de trabalho após a guerra foi a fuga do serviço doméstico em casas de família. Quase um terço das mulheres trabalhadoras eram empregadas domésticas antes da guerra, mas, no primeiro censo do pós-guerra (1921), apenas 19% das mulheres permaneciam nesses empregos. Muitas foram trabalhar em escritórios e lojas: 7% da força de trabalho feminina trabalhava no varejo em 1901, mas, em 1921, a proporção já era de 10%. A maioria foi trabalhar em escritórios, como mostra o aumento de escriturárias e datilógrafas: em 1901, 2%; em 1921, 10%.[295] O declínio do número de mulheres na indústria têxtil foi causado pela mecanização e pela retração da indústria.

Algumas profissionais dos tempos de guerra queixavam-se de terem sido excluídas do trabalho pelas restrições à entrada de mulheres casadas no magistério, na enfermagem, no funcionalismo público, bem como em muitas empresas privadas.[296] A demanda por essas trabalhadoras qualificadas resultou na Lei de Desqualificação (Remoção) Sexual de 1919, que determinou que: "Uma pessoa não pode ser desqualificada por seu gênero ou pelo estado civil para o exercício de qualquer função pública, nem para ser nomeada ou ocupar qualquer cargo civil ou judicial, nem para ingressar, assumir ou exercer qualquer profissão ou vocação civil".[297]

Muitas profissionais aproveitaram a promulgação do ato de direitos iguais como um ponto de partida para avançar na carreira e entraram em áreas como advocacia, cirurgia veterinária, juizados de paz e cargos especializados. Entretanto, uma barreira não oficial à entrada das mulheres permaneceu irredutível em muitos mercados de trabalho. Um grande número de cargos públicos permaneceu exclusivo para homens, e a justificativa de proteger a inocência das mulheres levou juízes a excluí-las dos júris[298] e até pedir a advogadas qualificadas que deixassem seus clientes sem representação no tribunal se as provas fossem consideradas "inadequadas" para serem ouvidas por uma dama.[299] O direito seria uma das últimas áreas no Reino Unido a admitir mulheres; o país preferia homens sem qualificação em escritórios de advocacia e recusava candidaturas à Sociedade de Direito.[300] A escassez de advogados durante a guerra de 1914-1918 e depois, devido a mortes e ferimentos, finalmente forçou a Sociedade de Direito a abrir as portas a advogadas mulheres.[301]

Em algumas empresas, as mulheres eram segregadas em departamentos exclusivamente femininos, com horários e porta de entrada separados. Um relatório de 1921 do Bank of England admitiu que as mulheres eram mantidas separadas não para proteger sua respeitabilidade, mas para evitar que, ao "andar das damas", vissem o trabalho mais interessante feito pelos homens em outras partes do prédio.[302]

As mulheres expandiram seu papel na educação no pós-guerra para todos os níveis: em 1930, 14% dos professores universitários eram mulheres, embora algumas faculdades de Oxford admitissem apenas professores homens.[303]

As primeiras mulheres voluntárias da polícia dividiram-se quanto à decisão de impor o toque de recolher obrigatório às mulheres nas proximidades dos acampamentos militares, e foram formadas duas organizações, que se expandiram para policiar as mulheres trabalhadoras nas fábricas de munições durante a guerra, o cumprimento das leis relativas à segurança nas fábricas, as mulheres e crianças nas ruas e até o trânsito. Em 1917, havia quinhentas policiais mulheres, mas, com o fim da guerra, elas foram desmobilizadas e o serviço tornou-se o Serviço Auxiliar Feminino. A Polícia Metropolitana de Londres recrutou cem policiais mulheres para compor uma patrulha feminina em 1919.[304] Uma médica, Letitia Fairfield, garantiu a uma nervosa comissão parlamentar que uma mulher podia, sem graves danos à saúde, passar oito horas por dia de pé. (É bom saber.)

As mulheres da elite tornaram-se enfermeiras profissionais, em uma progressão natural do trabalho voluntário em tempo parcial. Um programa de treinamento separado para "damas" estagiárias teve início em 1860, o qual exigia que as mulheres da elite concluíssem seu treinamento em um ano, em vez dos dois ou três anos para recrutas da classe trabalhadora, e abrigava as damas em suas próprias residências exclusivas.[305] O Royal College of Nursing (para a formação de enfermeiras) foi fundado durante a guerra, em 1916.

Após séculos de críticas, as parteiras receberam formação oficial em 1902 e, em 1910, as não certificadas foram proibidas de exercer a profissão.[306] Isso representou mais um ataque a curandeiras experientes, porém não qualificadas, e teve o efeito de medicalizar o parto e forçar as mulheres grávidas a se internar em hospitais para dar à luz. Mas as parteiras que tinham condições de pagar a formação e obter a qualificação conquistavam *status* profissional e eram admitidas em entidades de classe.

No entanto, médicas foram excluídas da formação e do trabalho após a guerra para acomodar os homens que queriam regressar à medicina ou formar-se como médicos. O St. George's Hospital, de Londres, parou de admitir mulheres como estudantes clínicas em 1919, por temor de que os novos médicos do sexo masculino tivessem que trabalhar sob as ordens de uma mulher mais qualificada: uma posição "intolerável" para "um ex-oficial que poderia ter, como acima dele, uma cirurgiã-chefe de 22 anos", como se queixaram estudantes de medicina acerca da concorrência feminina. O London Hospital promoveu uma médica para a residência em 1922, e seus colegas homens ameaçaram renunciar. Hospitais por todo o país recusaram-se a formar mulheres, sob a alegação de que elas se casariam e desistiriam da prática e de que o treinamento cobria tópicos inadequados ao sexo feminino.[307]

# Parte 8

# 1928-1945
# O mundo se abre

## As mulheres conquistam o voto

Pela primeira vez na Inglaterra, em maio de 1929, todas as mulheres com mais de 21 anos tiveram o direito de votar nas eleições gerais, que foram apelidadas de "eleições das *flappers*"* pela imprensa popular com o objetivo de desvalorizar o voto das mulheres jovens. Os três partidos — Conservador, Liberal e Trabalhista — direcionaram-se especificamente às jovens em suas campanhas. Os partidos Trabalhista e Liberal enfatizaram em seus cartazes a igualdade para as mulheres, enquanto os Conservadores ofereceram bem-estar às mães e às famílias e dedicaram toda uma campanha de cartazes à proposta de reduzir o preço do chá.

Algumas mulheres que dedicaram a vida à luta pelo direito de voto acreditavam que sua contribuição durante a guerra havia sido um fator decisivo na conquista desse direito; outras viam o sufrágio feminino apenas como uma concessão feita para garantir que os homens da classe trabalhadora não tivessem direito ao voto antes das mulheres da elite, ou seja, uma vitória amarga. Os votos dos novos eleitores, homens e mulheres, se distribuíram pelos três partidos, e o Partido Trabalhista formou um governo minoritário com catorze mulheres ocupando assentos no Parlamento,

A campanha de cartazes do Partido Conservador de 1929 convocava as mulheres a demonstrarem sua gratidão pela suspensão do imposto sobre o chá.

---

* O termo *flapper* refere-se a uma jovem da década de 1920 caracterizada por sua moda, comportamento e atitude ousados e modernos. [N.T.]

448  MULHERES NA HISTÓRIA

ou apenas 2,3% do total. Uma delas foi Ellen Wilkinson, que se autodenominava uma "socialista inflamada".

Ela acreditava que era a classe, não o sexo, que causava o sofrimento das mulheres trabalhadoras: "A mulher que ganha a vida, seja como esposa ou como assalariada [...], é a que mais sofre com os males que afligem sua classe como um todo". No pós-campanha, Wilkinson e muitas mulheres demandavam melhorias para todos os trabalhadores e pobres.[1]

Era difícil para as mulheres identificar as causas femininas e lutar por elas — raramente houve uma ação feminina unida em torno de uma única questão. Havia uma profunda cisão de classes: as damas da classe alta tinham pouco em comum com as mulheres da classe trabalhadora; as da classe média se preocupavam com sua ascensão social, deixando para trás as raízes na classe trabalhadora.[2] As empregadoras, proprietárias de terras e imóveis e empresárias tinham interesse em manter os salários baixos e os aluguéis altos. Mesmo quando as feministas exigiram salários iguais pelo mesmo trabalho, elas favoreciam as mulheres solteiras, uma vez que as barreiras ao casamento em algumas profissões deixavam as casadas fora do mercado de trabalho. Ironicamente, quando as feministas lutaram pelo pagamento de um benefício às mães, as únicas remuneradas foram as mulheres casadas que ficavam em casa.[3]

A Grande Depressão paralisou o debate sobre os direitos das mulheres trabalhadoras na medida em que causou um desemprego devastador que as atingiu duramente. O comércio internacional da Grã-Bretanha caiu à metade e, em 1932, 3,5 milhões de pessoas (de uma população de dezoito milhões) ficaram sem trabalho. As indústrias pesadas, em grande parte localizadas no Norte da Inglaterra, foram as mais atingidas, com o desemprego chegando a 70% em algumas regiões. Pessoas passavam fome e a desnutrição infantil tornou-se comum. Os condados ao redor de Londres evitaram os piores efeitos da pobreza graças ao desenvolvimento de novas indústrias leves de produtos elétricos e automóveis e ao crescimento da construção de imóveis residenciais.

As mulheres pobres empobreceram ainda mais, enquanto as ricas mantiveram seus elevados padrões de vida. Com a derrota dos sindicatos na greve geral, o movimento sindical se enfraqueceu e não pôde defender os pobres e os desempregados do colapso econômico e das novas leis. Jean Edmonds, filha de um estivador de Liverpool, contou: "A pobreza estava por toda parte e foi só depois que descobri a razão do trabalho irregular e mal remunerado do meu pai. Em 1926, durante a greve geral em apoio aos mineiros, meu pai se envolveu no movimento e ficou marcado desde então [...]. Foi por causa daquela enorme derrota e traição da greve geral de 1926 que foi tão difícil para a nossa família enfrentar o mais horrível desemprego em massa, a fome e a pobreza dos anos 1930".[4]

Marjorie Broad, uma estudante de Yorkshire, contou sobre os filhos dos mineiros: "Nossa escola local também recebeu alunos da cidade mineira vizinha de

Moorends; era comum eles irem à escola descalços, mesmo no inverno [...]. Um representante da 'Lei dos Pobres' recebia as solicitações e ia à casa das pessoas avaliar os pedidos. Mas primeiro você teria que vender seus móveis para não morrer de fome, só podendo ficar com as camas".[5]

O Partido Trabalhista não queria parecer radical. Margaret Bondfield, ministra do Trabalho e ex-líder sindical, aprovou a Lei das Anomalias em 1931, que eliminou 180 mil esposas de um programa de benefícios, embora elas houvessem pagado contribuições. O governo estabeleceu pagamentos da previdência social abaixo do valor mínimo necessário para comprar alimentos e manter a saúde, de acordo com a Associação Médica Britânica, em 1933.[6]

A Prova de Recursos de 1931 deu aos inspetores o direito de analisar as finanças da família inteira antes de conceder quaisquer benefícios a esposas, mães ou filhos. Jean Edmonds, de Liverpool, conta: "Nossos vizinhos receberam um inspetor de Prova de Recursos na véspera do funeral de seu bebê e foram informados de que teriam de penhorar a mesa sobre a qual estava o caixão para poderem se qualificar para o seguro-desemprego".[7]

Em outubro de 1936, Ellen Wilkinson liderou duzentos homens desempregados em uma marcha que saiu da cidade de Jarrow, em Tyneside, no Nordeste da Inglaterra. Oitenta por cento da força de trabalho da cidade siderúrgica e portuária estava desempregada, e a mortalidade infantil era o dobro da média nacional.[8] Os desempregados marcharam quase 480 quilômetros até a Câmara dos Comuns, com uma petição de doze mil nomes implorando por ajuda. Os sindicatos oficiais recusaram-se a apoiar a marcha, e o primeiro-ministro Stanley Baldwin não recebeu os manifestantes. Depois que a petição foi entregue, ela foi imediatamente esquecida: a questão não foi debatida nas Casas do Parlamento e o governo não ofereceu qualquer assistência.[9] Foi uma demonstração dramática da indiferença de homens e mulheres ricos do governo à necessidade e ao desespero das classes trabalhadoras.

"O drama de Jarrow não é um problema local. É o sintoma de um mal nacional." Ellen Wilkinson (1891-1947), membra do Partido Trabalhista no Parlamento, na marcha contra a fome de 1936.

Nora Boswell, uma menina da classe média, disse: "Quando tinha 24 anos, minha mãe foi ver os manifestantes de Jarrow em Covent Garden. Quando viu estudantes jogando repolho neles, ela riu. Anos depois, ela me disse que nunca deixou de se sentir culpada por ter dado risada. Acho que aquele momento marcou uma mudança na opinião que ela tinha dos outros".[10]

A Grande Depressão dividiu os políticos da esquerda e da direita em

450  MULHERES NA HISTÓRIA

suas propostas de soluções políticas e econômicas. As mulheres também aderiram aos dois extremos políticos, como mostra a resposta delas à Guerra Civil Espanhola, quando se voluntariaram em ambos os lados. Edith Pye, da Sociedade Religiosa dos Amigos, os *quakers*, transportou quatro mil refugiados de Bilbao à Inglaterra.[11] O Partido Comunista da Grã-Bretanha recrutou mulheres para cargos de liderança, mas não tinha políticas específicas sobre os direitos das mulheres ou o sexismo.

A organização dos Fascistas Britânicos, a primeira organização fascista da Grã--Bretanha, foi fundada pela ex-escoteira e ex-militar srta. Rotha Lintorn-Orman (1895-1935) em 1923,[12] mas o movimento perdeu membros para a União Britânica de Fascistas sob o comando de Sir Oswald Mosley. Lady Maud Mosley (mãe de Sir Oswald) fundou uma seção feminina, com alguma confusão sobre a política fascista para as mulheres, já que algumas das integrantes esperavam igualdade na linha de frente do movimento, enquanto outras mulheres recrutadas esperavam ser pagas para ficar em casa.[13] Lady Mosley entregou a liderança à ativista Mary Richardson, que destruíra uma famosa pintura, a *Vênus de Rokeby*, em um protesto sufragista em 1914. Ela escreveu em *The Blackshirt*, a revista do movimento: "Fui inicialmente atraída pelos Camisas Negras* porque vi neles a coragem, a ação, a lealdade, a vontade e a capacidade de ajudar que conheci no movimento sufragista".[14]

As mulheres fascistas, além de apoiarem os ativistas políticos homens, tiveram uma atuação ativa, organizando reuniões e comícios, mantendo a ordem e lidando com manifestantes adversários, muitas vezes mulheres que se opunham às políticas do movimento fascista. Também fizeram campanha nas ruas e candidataram-se ao Parlamento: 10% dos candidatos da União Britânica de Fascistas eram mulheres, uma proporção que só seria alcançada por outros partidos na década de 1980.[15] Por incrível que pareça, a União Britânica de Fascistas defendeu algumas políticas feministas: Anne Brock-Giggs explicou que as donas de casa teriam uma representação adequada, os salários seriam iguais e mais altos do que os dos homens e a proibição das mulheres casadas no mercado de trabalho seria abolida para todas as mulheres poderem trabalhar para a nação. As mulheres também receberiam ajuda para a família: a assistência financeira e médica melhoraria a saúde dos pobres do país e métodos contraceptivos seriam disponibilizados à população para reduzir o tamanho das famílias em grupos considerados inferiores.[16] Os fascistas acreditavam que as mulheres deveriam "cumprir sua vocação natural". Oswald Mosley escreveu: "Queremos homens que sejam homens e mulheres que sejam mulheres".[17] Não dá para ser mais direto que isso.

O antissemitismo foi incorporado à retórica da União Britânica de Fascistas pelos nazistas alemães, e os fascistas começaram a atacar o povo judeu. Em

---

* Os Blackshirts eram membros da União Britânica de Fascistas que adotavam camisas pretas como uniforme, inspirados nos camisas-negras da Itália fascista de Benito Mussolini. [N.T.]

Stepney, Londres, ataques a judeus eram frequentes[18] e uma multidão apedrejou as janelas de uma lavanderia para impedir meninas judias de serem treinadas para aprender o ofício.[19] A União Britânica de Fascistas planejou uma grande marcha pelo East End de Londres, mas a demonstração de poder militarista, que eles esperavam que intimidasse as pessoas, acabou unindo os pobres, a classe trabalhadora, os imigrantes e o povo judeu do bairro em uma intensa oposição à marcha. A população local, agindo espontaneamente e em legítima defesa, bloqueou a rota programada e lutou corpo a corpo com a polícia, que tentava abrir caminho para o desfile fascista. Posteriormente chamada de Batalha de Cable Street, marcou um momento decisivo para o fascismo britânico, que se deparou com a oposição de trabalhadores, judeus e irlandeses unidos.[20]

As mulheres também entraram na briga: dos 79 manifestantes antifascistas presos em Cable Street, oito eram mulheres. O ativista comunista local Phil Piratin lembrou: "Foi ao longo da Cable Street que, dos telhados e dos andares superiores, pessoas, donas de casa comuns e também mulheres idosas, jogavam na polícia garrafas de leite e outros objetos e todo tipo de lixo que não queriam mais em casa".[21] As mulheres também se manifestaram nas ruas. Sarah Wesker, uma organizadora sindical judia, liderou manifestações, e Joyce Rosenthal, uma judia de 12 anos, disse: "A polícia [...] saiu batendo em todo mundo. Mulheres foram pisoteadas pelos cavalos da polícia montada".[22]

Rosenthal viu um rapaz de 16 anos subir em um poste e gritar para a multidão: "Não sejam covardes, avante, estamos vencendo!". Quatro anos depois, segundo um relato, ela o reconheceu e lhe perguntou "'Era você o maluco do poste?' [...]; ele fazia exatamente o tipo dela".[23]

Outra testemunha relatou ter visto na delegacia "um policial enorme arrastar uma jovem, arrancar sua blusa e segurar o cassetete como se fosse lhe bater no rosto". Ela olhou diretamente para ele e, com um tom desafiador, disse: "Eu não tenho medo de você". Quando todos caíram em silêncio, o policial a chamou de 'vadia judia' e a trancou em uma cela".[24]

Os moradores que protestaram contra a evacuação do bairro para a passagem da marcha militarista foram acusados pelos jornais pró-fascistas de serem uma turba violenta. A revista *Time* escreveu: "Ignorando as ordens do Partido Trabalhista e de proeminentes líderes trabalhistas britânicos, meio milhão de proletários britânicos, incluindo uma dose generosa de judeus, deu início a uma onda de violência antifascista na semana passada que acabou sendo a maior rebelião de Londres nos últimos anos".[25] Seguindo a tradição, toda manifestação espontânea dos pobres era considerada uma "rebelião".

Com o aumento das tensões na Europa, os esforços de preparação para outra guerra estimularam a economia com a maior demanda por munições, e as discussões sobre o feminismo e os direitos das mulheres ficaram em segundo plano.

As mulheres se dividiram entre as que eram a favor e contra a iminente guerra. Nem as pacifistas estavam unidas, pois algumas queriam a paz apesar da derrota do governo espanhol e da ascensão da Alemanha nazista e outras apoiavam o rearmamento para impor a paz com base em uma forte posição de negociação.[26]

# Trabalho

A Grande Depressão levou mais mulheres ao desemprego e contribuiu para a ideia de que elas não deveriam trabalhar. A nostalgia de uma época anterior à Primeira Guerra Mundial reaviviou a fantasia das esferas distintas com um pai provedor bem-sucedido que trabalhava fora e uma esposa e mãe que proporcionava um lar espiritualizado e estimulante. Os homens já não eram idolatrados por serem aventureiros, exploradores e soldados; as dúvidas sobre o Império e o horror da guerra levaram a uma valorização da vida doméstica pacífica, dos homens de "família", dos bons maridos, dos pais, dos bons perdedores que jogavam conforme as regras.[27] O ideal das esferas distintas evoluiu para uma parceria imaginária na qual o marido quimérico ainda era o principal ganha-pão, mas agora participava da vida familiar. A esposa e mãe ainda era a criadora do lar, que administrava as aparências, mas suas responsabilidades não deveriam ser um sacrifício: agora a esposa e dona de casa deveria considerar seu lar uma fonte de satisfação emocional e orgulho.

Com a queda da taxa de natalidade, as famílias ficaram menores e as expectativas em relação à maternidade aumentaram. O lugar das crianças, agora proibidas de trabalhar, era em casa e na escola, e elas deveriam ser desenvolvidas, não exploradas. A maternidade, considerada natural para todas as mulheres, foi promovida como uma "vocação nobre". Embora cuidar dos filhos devesse ser algo natural para as mulheres, e todas elas devessem saber instintivamente como cuidar de um bebê e criar uma criança, houve uma rápida expansão de especialistas e psicólogos infantis os quais ensinavam que bebês e crianças precisavam de disciplina, limites bem definidos e uma rotina previsível. Ao mesmo tempo que se esperava que as mães soubessem por natureza o que deveriam fazer, o comportamento natural, informal e espontâneo era considerado errado. Cuidar dos filhos exigia um cronograma rígido, do mesmo modo que o trabalho nas fábricas. As crianças deviam ser preparadas para o mundo do trabalho.

A guerra levantou dúvidas sobre a qualidade dos homens disponíveis para servir como soldados. Muitos recrutas foram rejeitados pelo exército por apresentar deficiências e problemas de saúde, e acreditava-se que a culpa era da maternidade inadequada. Em geral, a sociedade concordava que as mulheres deveriam abandonar os empregos, os quais eram para ser apenas temporários, voltar para casa e constituir bons lares para homens trabalhadores e filhos saudáveis.[28]

O trabalho doméstico também deveria ser mais eficiente e científico. Especialistas em tarefas domésticas, agora sob a alcunha de "ciência doméstica", alertavam as mulheres nas revistas e as meninas na escola de que cuidar da casa era uma profissão séria, adequada a uma mulher instruída.[29] No entanto, os equipamentos para fazer o trabalho doméstico e cozinhar, construídos nas fábricas e mantidos por técnicos especializados, não capacitaram as donas de casa, mas as transformaram em meras operadoras de máquinas, cujo funcionamento desconheciam, assim como desconheciam o valor de seu trabalho.

Essas mulheres não eram "donas de casa", "cientistas domésticas" nem "técnicas do lar"; eram consumidoras que trabalhavam sem remuneração, que compravam eletrodomésticos para fazer tarefas simples, que usavam produtos químicos seguindo as instruções das embalagens. As mulheres perderam as habilidades tradicionais de panificação e cervejaria, limpeza e costura, que haviam sido transferidas da cozinha às fábricas. As novas parafernálias podem ter "poupado tempo" — por realizarem o trabalho com mais rapidez e eficiência —, mas as mulheres não podiam aproveitar o tempo poupado para seu lazer. Os dispositivos elevaram os padrões e acabaram criando mais trabalho e, portanto, mais horas de trabalho para as mulheres.[30]

A expansão da indústria leve e o advento da linha de montagem convinham a trabalhadoras mulheres, de modo que as novas fábricas pagavam salários melhores para atrair as não casadas, isto é, aquelas que não eram impedidas por barreiras legais. Na esteira da Grande Depressão, algumas famílias dependiam totalmente do salário da mulher. Entretanto, os sindicatos tentavam preservar empregos para os homens e manter salários desiguais para beneficiá-los: "A maior parte dos nossos problemas atuais se deve à política de empregar menos homens e mais mulheres", escreveu o secretário-geral do Sindicato dos Trabalhadores Postais, em 1931.[31]

As mulheres conseguiram obter um "Alvará das Empregadas Domésticas" e um "Alvará das Enfermeiras" para agregar as exigências sindicais, mas estavam lutando contra uma tendência — reforçada pela propaganda fascista, mais a nova moda da domesticidade, mais o velho argumento do salário do ganha-pão, mais a ideologia das esferas distintas, além da nova ciência da maternidade — de que o lugar delas era em casa. Foi uma tempestade perfeita que levou as mulheres de volta ao trabalho doméstico não remunerado em casa.

As Leis da Propriedade das Mulheres Casadas, do século XIX, criaram indiretamente uma situação na qual as esposas controlavam a própria riqueza ao mesmo tempo que os maridos ainda eram responsáveis pelas dívidas delas. "Nesse caso, devemos considerar os direitos dos maridos", declarou lorde chanceler visconde Cave em 1925. Os maridos, que desfrutaram da riqueza das esposas durante mais de oitocentos anos, apressaram-se para eliminar a injustiça quando esta se voltou contra eles e conseguiram resolver a anomalia em um tempo recorde de cinquenta anos.[32]

As Leis da Propriedade das Mulheres Casadas deixaram a fortuna de algumas mulheres em fundos controlados por homens. Edwina Mountbatten (1901-1960), uma das mulheres mais ricas da Grã-Bretanha, herdeira do financista Sir Ernest Cassel, contraiu dívidas de dezenas de milhares de libras como vice-rainha da Índia (esposa do conde Mountbatten da Birmânia) e apresentou um projeto de lei privado ao Parlamento que lhe permitisse violar as restrições a sua herança. O governo apresentou seu próprio projeto de lei, e a Lei de Reforma da Lei, de 1935, proibiu que fundos fiduciários servissem como restrições às herdeiras, acabando também com a responsabilidade dos maridos pelas dívidas da esposa.[33]

# Saúde

Em 1921, mais mulheres estavam morrendo durante o parto do que na década anterior, mas os profissionais da saúde não tinham permissão para orientar os pacientes sobre os métodos contraceptivos, nem mesmo as mulheres casadas. Segundo o relato de uma mãe de oito filhos que morava em um apartamento de dois quartos em Battersea: "Eu tinha uma cama nos fundos para as duas meninas e, para o menino, uma cama que desmonto todos os dias e monto só à noite para ter mais espaço. Fazemos as refeições nesse cômodo e cozinho tudo lá. No outro quarto fica a minha cama, um sofá onde dorme o outro menino e o carrinho onde o bebê dorme".[34]

As clínicas Stopes* para mulheres trabalhadoras eram poucas e raras, mas os medicamentos patenteados para "provocar" hemorragias eram amplamente anunciados e por vezes eficazes. A maioria das mulheres que tomava as pílulas amplamente anunciadas para "restaurar a saúde" eram mulheres casadas de todas as classes que preferiam induzir um aborto a dar à luz ou criar outro filho. Quando não tinha dinheiro para comprar os comprimidos ou os considerava ineficazes, a mulher recorria a todo tipo de intervenção, algumas eficazes e outras perigosas. Uma mulher relatou: "Minha tia morreu na casa dos 30 anos depois de tentar fazer um aborto. Ela tinha três filhos e não teria como alimentar um quarto [...]. Então ela usou uma agulha de tricô. Ela morreu de septicemia, deixando os filhos órfãos de mãe".[35]

Pelo menos 15% das mulheres registradas como falecidas durante o parto — cerca de trezentas mulheres por ano nos dez anos a partir de 1923 — morreram

---

* As clínicas Stopes são clínicas de saúde reprodutiva e planejamento familiar que oferecem uma variedade de serviços afins. O nome é uma homenagem à dra. Marie Stopes, paleobotânica, defensora dos direitos das mulheres e pioneira no campo do controle de natalidade. [N.T.]

devido a abortos e é quase certo que esse número foi subestimado, já que os médicos esconderiam um aborto ilegal fatal na certidão de óbito para poupar a família.[36]

Era comum as mulheres serem levadas a juízo por aborto, e a qualquer momento haveria até cinquenta mulheres abortistas detidas na prisão de Holloway, cumprindo penas de até catorze anos. Elas não tinham qualificação, mas não eram incompetentes, e nem todas trabalhavam apenas por dinheiro. Uma declarou: "Eu sabia que era contra a lei, mas não achei que fosse errado. As mulheres têm que ajudar umas às outras".[37]

Os abortos eram legais se dois médicos concordassem que a vida da mãe correria perigo na gravidez ou que ela morreria no parto. Em 1938, essa inadequada lei acerca do aborto foi contestada por um obstetra londrino, o dr. Aleck Bourne, que tratara uma menina de 14 anos com deficiência cognitiva a qual fora estuprada por cinco oficiais à paisana que a convidaram ao Quartel da Guarda Montada Real prometendo-lhe um cavalo com "rabo verde". Quando a mãe levou a menina para o St. Thomas's Hospital, o plantonista recusou-se a realizar o aborto dizendo que, como os cinco estupradores eram oficiais, "ela poderia estar grávida de um futuro primeiro-ministro".[38]

O conceituado dr. Bourne, embora concordasse que não havia perigo imediato para a vida da menina — como a lei exigia para a realização do aborto —, defendia que os riscos para sua saúde física e mental eram tão grandes que "se esperassem até que houvesse uma ameaça real à vida, seria tarde demais para fornecer assistência adequada".[39]

Ele fez um aborto e foi levado à Justiça acusado de realizar uma cirurgia ilegal. O juiz decidiu que os médicos poderiam realizar o aborto cirúrgico (antes das 28 semanas de gestação) para proteger a saúde física e mental da mulher, que, assim, não mais precisava estar em risco de morte devido à gravidez ou ao parto para justificar um aborto.

O encontro de 1934 da Guilda Cooperativa de Mulheres — dando prosseguimento a sua notável campanha pelos direitos das mulheres da classe trabalhadora — exigiu que

As pílulas abortivas de Beecham foram anunciadas para "ajudar a natureza em suas maravilhosas funções".

o governo legalizasse o aborto como qualquer outro procedimento cirúrgico.[40] A Associação para a Reforma da Lei do Aborto foi criada em 1936 por Stella Browne, Dora Russell, Frida Laski e Joan Malleson e, em três anos, tinha quase quatrocentos membros — em sua maioria, mulheres da classe trabalhadora. Quando prestou depoimento ao Comitê Interdepartamental sobre o Aborto de 1937, Browne, demonstrando muita coragem, falou abertamente sobre seu próprio aborto: "Se o aborto fosse necessariamente fatal ou prejudicial, eu não estaria aqui diante dos senhores".[41]

Stella Browne (1880-1955) acreditava que as mulheres deviam poder ter experiências sexuais fora do casamento e controlar a própria fertilidade.[42] Ela associava a proibição do aborto às muitas maneiras como as mulheres eram controladas: "O que é essa proibição do aborto? É um tabu sexual, é o terror de as mulheres experimentarem e desfrutarem livremente, sem serem punidas. É a sobrevivência do rosto coberto por um véu, da janela gradeada e da porta trancada; de mulheres queimadas na fogueira, marcadas a ferro quente, mutiladas, apedrejadas; de toda a dor e medo infligidos desde que o domínio da posse e da superstição recaiu sobre as mulheres há milhares de anos".[43]

O parto era um procedimento perigoso, especialmente para as mulheres pobres. Dar à luz podia ser fatal para mulheres que sofriam de desnutrição e "raquitismo". As mulheres do campo e as pobres atendidas por uma parteira que não pulava de paciente em paciente ainda tinham mais partos saudáveis do que as mulheres nas cidades atendidas por profissionais homens que atendiam várias pacientes no mesmo dia.[44] A septicemia e a febre puerperal continuaram provocando muitas mortes até que os médicos homens finalmente admitiram práticas básicas de higiene, como o uso de máscaras, luvas e aventais e procedimentos antissépticos.

## Mulheres que amam mulheres

Os novos sociólogos profissionais (todos homens) discutiam o amor entre mulheres, mas, como sexólogos, estavam mais interessados na parte sexual. O amor das mulheres por outras mulheres passou a ser definido como a experiência sexual em que o toque genital era utilizado para estimular o orgasmo, e todo o resto foi definido como amizade ou amor platônico, ou seja, não sexual. Supunha-se que as amantes tentavam reproduzir as relações heterossexuais da melhor maneira possível, mesmo sem ter o "equipamento" natural necessário. Dizia-se que o desejo das mulheres por outras mulheres era uma "inversão" de sua verdadeira natureza, que se supunha ser heterossexual. A mesma crença, quando aplicada aos homens gays, levou alguns sexólogos a sugerirem que tanto as lésbicas quanto os gays estavam "invertendo" seus desejos naturais, de modo que esses cientistas criaram um novo terceiro sexo, o dos "invertidos".

A definição da homossexualidade masculina como uma deficiência hereditária poderia beneficiar os homens, na medida em que fornecia uma defesa contra as severas leis que proibiam os atos homossexuais. Para as mulheres, transformava o que antes era tido como um relacionamento amoroso normal e comum em um ato de sexualidade genital, um pecado e uma deficiência ou doença. A devoção feminina apaixonada foi sexualizada e patologizada.[45]

Algumas mulheres consideraram o novo rótulo útil como mais uma definição da natureza feminina, mas a qual ampliava os parâmetros do comportamento esperado. Outras reconheceram sua sexualidade e criaram deliberadamente uma aparência andrógina ou viril. Algumas gostaram de romper com o modelo "assexuado" de amizade romântica feminina e de assumir sua natureza erótica.[46] Mas outras continuaram insistindo que o amor profundo pelas mulheres podia ser intocado pela sexualidade. As anotações sobre uma das pacientes de Havelock Ellis, que ele descreveu como uma "verdadeira invertida", parecem se referir a uma mulher cujo amor não era sexual, mas altamente espiritual. "A senhorita M." disse a ele: "Eu amo poucas pessoas [...]. Mas, nos casos em que permiti que meu coração se abrisse para uma amiga, sempre experimentei sentimentos mais exaltados e fui por elas melhorada moral, mental e espiritualmente. O amor para mim é uma religião. A própria natureza da minha afeição por minhas amigas exclui a possibilidade de qualquer elemento que não seja absolutamente sagrado".

A biografia de Vera Brittain sobre sua amiga Winifred Holtby descreveu especificamente um amor duradouro entre duas mulheres, sem conotações eróticas. Ela deixou evidente que o amor compartilhado pelas mulheres era enobrecedor e levaria a outros amores espirituais: "A lealdade e o afeto entre as mulheres são uma relação nobre que, longe de empobrecer, aumenta o amor de uma jovem por seu amante, de uma esposa por seu marido, de uma mãe por seus filhos".[47]

## Mulheres na guerra

Todas as mulheres solteiras entre 19 e 40 anos foram convocadas para o Serviço Nacional, em dezembro de 1941. Esposas, mães e mulheres solteiras que administravam a casa com criados, ou seja, mulheres solteiras das classes alta e média, não foram convocadas.[48] As mulheres recrutadas tiveram que escolher uma ocupação durante a guerra e trabalharam de mecânicas, engenheiras, operárias na indústria de munições, coordenadoras de defesa civil durante ataques aéreos, motoristas de ônibus e carro de bombeiros. Em apenas dois anos, quase 90% das mulheres solteiras e 80% das mulheres casadas estavam empregadas em trabalhos essenciais para a guerra em indústrias pesadas, como engenharia, siderurgia, produtos químicos, automóveis, transportes, energia e construção naval.[49]

Elas optavam por ingressar em um dos serviços auxiliares — o Serviço Territorial Auxiliar, a Força Aérea Auxiliar Feminina ou o Serviço Naval Real Feminino —, mas não podiam lutar na guerra.[50] O esnobismo de classe persistiu nos serviços: o Serviço Territorial Auxiliar, o Corpo Auxiliar Feminino do Exército e o Serviço Voluntário Feminino eram todos liderados por mulheres da elite, numa indicação de que esses serviços eram adequados para mulheres das classes média e alta. Muitas damas se voluntariaram por patriotismo e algumas se apressaram em entrar em serviços das classes alta e média antes de serem alocadas em serviços de *status* inferior.[51]

Um total de 640 mil mulheres se alistou nas divisões femininas das forças armadas.[52] Em 1938, o Serviço Territorial Auxiliar recrutou pela primeira vez mulheres como cozinheiras, escriturárias, auxiliares, arrumadeiras e motoristas, as quais, posteriormente, também serviram no comando antiaéreo manejando holofotes — o 93º Regimento de Holofotes era todo feminino. Elas trabalharam, ainda, em baterias mistas de armas antiaéreas, apesar de oficialmente não terem permissão para dispará-las.[53] A marcha das mulheres ao som de "Anchors Away" sugere uma realidade diferente:

> Somos o Serviço Territorial Auxiliar
> Somos as garotas Ack Ack[*]
> e esta é a nossa canção de marcha
> Somos da Artilharia Real
> E lutamos pelo seu e pelo meu
> Quando vemos um avião alemão
> atiramos no maldito
> E o derrubamos do céu.[54]

Mulheres entre 18 e 50 anos de idade que moravam perto de portos navais podiam candidatar-se a empregos em terra no Serviço Naval Real Feminino, para que os homens pudessem servir no mar. Essas mulheres tiveram um papel importante no planejamento e na organização das operações navais, servindo em Bletchley Park e outras estações, operando máquinas para decifrar códigos.[55]

Gwyneth Verdon-Roe escreveu para a família em 1944: "Estou muito feliz de ser uma *plotter*[**] — é um trabalho muito empolgante, porque ficamos sabendo de

---

[*] *Ack Ack girls* era um termo usado para se referir às mulheres que serviam nas unidades antiaéreas durante a Segunda Guerra Mundial. *Ack Ack* era uma gíria militar usada para descrever o som dos disparos da artilharia antiaérea contra aviões inimigos. [N.T.]

[**] As *plotters* eram responsáveis por registrar e transmitir aos comandantes navais informações importantes sobre as atividades navais inimigas e aliadas. Suas tarefas incluíam a identificação de

tudo o que está acontecendo. Passamos a noite de 4 para 5 de junho em claro. Trabalhamos sem parar até o amanhecer, mas a operação foi cancelada por causa do mau tempo. A decepção foi enorme, um anticlímax depois de todo o estresse. Exaustas, ficamos com os olhos marejados de lágrimas, nunca nos sentimos tão deprimidas em toda a vida".[56]

Havia muito mais mulheres decifradoras de códigos do que homens na agora famosa sede de Bletchley — oito mil mulheres em comparação com dois mil homens. Uma delas foi Joan Clarke, alocada para decifrar o Código Enigma. Ela trabalhou ao lado de Alan Turing, e os dois ficaram noivos por um breve período. Apesar de exercer um papel de liderança como decifradora de códigos, ela ganhava menos do que os homens.

*Plotters* do Serviço Territorial Auxiliar na Sede da Artilharia Costeira em Dover, dezembro de 1942.

Fundada em 1939, a Força Aérea Auxiliar Feminina compilava boletins meteorológicos, fazia a manutenção de aeronaves, servia em aeródromos e trabalhava em serviços de inteligência.[57] As mulheres também trabalharam no Corpo Real

---

potenciais ameaças, o cálculo de rotas e trajetórias de navios e a comunicação de coordenadas e informações estratégicas para as unidades navais em patrulha ou em combate. [N.T.]

de Observadores cuidando da manutenção e manejando balões de barragem.*[58]
As do Serviço Auxiliar de Transporte Aéreo (ATA, na sigla em inglês) ficaram conhecidas como "Attagirls", as quais conduziam aviões a diversas bases aéreas na Grã-Bretanha, muitas vezes sob condições climáticas adversas e em aeronaves com as quais não estavam familiarizadas.

"Não tínhamos como saber que tipo de avião pilotaríamos no dia", disse Joy Lofthouse. "Podíamos entregar um Tiger Moth e pilotar um bombardeiro Wellington na próxima entrega. O próximo podia ser um Spitfire."

Em vez de pilotar o avião usando os instrumentos, as mulheres eram instruídas a manter visibilidade do solo e navegar usando mapas, uma bússola e um relógio. Era uma ação extremamente perigosa em condições de mau tempo ou pouca visibilidade. Mary Wilkins ficou conhecida como a "Aviadora da Neblina" por sua capacidade de pilotar sob qualquer condição atmosférica.[59] Jackie Moggridge ingressou no Serviço Auxiliar de Transporte Aéreo aos 18 anos e transportou 1.438 aviões para os pilotos da Força Aérea Real Britânica, entre os quais 82 tipos diferentes de aeronave. Depois da guerra, ela se tornou a primeira capitã mulher de uma companhia aérea comercial.[60]

Jackie Moggridge (1922-2004) foi uma aviadora do Serviço Auxiliar de Transporte Aéreo na Segunda Guerra Mundial e, depois, nas Reservas de Voluntários da Força Aérea Real Britânica. A foto a mostra depois da guerra, com sua filha Candy Atkins.

---

* Os balões de barragem eram grandes balões inflados com gás e ancorados ao solo por cabos de aço. Eles eram usados como uma forma de defesa contra ataques aéreos, pois desorientavam os pilotos inimigos e dificultavam a precisão dos ataques. [N.T.]

O icônico avião de combate Spitfire foi projetado por uma mulher. Stella Rutter finalizou e corrigiu os rascunhos preparados por três projetistas homens que trabalhavam sob sua supervisão e os aprovou antes de serem impressos como guias de fabricação para a fábrica Vickers-Supermarine, em Southampton. Ela ganhava o mesmo que os homens: 3 libras por semana. Sua credencial de segurança era tão alta que, quando o Comando Aliado estava em busca de uma "dama" para receber os líderes em um jantar de segurança máxima antes do Dia D, Rutter foi a escolhida:

> Foi uma grande responsabilidade para uma mulher da minha idade. A confiança depositada em mim foi enorme, uma confiança que nunca traí. Fui solicitada a ajudar todos esses comandantes a comer, beber, dançar, sentar-se em seu lugar à mesa e ser apresentados aos outros oficiais que lutariam a seu lado no campo de batalha, a recebê-los e reconhecê-los de vista. Acho que aproximadamente 62 outros oficiais estavam presentes; o major-general Omar Bradley também compareceu, e, como anfitriã, eu fui, é claro, apresentada a eles e trabalhei com todos eles.[61]

Nem mesmo na véspera da batalha decisiva da Segunda Guerra Mundial um homem teve de servir a própria bebida.

As mulheres também se ofereceram para trabalhar como voluntárias no Esquadrão de Enfermagem e Primeiros Socorros e no Serviço Voluntário Feminino, ou serviram na Defesa Civil, no Corpo de Bombeiros Nacional ou na enfermagem militar.[62] Milhares de voluntárias do Esquadrão de Enfermagem e Primeiros Socorros foram recrutadas para a Executiva de Operações Especiais[*] e cerca de sessenta delas foram treinadas como espiãs, as quais saltaram de paraquedas em países ocupados para organizar combatentes da resistência que estavam abrindo o caminho para a invasão aliada. Entre as heroínas, estavam Vera Leigh, nascida na França, capturada e assassinada,[63] e Odette Sansom, capturada enquanto servia na resistência francesa e torturada pela Gestapo.[64] Violette Bushell, uma vendedora de loja que se ofereceu para servir motivada pela morte de seu marido, Étienne Szabo, da Legião Estrangeira Francesa, foi alocada duas vezes para atuar na França ocupada antes de ser capturada, torturada, enviada para o campo de concentração de Ravensbrück e executada, aos 23 anos, em 1945. Dizia-se que Pearl Witherington, que atuou na resistência francesa, era a melhor atiradora da Executiva de Operações Especiais; os rumores eram de que a recompensa por sua cabeça estava fixada em 1 milhão de francos. Ela sobreviveu à guerra e explicou que queria defender a França:

---

[*] A Executiva de Operações Especiais foi uma organização britânica cuja missão era encorajar e facilitar a espionagem e a sabotagem atrás das linhas inimigas e servir como o núcleo das Unidades Auxiliares, um movimento de resistência contra a possível invasão do Reino Unido pela Alemanha Nazista. [N.T.]

"Eu só pensei: 'Isso não é impossível. Imagine que alguém entra na sua casa — alguém de quem você não gosta —, e a pessoa senta-se no seu sofá, coloca os pés na mesa e ainda começa a lhe dar ordens'. Para mim era insuportável".[65]

Noor Inayat Khan nasceu em uma família muçulmana de músicos e poetas indianos, descendente de Tipu Sultan, governante da cidade indiana de Maiçor. Devido a sua oposição ao nazismo e seu desejo de atuar em uma causa que unificasse os povos indiano e inglês, ela decidiu suspender sua crença budista de não matar. "Gostaria que alguns indianos conquistassem altas distinções militares nesta guerra", disse ela. "Se um ou dois pudessem fazer algo pelos Aliados que fosse muito corajoso e que todos admirassem, isso ajudaria a construir uma ponte entre o povo inglês e os indianos."[66]

Foi a primeira mulher operadora de rádio a atuar na França ocupada e, apesar dos riscos e das ofertas de evacuação, Noor optou por permanecer em Paris como a única operadora de rádio inglesa, mesmo quando seu grupo de resistência foi desfeito. A expectativa de vida média de um operador de rádio, que precisava revelar sua localização a cada transmissão, era de seis semanas. Presa pela Gestapo, ela fugiu e, recapturada, foi forçada a passar dez meses em confinamento solitário, com as mãos e os pés algemados. Transferida para o campo de concentração de Dachau, foi executada em 1944.

A agente da resistência britânica Noor Inayat Khan (1914-1944) foi condecorada postumamente com a George Cross* por sua coragem como operadora de rádio da Executiva de Operações Especiais na Paris ocupada e também como prisioneira em Dachau.

---

* A mais alta condecoração civil do Reino Unido por serviços prestados. [N.T.]

O Serviço Auxiliar Feminino da Birmânia consistia em um grupo de 250 mulheres britânicas, também conhecidas como Mulheres Chinthe,* que trabalharam ao lado dos combatentes na campanha da Birmânia. Um soldado contou sobre uma "Mulher Chinthe":

> A Estrada da Birmânia estava sendo destruída enquanto meu pelotão marchava em direção a Pegu. Ao longe, vimos uma senhora sozinha parada ao lado de uma mesa, debaixo da chuva. Quando nos aproximamos, vimos que ela tinha muitas canecas de chá quente sobre a mesa. Ela nos deu chá, cigarros e dinheiro. Era uma adorável senhora escocesa que devia ter uns 50 anos. Conversei com ela e informei que ela estava muito perto dos canhões e que deveria ir para um lugar mais seguro, afinal os japoneses estavam a apenas 6 quilômetros dali. Ela se recusou a sair e disse: "Haverá outros soldados depois de vocês que vão querer chá. Sou apenas uma mulher do Serviço Auxiliar Feminino da Birmânia".[67]

As mulheres que foram trabalhar nas fazendas britânicas passaram a ser conhecidas como "Mulheres Agricultoras" do Exército das Mulheres na Agricultura, pagas diretamente pelos agricultores que as empregavam.[68] O salário médio dos trabalhadores agrícolas homens era de 38 xelins por semana, mas as mulheres que os substituíram recebiam 28 xelins por semana, com dedução de 14 xelins para alimentação e alojamento, e a semana básica de trabalho consistia de 48 horas no inverno e 50 horas no verão, sem direito a férias. As condições melhoraram depois de 1943 com a promulgação da "Carta das Mulheres na Agricultura", que lhes concedeu uma semana de férias por ano e aumentou o salário mínimo.[69] Uma mulher — Amelia King, de Stepney, de ascendência africana — foi rejeitada pelo Conselho do Condado de Essex sob a justificativa de que os agricultores não iriam querer seu trabalho e que a população local não lhe forneceria hospedagem. A rejeição racista foi debatida na Câmara dos Comuns, que não conseguiu pensar em outra solução além de sugerir que Amelia King se candidatasse a outro serviço.[70]

O Corpo de Lenhadoras foi recrutado para derrubar árvores e administrar florestas a fim de fornecer suprimentos essenciais de madeira.[71] Annice Gibbs, que serviu como lenhadora, disse: "Não demorou para nos habituarmos ao trabalho pesado, como levantar toras e cortá-las em vários tamanhos para as minas de carvão. Na época não havia dispositivos mecânicos e cada tora era cortada à mão [...]; [no intervalo do jantar] sentávamos debaixo de uma árvore e comíamos sanduíches de beterraba".[72]

---

* O Chinthe, também conhecido como "leão birmanês", é uma criatura mitológica importante na cultura e na religião de Mianmar (antiga Birmânia). [N.T.]

A vitória dependia das mulheres trabalhadoras, e o governo forneceu incentivos: abriu 1.341 creches e recomendou igualdade salarial. Alguns empregadores concordaram em pagar salários masculinos se as mulheres fizessem o trabalho de um homem "sem assistência ou supervisão"; contudo, o salário da maioria das mulheres continuou em cerca da metade do salário dos trabalhadores homens que elas substituíram. Empregos semiqualificados e não qualificados haviam sido recentemente definidos como "trabalho de mulher" e excluídos das negociações de igualdade salarial. Mulheres feridas durante os bombardeios inimigos ou em serviço pela Defesa Civil recebiam um terço da indenização paga aos homens: 7 xelins por semana por uma lesão incapacitante, em comparação com 21 xelins por semana para os homens. A igualdade de pagamento só seria introduzida depois que mulheres fizeram campanhas no Parlamento e nos sindicatos, em abril de 1943.[73]

As mulheres casadas continuavam excluídas das profissões, mas em 1944 foram admitidas como professoras nas escolas para servirem de modelo às alunas, que passaram a estudar até os 15 anos de idade. O secretário do Parlamento Chuter Ede explicou que não era saudável que as escolas tivessem solteironas "demais": "frustradas, famintas por sexo e reprimidas".[74]

A guerra, para os civis, destruiu a ideia do lar como esfera distinta, onde a tarefa da esposa era criar um mundo doméstico superior. Se havia bombas caindo sobre o telhado, qual era o sentido de aconselhar as mulheres a deixar de lado as preocupações do mundo externo? A maioria das famílias passou a ser chefiada por mulheres quando os homens foram convocados para o serviço militar. As mulheres atuaram como voluntárias na guerra para além de seus empregos diários. Em 1944, Olive Owens, com apenas 17 anos, trabalhava como coordenadora de defesa civil antiaérea em Croydon, Surrey: "Um dia, quando eu estava de serviço, um foguete V2 caiu na esquina da Park Road com a King's Road [...]. Tudo ficou destruído. Nós cavamos e cavamos até nossos dedos sangrarem. Minha lembrança mais vívida é a de um braço levantado, pedindo silêncio, quando alguém ouviu batidas entre as ruínas".[75]

A observadora Nella Last, uma "dona de casa comum" que entrou no Mass Observation Archive[*] em 1937 e passou trinta anos registrando observações diárias da vida britânica, disse em sua anotação de domingo, 12 de abril de 1942: "Sinto que este recrutamento de mulheres será um retrocesso, pois está tirando os melhores e mais formativos anos da vida de uma jovem e lhes dando o gostinho da liberdade que muitas desejam. Elas vão querer se casar e ter filhos depois?".[76]

Fazer compras durante a guerra tornou-se uma tarefa demorada e carregada de ansiedade, com filas de horas nas lojas para comprar produtos racionados,

---

[*] O Mass Observation Archive é um importante repositório de observações sociais que reúne uma vasta gama de informações coletadas na Inglaterra ao longo do século XX. O arquivo contém uma variedade de materiais, incluindo relatórios, diários, questionários e fotografias, de modo que oferece *insights* valiosos sobre a vida cotidiana, opiniões públicas, eventos históricos e mudanças sociais ao longo do tempo. [N.T.]

que muitas vezes acabavam. As mulheres convocadas para o trabalho de guerra tinham que usar os intervalos para fazer compras, e algumas mães precisavam tirar os filhos da escola e colocá-los na fila para comprar mantimentos. Houve um apelo às mulheres para que retomassem a tradição de autossustentabilidade da família e cultivassem os próprios alimentos, e muitas assumiram a tarefa de produzir alimentos em adição ao trabalho doméstico.[77]

A ordem para a primeira onda de evacuações das cidades foi emitida pelo governo dois dias antes da declaração de guerra, em setembro de 1939. Em apenas três dias, 1,5 milhão de crianças, mulheres grávidas, mulheres com bebês e pessoas com deficiências crônicas saiu de vilarejos e cidades para ir ao campo e se hospedar com anfitriões desconhecidos. O Serviço de Voluntariado Feminino ajudou no transporte, alojando crianças com famílias locais. Por nove horas a fio, trens partiam das estações de Londres a cada nove minutos.[78] Muitas instituições, universidades, empresas e famílias organizaram a própria evacuação de cidades ameaçadas para áreas mais seguras no país. Ao todo, cerca de 3,5 milhões de pessoas deixaram suas casas durante parte da guerra ou durante a guerra toda.[79] Como não houve ataques nos primeiros dias do conflito, algumas crianças voltaram para casa, mas outra evacuação foi organizada após o início dos intensos bombardeios em 1940.

O número de bebês ilegítimos dobrou durante a guerra. Em 1945, representavam 9,1% dos nascimentos, mas o *boom* foi causado pela queda nos casamentos. As taxas de casamento durante a batalha caíram de 22 por mil em 1940 para catorze por mil em 1943-1944, e muitas noivas grávidas ficaram sem se casar.[80] Um terço das noivas pré-guerra engravidaram antes do casamento, mas 70% delas se casaram antes do nascimento do bebê. Aproximadamente a mesma proporção de mulheres — 37%, em 1945 — engravidou, mas não conseguiu se casar com o pai do bebê durante a guerra.

Não houve registros nacionais de nascimentos ilegítimos, mas em Birmingham, entre 1944 e 1945, um terço dos filhos ilegítimos nasceram de mulheres casadas, metade das quais esposas de militares. Quando o marido voltava para casa, cabia a ele decidir criar o filho de outro homem em sua casa. Ele podia decidir entregar a criança para adoção ou divorciar-se da esposa por adultério. A decisão era do marido; sua esposa e o pai do bebê não tinham direitos legais sobre a questão.[81]

Pelo menos 22 mil crianças foram geradas por militares americanos alocados no Reino Unido, cerca de 1.700 dos quais de ascendência afro-americana. A preocupação oficial com a confraternização entre mulheres brancas e soldados afro-americanos levou as autoridades a banir os soldados de alguns hotéis e bares. Apesar dos esforços para segregá-los, muitas mulheres inglesas desfrutaram da companhia de soldados americanos, e houve casos de amor autêntico. Dawn Yardy ficou noiva do cabo Stewart Kroger, que morreu durante a invasão da Normandia e era do povo nativo-americano Choctaw.[82]

Brigas de rua eclodiam entre soldados afro-americanos e ingleses brancos, como a briga de 1944 em uma estação de Manchester, após um marinheiro afro-americano e uma inglesa branca trocarem um beijo. Alguns hotéis proibiam qualquer pessoa não branca, incluindo imigrantes que haviam chegado do Caribe antes da guerra. Em um protesto em frente a um acampamento de soldados americanos, mulheres cantaram "Don't Fence Me In" ("Não me prendam aqui") quando os homens foram confinados antes de serem enviados para casa. Evitando a proteção policial inglesa, soldados fugiam do acampamento para se encontrar com mulheres inglesas, e a polícia militar americana teve de ser chamada para intervir.[83]

Os soldados afro-americanos não podiam casar-se sem a permissão de seu comandante e, mesmo no caso de homens que tivessem engravidado uma inglesa, o casamento quase sempre era recusado. O soldado afro-americano Ormus Davenport escreveu na linguagem da época que o exército dos Estados Unidos tinha extraoficialmente um "acordo de cavalheiros" que na prática se tornara uma política oficial. O acordo dizia: "Nenhum soldado ou marinheiro negro terá permissão para se casar com qualquer garota branca britânica!". Davenport escreveu: "Nenhuma noiva de soldado americano que retorne aos Estados Unidos sob o programa do governo será esposa de um negro", ele escreveu.[84]

Cerca da metade das mães inglesas brancas de bebês de soldados afro-americanos já era casada — e cerca da metade dos bebês seria entregue para adoção. Já os soldados americanos brancos tinham chances de obter permissão para casar-se com suas parceiras. Em junho de 1950, 37.879 mulheres britânicas haviam emigrado, com seu marido branco, para os Estados Unidos como "noivas de guerra", com 472 "filhos de guerra".[85]

Algumas mulheres brancas protestaram contra a recomendação oficial de não confraternizar com homens de ascendência africana — tanto soldados caribenhos quanto afro-americanos. A recomendação foi emitida para não ofender os aliados racistas e segregacionistas estadunidenses alocados na Inglaterra, que esperavam que seus padrões raciais fossem aplicados em solo inglês. Quatro mulheres da Força Aérea Auxiliar Feminina foram afastadas de sua base por se recusarem a obedecer à ordem de não confraternizar com soldados negros.[86]

## Mulheres que amavam mulheres na guerra

Na guerra, a demanda por recrutas para todos os Serviços Femininos levou o governo a ignorar oficialmente as mulheres que amavam mulheres.[87] Letitia Fairfield, médica sênior do Serviço Territorial Auxiliar, foi convidada a redigir um memorando para oficiais sêniores sobre lesbianismo. Ela sugeriu que as mulheres com um "apego excessivo" deveriam primeiro ser "desviadas a outros interesses" e apenas separadas por realocação se o apego excessivo se mantivesse. Somente os casos mais graves de "práticas pervertidas" ou de corrupção de "outras mulheres por meio de palavras ou exemplos" deveriam ser considerados com vista à dispensa.[88] Ecoando a crença anterior de que a intimidade feminina não significava necessariamente intimidade sexual, Fairfield escreveu que as mulheres deveriam ter permissão para dormir juntas, pois isso não era uma indicação de práticas sexuais. Ela garantiu a seus colegas oficiais da elite que dividir a cama era normal para mulheres da classe trabalhadora e não havia nada com que se preocupar. Algumas unidades expulsaram mulheres que foram apanhadas juntas na mesma cama, mas tanto a Força Aérea Auxiliar Feminina quanto o Serviço Territorial Auxiliar em geral adotaram a política de que apenas as relações que perturbassem a disciplina precisavam ser investigadas.[89]

Violette Trefusis-Forbes explicou como abordar uma aviadora ou oficial: "Devemos salientar que seu comportamento é o de uma estudante e que esses apegos sentimentais não são o que esperamos das mulheres na aviação, que necessariamente devem sempre dar um bom exemplo às outras. Que, se ela não conseguir comportar-se como uma adulta sensata, consideramos que ela terá um efeito prejudicial na disciplina como um todo [e] seus serviços teriam de ser dispensados".[90]

Duas amantes da Força Aérea Real Britânica em Upwood foram acusadas de lesbianismo após terem suas cartas lidas por seu comandante, em 1941. O oficial relatou: "Tendo em vista o fato de que as escritoras das missivas se encontram claramente em um estado de espírito altamente temperamental e peculiar e sentem-se profundamente infelizes quando separadas por algumas horas, suponho que seja pouco provável que seu trabalho possa ser tão eficiente quanto precisa ser. Dado que essas duas aviadoras parecem incapazes de se comportar como adultas que prestam um bom serviço e que sua conduta infantil não pode mais ser ignorada, elas devem ser separadas".[91]

## Mulheres se vestindo como homens... e se tornando homens

A necessidade de roupas práticas que pudessem ser reutilizadas devido ao racionamento de vestimentas levou a uma mudança de atitude em relação às roupas femininas. Os programas "Dê um Jeito e Conserte" e "Remende e Reutilize" orientavam as mulheres a remendar e reutilizar roupas. Os designers de roupas mais proeminentes passaram a trabalhar tendo em vista a "utilidade", escolhendo materiais para produzir roupas funcionais. Calças tornaram-se aceitáveis para as mulheres, e cortes de cabelo curtos, mais seguros para operar o maquinário, deixaram de ser um indicativo de sexualidade. Roupas unissex — como o *siren suit*\* — eram usadas por homens e mulheres.[92]

---

\* O *siren suit* era um macacão de mangas compridas versátil e prático, inicialmente projetado para ser usado como proteção contra ataques aéreos durante a Segunda Guerra Mundial. [N.T.]

Mark Weston (1905-1978) foi registrado como uma menina ao nascer e batizado de Mary Weston. Mary se tornou uma atleta de grande sucesso e competiu no arremesso de peso nos Jogos Olímpicos de 1928, em Amsterdã, ficando em sexto lugar. Depois dos jogos, Weston disse que não podia continuar vivendo como mulher e consultou especialistas do Charing Cross Hospital, onde foi submetida a uma cirurgia em 1936. Depois da cirurgia, Mark Weston registrou sua nova identidade e casou-se com Alberta Bray, com quem teve três filhos.[93]

Mark Weston (1905-1978) foi definido como uma menina ao nascer e tornou-se uma atleta de grande sucesso antes de fazer as cirurgias e optar por viver como homem.

Laura Maud Dillon (1915-1962), filha de um baronete, estudou no St. Anne's College, em Oxford, e participou da Competição Feminina de Remo, em 1935 e 1936, mas preferiu usar roupas masculinas e viver como homem. Ela fez um tratamento hormonal e foi aceita como tal para trabalhar de motorista e vigilante de incêndio na Segunda Guerra Mundial; depois, passou por uma cirurgia de remoção de seios e, em 1944, mudou sua certidão de nascimento para Laurence Michael Dillon, passando a ser o herdeiro masculino do título de baronete. Sua transição seria revelada ao público no *Debrett's Peerage*,* que foi alterado em 1958 para mostrar um novo herdeiro ao título de baronete. Com o fim da guerra, Dillon matriculou-se em uma faculdade de medicina e submeteu-se a pelo menos treze cirurgias de redesignação sexual. Ele escreveu: "Onde a mente não pode ser ajustada ao corpo, o corpo deve ser ajustado, pelo menos em certa medida, à mente".[94]

## Protestos

Com as mulheres trabalhando longas e árduas horas nas fábricas, a adesão aos sindicatos aumentou de 5% da força de trabalho no início da guerra para 23% em 1943. As mulheres, para exigir creches nas fábricas, decoravam os carrinhos de bebê com os *slogans* "Queremos Trabalho de Guerra. Queremos Creches".[95]

As mulheres não tinham voz nem a opção de se opor ao conflito ou recusar-se a participar do esforço de guerra. Os "objetores de consciência"** eram definidos como homens que se recusavam a lutar, os quais eram alocados em trabalhos de guerra que não envolviam combate. Já algumas mulheres decidiram não apoiar a guerra, recusando-se inclusive a ser convocadas para trabalhos que já tinham realizado no passado como voluntárias: 272 foram detidas e 214 cumpriram pena de prisão. Ao contrário dos homens, não havia qualquer mecanismo oficial para registrar as crenças pacifistas de uma mulher, e as mulheres só puderam ser consideradas objetoras de consciência britânicas a partir de dezembro de 1941, quando o governo ordenou que todas as solteiras com 20 a 30 anos de idade servissem na Defesa Civil ou nas forças armadas.[96] Mais de mil mulheres protestaram. A primeira mulher a ser presa como objetora de consciência foi Connie Bolam, uma empregada doméstica de Newcastle upon Tyne. Bolam foi convocada a um trabalho não militar, mas se opôs à ordem alegando coerção, pelo que passou um mês na prisão antes de ser persuadida a realizar o trabalho que lhe fora atribuído. Embora a maioria dos tribunais tenha concedido aos objetores de consciência do sexo masculino uma audiência escrupulosamente justa, o presidente do Tribunal de Northumberland e Durham disse a Connie Bolam: "Nós, no tribunal, temos bom senso; e você não tem nenhum. Não adianta vir aqui nos dizer essas bobagens".[97]

---

* O *Debrett's Peerage* é uma obra britânica de referência que lista informações sobre a nobreza do Reino Unido. Publicado desde o século XVIII, fornece detalhes sobre títulos nobiliárquicos, como baronatos, viscondados, condados e ducados, bem como sobre seus titulares, suas famílias e suas genealogias. [N.T.]

** "Objetores de consciência" são pessoas que seguem princípios religiosos, morais ou éticos incompatíveis com o serviço militar ou com as forças armadas em sua função de organização combatente. [N.T.]

O *status* de objetora de consciência finalmente seria concedido a 911 mulheres pelos tribunais, a maioria das quais aceitou trabalhos não militares, como na vigilância de incêndios, ou trabalhos em terra ou em ambulâncias.[98]

Muitos protestos eclodiram contra o racionamento, a escassez de alimentos e as horas que as mulheres tinham que passar em filas para obter comida, as quais já tinham responsabilidades no trabalho de guerra, na criação dos filhos e no cuidado da casa, muitas vezes como chefes de família, já que o marido estava lutando na guerra. As mulheres protestaram efusivamente quando alimentos básicos foram racionados e se opuseram ao racionamento imposto pelo governo. Os protestos se intensificariam quando a guerra terminou, mas o racionamento, não.

Em 1940, a revitalizada Liga de Liberdade das Mulheres — uma antiga organização sufragista — começou a lançar questões incômodas sobre o papel das mulheres na sociedade. Margery Corbett Ashby declarou que o trabalho voluntário das mulheres da elite estava impedindo as mulheres de entrarem em cargos oficiais remunerados e aumentando o desemprego das profissionais femininas. Dorothy Evans questionou o subsídio para mães adotivas — e exigiu um pagamento adequado. Foi o primeiro dos muitos "Parlamentos de Mulheres", que colocaram em evidência as questões das mulheres no decorrer da guerra, exigindo salários e indenizações iguais por danos e ferimentos durante o conflito. Questões que até então tinham sido desconsideradas por serem "questões femininas" — saúde dos filhos, segurança no trabalho, acesso a lavanderias e creches — passaram a ser vistas como questões que um governo em guerra precisava levar a sério para garantir a saúde e a segurança da população civil.[99]

## Desmobilização

Quando a paz foi declarada, esperava-se que a maioria das mulheres deixasse o mercado de trabalho, já que as creches criadas para os tempos de guerra fecharam ou as mulheres foram demitidas; contudo, algumas organizações não foram dissolvidas.[100] O Exército das Mulheres na Agricultura continuou produzindo alimentos até 1950, e tanto as forças auxiliares femininas quanto a Sociedade Voluntária de Mulheres tornaram-se permanentes, com essa última recebendo patrocínio real.[101]

Trudy Murray, que serviu na Força Aérea Auxiliar Feminina, lembra que o fim da guerra provocou um misto de sentimentos: "A desmobilização foi uma grande decepção para muitas de nós. Foi uma guerra terrível e maravilhosa. Eu não teria perdido essa experiência por nada; algumas amizades que fizemos serão para a vida toda".[102]

Tal como aconteceu no fim da Primeira Guerra Mundial, as mulheres foram desmobilizadas do chamado "trabalho masculino" para dar lugar aos militares regressados, mas desta vez a guerra foi seguida por um período de reconstrução e crescimento econômico. Algumas indústrias que não tinham sindicatos para proteger os empregos e os salários dos homens mantiveram as mulheres trabalhadoras por estas serem uma força de trabalho mais barata, e a escassez de mão de obra, no fim da década de 1940, levou o governo a lançar campanhas para encorajar as mulheres a trabalharem e a abrirem as fronteiras para trabalhadores das colônias britânicas.[103] O navio *Empire Windrush* levou 1.027 migrantes caribenhos à Inglaterra em 1948, sendo 292 mulheres, das quais 178 viajavam sozinhas para viver no país.[104] O *boom* do pós-guerra seria impulsionado por uma nova "subclasse" de mulheres inglesas: as imigrantes, que enfrentariam preconceito racial, bem como misoginia e exploração.

## A última bruxa

Última bruxa a ser condenada pela lei inglesa, Helen Duncan foi uma vidente fraudulenta que fingia transmitir mensagens dos mortos e produzir "ectoplasma" — em grande parte, musselina de algodão. Ao ficar sabendo do naufrágio do navio real *Barham*, que provocou a perda de 861 vidas em 1941, Duncan declarou, em uma sessão espírita aberta ao público, ter sido abordada pelo espírito de um marinheiro afogado. Ela foi processada por sete acusações sob a Lei de Bruxaria de 1735, juntamente com os proprietários do Centro Psíquico de Portsmouth e seu empresário. Duncan cumpriu nove meses de prisão e, após ser libertada, continuou realizando sessões espíritas. Seu julgamento, que Winston Churchill chamou de "a mais absoluta tolice", foi o último por bruxaria na Inglaterra; em 1944, a lei da bruxaria seria revogada.[105]

Parte 9

# 1945-1994
# Uma mulher hoje

## Mulheres em perigo

A pena de morte por *petty treason* — matar o marido ou um superior social —, em vigor desde 1351, foi mantida mesmo após a abolição da pena de morte para todos os demais homicídios, em 1965. Permaneceu no estatuto até 1998, quando foi abolida juntamente com pirataria acrescida de violência, alta traição (assassinato de um rei) e incêndio criminoso de estaleiros!

Mary Elizabeth Wilson (1889-1962) casou-se com seu primeiro marido, John Knowles, em 1914, e os dois viveram juntos em Windy Nook, Gateshead. O amante de Mary, John Russell, foi morar com o casal e, quando o marido morreu, em 1955, Mary se casou com Russell. Um ano depois, Russell também morreu. Os dois homens deixaram para ela um total de 42 libras. Um ano depois, ela se casou com um corretor de imóveis aposentado, Oliver Leonard, que morreu apenas doze dias após o casamento, deixando 50 libras para a viúva. Em seu quarto casamento, com Ernest Wilson, Mary teria dito de brincadeira que seria melhor guardar o bolo do casamento para o funeral e, de fato, Ernest morreu um ano depois do casório, deixando-lhe 100 libras, um bangalô e seu seguro de vida. Ela não compareceu ao funeral, e a polícia descobriu que Mary havia pedido um desconto ao agente funerário. Depois de exumar os corpos de Ernest Wilson e Oliver Leonard, a polícia encontrou altas concentrações de fósforo. Mary Wilson foi condenada pelo assassinato de dois maridos com inseticida, e suspeita-se que seus dois maridos anteriores também foram envenenados. Ela foi condenada à morte, mas a pena foi comutada para prisão perpétua, e Mary morreu na prisão.[1]

Mary Elizabeth Wilson (1889-1962), "a Alegre Viúva de Windy Nook", foi condenada por matar dois maridos e suspeita de matar mais dois. Foi sentenciada à morte, mas faleceu na prisão de Holloway.

A última mulher a ser enforcada na Inglaterra foi Ruth Ellis (1926-1955), *hostess* de uma boate britânica e mãe de dois filhos, que em 1955 atirou repetidamente em seu amante, David Blakely, com uma arma emprestada, após sofrer anos de abusos, devido aos quais foi hospitalizada com hematomas e perdeu um bebê em decorrência de um soco na barriga. A sociedade esperava que a sentença de morte fosse comutada para prisão, e o Ministério do Interior recebeu seiscentas cartas pedindo misericórdia. Uma mulher escreveu: "Só uma mulher que, como eu e milhões de outras, esteve na mesma posição, espancada pelo marido, entende".[2]

No entanto, a violência sofrida por Ruth Ellis não foi considerada uma circunstância atenuante, especialmente porque ela estava se encontrando com outro homem, que lhe dava dinheiro, e não era casada com nenhum dos dois. Sua beleza e seu trabalho em uma boate também pesaram contra ela. Em 1965, dez anos depois de Ruth ter sido enforcada, a pena de morte foi abolida.

A maioria das mulheres assassinadas é morta pelo marido ou parceiro: no período de 1967-1974, foram 58%, geralmente na própria casa.[3] Os relatórios lembram uma lista de mortos na guerra. A lista a seguir, ligeiramente editada — para excluir acidentes de trânsito e ataques terroristas —, foi extraída da original, compilada por Karen Ingala Smith em seu site *Counting Dead Women* e diz respeito ao ano de 2019:

1º de janeiro de 2019: Charlotte Huggins, 33, foi esfaqueada na madrugada do dia de Ano-Novo em Londres pelo ex-companheiro.

1º de janeiro de 2019: Jay Edmunds, 27, foi morta em um incêndio em uma casa em Kirton, Lincolnshire, iniciado por seu ex-parceiro, que também morreu.

4 de janeiro de 2019: Simbiso Aretha Moula, 39, foi encontrada morta com o marido em Rainham, Essex. A polícia acredita que ele a estrangulou e se enforcou.

5 de janeiro de 2019: Sarah Ashraf, 35, foi encontrada morta em casa, em Londres. Seu irmão foi considerado culpado de homicídio culposo com base em responsabilidade diminuída.[*]

11 de janeiro de 2019: Asma Begum, 31, foi esfaqueada mais de cinquenta vezes na cabeça e no pescoço pelo marido, na casa deles, em Londres.

13 de janeiro de 2019: Luz Margory Isaza Villegas, 50, foi assassinada pelo marido. Ele queimou seu corpo e o enterrou dentro de uma mala, em uma cova rasa, em Hertfordshire.

13 de janeiro de 2019: Christy Walshe, 40, foi baleada no rosto por seu parceiro em Southend, Essex.

14 de janeiro de 2019: Leanne Unsworth, 40, morreu devido a ferimentos na cabeça infligidos por um conhecido, em Lancashire.

16 de janeiro de 2019: Alison Hunt, 42, foi esfaqueada dezoito vezes à porta de sua casa, em Swinton, por seu ex-parceiro.

22 de janeiro de 2019: Mary Annie Sowerby, 69, conhecida como Annie, foi esfaqueada repetidamente no peito e no pescoço pelo filho em sua casa, em Cumbria.

23 de janeiro de 2019: Julie Webb, 44, foi encontrada com graves ferimentos na cabeça em uma casa em Birmingham e morreu no hospital, no dia seguinte. Seu parceiro foi considerado culpado de seu assassinato.

26 de janeiro de 2019: Margaret Smyth, 29, conhecida como Maggie, passou seis dias desaparecida até a polícia encontrar partes de seu corpo sob escombros em um antigo *pub* em Bolton, onde seu ex-parceiro trabalhava. Ele foi considerado culpado de seu assassinato.

29 de janeiro de 2019: Susan Waring, 45, de Darwen, Lancashire, foi vista viva pela última vez em janeiro de 2019. Dois anos depois, seu parceiro foi condenado por

---

[*] O termo "responsabilidade diminuída" refere-se à capacidade de uma pessoa entender a natureza e a gravidade de suas ações no momento em que comete um crime devido a fatores como doença mental, transtorno psicológico ou outros problemas. [N.T.]

seu homicídio e por crimes contra outras quatro mulheres, incluindo lesões corporais graves e ameaças de morte.

31 de janeiro de 2019: Mary Page, 68, foi chutada e socada pelo filho, antes de ele a matar batendo-lhe na cabeça com uma mesa de cabeceira, na casa dela, em Wolverhampton. Ele foi considerado culpado de homicídio culposo com base em responsabilidade diminuída.

1º de fevereiro de 2019: Libby Squire, 21, desapareceu após uma noitada em Hull. Seu corpo foi encontrado no estuário de Humber sete semanas depois. Um homem foi condenado em fevereiro de 2021 por seu estupro e assassinato.

1º-2 de fevereiro de 2019: Antoinette Donnegan, 52, foi encontrada estrangulada com peças de roupa em um apartamento, em Londres. Seu inquilino foi condenado por homicídio culposo.

5 de fevereiro de 2019: uma mulher de 73 anos morreu onze dias depois de ter sido assaltada em Birmingham. Um menino de 15 anos foi considerado culpado de homicídio culposo.

7 de fevereiro de 2019: Rosie Darbyshire, 27, foi encontrada morta na rua em Preston, Lancashire, com graves ferimentos na cabeça. Seu namorado foi condenado por seu assassinato.

8 de fevereiro de 2019: Aliny Mendes, 39, morreu na rua devido a várias facadas infligidas por seu ex-marido quando ela foi pegar os filhos na escola, em Surrey.

11 de fevereiro de 2019: Sarah Henshaw, 40, foi atacada com um martelo enquanto dormia em sua casa, em Leeds, e depois estrangulada com o fio de um aspirador de pó. O assassino foi seu ex-parceiro.

14 de fevereiro de 2019: Dorothy Bowyer, 77, foi morta a facadas pelo neto em Derbyshire. Ele foi considerado culpado de homicídio culposo com base em responsabilidade diminuída.

15 de fevereiro de 2019: Leah Croucher, 19, foi morta por um homem que depois se matou.

19 de fevereiro de 2019: Susan Howells, 51, foi morta por seu parceiro, que foi considerado culpado de assassinato e de impedir seu enterro.

25 de fevereiro de 2019: Jodi Miller, 21, foi chutada e esfaqueada em Leeds por um homem que a abordara repetidamente, tentara pagá-la por sexo e fora rejeitado.

1º de março de 2019: Jodie Chesney, 17, foi esfaqueada nas costas enquanto caminhava em um parque com amigos no leste de Londres. Dois homens, de 19 e 17, foram condenados pelo assassinato.

2 de março de 2019: Elize Stevens, 50, foi esfaqueada 86 vezes em Londres por seu companheiro, que alegou temer que ela o abandonasse.

6 de março de 2019: Laureline Garcia-Bertaux, 34, foi encontrada nua, embrulhada em sacos de lixo e enterrada em uma cova rasa em seu jardim, no oeste de Londres. Ela foi estrangulada pelo ex-namorado.

7 de março de 2019: Allison Marimon-Herrera, 15, e sua mãe, Giselle, 37, foram encontradas mortas. Suspeita-se que o parceiro de Giselle as tenha matado antes de se enforcar.

9 de março de 2019: Lalal Kamara, 26, foi encontrada morta em um apartamento em Denton, Grande Manchester. Ela foi assassinada pelo irmão do namorado.

10 de março de 2019: Alice Morrow, 53, foi encontrada morta depois de ter sido atacada em Belfast. Seu parceiro admitiu o assassinato.

17 de março de 2019: Rachel Evans, 46, foi esfaqueada e cortada mais de cem vezes pelo ex-companheiro depois de terminar o relacionamento com ele.

20 de março de 2019: Alison McKenzie, 55, foi morta a facadas pelo filho em Middlesborough. Ele foi considerado culpado de homicídio culposo com base em responsabilidade diminuída.

22 de março de 2019: Janette Dunbavand, 81, e seu marido foram encontrados mortos em casa. Ele atirou nela antes de atirar em si mesmo.

27 de março de 2019: Barbara Heywood, 80, foi morta a facadas em sua casa em Manchester. Seu marido de 88 anos foi preso e detido sob a Lei de Saúde Mental.

2 de abril de 2019: Paula Meadows, 83, foi encontrada morta em casa. Acredita-se que seu marido, de 84 anos, a tenha assassinado antes de se matar.

17 de abril de 2019: Sarah Fuller, 35, foi estrangulada até a morte por seu parceiro em Exeter.

20 de abril de 2019: Megan Newton, 18, foi encontrada morta em Stoke-on-Trent. Um ex-colega de escola, de 18 anos, foi condenado por estupro e assassinato.

21 de abril de 2019: Leah Fray, 27, foi encontrada morta em um apartamento em chamas em Leicester. Um homem de 18 anos foi condenado por estupro, assassinato e incêndio culposo.

23 de abril de 2019: Siama Riaz, 33, foi encontrada morta depois que a polícia foi chamada para impedir um esfaqueamento em Rochdale. Seu marido foi condenado por assassinato.

23 de abril de 2019: Sammy-Lee Lodwig, 22, foi encontrada esfaqueada com cortes na garganta, testa e peito em Swansea. Seu "namorado" a amarrou na cama antes de matá-la.

26 de abril de 2019: Amy Parsons, 35, foi espancada pelo parceiro até a morte com uma barra de metal, enquanto ela estava no chuveiro.

29 de abril de 2019: Emma Faulds, 39, de Kilmarnock, foi morta por um amigo, de 40 anos.

30 de abril de 2019: Lauren Griffiths, 21, foi encontrada morta em seu apartamento em Cardiff. Seu parceiro, de 22 anos, foi preso por assassinato.

3 de maio de 2019: Ellie Gould, 17, foi morta a facadas por um colega da escola, em Wiltshire, depois de recusar um pedido de namoro.

6 de maio de 2019: Joanne Hamer, 48, foi encontrada morta em sua casa em Lincolnshire depois que a polícia foi chamada. Seu marido foi considerado culpado de seu assassinato.

10 de maio de 2019: Mavis Long, 77, morreu no hospital depois que seu marido, de 80 anos, a estrangulou. Ele foi condenado por homicídio culposo.

12 de maio de 2019: Julia Rawson, 42, foi identificada por seus registros dentários em Tipton, Yorkshire. Dois homens, de 28 e 23 anos, foram considerados culpados de seu assassinato.

20 de maio de 2019: Tatiana Koudriavtsev, 68, e seu marido, de 69 anos, foram mortos a facadas pelo filho, em Londres.

24 de maio de 2019: Jayde Hall, 26, foi morta a facadas em Stoke-on-Trent, depois de terminar o relacionamento com o namorado.

27 de maio de 2019: Elizabeth McShane, 39, foi encontrada morta com seu parceiro, de 33 anos, em um apartamento em Glasgow. A polícia estava investigando as mortes como um caso de assassinato seguido de suicídio.

29 de maio de 2019: Linda Treeby, 64, morreu com graves ferimentos na cabeça depois que uma ambulância foi chamada a um *camping* de trailers na costa de Lincolnshire. Seu parceiro, de 50 anos, foi preso por assassinato.

5 de junho de 2019: Regan Tierney, 27, foi encontrada morta a facadas em Salford, provavelmente por seu ex-companheiro, 31, que morreu no hospital.

7 de junho de 2019: Paige Gibson, 23, foi morta a facadas em Halifax, W. Yorkshire, por um rapaz de 16 anos que foi sentenciado a dezesseis anos de prisão.

9 de junho de 2019: Neomi Smith, 23, foi morta a facadas pelo namorado, em Aberdeen.

15 de junho de 2019: Valerie Richardson, 49, foi morta em sua casa, em Fife, por um amigo, de 39 anos, que se matou.

17 de junho de 2019: Safie Xheta, 35, foi morta a facadas no pescoço. Seu marido ficou ferido, recebeu tratamento e foi preso por assassinato em Oxford.

24 de junho de 2019: Lucy Rushton, 30, morreu devido a vários ferimentos em Andover. Seu marido foi condenado por assassinato.

29 de junho de 2019: Kelly Fauvrelle, 26, foi esfaqueada em casa em um ataque que também matou seu bebê ainda não nascido. Seu ex-companheiro, de 25 anos, foi preso pelas mortes.

29 de junho de 2019: Julia Flynn, 74, morreu em um incêndio em sua casa provocado por Tyler Flanagan, de 17 anos, que se declarou culpado de homicídio culposo.

1º de julho de 2019: Joanna Thompson, 50, morreu devido a ferimentos no pescoço, em sua casa. Um adolescente foi detido e, posteriormente, preso com base na Lei de Saúde Mental.

2 de julho de 2019: Ligita Kostiajeviene, 42, morreu devido a graves ferimentos na cabeça após um cerco armado a uma casa em Peterborough. Outra mulher e uma criança ficaram feridas no ataque. Seu marido foi preso por homicídio, bem como tentativa de homicídio e agressão a um socorrista.

11 de julho de 2019: Carol Milne, 59, foi encontrada morta em sua casa, em Aberdeen. Seu filho admitiu homicídio culposo, alegando diminuição da responsabilidade.

12 de julho de 2019: Layla Arezo, 74, e seu marido, Akbar Arezo, 64, foram mortos a facadas em casa, no sudoeste de Londres. O filho deles foi condenado por homicídio culposo pelo tribunal criminal de Old Bailey.

15 de julho de 2019: Doreen Virgo, 89, foi encontrada morta em uma casa de repouso em Norfolk; ela foi estrangulada. Seu marido, de 81 anos, foi considerado responsável pelo ato, mas incapaz de ser julgado.

18 de julho de 2019: Diane Dyer, 61, morreu devido a um ferimento contundente no pescoço e no rosto, no sudoeste de Londres. Seu namorado, de 54 anos, foi condenado a prisão perpétua.

21 de julho de 2019: Kayleigh Hanks, 29, foi estrangulada até a morte em sua casa, em East Sussex, pelo namorado, de 36 anos.

25 de julho de 2019: Christine Ford, 71, morreu devido a vários ferimentos após um ataque de seu senhorio, Brian Coote, de 65 anos, em Flamstead.

28 de julho de 2019: Leela (Premm) Monti, 51, e seu parceiro, Robert Tully, 71, foram encontrados mortos em casa, em Lincolnshire. Seu filho, de 22 anos, foi considerado culpado de assassinato.

30 de julho de 2019: Kelly-Anne Case, 27, foi encontrada morta após um incêndio em sua casa. Um homem de 28 anos foi preso por homicídio.

30 de julho de 2019: Tracey Walker, 40, morreu devido a facadas, em Lerwick. Dois amigos, Dawn Smith, 29 anos, e Ross MacDougal, 32, foram considerados culpados de assassinato.

3 de agosto de 2019: Dorothy Woolmer, 89, foi estuprada e assassinada em Londres. Ela morreu devido a vários ferimentos contundentes. Um homem de 22 anos foi preso por homicídio e agressão sexual.

5 de agosto de 2019: Kathleen (Gwen) Gold, 78, foi morta pelo marido, que depois se suicidou.

12 de agosto de 2019: Lindsay Birbeck, 47, foi encontrada estrangulada em um cemitério de Lancashire, no dia 22 de agosto. Um jovem de 16 anos foi preso por homicídio.

17 de agosto de 2019: Belinda Rose, 63, uma cuidadora, foi morta a facadas em Birmingham, na casa onde trabalhava. Um empresário de 52 anos admitiu homicídio culposo sob alegação de responsabilidade diminuída.

17 de agosto de 2019: Pamela Mellor, 55, foi encontrada morta em uma casa em Handforth, Cheshire. Descobriu-se que foi morta por um homem, de 43 anos, que foi detido indefinidamente ao abrigo da Lei de Saúde Mental.

19 de agosto de 2019: Linda Vilika, 41, foi morta a facadas em Essex pelo marido, de 42 anos.

25 de agosto de 2019: Michelle Pearson, 36, morreu devido a ferimentos causados por um incêndio criminoso em sua casa, em Salford, em dezembro de 2017, que matou quatro de seus filhos. Dois homens haviam sido condenados à prisão perpétua ainda em maio de 2018.

26 de agosto de 2019: Rebecca Simpson, 30, morreu no hospital após ser encontrada com graves ferimentos na cabeça em Castleford, Yorkshire. Seu namorado, de 32 anos, se declarou culpado de homicídio culposo.

28 de agosto de 2019: Jacqueline (Jackie) Kirk, 62, foi morta por seu ex-companheiro.

29 de agosto de 2019: Alice Farquharson, 56, foi encontrada morta em sua casa, em Aberdeen. Seu marido, de 60 anos, foi preso por assassinato.

29 de agosto de 2019: Laura Rakstelyte, 31, foi morta a facadas em Ilford, Londres, pelo ex-namorado, de 43 anos, que se esfaqueou mortalmente.

31 de agosto de 2019: Sandra Samuels, 44, foi encontrada morta em Hackney, Londres. Um homem de 28 anos foi preso por homicídio.

1º de setembro de 2019: Janet Lewis, 77, foi esfaqueada e espancada enquanto dormia em sua casa, em Essex. Seu marido, de um casamento de 60 anos, foi condenado por assassinato.

6 de setembro de 2019: Marlene McCabe, 71, sofreu graves ferimentos na cabeça e no rosto antes de morrer em sua casa, em Blackpool. Seu neto, de 25 anos, declarou-se culpado de homicídio culposo sob a alegação de responsabilidade diminuída.

11 de setembro de 2019: Lana Nemceva, 33, foi encontrada morta com o marido em sua casa em Burton, Staffordshire. A polícia acredita tratar-se de um caso de assassinato dela seguido do suicídio dele.

12 de setembro de 2019: Bethany Fields, 21, foi esfaqueada várias vezes na rua de Huddersfield. Seu ex-namorado foi enviado a um hospital psiquiátrico de segurança máxima por sua participação no assassinato.

18 de setembro de 2019: Serafima Mashaka, 58, foi morta em Ealing, oeste de Londres. Um homem de 28 anos foi preso por homicídio.

19 de setembro de 2019: Vera Hudson, 57, foi assassinada por um vizinho, 25.

19 de setembro de 2019: Keely Bunker, 20, foi encontrada morta em um bosque em Tamworth, Staffordshire. Um homem de 19 anos foi considerado culpado de estupro e assassinato.

21 de setembro de 2019: Cristina Ortiz-Lozano, 28, foi esfaqueada várias vezes e morreu em sua casa, em Southampton. Um homem de 29 anos foi preso por homicídio.

24 de setembro de 2019: Emily Goodman, 42, foi encontrada morta a facadas pela polícia, que foi chamada ao local para investigar a morte de um homem, de 37 anos, que caiu do 14º andar de um prédio de apartamentos em Oxford.

24 de setembro de 2019: Katrina Fletcher, 64, foi morta por seu parceiro, de 62 anos. Ele tinha um histórico de condenações por violência contra ela e foi condenado por homicídio culposo.

27 de setembro de 2019: Margaret Robertson, 54, também conhecida como Meg, foi encontrada morta em sua casa, em Aberdeen. Um homem de 28 anos foi preso por homicídio.

2 de outubro de 2019: Arlene Williams, 46, foi encontrada morta a facadas em sua casa em Enfield, Londres. Seu filho, de 28 anos, admitiu homicídio culposo sob a alegação de responsabilidade diminuída.

6 de outubro de 2019: Sarah Hassall, 38, foi encontrada morta em sua casa, em Pontypridd, País de Gales. Brian Manship, que a estuprou e a esfaqueou várias vezes, foi considerado culpado de assassinato.

8 de outubro de 2019: Suvekshya Burathoki, 32, conhecida como Fatima, foi encontrada morta a facadas em sua casa, em Leicester. Seu ex-parceiro, de 29 anos, foi preso por seu assassinato.

9 de outubro de 2019: Natalie Harker, 30, foi perseguida, sequestrada e assassinada por seu ex-parceiro, que foi considerado culpado de seu assassinato em Catterick.

10 de outubro de 2019: Niyat Berhane Teklemariam, 21, foi encontrada morta com um ferimento no pescoço. Seu provável assassino, de 38 anos, suicidou-se em uma estação de metrô no centro de Londres.

10 de outubro de 2019: Lesley Spearing, 55, foi esfaqueada em sua casa, em Rainham, leste de Londres. Seu filho, de 27 anos, foi detido.

21 de outubro de 2019: Zoe Orton, 46, foi encontrada morta em sua casa, em Londres. A polícia acredita que ela foi estrangulada.

22 de outubro de 2019: Thi Tra My Pham, 26, Thi Van Nguyen, 35, Thi Nhung (Anna) Bui, 19, Thi Thanh Tran, 41, Thi Tho Tran, 21, Thi Nhgoc Oanh Pham, 28, Thi Mai Nhung Tran, 18, Thi Ngoc Tran, de 19, eram as mulheres em um grupo de 39 refugiados que morreram sufocados em um caminhão de contêineres cujo transporte estava sendo organizado por contrabandistas que atuavam no tráfico de pessoas.

25 de outubro de 2019: Annie Temple, 97, foi encontrada morta em sua cama. O filho de seu falecido clínico geral foi considerado culpado de fraude e de seu assassinato.

26 de outubro de 2019: Beatrice Yankson, 59, morreu devido a queimaduras e inalação de fumaça em um incêndio em sua casa, em Londres. Seu filho, de 35 anos, foi detido por tempo indeterminado.

28 de outubro de 2019: Evie Adams, 23, foi envenenada pelo ex-companheiro, que falsificou uma carta de suicídio. Ele já era suspeito de assassinar seus dois filhos e foi considerado culpado dos três assassinatos.

3 de novembro de 2019: Levi Ogden, 26, foi atacada e mortalmente ferida em uma rua de Halifax, W. Yorkshire. Seu namorado, de 26 anos, se declarou culpado de homicídio culposo.

9 de novembro de 2019: Tsegereda Gebremariam, 29, foi morta a facadas, provavelmente pelo ex-companheiro, de 28 anos, que se suicidou.

13 de novembro de 2019: Nicola Stevenson, 39, foi encontrada morta em uma caçamba de lixo em Lewes, East Sussex. Ela havia sofrido um ferimento contundente na cabeça.

13 de novembro de 2019: Mandeep Singh, 39, foi encontrada morta em uma casa em Nottingham, ao lado do marido, de 57 anos.

21 de novembro de 2019: Alison McBlaine foi atropelada deliberadamente por um carro. Quatro homens foram considerados culpados de seu assassinato e um quinto foi condenado por homicídio culposo.

27 de novembro de 2019: Katy Sprague, 51, foi encontrada estrangulada em Cambridgeshire. Seu vizinho, de 36 anos, foi preso por assassinato.

15 de dezembro de 2019: Marion Price, 63, foi encontrada morta por um tiro disparado contra seu carro. Seu ex-marido, de 69 anos, e um cúmplice, de 60 anos, foram considerados culpados de assassinato.

16 de dezembro de 2019: Jolanta Jacubowska, 50, foi morta a facadas em Watford. Um rapaz de 17 anos foi acusado de sua morte.

17 de dezembro de 2019: Kayleigh Dunning, 32, foi encontrada morta em Portsmouth. Seu parceiro, de 48 anos, foi condenado por seu assassinato.

18 de dezembro de 2019: Nelly Myers, 58, foi encontrada morta em Sussex. Seu amante, de 35 anos, foi preso por seu assassinato.

19 de dezembro de 2019: Angela Tarver, 86, morreu após quase ser decapitada. Seu filho foi preso por seu assassinato.

22 de dezembro de 2019: Amy Appleton, 32, foi espancada até a morte na rua, em Sussex, pelo marido, que também matou uma transeunte, Sandra Seagrove, 76, quando ela tentou intervir.

23 de dezembro de 2019: Frances Murray, 37, foi encontrada morta em Belfast com seu parceiro, Joseph Dutton, 47. Um homem admitiu tê-los assassinado.

25 de dezembro de 2019: Vivienne Bryan, 74, foi encontrada morta em uma casa em Fairbourne, N. Wales. Seu marido, de 75 anos, foi condenado por homicídio culposo.

31 de dezembro de 2019: Stacey Cooper, 34, foi encontrada morta em sua casa em Redcar. Um homem, de 27 anos, foi acusado de seu assassinato.

Além disso:

Março de 2019: uma mulher cujo corpo fora encontrado em um riacho em Yorkshire Dales em 2004 foi identificada como Lamduan Seekanya/Armitage. Ela morou no Reino Unido entre 1991 e 2004.

26 de abril de 2019: os corpos de duas mulheres, Mihrican Mustafa, 38, e Henriett Szuchs, foram encontrados em um freezer no leste de Londres. Um homem, de 35 anos, de Newham, foi condenado à prisão perpétua.

12 de julho de 2019: os restos mortais de Brenda Venables, que morreu em 1982 quando tinha 48 anos, foram encontrados em um tanque séptico. Um homem de 86 anos foi detido sob suspeita de assassinato.

Outras possíveis vítimas são Alem Shimeni, Annabelle Lancaster, Marie Gilmore, Debbie Twist, Amanda Gretton, Melanie Jane Spence, Donna Boden e Sarah Hopkins.[4]

As mulheres levaram muito tempo para perceber que eram um alvo preferencial de assassinato, geralmente cometido por maridos ou parceiros. A expressão "violência doméstica" — sugerindo uma espécie de crueldade caseira e amadora — começou a ser usada na Inglaterra em meados da década de 1970, após a fundação da primeira organização em defesa de mulheres agredidas e abusadas pelos parceiros.[5] Erin Pizzey fundou a Chiswick Women's Family Aid, e, no mesmo ano, a National Women's Aid Federation começou a apoiar, orientar e realojar mulheres e crianças vítimas de abuso.

No momento da escrita deste livro, uma mulher é morta a cada três dias no Reino Unido.[6] No ano de 2022, 107 mulheres foram assassinadas.[7] A ligeira queda no número de mortes em 2022 em relação aos números registrados por Ingala Smith referentes a 2019 pode ter sido resultado do *lockdown* na pandemia de covid-19, que obrigou as mulheres a ficarem com homens que as teriam assassinado se elas tentassem abandoná-los. Os dados mais recentes disponíveis até o momento (de 2020) mostram que a maioria das mulheres, 68%, são mortas em casa, 61% o são por um parceiro do sexo masculino, e 41% foram assassinadas pelo parceiro depois de decidirem se separar.[8]

A Lei de Violência Doméstica e Processos Matrimoniais, de 1976, criou medidas protetivas para proibir parceiros violentos de se aproximar de esposas e namoradas. Vítimas de maridos violentos descreveram as medidas como "piores que inúteis".[9]

Os processos judiciais contra homens que violam as medidas caíram de mais de dez mil em 2017 para menos de sete mil em 2021, dos quais apenas 5.500 receberam sentenças. Embora as medidas protetivas para mulheres vítimas de violência tenham aumentado 48% nos dois anos desde 2018, cerca de um quarto das medidas protetivas foram violadas. Um homem transgrediu repetidamente uma medida protetiva no decorrer de sete anos, ameaçando sua ex-esposa e duas filhas. Ela contou: "Ele ameaçava me matar [...]. Eu vivia em estado de alerta, o tempo todo com medo [...]. Vivíamos simplesmente aterrorizadas, temendo por nossa vida. Não nos sentíamos nada seguras. Nossa vida era esperar alguma coisa acontecer".[10]

Pesquisas sobre homens que agridem esposas e parceiras sugerem que a violência doméstica é uma "porta de entrada" para outros crimes violentos. Mais da metade dos homens que mataram mulheres em 2018 já tinham sido violentos com suas parceiras ou outras mulheres. Três homens já haviam matado mulheres. Alguns homens que são violentos com mulheres fazem outras vítimas e escalam em direção ao terrorismo. Um terço dos homens ligados ao terrorismo em 2019 esteve envolvido em violência doméstica.[11]

Os homens que atacam as esposas e parceiras justificam a violência dizendo que foram "provocados" pela mulher, ou seja, que o comportamento feminino era tão enlouquecedor que o marido não conseguiu evitar atacá-la e a matou por acidente, alegando responsabilidade diminuída devido a um acesso de raiva. Em 2001, o juiz sênior Rougier, do Tribunal da Coroa de Winchester, aceitou condenar Jean Betambeau, de 62 anos, apenas por homicídio culposo com base em diminuição da responsabilidade, apesar de o réu ter esfaqueado a esposa dez vezes com uma faca de trinchar, a derrubado no chão da cozinha e envolvido sua cabeça com uma sacola plástica. O juiz disse: "Aceito que sua esposa era uma mulher de difícil convivência e que oferecia um certo grau de provocação [...]. Além disso, o senhor é um homem relativamente idoso e a prisão seria muito difícil para o senhor. Aceito que foi um incidente isolado e que o risco de reincidência é mínimo ou nulo".[12]

Pode ser verdade que o sr. Betambeau teria poucas chances de reincidir, dado que a esposa irritante foi permanentemente silenciada. Só podemos esperar que ele não volte a se casar ou que a segunda Sra. Betambeau não seja dada a discussões. O juiz sênior Rougier poderia ter pensado na possibilidade de outros homens, também irritados com as esposas, se encorajarem pela defesa legal segundo a qual uma esposa irritante é responsável pelo próprio assassinato. A sra. Rougier muito provavelmente pensou.

Já para as mulheres que matam os maridos é mais difícil convencer o tribunal de que elas sofreram um "grau razoável de provocação". Mesmo o novo entendimento da "síndrome da mulher maltratada" — segundo o qual uma mulher, incapaz de se defender, pode agir até anos depois do primeiro incidente de agressão por parte do marido ou companheiro — teve pouca repercussão nos tribunais. Estes são compreensíveis com um caso de surto de violência assassina por parte de um homem, mas nem tanto com uma mulher levada ao desespero assassino em um processo dolorosamente lento. A legislação acerca do homicídio resultante de provocação descreve, entende e desculpa a súbita explosão da fúria assassina masculina; mas ataques a homens abusivos cometidos pelas esposas muito tempo depois da provocação inicial são excluídos da defesa.[13]

A sra. Sara Thornton foi agredida física e emocionalmente pelo marido alcoolista durante os dezoito meses de casamento; um vizinho testemunhou que ela foi levada ao hospital inconsciente, com o corpo coberto de hematomas "pretos e azuis". Sara Thornton pediu ajuda a seu médico, a sua igreja, aos serviços sociais, aos Alcoólicos Anônimos, ao Conselho de Orientação Matrimonial e à polícia, que foi acionada cinco vezes e confirmou que Malcolm Thornton agredia a esposa. Quando ele ameaçou a ela e sua filha de 10 anos, Sara Thornton o esfaqueou uma vez enquanto ele dormia no sofá. Ela foi considerada culpada de homicídio em 1989, e o juiz declarou que nada justificava o homicídio, uma vez que o evento não ocorreu durante uma "perda súbita e temporária de controle". Ele disse que ela poderia muito bem ter "saído de casa ou ido para o quarto".[14]

Thornton cumpriu seis anos da sentença de prisão, até que a acusação foi alterada para "homicídio culposo" depois que psicólogos argumentaram que ela sofria de distúrbios mentais devido ao prolongado abuso e que esta era uma defesa tão válida contra a acusação de assassinato quanto a de súbita perda de paciência por "provocação".[15]

Kiranjit Ahluwalia foi considerada culpada de assassinato em 1989, quando ateou fogo na cama do marido enquanto este dormia, depois que ele lhe disse que o casamento havia acabado, exigiu 200 libras e ameaçou espancá-la e queimar seu rosto com um ferro de passar. Ela foi condenada à prisão perpétua (com cumprimento de um mínimo de doze anos), mas, em um recurso de apelação em 1992, o tribunal aceitou a alegação de homicídio culposo com base na diminuição da responsabilidade devida a sua depressão profunda e prolongada após anos de abuso. Os juízes[*] decidiram que a sustentação apenas de "perda súbita e temporária de controle" era equivocada e declararam que era possível ter uma reação postergada... mas alertaram que, quanto maior fosse o atraso entre o abuso e o ataque defensivo, menores seriam as chances de esse argumento ser aceito.[16]

Ficou evidente que, para alegar autodefesa, uma mulher precisava demonstrar uma série de comportamentos considerados aceitáveis, mesmo quando era espancada ao ponto do desespero e da obediência. Uma esposa no banco dos réus tinha que provar que era sexualmente fiel, dedicada à família e que já havia permitido a violência do marido. Tinha que demonstrar que era uma pessoa amorosa e passiva: uma mulher "normal".[17]

A maioria dos *serial killers* são homens; a maioria de suas vítimas são mulheres. Ataques em série a dez mulheres em 1969 e o assassinato de pelo menos treze, mas possivelmente mais, no Norte de Inglaterra entre 1975 e 1980, por Peter Sutcliffe, apelidado de "o Estripador de Yorkshire", revelaram a vulnerabilidade das prostitutas a ataques e assassinatos.[18] A incompetência da polícia, que deixou Sutcliffe livre depois de nove interrogatórios no decorrer de cinco anos, resultou em parte do fato de as vítimas serem prostitutas. Um detetive sênior de West Yorkshire disse em 1979 que o assassino, então desconhecido, "deixou evidente

---

[*] Na Inglaterra, um caso muitas vezes é julgado por um painel de três ou cinco juízes que deliberam a decisão. [N.T.]

que odeia prostitutas. Muitas pessoas odeiam prostitutas. Nós, da polícia, continuaremos prendendo prostitutas. Mas você, o Estripador, agora está matando mulheres inocentes. Isso indica o seu estado mental e sugere que você precisa receber atenção médica urgente. Nós já entendemos a sua mensagem. Entregue-se antes que outra mulher inocente morra".

# Estupro

A crescente liberdade das mulheres, fora da esfera doméstica e cada vez mais dentro do mundo do trabalho e da comunidade, foi responsabilizada por expor as mulheres a ataques sexuais. Depois de um declínio nos casos registrados de estupro em meados do século XIX, o número de denúncias de estupro aumentou constantemente até meados da década de 1960 e, a partir desse ponto, disparou em uma trajetória que se mantém em alta até hoje. Era mais fácil culpar as mulheres por estarem "no lugar errado" e "na hora errada" ou vestidas com as "roupas erradas" do que investigar, deter e julgar um homem por fazer "a coisa errada". Na década de 1960, mulheres solteiras, brancas, instruídas e bem-sucedidas foram acusadas de competir com os homens, rivalizar com eles, enfraquecê-los e, desse modo, levá-los à violência sexual.[19]

O aumento no número de estupros depois da década de 1960 foi causado por um *boom* nas denúncias dos chamados *date rapes* (estupros em encontros), em que estuprador e vítima eram conhecidos um do outro. No Reino Unido, em 1973, 14% das condenações por estupro entraram nessa categoria. Vinte anos depois, quase todos os estupros denunciados se incluíram nessa categoria: 45% dos estupros foram cometidos por conhecidos e 43% foram "estupros domésticos", cometidos por parceiros ou familiares. Desconhecidos foram responsáveis por apenas 12% dos estupros denunciados.[20] Pode ser que o namoro e a etiqueta nos encontros tenham se tornado mais sexualizados e violentos no fim do século XX; ou que as mulheres passaram a resistir mais à suposição dos homens de que aceitar sair em um encontro era o mesmo que consentir o sexo; ou que as mulheres passaram a denunciar mais homens ameaçadores e violentos.

Os estupradores que chegavam a sentar no banco dos réus de um tribunal ainda podiam esperar uma decisão judicial favorável. Em 1977, um sentinela militar da Irlanda do Norte chamado Thomas Holdsworth recorreu e teve sua sentença de três anos por estupro reduzida para seis meses. Os juízes explicaram a decisão: "Temos um homem de bom caráter cuja carreira militar seria completamente destruída se essa sentença fosse mantida".[21]

Esse homem de bom caráter agrediu sexualmente uma menina de 17 anos, arrancando-lhe os brincos, fraturando-lhe as costelas e causando graves lesões vaginais.

Um dos juízes do recurso de apelação, o juiz sênior Slynn, observou que Holdsworth havia "perdido o controle ou permitido ser dominado por seu entusiasmo pelo sexo".[22] Outro, o juiz sênior Wild, observou que a jovem teria sido "menos gravemente ferida se tivesse se submetido ao estupro".[23]

Mas essa orientação do tribunal — submeter-se ao estupro para evitar lesões — foi contrariada pelo próprio juiz em um julgamento posterior. O juiz sênior Wild explicou que somente uma grande determinação em resistir provava que uma mulher estava recusando o sexo: "Mulheres que dizem 'não' nem sempre estão dizendo 'não'. Não é só uma questão de dizer 'não', é uma questão de como ela diz, como ela demonstra isso e deixa evidente. Se ela não quiser, basta manter as pernas fechadas e ela não será estuprada sem o uso de força, o que deixaria marcas em seu corpo".[24]

Os juízes que julgaram outro recurso de apelação decidiram que *não* eram estupradores os três homens que arrastaram uma mulher adormecida, Daphne Morgan, para fora de sua cama e tiveram relações sexuais com ela, mantendo sua boca e nariz fechados enquanto ela tentava gritar para seus filhos chamarem a polícia, porque os homens tinham acreditado no marido dela, que lhes teria dito que a recusa e a resistência por parte dela faziam parte de um jogo sexual. O caso levou a uma alteração na lei, que passou a prescrever que a suposição de um homem sobre o consentimento deve ser "razoável".[25]

Mulheres pobres, estudantes ou desempregadas têm maiores chances de serem estupradas ou agredidas sexualmente em comparação a mulheres ricas.[26] As mulheres negras têm menos probabilidade de serem levadas a sério do que as brancas quando denunciam um estupro.[27] Segundo uma pesquisa com mulheres em centros de assistência a vítimas de estupro, 23% destas eram negras e mestiças.[28] Mulheres de ascendência asiática tinham menos probabilidade de serem estupradas, segundo estatísticas do governo.[29]

É evidente que muitos estupradores alegaram que as parceiras ou amigas estavam dispostas a fazer sexo. Um estuprador poderia alegar que só estava sendo "vigoroso" ou fazendo "brincadeiras sexuais" e que foi a vítima que entendeu mal. Mas, se a década de 1960 realmente tivesse inaugurado um novo mundo, onde muitas mulheres gostassem de ser surpreendidas com um sexo violento, elas deveriam se mostrar mais tranquilas com a possibilidade desse tipo de incidente. Mas, pelo contrário, a era viu as mulheres expressarem mais aflição em relação a sua segurança e, especialmente, mais medo de serem sexualmente agredidas.[30]

Nos inquéritos policiais e depoimentos no tribunal, a definição do estuprador sobre o que constitui abuso sexual recebe a mesma importância que a definição da mulher sobre o que constitui um estupro. O clichê do "ele disse/ela disse" demonstrou que a negação do cometimento de um crime recebia a mesma importância que a afirmação de ter sido vítima de um crime — a situação ideal para um homem culpado. Ele poderia definir o ato como um "sexo ruim" que não agradou a mulher ou do qual ela se arrependeu, ou poderia dizer que ela o induziu a ter relações sexuais com ela com o intuito de acusá-lo de estupro para chantageá-lo ou humilhá-lo. A investigação gira em torno da mulher e de suas razões para acusar o homem e pode incluir todas as circunstâncias possíveis e imagináveis. O testemunho dela não é levado muito a sério; tudo o que ela tem a dizer sobre o ato é que não o consentiu. As evidências apresentadas por ela são investigadas apenas com o fim de descobrir se ela foi ou é desonesta. As mulheres que denunciam estupro descobrem que é sua própria vida que acaba sob escrutínio. Seus celulares são quase sempre confiscados e a polícia busca provas de relações sexuais anteriores, doenças, acusações prévias de estupro ou doença mental. Se uma mulher estuprada recusa-se a entregar o celular, a investigação de seu estupro é quase sempre abandonada. Um relatório do Crown Prosecution Service* concluiu que suas próprias exigências de coletar dados de celulares foram "irracionais e excessivamente intrusivas" em 60% dos casos.[31]

Um caso de estupro raramente chega ao tribunal dentro de um ano e depois se espera que a mulher reviva a agressão perante o julgamento, na presença de seu estuprador. A condenação dele depende do comportamento dela. Embora o histórico criminal dele seja confidencial e sua privacidade seja defendida por um advogado, a vida dela é submetida a escrutínio, sem que conte com qualquer assistência ou representação no tribunal. Uma das mais proeminentes historiadoras sobre o estupro escreve: "As roupas, o penteado, a postura, o sotaque e o tom de voz da mulher, todos assumem um significado imenso. A mulher é reduzida a seu corpo: o que estava vestindo, seu jeito de andar e sua atratividade sexual. O consentimento é inferido pelo corpo da vítima, não pelas ações do agressor. Nesta redução da mulher a seu corpo, ela deixa de ser uma pessoa plena perante a lei ou na sociedade como um todo [...]. Poucas mulheres são capazes de suportar as pressões para atender às expectativas sociais e de gênero impostas a elas".[32]

A nova ciência da "vitimologia" começou a ser desenvolvida em 1940. Alguns estupros foram considerados um "crime causado pela vítima", devido a provocação sexual da mulher, a sua incapacidade de se defender por causa de fraqueza física, embriaguez ou medo e à ausência de protetores como pais, amigos ou a polícia.[33]

Apesar do fato de a maioria dos estupros e agressões a mulheres ocorrer em casa e ser cometida por agressores conhecidos, houve um aumento da representação do estupro por desconhecidos na década de 1990 em programas de *true crime* e dramatizações de crimes na televisão. As agressões domésticas repetidas, dolorosas e intrincadas cometidas por homens bêbados e furiosos não eram suficientes para atrair a audiência; mas o estupro por desconhecidos convinha à indústria

---

* Uma agência independente do governo britânico responsável por decidir se deve ou não processar criminosos em casos investigados pela polícia. Eles analisam as evidências coletadas pela polícia e decidem se há base suficiente para processar criminalmente uma pessoa. [N.T.]

do entretenimento e aos próprios estupradores. A ideia do estuprador psicopata e assassino foi disseminada pela indústria do entretenimento e conformou muito do que a sociedade associa aos estupradores. De acordo com Joanna Bourke: "Os estupradores que foram diagnosticados como psicopatas se beneficiaram da ênfase na patologia. Afinal, isso os separava dos criminosos comuns e os levava a hospitais psiquiátricos (de onde 15% conseguiram escapar)".[34]

A romantização do estupro como um crime de desejo sexual incontrolável, por vezes acompanhado de violência psicopata, não reflete a regularidade e a frequência da agressão sexual contra mulheres comuns na Inglaterra. Em um estudo realizado em 2002 com 1.882 homens em um *campus* universitário, 120 homens (6,4% da amostra de estudantes do sexo masculino) disseram ter cometido 483 atos sexuais que os pesquisadores definiram como estupro ou tentativa de estupro.[35] Desses, 44 disseram que só haviam estuprado ou tentado estuprar uma vez e 76 eram estupradores reincidentes. Dos 76 que disseram ter estuprado ou tentado estuprar mais de uma vez, 34 relataram dois estupros, sete relataram três estupros, nove relataram quatro estupros, quatro relataram cinco estupros, cinco relataram seis estupros, três relataram sete estupros, três relataram oito estupros e nada menos que onze relataram entre nove e cinquenta estupros.

Considerando que os entrevistados eram estudantes universitários, não seria um absurdo pensar que os 44 que estupraram uma vez estavam apenas iniciando sua carreira como estupradores seriais.

O Reino Unido é um dos países que menos condena suspeitos de estupro, diferentemente da Alemanha, onde a maioria dos processos termina em um veredito de culpado. Na Grã-Bretanha, em 1977, um em cada três estupros denunciados resultou em um processo judicial em que o estuprador foi considerado culpado, número que caiu para um em cada quatro em 1985 e para um em cada dez em 1986, quando a polícia optou por não processar 25% dos estupros denunciados na Inglaterra. Menos de um terço dos interrogados foi acusado; apenas 25% foram a tribunal e 5% desses casos foram arquivados pela acusação. Dos poucos que chegaram ao tribunal, apenas 6% foram condenados. Em 2007, essa desanimadora taxa de condenações caiu para uma condenação a cada vinte estupros denunciados.[36]

Na tentativa de melhorar essa situação, o Crown Prosecution Service tomou a decisão extraordinária de processar apenas os casos de estupro nos quais considerava que a condenação seria garantida. No primeiro ano desse experimento, mil processos potenciais foram abandonados por serem difíceis demais e, no ano seguinte, esse número dobrou para dois mil. Em dezembro de 2021, foram denunciados 67.125 crimes de estupro, mas apenas 2.409 foram levados a tribunal e só 1.409 terminaram em condenação: uma taxa de sucesso de 2%. A Comissária de Vítimas* Dame Vera Baird estimou que, devido a essa medida, poderia haver "quase 1.500 estupradores por ano que ainda estão soltos e que poderiam ter sido condenados se essa decisão não tivesse sido tomada". Ela explica que "na prática, o que estávamos testemunhando era a descriminalização do estupro".[37]

Tanto no passado distante quanto agora, os estupradores saem ilesos porque nem os magistrados medievais nem a polícia moderna acreditam nas mulheres que denunciam o estupro. Na década de 1960, a crença de que mulheres e crianças da classe trabalhadora tinham grandes chances de fazer falsas alegações contra seus "superiores" — por malícia e fraude — transformou-se em uma suspeita dirigida às chamadas mulheres solteiras "liberadas", consideradas agressivamente feministas e anti-homem.[38] Na década de 1970, a polícia acreditava que uma em cada cinco denúncias de estupro era falsa.[39] Em 2005, uma análise sugeriu que cerca de três em cada cem acusações de estupro eram falsas,[40] mas um experimento de dezessete meses em 2011-2012, no qual todas as mulheres suspeitas foram processadas por mentir, resultou em apenas 35 casos de falsas alegações levados a tribunal, em comparação com 5.651 estupradores. Trinta e cinco mulheres mentiram sobre terem sido estupradas, menos de 1% (0,61%) de todas as denúncias.[41] É muito mais provável que uma verdadeira vítima de estupro que leva a denúncia à polícia seja suspeita de fazer uma alegação falsa (20%) do que seu estuprador seja condenado (2%).

Dado que muitos estupros não são denunciados à polícia, a verdadeira taxa de condenação provavelmente é inferior a 2%. No ano 2000, o Levantamento Britânico de Crimes estimou que 61 mil mulheres com idade entre 16 e 59 anos tinham sido estupradas na Inglaterra e no País de Gales, mas apenas 20% desses estupros foram denunciados e registrados pela polícia (12.200).[42] O Rape Crisis** concordou com essa estimativa, sugerindo que, entre 2021 e 2022, mais de 350 mil estupros podem ter ocorrido, o que reduziria a probabilidade de um estuprador ser efetivamente condenado a menos de 1%.

Em 1992, a Comissão Jurídica Inglesa declarou que o estupro cometido por um marido causava tanto sofrimento a uma mulher quanto o estupro cometido por um desconhecido. A antiga lei da Igreja segundo a qual a esposa dava consentimento apenas uma vez no dia do casamento e esse consentimento valeria por todo o matrimônio implicou que o estupro conjugal fosse legal até 1994, quando a legislação foi alterada para criminalizar o estupro da esposa pelo marido, provavelmente o tipo de estupro mais frequente.[43] Pela primeira vez na lei inglesa desde 1066, o marido não tinha direitos feudais sobre o corpo da esposa.

---

* O papel do Comissário de Vítimas, uma posição oficial no sistema de justiça criminal do Reino Unido, é representar os interesses e as preocupações das vítimas de crimes perante as autoridades e o governo. [N.T.]

** Organização não governamental dedicada a fornecer apoio e serviços para sobreviventes de violência sexual, incluindo estupro, abuso sexual e agressão sexual. [N.T.]

Esse ataque ao casamento tradicional provocou protestos, mas a esperada "epidemia de processos" não ocorreu. Pesquisas sugerem que entre 8% e 14% das esposas afirmam terem sido estupradas pelos maridos, mas as acusações à polícia foram poucas e muitas acabaram sendo retiradas. Dos 450 estupros conjugais denunciados em 1996, houve apenas 22 acusações contra os maridos; apenas 5% das esposas tiveram condições de prosseguir com a denúncia, aterradores 95% das mulheres que foram à polícia para dizer que tinham sido estupradas pelo marido voltaram para casa, para o homem que elas haviam acusado, sem dar prosseguimento às acusações. As mulheres que se queixam de estupro em casa são as que têm a maior probabilidade de retirar a queixa. Em 2000, 42% das mulheres que retiraram as acusações de estupro após terem ido à polícia haviam identificado como estuprador o atual parceiro ou um ex-parceiro[44] — como demonstram as evidências de assassinatos de esposas, provavelmente era a atitude mais prudente. A menos que tenham um lugar onde se refugiar e uma proteção policial confiável, é mais seguro para as esposas ficarem em casa com um homem violento ou estuprador do que acusá-lo e sair de casa.

Há uma parcela significativa de mulheres estupradoras. A maioria das pesquisas sugere que entre 6% e 24% de todos os estupradores são mulheres que abusam de outras mulheres ou homens. Um pequeno levantamento realizado com homens internados em uma clínica de Londres revelou que 18% deles foram forçados a ter relações sexuais por uma mulher. As mulheres estupradoras são ignoradas em parte porque os homens estuprados relutam em denunciar devido à persistente crença na falta de apetite sexual feminino e à ideia de que o estupro só pode ser realizado por um pênis: até 2003, a lei do Reino Unido definia o estupro como penetração peniana. De acordo com alguns especialistas, as poucas mulheres que estupram ou agridem sexualmente desejam inconscientemente ser homens ou são "ninfomaníacas" e/ou loucas.[45] O conceito atual sobre estupradores de qualquer gênero sugere que o crime é motivado pela raiva e uma expressão de poder, não de desejo sexual.[46]

Pouco se pesquisa sobre a agressão violenta e sexual nos presídios femininos. Os primeiros estudos, realizados na década de 1990, sugeriram que agressões sexuais violentas entre mulheres ocorriam com menos frequência do que nos presídios masculinos, mas que a coerção era mais frequente. As agressões cometidas por agentes penitenciários masculinos e femininos contra presidiários ocorrem rotineiramente, na forma de "detenção e revista" e procedimentos disciplinares.

Pesquisas recentes só foram conduzidas devido ao temor em relação às mulheres trans nas penitenciárias femininas. Embora alguns agressores nas penitenciárias femininas tenham sido identificados como mulheres transexuais, os relatos são muito poucos para inferir um padrão evidente. Das 97 agressões sexuais registradas contra detentas na Inglaterra e no País de Gales nos três anos desde 2016, sete foram cometidas por detentas transexuais.[47] Em março de 2022, havia 43 mulheres trans presas na Inglaterra e no País de Gales e 187 homens trans: um total de 230 detentos trans. A partir de 2023, mulheres trans com genitália masculina ou mulheres trans com histórico de violência passaram a ser mantidas em penitenciárias masculinas a menos que recebessem permissão individual para serem transferidas.[48]

O maior cuidado na gestão de mulheres trans detidas nas penitenciárias femininas a partir de 2019 fez com que nenhuma agressão por parte de mulheres trans fosse registrada contra outras detentas desde então. Apesar desse progresso, em 2022 o governo, em reação a uma enorme inquietude acerca da segurança dos detentos, determinou que as mulheres trans com genitália masculina intacta deveriam ser detidas em penitenciárias masculinas, expondo-as a maiores riscos. Há mais violência nas penitenciárias masculinas; em 2019-2020, 3,42% das vítimas de agressão eram transexuais.[49]

A questão de onde os criminosos transgêneros devem ser mantidos tornou-se um debate público, com a mídia e o público aparentemente preocupados com os perigos de agressão por pessoas trans nas prisões, mas não tanto com as agressões a pessoas trans.

Especialmente ruim para as mulheres é a tendência dos tribunais de prender mulheres por "crimes contra o consumidor", como furto em lojas (21% dos processos) e não pagamento da "licença de TV"* (18% dos processos). Uma vez presas, elas não são mantidas em segurança. Trinta e cinco por cento das mulheres presas feriram a si mesmas em 2021, apesar de terem pedido assistência devido a problemas de saúde mental, problemas financeiros, dificuldades de moradia e dependência de drogas e álcool.[50] Os incidentes de autolesão são muito mais frequentes do que qualquer outra ocorrência relacionada com pessoas trans nas prisões e representam um perigo muito maior para as mulheres. Mas esse fato não interessa tanto às pessoas que gostam de um bom pânico moral em relação a elas.

Igualmente cruel, e racista, é a tendência do Reino Unido de encarcerar um número desproporcional de mulheres de ascendência africana ou asiática. Em 2017, as mulheres negras tinham 25% mais probabilidade do que as mulheres brancas de serem condenadas à prisão, e 18% da população carcerária feminina era composta de negras, asiáticas e de minorias étnicas, de uma população total de mulheres de 11,9%.[51]

# Trabalho

Em 1946, a Comissão Real para a Igualdade Salarial decidiu que as trabalhadoras mulheres eram menos eficientes e poderiam receber salários inferiores aos homens.

---

* A *TV license* é uma taxa paga para assistir à TV local ou internacional ao vivo, usada pelo governo para financiar a BBC. [N.T.]

A comissão mencionou a força física inferior das mulheres em relação aos trabalhadores homens e declarou elas eram menos capazes de lidar com "situações envolvendo surpresas".[52] Apesar de serem supostamente avoadas, as mulheres não ficaram nada surpresas quando seus salários caíram de 53% do salário dos homens para 45%.[53]

Embora oficialmente inferiores, as mulheres não foram obrigadas a abandonar o trabalho e a voltar para casa depois da Segunda Guerra Mundial. Até as casadas deveriam continuar trabalhando, de acordo com a *Spectator*, em 1946, embora não fosse um elogio retumbante para elas: "Demitir automaticamente as mulheres que se casam é desperdiçar educação e formação, e [...] a mão de obra feminina no funcionalismo público perderá diversidade de experiências e perspectivas se for composta inteiramente de solteironas".[54]

As mulheres poderiam manter seus empregos, mas era o pensamento de muitas pessoas que o sucesso da nação dependia de pagar salários inferiores às mulheres em todos os níveis e em todos os setores. A Comissão Real de Igualdade Salarial de 1946 declarou que "a economia britânica entraria em colapso se as mulheres conquistassem a paridade salarial com os homens".[55] A cientista Rosalind Franklin reclamou veementemente de ganhar menos do que os homens que faziam o mesmo trabalho.[56] Sua contribuição para a compreensão da estrutura de dupla hélice do DNA não apenas lhe rendeu menos dinheiro como também não foi creditada. Seus colegas homens usaram seus dados cruciais de raios X sem lhe dar os créditos, e a descoberta rendeu a eles o Prêmio Nobel quatro anos após a morte de Franklin, em 1958.

A igualdade salarial para as mulheres foi concedida no Conselho do Condado de Londres em 1952; às funcionárias públicas em 1955; e às professoras em 1956, seguidas pelas trabalhadoras do Serviço Nacional de Saúde e das indústrias públicas.[57] Na década de 1960, uma série de greves de mulheres trabalhadoras questionou o valor atribuído a seu trabalho em comparação com os trabalhadores homens que faziam tarefas semelhantes. A greve das operárias da fábrica da Ford em Dagenham foi seguida pelas operárias da fábrica da Lucas em Acton, e as cobradoras de ônibus, que ficaram desempregadas pela introdução do *one-man bus*,* exigiram que seu sindicato, o Sindicato de Transportes e Geral dos Trabalhadores, lhes permitisse ser treinadas como motoristas.[58] Em 1963, os Correios permitiram que as mulheres mantivessem o emprego depois de se casar.[59] Mulheres ascenderam a cargos de chefia, principalmente no varejo, hotelaria, serviços de alimentação e administração local. Uma delas foi Diane Abbott, que passou rapidamente pelo serviço público e foi eleita para o Conselho Municipal de Westminster em 1982; em 1987, ela conquistou um assento na Câmara dos Comuns pelo Partido Trabalhista, tornando-se a primeira mulher negra no Parlamento.[60] Em 1988, 15% dos gestores eram mulheres,

---

* Ônibus operado apenas pelo motorista, sem a necessidade de um cobrador. [N.T.]

mas elas totalizavam apenas 6% dos diretores de empresas.[61] Em 1930, as mulheres já eram a maioria na biblioteconomia, e em 1960 representavam 80% dos bibliotecários.[62] As mulheres ingressaram no Ministério das Relações Exteriores em 1951 como diplomatas iguais aos homens, porém eram forçadas a renunciar quando se casavam, até que as regras mudaram em 1973. Em 1976, a primeira embaixadora, Anne Warburton, mudou-se para a embaixada do Reino Unido na Dinamarca.[63] Só em meados da década de 1980 é que a Polícia Metropolitana admitiu que sua política não oficial de manter a proporção de mulheres em cerca de 10% da força policial era discriminatória e até hoje as mulheres constituem menos de um terço (29%) da força policial no Reino Unido.[64] Acontece que favorecer os homens recrutados para a polícia pode não ter sido muito bom: em 2023, a baronesa Louise Casey descobriu que a Polícia Metropolitana de Londres apresentava "*bullying* generalizado, discriminação, homofobia institucional, misoginia e racismo, bem como outros comportamentos inaceitáveis que estão muito longe dos elevados padrões éticos que o público espera, com razão, de seus agentes policiais".[65]

Quando o Partido Trabalhista subiu ao poder em 1974, o governo aprovou leis contra a discriminação sexual, incluindo a lei de igualdade de remuneração, pensões para as mulheres que trabalhavam para a família, direitos de maternidade, além de criar a Comissão para a Igualdade de Oportunidades. O número de mulheres que trabalhavam fora aumentou constantemente, e o salário das mulheres subiu para "vertiginosos" 75% do salário masculino. Mas, em 1978, começou a cair.[66] Os empregadores fizeram de tudo para evitar a nova legislação. Os trabalhadores temporários não tinham direitos e as campanhas a favor das mulheres tendiam a se voltar aos benefícios sociais para as famílias pobres, não à igualdade para todas as mulheres.

A crise financeira de meados da década de 1970 levou o governo trabalhista a desistir da igualdade salarial. Pelo contrário, o governo cortou benefícios e fomentou um clima de hostilidade contra os pobres, os desempregados e as pessoas com deficiência. O desemprego aumentou, e as mulheres negras foram especialmente afetadas por abusos por parte dos empregadores. Uma mulher forçada a sair de Uganda para morar e trabalhar na Inglaterra disse: "Não importava se você queria ou não trabalhar. Você simplesmente tinha que trabalhar e ponto-final. E tinha que aceitar qualquer trabalho que lhe fosse oferecido. Todos os meus estudos não valeram de nada. Nós não tínhamos como escolher um ou outro tipo de emprego. O único trabalho que nos restava era em alguma fábrica e foi assim que criamos nossos filhos [...]. Antes tínhamos pessoas trabalhando para nós e agora tínhamos que trabalhar para outros. A vida é assim [...]. É lógico que fiquei triste".[67]

O aumento do desemprego na Inglaterra foi quase duas vezes mais severo para as mulheres trabalhadoras do que para os homens: enquanto o desemprego deles aumentou 146%, o delas aumentou 276% no início da década de 1980.[68] O trabalho, que antes era terceirizado a mulheres pobres da Inglaterra, passou a ser terceirizado a mulheres ainda mais pobres dos países em desenvolvimento, e muitas fábricas inglesas fecharam. A retração da indústria atingiu muito mais as mulheres negras que trabalhavam em empregos não sindicalizados e mal remunerados, uma vez que seu trabalho foi terceirizado para mulheres que trabalhavam em casa e ganhavam ainda menos. Christina, uma trabalhadora de ascendência grega nascida no Chipre que trabalhava havia vinte anos na indústria do vestuário disse: "As mulheres chinesas, turcas e indianas passaram a trabalhar em casa e todo o trabalho da fábrica vai para essas pessoas".[69]

Presumia-se que o sistema no qual empregadores entregam partes do trabalho a mulheres as quais montam ou completam os itens em casa houvesse sido abandonado com a industrialização, mas na verdade o trabalho em casa (trabalho por peça) aumentou na década de 1970, e as mulheres que trabalhavam em tempo parcial ou em casa, sem a proteção de sindicatos nem de supervisores de fábrica, viram os salários desabarem, o que aumentou ainda mais a diferença em relação aos salários masculinos em geral.[70] Uma lista de ocupações realizadas em casa por trabalhadoras no norte de Londres em 1972 descrevia mulheres fazendo "chapéus, cintos, gravatas e casas de botão [...], embalando biscoitos, enchendo bichos de pelúcia, colando bijuterias, tricotando, fazendo crochê, separando botões e linhas, conectando baterias, ou fazendo e consertando redes. Uma pessoa que trabalha em casa também pode realizar trabalhos administrativos qualificados, como datilografia, endereçamento ou preenchimento de envelopes".[71]

O salário mínimo foi introduzido em 1999 e fixado em 3,60 libras por hora.[72] Em 1995, as mulheres embalavam meias-calças em casa por 36 pence por hora.[73] Mulheres de ascendência asiática relataram que, quando os homens não conseguiam emprego, as mulheres eram forçadas a trabalhar em casa, pois tinham que contribuir financeiramente, ainda que suas famílias não quisessem que elas trabalhassem fora. A maioria das mulheres que trabalhava em casa usava seus ganhos para comprar comida e roupas para os filhos, e famílias numerosas mal conseguiam sobreviver.[74]

Quando as mulheres voltaram a trabalhar fora, na expansão econômica da década de 1990, em geral ocuparam empregos mal remunerados no setor de serviços e empregos de meio período, cada vez menos protegidos por sindicatos ou conselhos salariais. Ao mesmo tempo que reduzia salários, o governo conservador de Margaret Thatcher privatizou muitos serviços públicos, como lares de idosos, fornecimento de merendas escolares e serviços como limpeza. Nessas áreas privatizadas, as empresas eliminaram empregos em período integral tanto quanto possível, a fim de não pagar assistência médica nem aposentadoria aos trabalhadores. Alguns trabalhos eram pagos por hora e contratados apenas sob demanda.

A luta pelas causas das mulheres trabalhadoras pobres traduziu-se na nostalgia de um passado fantasioso que nunca existiu, no qual as esposas, sustentadas pelos maridos, não precisavam trabalhar. Algumas pessoas inesperadas mantiveram viva essa ilusão de felicidade no lar; ninguém menos do que a presidenta da Comissão de Igualdade de Oportunidades de 1978, Elspeth Howe, observou: "A família tradicional na qual a esposa ficava em casa e o marido trabalhava está desaparecendo. A sociedade tem razão de se preocupar com o que está acontecendo com as mulheres, que enfrentam a dupla jornada que inclui seus deveres tradicionais além de trabalhar fora".[75]

De fato, é preocupante que as mulheres tenham de enfrentar a dupla jornada de trabalho, mas convenhamos que tivemos novecentos anos para nos preocupar com isso. As mulheres da classe trabalhadora são submetidas à dupla jornada, em que trabalham fora e cuidam da produção doméstica, desde que salários começaram a ser pagos pelo trabalho e elas tiveram de sair de casa para ganhar dinheiro além de manter sua produção em casa. A dupla jornada é difícil, porém é lucrativa quando se produz muito em casa e os salários do trabalho fora de casa são bons; entretanto, é insuportável quando nenhum dos dois é suficiente para garantir a subsistência da própria mulher ou de seus filhos.

Em lares nos quais tanto o marido quanto a mulher trabalham em período integral, a esposa se encarrega, em média, do dobro das tarefas domésticas e de criação dos filhos em comparação com o marido. Quando a mulher recebe um salário igual, seu trabalho em casa diminui: ela trabalha menos do que antes — mas sempre mais do que o homem. Já uma mulher que ganha mais do que o marido faz mais do que a metade do trabalho em casa; conforme o salário dela supera o dele, a carga de trabalho dela em casa também aumenta. Mesmo quando é a única provedora ela *ainda* faz a maior parte do trabalho doméstico.[76] Em 1965, na Inglaterra, a tarefa de cuidar da família e da casa estava aumentando. As jovens mães recorreram a mulheres mais velhas para ajudá-las a cuidar dos filhos, uma vez que o governo fechara as creches e os pais nunca podiam ajudar. Com o governo reduzindo serviços de assistência a deficientes e a idosos, mais mulheres tiveram que cuidar dos familiares: 29% das solteiras e 24% das esposas cuidavam dos pais ou de algum parente, mas apenas 16% dos homens o faziam, de acordo com o censo de 1985. A historiadora Sheila Rowbotham chamou as mulheres de "os amortecedores do sistema econômico e social [...]; tanto os casais quanto as mães solteiras dependiam cada vez mais de parentes do sexo feminino, como mães ou sogras e avós, para seu sustento [...]. Apesar de toda discussão sobre mais possibilidades de escolha e liberdade, as obrigações familiares na verdade se tornaram mais pesadas".[77]

## Mulheres em posições de autoridade

No pós-guerra, a idealização de um equilíbrio, para as mulheres, entre o trabalho fora de casa e o trabalho doméstico levou Elizabeth II, a rainha da Inglaterra, a divulgar imagens dela com a família, inclusive lavando as louças em um churrasco.

A primeira primeira-ministra da Inglaterra, Margaret Thatcher, disse que administrar um país é como administrar uma casa: "É bem possível que muitas mulheres sejam naturalmente boas gestoras [...]; cada mulher que administra uma casa é uma gestora e uma organizadora. Estamos sempre nos adiantando aos acontecimentos e passamos 24 horas por dia de sobreaviso".[78] As mulheres que conquistaram alguma autoridade no pós-guerra tendiam a orgulhar-se de sua capacidade de cuidar da casa e manter um alto cargo no trabalho. Artigos em revistas e biografias, livros de autoajuda e romances enfatizavam que uma mulher de sucesso no mundo era uma mulher de sucesso em casa. A rainha imensamente popular e a polêmica primeira-ministra exemplificaram a obediência e a subserviência de uma esposa — ambas, em suas cerimônias de casamento, juraram "obedecer" — bem como valores familiares da classe média relativos a companheirismo no casamento, boa criação dos filhos e ênfase na religião, patriotismo e modéstia feminina. Thatcher foi explícita ao falar sobre sua delicadeza feminina combinada com a autoridade em um discurso de 1976 que até hoje me deixa um pouco enojada: "Estou diante de vocês hoje com meu vestido de gala de *chiffon* verde, meu rosto suavemente maquiado, meu cabelo levemente ondulado. A Dama de Ferro do Mundo Ocidental? Eu? Uma guerreira da Guerra Fria? Pode até ser, se é assim que vocês preferem interpretar minha defesa dos valores e das liberdades fundamentais para nosso modo de vida".[79]

Nos onze anos em que foi primeira-ministra, Thatcher promoveu apenas uma outra mulher para seu gabinete de 22 integrantes. Ela disse acreditar que a luta havia acabado com sua chegada ao poder: "A batalha pelos direitos das mulheres foi em grande parte vencida. Os dias em que nossos direitos foram exigidos e discutidos em tons estridentes já deveriam ter desaparecido para sempre. E espero que realmente tenham desaparecido. Eu odiava aqueles tons estridentes que ainda ouvimos em alguns grupos feministas".[80]

Para muitas mulheres, que não eram nem primeiras-ministras nem rainhas, foi difícil ver a vitória dos direitos das mulheres. As mulheres só foram admitidas na Câmara dos Lordes em 1968. O conde de Glasgow disse sem meias palavras: "Muitos de nós não queremos mulheres nesta Câmara. Não queremos nos sentar ao lado delas nestes bancos, nem queremos encontrá-las na Biblioteca. Esta é uma Câmara de homens, a Câmara dos Lordes. Não queremos que ela se torne uma Câmara dos Lordes e das Damas".[81]

O acordo pós-guerra do governo trabalhista de 1945-1951 baseava-se na expectativa de que as mulheres se casariam e as esposas ficariam em casa, ou seja, não procurariam empregos nem posições de autoridade. O influente relatório de William Beveridge sobre o seguro-desemprego fornecido pelo governo para combater a pobreza fundamentou-se na ideia de que o trabalho das esposas em casa era essencial para manter os maridos no trabalho, em benefício da economia

A princesa Elizabeth (1926-2022), uma Girl Guide,* lavando louças em 1944.

nacional.[82] Ele escreveu: "As donas de casa, como mães, têm um trabalho vital a fazer para garantir a continuidade da raça britânica e do ideal britânico no mundo".[83]

Na década de 1980, o partido dos conservadores, que assumiu o poder, mudou o foco das discussões das mulheres para a família, entendida como a família de classe média, na qual o homem ganhava o salário do ganha-pão e a esposa cuidava da casa, criava os filhos e satisfazia às necessidades do marido.[84] Em caso de dificuldade, como doença ou demissão, o governo deveria fornecer benefícios temporários até a família conseguir retomar sua habitual prosperidade imaginária.

Sindicatos e empregadores continuaram preferindo trabalhadores do sexo masculino no fim da década de 1960 e, ante a deterioração das condições e a queda dos salários para as mulheres, o psicólogo John Bowlby produziu a "teoria do apego", segundo a qual um bebê é predisposto a apegar-se a um (e apenas um) dos pais e seu desenvolvimento será prejudicado se esse apego não ocorrer com sucesso. A teoria do apego foi inspirada em pesquisas com filhotes de pato e "comprovada" por pesquisas com macacos.[85] Como uma mulher que criou bebês e patinhos, posso garantir por experiência própria que os dois são muito diferentes.

---

* As Girl Guides no Reino Unido são equivalentes às bandeirantes no Brasil, que se espelharam nos escoteiros. [N.T.]

A teoria do apego "provou" que as mulheres precisavam ficar em casa devido a sua natureza inata e que os bebês precisavam estar com as mães devido à natureza inata *deles*. A biologia triunfou sobre a história: as mulheres não deveriam sair para trabalhar porque isso iria contra sua própria natureza. Mulheres em casa, encarregadas de todas as tarefas domésticas e do cuidado dos filhos, não era algo apenas conveniente para os homens, favorável para o controle salarial e útil para manter um exército de trabalhadores de reserva até que fossem necessários: era, veja só, essencial para o bem-estar das mulheres e das crianças. *Voilà!*

As teorias sobre a natureza das mulheres como mães e guardiãs da família espalharam-se da classe média para todos os estratos. Da Organização Mundial da Saúde a John Bowlby, todos concordavam que a mãe deveria ficar disponível para o bebê 24 horas por dia, sete dias por semana. Outros membros da família só podiam ajudar um pouco. Como Bowlby explicou: "O trabalho exigente e meticuloso não deve de maneira alguma ser negligenciado, podendo levar a graves consequências".[86]

Os defeitos inerentes a famílias pobres e infelizes foram saltando aos olhos tanto dos benfeitores privados quanto dos sistemas estatais e policiais. Até 1989, uma série de leis foi criada para garantir a proteção das crianças e aumentar a intervenção do Estado nas famílias, dando a este o dever legal de investigar e intervir em casos de potenciais abusos ou negligências contra as crianças.[87] Estudiosos já não falavam de "pobres indignos", mas de "famílias problemáticas", e o termo "famílias" passou a ser usado para se referir às "mães". Mães que trabalhavam fora de casa foram acusadas de não cuidar dos filhos: as "crianças que ficavam trancadas em casa"* eram o trágico resultado do trabalho das mulheres.[88] Era a mãe, e somente a mãe, que poderia produzir um filho saudável e equilibrado. Somente a presença constante dela — sempre amando, nunca rejeitando — era capaz de transformar uma criança em um adulto confiante. A ausência ou incompetência da mãe arruinaria tanto a criança quanto a sociedade.

Mulheres e crianças que não se encaixavam no modelo ilusório da família biparental com um pai provedor eram punidas. Segundo o Child Poverty Action Group, em 1970 eram três milhões as crianças que cresciam na pobreza, e a organização mencionou o caso de uma esposa abandonada com três filhos a quem o governo recusara um benefício de 12,6 libras por semana porque ela tinha uma máquina de lavar roupa e uma televisão em casa. A vida das mulheres que trabalhavam fora e tinham filhos pequenos foi dificultada ainda mais pela Lei da Educação de 1980, que determinou que as autoridades locais já não eram obrigadas a disponibilizar creches. Quando as empresas ofereciam creches aos funcionários,

---

* O termo *latchkey children*, no original, refere-se a crianças que ficavam sozinhas em casa, sem a supervisão de um adulto, enquanto seus pais estavam no trabalho. [N.T.]

a Receita Federal as tributava como "benefício".[89] As mulheres de baixa renda foram ainda mais prejudicadas em 1986, quando uma nova lei suspendeu o pagamento da bolsa-maternidade às 94 mil mulheres que recebiam ajuda financeira do governo.

A crença na família tradicional levou a mudanças nas leis de adoção a fim de facilitar a constituição de famílias. Autoridades municipais, tutores, avós e pais receberam autoridade para assinar ordens de adoção para que as crianças pudessem ser separadas das mães e alocadas em novas famílias. As mulheres solteiras foram forçadas a entregar seus bebês, intimidadas e menosprezadas. Auxílios-maternidade, vales-alimentação e as certidões de nascimento dos filhos eram retirados das mães solteiras, e assistentes sociais mentiam a elas dizendo que os bebês estavam em um período "experimental" em um lar de acolhimento, quando na verdade a adoção seria permanente. Mães foram declaradas inaptas ou confusas e seus bebês lhes foram tomados.

Pat King era uma estudante de 15 anos de Whitchurch, Shropshire, quando a diretora da escola disse aos pais da menina que acreditava que ela estava escondendo uma gravidez. Apenas três semanas depois, Pat deu à luz um menino e, depois de duas semanas cuidando dele, foi intimada a entregá-lo a uma assistente social. "Meu pai estava lá para me impedir de fazer um escândalo. É uma daquelas coisas que você nunca esquece. É como se tivesse sido ontem."

Pat contou que a assistente era "da opinião de que você cometeu um pecado e que entregar o bebê era a melhor atitude, porque casais com muito amor para dar precisavam dessas crianças". Era quase como se o trabalho da assistente social fosse encontrar bebês para os casais em sua lista; ela não se importava nem um pouco com a mãe que seria forçada a separar-se de seu bebê. Quando cresceu, Pat procurou o filho, mas nunca o encontrou.[90]

Foi só em 1976 que as mães conquistaram o direito de não serem coagidas e de receberem informações completas antes de permitirem a adoção, para o que o bebê também deveria ter mais de seis semanas de idade.[91] Os anos 1970 ainda viram o fim dos "esquemas de migração infantil", que enviavam crianças pobres, abandonadas e em lares de acolhimento para o Canadá e a Austrália.

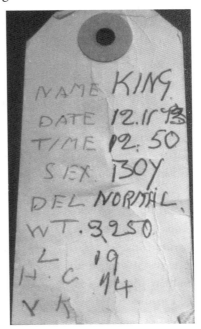

Pat King tinha 15 anos quando foi forçada a entregar seu filho ilegítimo para adoção, em 1973. Ela nunca mais o viu, mas jamais se separou da etiqueta identificadora do hospital.

∙ ∙ ∙

A tendência de encorajar as mulheres a ficarem em casa não tinha como se sustentar. Na década de 1970, a demanda por trabalhadores levou à necessidade de contratar mulheres para preencher as vagas: a pobreza obrigava muitas delas a trabalharem fora enquanto outras não se contentavam em cuidar da casa, dos filhos e do marido. Feministas de esquerda exigiam e organizavam subsídios para crianças e pleiteavam o fim da pobreza infantil por meio de assistência financeira às crianças, independentemente do *status* dos pais. As recomendações às mulheres de como cuidar dos filhos mudaram radicalmente quando a nação precisou de trabalhadoras femininas. No fim da década de 1970, a ênfase recaiu nos efeitos educacionais e socializadores benéficos de creches e pré-escolas para bebês e crianças pequenas. Os bebês e as crianças pequenas, que antes só precisavam da mãe, agora precisavam de todos menos a mãe, a qual passou a ser uma fonte de preocupação devido a sua vida limitada, pouco instruída e pouco sofisticada em casa, onde mimava e protegia demais os filhos.[92]

## Protestos

Mesmo durante a guerra, as mulheres protestaram contra o racionamento de alimentos básicos. Em 16 de julho de 1945, o *The British Pathé News* filmou um protesto de mulheres contra a austeridade imposta pelo governo. No fim da guerra, a frustração com a austeridade e o controle estatal tinha aumentado, especialmente entre as mulheres, que exigiam poder de compra e liberdade de escolha. Carne, bacon, manteiga, açúcar, ovos, chá, queijo, leite, doces, roupas e gasolina continuavam sendo racionados.

As mulheres lideraram o protesto contra o "pão nacional", uma nova receita de pão que o governo prescreveu por lei para economizar nas importações de trigo do Canadá durante a guerra. Mas, em 1946, o governo trabalhista impôs o racionamento de pão. A sra. Irene Lovelock, da Liga das Donas de Casa Britânicas, liderou o protesto: "Toleramos pães menores, toleramos pães de farinha inferior, mas as mulheres dizem aqui e agora que não toleraremos o racionamento de pão".[93]

Em uma extraordinária reconstituição das rebeliões medievais por comida, a moderna Liga das Donas de Casa Britânicas organizou marchas de protesto com faixas que diziam "Pão não é ração". As manifestantes venceram, e o governo retirou o pão da lista de racionamento por dois anos.

Em 1961, com a maior preocupação com a Guerra Fria e os danos causados por envenenamento radiativo liberado pelas bombas atômicas, mães empurrando carrinhos de bebê lideraram uma marcha pela paz com quatrocentos manifestantes até a embaixada russa. Uma das mães disse: "Até agora, as mulheres não tiveram muito a dizer na política [...], mas não podemos continuar cozinhando alimentos para a família sabendo que eles foram contaminados com venenos radioativos. Sabemos que as mulheres de todo o mundo, especialmente as que têm ou esperam ter filhos, também pensam assim".[94]

No porto pesqueiro de Hull, Lil Bilocca, esposa de um pescador, criou o Grupo por Direitos Iguais de Hull a fim de apoiar uma campanha de segurança para os navios de pesca de arrasto, e, um ano depois da greve da Ford em Dagenham,* mulheres sindicalistas fizeram uma campanha nacional pela igualdade de direitos para as mulheres. "O ano da mulher militante" foi anunciado pela revista *Black Dwarf* em 1969, quando grupos de libertação feminina surgiram em todo o país, os quais fizeram piquetes nos concursos de beleza Miss Mundo e na Exposição Casas Ideais.[95] A primeira marcha de libertação das mulheres saiu às ruas de Londres em 1971 para exigir a igualdade salarial, creches nos locais de trabalho, representação igualitária nos sindicatos, contracepção gratuita, legalização do aborto e ajuda financeira para mulheres e famílias.

O pouco apoio sindical às mulheres trabalhadoras levou a uma "revolta em massa" entre as operárias têxteis em Leeds, em 1970, quando as trabalhadoras percorreram as fábricas urgindo outros trabalhadores a apoiarem uma greve por aumento de salário, protestando contra os empregadores, o conselho salarial** e o sindicato que os representava. Elas elegeram seus próprios comitês.[96] As mulheres também fizeram campanha por causas mais amplas, protegendo o meio ambiente em Swansea, em 1971, bloqueando os portões de uma fábrica poluente e se manifestando contra o pó de amianto, em 1976.

Em 1974, mulheres asiáticas abandonaram a Imperial Typewriter Factory, em Leicester, devido ao aumento do ritmo de trabalho. Elas enfrentaram preconceito racial por parte dos empregadores e até dos sindicalistas, que se recusaram a representá-las. Dois anos depois, trabalhadoras asiáticas organizaram uma greve em uma fábrica de processamento de filmes não sindicalizada em Grunwick, noroeste de Londres, para exigir melhorias no local de trabalho e um tratamento melhor — entre outras coisas, as mulheres eram forçadas a levantar a mão para pedir permissão para ir ao banheiro. Elas se filiaram a um sindicato e sua greve contou com amplo apoio. O governo formou um comitê, que decidiu que a fábrica deveria

---

* A greve das costureiras da Ford, em 1968, foi um marco na luta por igualdade salarial; nela, mulheres trabalhadoras exigiram salários equiparados aos dos homens, o que resultou na implementação da Lei de Igualdade Salarial de 1970 no Reino Unido. [N.T.]

** No Reino Unido, os conselhos salariais estabelecem e regulam os padrões de salários e condições de trabalho em determinadas indústrias ou setores e em geral são compostos de representantes dos empregadores, dos trabalhadores e do governo. [N.T.]

ser sindicalizada e que as mulheres em greve deveriam ter seus empregos de volta. A empresa se recusou e, ao perceber que a greve não daria em nada, o Congresso Sindical retirou seu apoio. A greve de dois anos das mulheres foi por água abaixo devido a uma combinação de apatia do governo, poder patronal e traição sindical.[97]

As manifestações do movimento Reclaim the Night começaram em 1978 como parte de um protesto internacional de mulheres contra a falta de segurança delas nas ruas. A primeira manifestação, em Leeds, contestou a recomendação da polícia, após os ataques do Estripador de Yorkshire, de que as mulheres ficassem em casa. Uma marcha posterior, em Londres, levou duas mil mulheres às ruas com o *slogan* "Contra o toque de recolher para as mulheres".

A campanha internacionalmente famosa da Paz das Mulheres de Greenham começou em 1981 com uma marcha de trinta pessoas, a maioria mulheres com filhos pequenos, de Cardiff a Greenham Common, uma base americana de mísseis nucleares. Elas montaram o acampamento das Mulheres de Greenham e lideraram um protesto nacional e, depois, internacional. Uma funcionária do Ministério das Relações Exteriores, Sarah Tisdall, vazou planos da chegada de mísseis Cruise americanos e foi presa por seis meses, enquanto uma agente do MI5, Cathy Massiter, revelou que a Campanha pelo Desarmamento Nuclear estava sob a vigilância do governo, o qual a considerava uma organização subversiva, assim como sindicatos e outras organizações. O acampamento durou dezenove anos — o que, por si só, foi um feito extraordinário —, e as mulheres compareceram ao tribunal para se defender em quase todos os níveis de recursos de apelação judiciais. Em 1991-1992, os mísseis de Greenham foram enviados de volta aos Estados Unidos como parte do programa de desarmamento da Guerra Fria e, em 1997, um parque público foi inaugurado no local do acampamento — uma devolução das terras comuns ao povo, como as mulheres têm exigido desde 1066.[98]

Em 1984-1985, mineiros passaram um ano em greve para evitar o fechamento das minas sob o governo conservador de Margaret Thatcher, o qual estava determinado a erodir o poder dos grandes sindicatos industriais. As moradoras das cidades mineiras saíram em defesa de suas casas, de seu modo de vida e da renda de sua família em manifestações públicas que reuniram cinquenta mil mulheres em Londres: "Está nítido que não é mais uma questão de salário nem apenas de empregos, e sim de quem tem o direito de decidir como viver", disse a manifestante Jean McCrindle. Depois do fim da greve, muitas mulheres também apoiaram a greve dos impressores de 1986 contra as novas tecnologias de impressão de jornais em Wapping, Londres, as manifestações contra a energia nuclear, em 1986, e a greve dos trabalhadores marítimos contra os novos turnos, em 1988.[99]

Uma mulher anglo-paquistanesa, Anwar Ditta, travou praticamente sozinha uma batalha contra o governo inglês para recuperar seus filhos. Ditta nasceu em Birmingham, filha de pais paquistaneses, e foi enviada para morar com os avós paternos no Paquistão quando seus pais se divorciaram. Ela foi forçada a um casamento arranjado aos 14 anos e teve dois filhos com o marido, que se mudou para a Inglaterra. Ditta, que foi morar com ele, esperava que os filhos também fossem à Inglaterra depois. O Ministério do Interior levou dois anos para considerar a questão e declarou não estar convencido de que os filhos fossem dela. Anwar Ditta iniciou a própria campanha para se reunir com os filhos, apesar das críticas da comunidade asiática na Inglaterra. "Disseram que o lugar da mulher é em casa, não fazendo campanha […]. Não dou a mínima para o que as pessoas pensam", disse ela.[100]

Anwar Ditta enfrentou racismo por parte da comunidade branca, incluindo alguns casos de violência em que pessoas lhe puxaram o cabelo ou enviaram cartas com mensagem de ódio — as quais ela doou ao Centro Ahmed Iqbal Ullah RACE. Ela foi demitida do emprego. Todo fim de semana, em sua campanha para que seus filhos fossem admitidos na Inglaterra, ela levava um balde para receber doações e pedia assinaturas para um abaixo-assinado. Contou com o apoio dos Movimentos Juvenis Asiáticos de Manchester e Bradford — especialmente a ala feminina do Movimento Juvenil Asiático de Manchester, que se opunha à deportação que separava famílias — bem como de grupos antirracistas. Apesar de todas as testemunhas, depoimentos juramentados e apoio, a petição de Ditta ao Ministério do Interior foi rejeitada em 1980.[101] Contudo, sua campanha foi incluída em um documentário de TV, exibido em março de 1981, e a recusa do Ministério do Interior foi anulada no dia seguinte, com os filhos de Anwar Ditta chegando à casa dela em Rochdale um mês depois, em abril.[102]

Duas mulheres não brancas tornaram-se líderes da comunidade de imigrantes: Amy Ashwood Garvey (viúva de Marcus Garvey, o radical jamaicano) presidiu a Associação para o Progresso das Pessoas de Cor, enquanto Claudia Jones dirigiu a *West Indian Gazette*, que fez campanha pelos direitos das mulheres e organizou o Carnaval do Caribe em Notting Hill, oeste de Londres.[103]

Anwar Ditta (1953-2021), nascida na Grã-Bretanha e com passaporte britânico, foi forçada a contestar abertamente o Ministério do Interior por cinco anos para que o governo concedesse o direito de entrada de seus filhos na Inglaterra.

A Lei da Nacionalidade Britânica de 1981 negou a admissão na Grã-Bretanha a alguns cidadãos britânicos que moravam no exterior, e mulheres não brancas protestaram contra as deportações e as mudanças nos direitos dos migrantes. A violência policial, especialmente contra jovens não brancos, radicalizou mulheres asiáticas e negras. Em 1986, Shreela Flather, a primeira prefeita asiática de Windsor, disse que a polícia era "sexista e racista e nada acolhedora".[104]

As marchas não surtiram os resultados esperados na década de 1990, mas foram retomadas em 2016 como parte do movimento MeToo e, em 2017, cem mil mulheres marcharam em um protesto internacional contra o abuso e a repressão feminina após Donald Trump — que admitira ter agredido mulheres — ser empossado presidente dos Estados Unidos. Em 2021, após o estupro e assassinato de Sarah Everard por um policial da Polícia Metropolitana, mais de mil mulheres se reuniram em uma vigília em homenagem a ela. A vigília, organizada pela Reclaim These Streets, foi proibida pela polícia devido aos regulamentos sanitários contra o coronavírus, e os organizadores foram ameaçados com multas. A manifestação, declarada ilegal, foi mantida e muitas mulheres foram detidas. Uma audiência no Tribunal Superior decidiu que a polícia deveria ter permitido a manifestação e revogou as multas aplicadas aos organizadores.[105] O governo exigiu um inquérito independente, que descobriu que a polícia de Londres estava deixando de acudir mulheres e crianças por "racismo institucional, sexismo e homofobia dentro da organização".[106]

Na década de 1990, as mulheres uniram-se em uma série de campanhas: pelo meio ambiente, pelos pobres, pela proibição da exportação de animais vivos. Debjani Chatterjee, do Grupo de Apoio às Mulheres Bengalesas em Sheffield, disse: "Muitas de nós preferiríamos não fazer escolhas artificiais entre o indivíduo e o grupo, entre feminilidade e feminismo, e nos parece que o feminismo ocidental nos obriga a fazer essas escolhas [...]; em nossa sororidade há espaço para muitos pontos de vista e uma variedade de abordagens. Somos abertas a acolher todos".[107]

## Mulheres divididas

Infelizmente, nem todos estavam abertos a acolher todos, como lembrou Sheila Rowbotham: "A conferência de libertação das mulheres de 1978 dividiu-se de maneira tão acirrada sobre a questão da violência masculina inerente que ninguém jamais ousou convocar outra".[108]

As próprias causas das mulheres levaram a divisões quando algumas delas se sentiram tratadas com condescendência pelas leis de proteção e segurança, enquanto outras acreditavam que as mulheres trabalhadoras precisavam de proteção especial. A década de 1960 viu a ascensão de mulheres de direita que queriam proteção em vez de oportunidades para as mulheres. Mary Whitehouse protestou contra os programas da BBC que exploravam o sexo e contra as reportagens sobre a guerra. Em 1979, ela escreveu:

> Prezado senhor, com referência ao *Monday Film* transmitido pela BBC1, às 21h25, no dia 22 de janeiro.

A fotografia e composição visual do filme é espetacular, mas *por que* estragar um bom filme com tanta crueza e vulgaridade? Os senhores parecem se deliciar com imagens em close de [...]

(i) Uma jovem vestindo a calcinha.

(ii) As nádegas de um menino nativo.

(iii) Um close dos seios de uma nativa enquanto ela subia em uma árvore.

(iv) E não venha me dizer que não foi proposital: os galhos da árvore apresentados de maneira a lembrar a parte inferior do corpo de uma mulher.

(v) Na cena do cientista, qual era a necessidade de mostrar um close das pernas da mulher sentada ali?

E vocês ainda têm a coragem de aumentar as mensalidades! *Pelo quê?* Para receber esse tipo de lixo em nossa casa?

Com meus mais sinceros cumprimentos.[109]

A primeira-ministra Margaret Thatcher tinha mais interesse em encorajar as donas de casa e as mães a ficarem em casa do que em promover os direitos das mulheres no trabalho, ao passo que Barbara Castle, a celebridade do Partido Trabalhista, descreveu o feminismo como uma luta pela "verdadeira" igualdade para as mulheres pobres que enfrentam a pobreza e para mulheres da elite em busca de oportunidades: "Para descobrirem quem são, o que querem ser e se têm o apoio da sociedade para terem a vida que querem ter. A igualdade deve incluir decisões práticas como, por exemplo: 'Como posso ganhar o suficiente para viver? Quero ou não ter filhos? Quem me ajudará a criá-los?'".[110]

A questão do aborto gratuito em gestações indesejadas dividiu as mulheres. As próprias mulheres contra o aborto estavam divididas; algumas queriam responsabilizar os homens, outras queriam "proteger" as mulheres de um procedimento do qual elas poderiam se arrepender e havia ainda as que queriam "proteger" a vida do feto. As ativistas a favor do aborto dividiam-se entre aquelas que consideravam o aborto uma forma aceitável de contracepção para todas as mulheres e as que queriam que o aborto fosse limitado a pacientes com problemas específicos.

Em 1983, Victoria Gillick, uma católica romana mãe de dez filhos, solicitou ao Parlamento que garantisse que nenhuma de suas filhas com menos de 16 anos recebesse qualquer forma de contracepção ou aborto sem o seu conhecimento. O Tribunal decidiu que, se um médico acreditasse que a menor era madura o suficiente para entender as informações pertinentes e tomar uma decisão informada sobre a contracepção, ele poderia fornecer contraceptivos sem informar aos pais, no que veio a ser chamado de teste de "Competência de Gillick".[111]

Tanto as mulheres conservadoras, defensoras da moral e dos bons costumes, quanto as feministas fizeram campanha contra *sexshops*. Em 1984, a Lei de Gravação em Vídeo criou um sistema de licenciamento para a pornografia. As profissionais do sexo não recebiam muita atenção nem consideração. A Lei de Delitos de Rua de 1959 foi usada contra prostitutas, proibindo-as de oferecer seus serviços na rua (ou em suas janelas ou portas). A preocupação era manter as ruas livres de aliciantes, e não evitar que as mulheres precisassem trabalhar como prostitutas ou disponibilizar espaços seguros a elas. A Lei de Ofensas Sexuais de 1985 criminalizou a prática do *kerb-crawling* (dirigir lentamente pelas ruas procurando prostitutas ou mulheres para solicitar serviços sexuais). A preocupação com a escravização das mulheres na Inglaterra, especialmente para o trabalho sexual, levou em 2010 a um complemento à Lei de Ofensas Sexuais para criminalizar o pagamento por serviços sexuais oferecidos por qualquer pessoa que houvesse sido coagida à prostituição.

A Lei de Apoio à Criança de 1991 causou divisão entre as mulheres pois exigia que a mãe nomeasse o pai de seu filho e que uma agência governamental o procurasse para exigir dele o pagamento da pensão. Como recaía sobre as mães solo a maior parte da responsabilidade por criar os filhos, muitas mulheres receberam bem a lei; outras se ressentiram de ter que nomear um homem que relutava em pagar a pensão; ainda, algumas segundas esposas ressentiram-se amargamente do custo dos filhos de casamentos anteriores de seus maridos.[112]

Houve uma enorme divisão racial entre as mulheres conforme mais pessoas eram convidadas a mudar-se das antigas colônias britânicas à Inglaterra para se encarregar de trabalhos árduos e sujos ou atuar no Serviço Nacional de Saúde, na época em expansão, enfrentando racismo a cada passo do caminho.

## Imigração

Mais de mil pessoas do Caribe viajaram à Inglaterra no navio MV *Empire Windrush* em 1948, que atracou em Tilbury Docks, em Londres, com os primeiros trabalhadores estrangeiros da Comunidade Britânica que haviam sido convidados no pós-guerra para preencher vagas na Grã-Bretanha. Mulheres foram obrigadas a pagar mais caro pelas passagens no *Windrush* — o equivalente a meio ano de Assistência Nacional — e a viajar em cabines, em vez da terceira classe com os imigrantes do sexo masculino. A costureira Evelyn Wauchope, de 27 anos, embarcou escondida e foi descoberta no meio da viagem; ela passou um tempo morando na Inglaterra antes de casar-se com um homem de Barbados e emigrar para a América.[113]

Mona Baptiste, de 21 anos, que era cantora de *blues* em Trinidad e Tobago, foi registrada como atendente na viagem. Seis semanas depois de desembarcar, ela já estava cantando no *Light Programme* da BBC, e viria a fazer uma turnê de sucesso pelos teatros ingleses e a se apresentar em programas de TV, incluindo o de Ken Dodd na BBC. Ela teve uma carreira de enorme sucesso como cantora no Reino Unido e na Alemanha.[114]

Mona Baptiste (1928-1993), cantora e atriz de sucesso internacional, viajou de Trinidad e Tobago para a Grã-Bretanha no navio MV *Empire Windrush*, em 1948.

A maioria das mulheres estava na faixa dos 30 anos e viajou com a família.[115] Embora a política oficial fosse acolher voluntários do Caribe, o racismo foi generalizado.[116] O racismo contra os imigrantes levou o governo a impor controles de imigração às mulheres, que foram proibidas de levar o marido e os filhos para a Inglaterra, embora os homens pudessem levar a esposa e os filhos. Nos vinte anos que se seguiram, cerca de quinhentas mil pessoas não brancas dos antigos países da Comunidade Britânica migraram para a Inglaterra. Eles só tinham permissão para ficar se obtivessem um visto de trabalho e comprovassem ascendência no Reino Unido (ou seja, que um dos pais ou avós nascera lá). Em 1971, os cidadãos da Comunidade Britânica que já moravam no Reino Unido receberam autorização para permanecer. Já os migrantes que haviam chegado antes de 1971, ou os que não tinham pais ou avós morando no Reino Unido, não puderam comprovar seu direito de permanecer e não obtiveram acesso a benefícios ou serviços públicos de saúde. Algumas pessoas nascidas na Inglaterra ou que passaram a maior parte da vida lá foram deportadas. Até o momento da escrita deste livro, um programa do governo para retratar e indenizar essas pessoas não havia compensado totalmente a crueldade à qual elas foram submetidas por essa política confusa e impraticável.

A injustiça racial por parte do governo e das instituições britânicas se mantém até hoje na sub-representação de pessoas de ascendência africana e asiática nas instituições, assim como no desfavorecimento a essas pessoas nos sistemas de saúde, educação e judicial.

Em 1968, pessoas do Arquipélago de Chagos, descendentes de africanos capturados como escravizados pelos franceses no século XVII, foram expulsas à força de sua terra natal, no Oceano Índico, pelo Reino Unido, a fim de fornecer aos Estados Unidos ilhas vazias para uma base militar em Diego Garcia, a maior ilha do arquipélago. Os chagossianos foram proibidos de voltar a sua terra natal, apesar de vários apelos às leis internacionais. Alguns chagossianos foram enviados forçosamente às Ilhas Maurício e Seichelas, e alguns conseguiram chegar à Inglaterra, onde ainda lutam por permissão para voltar a seu país de origem ou naturalizar-se ingleses. Uma revisão governamental recomendou que os chagossianos fossem autorizados a retornar a sua terra natal; mas a designação das Ilhas Chagos como Área Marinha Protegida — uma área de proteção ambiental — é usada para manter as pessoas longe de casa.

A década de 1950 também viu um aumento da imigração proveniente da Índia e do Paquistão e de ataques, verbais e físicos, a pessoas de não brancas, expressivos de uma crença imaginária na superioridade branca, crença esta que se mantém até hoje. Os ataques às pessoas não brancas e os temores da imigração expressos em linguagem inflamatória são algumas das marcas distintivas dos partidos de direita ingleses e de pessoas ignorantes em questões de demografia ou acerca de bons modos no século XX.

# Saúde

Em 1967, a Lei do Planejamento Familiar do Serviço Nacional de Saúde permitiu a distribuição de contraceptivos, por razões sociais e médicas, a mulheres casadas e solteiras.[117] Pela primeira vez, as mulheres puderam controlar de maneira confiável sua fertilidade. Elas usufruíram de maior liberdade sexual, e, em geral, fazer sexo antes do casamento passou a ser um comportamento aceito pela sociedade. Algumas feministas viram essas mudanças da óptica do aumento da exploração das mulheres: as representações femininas na mídia e na arte tornaram-se cada vez mais sexualizadas, e todas as mulheres (não apenas as pobres, como na tradição) passaram a ser consideradas potencialmente disponíveis para a gratificação sexual masculina.[118]

A utilização de ervas, fungos e madeiras para provocar abortos ou abortos espontâneos, ou para "induzir" períodos menstruais, continuou fazendo parte da medicina popular até o século XX em muitas comunidades rurais e urbanas.[119] O debate sobre o aborto se intensificou na década de 1950 conforme aumentava a preocupação com mulheres que recorriam aos chamados abortistas "de rua" — não registrados e, por vezes, fatalmente incompetentes. O aborto foi legalizado em 1967 no caso em que dois médicos concordassem com a necessidade do procedimento por motivos de saúde física ou mental. No mesmo ano, autoridades locais foram autorizadas a fornecer orientações sobre a contracepção.

Houve resistência, especialmente da Igreja Católica na década de 1970, e grandes manifestações de rua foram organizadas pela Sociedade em Defesa dos Nascituros. As próprias mulheres que se opunham ao aborto se dividiam entre as que se dispunham a ajudar mulheres grávidas a dar à luz uma criança indesejada e as que queriam encorajar o nascimento de bebês brancos.[120] Mesmo nos dias de hoje, com a maior liberalização e a pílula do dia seguinte, não é consenso que a própria mulher deva ter o direito de escolher levar a termo ou não a gravidez e ter ou não o bebê.[121]

O aborto é um tema tão delicado porque vai contra a ilusão de que a "natureza das mulheres" implica ser maternal e cuidadora. A mulher que busca fazer um aborto pode ser considerada desviante e antinatural. O aborto não é visto como um dilema que qualquer mulher sexualmente ativa pode ter que enfrentar, considerando que nenhum método contraceptivo é 100% confiável; é visto, isto sim, como a incapacidade da mulher de usar contraceptivos adequadamente, ou de usá-los e ponto-final, ou, ainda, como um problema que só pode ser resolvido por uma decisão da Câmara dos Comuns e pela deliberação consensual de dois médicos — sem dúvida, um ônus excessivo para mentes médicas e juristas com vista a uma decisão que, por mais dolorosa que seja para todas nós, indubitavelmente pertence àquela mulher.[122]

# Esportes

Maureen Gardner, uma bailarina que começou a correr para melhorar a saúde, ganhou a medalha de prata nos 80 metros com barreiras nas Olimpíadas de Londres em 1948. Em 1964, a equipe feminina de atletismo conquistou o recorde de cinco medalhas em doze provas — os homens conquistaram sete medalhas em 24 provas. A estrela da seleção feminina foi Mary Rand, que conquistou o ouro e quebrou o recorde mundial no salto em distância, ficou com a prata no pentatlo e com o bronze no revezamento 4 × 100 metros.[123] Mary Peters ganhou o ouro e quebrou o recorde mundial de pentatlo nas Olimpíadas de 1972 e, posteriormente, foi contratada para treinar a seleção feminina britânica. Tessa Sanderson competiu em todas as Olimpíadas de 1976 a 1996, vencendo as provas de lançamento de dardo em 1984 — a primeira britânica negra a ganhar uma medalha de ouro. Sally Gunnell se tornou a única atleta britânica a ganhar títulos olímpicos, mundiais, europeus e da Comunidade Britânica na mesma modalidade — corrida de obstáculos — e a única mulher a ter conquistado essa façanha nos 400 metros.

Em 1971, a pioneira Rachael Heyhoe-Flint organizou a primeira Copa do Mundo Feminina de críquete. Ela foi a primeira a marcar um seis* em uma partida de teste** feminina e foi capitã da seleção inglesa em várias ocasiões. Ela convenceu o Marylebone Cricket Club (MCC) a dar permissão para as mulheres jogarem no prestigiado campo exclusivo para homens do Lord's com o seguinte argumento: "Hoje em dia mães e filhas têm seu próprio taco de críquete, não passam o fim de semana preparando sanduíche de pepino para os homens".[124]

O hipismo continua sendo o único esporte olímpico em que homens e mulheres competem igualmente entre si, desde que as mulheres puderam participar de provas de adestramento nos Jogos Olímpicos de 1952, depois do salto de obstáculos em 1956 e, finalmente, em 1964, do concurso completo de equitação. A britânica Pat Smythe, que representava a Grã-Bretanha em competições internacionais desde 1947, ganhou o bronze pelo salto de obstáculos em equipe em 1956.

A mais jovem atleta olímpica britânica de todos os tempos, a patinadora no gelo Cecilia Colledge, ficou em oitavo lugar em 1932, aos 11 anos. Quatro anos depois, ela conquistou a prata. Primeira patinadora a realizar um salto duplo, Colledge inventou o *camel spin* e o giro deitado, hoje considerados dois movimentos clássicos na patinação artística. Na Segunda Guerra Mundial, Colledge serviu como motorista de ambulância, antes de retornar à patinação e conquistar o título nacional pela sexta vez.

O futebol feminino ressurgiu com a constituição da Associação Feminina de Futebol, em 1969, e, em 1971, a proibição ao futebol feminino, que já durava cinquenta anos, foi revertida. Em três anos, a primeira final da Copa da Associação Feminina de Futebol e o primeiro jogo internacional da seleção feminina da Inglaterra foram disputados. Em 1993, foi criado um Comitê de Futebol Feminino para gerir o futebol feminino na Inglaterra. Em 1997, a Associação Feminina de Futebol fez planos para desenvolver o futebol feminino desde o nível amador até o nível de elite e, no ano seguinte, nomeou Hope Powell como técnica da seleção nacional feminina.[125]

O hóquei feminino finalmente entrou no calendário olímpico em 1980, e a seleção feminina britânica conquistou o bronze em 1992. A esgrima feminina foi incluída no calendário olímpico em 1924, com Gillian Sheen conquistando o ouro em 1952. Em 1962, mulheres ficaram em primeiro, segundo e terceiro

---

* No críquete, um seis é uma jogada em que a bola é rebatida para além do limite do campo sem tocar o chão, resultando em seis corridas para a equipe batedora. É um feito impressionante e muito valorizado no jogo, tanto no críquete feminino quanto no masculino. [N.T.]

** Uma partida de teste é disputada entre seleções nacionais e é considerada o mais alto nível de competição no críquete internacional. [N.T.]

lugar no prêmio da Personalidade Esportiva do Ano da BBC. A nadadora Anita Lonsbrough, que conquistou três medalhas de ouro nos Jogos da Comunidade Britânica naquele ano, tornou-se a primeira mulher a ser agraciada com o prêmio. Em segundo lugar, ficou a velocista Dorothy Hyman (que venceria no ano seguinte) e, em terceiro, a nadadora Linda Ludgrove.

## Riqueza

A participação das mulheres na riqueza pessoal total aumentou depois da década de 1920 na Grã-Bretanha e nos Estados Unidos, até aproximadamente 40% da riqueza dos homens na década de 1950. A causa mais provável não foi o fato de as mulheres ganharem mais ou de as famílias tratarem igualitariamente meninos e meninas, mas o fato de mais mulheres viverem mais do que os maridos e transferirem a fortuna da família do nome deles para o delas.[126]

Os direitos das mulheres sobre a própria casa regrediram em 1969, quando um marido falido, o Sr. Caunce, deu a casa da família como garantia num empréstimo e a perdeu para o banco. Sua esposa, que contribuíra para comprar a casa, não teve direito algum sobre o imóvel: o juiz decidiu que o banco não tinha obrigação de procurar saber se ela tinha participação (na própria casa) e que o fato de ela morar no imóvel não lhe dava qualquer direito. Em sua decisão do caso, o juiz Stamp disse que investigar os direitos de uma esposa sobre seu lar seria uma invasão intolerável de privacidade.[127]

A sra. Counce perdeu sua casa, mas houve uma decisão subsequente — em um processo judicial aberto pela sra. Boland —, segundo a qual as casas deviam ser consideradas propriedade conjunta dos casais casados e a esposa poderia insistir em seu direito de morar na residência; tal decisão deveria ter melhorado a segurança das mulheres casadas em sua própria casa, porém não foi o que aconteceu. Os maridos que já haviam tomado empréstimos em segredo passaram a coagir e intimidar as esposas para que renunciassem a seus direitos e permitissem que o imóvel fosse usado como garantia de suas dívidas. Historiadores do direito acreditam que esse caso ilustra a eterna resistência que as mulheres enfrentam: "As reformas legais que beneficiam as mulheres muitas vezes são seguidas por esforços renovados dos homens para manter o *status quo*".[128]

Outra Lei de Propriedade das Mulheres Casadas, de 1964, determinou que as mulheres que comprassem propriedades ou lucrassem com o uso do dinheiro que lhes fosse dado pelos maridos tinham direito à metade desse valor em caso de divórcio.[129] Em 1988, a Lei das Finanças determinou que os rendimentos auferidos pela esposa não deveriam ser incluídos nos rendimentos do marido para fins de tributação. Na prática, a esposa não precisava informar ao marido o quanto ganhava. Esse foi o último bastião da *couverture*,[*] que mantivera as mulheres sob controle dos maridos por 898 anos.[130]

Em 1969, a Lei de Reforma do Divórcio permitiu que casais se divorciassem depois de dois anos de separação (ou cinco anos se um deles resistisse ao divórcio). Um casamento poderia terminar se a separação fosse irremediável, sem que nenhum dos parceiros tivesse que provar a "culpa". Mas a tradição segundo a qual as esposas ficariam com 50% dos bens — independentemente de quem os houvesse trazido para o casamento — só foi estabelecida no caso judicial *White vs. White* em 1996, quando o juiz do recurso de apelação decidiu que a contribuição da esposa para a fortuna da família deveria ser considerada igual à do marido provedor: "Não deve haver qualquer preconceito a favor de quem provê a família em detrimento de quem cuida da casa e dos filhos" — uma vitória para as esposas que cuidam da casa, mas uma desvantagem para aquelas que trabalham fora e cuidam da casa e cujos maridos ganham menos.[131]

## Mulheres que amam mulheres

A descoberta feita por sexólogos, nas décadas de 1950 e 1960, de que a intimidade sexual das mulheres com mulheres ocorria com tanta frequência que precisaria ser considerada uma expressão "normal" de desejo foi em grande parte ignorada por médicos e psicólogos que só tinham contato profissional com mulheres que se incomodavam com os próprios sentimentos — não mulheres que viviam felizes em relacionamentos amorosos ou sexuais com outras mulheres.[132]

A partir de 1950, as lésbicas começaram a falar de si mesmas como mulheres que escolhem um estilo de vida específico, não identificadas com os homens gays, e não definidas por alguma prática sexual específica. Elas também questionavam a convenção das relações heterossexuais e a tradicional subserviência feminina.[133] Essa atitude associou o lesbianismo ao feminismo, que estava ficando mais evidente e mais conhecido.

Observando que a "família tradicional com um pai provedor" fazia com que elas fossem mal pagas no trabalho e obrigadas a trabalhar de graça em casa, as mulheres começaram a explorar a possibilidade de uma vida independente dos homens. Uma mulher explicou: "Se você cresceu querendo ser uma mulher

---

[*] O termo *couverture* se originou na lei feudal segundo a qual a esposa era "coberta" pela autoridade legal do marido, sem ter existência legal própria e sem poder tomar decisões independentes sobre propriedades, finanças ou questões legais. [N.T.]

completa nesta sociedade, não pode deixar de ser uma feminista [...]. E, uma vez que você for feminista, é quase impossível ter qualquer tipo de relacionamento completo com um homem, porque vocês dois cresceram aprendendo a desempenhar papéis específicos e, mesmo se ele for um homem maravilhoso, a sociedade espera e exige certos comportamentos e é tudo muito arraigado. Esse é o único caminho que vejo para mim: passar de uma mulher forte para uma feminista e para uma lésbica. É só uma progressão lógica".[134]

A crença de que a "verdadeira" relação sexual necessariamente envolveria a penetração do pênis, com um homem em posição dominante, foi contestada quando as lésbicas descreveram relações sexuais que as satisfaziam e as quais não envolviam um pênis ou qualquer substituto, nem o ímpeto sexual masculino nem qualquer comportamento viril. Como não há registros históricos, só podemos imaginar as experiências das mulheres nos séculos anteriores; quando elas finalmente começaram a publicar suas experiências, descreveram uma série de comportamentos afetuosos, amorosos e eróticos. Algumas dessas mulheres, insistindo na ausência de contato sexual, teriam se identificado com as "Senhoras de Llangollen", e essa postura passou a ser vista não como uma forma de discrição e modéstia, a ocultar um segredo obsceno, mas como uma descrição autêntica da ausência de sexualidade genital, preferida por algumas mulheres.

Era difícil para as lésbicas falar abertamente sobre assexualidade, castidade, virgindade e frigidez ou experimentação erótica sem parecer que estivessem negando sua sexualidade. Os ritmos e as necessidades sexuais masculinos e os órgãos genitais masculinos passaram tanto tempo dominando as discussões sobre o sexo que é difícil saber o que as mulheres poderão preferir na ausência — não apenas dos homens, mas também das ideias masculinas sobre o sexo.

Nem tanto tempo atrás, em 1957, o Comitê Wolfenden, criado para analisar a lei acerca de crimes homossexuais, ainda se mantinha em silêncio sobre o lesbianismo, uma vez que seus membros acreditavam que as mulheres não apresentavam as "características libidinosas que caracterizam os atos sexuais entre homens".[135] Em maio de 1988, uma das leis mais controversas de Margaret Thatcher entrou em vigor. A Seção 28 proibiu as autoridades locais e as escolas de promoverem a homossexualidade e impediu municípios de financiar quaisquer iniciativas lésbicas e homens gays. Professores passaram a censurar suas aulas. Bibliotecários retiraram livros das estantes. Vereadores restringiram serviços públicos para crianças por temor de infringir a lei, uma vez que a "aceitabilidade da homossexualidade como uma pretensa relação familiar" deixou de ser legal.

Uma mãe alegou que sua audiência no tribunal, na qual exigia proteção contra o marido violento, se concentrou no fato de ela ser lésbica: "Foi incrível como todos os homens no tribunal, independentemente de idade ou posição, se uniram contra o lesbianismo. Meu marido e o juiz estavam do mesmo lado". Ela foi acusada de "feminilizar" o filho, a violência de seu marido contra ela foi considerada justificada e ela foi proibida de ter qualquer contato com sua amante.[136]

Em resposta à perigosa lei, lésbicas ativistas invadiram o estúdio da BBC News durante a transmissão do noticiário *Six O'Clock News* pois acreditavam que marchas, bloqueios e protestos nacionais estavam sendo ignorados pelos jornalistas. Outro grupo desceu de rapel na Câmara dos Lordes, em cordas improvisadas feitas com varais emendados, depois que membros do Parlamento votaram a favor do projeto. A Escócia revogou a lei em 2000 e, depois de várias tentativas fracassadas, a Inglaterra e o País de Gales finalmente o fizeram em 2003.

Hoje em dia, a maioria das lésbicas concorda que a prática sexual de uma mulher não é o que a define como lésbica — nem o fato de uma mulher se identificar como lésbica torna obrigatória qualquer prática sexual específica, nem fazer sexo que seja. Uma historiadora especializada em lésbicas escreveu que os homens obcecados por sexo estão convencidos de que as lésbicas também são obcecadas por sexo, mas "como qualquer mulher, as lésbicas são obcecadas por amor e fidelidade [...], além de um profundo interesse em ter uma vida independente e significativa".[137]

Mulheres protestando contra a Seção 28 invadiram um estúdio de noticiários da BBC. Nicholas Witchell, o apresentador do noticiário, literalmente se sentou em uma das manifestantes para impedir o protesto.

## "Heterossexo"

Mesmo nos tempos modernos, o clitóris tem se mostrado elusivo. Foi mencionado na edição de 1901 de *Gray's Anatomy*, mas desapareceu na edição de 1948. Até as ilustrações modernas raramente mostram uma imagem precisa: normalmente a vagina é mostrada como um orifício aberto em vez de um tubo flexível, e os lábios são sempre mostrados como simétricos. O tamanho do clitóris costuma ser subestimado, e a barreira do hímen, muito exagerada.[138] Em 1970, a menção ao clitóris se tornou "cada vez mais tabu" na educação escolar.[139]

Mas na década de 1960 as atitudes em relação ao prazer sexual para homens e mulheres se flexibilizaram um pouco. Em seu best-seller de 1962, *A vida sensual da mulher solteira*, Helen Gurley Brown descreveu a relação sexual como um recurso que uma mulher solteira poderia usar para atrair um homem para o casamento:

Você precisa desenvolver seu estilo. Toda garota tem um...

A inteligência é uma vantagem, mas você não precisa ser uma física nuclear. A ideia é nunca dizer nada desagradável e sempre fazer boas perguntas mesmo sem entender do assunto...

Sua silhueta não deve ter nem um grama de gordura sobrando. Só os bebês gordinhos são agradáveis aos olhos.

Você deve saber cozinhar. Ser uma boa cozinheira é uma habilidade que nunca a deixará na mão.

Você deve ter um emprego que lhe interesse e trabalhar duro.[140]

Gurley Brown levou essa atitude ao relançamento da revista norte-americana *Cosmopolitan* em 1965. Seus elogios entusiásticos na revista ao casamento heterossexual enfatizavam o direito da mulher ao orgasmo, mas as leitoras eram aconselhadas a dedicar-se totalmente a agradar seu amante na cama a fim de persuadi-lo a se comprometer ao relacionamento, a lhe dar presentes, pagar jantares e, como objetivo final, casar-se com ela e sustentá-la. Em janeiro de 1988, a *Cosmopolitan* encorajou as leitoras a terem relações sexuais com homens soropositivos portadores da aids, então fatal, aconselhando erroneamente que o sexo sem proteção na "posição papai e mamãe" (com o homem por cima) não transmitiria a doença.[141] Nem a possibilidade de morrer deveria ser um obstáculo para as "garotas *Cosmo*" em sua busca para agradar um homem.

A *Cosmopolitan* financiou sua expansão global — lançando uma edição no Reino Unido em 1972 — com anúncios de moda, beleza e fármacos para jovens mulheres que eram aconselhadas a obter uma educação que lhes permitisse parecer inteligentes, com competências domésticas que indicassem uma boa futura esposa e um emprego que as colocasse em ambientes onde homens ambiciosos e prósperos pudessem ser encontrados, cortejados e persuadidos a se casar com elas.

A atenção aos homens e a generosidade sexual nem sempre eram retribuídas. A ênfase na sexualidade feminina e no orgasmo feminino não interessava a todos os homens. Em 1965, um conselheiro sexual, o Dr. Alexander Lowen, escreveu: "A maioria dos homens [...] sente que a necessidade de levar uma mulher ao clímax por meio da estimulação do clitóris é um fardo". Levar uma mulher ao orgasmo depois que o homem atinge o clímax é cansativo: "Ele é impedido de desfrutar do relaxamento e da tranquilidade, que são as recompensas da sexualidade. A maioria dos homens com quem conversei que se envolveram nessa prática se arrependeu".[142]

As preferências sexuais também estavam mudando: com a revolução sexual da década de 1960, as mulheres puderam ter prazer sexual sem culpa nem medo. Na década de 1990, as pessoas já tinham fácil acesso até à pornografia mais *hardcore* na internet e os meios de comunicação e o entretenimento se tornaram mais sexualizados. Algumas mulheres começaram a se perguntar se teriam sido libertadas do recato convencional e das restrições opressivas só para que os homens pudessem se satisfazer mais.

## A natureza das mulheres do século XX

Graças às melhorias nas técnicas de reconstrução facial e outros procedimentos estéticos possibilitados pelas cirurgias realizadas em vítimas da Segunda Guerra Mundial, houve um aumento de recursos disponibilizados a pessoas que desejavam se parecer mais com o sexo com o qual se identificavam. O Charing Cross Hospital acreditava que alguns indivíduos deveriam ser livres para escolher seu gênero e, assim, oferecia cirurgias de redesignação sexual para pessoas com órgãos genitais chamados "atípicos". Pessoas que se diziam infelizes com o sexo que lhes fora designado, ou pessoas como uma mulher que queria fazer a transição para homem e poder se casar legalmente com a mulher que amava, não obtinham a possibilidade de cirurgia, mas, sim, a recomendação de fazer psicoterapia para tentar viver com o corpo do sexo que lhes fora atribuído.[143]

As mulheres não apenas estavam contestando as atitudes e comportamentos esperados pela sociedade como também estavam se vestindo de acordo com suas preferências. A aparência feminina tornou-se mais variada. Elas passaram a usar roupas e estilos masculinos — algumas para parecer homens, outras para desfrutar de uma aparência andrógina, algumas para se rebelar contra o ideal hiperfeminino da imagem dos anos 1950.

As curvas femininas, e até os vestidos, saíram de moda. De acordo com uma historiadora, "não apenas as mulheres, mas também os homens aderiram às calças de cetim amarelo [...]; as roupas dos homens ficaram exageradas [...]; os meninos adotaram sinais de atração e feminilidade em sua aparência e, ainda mais desconcertante, as meninas começaram a se vestir como sósias de Bowie. Não dava para saber ao certo quem era quem".[144]

Em 1951, Robert Cowell Marshall, que havia pilotado no Grande Prêmio da Antuérpia de 1939, era casado e pai de dois filhos e havia servido heroicamente durante a Segunda Guerra Mundial como piloto, optou por realizar uma cirurgia genital experimental e mudou oficialmente seu nome para Roberta Cowell em sua certidão de nascimento. Foi a primeira pessoa nascida homem a submeter-se a procedimentos cirúrgicos e a terapia hormonal para se tornar mulher, descrevendo-se, na linguagem da época, como "intersexo desde o nascimento".

Roberta Cowell (1918-2011), piloto de corrida e piloto da Segunda Guerra Mundial, foi a primeira britânica a usar hormônios e cirurgia — ainda experimental em 1951 — para se tornar mulher.

Elizabeth Forbes-Sempill (1912-1991) foi registrada como a filha mais nova de John, Lorde Sempill, mas nunca quis ser mulher; assim, fez tratamentos médicos na Alemanha, registrou-se como homem, Ewan Forbes-Sempill, em 1952 e casou-se com uma mulher. Sua nova identidade foi contestada por seu primo, inconformado com a perda de uma grande propriedade bem como a do título de 11º Baronete, que ele deixou de receber como herança devido ao "nascimento" de Ewan Forbes-Sempill — um novo herdeiro homem. A contestação legal ocorreu em sigilo no decorrer de três anos, até que o ministro do Interior decidiu que Forbes-Sempill era "intersexo" e tinha todos os direitos de um herdeiro masculino.

Houve uma confusão no nascimento de Georgina Carol Somerset (1923-2013), que foi registrada tardiamente como George Edwin Turtle, um menino. Depois de se formar como dentista, George foi convocado para servir na Segunda Guerra Mundial na Marinha Real Britânica, mas em 1957 passou por uma cirurgia de redesignação sexual e foi registrado como mulher. Ela se casou em 1962 e se tornou a primeira mulher a mudar de sexo cirurgicamente e se casar na Igreja.

O termo "transgênero" começou a ser utilizado na Inglaterra em 1965 e, no fim da década de 1960, uma clínica de transição de gênero foi inaugurada e uma conferência sobre identidade de gênero foi realizada em Londres. As pessoas tinham que convencer psicólogos, médicos e cirurgiões de que estavam decididas a viver como o outro sexo e só então poderiam receber medicamentos experimentais e ser submetidas a cirurgia. A solicitação deveria ser formulada em termos de dois sexos distintos — masculino ou feminino — e os candidatos precisavam declarar que sempre sentiram ter nascido no sexo errado. Dessa forma, a experiência nada incomum de meninas que queriam a liberdade e as oportunidades dos meninos teve de ser reinterpretada como o sentimento de estar "no corpo errado" para se encaixar em um diagnóstico. Para que os médicos levassem um caso a sério, não poderia haver qualquer ambivalência com relação aos dois sexos ou às perspectivas e aos sentimentos de um menino ou menina normal; não poderia haver uma verdadeira investigação sobre sentimentos, esperanças e medos. Assim, uma pessoa que quisesse ajuda para fazer a transição para mulher teria maiores chances caso se apresentasse de maneira extremamente feminina. De fato, um estudo norte-americano de 1968 concluiu que as mulheres trans se mostravam mais à vontade com sua feminilidade do que pessoas nascidas mulheres — uma definição totalmente nova da "natureza das mulheres". Os pesquisadores afirmaram que as mulheres trans eram "mais feminilizadas do que as mulheres [...], trabalhavam em empregos femininos estereotipados e pareciam, em média, estar 'mais bem ajustadas' ao papel feminino do que as mulheres".[145]

Uma mulher trans não podia arriscar-se a expressar qualquer dúvida sobre a "natureza", as perspectivas ou o comportamento do sexo para o qual pretendia fazer a transição. Segundo um historiador: "Para um homem ser considerado para um tratamento de mudança de sexo, ele precisa convencer os médicos de sua feminilidade. Ele precisa se apresentar como 'hiper' feminino e é aconselhado a não expressar qualquer dúvida nem qualquer nível de androginia que as mulheres podem sentir".[146]

Desde que a "natureza" das mulheres foi definida pelos antigos filósofos gregos, elas têm tido dificuldade em se encaixar perfeitamente nessa definição ou mesmo se recusado a fazê-lo. Agora, para serem aceitas como mulheres, as pessoas passaram a ser forçadas a concordar com um padrão artificial, adequar-se a ele e até convencer os especialistas de que esse padrão as descreveria com exatidão. Essa imposição de uma "natureza" imaginária a pessoas desesperadas para ser quem realmente são é uma nova expressão dos livros de conduta do século XVII, ditando comportamentos para as "damas" e ameaçando as meninas de que, se não se adequarem aos padrões, serão indubitavelmente "não damas".

Mas estava nítido, mesmo para os médicos do sexo masculino que trabalhavam com pessoas trans, que ser mulher não era necessariamente uma boa experiência. O médico americano especializado em mudança de sexo Harry Benjamin alertou os pacientes trans que esperavam se tornar mulheres: "Até agora vocês só trabalharam como homens e ganharam salários de homens. A partir de agora vocês terão que aprender uma realidade totalmente nova. Vocês acham que serão capazes? Vocês conseguiriam viver ganhando menos?".[147] Constatou-se que a natureza das mulheres era ganhar menos do que os homens — e que era uma questão de biologia, não de economia!

April Ashley (1935-2021) nasceu em Liverpool, com cinco irmãos, e foi batizada de George. Quando se tornou adulto, ele contou que rezava todas as noites para acordar como menina. Dispensado da marinha mercante, trabalhou como dançarino em um clube *drag* de Paris, poupando para fazer a cirurgia de mudança de sexo em uma clínica de Casablanca.

Ashley registrou-se em cartório como mulher e voltou à Inglaterra para seguir carreira como atriz e modelo — uma excepcionalmente bonita. Um tabloide publicou sua história, ela foi dispensada da agência e nunca mais conseguiu encontrar trabalho na área. Mudou-se para a Costa del Sol, na Espanha, e casou-se com o herdeiro do Lorde Rowallan, Arthur Corbett, deixando-o quase imediatamente para casar-se com o herdeiro do Duque del Infantado. O pedido de Corbett para anular o casamento sob a alegação de que April não era mulher foi julgado pelo juiz Roger Ormrod em 1970.[148]

O Sr. Ormrod decidiu que o casamento só poderia existir entre homens e mulheres, que o sexo era estabelecido no nascimento ou antes, de acordo com os chamados fatores "biológicos", e que nem a medicina nem a cirurgia poderiam criar "uma pessoa que seja naturalmente capaz de desempenhar o papel essencial de uma mulher no casamento".

Na tentativa de explicar sua decisão, Ormrod conseguiu semear a confusão: "naturalmente", "capaz", "desempenhar", "essencial", "papel", "mulher" e "mulher no casamento" — cada termo suscitava uma pergunta. Essa definição evasiva da feminilidade exclui mulheres inférteis (caso ele estivesse se referindo à concepção) e casamentos sem sexo (caso ele estivesse se referindo à penetração peniana). Nada diz sobre pessoas que nascem com variações hormonais ou genitais — pessoas que também deveriam receber tratamentos ou cirurgias. Não foi a última vez que pronunciar-se sobre questões de transgeneridade pareceu mais fácil do que de fato pensar sobre elas. April Ashley voltou a se casar, trabalhou no Greenpeace e em uma galeria de arte, desfrutando da fama por ser uma das primeiras mulheres trans.

Caroline Cossey (1954-) nasceu com síndrome XXXY e lhe foi designado o sexo masculino. Ela fez um procedimento de mudança de sexo no Charing Cross Hospital aos 20 anos e se tornou uma modelo glamorosa: atuou como "Bond girl" no filme de James Bond de 1981, *Somente para seus olhos*, e foi fotografada para a *Playboy* em 1991, sempre ocultando sua transição. Cossey foi reconhecida como mulher pelo Tribunal Europeu dos Direitos Humanos e casou-se com um homem. Um ano depois, em 1990, o governo britânico anulou sua identidade legal de mulher.[149]

Caroline Cossey tornou-se uma modelo glamorosa, uma "Bond girl" e uma estrela da *Playboy*, ocultando sua transição até 1978, quando foi revelada por um jornalista.

Um processo linguístico singular em meados do século XIX resultou do corrente entendimento da palavra "sexo" em sua acepção de relação sexual (penetração peniana com um homem por cima). A palavra "sexo" deixou de ser adequada para significar tanto a relação sexual como também sexos diferentes: masculino e feminino. Do século XIX até meados do século XX, especialistas começaram a utilizar a palavra "gêneros" para indicar o que até então era conhecido como "sexos". A definição de "gênero" foi estendida para incluir os papéis e comportamentos masculinos/femininos esperados, depois para descrever a identidade, depois a autoidentidade, até o surgimento — por volta de 1980 — de uma contradição entre a identidade biológica de um indivíduo (que passou a ser chamada de "sexo") e seus papéis, comportamento ou identidade, que passaram a ser designados por "gênero". Uma discrepância entre os dois seria classificada na década de 1980 como "distúrbio de gênero" e, em 2020, como "disforia de gênero".[150] É difícil não ver isso como uma tentativa desesperada de evitar a contestação das definições rígidas de uma visão que se resume a dois sexos, para o que foi criada uma categoria que incluiria multiplicidades e gradações, mas que não seria "sexo".

Em 1990, a ideia de apenas dois sexos foi contestada pelas pesquisas de Anne Fausto Sterling, que identificou cinco sexos, e que ela desenvolveu em uma teoria de gradações de sexo em uma escala, sugerindo o novo termo "gênero/sexo" para refletir o fato de que a biologia é diretamente afetada pela cultura, uma vez que aquilo que o indivíduo faz fica gravado em sua resposta neuromuscular e a atividade afeta os hormônios sexuais: pais que criam filhos com gentileza e atenção reduzem a testosterona em mulheres e homens. Segundo essa nova maneira de pensar sobre o sexo, ou o gênero/sexo, a tradição de impor uma "natureza" às mulheres, exigindo que elas vivam de acordo com os padrões estabelecidos, e de definir as mulheres como mulheres apenas se elas se enquadrarem em parâmetros rígidos expõe a lógica circular que caracteriza essa visão antiquada. Em 2007, Eric Vilain, do Laboratório de Epigenética, Dados e Política da Universidade George Washington, provou que o sexo se baseia não apenas nos órgãos genitais, mas também nos cromossomos X e Y, e em todos os hormônios presentes no corpo. Cada categoria — genitais, cromossomos e hormônios — tem múltiplas variantes. Segundo ele: "Há uma combinação infinita de gêneros biológicos [...] muito mais do que os cinco sexos propostos [...] na década de 1990".[151]

Em 2019, o número de pessoas que procuravam clínicas para mudar de sexo tinha decolado. A única clínica para crianças e adolescentes relatou aumentos anuais de cerca de 50% na quantidade de pacientes desde 2010-2011, chegando a dobrar em um ano, 2018, de 697 para 1.398 encaminhamentos, o que levou o governo a anunciar que faria uma investigação para descobrir por que tantas mulheres jovens queriam se tornar homens.[152] Tem havido um aumento "surpreendente" no número de suicídios de mulheres jovens;[153] entre 2000 e 2014 o número de jovens mulheres que relataram automutilação triplicou;[154] e foi constatado um aumento da anorexia em meninas com menos de 15 anos;[155] 28% das jovens sofrem de distúrbios alimentares.[156] É óbvio que, para algumas jovens, o "desempenho natural do papel essencial da mulher no casamento" não é uma perspectiva atraente.

Na educação, as perspectivas das mulheres estavam melhorando. Em 2015, no Reino Unido, o Instituto de Políticas do Ensino Superior relatou que a tradição secular de exclusão das mulheres das universidades tinha sido revertida. As mulheres tinham 35% mais chances de frequentar a universidade do que os homens e, em 2017, pela primeira vez em sua história, a Universidade de Oxford admitiu mais mulheres do que homens.[157] As meninas estavam superando os meninos como alunas e aprendizes. Mas calma aí! Será que esta é a melhor notícia para as mulheres desde que elas ganharam o direito de acesso ao ensino superior? Pelo jeito, não, já que o Instituto de Políticas do Ensino Superior previu que a situação só iria "piorar". Segundo o relatório: "Faz-se necessário um esforço em âmbito nacional para combater o problema".[158]

Mas, por "sorte", tal "esforço" precisa se restringir apenas à educação. A nação pode respirar aliviada sabendo que o "problema" das mulheres inteligentes que se destacam em relação aos homens ainda não se espalhou para as empresas e a indústria: no Reino Unido, em 2018, 71% dos diretores das empresas mais proeminentes eram homens e 75% dos conselhos de administração eram compostos de homens.[159] Em 2015, 93% dos engenheiros eram homens, assim como 80% dos profissionais de TI. O Supremo Tribunal tinha apenas uma juíza e onze juízes homens. Embora 53% da força de trabalho fosse composta de homens, eles constituíam 66% dos administradores, diretores e oficiais de alto escalão no governo.[160] Segundo estatísticas de 2012-2017, as mulheres tiveram um progresso até duas vezes superior ao dos homens na entrada em faixas salariais mais altas (50 mil a 100 mil libras por ano), mas os homens continuavam ganhando mais. O número de homens que ganhavam mais de 150 mil libras superava as mulheres em cinco para um. A proporção chega a dez para um quando se trata de salários anuais de 1 milhão de libras.[161]

Em um questionário enviado pelo governo do Reino Unido aos conselhos de administração das principais empresas do país (empresas do índice FTSE)* em 2018, vários representantes das empresas apresentaram um conjunto diversificado e interessante de razões para explicar por que as mulheres não estão representadas em seus conselhos. Um deles disse que elas "não se encaixam bem no ambiente do conselho". Outro afirmou que "não há muitas mulheres com as credenciais adequadas e a experiência necessária para atuar no conselho — as questões abordadas são extremamente complexas". Pelo jeito, as mulheres "não querem a chateação nem a pressão de fazer parte de um conselho" e as executivas competentes são surpreendentemente raras: "Todas as 'boas' mulheres já foram contratadas".

Em contradição direta, o representante de uma empresa disse estar certo de que a oferta de mulheres é excessiva. Ele acrescentou: "Já temos uma mulher no conselho, então já fizemos a nossa parte — agora é a vez de alguma outra empresa".[162]

Parece que qualquer desequilíbrio de gênero em relação às mulheres é considerado normal e, na verdade, até bom; já um desequilíbrio de gênero em relação aos homens é uma emergência nacional, como a recém-declarada "crise da masculinidade"[163] provocada pela "feminização do local de trabalho".[164] Essa "feminização do local de trabalho" é o eufemismo dado ao horror moderno ao fato de as mulheres conseguirem ser empregadas, promovidas e pagas pelo trabalho que fazem. Quando elas realizavam trabalhos mal remunerados, não qualificados e de meio período, o local de trabalho aparentemente funcionava bem. Pelo jeito, quando os homens não comandam tudo e não são muito bem pagos por isso, ficam sem saber o que fazer. Essa pode ser outra emergência nacional.

Qual é a natureza das mulheres no fim do século XX? Mal remuneradas no trabalho assalariado, não remuneradas no trabalho em casa — ainda que encarregadas da maior parte —, avançando na educação, mas consideradas menos inteligentes do que os homens. Um estudo de 1998 sobre a inteligência masculina e feminina

---

* O Financial Times Stock Exchange é um dos principais índices de mercado de ações do Reino Unido. [N.T.]

concluiu que os homens se autoclassificavam "significativamente mais inteligentes do que são", enquanto as estimativas das mulheres foram "muito mais modestas".[165]

Em 1994, um enorme obstáculo ainda se interpunha entre as mulheres e sua luta pela igualdade: a Igreja Anglicana. A questão era: as mulheres têm alma?

## Igualdade espiritual

Em 1950, a Igreja Católica Romana decidiu que Maria, mãe de Deus, era incorruptível e que, ao morrer, foi direto ao céu. Maria (mas apenas Maria) era equiparável a um deus: "A Mãe de Deus deve possuir o que pertence a seu Filho".[166] Esse *status* de Maria não fez diferença alguma para o sacerdócio, que continuou sendo exclusivamente masculino; mas foi um extraordinário reconhecimento da divindade de uma mulher, uma mulher normal.

Também não fez diferença alguma nas outras igrejas cristãs, incluindo a Igreja Anglicana, que não tinha mulheres que se igualassem a Deus, o pai, nem a Deus, o filho, nem a Deus, o Espírito Santo — embora o Espírito Santo às vezes fosse apresentado, muito a contragosto, como um modelo para as mulheres, mas sempre referido como "ele". A Igreja Anglicana permaneceu resolutamente masculina, com apenas o posto mais inferior possível — de diaconisa — disponível para mulheres que quisessem servir como sacerdotes.

Em 1966, a instituição elaborou um relatório completo sobre a possibilidade de as mulheres se tornarem padres... e constatou que não havia qualquer possibilidade. O documento é uma repetição de todas as razões pelas quais as mulheres não eram admitidas em empregos bem remunerados ou interessantes. Poderia ter sido escrito em séculos anteriores por quaisquer médicos, alfaiates, tecelões ou mecânicos convictos de que aquele ofício era tão valioso ou tão interessante ou de *status* tão elevado que deveria admitir apenas homens. O trabalho de vigário, concluiu o relatório, é simplesmente bom demais para qualquer pessoa que não seja um homem. O relatório é um documento extraordinário para a década de 1960, descrevendo pacientemente as muitas razões pelas quais as mulheres nunca puderam no passado, continuam não podendo agora e jamais poderão no futuro realizar trabalhos de *status* elevado, qualificados e bem remunerados.

Para começar, o relatório apontou que a tradição não incluía sacerdotisas. Se Jesus quisesse uma apóstola mulher, teria escolhido uma. E, segundo a Bíblia, ele convocou somente homens. De acordo com o relatório, isso é "simplesmente parte da natureza das coisas; neste caso da natureza da Igreja Cristã".[167]

Mas também seria possível argumentar que o critério de Jesus não foi chamar apenas homens; ele teve uma grande preferência por pescadores. Dos doze discípulos, sete foram pescadores. André, Pedro, Tiago e João viviam da pesca. Filipe, Bartolomeu e Tomé foram chamados enquanto pescavam. Mateus era cobrador de impostos, Simão era um fanático — provavelmente um revolucionário — e Judas era um ladrão. As profissões de Tiago, primo de Jesus, e Bartolomeu não são especificadas na Bíblia.[168] Com base nisso, a "natureza das coisas" indicaria que o ministério deveria ser composto majoritariamente de pescadores, e 1/12 deveria ser composto de revolucionários, 1/12 de funcionários públicos e 1/12 de criminosos.

O relatório salienta que as religiões anteriores tendiam a ter sacerdotisas, mas as religiões posteriores que desenvolveram o monoteísmo, com um único Deus, tendem a ter sacerdotes homens. Mudar isso seria "mais perturbador para a Igreja Cristã do que qualquer heresia ou desvio moral".

O velho truque de elogiar as mulheres para justificar sua exclusão é executado à perfeição nas afirmações do relatório da Igreja de que há masculinidade demais no mundo moderno e de que as mulheres que adotam o "modo característico masculino para lidar com a vida" pioraram as coisas. A solução para a sociedade é manter a polarização dos sexos. Há apenas dois sexos, e são completamente diferentes: "Há uma natureza humana masculina e uma feminina, com alguma complicação da sombra do sexo oposto em cada uma delas". Com masculinidade demais na sociedade, as mulheres devem evitar o trabalho masculino, e não tentar interferir nos assuntos da Igreja.

Por incrível que pareça, em 1966, a Igreja invocou o antigo conceito segundo o qual um homem pode representar homens e mulheres, mas uma mulher só pode representar a si mesma: "Um padre representa ambos os sexos de uma maneira que uma mulher não pode fazer na sociedade organizada nem na Igreja".

O relatório é concluído com uma razão cavalheiresca para excluir as mulheres do trabalho: a tarefa de um pároco é demais para uma mulher casada. Uma esposa pode deixar-se distrair com a gravidez, uma mãe pode deixar-se distrair no cuidado dos filhos. Já um pai não precisa despender muito tempo com os filhos que concebeu e com a mulher com quem se casou. Um homem que descobrisse ser sua esposa uma sacerdotisa enfrentaria "complicações consideráveis" nas relações conjugais.

As mulheres, concluiu com tristeza o relatório de 1966, não sabem necessariamente o que é melhor para elas. As mulheres têm tantas oportunidades na sociedade que não precisam querer lidar com os assuntos da Igreja. Não importa o que as mulheres possam dizer, ainda que sintam o chamado de Deus, o que prevalece é a conclusão do relatório da Igreja. O tempo passou, a questão das sacerdotisas era coisa do passado. Segundo a Igreja, nenhuma mulher moderna queria tornar-se padre; era um desejo antigo que surgira e desaparecera uma ou mais gerações para trás.

E, para concluir com chave de ouro, um clamor retumbante à antiga doutrina das esferas distintas: "As mulheres têm seu próprio tipo de ministério no oferecimento dos talentos específicos do sexo feminino à promoção da obra de Cristo na terra. Essas oportunidades devem ser estendidas. Grande parte do valor das mulheres seria perdido se elas fossem atraídas ao sacerdócio ordenado".[169]

Trata-se de um resumo extraordinariamente completo das razões que os homens deram ao longo de pelo menos nove séculos de história inglesa para manter as mulheres longe da autoridade, da riqueza e dos trabalhos interessantes. O último bastião do patriarcado. As mulheres não eram espiritualmente iguais aos homens aos olhos de Deus nem da Igreja. Elas não poderiam ser sacerdotisas. Elas nunca foram padres — não era natural. O ofício dos padres seria arruinado com a entrada das mulheres. Mulheres e homens são o oposto um do outro e não podem fazer o mesmo trabalho. As mulheres não podem ser sacerdotisas, mães e esposas ao mesmo tempo; isso arruinaria o lar, nem as mulheres querem isso. Por fim, elas fazem tão bem seu próprio trabalho feminino que esse trabalho deveria ser melhorado e estendido, e não faz sentido elas quererem dedicar-se a qualquer outra coisa.

Como parte da iniciativa de permitir que as mulheres estendessem seu papel de leitoras da Bíblia nos cultos, elas foram autorizadas a serem "leitoras leigas" em 1969, dez anos depois da proposta inicial. Um bispo garantiu que seria seguro abrir a leitura leiga às mulheres, uma vez que nenhuma se voluntariaria, já que as jovens estavam ocupadas demais cuidando da família para se encarregar do trabalho. Na verdade, no primeiro ano, 44 mulheres encontraram tempo para fazê-lo.[170]

Em 1975, a Igreja Anglicana reverteu a política (e aparentemente a própria "natureza") ao anunciar que, na verdade, não havia objeções fundamentais à ordenação sacerdotal de mulheres. A moção foi prontamente rejeitada no ano seguinte — o mesmo ano em que a Lei de Discriminação Sexual tornou ilegal banir as mulheres de postos de trabalho. A Igreja obteve isenção da exigência de abrir postos para homens e mulheres e ainda está (no momento em que estas palavras são escritas) isenta da legislação de igualdade de gênero.

Betty Ridley assumiu a presidência do Movimento para a Ordenação de Mulheres em 1979.[171] Filha de um bispo, viúva e mãe de quatro filhos, ela passou a vida trabalhando para a Igreja em vários cargos e comitês, e seu entusiasmo e o de outras diaconisas e leitoras leigas conquistaram uma moção para permitir a ordenação de mulheres em 1984, que se desdobrou em oito anos de discussões — em grande parte sobre como indenizar os padres do sexo masculino que se recusaram a trabalhar com as vigárias. Era o velho problema de abrir um ofício a mulheres e de alguma maneira recompensar os artífices insatisfeitos. Um total de 430 padres demitiu-se da Igreja Anglicana para não ter de ver uma mulher representando Deus, os quais alegaram que deveriam continuar recebendo seus salários como recompensa pela perda do emprego e, em muitos casos, de sua moradia. A Igreja estimou que custaria 24 milhões de libras para recompensar os padres insatisfeitos. Ela os indenizou, inclusive aqueles que foram empregados pela Igreja

Católica Romana — ou seja, que não perderam a renda nem a moradia.[172] Finalmente, em 1994, as primeiras 32 sacerdotisas foram ordenadas na Catedral de Bristol. Vinte anos depois, em 2014, as mulheres foram autorizadas a assumir o bispado, e uma lei simultânea permitiu à Igreja continuar recusando sacerdotisas e incluiu uma emenda para que a Lei da Igualdade não se aplicasse à Igreja. Essa situação gerou alguns surpreendentes malabarismos mentais. Para fins da Lei da Igualdade, considera-se que bispos, e arcebispos, e inclusive aqueles que elaboram as leis da nação de seu assento na Câmara dos Lordes, não "ocupam cargos públicos", já que isso os colocaria sob a lei.

Apesar da resistência obstinada, apesar dos ofícios fechados à entrada das mulheres, apesar das indenizações pagas aos homens que se recusam a trabalhar lado a lado com uma mulher, a Igreja Anglicana passou a ordenar sacerdotisas. As mulheres conquistaram o direito a exprimir suas ideias em qualquer lugar da Inglaterra, com qualquer pessoa na Inglaterra, até na Igreja nacional, até com Deus. Pela primeira vez na Igreja Anglicana, uma mulher representou Deus perante a congregação, afirmou ser feita à imagem de Deus, intercedeu junto a Deus pela congregação e pregou a palavra de Deus à congregação.

Pela primeira vez na Inglaterra, as mulheres foram espíritos iguais aos homens dentro da Igreja cristã, e agora elas podem afirmar, acerca de sua "natureza", que mulheres normais são divinas.

# Posfácio

Este livro não terá uma conclusão grandiosa. O que você leu aqui foi um relato de eventos reais que ocorreram na Inglaterra ao longo de novecentos anos, não uma condenação do passado, nem um apelo à ação. A vastidão do material histórico impossibilita resumi-lo em uma única e grandiosa conclusão, e prefiro deixar a você quem lê a tarefa de tirar suas próprias conclusões. Mas uma das ideias que mais se destacam para mim é o hábito compulsivo dos homens, ao longo da história, de definir a chamada "natureza das mulheres". Esse rótulo totalmente imaginário serviu de ponto de partida para impor leis a elas, criar formas de controlar as mulheres, prover às mulheres, definir o trabalho apropriado para elas, estabelecer padrões para o tratamento permitido às mulheres e até definir quem pode ou não se autodenominar mulher. Virginia Woolf tentou matar essa mulher ideal imaginária: "Sempre que eu percebia a sombra de sua asa ou o brilho de sua auréola por cima da página, eu pegava o tinteiro e jogava nela".[1]

Como um *poltergeist* evocado pela imaginação dos homens, ora um demônio trazendo um aviso sombrio, ora um anjo observando de canto, essa criatura convoca as mulheres a viverem de acordo com um ideal irrealista ou a se rebelarem contra ele. A maioria das mulheres, no fundo de sua alma, se questiona e se preocupa: se é a "natureza" das mulheres, por que isso me parece tão pouco natural? Milhões de nós conhecemos aquela sensação avassaladora de não nos encaixar no molde; em minhas próprias experiências — de moleca, de aprendiz de um ofício, de profissional, acadêmica, mãe e feminista —, muitas vezes me senti completamente inapropriada.

A definição da "natureza feminina" colocou gerações de esportistas nas arquibancadas, cientistas na cozinha, acadêmicas na escola primária e políticas com chapéus floridos atrás dos maridos — os membros do Parlamento. Ainda hoje, milhares de meninas e adolescentes sentem-se tão pouco à vontade com a natureza das mulheres adultas nas quais estão se transformando que, decididas a nunca se transformar *naquilo*, escolhem muitas maneiras, às vezes fatais, de evitar ser como "Ela". O número de suicídios de jovens mulheres teve um aumento "espantoso",[2] o número de jovens mulheres que relataram automutilação triplicou entre 2000 e 2014,[3] e os casos de anorexia em meninas com menos de quinze anos também vêm aumentando.[4]

O número de jovens mulheres que desejam fazer a transição para homem dobrou em apenas um ano, 2022, para cinco mil.[5] As jovens mulheres têm razões individuais para acreditar que não conseguirão enfrentar a vida como mulheres adultas, assim como há muitas maneiras de tentar escapar desse destino; as jovens mulheres exigem e merecem outra maneira de ser uma mulher normal que não seja "*aquilo*".

Uma distinção artificial entre mulheres e homens foi incluída na visão de mundo dualista de Pitágoras. O antigo matemático e filósofo grego definiu um conjunto de dez opostos, que incluem "masculino : feminino":

> Limitado : Ilimitado
> Ímpar : Par
> Unidade : Pluralidade
> Direita : Esquerda
> Macho : Fêmea
> Em repouso : Em movimento
> Reto : Curvado
> Luz : Escuridão
> Bom : Mau
> Quadrado : Oblongo[6]

Os filósofos pitagóricos nos convencerão (se permitirmos) da utilidade dessa visão dualista para entender as mulheres como o oposto dos homens; mas nem todos os gregos antigos compartilhavam dessa visão nem concordavam com ela. Aristóteles e Platão observaram um espectro de sexualidade, do hipermasculino ao hiperfeminino, com os hermafroditas no meio. Galeno (século 2 d.C.) acreditava que a sexualidade constituía um espectro, e a sexualidade de um indivíduo era determinada por muitas características que poderiam ser alteradas; havia a possibilidade de mudança biológica (principalmente) do feminino para o masculino, e um terceiro sexo de hermafroditas. A Bíblia (cerca de 700 a.C.) e os primeiros pensadores cristãos incluíram ainda mais características à definição de mulher, em grande parte com base em Eva: indiscreta, que cai fácil em tentação, a única companheira do homem, mas nitidamente inferior, cujo corpo era feito com parte do dele, cujo espírito era falível e não confiável. Os clérigos medievais desenvolveram a "natureza" de Eva como o protótipo para todas as mulheres: sexual, falante, briguenta, equivocada. Como diz um comentarista: "Como todos os grupos dominantes, os homens buscam promover uma imagem da natureza de seus subordinados que contribua para a preservação do *status quo*. Por milhares de anos, os homens têm visto as mulheres não como as mulheres poderiam ser, mas apenas como os homens querem que elas sejam".[7]

As histórias de amor cortês do século XII descreveram uma nova característica nos homens: um impulso sexual avassalador capaz de vencer todos os obstáculos — muralhas de castelos, portas trancadas e até a recusa de uma mulher. Um "cavaleiro perfeito" morreria de desejo se não obtivesse a satisfação sexual. Seu oposto era a dama, fria a ponto de ser frígida; a história e a aventura não eram dela, mas dele. E eles, os leitores, viam-no escalar a torre, entrar no quarto e colher a rosa. Os leitores queriam que a heroína resistisse, mas um impasse não é um final satisfatório para uma narrativa: eles queriam que ela resistisse, porém só por um tempo. Desde *O romance da rosa*, um poema de amor cortês, até a *Bela Adormecida*, o final feliz das histórias passou a ser o herói recebendo seu prêmio, quer a mulher consentisse, quer não; quer ela estivesse acordada, quer não.

As ideias sobre o que as mulheres eram e o que deveriam ser mudaram de novo no século XV, quando os homens reagiram à ascensão das mulheres que aproveitaram as oportunidades criadas pela Grande Peste. Foi nesse contexto que a palavra "feminino" no sentido de apropriado para uma mulher, ou típico de uma mulher, foi usada pela primeira vez, quando a corte do rei e o Parlamento exclusivamente masculino criaram leis para prescrever salários menores para as mulheres em relação aos homens e confinaram as mulheres a suas paróquias de origem. Guildas e associações profissionais em toda a Inglaterra começaram a limitar a adesão a homens, que, a princípio, poderiam incluir suas dependentes do sexo feminino.

O movimento romântico do fim do século XVIII ajudou a consolidar a ideia de que era "natural" os homens desejarem e as mulheres serem frias. As histórias de amor cortês foram recontadas no novo gênero literário dos romances, nos quais a "natureza" das heroínas consistia em estar em constante estado de excitação (em relação a tudo, menos ao sexo). As mulheres dos romances desmaiavam, tinham hemorragias nasais e ataques de histeria e chegavam a morrer de fome, superestimuladas pelo amor à Natureza, pelo amor a Deus, pelo amor materno, pelo amor fraterno, pelo desespero por falta de amor ou pela culpa pelo amor. No mundo real, médicos qualificados garantiam às famílias que as mulheres não tinham qualquer interesse em relações sexuais e não eram perturbadas pelo desejo, ao passo que eram atormentadas por todas as outras emoções. Quando as mulheres se comportavam como seres sexuais, eram condenadas e submetidas a tratamentos médicos e cirúrgicos para curá-las da excitação sexual, incluindo mutilação genital, histerectomia e ovariectomia, isto é, remoção do útero e dos ovários. O desejo sexual foi definido como uma característica exclusivamente masculina e, como se acreditava que a masturbação era tão prejudicial para os homens quanto o autocontrole, era necessário encontrar alguém que satisfizesse a luxúria dos homens da elite: "Todo homem normalmente constituído seria um estuprador nato se o apetite sexual não pudesse encontrar outro meio de satisfação".[8]

Quem daria aos homens da elite a satisfação que não lhes podia ser negada? As mulheres pobres, é lógico. Bordéis eram permitidos desde os tempos medievais

— em algumas cidades, eram licenciados pelas autoridades locais. No século XVIII, bordéis, clubes de cavalheiros e prostitutas eram tolerados e só eram condenados se causassem algum tipo de desordem ou se fossem inconvenientes para a elite. Hospitais prisionais especializados foram criados para mulheres com doenças venéreas, hospitais para enjeitados foram criados para filhos bastardos, "Casas Magdalen" resgatavam inocentes seduzidas — não com o intuito de salvar pecadoras, cuidar de crianças órfãs ou curar mulheres infectadas, mas de tornar tudo mais seguro e fácil para que os homens da classe alta desfrutassem de sexo desprotegido com mulheres pobres ou vulneráveis demais para recusar. A exploração das mulheres da classe trabalhadora para fins sexuais aumentou ao mesmo tempo que as trabalhadoras se viam exploradas no trabalho industrial. Os dois tipos de exploração eram justificados pela teoria da "natureza" das mulheres da classe trabalhadora: robustas, resilientes, obscenas, vulgares, mercenárias.

Os vitorianos retomaram a ideia de Aristóteles das "esferas distintas" — a casa e o espaço público — e enquadraram nela as duas novas "naturezas femininas" imaginárias: as mulheres da elite eram damas frígidas e delicadas, adequadas para o lar e o ócio; as comuns eram fortes e sexualizadas, adequadas para a violência e o trabalho árduo em espaços públicos. A esfera distinta era o lar da classe alta, que as damas podiam transformar em santuário espiritual para si mesmas e em um refúgio para os homens que regressavam após explorarem o mundo externo, por lucro, e as mulheres da classe trabalhadora, por trabalho e sexo. A ideia das esferas distintas permitiu que o trabalho agonizante e cruel das mulheres nas fábricas, nas minas e nas ruas ocorresse longe da vista das mulheres da classe alta, que também faziam vista grossa ao comportamento dos maridos. As damas podiam igualmente fechar os olhos à escravatura e à servidão na Inglaterra e às terras invadidas no exterior, onde a única coisa que limitava os lucros e o apetite dos homens colonizadores era a resistência das pessoas escravizadas e perseguidas.

Com a maior complexidade dos padrões artificiais estabelecidos para uma *lady*, a educação tornou-se mais rigorosa tanto para meninos quanto para meninas. No mundo medieval, marcado por uma alta taxa de mortalidade infantil e que não considerava a infância como uma fase da vida com características próprias, os bebês não eram definidos pelo sexo, mas enrolados no mesmo pano e vestidos com roupas de adulto cortadas até mais ou menos os sete anos de idade, quando vestiam roupas de adulto e entravam no mundo adulto. Mas, com a maior distinção entre o mundo dos homens e o mundo das mulheres, as crianças tiveram de ser educadas desde cedo para seus futuros papéis. A partir de 1837, o sexo de um bebê — que passou a ser uma escolha entre apenas duas opções — deveria ser registrado no nascimento. Os médicos tomavam decisões precipitadas com base na aparência dos órgãos genitais infantis, e quase sempre declaravam que um bebê com pênis pequeno era menina, já que se pensava que era melhor ser uma menina com o que parecia ser um clitóris grande do que ser um menino com o que parecia ser um pênis pequeno.⁹ Devido a essa simples expressão da vaidade masculina, muitas vidas foram destruídas. Naquela época, como agora, cerca de 2% da população nascia "intersexo", ou seja, o sexo desses recém-nascidos simplesmente não podia ser decidido entre um e outro por meio de um rápido exame visual.¹⁰

Por incrível que pareça, nem todas as mulheres escolheram permanecer em sua "esfera" privilegiada, sufocante e protegida. A partir dos anos 1790, mulheres das classes altas optaram por abrir os olhos ao mundo real e questionaram o tratamento dispensado às mulheres escravizadas pelos impérios europeus. Mulheres das classes alta e média lideraram a campanha contra a escravatura, mas foram incapazes de enxergar e opor-se ao racismo então inventado para tentar explicar a escravização dos povos africanos. Abriu-se um abismo ainda maior entre as mulheres brancas e as de outras raças, e foi criada outra "natureza das mulheres" para descrever características raciais imaginárias.

Mulheres da elite inglesa aprenderam lições importantes com o sucesso da campanha de abolição da escravatura e, em 1850, utilizaram suas competências políticas e um novo senso de feminismo para promover manifestações contra as leis de controle de doenças, criadas para controlar as prostitutas e proteger a saúde dos homens. Banidas das campanhas masculinas por medo de que sua natureza delicada se escandalizasse, as mulheres da classe alta criaram seu próprio "comitê de damas" para acabar com o toque de recolher obrigatório, a prisão e os tratamentos compulsórios aos quais mulheres suspeitas de prostituição eram submetidas. Manifestações posteriores pelos direitos de todas as mulheres, por condições de trabalho melhores e pelo direito ao voto tiraram as damas da dependência doentia e opulenta e as expuseram ao mundo real, o que lhes deu oportunidades de exercitar suas competências políticas e sua solidariedade para com mulheres de todas as classes. O rompimento das fronteiras das esferas distintas revelou-se um passo extraordinário que só poderia ter sido dado por mulheres caracterizadas por uma enorme coragem, curiosidade intelectual, determinação e resiliência — todas características que se acreditava fossem ausentes nas "damas".

Mas médicos, psicólogos e educadores ignoraram o sucesso das mulheres radicais e politizadas e continuaram apontando para a inferioridade feminina inata e "natural". A ciência do século XIX mostrou-se extraordinariamente flexível quando se tratava de descobrir fraquezas femininas a fim de explicar por que as mulheres não deveriam receber um salário adequado ou não deveriam ocupar posições de poder e autoridade. O próprio Charles Darwin declarou que, enquanto os homens evoluíam para uma maior complexidade e força, as mulheres apenas se tornavam mais férteis.¹¹

A inferioridade feminina provou ser uma crença tão arraigada que, quando as sufragistas exigiram o voto feminino, já no fim do século XIX, as mulheres que diziam não estar preparadas para votar eram mais numerosas do que as que queriam votar.[12] Foi somente com a experiência de se organizar para lutar pelo direito ao voto, de se opor com violência ao governo e de sair da esfera distinta para o mundo do trabalho em tempos de guerra que as mulheres se convenceram de que elas eram, sim, competentes para eleger membros do Parlamento e para se candidatar elas próprias. Mas as mulheres não conquistaram o voto devido a suas campanhas nem devido a seu trabalho patriótico. As da classe alta obtiveram o voto porque o governo foi obrigado a conceder o direito a voto aos soldados que regressavam das trincheiras da Primeira Guerra Mundial. Como nenhum homem da classe trabalhadora poderia ter algo que uma mulher da elite não tivesse, o direito ao voto foi concedido às mulheres ricas, para que elas permanecessem — em todos os sentidos — superiores aos homens da classe trabalhadora. Por mais decepcionante que seja para os historiadores do sufrágio, a decisão foi tomada a fim de manter a superioridade das mulheres da elite, e não para recompensá-las por seu ativismo ou por seu trabalho de guerra.

Embora algumas mulheres tivessem direito a voto e estivessem começando a atuar na sociedade, ainda eram rigorosamente adestradas desde a infância para se comportarem de modo adequado. Os bebês, antes vestidos de branco, passaram a ser codificados por cores, para que até desconhecidos pudessem lhes dar os reforços adequados a seu sexo. As roupas infantis unissex saíram de moda, e os meninos passaram a vestir calças aos três ou quatro anos, e as meninas, a usar vestidos. Um menino usava rosa, por ser uma cor "forte", enquanto o azul-claro ou o amarelo-claro eram cores consideradas adequadas para uma menina.[13]

No início do século XX, sexólogos anunciaram quatro sexos: homens, mulheres e dois novos, homens que preferiam amantes homens e mulheres que preferiam amantes mulheres; mas, depois das traumáticas evacuações, da destruição de casas e dos ataques à população civil na Segunda Guerra Mundial, houve um desejo de regressar aos estereótipos domésticos anteriores à guerra. A imprensa, as leis e a sociedade recuaram à segurança dos dois sexos. Os avanços no campo da cirurgia ocorridos durante a guerra, especialmente para alterar a aparência, possibilitaram que homens que queriam viver como mulher e que mulheres que queriam viver como homem fizessem cirurgias genitais, mamárias e faciais, bem como solicitassem a mudança legal de identidade. O Charing Cross Hospital tornou-se um centro de cirurgias de transição, e as poucas pessoas que podiam pagar pelo tratamento conseguiram mudar a aparência e a identidade legal — acontecia de as transições provocarem questionamentos e perseguições.

Confusos, os psicólogos que analisavam a aptidão de um homem para a transição para sua identidade feminina esperavam que este se conformasse à natureza imaginária das mulheres — agora donas de casa dos anos 1950 —, do que decorreu que os pacientes do sexo masculino aprenderam a expressar sua feminilidade em frases estereotipadas e em um desejo por roupas e itens hiperfemininos. Para satisfazer os médicos, comportamentos que as mulheres passaram anos contestando, como submissão, passividade e emotividade exagerada, tiveram de ser exibidos por homens que queriam fazer a transição. Os historiadores explicam: "Para um homem ser considerado para um tratamento de mudança de sexo, ele precisa convencer os médicos de sua feminilidade. Ele precisa se apresentar como 'hiper' feminino e é aconselhado a não expressar qualquer dúvida nem qualquer nível de androginia que as mulheres podem sentir".[14]

A palavra "sexo" foi considerada inadequada para expressar os muitos significados que lhe são atribuídos e, na década de 1950 — a exemplo da antropologia e da sociologia —, as pessoas começaram a usar a palavra "gêneros" em vez de "sexos" para descrever uma identidade sexual criada pela cultura. Não demorou muito para que o "gênero" também fosse restrito a um ou outro e qualquer demonstração de dúvida sobre a autoidentidade de gênero fosse definida como doença: classificada como distúrbio no *Manual diagnóstico e estatístico de transtornos mentais*, na década de 1950, e rebaixada a "disforia" apenas em 2020 — numa insistência em que existem apenas duas opções e que qualquer pessoa que não se encaixe em uma ou outra fica no mínimo confusa e que os chamados especialistas são mais bem preparados do que a própria pessoa para julgar a qual dos dois gêneros esta pertence.[15]

A dona de casa do pós-guerra era uma fantasia adorada não apenas pelos psicólogos, que deveriam ter sido mais inteligentes, como também pelas empresas que vendiam produtos para o lar do pós-guerra, pelos empregadores, que queriam trabalhadores de meio período e mal remunerados, pelos homens, que ansiavam por voltar da guerra e encontrar em casa um refúgio imaginário, e pelos políticos e economistas, que queriam uma recuperação econômica apoiada em mulheres dispostas a cuidar de graça da casa, a trabalhar em meio período ganhando mal e a consumir parafernálias domésticas. As próprias mulheres fantasiavam uma época imaginária na qual o salário de ganha-pão do marido era suficiente para manter uma família, com a esposa em casa. Não tanto tempo atrás, em 1978, Elspeth Howe, presidente da Comissão de Igualdade de Oportunidades, continuava nostálgica por uma época que nunca existiu: "A família tradicional, na qual a esposa ficava em casa e o marido trabalhava, está desaparecendo. A sociedade tem razão de se preocupar com o que está acontecendo com as mulheres, que enfrentam a dupla jornada que inclui seus deveres tradicionais em casa além de trabalhar fora".[16]

O rosa passou a ser a cor das meninas, e brinquedos diferentes para meninos e meninas começaram a ser incansavelmente vendidos no crescente mercado consumidor.[17] A boneca Barbie foi inventada em 1959 e sua primeira profissão foi "modelo adolescente", ostentando um corpo idealizado e impossível, sobre pernas que quebrariam se fossem feitas de carne e osso.[18]

A partir da década de 1960, as crescentes indústrias da moda, de cosméticos e de bem-estar encorajaram todas as mulheres a se verem como consumidoras, não como produtoras. A "garota *Cosmo*" idealizada das revistas vai trabalhar principalmente para se exibir e para encontrar parceiros elegíveis; seu trabalho ideal é o trabalho por tarefa, os serviços de escritório ou como assistente de um homem mais importante. Ela passa a vida profissional inteira sem fazer um único produto completo; a única coisa que produz desde o conceito até a apresentação final é seu próprio corpo: pintado, vestido, tatuado, perfurado, às vezes abusado por dietas perigosas ou cirurgias estéticas, às vezes disponível para o sexo, casamento ou venda — ou uma combinação de todas essas transações. Desde esse tempo, as mulheres foram o seu próprio produto — mercadorias —, e, com o advento das redes sociais, já na década de 1990, puderam divulgar a própria imagem em suas próprias campanhas de *marketing*.

A maior segurança na gestação e no parto levou os pais a anunciar o sexo de um bebê já antes do nascimento, e a alta tecnologia do ultrassom, desenvolvida para diagnosticar anomalias fetais, passou a ser usada para obter imagens do feto no útero. Pais ricos anunciavam a novidade em chás de "revelação de gênero" com canhões de confete rosa ou azul, um bolo "revelação" azul ou rosa por dentro e balões azuis ou rosa. (Aliás, esse é um uso indevido da palavra "gênero", mas convenhamos que dá até para entender, considerando que um "chá de sexo" atrairia um tipo muito diferente de convidados, vestidos em um estilo bem diferente.) Cada vez mais ostensivo, o chá de revelação atingiu seu auge em 2020, quando um fogo de artifício de revelação causou um dos maiores incêndios da história da Califórnia, no condado de El Dorado. A mulher que alega ter sido pioneira no chá de revelação com seu bolo cor-de-rosa disse: "Que tal a gente simplesmente parar com essas festas idiotas?". Sua filha, cuja festa rosa deu início à tendência, disse (aos dez anos) acreditar que existem muitos gêneros.[19] A ciência atual concorda: em 1910, Magnus Hirschfeld calculou 43 milhões de combinações possíveis de gênero e sexualidade. "Em cada pessoa há uma combinação diferente de substâncias masculinas e femininas e, do mesmo modo que não conseguimos encontrar duas folhas iguais numa árvore, é altamente improvável encontrarmos dois seres humanos cujas características masculinas e femininas correspondam exatamente em espécie e número".[20] Na década de 1990, Anne Fausto-Sterling contou cinco sexos e, no século XXI, Eric Vilain sugeriu um "número infinito de gêneros biológicos", uma vez que cromossomos, gônadas, anatomia e hormônios definem a sexualidade de uma pessoa, e cada um desses fatores tem muitas variantes.[21] Atualmente, entende-se que o "sexo" pode ser definido pelos hormônios presentes no feto, pelas gônadas fetais (que são simultaneamente masculinas e femininas), pelos hormônios na fase adulta, pelos cromossomos adultos e pela aparência física. Todos esses fatores ocorrem em diferentes combinações, todos variam e todos podem ser alterados por comportamentos, tratamentos ou cirurgia — de modo que não servem de nada para provar que um indivíduo pertence a um ou a outro gênero. A ciência atual sugere, como acreditavam os gregos, um espectro de sexos e a possibilidade de transitar por esse espectro como resultado de experiências e estímulos.

Não há aptidões, preferências ou comportamentos exclusivos a qualquer sexo em particular. Exames modernos mostram mais diferenças em cada um dos dois sexos do que entre eles. O cérebro masculino difere mais de um homem a outro do que do cérebro feminino; e, de qualquer maneira, o cérebro é mutável: a educação e os incentivos moldam seu funcionamento e sua eficácia. Como o mundo dos esportes está descobrindo, indivíduos altamente treinados não vencem apenas em sua própria categoria sexual. Quando, em março de 2019, a ciclista Nicole Hanselmann, da Suíça, ameaçou ultrapassar competidores masculinos pela primeira vez em uma corrida profissional de elite (em Omloop Het Nieuwsblad), "os organizadores tiveram de intervir porque a líder da corrida feminina estava aproximando-se demais do comboio da raça masculina".[22] Isso colocava em perigo a segurança da "raça masculina", mas foi catastrófico mesmo para as pessoas que queriam acreditar na superioridade física masculina inata. O mundo dos esportes profissionais, sem saber como classificar os atletas nas antigas categorias masculina e feminina, e sem qualquer maneira confiável de provar a existência de qualquer uma delas, está criando uma terceira categoria "aberta" para os atletas, na esperança de impedir que mulheres trans compitam com pessoas identificadas como mulheres no nascimento.[23]

A força resulta do físico e do treinamento para todos os sexos. A aptidão é criada pelo ensino e incentivada pela prática. Uma experiência conduzida no início da década de 1980 identificou apenas uma menina superdotada para cada treze meninos superdotados em um programa, confirmando a crença na inteligência inata dos meninos. Vinte anos mais tarde, em 2005, depois que professores encorajaram deliberadamente as meninas, os pesquisadores identificaram uma menina superdotada para dois meninos.[24] As meninas que foram informadas antes de uma prova de que o cérebro masculino tem uma aptidão inata para a tarefa se saíram pior na prova do que os meninos; as meninas que não receberam essa informação tiveram o mesmo desempenho que os meninos.[25]

A ideia de que uma pessoa precisa escolher uma identidade e nunca mudar não tem confirmação científica nem histórica. Os debates sobre escolha, por mais violentos e fervorosos que sejam, não passam de discussões sobre dois estereótipos imaginários, não sobre mulheres e homens normais e todas as variações normais entre os dois e além dos dois. Toda a discussão a respeito da transição de um sexo ao outro baseia-se no mito de que há apenas dois sexos, que são bastante diferentes um do outro, reconhecíveis à primeira vista e que todas as pessoas devem escolher um time e se ater a ele.

A diversidade e a variedade dos sexos descobertas pelos cientistas se refletem no mundo real quando as pessoas se sentem livres para se identificar como quiserem. No censo de 2021 do Reino Unido, trinta mil dos 45,7 milhões de entrevistados se identificaram como não binários (0,06%) e dezoito mil (0,04%) responderam com o que foi descrito no formulário como "identidade de gênero diferente", isto é, nem masculino nem feminino.[26] A ciência, a história e a experiência sugerem que forçar as pessoas a se encaixar em uma de duas categorias é uma ideia tão fictícia quanto o "chapéu seletor" de *Harry Potter*; somos mais diversos, mais variados e mais mutáveis ao longo do tempo, em um mundo múltiplo e muito mais rico do que o modelo binário rígido e restritivo. Mas nossa sexualidade variada foi recrutada para um conflito cultural que defende que as pessoas devem pertencer a um ou outro sexo e que qualquer outra coisa é inautêntica, não biológica e por vezes até perigosa para a sociedade.

A segurança de todos em casa, nas ruas, nas casas de banho públicas e nas prisões é colocada em perigo por homens mal comportados, falsamente orgulhosos de sua masculinidade e do privilégio que acreditam que ela lhes confere, que pensam que têm o direito de ter acesso irrestrito às mulheres, de controlá-las e de abusar delas. São raros os homens que abusam de e atacam mulheres que eles não conhecem; a maioria dos homens é violenta com mulheres conhecidas. O problema, como quase sempre é o caso, é a violência masculina perpetrada por uma minoria de homens violentos e abusivos.

No momento da escrita destas linhas, havia uma preocupação exagerada com homens violentos que tentariam entrar em espaços seguros para mulheres disfarçando-se de mulheres trans, a fim de concretizar suas intenções masculinas tóxicas. Em 2019, 76 das 129 mulheres trans em presídios femininos haviam sido agressores sexuais do sexo masculino no passado.[27] Mas, até o momento da escrita destas linhas, não houve relatos de agressões sexuais por parte de mulheres trans contra outras detentas, e houve apenas quatro agressões sexuais contra detentas em geral em 2013. Pessoas não binárias correm mais risco de serem vítimas de agressão sexual — elas não são as mais perigosas. Os jovens também estão em risco: 9,5% dos jovens detidos denunciaram abusos sexuais em 2012 e entre 70% e 80% afirmaram ter sido agredidos, não por reclusos violentos, mas por funcionários.[28] Os que correm mais risco são pessoas não brancas. O problema é que até os espaços designados como "seguros" para as mulheres demonstram pouco interesse em proteger e cuidar delas. Nos presídios femininos, a maior ameaça à vida e ao bem-estar das detentas são a automutilação e as doenças mentais.

Nossas sociedades passaram séculos treinando os homens a priorizar as próprias necessidades em detrimento das necessidades de todas as outras pessoas. Contudo, o objetivo da formação sexual não foi criar "mulheres capachos" — esse foi um efeito secundário não intencional do verdadeiro plano. A ideia foi encorajar os homens; transformar um menino sensível em *bully*, em vencedor, em comandante: ainda que ele só consiga vencer meninas, ainda que ele só consiga comandar sua esposa. Uma vez estabelecida a tradição de passar a herança para o homem, e não para o herdeiro mais capaz, uma vez que a autoridade passou a ser atribuída aos homens, não ao melhor candidato, uma vez que a riqueza passou a fluir para os bolsos masculinos, em vez de ser compartilhada por todos os que a criaram, tornou-se essencial que a "natureza" dos homens fosse autoritária, poderosa e gananciosa — para manter a herança, o poder e o dinheiro. Este tem sido um caminho doloroso e difícil para as mulheres, mas também para os homens bons, gentis e sensíveis que não querem ser autoritários, nem mesmo em troca das recompensas que poderiam ganhar com isso.

O conceito de mulher como pessoa de segunda categoria não foi inventado para oprimir as mulheres, embora esse seja um dos resultados. A ideia foi libertar os homens de toda concorrência, exceto a de outros homens. É a fragilidade da masculinidade, a debilidade do patriarcado e a fraqueza dos candidatos homens que leva a sociedade a dar a estes a enorme vantagem de sair na frente: os homens só vencem se o caminho das mulheres for cheio de obstáculos.

As mulheres foram associadas ao trabalho leve, ao trabalho ocasional e ao trabalho mal remunerado não porque foram definidas como menos capazes; foi o contrário. As mulheres foram forçadas a realizar trabalhos leves, ocasionais e mal remunerados para que o trabalho desafiador, seguro e gratificante fosse concedido aos candidatos do sexo masculino. As guildas, as associações profissionais e as universidades excluíram as mulheres para que o candidato masculino mais fraco conseguisse os melhores empregos. Como diz uma historiadora: "Está mais do que evidente que esse funcionamento específico do patriarcado foi motivado pelo medo do que as mulheres poderiam realizar".[29]

A disparidade entre os salários dos homens e das mulheres foi criada deliberadamente conforme a população se recuperava da Grande Peste e os proprietários e empregadores procuravam recuperar suas perdas. As mulheres, excluídas de ganhar dinheiro com sua produção doméstica devido aos cercamentos das terras compartilhadas, viram-se forçadas a aceitar salários mais baixos. Posteriormente, leis tornaram obrigatórias as disparidades salariais, e os sindicatos masculinos excluíram as mulheres do trabalho e dos ganhos dos artífices, do mesmo modo que as profissões as excluíram dos ganhos profissionais. Por volta de meados do século XIX, o conceito de "salário do ganha-pão" foi inventado para sustentar o argumento das esferas distintas. Os homens deveriam ganhar o suficiente para o casal, para que as esposas pudessem habitar a esfera distinta do lar e não sair para trabalhar. As mulheres pobres, desesperadas para que seus maridos ganhassem um salário digno, apoiaram o argumento a favor do salário do ganha-pão e só depois descobriram que uma mulher solteira com uma família para sustentar, ou seja, uma chefe de família, não teria direito a receber o salário do ganha-pão, reservado apenas para os homens.

Obviamente, as mulheres sempre ganharão menos do que os homens se pelo menos metade de sua vida profissional for não remunerada. Como a comissão de salários descobriu, para sua surpresa, em 1840, a sra. Sherwin, esposa de um tecelão, teria ganhado 4 xelins e 7,5 pence por semana se o marido tivesse lhe pagado o valor de mercado para enrolar bobinas para ele. Mas, como ela trabalhava de graça para o marido, ganhava apenas 3 xelins, enquanto ele ganhava 6 xelins e 6 pence.[30] As mulheres que trabalham para os maridos como assistentes, auxiliares ou secretárias descobrem que, além de não serem remuneradas, também não são representadas por ninguém a não ser elas mesmas e não têm meios de melhorar sua carreira. A esposa de um empresário que faz a contabilidade para ele, mantém as folhas de pagamento dos funcionários e contrata e demite por ele na prática ocupa uma posição de gestão; mas ela não tem o cargo, nem a carreira, nem o salário. Nenhuma mulher que precisa cuidar de um filho doente ou da mãe ou pai idoso — ou da mãe ou pai idoso do marido ou de outra pessoa — espera receber treinamento, férias, intervalo de almoço, despesas pagas ou remuneração adequada. Os números do PIB nem sequer consideram o trabalho dessas mulheres como trabalho. Uma vez que o censo do século XIX determinou que as "damas" não trabalham, tudo o que uma mulher faz em casa passou a ser considerado "não trabalho".

Mesmo quando esposa e marido trabalham em período integral em empregos remunerados fora de casa, a esposa se encarrega, em média, do dobro do trabalho de criação dos filhos e das tarefas domésticas em comparação com o marido.[31] Mulheres entre 26 e 35 anos são as que mais fazem: 34 horas por semana. Se uma mulher recebesse o salário mínimo atual de 9,50 libras para trabalhar 34 horas semanais em casa e 40 horas semanais fora, ganharia um total bruto de 36.556 libras por ano. Mas não é o que acontece. Ela recebe apenas pelo trabalho que faz fora de casa e, portanto, ganha apenas 19.760 libras anuais. Ao trabalhar 34 horas por semana de graça, na prática ela reduz pela metade o valor de seu trabalho. E, como se isso não bastasse, ganha menos do que um homem também para trabalhar fora: no momento da escrita deste livro, uma mulher ganha em média 90 centavos para cada 1 libra ganha por um homem — e depois zero pela dupla jornada que cumpre, sozinha, em casa.[32]

Os que preferem mistificar as relações entre homens e mulheres descrevem esse trabalho não remunerado com doçura, como um trabalho feito "por amor", e, tal como o "verdadeiro amor", esse fardo dura para sempre. Mesmo as esposas muito idosas e enfermas continuam se encarregando da maior parte do trabalho doméstico: cozinhar, limpar e cuidar das questões emocionais do marido, muito depois de o marido se ter aposentado como ganha-pão. O trabalho de ser uma esposa dura até sua morte: sem salário, sem férias, sem aposentadoria, e as horas de trabalho são intermináveis.

A invisibilidade do trabalho das mulheres afetou nossa história. As histórias que retiram indivíduas mulheres da obscuridade e as mostram como heroínas nada fazem para jogar luz sobre o trabalho registrado porém ignorado de milhões, todas mulheres invisíveis: cientistas, inventoras e empresárias cujas invenções, patentes ou fortunas foram tradicionalmente registradas sob o nome do marido ou parceiro masculino. Em 2018, ontem mesmo, em termos históricos, a página da revista *BBC History* resumiu a presença das mulheres na guerra medieval nos seguintes termos: "Muito pouco restou da história britânica nos dezesseis séculos seguintes acerca das mulheres na guerra, embora as tropas britânicas tenham encontrado Joana D'Arc entre 1429-1931".[33]

Uma mulher (e ela é francesa!) em dezesseis séculos de história britânica? Uma? Você não precisa ser uma feminista fervorosa para pensar que foi mais do que isso. Nem nos dias de hoje os meios de comunicação refletem a vida real das mulheres: em 2019, elas foram citadas em apenas 29% das notícias gerais no Reino Unido; em histórias sobre economia ou guerra, elas são ainda menos consultadas.[34]

Até o design se pauta pelo corpo masculino. A tecnologia, desde os celulares até os cintos de segurança, só pode ser utilizada com conforto por homens. Alguém duvida que os carros autônomos serão ajustados às dimensões masculinas e que as motoristas mulheres terão que subir o assento para seus olhos se alinharem com a tecnologia? Novos medicamentos são feitos sob medida para homens e testados principalmente neles; a dosagem e os efeitos colaterais em mulheres podem ser incertos mesmo com os medicamentos liberados para venda.[35] Assombrosos 80% dos medicamentos retirados do mercado nos Estados Unidos causavam efeitos secundários inaceitáveis nas mulheres.[36]

Pacientes mulheres que sofrem ataque cardíaco têm mais chances de sobrevivência se forem tratadas por uma médica mulher, de acordo com uma análise de 580 mil casos de ataque cardíaco ao longo de dezenove anos na Flórida, Estados Unidos. Das mulheres sob os cuidados de um médico homem, 13,3% morreram, em comparação com 12% das que foram tratadas por uma mulher.[37] A única explicação oferecida para essa discrepância é que os médicos do sexo masculino esperam ver ataques cardíacos em homens, mas não em mulheres, e que as mulheres demoram muito para pedir ajuda — elas são as únicas culpadas por não alertarem os médicos homens de que estão morrendo. Um estudo de 2022 publicado no *Journal of the American Heart Association* relatou que as mulheres que foram a um pronto-atendimento com dor no peito esperaram 29% mais tempo do que os homens para serem atendidas por um médico e tiveram duas vezes mais probabilidade de serem diagnosticadas com doenças mentais do que com doenças cardíacas.[38] O transtorno de estresse pós-traumático é mais comum e mais grave em mulheres que foram estupradas, mas é mais estudado em veteranos militares do sexo masculino.[39]

Deixando de lado a natureza — imaginada e desconhecida — das mulheres, os órgãos genitais das mulheres foram invisíveis para os médicos até o fim do século XVI. Andreas Vesalius, um médico universalmente respeitado, publicou em 1543 sua explicação de que apenas os "hermafroditas" tinham clitóris. Na cópia da edição de 1559 do livro *Compendiosa totius anatomie delineatio*, de Thomas Gemini, feita pela Universidade de Cambridge, o diagrama da área genital feminina foi deliberada e cuidadosamente cortado, talvez para evitar o rubor dos estudantes clericais.[40]

Em 1559, o clitóris foi descrito como "o principal ponto de prazer das mulheres na relação sexual",[41] mas, dezoito anos depois, uma descrição da vagina copiou aquela de Aristóteles segundo a qual se tratava de uma imagem espelhada dos órgãos genitais masculinos, com ovários onde estariam os testículos, mas invertidos no corpo feminino, concebido especificamente para acomodar o pênis: "É um instrumento suscetível, ou seja, uma coisa que recebe e aceita [...]; seu aspecto é de uma vara invertida ou virada para dentro, tendo testículos como os mencionados acima".[42] Um livro-texto de 1578 para cirurgiões recusou-se totalmente a descrever a genitália feminina, pois seria indecente "levantar o véu dos segredos da natureza nas formas femininas".[43] No século XVIII, os médicos e cientistas teriam tido mais facilidade em ver uma pulga na ilustração ampliada publicada em 1665 no best-seller *Micrografia*, de Robert Hooke, do que uma ilustração precisa da genitália feminina.[44]

A inquietude em relação à sexualidade feminina e a esperança de erradicar o desejo feminino da vida das mulheres levaram Isaac Baker Brown a introduzir a clitoridectomia nos anos 1860, criando um modismo velado acerca da arriscada e medicalmente inútil cirurgia, realizada até hoje, embora ilegal na Inglaterra e considerada uma mutilação genital feminina.[45] O clitóris foi brevemente avistado na edição de 1901 do *Gray's Anatomy*, mas voltou a desaparecer na edição de 1948, reaparecendo posteriormente. Até hoje, as bonecas sexuais anatomicamente corretas fabricadas na China (o maior produtor mundial) não têm clitóris.[46]

Até as ilustrações médicas do presente século raramente são precisas: na maioria das vezes, a vagina é representada como um orifício bem aberto, em vez de um tubo flexível fechado, e os lábios são mostrados como perfeitamente simétricos. O tamanho do clitóris em geral é subestimado[47] e a natureza obstrutiva do hímen é muito exagerada.[48] O clitóris ainda é descrito com frequência como um pênis pequeno, embora as partes internas do clitóris sejam muito maiores do que um pênis flácido, conectadas a uma área nervosa diferente em comparação com o pênis e sem relação alguma com a micção.[49] Até as imagens pornográficas do clitóris e dos lábios estão longe da precisão biológica, quase sempre depilados, e às vezes cirurgicamente alterados, às vezes abusados.

Os homens registraram desde muito cedo sua desconfiança e medo dos órgãos genitais femininos. A referência às mulheres como "vasos mais fracos" na tradução de William Tyndale da Bíblia, de 1522-1535, e o desenvolvimento posterior de imagens de mulheres como vasos vazando ressoam a teoria dos humores, que via as mulheres como frias e úmidas, e o medo da menstruação feminina e da lubrificação. Como diz o rei Lear de Shakespeare:

Abaixo da cintura são centauros, muito embora mulheres para cima. Até à cintura os deuses é que mandam; para baixo, os demônios.

Ali é o inferno, escuridão, abismo sulfuroso, calor, fervura, cheiro de podridão![50]

As meninas são ensinadas desde muito pequenas a não tocar nos órgãos genitais a não ser durante o banho e, em algumas famílias, os órgãos genitais femininos nunca são nomeados corretamente.

Mesmo nos tempos atuais, supostamente mais liberais, os órgãos genitais femininos são objetificados pelos homens: desenhados em *graffiti* e fotografados na pornografia, e enormes orçamentos publicitários são gastos para estimular a ansiedade sobre o tamanho, o formato, os pelos e o cheiro.[51]

Um anúncio — de 2021! — descreveu o "cheiro desagradável e suado" de uma vagina saudável, um problema que poderia ser resolvido com "*sprays* de higiene feminina" para a área genital. Um produto, entre os dez primeiros em um suposto site de recomendações, anuncia que tem um "aroma exótico de quivi".

(Isto é um quivi.)

Até a arqueologia foi cegada pelas crenças dos arqueólogos de que as mulheres de sociedades milhares de anos antes da nossa, em regiões distantes, se comportavam de acordo com a "natureza" atemporal e eterna de nossa imaginação, sempre dependentes de um homem superior — "Os homens [...] tornam-se, primeiro, caçadores formidáveis e depois, mestres do universo".[52] Por incrível que pareça, isso foi escrito em 2004, ecoando um equívoco tanto sobre a evolução quanto sobre as sociedades modernas de caçadores-coletores.

Quando o corpo de um guerreiro *viking* de alto escalão, enterrado com armas e um diagrama de guerra usado para planejar a estratégia militar, foi descoberto nos túmulos *vikings* em Birka, na Suécia, em 1878, os arqueólogos presumiram se tratar de um homem. Até 2011, a sugestão de que o corpo poderia ter sido de uma mulher, baseada em relatos folclóricos e baladas elogiosos para mulheres guerreiras, continuou sendo firmemente negada. Seis anos depois, testes de DNA provaram que a guerreira de fato era uma mulher.[53]

A história poderia terminar por aqui, ou seja, com uma nova compreensão da capacidade das mulheres e da honra que lhes era concedida mesmo na sociedade *viking* de um passado remoto. Mas, em 2020, um professor de arqueologia da Universidade de Uppsala propôs uma nova abordagem: que o guerreiro foi um homem trans, ou, nas palavras dele, "alguém que vive como homem".[54] Afinal, não pode haver uma mulher guerreira *viking*, mas uma pessoa com DNA feminino enterrada em um túmulo honorífico masculino. Não uma combatente mulher que contou com o respeito de seus camaradas *vikings*, mas uma mulher que usava itens masculinos? Que usava roupas masculinas? Que se fazia passar por homem? O que faz dessa hipótese uma explicação mais convincente para uma mulher enterrada como um herói *viking* do que a sugestão mais óbvia de que ela foi uma heroína *viking*? E que o sucesso militar poderia ser conquistado por uma mulher?

Em 2021, em Suontaka Vesitorninmäki, Hattula, na Finlândia, arqueólogos encontraram o túmulo de um guerreiro ou guerreira *viking* com roupas femininas, sobre um cobertor de penas macias, com vários itens e duas espadas. Eles teorizaram que a pessoa tinha síndrome de Klinefelter, resultante de cromossomos XXY.[55] Provavelmente era uma pessoa respeitada na sociedade do século XI, que usava roupas femininas, lutava como um guerreiro, talvez vista como pertencente a um dos muitos sexos do enorme espectro de identidade sexual que na época se sabia existir, mas que hoje fazemos de tudo para esquecer e ignorar.

Atualmente, arqueólogos do mundo todo estão reexaminando sítios arqueológicos e questionando interpretações anteriores elaboradas por especialistas cegos pelas próprias crenças. Em 2009, presumiu-se que um par de esqueletos, descobertos de mãos dadas em um túmulo de 1.500 anos em Modena, Itália, e que ficou conhecido como "Os Amantes", eram um homem e uma mulher. Em 2019, uma nova análise de DNA que aplicou técnicas mais sofisticadas no esmalte dentário mostrou que o casal de mãos dadas era, na verdade, formado por dois homens. Outras descobertas arqueológicas de "amantes" estão sendo investigadas para saber se também elas desmentem as expectativas da heteronormatividade convencional — se também podem ser amantes homossexuais — ou se existem outras explicações, ainda desconhecidas, para um par de corpos enterrado de mãos dadas.[56]

Quando a história se concentra apenas nos homens e quando as mulheres são definidas como qualquer coisa que os homens não são, temos um entendimento muito equivocado do mundo, e nossas teorias e hipóteses são muito restritas. Encontramos o que procuramos e ignoramos qualquer coisa que não se enquadre em nosso sistema de crenças. Não só perdemos de vista as verdadeiras mulheres, como perdemos de vista o que uma mulher é capaz de fazer e as relações entre mulheres: não vemos filhas, irmãs, amigas queridas e mulheres amantes; perdemos de vista o que, segundo os sociólogos, é a relação mais forte nos laços familiares ocidentais: entre mãe e filha.[57] Em vez disso, nos concentramos nas relações que as mulheres têm com os homens: a relação de dependência de uma menina com seu pai, a vida sempre criticada da mulher solteira, a busca desesperada por um marido que sustente a família, a vergonha de uma divorciada, a angustiada liberdade de uma viúva. A falta de interesse e os poucos registros sobre o vínculo entre mães e filhas deixam um vácuo que é preenchido pelo interesse excessivo no namoro heterossexual, no casamento e no fim do casamento, que se tornam o tema principal das ficções e o único amor da História.

Apesar dos avanços extraordinários feitos pelas mulheres desde o século XIX, nossa sociedade ainda é guiada por um desprezo milenar por elas. Quando funcionárias se queixam das chefes apenas porque estas são mulheres, quando mulheres criticam o comportamento de outras mulheres como inapropriado ao sexo feminino, quando mulheres se opõem às campanhas pelos direitos das mulheres ou mães ficam decepcionadas com o nascimento de uma menina, o que estamos vendo é o desprezo internalizado. Quando mulheres fazem campanha para proibir o aborto, inclusive para mulheres que foram vítimas de estupro, isso é desprezo internalizado, dolorosamente exercido sobre outra mulher. Quando mulheres não lutam pelos direitos e liberdades das mulheres independentes, estão trocando seus próprios direitos pela segurança e proteção que esperam receber de um marido dominante em um casamento restritivo — e se esquecendo de que o lugar mais perigoso para ser mulher é em casa com o homem que ela perdoa.

Quando uma mulher acredita que sua felicidade e sua segurança financeira dependem do casamento com o melhor parceiro de um pequeno grupo de candidatos, na breve janela de seu período mais fértil, ela se torna hipervigilante em relação à própria aparência e hipercrítica a suas rivais. Ela ignora seus próprios desejos e ambições para se concentrar no único objetivo que tem à frente: conseguir o melhor homem possível. O "olhar masculino" vê as mulheres como objetos, reproduzindo um fluxo interminável de imagens, ensinando as mulheres a se verem através dos olhos masculinos, no que foi chamado de "vigilância inexorável das mulheres [...], reforçada internamente pelas próprias mulheres".[58]

Quando candidatos do sexo masculino são favorecidos em uma promoção no trabalho, qualquer candidata mulher só tem boas chances contra outra mulher. As colegas se transformam automaticamente em rivais e não hesitam em criticar, competir e manipular. Não é possível fazer *networking* nem desenvolver qualquer tipo de sororidade nessas circunstâncias. Os elogios ocasionais a mulheres "excepcionais" alimentam a rivalidade. Quando uma mulher aceita o elogio de que está "acima do seu sexo", ela está desfrutando de elogios individuais às custas de todas as outras mulheres. Como escreve Andrea Dworkin: "A mulher simbólica carrega consigo o estigma da inferioridade, por mais que tente se dissociar das outras mulheres de sua classe sexual. Ao tentar permanecer singular (não parte do grupo das mulheres), ela reconhece a inferioridade de sua classe sexual, uma inferioridade que vive compensando e da qual nunca se livra".[59]

Por si só, a presença no topo de heroínas solitárias que conseguiram se alçar até o topo na hierarquia corporativa não tem o efeito de encorajar outras mulheres.

Em geral, uma mulher isolada em um cargo de liderança só conseguiu chegar lá sendo extremamente superior a seus colegas do sexo masculino, evitando assustar os chefes, ou seja, essa mulher aprendeu a gerenciar seu sucesso adequando-se à cultura. Ela pode ter superado os homens — como Elizabeth I às vezes fazia, chamando a si mesma de rei — ou ter superado as mulheres, como Margaret Thatcher gostava de fazer, elogiando a si mesma pela opção de usar um permanente suave nos cabelos e *chiffon*. Os líderes tendem a recrutar à sua própria semelhança, o que muitas vezes é uma tarefa impossível para uma mulher que só chegou aonde está porque superou outras candidatas mulheres na única oportunidade de ocupar o cargo simbólico. Um homem que chega ao topo da pirâmide está entre seus pares; ele teve a ajuda de toda uma rede de outros homens para subir. Ele sabe que é de seu interesse, e do interesse de seus filhos homens, manter a tradição de patronagem nesse *networking* de homens. Mas uma mulher que chega à cadeira solitária colocada para uma mulher na mesa da alta administração pode não ter recebido qualquer ajuda; na verdade, ela pode ter chegado aonde está lutando, a cada passo do caminho, contra o sistema, os concorrentes masculinos e as rivais femininas. Sem boas lembranças da camaradagem universitária, sem mentores e sem indicação da tia de alguém, ela não tem vontade de ajudar a sobrinha de ninguém.

Não existe uma "natureza" das mulheres, porque existem versões numerosas demais de mulheres para serem resumidas em uma única definição. As definições de mulheres sempre lhes ditaram o que elas não podiam fazer; as definições de mulheres são sempre proibições. O que tenho visto em minhas pesquisas — deliberadamente centradas nas mulheres que em geral não aparecem nos livros de história — não é uma "natureza das mulheres", um conceito amplo demais e infinitamente variado para ser definido. Ainda assim, tenho observado algumas tendências. Quando as mulheres são banidas de profissões lucrativas, elas continuam trabalhando em outros cargos e ganhando menos, porém dificilmente desaparecem. Quando são formalmente banidas da educação, elas aprendem sozinhas, ou aprendem com os irmãos, ou convencem pais, maridos ou mentores a ensiná-las. Mesmo quando as mulheres aprendem que são inferiores e que não devem nutrir qualquer esperança de serem mais do que deveriam ser, algumas persistem teimosamente, sobrevivem e alcançam o sucesso. E — o mais importante — quando as mulheres são impedidas de alcançar o poder de modo aberto, elas atuam na clandestinidade, em todos os tipos de redes, formando comunidades dissimuladas sob comportamentos femininos aceitáveis, encontrando-se em reuniões sociais aparentemente inocentes, usando a tradição para ganhar respeitabilidade; o fato é que as mulheres a quem o poder é negado acabam por conquistá-lo.

No mundo medieval, as mulheres lideraram sempre que puderam e sempre que foram necessárias: organizando cruzadas, defendendo castelos e vilarejos sitiados, estabelecendo padrões comunitários, conservando o meio ambiente e seu acesso a ele, compartilhando reservas de alimentos e protegendo as crianças. (Elas também condenaram outras mulheres, furtaram, caluniaram e roubaram — isso é diversidade!) Sem formação e quase sem incentivo, algumas trabalharam juntas, sabendo que a vida, as comunidades e até o mundo natural tinham de ser defendidos contra um sistema que foi e ainda é concebido para privatizar e lucrar. As rebeliões medievais por alimentos, que, de uma maneira ou de outra, resistem pelo mundo moderno, são o grande torneio medieval em que mulheres pobres enfrentam o enorme poder do mercado e das empresas, dos patrões, dos proprietários e da polícia deles — a batalha mais cavalheiresca e heroica que já existiu, pouco divulgada, raramente reconhecida e quase sempre esquecida. Vez após vez ao longo da história, mulheres da classe trabalhadora uniram forças e saíram às ruas para manter os preços justos, a comida nos vilarejos e as terras comuns abertas a todos.

No mundo moderno, séculos depois, mulheres respondem a emergências nacionais, aprendem profissões e competências e arriscam sua vida e sua felicidade para ajudar em tempos de guerra. Elas organizam "greves dos aluguéis", greves no trabalho, ajudam outras mulheres, protestam contra a guerra e a poluição. Mulheres se manifestam contra toques de recolher, protestam contra a leniência dos tribunais para com homens abusivos, unem-se para procurar mulheres desaparecidas e lamentam as que são encontradas mortas; abrem as casas para refugiados e trabalham em bancos de alimentos. As mulheres, apesar de terem apenas uma chance em cem de conseguirem que seu estuprador seja condenado, ainda recorrem à polícia na esperança de proteger outras mulheres e renunciam a seus direitos de privacidade para argumentar contra sentenças inadequadas e a libertação antecipada dos poucos condenados. As mulheres reviveram as marchas do Reclaim the Night quando foram informadas de que deveriam ter medo de sair às ruas à noite, milhões de vozes femininas se manifestaram no movimento MeToo e outros milhões exigiram o controle de sua própria fertilidade em todo o mundo.

Apesar das promessas de que a prosperidade econômica requer rios e praias envenenados e crueldade para com os refugiados e pessoas em situação de rua e pobres, apesar de termos passado séculos ouvindo que somos impotentes, as mulheres ainda defendem umas às outras, pelas crianças e pela Natureza, como fizemos desde os primórdios. Às vezes concordamos sobre o que realmente importa para nós, às vezes concordamos sobre quem somos, mas muitas vezes não. E isso acontece porque não temos uma "natureza" definida pelos homens; somos diversas e complexas.

A história das mulheres é uma luta pela identidade e pela inclusão: somos todas mulheres "normais", mesmo quando somos descritas como excepcionais, desviantes ou inadequadas, mesmo quando nossa vaidade nos faz nos destacar ou nossa ambição nos leva a competir umas com as outras. Esta história só fez incluir mais uma voz ao coro de mulheres que se manifestam, que levantam a voz em defesa de outros. Esta história registra o heroísmo cotidiano das mulheres "normais", o extraordinário que há no trivial e, em um mundo por vezes insensível e impiedoso, o poder amoroso e perene da sororidade.

# Notas

## Introdução

1. George Eliot, *Middlemarch, A Study of Provincial Life*, William Blackwood & Sons, 1871.

## Parte 1: 1066-1348 – O Juízo Final

1. Andrew Bridgeford, *1066: The Hidden History of the Bayeux Tapestry*, Walker and Co., 2005, posição 2366.
2. Max Adams, *Unquiet Women*, Head of Zeus, 2018, pos. 1928.
3. *Ibid.*, pos. 1014.
4. David Brion Davis, *The Problem of Slavery in Western Culture*, Pelican Books, 1970, p. 53.
5. Adams, *Unquiet Women*, pos. 1054.
6. *Ibid.*, pos. 1070.
7. P. Stafford, "Women in Domesday", *Reading Medieval Studies*, v. 15, 1989, p. 81.
8. Hudson, "Women in Anglo-Saxon England".
9. Stafford, "Women in Domesday".
10. *Ibid.*
11. Bridgeford, *1066*, pos. 3115.
12. *Ibid.*
13. *Ibid.*, pos. 2189.
14. *Anglo-Saxon Chronicle*, J. A. Giles e J. Ingram (trad.), Project Gutenberg, 1996.
15. Stafford, "Women in Domesday", p. 89-90.
16. *Ibid.*
17. Judith A. Green, The Normans: Power, Conquest and Culture in 11th-Century Europe, Yale University Press, 2022, pos. 3831.
18. John Simkin, "William the Conqueror and the Feudal System", Spartacus Educational, set. 1997.
19. Bridgeford, *1066*, pos. 220.
20. Thomas Piketty, *Capitalism in the Twenty-First Century*, Harvard University Press, 2014, p. 344.
21. Paul Kingsnorth, "High House Prices? Inequality? I Blame the Normans", *Guardian*, 17 dez. 2012.
22. "To the Manor Born: Mapping the Grosvenor Estate", *Who Owns England?* [*on-line*], 17 ago. 2016.
23. H. G. Richardson, "The Coronation in Medieval England: The Evolution of the Office and the Oath", *Traditio*, v. 16, 1960, p. 111-202.
24. Green, *The Normans*, pos. 3887.
25. Rebecca Abrams, "The Jewish Journey: 4,000 Years in 22 Objects", Ashmolean Museum, 2017.
26. Marty Williams e Anne Echols, *Between Pit and Pedestal: Women in the Middle Ages*, Markus Wiener, 1993, p. 177.
27. "The Rime of King William", Peterborough Chronicle/Laud Manuscript, 1087, Bodleian Library MS Laud Misc. 636, f. 65r.
28. Mary Bateson, *Medieval England 1066-1350*, 1903, p. 174.
29. Bridgeford, *1066*, pos. 2126.
30. Adams, *Unquiet Women*, pos. 1971.
31. Emma Mason, "Invoking Earl Waltheof", em David Roffe (ed.), *The English and Their Legacy, 900-1200: Essays in Honour of Ann Williams*, Boydell and Brewer, 2012, p. 185-204.
32. Bateson, Medieval England 1066-1350, p. 62.
33. Henrietta Leyser, *Medieval Women: Social History of Women in England 450-1500*, Weidenfeld & Nicolson, 2013, pos. 3373.
34. Bateson, *Medieval England 1066-1350*, p. 63.

35. *Ibid.*, p. 151.
36. Williams e Echols, *Between Pit and Pedestal*, p. 126.
37. Leyser, *Medieval Women*, pos. 2745.
38. Bateson, *Medieval England 1066-1350*, p. 228.
39. Caroline Dunn, *Stolen Women in Medieval England*, Cambridge University Press, 2012, pos. 4019.
40. Williams e Echols, *Between Pit and Pedestal*, p. 123.
41. Kaya Burgess, "Nun Faked Her Death to Pursue Life of Lust", *The Times*, 12 fev. 2019.
42. Barbara A. Hanawalt, *The Ties that Bound: Peasant Families in Medieval England*, Oxford University Press, 1986, p. 130.
43. C. M. Woolgar, *The Culture of Food in England 1200-1500*, Yale University Press, 2016, pos. 4902.
44. Mavis E. Mate, *Daughters, Wives and Widows after the Black Death: Women in Sussex 1350-1535*, Boydell Press, Woodbridge, 1998, p. 42.
45. Ian Mortimer, *The Time Traveller's Guide to Elizabethan England*, Bodley Head, 2012, pos. 423.
46. G. M. Trevelyan, *England Under the Stuarts*, 1904, p. 47.
47. Williams e Echols, *Between Pit and Pedestal*, p. 54.
48. Frances e Joseph Gies, *Women in the Middle Ages: The Lives of Real Women in a Vibrant Age of Transition*, Thomas Y. Cromwell, 1973, p. 180.
49. *Ibid.*
50. P. J. P. Goldberg, "For Better, For Worse: Marriage and Economic Opportunity for Women in Town and Country", *Women in Medieval English Society*, P. J. P. Goldberg (ed.), Sutton Publishing England, 1992.
51. Gies, *Women in the Middle Ages*, p. 177.
52. Williams e Echols, *Between Pit and Pedestal*, p. 51.
53. *Ibid.*, p. 51, 55.
54. Gwen Seabourne, *Royal Regulation of Loans and Sales in Medieval England*, Boydell Press, 2003, p. 45.
55. Barbara A. Hanawalt, *The Wealth of Wives: Women, Law and Economy in Late Medieval London*, Oxford University Press, 2007, pos. 1436.
56. Caroline Barron, "Post Pandemic: How the Years after the Black Death Briefly Became a 'Golden Age' for Medieval Women", *History Extra*, 6 jul. 2021.
57. Gies, *Women in the Middle Ages*, p. 180.
58. Woolgar, *The Culture of Food in England 1200-1500*, pos. 2962.
59. Bateson, *Medieval England 1066-1350*, p. 259-60.
60. Barbara J. Harris, *English Aristocratic Women 1450-1550: Marriage and Family, Property and Careers*, Oxford University Press, 2002, pos. 116.
61. Joseph Strutt, *The Sports and Pastimes of the People of England*, Thomas Tegg, 1845.
62. John Marshall Carter, "Sports and Recreations in Thirteenth-Century England: The Evidence of the Eyre and Coroners' Rolls — A Research Note", *Journal of Sport History*, v. 15, n. 2, verão 1988, p. 167-73.
63. Marilyn Yalom, *Birth of the Chess Queen*, HarperPerennial, 2005.
64. Judith M. Bennett e Amy M. Froide (eds.), *Singlewomen in the European Past, 1250-1800*, University of Pennsylvania Press, 1999, p. 82-105.
65. Tracy Borman, "Matilda, William the Conqueror's Queen", *BBC History Magazine*, out. 2011.
66. James Michael Illston, "'An Entirely Masculine Activity'? Women and War in the High and Late Middle Ages Reconsidered", University of Canterbury, 2009, p. 61.
67. Gies, *Women in the Middle Ages*, p. 105.
68. Illston, "'An Entirely Masculine Activity'?", p. 55.
69. Rowena Archer, "How Ladies Who Live on Their Manors…", em Goldberg (ed.), *Women in Medieval English Society*, p. 150.
70. Linda Elizabeth Mitchell, *Portraits of Medieval Women: Family, Marriage, and Politics in England 1225-1350*, Palgrave Macmillan, 2003.
71. Archer, "How Ladies Who Live on Their Manors…", p. 151.
72. T. D. Fosbroke, "Abstracts and Extracts of Smyth's Lives of the Berkeleys", Londres, 1821, p. 152, trecho citado em Gies, *Women in the Middle Ages*, p. 215.

73. Leyser, *Medieval Women*, pos. 3609.
74. Woolgar, *The Culture of Food in England 1200-1500*, pos. 2444.
75. Bateson, *Medieval England 1066-1350*, p. 124.
76. Leyser, *Medieval Women*, pos. 3120.
77. Bateson, *Medieval England 1066-1350*, p. 205.
78. Magna Carta 1215, Clause 8: The National Archives.
79. Williams e Echols, *Between Pit and Pedestal*, p. 146.
80. Gies, *Women in the Middle Ages*, p. 161.
81. R. H. Maudsley e J. W. Davies, "The Justice of the Peace in England", *University of Miami Law Review*, 517, v. 18, n. 3, 1964.
82. Williams e Echols, *Between Pit and Pedestal*, p. 162.
83. *Ibid.*
84. Helen Barker, *Rape in Early Modern England: Law, History and Criticism*, Palgrave Macmillan, 2021, pos. 608.
85. Bank of England Inflation Calculator.
86. Cheryl Tallan e Suzanne Bartlett, *The Shalvi/Hyman Encyclopedia of Jewish Women*, Jewish Women's Archive, jwa.org.
87. Abrams, "The Jewish Journey".
88. Statute of Jewry, 1275. National Archive ref. E164/9 fol. 31d.
89. Lionel B. Abrahams, "The Expulsion of the Jews from England in 1290 (Continued)", *Jewish Quarterly Review*, v. 7, n. 2, p. 236-58, jan. 1895, publicado pela University of Pennsylvania Press.
90. Bateson, *Medieval England 1066-1350*, p. 260.
91. Hanawalt, *The Ties that Bound*, p. 220.
92. *Ibid.*, p. 155.
93. *Ibid.*, p. 82.
94. Eleanor Janega, *The Once and Future Sex: Going Medieval on Women's Roles in Society*, W. W. Norton and Co., 2023, pos. 2317.
95. Gies, *Women in the Middle Ages*, p. 148.
96. Hanawalt, *The Ties that Bound*, p. 225.
97. Leyser, *Medieval Women*, pos. 2574.
98. Williams e Echols, *Between Pit and Pedestal*, p. 177.
99. Gies, *Women in the Middle Ages*, p. 159.
100. Hanawalt, *The Ties that Bound*, p. 70.
101. Mortimer, *The Time Traveller's Guide to Medieval England*, Bodley Head, 2008, pos. 3136.
102. Woolgar, *The Culture of Food in England 1200-1500*, pos. 5341.
103. Jane Humphries e Jacob Weisdorf, "The Wages of Women in England 1260-1850", *Journal of Economic History*, v. 75, n. 2, p. 405-77, jun. 2015.
104. *Ibid.*
105. Leyser, *Medieval Women*, pos. 2550.
106. Gies, *Women in the Middle Ages*, p. 154.
107. Hanawalt, *The Wealth of Wives*, pos. 2630.
108. Bateson, *Medieval England 1066-1350*, p. 34.
109. Williams e Echols, *Between Pit and Pedestal*, p. 233.
110. Adams, *Unquiet Women*, pos. 2156.
111. Williams e Echols, *Between Pit and Pedestal*, p. 57.
112. *Ibid.*, p. 178.
113. Gies, *Women in the Middle Ages*, p. 161.
114. Leyser, *Medieval Women*, pos. 3181.
115. Williams e Echols, *Between Pit and Pedestal*, p. 55.
116. Gies, *Women in the Middle Ages*, p. 180.
117. Woolgar, *The Culture of Food in England 1200-1500*, pos. 1639.
118. Williams e Echols, *Between Pit and Pedestal*, p. 60.
119. *Smithfield Decretals*, c. 1340, British Library (Royal 10 E fol. 581).
120. Bridgeford, *1066*, pos. 265.
121. Eleanor Parker, "The Cultured Women of Essex", *History Today*, v. 69, n. 9, set. 2019.
122. *Ibid.*
123. Green, *The Normans*, pos. 4030.
124. Bateson, *Medieval England 1066-1350*, p. 144.
125. *Ibid.*, p. 63, 153, 212, 127, 192, 204.
126. *Ibid.*, p. 127.
127. *Ibid.*, p. 34.
128. Michelle M. Sauer, *Gender in Medieval Culture*, Bloomsbury, 2015, pos. 1834.
129. Robin L. Gordon, *Searching for the Soror Mystica: The Lives and Science of Women Alchemists*, University Press of America, 2013, p. 3.
130. Leyser, *Medieval Women*, pos. 2384.
131. Bateson, *Medieval England 1066-1350*, p. 184.
132. Bernard Capp, *When Gossips Meet: Women, Family, and Neighbourhood in Early Modern England*, Oxford University Press, 2003, pos. 3927.

133. Carol M. Meale, "Women's Voices and Roles", em Peter Brown (ed.), *A Companion to Medieval English Literature and Culture c. 1350-c.1500*, Blackwell, 2007, p. 74-90.
134. Mortimer, *The Time Traveller's Guide to Medieval England*, pos. 1832.
135. Katherine Harvey, *The Fires of Lust: Sex in the Middle Ages*, Reaktion Books, 2021, pos. 3409.
136. Janega, *The Once and Future Sex*, pos. 2803.
137. Mortimer, *The Time Traveller's Guide to Medieval England*, pos. 425.
138. Harvey, *The Fires of Lust*, pos. 3487.
139. Henry Ansgar Kelly, "Bishop, Prioress, and Bawd in the Stews of Southwark", *Speculum*, v. 75, n. 2, p. 342-88, abr. 2000.
140. Sauer, *Gender in Medieval Culture*, pos. 1658.
141. *Ibid.*, pos. 1661.
142. Harvey, *The Fires of Lust*, pos. 3430.
143. Sauer, *Gender in Medieval Culture*, pos. 1678.
144. Lindsey McNellis, *Let Her Be Taken: Sexual Violence in Medieval England*, University of Florida, 2008, p. 83.
145. Illston, "'An Entirely Masculine Activity'?", p. 53.
146. *Ibid.*
147. T. Blount, *Tenures of land & customs of manors; originally collected by Thomas Blount and republished with large additions and improvements in 1784 and 1815*, Reeves and Turner, 1874, p. 110.
148. T. Maddox, *The history and antiquities of the Exchequer of the kings of England, in two periods: to wit, from the Norman conquest, to the end of the reign of K. John; and from the end of the reign of K. John, to the end of the reign of K. Edward II*, W. Owen [etc.], 1769, p. 656.
149. Illston, "'An Entirely Masculine Activity'?", p. 96.
150. Harris, *English Aristocratic Women 1450-1550*, pos. 148.
151. Bateson, *Medieval England 1066-1350*, p. 34.
152. Illston, "'An Entirely Masculine Activity'?", p. 53.
153. *Ibid.*
154. William Hepworth Dixon, *Royal Windsor*, v. 1, 1877, p. 67-80.
155. Agnes Conway, "The Family of William Longchamp, Bishop of Ely, Chancellor and Justicar of England, 1190-1191, *Archeologia Cantiana*, v. 36, 1924.
156. Catherine Hanley, "Nicola de la Haye" [*on-line*].
157. Illston, "'An Entirely Masculine Activity'?", p. 51.
158. Linda Mitchell, *Portrait of Medieval Women, Family, Marriage and Politics in England 1225-1330*, Palgrave Macmillan, 2003, p. 98.
159. Illston, "'An Entirely Masculine Activity'?", p. 54.
160. *Ibid.*, p. 82.
161. Joanna Winfield, "Female Warriors in the Middle Ages", 2011, *Women's History Month* [*on-line*].
162. Valerie Eads, "Means, Motive, Opportunity: Medieval Women and the Recourse to Arms", artigo apresentado na Twentieth Barnard Medieval & Renaissance Conference "War and Peace in the Middle Ages & Renaissance", 2 dez. 2006.
163. Harvey, *The Fires of Lust*, pos. 3791.
164. Illston, "'An Entirely Masculine Activity'?", p. 72.
165. *Ibid.*, p. 73.
166. Gies, *Women in the Middle Ages*, p. 177.
167. Bateson, *Medieval England 1066-1350*, p. 34.
168. Meg Bogin, *The Women Troubadours*, W. W. Norton and Company, 1980, p. 32.
169. Illston, "'An Entirely Masculine Activity'?", p. 83.
170. Mortimer, *The Time Traveller's Guide to Medieval England*, p. 240.
171. *Ibid.*
172. Janega, *The Once and Future Sex*, pos. 2596.
173. Hanawalt, *The Ties that Bound*, p. 152.
174. *Ibid.*, p. 151.
175. Leyser, *Medieval Women*, pos. 2638.
176. Hanawalt, *The Ties that Bound*, p. 152.
177. Janega, *The Once and Future Sex*, pos. 2462.
178. Mortimer, *The Time Traveller's Guide to Medieval England*, p. 229.
179. Bennett e Froide, *Singlewomen of the European Past 1250-1800*, p. 130, 134.
180. Carole Hough, "Women and Law in the Anglo-Saxon Period", 2012, *Early English Laws* [*on-line*].
181. Sauer, *Gender in Medieval Culture*, pos. 435.
182. Ben Levick e Roland Williamson, "For What It's Worth", Regia Anglorum, 1994, 1999, 2003.
183. Dunn, *Stolen Women in Medieval England*, pos. 3040.
184. *Ibid.*, pos. 145, 225.
185. *Ibid.*, pos. 4019.

186. Rebecca Frances King, *Rape in England 1600-1800: Trials, Narratives and the Question of Consent*, tese, 1998, Durham University.
187. Sauer, *Gender in Medieval Culture*, pos. 450.
188. John Marshall Carter, *Rape in Medieval England: An Historical and Sociological Study*, University Press of America, 1985, p. 45.
189. Sauer, *Gender in Medieval Culture*, pos. 450.
190. McNellis, *Let Her Be Taken*, p. 1.
191. *Ibid.*, p. 40.
192. Dunn, *Stolen Women in Medieval England*, pos. 2080.
193. McNellis, *Let Her Be Taken*, p. 67.
194. *Ibid.*, p. 1.
195. Sauer, *Gender in Medieval Culture*, pos. 478.
196. Dunn, *Stolen Women in Medieval England*, pos. 2141.
197. Carter, *Rape in Medieval England*, p. 109.
198. *Ibid.*, p. 72.
199. *Ibid.*, p. 128.
200. Sauer, *Gender in Medieval Culture*, pos. 1678.
201. Carter, *Rape in Medieval England*, p. 130.
202. Sauer, *Gender in Medieval Culture*, pos. 1491.
203. Marilyn Yalom, *A History of the Wife*, HarperCollins, 2001, p. 46.
204. *Ibid.*, p. 52.
205. Bateson, *Medieval England 1066-1350*, p. 144.
206. Mark Searle e Kenneth Stevenson, *Documents of the Marriage Liturgy*, Liturgical Press, 1992, p. 151.
207. Abrams, "The Jewish Journey".
208. Dunn, *Stolen Women in Medieval England*, pos. 3461.
209. Bennett e Froide, *Singlewomen in the European Past, 1250-1800*, p. 41.
210. Leyser, *Medieval Women*, pos. 2082.
211. Adams, *Unquiet Women*, pos. 677.
212. Leyser, *Medieval Women*, pos. 2169.
213. *Ibid.*, pos. 1998.
214. McNellis, *Let Her Be Taken*, p. 51.
215. Leyser, *Medieval Women*, pos. 1975.
216. Searle e Stevenson, *Documents of the Marriage Liturgy*, p. 163.
217. Sauer, *Gender in Medieval Culture*, pos. 735.
218. Janina Ramirez, *Femina: A New History of the Middle Ages Through the Women Written Out of It*, WH Allen, 2022, p. 188.
219. Sauer, *Gender in Medieval Culture*, pos. 1758.
220. McNellis, *Let Her Be Taken*, p. 57.
221. Nicole Rice, "'Temples to Christ's Indwelling": Forms of Chastity in a Barking Abbey Manuscript", *Journal of the History of Sexuality*, v. 19, n. 1, p. 115-32, jan. 2010.
222. Christian D. Knudsen, *Naughty Nuns and Promiscuous Monks: Monastic Sexual Misconduct in Late Medieval England*, tese de doutorado, University of Toronto, 2012, p. 69.
223. Elizabeth Rapley, *A Social History of the Cloister*, McGill-Queen's University Press, 2001.
224. Giles Constable, "Aelred of Rievaulx and the Nun of Watton: An Episode in the Early History of the Gilbertine Order", *Studies in Church History Subsidia*, v. 1, 1978, p. 205-26.
225. Catherine Tideswell, "How Far Did Medieval Society Recognise Lesbianism in this Period?", *medievalists.net* [on-line].
226. Sauer, *Gender in Medieval Culture*, pos. 1272-3.
227. John Boswell, *Same Sex Unions in Pre-Modern Europe*, Villard Books, 1994, p. 244.
228. Kittredge Cherry, "Hildegard of Bingen and Richardis: Medieval Mystic and the Woman She Loved", *Q Spirit*, 17 set. 2022.
229. Norma Giffney, Michelle M. Sauer e Diane Watt (eds.), *The Lesbian Premodern*, Palgrave Macmillan, 2011, p. 36.
230. St Paul, Romans 1:26-27, 1599 Geneva Bible, Bible Gateway.
231. Tideswell, "How Far Did Medieval Society Recognise Lesbianism in this Period?".
232. Matilda Tomaryn Bruckner, Laurie Shepard e Sarah White, *Songs of the Women Troubadours*, Garland Publishing, 2000.
233. Angelica Rieger, "Was Bieiris de Romans Lesbian?", em Walter D. Paden (ed.), *The Voice of the Trobairitz*, University of Pennsylvania Publications, 1989.
234. Elizabeth Castelli, "'I Will Make Mary Male': Pieties of the Body and Gender Transformation of Christian Women in Late Antiquity", em Julia Epstein e Kristina Straub (eds.), *Bodyguards: The Cultural Politics of Gender Ambiguity*, Routledge, 1991, p. 30.
235. Laura Gowing, *Gender Relations in Early Modern England*, Routledge, 2012, p. 9.

236. Thomas Laqueur, *Making Sex: Body and Gender from the Greeks to Freud*, Harvard University Press, 1990, pos. 242, 571.
237. Gowing, *Gender Relations*, p. 8.
238. Sara Middleton e Patricia Crawford, *Women in Early Modern England 1550-1720*, Oxford University Press, 1998, p. 19.
239. Ann Rosalind Jones e Peter Stallybrass, "Fetishizing Gender: Constructing the Hermaphrodite in Renaissance Europe", em Epstein e Straub (eds.), *Bodyguards*, p. 81.
240. St Paul, Galatians 3:28, Authorised King James Bible.
241. Gospel of St Thomas Gospel, Thomas O. Lambdin (trad.), v 114.
242. Deuteronomy 22:5, veja também Debra Haffner, "Sexuality and Scripture: What Else Does the Bible Have to Say?", *Sex and the Church*, primavera 2006.
243. Sauer, *Gender in Medieval Culture*, pos. 313.
244. *Ibid.*, pos. 1954.
245. Michael Nolan, "The Myth of Soulless Women", *First Things* [on-line], abr. 1997.
246. St Paul, 1 Corinthians 14:33-35, King James Bible.
247. Maayan Sudai, "Sex Ambiguity in Early Modern Common Law (1629-1787)", *Law & Social Inquiry*, v. 47, n. 2, p. 478-513, 2022.

**Parte 2: 1348-1455 – Mulheres em ascensão**

1. Ian Mortimer, *The Time Traveller's Guide to Medieval England*, Bodley Head, 2008, pos. 697.
2. *Ibid.*
3. Kate Ravilious, "Europe's Chill Linked to Disease", BBC, 27 fev. 2006; William F. Ruddiman, "The Anthropogenic Greenhouse Era Began Thousands of Years Ago", *Climatic Change*, v. 61, n. 3, p. 261-93, 2003.
4. Ralph of Shrewsbury, carta, jan. 1349, em John Simkin, *Medieval Realms*, Spartacus Educational, 1991, p. 52.
5. Christian D. Knudsen, *Naughty Nuns and Promiscuous Monks: Monastic Sexual Misconduct in Late Medieval England*, tese de doutorado, University of Toronto, 2012, p. 59.
6. C. M. Woolgar, *The Culture of Food in England 1200-1500*, Yale University Press, 2016, pos. 3861.
7. Mortimer, *The Time Traveller's Guide to Medieval England*, pos. 547.
8. Lucy Worsley, "The Survivor, the 'Incurable' and the Scapegoat", *History Extra*, 13 jun. 2022 [on-line].
9. Helena Graham, "'A Woman's Work...': Labour and Gender in the Late Medieval Countryside", em *Women in Medieval English Society*, P. J. P. Goldberg (ed.), Sutton Publishing, 1992, p. 127.
10. Henrietta Leyser, *Medieval Women: Social History of Women in England 450-1500*, Weidenfeld & Nicolson, 2013, pos. 2615.
11. P. J. P. Goldberg, "For Better, For Worse: Marriage and Economic Opportunity for Women in Town and Country", em Goldberg (ed.), *Women in Medieval English Society*, p. 112.
12. *Ibid.*
13. Caroline Barron, "Post Pandemic: How the Years after the Black Death Briefly Became a 'Golden Age' for Medieval Women", *History Extra*, 6 jul. 2021 [on-line].
14. *Ibid.*
15. *Ibid.*
16. *Ibid.*
17. Woolgar, *The Culture of Food in England 1200-1500*, pos. 4902.
18. Leyser, *Medieval Women*, pos. 2817.
19. Trecho de um contrato de propriedade firmado por Joanna, filha de Nicholas de Rudyngton e esposa de Boneye, 29 jul. 1380, original em latim, Kathryn Summerwill (trad.), em "Property Ownership", *Wives, Widows and Wimples*, Manuscripts and Special Collections, University of Nottingham, 2010.
20. Mavis E. Mate, *Daughters, Wives and Widows after the Black Death: Women in Sussex 1350-1535*, Boydell Press, 1998, p. 11.
21. Michelle M. Sauer, *Gender in Medieval Culture*, Bloomsbury, 2015, pos. 739/753.
22. Leyser, *Medieval Women*, pos. 2169.
23. Woolgar, *The Culture of Food in England 1200-1500*, pos. 5226.
24. Eleanor Janega, *The Once and Future Sex: Going Medieval on Women's Roles in Society*, W. W. Norton and Co, 2023, pos. 1387.

25. Sylvia Federico, "The Imaginary Society: Women in 1381", *Journal of British Studies*, v. 40, n. 2, p. 150-83, abr. 2001.
26. Sydney Armitage Smith, *John of Gaunt*, Archibald Constable & Co., 1904, p. 247.
27. Federico, "The Imaginary Society: Women in 1381".
28. *Ibid.*
29. *Ibid.*
30. Cooper & Cooper, *Annals of Cambridge*, v. 1, Warwick & Co., 1842, p. 121.
31. Helen Lacey, "'Grace for the Rebels': The Role of the Royal Pardon in the Peasants' Revolt of 1381", *Journal of Medieval History*, v. 34, n. 1, p. 36-63, 2008.
32. Melissa Hogenboom, "Peasants' Revolt: The Time When Women Took Up Arms", *BBC News*, 14 jun. 2012 [*on-line*].
33. Federico, "The Imaginary Society: Women in 1381".
34. Olwen Hufton, *The Prospect Before Her*, Knopf, 1996, p. 473.
35. Calendar of the Patent Rolls, Henry VI, v. 5, HM Stationery Office, 1909, p. 338-74.
36. Barbara J. Harris, *English Aristocratic Women 1450-1550: Marriage and Family, Property and Careers*, Oxford University Press, 2002, pos. 1149.
37. Mate, *Daughters, Wives and Widows after the Black Death*, p. 12.
38. Leyser, *Medieval Women*, pos. 2575.
39. Mate, *Daughters, Wives and Widows after the Black Death*, p. 12.
40. P. J. P. Goldberg, *Women, Work, and Life Cycle in a Medieval Economy: Women in York and Yorkshire c. 1300-1520*, Oxford Academic, 1992, p. 82-157.
41. Maryanne Kowaleski, "The Demographic Perspective", em Judith M. Bennett e Amy M. Froide (eds.), *Singlewomen in the European Past, 1250-1800*, University of Pennsylvania Press, 1990, p. 48.
42. Woolgar, *The Culture of Food in England 1200-1500*, pos. 2928.
43. Goldberg, *Women, Work, and Life Cycle in a Medieval Economy*.
44. Leyser, *Medieval Women*, pos. 3188.
45. Marjorie Keniston McIntosh, *Working Women in English Society 1300-1620*, Cambridge University Press, 2005, p. 30.
46. Barron, "Post Pandemic", *History Extra*.
47. Sauer, *Gender in Medieval Culture*, pos. 2927.
48. Janina Ramirez, *Femina: A New History of the Middle Ages Through the Women Written Out of It*, WH Allen, 2022, p. 320.
49. Leyser, *Medieval Women*, pos. 3185.
50. Barbara A. Hanawalt, *The Wealth of Wives: Women, Law, and Economy in Late Medieval London*, Oxford University Press, 2007, pos. 2690.
51. Barron, "Post Pandemic", *History Extra*.
52. Marty Williams e Anne Echols, *Between Pit and Pedestal: Women in the Middle Ages*, Markus Wiener, 1993, p. 54.
53. Hanawalt, *The Wealth of Wives*, pos. 141, 225, 1601.
54. Woolgar, *The Culture of Food in England 1200-1500*, pos. 2446.
55. Harris, *English Aristocratic Women 1450-1550*, pos. 2370.
56. McIntosh, *Working Women in English Society 1300-1620*, p. 38, 95.
57. Leyser, *Medieval Women*, pos. 2386.
58. Williams e Echols, *Between Pit and Pedestal*, p. 229.
59. *Ibid.*
60. Michael Riordan, "Women at Queen's before 1979", *Queen's College*, University of Oxford [*on-line*].
61. Hanawalt, *The Wealth of Wives*, pos. 991, 1470, 581, 591, 684.
62. McIntosh, *Working Women in English Society 1300-1620*, p. 241.
63. Lucy Davidson, "What Did People Wear in Medieval England?", *History Hit*, 26 fev. 2023 [*on-line*].
64. McIntosh, *Working Women in English Society 1300-1620*, p. 241.
65. Hanawalt, *The Wealth of Wives*, pos. 2724.
66. Goldberg, "For Better, For Worse", p. 112.
67. Barbara A. Hanawalt, *The Ties that Bound: Peasant Families in Medieval England*, Oxford University Press, 1986, p. 151.
68. Hanawalt, *The Wealth of Wives*, pos. 2724.
69. Jane Humphries e Jacob Weisdorf, "Wages of Women in England 1260-1850", *Oxford Economic and Social History Working Papers*, 127, p. 16, mar. 2014.
70. L. R. Poos, "Sex, Lies, and the Church Courts of Pre-Reformation England", *Journal of Interdisciplinary History*, v. 25, n. 4, p. 585-607, 1995.
71. Barron, "Post Pandemic", *History Extra*.
72. Williams e Echols, *Between Pit and Pedestal*, p. 148.

73. Anthony Fletcher, *Gender, Sex and Subordination in England 1500-1800*, Yale University Press, 1995, p. 25.
74. Rowena Archer, "How Ladies Who Live on Their Manors...", *Women in Medieval English Society*, P. J. P. Goldberg (ed.), Sutton Publishing, 1992, p. 154.
75. Hanawalt, *The Ties that Bound*, p. 201.
76. Richard Harvey, "The Work and Mentalité of Lower Orders. Elizabethan Women", *Exemplaria*, v. 5, n. 2, p. 409-33, 1993, p. 427.
77. Stéphanie Prevost, "For a Bunch of Blue Ribbons: Taking a Look at Wife-Selling in the Black Country and the West Midlands", *Blackcountryman Magazine*, v. 49, p. 51-7, 2016.
78. James Bryce, *Studies in History and Jurisprudence, Volume II*, Oxford University Press, 1901, p. 820.
79. Simon Payling, "The Elusiveness of Divorce in Medieval England: The Marital Troubles of the Last Warenne Earl of Surrey (d.1347)", *The History of Parliament*, 3 ago. 2021 [on-line].
80. Ibid.
81. Caroline Dunn, *Stolen Women in Medieval England*, Cambridge University Press, 2012, pos. 137.
82. Graham, "A Woman's Work...", p. 127.
83. J. B. Post, "Sir Thomas West and the Statute of Rape 1382", *Institute of Historical Research*, v. 53, n. 127, maio 1980, Wiley Online Library.
84. Helen Barker, *Rape in Early Modern England: Law, History and Criticism*, Palgrave Macmillan, 2021, pos. 1857.
85. Ibid., pos. 1623.
86. Sauer, *Gender in Medieval Culture*, pos. 450.
87. Dunn, *Stolen Women in Medieval England*, pos. 379.
88. Ibid., pos. 231, 2090.
89. Sauer, *Gender in Medieval Culture*, pos. 478.
90. Carissa Harris, "800 Years of Rape Culture", *Aeon*, 24 maio 2021 [on-line].
91. Bennett e Froide, *Singlewomen in the European Past, 1250-1800*, p. 2.
92. Ruth Mazo Karras, "Sex and the Singlewoman", em *ibid.*, p. 134.
93. Katherine Harvey, *The Fires of Lust: Sex in the Middle Ages*, Reaktion Books, 2021, pos. 3529.
94. Ibid., pos. 3472.
95. Leyser, *Medieval Women*, pos. 2802-5.
96. Harvey, *The Fires of Lust*, pos. 3768.
97. McIntosh, *Working Women in English Society 1300-1620*, p. 76.
98. Harvey, *The Fires of Lust*, pos. 3768.
99. Karras, "Sex and the Singlewoman", p. 139.
100. Harvey, *The Fires of Lust*, pos. 3729.
101. Judith M. Bennett, "Etchingham and Oxenbridge", em Noreen Giffney, Michelle Sauer e Diane Watt (eds.), *The Lesbian Premodern*, Palgrave Macmillan, 2011, p. 134.
102. A citação de Cino da Pistoia foi retirada de Francesca Canadé Sautman e Pamela Sheingorn, *Same Sex Love and Desire Among Women in the Middle Ages*, Palgrave, 2001, p. 110-111.
103. *Knighton's Leicester Chronicle*, trecho citado em Thomas S. Henricks, *Disputed Pleasures: Sport and Society in Preindustrial England*, Greenwood Publishing Group, 1991, p. 53.
104. Joanna Winfield, "Female Warriors in the Middle Ages", 2011, *Women's History Month* [on-line].
105. Judith M. Bennett e Shannon McSheffrey, "Early, Erotic and Alien: Women Dressed as Men in Late Medieval London", *History Workshop Journal*, primavera 2014, n. 77, p. 1-25.
106. Ibid.
107. Geoffrey Chaucer, "General Prologue", *The Canterbury Tales*, trad. Larry D. Benson (ed.), *The Riverside Chaucer*, Houghton-Mifflin, 1988.
108. Ibid.
109. Janega, *The Once and Future Sex*, pos. 1871.
110. Geoffrey Chaucer, "The Wife of Bath", *The Canterbury Tales*.
111. Ibid.
112. Ramirez, *Femina*, p. 301.
113. Geoffrey Chaucer, "The Knight's Tale", *The Canterbury Tales*.
114. Ibid.
115. Ibid.
116. Leyser, *Medieval Women*, pos. 4434.
117. Dunn, *Stolen Women in Medieval England*, pos. 137.
118. Mate, *Daughters, Wives and Widows after the Black Death*, p. 186.
119. King's Bench 9/359 m. 67 (1º out. 1481), National Archives, Mark Thakkar (trad.), University of St Andrews, 2023.

## Parte 3: 1455-1485 – Mulheres na guerra

1. Rowena Archer, "How Ladies Who Live on Their Manors...", *Women in Medieval English Society*, P. J. P. Goldberg (ed.), Sutton Publishing, 1992, p. 161.
2. Melissa Snell, "Life of Margaret Paston", *ThoughtCo.*, 1º mar. 2019 [*on-line*].
3. Philip Payton, Alston Kennerley e Helen Doe (eds.), *The Maritime History of Cornwall*, University of Exeter Press, 2014.
4. Barbara J. Harris, *English Aristocratic Women 1450-1550: Marriage and Family, Property and Careers*, Oxford University Press, 2002, pos. 239.
5. Caroline Dunn, *Stolen Women in Medieval England*, Cambridge University Press, 2012, pos. 3040.
6. Harris, *English Aristocratic Women 1450-1550*, pos. 2592.
7. *Ibid.*, pos. 214.
8. Elizabeth Norton, *The Hidden Lives of Tudor Women: A Social History*, Pegasus Books, 2017, pos. 1228.
9. Miss Evelyn Fox, "The Diary of an Elizabethan Gentlewoman", *Transactions of the Royal Historical Society*, v. 2, 1908, p. 153-74.
10. Eleanor Janega, *The Once and Future Sex: Going Medieval on Women's Roles in Society*, W. W. Norton and Co, 2023, pos. 3047.
11. Caroline Barron, "Post Pandemic: How the Years after the Black Death Briefly Became a 'Golden Age' for Medieval Women", *History Extra*, 6 jul. 2021 [*on-line*].
12. Jean Donnison, "A History of the Midwife Profession in the United Kingdom", em *Mayes' Midwifery*, 14. ed., Bailliere Tindall Elsevier, 2011, p. 13-14.
13. Barbara A. Hanawalt, *The Wealth of Wives: Women, Law and Economy in Late Medieval London*, Oxford University Press, 2007, pos. 2418, 2445.
14. Davies Gilbert, *The Parochial History of Cornwall, founded on the manuscript of Histories of Mr Hals and Mr Tonkin*, JB Nichols & Sons, 1838, v. 4, p. 132-4.
15. Marty Williams e Anne Echols, *Between Pit and Pedestal: Women in the Middle Ages*, Markus Wiener Publishers, 1993, p. 51.
16. C. M. Woolgar, *The Culture of Food in England 1200-1500*, Yale University Press, 2016, pos. 1631.
17. L. R. Poos, "Sex, Lies, and the Church Courts of Pre-Reformation England", *Journal of Interdisciplinary History*, v. 25, n. 4, p. 585-607, 1995.
18. Max Adams, *Unquiet Women*, Head of Zeus, 2018, pos. 2422.
19. *Ibid.*, pos. 2663.
20. *Ibid.*, pos. 2701.
21. Dunn, *Stolen Women in Medieval England*, pos. 4019.
22. Katherine Harvey, *The Fires of Lust: Sex in the Middle Ages*, Reaktion Books, 2021, pos. 3487, 3729.
23. *Ibid.*, pos. 3548, 3487, 3548, 3487, 3520.

## Parte 4: 1485-1660 – Tornando-se o vaso mais frágil

1. Christian D. Knudsen, *Naughty Nuns and Promiscuous Monks: Monastic Sexual Misconduct in Late Medieval England*, tese de doutorado, University of Toronto, 2012, p. 208.
2. *Ibid.*, p. 99.
3. *Ibid.*, p. 178, 177 e 118.
4. *Ibid.*, p. 105.
5. Geoffrey Baskerville, "The Dispossessed Religious of Surrey", *Surrey Archaeological Collections*, v. 47, 1941, p. 12-28.
6. Knudsen, *Naughty Nuns and Promiscuous Monks*, p. 223.
7. Stephanie A. Mann, "More on the Norwich Beguinage", Supremacy e Survival: *The English Reformation*, 1º jun. 2013 [*on-line*].
8. Knudsen, *Naughty Nuns and Promiscuous Monks*, p. 223-224.
9. *Ibid.*, p. 81.
10. Norma Giffney, Michelle M. Sauer e Diane Watt (eds.), *The Lesbian Premodern*, Palgrave Macmillan, 2011, p. 86.
11. Laura Gowing, *Gender Relations in Early Modern England*, Routledge, 2012, p. 52.
12. Olwen Hufton, *The Prospect Before Her*, Knopf, 1996, p. 408.
13. Madeleine Dodds e Ruth Dodds, *The Pilgrimage of Grace*, Londres, 1915.
14. John Simkin, "Pilgrimage of Grace", Spartacus Educational, set. 1997 [*on-line*].
15. Elizabeth Norton, *The Hidden Lives of Tudor Women: A Social History*, Pegasus Books, 2017, p. 202, 206.

16. Charles Wriothesley, *A Chronicle of England during the Reigns of the Tudors from ad 1485 to 1559*, William Douglas Hamilton (ed.), Camden Society, 1875, p. 64.
17. Sharon L. Jansen, *Dangerous Talk and Strange Behaviour: Women and Popular Resistance to the Reforms of Henry VIII*, Palgrave Macmillan, 1996, p. 6.
18. Norton, *The Hidden Lives of Tudor Women*, pos. 2677.
19. Robert Hutchinson, *The Last Days of Henry VIII: Conspiracies, Treason and Heresy at the Court of the Dying Tyrant*, Weidenfeld e Nicolson, 2005, p. 172-3.
20. Norton, *The Lives of Tudor Women*, pos. 4273.
21. *Ibid.*, pos. 4282.
22. Hufton, *The Prospect Before Her*, p. 407.
23. Mary Prior (ed.), *Women in English Society, 1500-1800*, Routledge, 2016, p. 112-17.
24. De John Foxe: *Foxe's Book of Martyrs, or the Acts and Monuments of the Christian Church; Being a Complete History of the Lives, Sufferings, and Deaths of the Christian Martyrs*, Jas B. Smith & Co., 1856.
25. John Morris (ed.), "Mr John Mush's Life of Margaret Clitherow", *The Troubles of Our Catholic Forefathers related by Themselves*, 1877, p. 333-440.
26. "Margaret Ward", em David Hugh Farmer, *The Oxford Dictionary of Saints*, 5. ed., Oxford University Press, 2011.
27. Gerelyn Hollingsworth, *National Catholic Reporter*, 26 fev. 2010.
28. Cecil Roth, *A History of the Marranos*, Jewish Publication Society of America, 1932, p. 257.
29. Barbara Bowen, "Aemilia Lanyer and the Invention of White Womanhood", em Susan Frye e Karen Robertson (eds.), *Maids and Mistresses, Cousins and Queens: Women's Alliances in Early Modern England*, Oxford University Press, 1999.
30. Hufton, *The Prospect Before Her*, p. 413.
31. Norton, *The Hidden Lives of Tudor Women*, pos. 4251.
32. Prior (ed.), *Women in English Society, 1500-1800*, p. 97, 105.
33. *Ibid.*, p. 124.
34. James Kelly, "17th-century Nuns on the Run", *History Extra*, 20 mar. 2012 [*on-line*].
35. Hufton, *The Prospect Before Her*, p. 384.
36. Lowell Gallagher, "Mary Ward's 'Jesuitresses' and the Construction of a Typological Community", em Frye e Robertson (eds.), *Maids and Mistresses, Cousins and Queens*.
37. Leyser, *Medieval Women*, pos. 4243.
38. Roger Hayden, "Dorothy Hazzard", *Oxford Dictionary of National Biography*.
39. Bernard Capp, *When Gossips Meet: Women, Family, and Neighbourhood in Early Modern England*, Oxford University Press, 2003, pos. 337.
40. Sara Heller Mendelson, *The Mental World of Stuart Women: Three Studies*, Harvester Press, 1987, p. 106.
41. *Ibid.*, p. 107.
42. Prior (ed.), *Women in English Society, 1500-1800*, p. 96.
43. John Wycliffe, Bible, 1382.
44. WYC, 1 Peter 3:7, *Bible Gateway* [*on-line*].
45. *Ibid.*
46. William Tyndale, New Testament, 1525.
47. TYN, 1 Peter 3:7, *Bible Gateway* [*on-line*].
48. Anthony Fletcher, *Gender, Sex and Subordination in England 1500-1800*, Yale University Press, 1995, p. 74.
49. Marjorie Keniston McIntosh, *Working Women in English Society 1300-1620*, Cambridge University Press, 2005, p. 41.
50. "A Homilie of the State of Matrimony", em *The Second Tome of Homilies*, Edward Allde, 1595.
51. *Ibid.*
52. *Ibid.*
53. *Ibid.*
54. *Ibid.*
55. Fletcher, *Gender, Sex and Subordination in England 1500-1800*, p. 297.
56. *Ibid.*, p. 89.
57. Mark Searle e Kenneth Stevenson, *Documents of the Marriage Liturgy*, Liturgical Press, 1992, p. 166.
58. Robert Burton, *Anatomy of Melancolie*, 1621, citado em Lisa Picard, *Restoration London: Everyday Life in the 1660s*, Weidenfeld e Nicolson, 1997, pos. 3424.
59. Mary Prior (ed.), *Women in English Society, 1500-1800*, p. 172.
60. McIntosh, *Working Women in English Society 1300-1620*, p. 41.
61. Fletcher, *Gender, Sex and Subordination in England 1500-1800*, p. 70.
62. John Knox, *The First Blast of the Trumpet against the Monstrous Regiment of Women*, 1558.

63. Clarck Drieshen, "Lady Jane Grey's Letters from the Tower of London", Medieval Manuscripts blog, British Library [on-line].
64. Leah S. Marcus, Janet Mueller e Mary Beth Rose (eds.), *Elizabeth I: Collected Works*, University of Chicago Press, 2002, p. 97.
65. Thomas Laqueur, *Making Sex: Body and Gender from the Greeks to Freud*, Harvard University Press, 1990, pos. 2331.
66. Retha Warnicke, *Wicked Women of England*, Palgrave Macmillan, 2012, p. 5.
67. Ian Mortimer, *The Time Traveller's Guide to Elizabethan England*, Bodley Head, 2012, pos. 889.
68. A. D. Innes, *A History of the British Nation*, TC and EC Jack, 1912.
69. Polydore Vergil, *Three Books of Polydore Vergil*, Henry Ellis (ed.), Camden Society, 1844, p. 71.
70. Barbara J. Harris, *English Aristocratic Women 1450-1550: Marriage and Family, Property and Careers*, Oxford University Press, 2002, pos. 410.
71. John Smyth, *The Berkeley Manuscripts 1066-1618, Volume II*, 1883, p. 253. Tradução citada em Jorge Castell, *Tudor Place* [on-line].
72. Ascham to Sturm, 1550, em Rev. Dr. Giles (ed.), *The Whole Works of Roger Ascham*, John Russell Smith, 1865, v. 1, p. xiii.
73. Harris, *English Aristocratic Women 1450-1550*, pos. 2872.
74. Mendelson, *The Mental World of Stuart Women*, p. 185.
75. Fletcher, *Gender, Sex and Subordination in England 1500-1800*, p. 24.
76. Judith M. Bennett e Shannon McSheffrey, "Early, Erotic and Alien: Women Dressed as Men in Late Medieval London", *History Workshop Journal*, primavera 2014, n. 77, p. 1-25.
77. Mary Wack, "Women, Work and Plays in an English Medieval Town", em Frye e Robertson (eds.), *Maids and Mistresses, Cousins and Queens*.
78. Sandra Clark, "'Hic Mulier', 'Haec Vir', and the Controversy over Masculine Women", *Studies in Philology*, v. 82, n. 2, primavera 1985, p. 153-83.
79. *Ibid.*
80. Fletcher, *Gender, Sex and Subordination in England 1500-1800*, p. 23.
81. Capp, *When Gossips Meet*, pos. 4463.
82. Bennett e McSheffrey, "Early, Erotic and Alien".
83. Donal Ó Danachair (ed.), *The Newgate Calendar*, Ex-classics Project, 2009, v. 1, p. 130.
84. Fletcher, *Gender, Sex and Subordination in England 1500-1800*, p. 85.
85. Capp, *When Gossips Meet*, pos. 4461.
86. Mendelson, *The Mental World of Stuart Women*, p. 57.
87. Maayan Sudai, "Sex Ambiguity in Early Modern Common Law (1629-1787)", *Law & Social Inquiry*, v. 47, n. 2, p. 478-513, 2022.
88. Ronald Trumbach, "London's Sapphists", em Julia Epstein e Kristina Straub (eds.), *Bodyguards: The Cultural Politics of Gender Ambiguity*, Routledge, 1991, p. 120.
89. Susan D. Amussen e David E. Underdown, *Gender, Culture and Politics in England 1560-1640: Turning the World Upside Down*, Bloomsbury, 2017, p. 11.
90. Tracy Borman, "Anne of Denmark: A Killer Queen", *History Extra*, 11 ago. 2021.
91. Amussen e Underdown, *Gender, Culture and Politics in England 1560-1640*, p. 58.
92. Borman, "Anne of Denmark".
93. Amussen e Underdown, *Gender, Culture and Politics in England 1560-1640*, p. 50, 59.
94. Lisa Gim, "'Fair Eliza's Chaine': Two Female Writers' Literary Links to Queen Elizabeth I", em Frye e Robertson (eds.), *Maids and Mistresses, Cousins and Queens*.
95. Gallagher, "Mary Ward's 'Jesuitresses' and the Construction of a Typological Community".
96. Diane Dugaw, *Warrior Women and Popular Balladry, 1650-1850*, Chicago Press, 1989, p. 1.
97. Mark Stoyle, "'Give mee a Souldier's Coat': Female Cross-Dressing during the English Civil War", *History*, v. 103, n. 354, p. 5-26, jan. 2018.
98. Kelly Faircloth, "Searching for the Fighting Women of the English Civil War", *Jezebel*, 3 abr. 2018.
99. Charles Carlton, *Going to the Wars: The Experience of the British Civil War, 1638-1651*, Routledge, 1994, p. 307.
100. Rodney Legg, *The Book of Lyme Regis: The Story of Dorset's Western Spa*, Halsgrove 2003, p. 38.
101. J. F. Nicholls e John Taylor, *Bristol Past and Present*, J. W. Arrowsmith, 1882.

102. Capp, *When Gossips Meet*, pos. 3708.
103. *Ibid.*, pos. 3710.
104. Fletcher, *Gender, Sex and Subordination in England 1500-1800*, p. 78.
105. *Ibid.*, p. 77.
106. Carlton, *Going to the Wars*, p. 178.
107. Fletcher, *Gender, Sex and Subordination in England 1500-1800*, p. 78.
108. *Ibid.*
109. Carlton, *Going to the Wars*, p. 178, 309.
110. *Ibid.*, p. 110.
111. *Ibid.*
112. *Ibid.*, p. 296.
113. *Ibid.*, p. 296-7.
114. *Ibid.*, p. 110.
115. Nadine Akkerman, *Invisible Agents: Women and Espionage in Seventeenth-Century Britain*, Oxford University Press, 2018.
116. Tammy M. Proctor, *Female Intelligence: Women and Espionage in the First World War*, New York University Press, 2003, p. 16.
117. Peter Rushton e Gwenda Morgan, *Banishment in the Early Atlantic World: Convicts Rebels and Slaves*, Bloomsbury, 2013, p. 12.
118. Sara Mendelson e Patricia Crawford, *Women in Early Modern England 1550-1720*, Clarendon Press, 1998, p. 189, 39.
119. Gowing, *Gender Relations in Early Modern England*, p. 48.
120. Ann Rosalind Jones, "Maidservants of London: Sisterhoods of Kinship and Labour", em Frye e Robertson (eds.), *Maids and Mistresses, Cousins and Queens*.
121. Patrick Wallis, "Apprenticeship in England", em Prak e Wallis (eds.), *Apprenticeships in Early Modern Europe*, Cambridge University Press, 2019, p. 247-81.
122. Judith M. Bennett e Amy M. Froide, *Singlewomen in the European Past, 1250-1800*, University of Pennsylvania Press, 1990, p. 241.
123. McIntosh, *Working Women in English Society 1300-1620*, p. 132; Bennett e Froide, *Singlewomen in the European Past, 1250-1800*, p. 241.
124. Bennett e Froide, *Singlewomen in the European Past, 1250-1800*, p. 241.
125. Hufton, *The Prospect Before Her*, p. 273.
126. *Ibid.*
127. *Ibid.*
128. Anne-Marie Kilday, "The Archetype of Infanticide in the Early Modern Period", *A History of Infanticide in Britain c. 1600 to the Present*, Palgrave Macmillan, 2013; Hufton, *The Prospect Before Her*, p. 274, 276.
129. Alison Wall (ed.), *Two Elizabethan Women: Correspondence of Joan and Mariah Thynne 1575-1611*, Wiltshire Record Society, Devizes, 1983, p. 19.
130. Mendelson, *The Mental World of Stuart Women*, p. 42.
131. Richard Harvey, "English Pre-Industrial Ballads on Poverty, 1500-1700", *The Historian*, v. 46, n. 4, p. 553, ago. 1984.
132. *Ibid.*, p. 559.
133. Mendelson e Crawford, *Women in Early Modern England 1550-1720*, p. 44.
134. Norton, *The Hidden Lives of Tudor Women*, pos. 2342/2347.
135. *Ibid.*, p. 11.
136. Rebecca Frances King, "Rape in England 1600-1800: Trials, Narratives and the Question of Consent", teses de Durham, 1998, Durham University.
137. Helen Barker, *Rape in Early Modern England: Law, History and Criticism*, Palgrave Macmillan, 2021, pos. 1623.
138. King, "Rape in England 1600-1800".
139. Capp, *When Gossips Meet*, pos. 3050.
140. Sauer, *Gender in Medieval Culture*, pos. 910.
141. *Ibid.*, pos. 1721.
142. John Frith, "Syphilis — Its Early History and Treatment until Penicillin and the Debate on Its Origins", *Journal of Military and Veterans' Health*, v. 20, n. 4, p. 49-58, 2012.
143. McIntosh, *Working Women in English Society 1300-1620*, p. 77.
144. Sauer, *Gender in Medieval Culture*, pos. 925.
145. Leyser, *Medieval Women*, pos. 2811.
146. Harvey, *The Fires of Lust*, pos. 3487, 3536.
147. Richard Harvey, "The Work and Mentalité of Lower Orders Elizabethan Women", *Exemplaria*, v. 5, n. 2, p. 409-33, 1993.
148. Miranda Kaufmann, *Black Tudors*, Oneworld, 2017, p. 220-1.
149. *Ibid.*, p. 15-16.
150. Peter Fryer, *Staying Power: The History of Black People in Britain*, Pluto Press, 1984, p. 8.
151. Michael Wood, "Britain's First Black Community in Elizabethan Britain", BBC News, 20 jul. 2012.
152. Fryer, *Staying Power*, p. 8.

153. *Ibid.*
154. Kaufmann, *Black Tudors*, p. 312.
155. *Ibid.*, p. 203.
156. *Ibid.*, p. 302.
157. American Society of Human Genetics, "ASHG Denounces Attempts to Link Genetics and Racial Supremacy", *American Journal of Human Genetics*, 1º nov. 2018, p. 636.
158. Bowen, "Aemilia Lanyer and the Invention of White Womanhood", em Frye e Robertson (eds.), *Maids and Mistresses, Cousins and Queens*.
159. Harris, *English Aristocratic Women 1450-1550*, pos. 3380/3387.
160. Robert Titler, "The Feminine Dynamic in Tudor Art: A Reassessment", *British Art Journal*, v. 17, n. 1, primavera 2016, p. 122-30, 125.
161. "A Woman, Presumed to Be a Self-Portrait of Susannah-Penelope Rosse", em John Murdoch, *Seventeenth-Century English Miniatures in the Collection of the Victoria & Albert Museum*, The Stationery Office em colaboração com a V&A, 1997.
162. Titler, "The Feminine Dynamic in Tudor Art", p. 122.
163. *Ibid.*, p. 124.
164. Harris, *English Aristocratic Women 1450-1550*, pos. 3468, 3469.
165. C. I. Merton, *Women Who Served Queen Mary and Queen Elizabeth: Ladies, Gentlewomen and Maids of the Privy Chamber 1553-1603*, tese, University of Cambridge, 1992.
166. Elizabeth A. Brown, "'Companion Me with My Mistress': Cleopatra, Elizabeth I and Their Waiting Women", em Frye e Robertson (eds.), *Maids and Mistresses, Cousins and Queens*.
167. Harris, *English Aristocratic Women 1450-1550*, pos. 3419.
168. Sarah Laskow, "A Machine that Made Stockings Helped Kick Off the Industrial Revolution", *Atlas Obscura*, 19 set. 2017 [on-line].
169. Norton, *The Hidden Lives of Tudor Women*, pos. 1918.
170. "Sale of a Lyme Ship", painel de exibição no Lyme Regis Museum, visita ao museu em ago. 2021.
171. Harris, *English Aristocratic Women 1450-1550*, pos. 150-75.
172. Wall (ed.), *Two Elizabethan Women*, p. 14.
173. Hufton, *The Prospect Before Her*, p. 150.
174. Mary Lovell, *Bess of Hardwick: First Lady of Chatsworth*, Little, Brown, 2005.
175. Heather Delonette, "Did the Civil War and Its Aftermath to 1660 Offer Any Lasting New Opportunities to Women?", *Cromwell Association* [on-line], 2001.
176. Mendelson e Crawford, *Women in Early Modern England 1550-1720*, p. 51.
177. Warnicke, *Wicked Women of England*, p. 3.
178. Capp, *When Gossips Meet*, pos. 4093.
179. Mendelson e Crawford, *Women in Early Modern England 1550-1720*, p. 58.
180. Picard, *Restoration London*, pos. 3585.
181. Norton, *The Hidden Lives of Tudor Women*, p. 61.
182. Leyser, *Medieval Women*, pos. 2779.
183. Hanawalt, *The Ties that Bound*, p. 151.
184. Hufton, *The Prospect Before Her*, p. 153.
185. Gowing, *Gender Relations in Early Modern England*, p. 53.
186. Mendelson e Crawford, *Women in Early Modern England 1550-1720*, p. 50.
187. Capp, *When Gossips Meet*, pos. 3805.
188. Leyser, *Medieval Women*, pos. 2615.
189. Wack, "Women, Work and Plays in an English Medieval Town", em Frye e Robertson (eds.), *Maids and Mistresses, Cousins and Queens*.
190. David Kathman, "Alice Layston and the Cross Keys", *Medieval & Renaissance Drama in England*, v. 22, 2009, p. 144.
191. Callan Davies, "Engendering Before Shakespeare: Women and Early English Playhouse Ownership", *Engendering the Stage* [on-line].
192. Andrew Gurr, *The Shakespearean Stage 1574-1642*, Cambridge University Press, 1992, 3. ed., p. 142, 45.
193. Jones, "Maidservants of London", em Frye e Robertson (eds.), *Maids and Mistresses, Cousins and Queens*.
194. Mortimer, *The Time Traveller's Guide to Elizabethan England*, pos. 6061, 5990.
195. Leyser, *Medieval Women*, pos. 4415.
196. Mortimer, *The Time Traveller's Guide to Elizabethan England*, pos. 2025, 1356.
197. Harris, *English Aristocratic Women 1450-1550*, pos. 424-447, 531-535.
198. Mortimer, *The Time Traveller's Guide to Elizabethan England*, pos. 6880, 1356.
199. Norton, *The Hidden Lives of Tudor Women*, p. 55.

200. Gim, "'Faire Eliza's Chaine'", em Frye e Robertson (eds.), *Maids and Mistresses, Cousins and Queens*.
201. William J. Thoms (ed.), *Anecdotes and Traditions: Illustrative of Early English History and Literature*, Nichols e Sons, 1839, p. 125.
202. Edward Rothstein, "Authors in Rooms of Their Own", *New York Times*, 23 fev. 2012.
203. Joanna Moody (ed.), *The Private Life of an Elizabethan Lady: The Diary of Lady Margaret Hoby 1599-1605*, Sutton Publishing, 1998, p. xvii.
204. Harris, *English Aristocratic Women 1450-1550*, pos. 1502, 499.
205. Wall (ed.), *Two Elizabethan Women*, p. 2.
206. Norton, *The Hidden Lives of Tudor Women*, pos. 1183-1202.
207. Fletcher, *Gender, Sex and Subordination in England 1500-1800*, p. 366.
208. Moody (ed.), *The Private Life of an Elizabethan Lady*.
209. Carta de Simon Harcourt a Lady Harcourt, 3 jan. 1641, em Edward Harcourt (ed.), *The Harcourt Papers*, James Parker & Co, 1876, p. 147.
210. Bowen, "Aemilia Lanyer and the Invention of White Womanhood", em Frye e Robertson (eds.), *Maids and Mistresses, Cousins and Queens*.
211. Hufton, *The Prospect Before Her*, p. 431, 414.
212. Mendelson, *The Mental World of Stuart Women*, p. 35.
213. *Ibid.*, p. 30.
214. Miss Evelyn Fox, "The Diary of an Elizabethan Gentlewoman", *Transactions of the Royal Historical Society*, v. 2 (1908), p. 153-74, 163.
215. Norton, *The Hidden Lives of Tudor Women*, pos. 5832.
216. McIntosh, *Working Women in English Society 1300-1620*, p. 80.
217. Mortimer, *The Time Traveller's Guide to Elizabethan England*, pos. 1244.
218. Ian Mortimer, *The Dying and the Doctors: The Medical Revolution in Seventeenth-Century England*, Boydell Press, 2009, p. 124.
219. McIntosh, *Working Women in English Society 1300-1620*, p. 82.
220. Norton, *The Hidden Lives of Tudor Women*, pos. 513.
221. McIntosh, *Working Women in English Society 1300-1620*, p. 84.
222. *Ibid.*
223. Jean Donnison, "A History of the Midwife Profession in the United Kingdom", em *Mayes' Midwifery*, 14. ed., Bailliere Tindall Elsevier, 2011, p. 13-14.
224. McIntosh, *Working Women in English Society 1300-1620*, p. 83.
225. Norton, *The Hidden Lives of Tudor Women*, pos. 5332-61.
226. J. Loudon, "Deaths in Childbed from the Eighteenth Century to 1935", *Medical History*, v. 30, p. 1-41, jan. 1986.
227. McIntosh, *Working Women in English Society 1300-1620*, p. 83.
228. *Ibid.*
229. Fletcher, *Gender, Sex and Subordination in England 1500-1800*, p. 25.
230. Moody (ed.), *The Private Life of an Elizabethan Lady*, p. 7.
231. Mortimer, *The Time Traveller's Guide to Elizabethan England*, p. 8.
232. *Ibid.*
233. Malcolm Gaskill, "Witchcraft and Evidence in Early Modern England", *Past and Present*, v. 198, n. 1, 2008, p. 42.
234. Hufton, *The Prospect Before Her*, p. 347.
235. Charlotte-Rose Millar, *Witchcraft, the Devil, and Emotions in Early Modern England*, Routledge, 2017, p. 153.
236. Laura Gowing, "Pendle Witches Lancashire Witches (*act.* 1612)", *Oxford Dictionary of National Biography*, 2004.
237. William E. Burns, *Witch Hunts in Europe and America: An Encyclopedia*, Greenwood Publishing Group, 2003, p. 166.
238. Gowing, "Pendle Witches Lancashire Witches (*act.* 1612)".
239. *Ibid.*
240. Burns, *Witch Hunts in Europe and America*, p. 166.
241. James Sharpe, *Instruments of Darkness: Witchcraft in Early Modern England*, Philadelphia University Press, 1996, p. 129; Gordon Napier, *Maleficium: Witchcraft and Witch Hunting in the West*, Amberley Publishing Ltd, 2017.
242. Louise Jackson, "Witches, Wives and Mothers: Witchcraft Persecution and Women's Confession in Seventeenth-

-Century England", *Women's History Review*, v. 4, n. 1, p. 63-84.
243. Shannon M. Lundquist, "Finding the Witch's Mark: Female Participation in the Judicial System during the Hopkins Trials 1645-47", Hamline University, 2014.
244. Malcolm Gaskill, "Introduction", em *English Witchcraft 1560-1736*, James Sharpe (ed.), *Vol. 3 The Matthew Hopkins Trials*, Pickering e Chatto, 2003.
245. Pip e Joy Wright, *Witches in and around Suffolk*, Pawprint Publishing, 2004.
246. Jackson, "Witches, Wives and Mothers".
247. Gaskill, "Introduction", em *English Witchcraft 1560-1736*.
248. Ivan Bunn e Gilbert Geis, *A Trial of Witches: A Seventeenth Century Witchcraft Prosecution*, Routledge, 2005, p. 81.
249. Malcolm Gaskill, "Witchcraft Trials in England", em Brian P. Levack, *The Oxford Handbook of Witchcraft in Early Modern Europe and Colonial America*, Oxford University Press, 2013, p. 296.
250. William Beck e T. Frederick Ball, *The London Friends' Meetings*, 1869, p. 19-20.
251. Hufton, *The Prospect Before Her*, p. 419.
252. *Ibid.*, p. 418.
253. Nicholas Blundell (1669-1737), *The Great Diurnal of Nicholas Blundell*, Record Society of Lancashire and Cheshire, 1968, em Peter Radford, "Picturing Early Women Athletes", *Folger Shakespeare Library*, 18 fev. 2022 [on-line].
254. P. Seddon, *Football Talk: The Language & Folklore of the World's Greatest Game*, Robson, 2004, p. 156.
255. McIntosh, *Working Women in English Society 1300-1620*, p. 38.
256. Gowing, *Gender Relations in Early Modern England*, p. 44.
257. Hanawalt, *The Wealth of Wives*, pos. 3172.
258. Leyser, *Medieval Women*, pos. 2823.
259. Norton, *The Hidden Lives of Tudor Women*, pos. 1762.
260. *Ibid.*
261. McIntosh, *Working Women in English Society 1300-1620*, p. 135.
262. Mortimer, *The Time Traveller's Guide to Elizabethan England*, pos. 1244.
263. Leyser, *Medieval Women*, pos. 2822.
264. Norton, *The Hidden Lives of Tudor Women*, pos. 1770.
265. McIntosh, *Working Women in English Society 1300-1620*, p. 136.
266. *Ibid.*
267. Harvey, "The Work and Mentalité of Lower Orders Elizabethan Women", p. 428.
268. McIntosh, *Working Women in English Society 1300-1620*, p. 133, 136.
269. Wack, "Women, Work and Plays in an English Medieval Town", em Frye e Robertson (eds.), *Maids and Mistresses, Cousins and Queens*.
270. McIntosh, *Working Women in English Society 1300-1620*, p. 159.
271. *Ibid.*, p. 41.
272. Harvey, "The Work and Mentalité of Lower Orders Elizabethan Women", p. 423.
273. McIntosh, *Working Women in English Society 1300-1620*, p. 99, 107, 253.
274. *Ibid.*, p. 128.
275. William C. Baer, "Early Retailing: London's Shopping Exchanges 1550-1700", *Business History*, v. 49, n. 1, p. 29-51, jan. 2007.
276. Wall (ed.), *Two Elizabethan Women*, p. 16.
277. Baer, "Early Retailing".
278. McIntosh, *Working Women in English Society 1300-1620*, p. 249.
279. Baer, "Early Retailing".
280. Wack, "Women, Work and Plays in an English Medieval Town", em Frye e Robertson (eds.), *Maids and Mistresses, Cousins and Queens*.
281. Jane Humphries e Jacob Weisdorf, "Wages of Women in England 1260-1850", *Oxford Economic and Social History Working Papers*, 127, p. 21, mar. 2014.
282. *Ibid.*
283. Mendelson e Crawford, *Women in Early Modern England 1550-1720*, p. 103.
284. Harvey, "The Work and Mentalité of Lower Orders Elizabethan Women", p. 428.
285. Humphries e Weisdorf, "Wages of Women in England 1260-1850", p. 15.
286. Robert B. Shoemaker, *Gender in English Society 1650-1850: The Emergence of Separate Spheres?*, Longman, 1998, pos. 3396.
287. Humphries e Weisdorf, "The Wages of Women in England 1260-1850", *Journal of Economic History*, Cambridge University Press, v. 75, n. 2, p. 405-77, jun. 2015.

288. Mortimer, *The Time Traveller's Guide to Elizabethan England*, pos. 491.
289. E. P. Thompson, "The Moral Economy of the English Crowd in the Eighteenth Century", *Past & Present*, n. 50, p. 76-136, fev. 1971.
290. Andy Wood, "Subordination, Solidarity and the Limits of Popular Agency in a Yorkshire Valley, *c.* 1596-1615", *Past and Present*, v. 193, n. 1, p. 41-72, 2006.
291. *Ibid.*, pos. 4051.
292. Christina Bosco Langert, "Hedgerows and Petticoats: Sartorial Subversion and Anti-Enclosure Protest in Seventeenth--Century England", *Early Theatre*, v. 12, n. 1, p. 119-35, 2009.
293. Wood, "Subordination, Solidarity and the Limits of Popular Agency in a Yorkshire Valley, *c.* 1596-1615".
294. William Page e J. W. Willis-Bund (eds.), "Parishes: Castlemorton", *A History of the County of Worcester: Vol. 4*, Victoria County History, 1924, British History Online, p. 49-53.
295. Langert, "Hedgerows and Petticoats".
296. *Ibid.*
297. *Ibid.*
298. John Walter e Keith Wrightson, "Dearth and the Social Order in Early Modern England", *Past and Present*, maio 1976, n. 71, p. 22-42.
299. *Ibid.*
300. Mendelson e Crawford, *Women in Early Modern England 1550-1720*, p. 55.
301. Lambarde, *Eirenarcha*, p. 180; M. Dalton, *The Countrey Justice: Containing the Practice of the Justices of the Peace out of their Sessions…*, Londres, 1622 ed., p. 205.
302. Walter e Wrightson, "Dearth and the Social Order in Early Modern England".
303. *Ibid.*
304. *Ibid.*
305. T. Birch, *The Court and Times of Charles the First*, R. F. Williams (ed.), 2 v., Londres, 1848, v. 1, p. 17.
306. Acts of the Privy Council, 1629-30, p. 24-5.
307. Walter e Wrightson, "Dearth and the Social Order".
308. Capp, *When Gossips Meet*, pos. 4053.
309. *Ibid.*, pos. 4035, 4042.
310. *Ibid.*, pos. 4051, 3758.
311. *Ibid.*, pos. 3758.
312. *Ibid.*, pos. 4010, 4069.
313. *Ibid.*, pos. 3978, 3713, 3938.
314. *Ibid.*, pos. 4016.
315. *Ibid.*, pos. 4018.
316. *Ibid.*, pos. 4065, 3971.
317. *Ibid.*, pos. 1383.
318. Martin Ingram, "Ridings, Rough Music and the "Reform of Popular Culture" in Early Modern England", *Past & Present*, nov. 1984, n. 105, p. 79-113.
319. *Ibid.*
320. *Ibid.*
321. Capp, *When Gossips Meet*, pos. 3621, 3638.
322. *Ibid.*, pos. 1410, 3648.
323. *Ibid.*, pos. 3972, 3582.
324. Mortimer, *The Time Traveller's Guide to Elizabethan England*, pos. 6191.
325. Capp, *When Gossips Meet*, pos. 234, 235, 237.
326. David Underdown, em Hufton, *The Prospect Before Her*, p. 466.
327. Capp, *When Gossips Meet*, pos. 3448, 4093.
328. *Ibid.*, pos. 3713.
329. Patricia-Ann Lee, "Mistress Stagg's Petitioners: fev. 1642", *The Historian*, v. 60, n. 2, inverno 1968, p. 241-56.
330. *Ibid.*
331. *Ibid.*
332. Sarah Read, "A Women's Revolt", *History Today*, v. 65, n. 8, ago. 2015.
333. *Ibid.*
334. Capp, *When Gossips Meet*, pos. 3725.
335. Hufton, *The Prospect Before Her*, p. 418.
336. Capp, *When Gossips Meet*, pos. 3723.
337. Prior (ed.), *Women in English Society, 1500-1800*, p. 167.
338. *Ibid.*, p. 160.
339. Rebecca Abrams, "The Jewish Journey: 4,000 Years in 22 Objects", Ashmolean Museum, 2017.
340. Janet Todd, *The Secret Life of Aphra Behn*, Rutgers University Press, 2006, Chapter 20.
341. *Ibid.*
342. Capp, *When Gossips Meet*, pos. 354, 259, 268, 339, 354.
343. Christopher Hill, *The World Turn'd Upside Down*, Penguin, 2020.
344. Gowing, *Gender Relations in Early Modern England*, p. 33.
345. Mendelson, *The Mental World of Stuart Women*, p. 2.
346. Harris, *English Aristocratic Women 1450-1550*, pos. 911.
347. *Ibid.*, pos. 930.

348. Mendelson, *The Mental World of Stuart Women*, p. 71.
349. Wall (ed.), *Two Elizabethan Women*, p. xxvi.
350. David Cressy, "Childbed Attendants", em David Cressy (ed.), Birth, *Marriage*, and *Death: Ritual, Religion*, and the *Life*-cycle in Tudor and Stuart England, Oxford University Press, 1997, p. 74.
351. Harvey, "The Work and Mentalité of Lower Orders Elizabethan Women", p. 427.
352. Capp, *When Gossips Meet*, pos. 225.
353. M. P. Tilley, *A Dictionary of Proverbs in England, in the Sixteenth and Seventeenth Centuries*, University of Michigan Press, 1950.
354. Mendelson e Crawford, *Women in Early Modern England 1550-1720*, p. 128.
355. Capp, *When Gossips Meet*, pos. 238.
356. Fletcher, *Gender, Sex and Subordination in England 1500-1800*, p. 110.
357. Frances E. Dolan, "Home-Rebels and House-Traitors: Murderous Wives in Early Modern England", *Yale Journal of Law and the Humanities*, v. 4, n. 1, 1992.
358. Hanawalt, *The Wealth of Wives*, pos. 1963.
359. Ian Mortimer, *The Time Traveller's Guide to Medieval England*, Bodley Head, 2008, pos. 4359.
360. Norton, *The Hidden Lives of Tudor Women*, pos. 3154.
361. Shoemaker, *Gender in English Society 1650-1850*, pos. 2384.
362. Harris, *English Aristocratic Women 1450-1550*, pos. 1326, 2038.
363. Capp, *When Gossips Meet*, pos. 1489.
364. Searle e Stevenson, *Documents of the Marriage Liturgy*, p. 166, 235.
365. Mendelson em Prior citado em Fletcher, p. 191.
366. Fletcher, *Gender, Sex and Subordination in England 1500-1800*, p. 176.
367. Leyser, *Medieval Women*, pos. 3004.
368. Harris, *English Aristocratic Women 1450-1550*, pos. 153.
369. Barbara Todd, "Widowhood in a Market Town: Abingdon, 1540-1720", Oxford University, 1983, p. 22-8, em Prior, *Women in English Society 1500-1800*.
370. Harris, *English Aristocratic Women 1450-1550*, pos. 340.
371. Wall (ed.), *Two Elizabethan Women*, p. xiv.
372. Prior (ed.), *Women in English Society, 1500-1800*, p. 34, 40, 35.
373. *Ibid.*, p. 40.
374. Bennett e Froide, *Singlewomen in the European Past, 1250-1800*, p. 242.
375. *Ibid.*, p. 246.
376. *Ibid.*, p. 5.
377. John Boswell, *Same Sex Unions in Pre-Modern Europe*, Villard Books, 1994, p. 262.
378. Christian D. Knudsen, *Naughty Nuns and Promiscuous Monks: Monastic Sexual Misconduct in Late Medieval England*, tese de doutorado, University of Toronto, 2012, p. 115.

## Parte 5: 1660-1764 – Impedidas de entrar e impedidas de sair

1. Richard Harvey, "English Pre-industrial Ballads on Poverty, 1500-1700", *The Historian*, v. 46, n. 4, p. 557, ago. 1984.
2. John Lawrence, *The Modern Land Steward*, Londres, 1801, p. 158; Report from the Select Committee on Commons' Inclosure (1844), p. 583 (v), 185.
3. Jay Walljasper, "Stealing the Common from the Goose", *On the Commons*, 18 jan. 2013 [*on-line*].
4. Ian Mortimer, *The Time Traveller's Guide to Restoration Britain*, Bodley Head, 2017, pos. 5223.
5. *Ibid.*, pos. 745, 1290.
6. Jane Humphries e Jacob Weisdorf, "The Wages of Women in England 1260-1850", *Journal of Economic History*, v. 75, n. 2, p. 405-77, jun. 2015.
7. E. A. Wrigley, "Urban Growth and Agricultural Change: England and the Continent in the Early Modern Period", *Journal of Interdisciplinary History*, v. 15, n. 4, primavera 1985, p. 683-728.
8. Judith Flanders, "Slums", *British Library* [*on-line*], 15 maio 2014.
9. Mortimer, *The Time Traveller's Guide to Restoration Britain*, pos. 1698.
10. *Ibid.*, pos. 1321, 1400.
11. *Ibid.*, pos. 1072, 1162.
12. E. P. Thompson, *Customs in Common*, New Press, 1993, p. 189.
13. E. P. Thompson, "The Moral Economy of the English Crowd in the Eighteenth Century", *Past and Present*, n. 50, p. 76-136, 1971.
14. "Lyme Rebels", painel de exibição no Lyme Regis Museum, visita ao museu ago. 2021.

15. Sara Mendelson e Patricia Crawford, *Women in Early Modern England 1550-1720*, Clarendon Press, 1998, p. 427.
16. Ned Palmer, *A Cheesemonger's History of the British Isles*, Profile, 2019, p. 200, 201.
17. Donal Ó Danachair (ed.), *The Newgate Calendar*, Ex-classics Project, v. 3, p. 143, 2009.
18. Olwen Hufton, *The Prospect Before Her*, Knopf, 1996.
19. Bernard Capp, *When Gossips Meet: Women, Family, and Neighbourhood in Early Modern England*, Oxford University Press, 2003, pos. 4084.
20. Robert B. Shoemaker, *Gender in English Society 1650-1850: The Emergence of Separate Spheres?*, Longman, 1998, pos. 5073.
21. Hufton, *The Prospect Before Her*, p. 467.
22. Mortimer, *The Time Traveller's Guide to Restoration Britain*, pos. 1510.
23. Thomas Laqueur, *Making Sex: Body and Gender from the Greeks to Freud*, Harvard University Press, 1990, pos. 2860.
24. *Ibid.*, pos. 285.
25. Ronald Trumbach, "London's Sapphists", em Julia Epstein e Kristina Straub (eds.), *Bodyguards: The Cultural Politics of Gender Ambiguity*, Routledge, 1991, p. 112.
26. Laqueur, *Making Sex*, pos. 178.
27. Chris Nyland, "John Locke and the Social Position of Women", *History of Political Economy*, v. 25, p. 39-63, 1993.
28. Anthony Fletcher, *Gender, Sex and Subordination in England 1500-1800*, Yale University Press, 1995, p. 289.
29. Ilza Veith, *Hysteria: The History of a Disease*, University of Chicago, 1965, p. 23.
30. Marlene LeGates, "The Cult of Womanhood in Eighteenth-Century Thought", *Eighteenth-Century Studies*, v. 10, n. 1, p. 35, 1976.
31. Mendelson e Crawford, *Women in Early Modern England 1550-1720*, p. 64.
32. Richard Allestree, *The Ladies Calling*, 1673, pos. 752.
33. Mendelson e Crawford, *Women in Early Modern England 1550-1720*, p. 420.
34. LeGates, "The Cult of Womanhood in Eighteenth-Century Thought", p. 39.
35. Fletcher, *Gender, Sex and Subordination in England, 1500-1800*, p. 384.
36. Allestree, *The Ladies Calling*, pos. 278.
37. *Ibid.*, pos. 1186.
38. *Ibid.*, pos. 2407.
39. *Ibid.*, pos. 2470.
40. Mendelson e Crawford, *Women in Early Modern England 1550-1720*, p. 418.
41. Maureen Bell, "Elizabeth Calvert", em *Oxford Dictionary of National Biography*, 2004.
42. Shoemaker, *Gender in English Society 1650-1850*, pos. 5047.
43. Mendelson e Crawford, *Women in Early Modern England 1550-1720*, p. 427.
44. Capp, *When Gossips Meet*, pos. 3758.
45. Martin Haile, *Queen Mary of Modena: Her Life and Letters*, J. M. Dent, 1905, p. 139.
46. Elizabeth Gaunt, *Mrs Elizabeth Gaunt's Last speech who was burnt at London, Oct. 23. 1685. as it was written by her own hand, & delivered to Capt. Richardson keeper of Newgate*, Londres, 1685.
47. Charles Spencer, *Killers of the King: The Men Who Dared to Execute Charles I*, Bloomsbury, 2014, p. 300-1.
48. Capp, *When Gossips Meet*, pos. 4078.
49. *Ibid.*, pos. 4084.
50. John Locke, 1689, em Nyland, "John Locke and the Social Position of Women", p. 8.
51. Laura Gowing, *Gender Relations in Early Modern England*, Routledge, 2012, p. 26.
52. *Reports of the Society for bettering the condition and increasing the comforts of the poor (1798-1808)*, v. 5, p. 84, em Hufton, *The Prospect Before Her*, p. 157.
53. Hufton, *The Prospect Before Her*, p. 159.
54. Gowing, *Gender Relations in Early Modern England*, p. 49, 42.
55. Margaret Hunt, "English Lesbians in the Long Eighteenth Century", em Judith M. Bennett e Amy M. Froide, *Singlewomen in the European Past, 1250-1800*, University of Pennsylvania Press, 1990, p. 280.
56. Amy Louise Erickson, "Clockmakers, Milliners and Mistresses: Women Trading in the City of London Companies 1700-1750", cartas escritas antes da conferência sobre as leis conduzida na Clark Library, UCLA, 3-4 out. 2008.
57. *Ibid.*
58. Bennett e Froide, *Singlewomen in the European Past, 1250-1800*, p. 250.
59. *Ibid.*, p. 251.

60. Lisa Picard, *Restoration London: Everyday life in the 1660s*, Weidenfeld e Nicolson, 1997, pos. 3576.
61. Zara Anishanslin, *Portrait of a Woman in Silk: Hidden Histories of the British Atlantic World*, Yale University Press, 2016, p. 154.
62. *Ibid.*, p. 155.
63. *Ibid.*, p. 115.
64. *Ibid.*, p. 79.
65. Mortimer, *The Time Traveller's Guide to Restoration Britain*, pos. 3236.
66. *Ibid.*, pos. 3049.
67. Picard, *Restoration London*, pos. 530.
68. *Ibid.*
69. Mortimer, *The Time Traveller's Guide to Restoration Britain*, pos. 3428.
70. William C. Baer, "Early Retailing, London's Shopping Exchanges, 1550-1700", *Business History*, 2007, v. 49, n. 1, p. 32.
71. *Ibid.*, p. 34.
72. Mortimer, *The Time Traveller's Guide to Restoration Britain*, pos. 6585.
73. Mark Bridge, "Prize Fighting Women of Victorian Britain…", *History First*, 12 jan. 2023.
74. Mortimer, *The Time Traveller's Guide to Restoration Britain*, pos. 7091.
75. Betty Rizzo, *Companions Without Vows: Relationships Among Eighteenth-Century British Women*, University of Georgia, 1994, p. 26.
76. Anishanslin, *Portrait of a Woman in Silk*, p. 32.
77. Gowing, *Gender Relations in Early Modern England*, p. 54.
78. Hufton, *The Prospect Before Her*, p. 242.
79. *Ibid.*, p. 241.
80. W. Henry, "Hester Hammerton and Women Sextons in Eighteenth- and Nineteenth-Century England", *Gender & History*, v. 31, n. 2, p. 404-21, jul. 2019.
81. Mendelson e Crawford, *Women in Early Modern England 1550-1720*, p. 57.
82. National Archive, RG 6/1168D: Quarterly Meeting of London and Middlesex: Burial notes (1785-1794), em Anna Ruth Cusack, *The Marginal Dead of London c. 1600-1800*, tese, Birkbeck Institutional Research Online, p. 198.
83. Mendelson e Crawford, *Women in Early Modern England 1550-1720*, p. 57.
84. *Ibid.*
85. Gowing, *Gender Relations in Early Modern England*, p. 71.
86. Mendelson e Crawford, *Women in Early Modern England 1550-1720*, p. 58.
87. Gowing, *Gender Relations in Early Modern England*, p. 72.
88. Shoemaker, *Gender in English Society 1650-1850*, pos. 4959.
89. Fletcher, *Gender, Sex and Subordination in England 1500-1800*, p. 367.
90. Picard, *Restoration London*, pos. 3942.
91. Mortimer, *The Time Traveller's Guide to Restoration Britain*, pos. 2695.
92. Fletcher, *Gender, Sex and Subordination in England 1500-1800*, p. 365, 367.
93. Picard, *Restoration London*, pos. 3585.
94. Laqueur, *Making Sex*, pos. 3695.
95. Susie Steinbach, *Women in England 1760-1914: A Social History*, Phoenix Press, 2003, pos. 993.
96. Rizzo, *Companions Without Vows*, p. 16.
97. Amy Erickson, "Identifying Women's Occupations in Early Modern London", *History of Population and Social Structure*, University of Cambridge, 1999.
98. Mortimer, *The Time Traveller's Guide to Restoration Britain*, pos. 1702.
99. Ian Mortimer, *The Dying and the Doctors: The Medical Revolution in Seventeenth-Century England*, Boydell Press, 2009, p. 206.
100. Max Adams, *Unquiet Women*, Head of Zeus, 2018, pos. 3394.
101. *Ibid.*
102. Mortimer, *The Dying and the Doctors*, p. 19.
103. *Ibid.*, p. 125.
104. Mortimer, *The Time Traveller's Guide to Restoration Britain*, pos. 2048.
105. David S. Katz, *Philo-Semitism and the Readmission of the Jews to England, 1603-1655*, Clarendon Press, 1982, p. 3.
106. Cecil Roth, *The History of the Marranos*, Jewish Publication Society of America, 1932, p. 270.
107. N. I. Matar, "Islam in Interregnum and Restoration England", *The Seventeenth Century*, v. 6, n. 1, p. 57-71, 64, 1991.
108. Mortimer, *The Time Traveller's Guide to Restoration Britain*, pos. 3236.
109. Samuel Pepys, *The Diary of Samuel Pepys*, George Bell & Sons, 1896.
110. Helen Smith, "'Print[ing] Your Royal Father Off': Early Modern Female Stationers and

the Gendering of the British Book Trades", v. 15, p. 163-186, 2003.
111. Hufton, *The Prospect Before Her*, p. 244.
112. Bennett e Froide, *Singlewomen in the European Past, 1250-1800*, p. 251.
113. Peter Fryer, *Staying Power: The History of Black People in Britain*, Pluto Press, 1984, p. 75.
114. Peter Rushton e Gwenda Morgan, *Banishment in the Early Atlantic World: Convicts, Rebels and Slaves*, Bloomsbury, 2013, p. 12.
115. Anishanslin, *Portrait of a Woman in Silk*, p. 127.
116. *Ibid.*, p. 158.
117. *Ibid.*, p. 155, 158.
118. Mary Prior (ed.), *Women in English Society, 1500-1800*, Routledge, 2016, p. 66.
119. *Ibid.*, p. 69.
120. *Ibid.*, p. 85.
121. Mary Wollstonecraft, *A Vindication of the Rights of Women*, cap. 9, 1792.
122. Capp, *When Gossips Meet*, pos. 342.
123. Mortimer, *The Time Traveller's Guide to Restoration Britain*, pos. 2103, 6502.
124. Shoemaker, *Gender in English Society 1650-1850*, pos. 1674.
125. Fletcher, *Gender, Sex and Subordination in England 1500-1800*, p. 343.
126. Shoemaker, *Gender in English Society 1650-1850*, pos. 1468.
127. Fletcher, *Gender, Sex and Subordination in England 1500-1800*, p. 339.
128. Laqueur, *Making Sex*, pos. 4452.
129. Fletcher, *Gender, Sex and Subordination in England 1500-1800*, p. 343.
130. Fryer, *Staying Power*, p. 46.
131. Dermot Feenan, *The Omitted Page*, 26 set. 2021 [*on-line*].
132. Fryer, *Staying Power*, p. 59.
133. *Ibid.*, p. 228.
134. LMA, MJ/SBB 472, p. 41, em Patricia Crawford e Laura Gowing, *Women's Worlds in Seventeenth-Century England: A Sourcebook*, Routledge, 2000, p. 76.
135. *Daily Journal*, 8 ago. 1728, Runaway Slaves in Britain: Bondage, Freedom and Race in the Eighteenth Century, University of Glasgow [*on-line*].
136. *Daily Advertiser*, 29 fev. 1748, from Runaway Slaves in Britain: Bondage, Freedom and Race in the Eighteenth Century, University of Glasgow [*on-line*].
137. Fryer, *Staying Power*, p. 72.
138. *Ibid.*, p. 69.
139. Robin L. Gordon, *Searching for the Soror Mystica, The Lives and Science of Women Alchemists*, University Press of America, 2013, p. 11.
140. "The Humble Salutation and Faithful Greeting of the Widow Whitrowe to King William", 1690, Special Collections, Birkbeck.
141. Prior (ed.), *Women in English Society, 1500-1800*, p. 168.
142. Matar, "Islam in Interregnum and Restoration England".
143. Prior (ed.), *Women in English Society, 1500-1800*, p. 169.
144. Gordon, *Searching for the Soror Mystica*, p. 127-183.
145. *Ibid.*
146. Hufton, *The Prospect Before Her*, p. 440.
147. Prior (ed.), *Women in English Society, 1500-1800*, p. 137.
148. *Ibid.*, p. 142.
149. *Ibid.*, p. 150.
150. *Ibid.*, p. 146, 149.
151. Warren Chernaik, "Katherine Philips", *Oxford Dictionary of National Biography*, 2004.
152. *Ibid.*
153. Rizzo, *Companions Without Vows*, p. 5.
154. Picard, *Restoration London*, pos. 3950.
155. Joan Kelly trecho citado em Shoemaker, *Gender in English Society 1650-1850*, pos. 939.
156. Shoemaker, *Gender in English Society 1650-1850*, pos. 974.
157. Hufton, *The Prospect Before Her*, p. 446.
158. *Ibid.*, p. 432.
159. *Ibid.*, p. 447.
160. Shoemaker, *Gender in English Society 1650-1850*, pos. 6124.
161. Prior (ed.), *Women in English Society, 1500-1800*, p. 172.
162. *Ibid.*
163. Hufton, *The Prospect Before Her*, p. 438.
164. *Ibid.*, p. 443.
165. Shoemaker, *Gender in English Society 1650-1850*, pos. 997.
166. Emma Donoghue, *Passions Between Women*, Bello, 2014, p. 137.
167. Hufton, *The Prospect Before Her*, p. 443.
168. Peter Radford, "Women as Athletes in Early Modern Britain", *Early Modern Women*, v. 10, n. 2, primavera 2016.

169. *Ibid.*
170. *Ibid.*
171. Christopher Thrasher, "Disappearance: How Shifting Gendered Boundaries Motivated the Removal of Eighteenth-Century Boxing Champion Elizabeth Wilkinson from Historical Memory", *Past Imperfect*, v. 18, 2012.
172. Radford, "Women as Athletes in Early Modern Britain".
173. Sarah Murden, "18th Century Female Bruisers", *All Things Georgian* [on-line], 21 jun. 2016.
174. De César de Saussure, *A Foreign View of England in the Reigns of George I and George II*, 1902, p. 277-282, em Radford, "Women as Athletes in Early Modern Britain".
175. Thrasher, "Disappearance".
176. Peter Radford, Carta ao Editor, *The Times*, 30 jul. 2021.
177. P. Seddon, *Football Talk: The Language & Folklore of the World's Greatest Game*, Robson, 2004, p. 156.
178. Janet Todd, *Women's Friendship in Literature*, Columbia University Press, 1980, p. 306.
179. LeGates, "The Cult of Womanhood in Eighteenth-Century Thought", p. 39.
180. *Ibid.*, p. 38.
181. *Ibid.*
182. Mendelson e Crawford, *Women in Early Modern England 1550-1720*, p. 68.
183. Maxine Berg e Helen Clifford, *Consumers and Luxury: Consumer Culture in Europe 1650-1850*, Manchester University Press, 1999, p. 218.
184. Philippa Gregory, *The Popular Fiction of the Eighteenth-Century Commercial Circulating Libraries*, tese de doutorado não publicada, Edimburgo, 1984.
185. Shoemaker, *Gender in English Society 1650-1850*, pos. 2056.
186. Marilyn Yalom, *A History of the Wife*, HarperCollins, 2001, p. 111.
187. Esther Webber, "Gretna Green: The Bit of Scotland Where English People Go to Get Married", BBC News, 19 ago. 2014.
188. Shoemaker, *Gender in English Society 1650-1850*, pos. 2126.
189. Fletcher, *Gender, Sex and Subordination in England 1500-1800*, p. 395-396.
190. Picard, *Restoration London*, pos. 2139.
191. Hufton, *The Prospect Before Her*, p. 182.
192. Henry Fielding, *The Female Husband*, 1746, p. 51.
193. Fletcher, *Gender, Sex and Subordination in England 1500-1800*, p. 394.
194. *Ibid.*
195. *Ibid.*, p. 392.
196. Gowing, *Gender Relations in Early Modern England*, p. 52.
197. Shoemaker, *Gender in English Society 1650-1850*, pos. 2817.
198. *Ibid.*, pos. 2826.
199. Mortimer, *The Time Traveller's Guide to Restoration Britain*, pos. 2054, 2059.
200. Hufton, *The Prospect Before Her*, p. 286.
201. Mendelson e Crawford, *Women in Early Modern England 1550-1720*, p. 43.
202. Shoemaker, *Gender in English Society 1650-1850*, pos. 2316, 2321.
203. *Gentleman's Magazine*, 1731, trecho citado em Judy Egerton, "Mary Edwards", *Oxford Dictionary of National Biography*, 2004.
204. Egerton, "Mary Edwards".
205. Shoemaker, *Gender in English Society 1650-1850*, pos. 2334, 2341.
206. Mortimer, *The Time Traveller's Guide to Restoration Britain*, pos. 2117.
207. Harriette Andreadis, "The Erotics of Female Friendship in Early Modern England", em Susan Frye e Karen Robertson (eds.), *Maids and Mistresses, Cousins and Queens: Women's Alliances in Early Modern England*, Oxford University Press, 1999.
208. Mendelson e Crawford, *Women in Early Modern England 1550-1720*, p. 235.
209. *Ibid.*, p. 242.
210. Donoghue, *Passions Between Women*, Bello, 2014, p. 112, 129.
211. Molly McClain, "Love, Friendship, and Power: Queen Mary II's Letters to Frances Apsley", *Journal of British Studies*, v. 47, n. 3, p. 505-527, 2008.
212. Gowing, *Gender Relations in Early Modern England*, p. 21.
213. Mendelson e Crawford, *Women in Early Modern England 1550-1720*, p. 246.
214. Donoghue, *Passions Between Women*, p. 132.
215. *Ibid.*, p. 140.
216. Mendelson e Crawford, *Women in Early Modern England 1550-1720*, p. 245.
217. Donoghue, *Passions Between Women*, p. 134.
218. *Ibid.*, p. 135.

219. Todd, *Women's Friendship in Literature*, p. 386.
220. Mendelson e Crawford, *Women in Early Modern England 1550-1720*, p. 246.
221. Donoghue, *Passions Between Women*, p. 174.
222. "James and Mary Kendall", *Westminster Abbey* [on-line].
223. Anishanslin, *Portrait of a Woman in Silk*, p. 67.
224. Donoghue, *Passions Between Women*, p. 150.
225. Todd, *Women's Friendship in Literature*, p. 364.
226. Donoghue, *Passions Between Women*, p. 4-5.
227. *Ibid.*, p. 291, 162.
228. Mendelson e Crawford, *Women in Early Modern England 1550-1720*, p. 247.
229. Margaret Hunt, "English Lesbians in the Long Eighteenth Century", em Bennett e Froide, *Singlewomen in the European Past, 1250-1800*, p. 282.
230. Todd, *Women's Friendship in Literature*, p. 321.
231. Fielding, *The Female Husband*, p. 51.
232. Patricia Crawford e Sara Mendelson, "Sexual Identities in Early Modern England: The Marriage of Two Women in 1680", em *Gender and History*, v. 7, n. 3, nov. 1995, Blackwell, p. 360.
233. "Love in the Royal Court: Arabella Hunt", LGBT+ Royal Histories, *Historic Royal Palaces* [on-line].
234. Depoimento de Sara Cunningham, citado em Mendelson e Crawford, "Sexual Identities in Early Modern England", p. 372.
235. Mendelson e Crawford, *Women in Early Modern England 1550-1720*, p. 248.
236. Depoimento de Amy Poulter, citado em Mendelson e Crawford, "Sexual Identities in Early Modern England", p. 373.
237. *Ibid.*, p. 367.
238. Gowing, *Gender Relations in Early Modern England*, p. 20.
239. Ó Danachair (ed.), *The Newgate Calendar*, v. 2, p. 100.
240. Donoghue, *Passions Between Women*, p. 72.
241. *Ibid.*, p. 74.
242. *Ibid.*
243. *Ibid.*, p. 72.
244. *Ibid.*, p. 78.
245. *Ibid.*, p. 75-6.
246. Fielding, *The Female Husband*, p. 32.
247. Ó Danachair (ed.), *The Newgate Calendar*, v. 3, p. 35.
248. Donoghue, *Passions Between Women*, p. 99.
249. Mihoko Suzuki, "The Case of Mary Carleton: Representing the Female Subject, 1663-73", *Tulsa Studies in Women's Literature*, v. 12, n. 1, p. 61-83, primavera 1993.
250. Janet Todd, "Carleton (née Moders), Mary (nicknamed the German Princess)", *Online Dictionary of National Biography*, 2004.
251. Donoghue, *Passions Between Women*, p. 108, 111, 112.
252. Steve Murdoch, "John Brown: A Black Female Soldier in the Royal African Company", *World History Connected*, v. 2, 2004.
253. "The Gentleman's Journal: Or the Monthly Miscellany" [Pierre Antoine Motteux (ed.)], abr. 1692, Londres, p. 22-3, trecho citado em Crawford e Gowing, *Women's Worlds in Seventeenth-Century England*.
254. *Ibid.*
255. Trumbach, "London's Sapphists", p. 123.
256. Donoghue, *Passions Between Women*, p. 100-108.
257. Captain Charles Johnson, *A General History of the Pyrates*, T. Warner, 1724.
258. "Joan Phillips, Highwaywoman", *West Bridgford & District Local History Society* [on-line].
259. Shoemaker, *Gender in English Society 1650-1850*, pos. 808, 812.
260. Trumbach, "London's Sapphists", p. 124.
261. Fletcher, *Gender, Sex and Subordination in England 1500-1800*, p. 335.
262. Ann Rosalind Jones e Peter Stallybrass, "Fetishizing Gender: Constructing the Hermaphrodite in Renaissance Europe", em Epstein e Straub (eds.), *Bodyguards*, p. 101.
263. Trumbach, "London's Sapphists", p. 117.
264. Edward Ward, "Of the Mollies Club", *Satyrical Reflections on Clubs*, v. 5, J. Phillips, 1710, trecho citado em Rictor Norton (ed.), Rictor Norton [on-line].
265. Fletcher, *Gender, Sex and Subordination in England 1500-1800*, p. 321.
266. Susan S. Lanser, "The Rise of the British Nation and the Production of the Old Maid", em Bennett e Froide, *Singlewomen in the European Past, 1250-1800*, p. 298.
267. Gowing, *Gender Relations in Early Modern England*, p. 50.
268. Thomas Newton's 1576 *The Touchstone of Complexions*, trecho citado em David Wilson, "Oat, Sow One's Wild

Oats, Feel One's Oats", Word Origins [*on-line*], 18 nov. 2022.
269. Lanser, "The Rise of the British Nation and the Production of the Old Maid", p. 297.
270. Donoghue, *Passions Between Women*, p. 136.
271. Picard, *Restoration London*, pos. 3662.
272. Yalom, *A History of the Wife*, p. 114.
273. Bennett e Froide, *Singlewomen in the European Past, 1250-1800*, p. 24.
274. Rizzo, *Companions Without Vows*, p. 306, 310.
275. Lanser, "The Rise of the British Nation and the Production of the Old Maid", p. 310, 314.
276. Mortimer, *The Time Traveller's Guide to Restoration Britain*, pos. 6137.
277. Cusack, *The Marginal Dead of London, c. 1600-1800*.
278. Ó Danachair (ed.), *The Newgate Calendar*, v. 2, p. 239.
279. *Ibid.*, p. 239, 343.
280. Dolan, "Home-Rebels and HouseTraitors".
281. Ó Danachair (ed.), *The Newgate Calendar*, "Madam Churchill" [*on-line*].
282. Ó Danachair (ed.), *The Newgate Calendar* [*on-line*].
283. Beattie, trecho citado em Shoemaker, *Gender in English Society 1650-1850*, pos. 6435.
284. Old Bailey Proceedings Online, "Trial of Alice Gray, 23 April 1707", vol. 7, ref. 17070423-26.
285. Ó Danachair (ed.), *The Newgate Calendar*, suplemento 3, p. 117.
286. *Ibid.*, v. 2, p. 384.
287. *Ibid.*, suplemento 3, p. 15.
288. Mortimer, *The Time Traveller's Guide to Restoration Britain*, pos. 6481.
289. Picard, *Restoration London*, pos. 4976.
290. *Ibid.*
291. Mortimer, *The Time Traveller's Guide to Restoration Britain*, p. 456.
292. Elizabeth Gaunt, *Mrs Elizabeth Gaunt's Last speech who was burnt at London, Oct. 23. 1685. as it was written by her own hand, & delivered to Capt. Richardson keeper of Newgate*, Londres, 1685.
293. Mortimer, *The Time Traveller's Guide to Restoration Britain*, pos. 1469.
294. *Ibid.*, pos. 2214, 1436.
295. Shoemaker, *Gender in English Society 1650-1850*, pos. 6373.
296. Jonathan Barry, *Witchcraft and Demonology in South-West England, 1640-1789*, Palgrave Macmillan, 2012, p. 61-2.
297. William E. Burns, *Witch Hunts in Europe and America: An Encyclopedia*, Greenwood Publishing Group, 2003, p. 75.
298. Owen Davies, "Jane Wenham (d. 1730)", *Oxford Dictionary of National Biography*.
299. Malcolm Gaskill, "Witchcraft Trials in England", em Brian P. Levack, *The Oxford Handbook of Witchcraft in Early Modern Europe and Colonial America*, Oxford University Press, 2013, p. 298.
300. W. Carnochan, "Witch-Hunting and Belief in 1751: The Case of Thomas Colley and Ruth Osborne", *Journal of Social History*, v. 4, n. 4, p. 389-403, 1971.
301. William Blackstone, *Commentaries on the Laws of England*, v. 1, 1765, p. 442-445.
302. Hufton, *The Prospect Before Her*, p. 291.
303. Shoemaker, *Gender in English Society 1650-1850*, pos. 2279.
304. *Ibid.*, pos. 5108, 2286.
305. *Ibid.*, pos. 6389.
306. Dolan, "Home-Rebels and House-Traitors".
307. Old Bailey Proceedings Online, "Trial of Mary Henderson, John Wheeler, Margaret Pendergrass, 1 May 1728", ref. 17280501.
308. Rebecca Frances King, "Rape in England 1600-1800: Trials, Narratives and the Question of Consent", teses de Durham, 1998, Durham University.
309. Wayne R. LaFave, "Rape: Overview, Act and Mental State", *Substantive Criminal Law*, 2000, p. 752-756.
310. King, "Rape in England 1600-1800".
311. Nazife Bashar, trecho publicado em London Feminist History Group em 1983, trecho citado em King, "Rape in England 1600-1800".
312. King, "Rape in England 1600-1800".
313. Linda E. Merians, "The London Lock Hospital and the Lock Asylum for Women", em Linda E. Merians (ed.), *The Secret Malady: Venereal Disease in Eighteenth-Century Britain and France*, v. 128, University Press of Kentucky, 1996, p. 128-145.
314. Mortimer, *The Time Traveller's Guide to Restoration Britain*, pos. 5724.
315. *Ibid.*, pos. 5887.
316. Hufton, *The Prospect Before Her*, p. 185.
317. J. Loudon, "Deaths in Childbed from the Eighteenth Century to 1935", *Medical History*, v. 30, p. 1-41, jan. 1986.

318. Mortimer, *The Time Traveller's Guide to Restoration Britain*, pos. 5515.
319. Ó Danachair (ed.), *The Newgate Calendar*, v. 2, p. 295.
320. Gowing, *Gender Relations in Early Modern England*, p. 25.
321. Fletcher, *Gender, Sex and Subordination in England 1500-1800*, p. 393.
322. *Ibid.*
323. David Pearce, "Charles Meigs, 1792-1869", *General Anaesthesia* [on-line].
324. Hufton, *The Prospect Before Her*, p. 197-201.

## Parte 6: 1765-1857 – Tornando-se uma dama

1. "Lives Remembered: Enslaved People in the 1700s and 1800s", *Historic England* [on-line].
2. Stephen Usherwood, "The Abolitionists' Debt to Lord Mansfield", *History Today*, v. 31, 3 mar. 1981.
3. *Daily Courant*, 26 jun. 1711, from Runaway Slaves in Britain: Bondage, Freedom and Race in the Eighteenth Century, University of Glasgow [on-line].
4. Sylvester Douglas, *Reports of Cases Argued and Determined in the Court of King's Bench: In the Nineteenth, Twentieth and Twenty-first Years of the Reign of George III, 1778-1785*, Reed e Hunter, 1831, p. 301.
5. "Monk, of the Order of St Francis", *Nocturnal Revels, or the History of King's Place and other Modern Nunneries, comparing their mysteries, devotions and sacrifices*, v. II, Goadby, 1779, p. 75-6.
6. Catherine Arnold, *The Sexual History of London*, St Martin's, 2012, cap. 6.
7. Sarah Salih (ed.), *The History of Mary Prince: A West Indian Slave*, primeira edição em 1830, Penguin, 2000, p. 5.
8. *Ibid.*, p. 28.
9. Usherwood, "The Abolitionists' Debt to Lord Mansfield".
10. *Ibid.*
11. Peter Fryer, *Staying Power: The History of Black People in Britain*, Pluto Press, 1984, p. 229.
12. Roberto C. Ferrari, "Fanny Eaton", *Oxford Dictionary of National Biography*, 2020.
13. Adin Ballou, *Christian Non-Resistance, in All Its Important Bearings, Illustrated and Defended*, J. Miller M'Kim, 1846, p. 119.
14. H. Young, H. "Negotiating Female Property — and Slave-Ownership in the Aristocratic World", *Historical Journal*, v. 63, n. 3, p. 581-602, 2020.
15. Mary Seacole, *Wonderful Adventures of Mrs. Seacole in Many Lands*, 1857, p. 79.
16. *Ibid.*
17. Seacole, *Wonderful Adventures of Mrs. Seacole in Many Lands*, p. 20-1.
18. Donal Ó Danachair (ed.), *The Newgate Calendar*, Ex-classics Project, v. 4, p. 85, 2009.
19. *Ibid.*, p. 53.
20. *Ibid.*, v. 5, p. 348.
21. *Ibid.*, v. 6, p. 123.
22. *Daily Advertiser*, 17 jun. 1743, Runaway Slaves in Britain: Bondage, Freedom and Race in the Eighteenth Century, University of Glasgow [on-line].
23. *Gazetteer and New Daily Advertiser*, 25 mar. 1765, Runaway Slaves in Britain: Bondage, Freedom and Race in the Eighteenth Century, University of Glasgow [on-line].
24. Marian Smith Holmes, "The Great Escape from Slavery", *Smithsonian Magazine*, 16 jun. 2010.
25. Ellen Craft, trecho citado em Clare Midgley, "Anti-Slavery and Feminism in Nineteenth-Century Britain", em *Gender & History*, v. 5, n. 3, p. 343-362, 1993.
26. Midgley, "Anti-Slavery and Feminism in Nineteenth-Century Britain".
27. Sondra A. O'Neale, "Phillis Wheatley", *Poetry Foundation* [on-line].
28. Debra Michals, "Phillis Wheatley", *US National Women's History Museum*, 2015 [on-line].
29. O'Neale, "Phillis Wheatley".
30. Fryer, *Staying Power*, p. 60.
31. *Ibid.*, p. 95.
32. Lawrence, W. Read, "The Heroines of the British Abolition", Foundation for Economic Education, 7 ago. 2019.
33. Midgley, "Anti-Slavery and Feminism in Nineteenth-Century Britain".
34. Anne K. Mellor, "Sex, Violence, and Slavery: Blake and Wollstonecraft", *Huntington Library Quarterly*, v. 58, n. 3/4, p. 345-370, 1995.
35. Erika Rackley e Rosemary Auchmuty, *Women's Legal Landmarks: Celebrating the History of Women and Law in the UK and Ireland*, Bloomsbury, 2018, pos. 1601.

36. Midgley, "Anti-Slavery and Feminism in Nineteenth-Century Britain".
37. Robert B. Shoemaker, *Gender in English Society 1650-1850: The Emergence of Separate Spheres?*, Longman, 1998, pos. 5332.
38. A Vindication of Female Anti-Slavery Associations, em Shoemaker, *Gender in English Society 1650-1850*, pos. 5393.
39. Midgley, "Anti-Slavery and Feminism in Nineteenth-Century Britain".
40. *Ibid.*
41. Sarah Ellis, trecho citado em Thomas Laqueur, *Making Sex: Body and Gender from the Greeks to Freud*, Harvard University Press, 1990, pos. 3925.
42. Midgley, "Anti-Slavery and Feminism in Nineteenth-Century Britain".
43. Ryan Hanley, "Slavery and the Birth of Working-Class Racism in England, 1814-1833: The Alexander Prize Essay", *Transactions of the Royal Historical Society*, v. 26, p. 103-123, dez. 2016.
44. Robert Harborough Sherard, *The White Slaves of England*, Bowden, 1898, p. 239.
45. Fryer, *Staying Power*, p. 210.
46. *Ibid.*, p. 209.
47. *Ibid.*, p. 71.
48. *Ibid.*
49. *Ibid.*, p. 235.
50. Anna Clarke, "The New Poor Law and the Breadwinner Wage: Contrasting Assumptions", *Journal of Social History*, v. 34, n. 2, p. 261-281, 2000.
51. W. R. Greg, "Why Are Women Redundant?", N. Trübner & Co, 1869, p. 33-4.
52. Olwen Hufton, *The Prospect Before Her*, Knopf, 1996, p. 60.
53. "breadwinner", *Online Etymology Dictionary*.
54. Joyce Burnette, "An Investigation of the Female-Male Pay Gap during the Industrial Revolution in Britain", *Economic History Review*, v. 50, n. 2, p. 257-281, 1997.
55. Imraan Coovadia, "A Brief History of Pin-Making", *Politikon South African Journal of Political Studies*, abr. 2008.
56. *Ibid.*
57. *Ibid.*
58. "Address of the Female Political Union of Newcastle", *Northern Star*, 2 fev. 1839.
59. Sheila Rowbotham, *A Century of Women: The History of Women in Britain and the United States*, Viking, 1997, p. 19.
60. H. Hartmann, "Capitalism, Patriarchy, and Job Segregation by Sex", *Signs*, v. 1, n. 3, p. 137-169, 157, 1976.
61. Sara Mendelson e Patricia Crawford, *Women in Early Modern England 1550-1720*, Clarendon Press, 1998, p. 58.
62. Shoemaker, *Gender in English Society 1650-1850*, pos. 4317.
63. *Ibid.*, pos. 3787.
64. Grace di Meo, trecho citado em Mark Bridge, "Prizefighting Women of Victorian Britain...", *History First* [on-line], 12 jan. 2023.
65. Dorothy George trecho citado em Shoemaker, *Gender in English Society 1650-1850*, pos. 3861.
66. Shoemaker, *Gender in English Society 1650-1850*, pos. 3644.
67. Susie Steinbach, *Women in England 1760-1914: A Social History*, Phoenix Press, 2003, pos. 674.
68. Shoemaker, *Gender in English Society 1650-1850*, pos. 3655.
69. *Ibid.*, pos. 3644.
70. Steinbach, *Women in England 1760-1914*, pos. 695.
71. Shoemaker, *Gender in English Society 1650-1850*, pos. 5453, 5463.
72. *Ibid.*, pos. 3537 e 3713.
73. *Women's Trade Union Review*, trecho citado em "Campaigning for a Minimum Wage", The Women Chainmakers' [on-line].
74. Shoemaker, *Gender in English Society 1650-1850*, pos. 3613.
75. Henry Mayhew e Christopher Hibbert, *London Characters and Crooks*, Folio Society, 1996, p. 215.
76. National Archive, RG 6/1168D: Quarterly Meeting of London and Middlesex: Burial notes (1785-1794), em Anna Ruth Cusack, *The Marginal Dead of London c. 1600-1800*. Tese, Birkbeck Institutional Research Online, p. 198.
77. W. Henry, "Hester Hammerton and Women Sextons in Eighteenth- and Nineteenth-Century England", *Gender & History*, v. 31, n. 2, p. 404-421, jul. 2019.
78. Jon Stobart, The Shopping Streets of Provincial England, 1650-1840, Manchester Metropolitan University, 23 abr. 2014.

79. Simon Rottenberg, "Legislated Early Shop Closing in Britain", *Journal of Law and Economics*, v. 4, p. 118-130, out. 1981.
80. Shoemaker, *Gender in English Society 1650-1850*, pos. 4268, 4285.
81. Henry Mayhew, trecho citado em The Flower Girls of 1851, *Spitalfields Life* [*on-line*], 11 out. 2010.
82. Mayhew e Hibbert, *London Characters and Crooks*, p. 195.
83. Shoemaker, *Gender in English Society 1650-1850*, p. 188.
84. *Ibid.*, pos. 3767.
85. Steinbach, *Women in England 1760-1914*, pos. 373.
86. Shoemaker, *Gender in English Society 1650-1850*, pos. 3471.
87. The Society of Artists of Great Britain 1760-1791, The Free Society of Artists 1761-1783, *A Complete Dictionary of Contributors and Their Work from the Foundation of the Societies to 1791*, by Algernon Graves, Londres, 1907, p. 60.
88. Lyme Regis Museum, ago. 2021.
89. Shoemaker, *Gender in English Society 1650-1850*, p. 187.
90. Steinbach, *Women in England 1760-1914*, pos. 515.
91. Shoemaker, *Gender in English Society 1650-1850*, pos. 3822.
92. Hufton, *The Prospect Before Her*, p. 80-1.
93. Burnette, "An Investigation of the Female-Male Pay Gap during the Industrial Revolution in Britain".
94. Steinbach, *Women in England 1760-1914*, pos. 1130.
95. Davidoff, "The Rationalization of Housework", em *Dependence and Exploitation in Work and Marriage*, Diana Leonard Barker e Sheila Allen (eds.), Longman, 1976, p. 132.
96. Shoemaker, *Gender in English Society 1650-1850*, pos. 4182, 4197.
97. Joanna Major, "Hannah Norsa, 18th Century Actress: The Intricacies of Relationships Within Her Circle", *Georgian Theatre and Music, Women's History*, 10 fev. 2014.
98. Davidoff, "The Rationalization of Housework", p. 127; Steinbach, *Women in England 1760-1914*, pos. 1000.
99. "Was Pin Money Really for Pins?", *Grammarphobia*, 1º mar. 2019.
100. William Hoke, "How Women Wove Tax and Suffrage Together", *Tax Notes International*, 14 maio 2018.
101. Shoemaker, *Gender in English Society 1650-1850*, pos. 3917.
102. *Ibid.*, pos. 4782.
103. Steinbach, *Women in England 1760-1914*, pos. 3240.
104. *Ibid.*, pos. 3278.
105. *Ibid.*, pos. 3292.
106. Shoemaker, *Gender in English Society 1650-1850*, pos. 4725.
107. Fletcher, *Gender, Sex and Subordination in England 1500-1800*, Yale University Press, 1995, p. 373.
108. Geoffrey Chamberlain, "British Maternal Mortality in the 19th and Early 20th Centuries", *Journal of the Royal Society of Medicine*, v. 99, n. 11, p. 559-563, nov. 2006.
109. Thomas Right, "Working Men's Homes and Wives", *The Great Unwashed*, 1868, trecho citado em Alison Twells, *British Women's History: A Documentary History from the Enlightenment to World War One*, Bloomsbury, 2007, p. 29.
110. Christine Hallett, "The Attempt to Understand Puerperal Fever in the Eighteenth and Early Nineteenth Centuries: The Influence of Inflammation Theory", *Medical History*, v. 49, n. 1, p. 1-28, jan. 2005.
111. Chamberlain, "British Maternal Mortality in the 19th and Early 20th centuries".
112. Druin Burch, "When Childbirth Was Natural, and Deadly", *Live Science*, 10 jan. 2009 [*on-line*].
113. Arthur Ashpitel, *Observations on Baths and Wash-Houses*, John Weale, 1852, p. 2-14.
114. Fletcher, *Gender, Sex and Subordination in England 1500-1800*, p. 393.
115. Sara Heller Mendelson, *The Mental World of Stuart Women: Three Studies*, Harvester Press, 1987, p. 192.
116. Steinbach, *Women in England 1760-1914*, pos. 2338.
117. Marilyn Yalom, *A History of the Wife*, HarperCollins, 2001, p. 182.
118. Shoemaker, *Gender in English Society 1650-1850*, pos. 268.
119. *Ibid.*, pos. 1438.
120. Helena Whitbread, *The Secret Diaries of Miss Anne Lister*, Whitbread, 1990, pos. 4557.

121. Rachel P. Maines, *The Technology of Orgasm: "Hysteria", the Vibrator and Women's Sexual Satisfaction*, Johns Hopkins Studies in the History of Technology, 1999, pos. 548.
122. Barbara Ehrenreich e Deirdre English, *For Her Own Good: Two Centuries of the Experts' Advice to Women*, Random House, 2005, pos. 2626.
123. Livro de conduta em Shoemaker, *Gender in English Society 1650-1850*, pos. 1617.
124. "lovemaking", *Online Etymology Dictionary*.
125. Shoemaker, *Gender in English Society 1650-1850*, pos. 265.
126. Steinbach, *Women in England 1760-1914*, pos. 2296, 2308.
127. *Ibid.*, pos. 993.
128. Midgley, "Anti-Slavery and Feminism in Nineteenth-Century Britain".
129. Shoemaker, *Gender in English Society 1650-1850*, pos. 5081.
130. "Am I Not a Woman & a Sister?", *Encyclopedia Virginia* [on-line].
131. Mellor, "Sex, Violence, and Slavery: Blake and Wollstonecraft".
132. *Ibid.*
133. Steinbach, *Women in England 1760-1914*, pos. 3099.
134. Sarah Ellis, *Daughters of England*, 1845, trecho citado em Emma Donoghue, *The Sealed Letter*, Picador, 2011, p. 216.
135. Rizzo, *Companions Without Vows*, p. 23.
136. Shoemaker, *Gender in English Society 1650-1850*, pos. 5150.
137. *Ibid.*, pos. 5305.
138. Midgley, "Anti-Slavery and Feminism in Nineteenth-Century Britain".
139. "Orator Hunt and the First Suffrage Petition 1832", *UK Parliament* [on-line].
140. Rackley e Auchmuty, *Women's Legal Landmarks*, pos. 2395.
141. Diggory Bailey, "Breaking Down Gender Stereotypes in Legal Writing", *Civil Service Blog*, GovUK [on-line], 10 jan. 2020.
142. Janet Smith, "First Woman Prospective Parliamentary Candidate, Helen Taylor, 1885", em Rackley e Auchmuty, *Women's Legal Landmarks*, pos. 2408.
143. Lucy Williams e Sandra Waklate, "Policy Responses to Domestic Violence: The Criminalisation Thesis and 'Learning from History'", *Howard Journal*, v. 59, n. 3, p. 305-316, set. 2020.
144. Discurso de Henry Fitzroy sobre a Aggravated Assaults Bill, Commons Sitting of 10 mar. 1853, Series 3, Vol. 124, Hansard Debates, cc 1414.
145. Shoemaker, *Gender in English Society 1650-1850*, pos. 776.
146. *Ibid.*, pos. 5270.
147. Steinbach, *Women in England 1760-1914*, pos. 1284.
148. Joanna Bourke, *Rape: A History from 1860 to the Present*, Virago, 2007, pos. 2406.
149. Shoemaker, *Gender in English Society 1650-1850*, pos. 5251-2.
150. Adrian Randall, *Riotous Assemblies: Popular Protest in Hanoverian England*, Oxford University Press, 2006, p. 1.
151. E. P. Thompson, *Customs in Common*, New Press, 1993, p. 224.
152. Randall, *Riotous Assemblies*, p. 100.
153. W. Freeman Galpin, *The Grain Supply of England During the Napoleonic Period*, Macmillan, 1925.
154. C. R. Fay, "Corn Prices and the Corn Laws, 1815-1846", *Economic Journal*, v. 31, n. 121, p. 17-27, mar. 1921.
155. Randall, *Riotous Assemblies*, p. 101.
156. Derek Benson, "The Tewkesbury Bread Riot of 1795", *THS Bulletin*, 22 (2013), Tewkesbury History [on-line].
157. Randall, *Riotous Assemblies*, p. 212.
158. Benson, "The Tewkesbury Bread Riot of 1795".
159. Randall, *Riotous Assemblies*, p. 224, 232.
160. Benson, "The Tewkesbury Bread Riot of 1795".
161. Randall, *Riotous Assemblies*, p. 215.
162. Thompson, *Customs in Common*, p. 192.
163. *Ibid.*
164. Randall, *Riotous Assemblies*, p. 217.
165. Thompson, *Customs in Common*, p. 193.
166. *Gentleman's Magazine*, 29 set. 1795, v. 65, parte 2, p. 824.
167. Benson, "The Tewkesbury Bread Riot of 1795".
168. Randall, *Riotous Assemblies*, p. 319.
169. Thompson, *Customs in Common*, p. 234.
170. *Ibid.*, p. 235.
171. Randall, *Riotous Assemblies*, p. 241.
172. Shoemaker, *Gender in English Society 1650-1850*, pos. 5081.
173. Genesis 24, *Bible Gateway* [on-line].

174. Shoemaker, *Gender in English Society 1650-1850*, pos. 5123.
175. Thompson, *Customs in Common*, p. 234.
176. Randall, *Riotous Assemblies*, p. 313.
177. Shoemaker, *Gender in English Society 1650-1850*, pos. 5043.
178. Fryer, *Staying Power*, p. 96.
179. The Susan Burney Letters Project, Letter 2, "The Gordon Riots, St Martin's Lane, 8 jun. 1780", *Nottingham University* [*on-line*].
180. *Ibid.*
181. George F. E. Rudé, "The Gordon Riots: A Study of the Rioters and Their Victims: The Alexander Prize Essay", *Transactions of the Royal Historical Society*, v. 6, p. 93-114, 1956.
182. The Susan Burney Letters Project, Letter 2, "The Gordon Riots, St Martin's Lane, 8 jun. 1780".
183. Shoemaker, *Gender in English Society 1650-1850*, pos. 5443, 5218.
184. Jo Stanley, "Luddite Women", Women's History Network, 30 abr. 2012, *Women's History Network* [*on-line*].
185. *Ibid.*
186. Bamford em Shoemaker, *Gender in English Society 1650-1850*, pos. 5493.
187. Emma Speed, "'A Deep-Rooted Abhorrence of Tyranny…': Women at Peterloo", *Red Flag Walks* [*on-line*], 15 ago. 2018.
188. *Ibid.*
189. *Ibid.*
190. *Ibid.*
191. Robert Poole, "Peterloo Massacre: How Women's Bravery Helped Change British Politics Forever", *The Conversation*, 15 ago. 2019 [*on-line*].
192. Speed, "'A Deep-Rooted Abhorrence of Tyranny…'".
193. Bamford, cap. 34, em Shoemaker, *Gender in English Society 1650-1850*.
194. Poole, "Peterloo Massacre".
195. *Ibid.*
196. Richard Carlile trecho citado em Speed, "'A Deep-Rooted Abhorrence of Tyranny…'".
197. Shoemaker, *Gender in English Society 1650-1850*, pos. 5502.
198. Poole, "Peterloo Massacre".
199. Bamford em Speed, "'A Deep-Rooted Abhorrence of Tyranny…'".
200. Speed, "'A Deep-Rooted Abhorrence of Tyranny…'".
201. *Ibid.*
202. Shoemaker, *Gender in English Society 1650-1850*, pos. 5515.
203. *Ibid.*, pos. 5510.
204. Shoemaker, *Gender in English Society 1650-1850*, pos. 5562.
205. *Ibid.*, pos. 819.
206. *Ibid.*, pos. 5575.
207. "Address of the Female Political Union of Newcastle", *Northern Star*, 2 fev. 1839.
208. Shoemaker, *Gender in English Society 1650-1850*, pos. 5535.
209. David Pickering, *Dictionary of Witchcraft*, Cassell, 1996.
210. "The Swimming of Witches", *Foxearth and District Local History Society* [*on-line*].
211. Ó Danachair (ed.), *The Newgate Calendar*, v. 5, p. 183.
212. *Ibid.*
213. John Beattie em Shoemaker, *Gender in English Society 1650-1850*, pos. 6349.
214. "Charlotte Walker, c. 1754-1806", *London Lives 1690 to 1800* [*on-line*].
215. Ó Danachair (ed.), *The Newgate Calendar*, v. 4, p. 139.
216. Bourke, *Rape*, pos. 1137.
217. Bridge, "Prizefighting women of Victorian Britain…".
218. "History of Abortion Law in the UK", *Abortion Rights* [*on-line*].
219. Patrick Wilson, *Murderess: A Study of the Women Executed in Britain since 1843*, Joseph, 1971, p. 150-153.
220. Shoemaker, *Gender in English Society 1650-1850*, pos. 1668, 1701.
221. "Progress of a Woman of Pleasure: Prostitutes in 18th Century London", *Jane Austen's World*, 24 mar. 2012 [*on-line*].
222. Henry Mayhew, *London Labour and London Poor*, 1862, p. 476.
223. Martha Vicinus, *Suffer and Be Still*, Methuen, 1980, p. 81.
224. Hufton, *The Prospect Before Her*, p. 312.
225. Henry Mayhew, "Letter XI", *Morning Chronicle*, 23 nov. 1849, Victorian London [*on-line*].
226. Hallie Rubenhold, *Harris's List of Covent Garden Ladies*, Londres, 2005, p. 145.
227. *Ibid.*, p. 107.

228. *Ibid.*, p. 57.
229. Shoemaker, *Gender in English Society 1650-1850*, pos. 1479, 1701.
230. J. J. Tobias, *Nineteenth-Century Crime: Prevention and Punishment*, David & Charles, 1972, p. 62.
231. Ó Danachair (ed.), *The Newgate Calendar*, suplemento 2, p. 362.
232. *Ibid.*
233. Rachel Knowles, "The Magdalen House in Regency London", 6 jul. 2017, *Regency History* [on-line].
234. *Ibid.*
235. S. Toulalan, "'Is He a Licentious Lewd Sort of a Person?' Constructing the Child Rapist in Early Modern England", *Journal of the History of Sexuality*, v. 23, n. 1, p. 21-52, jan. 2014.
236. Anthony Simpson, "Popular Perceptions of Rape as a Capital Crime: The Press and the Trial of Francis Charteris in the Old Bailey", *Law and History Review*, v. 22, p. 27-70, 2004.
237. Toulalan, "'Is He a Licentious Lewd Sort of a Person?'".
238. J. M. Beattie, *Crime and the Courts in England 1660-1800*, Oxford University Press, 1986, p. 126.
239. *Ibid.*, p. 130.
240. A. Clark, *Women's Silence, Men's Violence: Sexual Assault in England 1770-1845*, Pandora, 1987, p. 58.
241. G. Walker, "Rereading Rape and Sexual Violence in Early Modern England", *Gender & History*, v. 10, n. 1, p. 5-7, 1998.
242. J. Kermode e G. Walker, "Introduction", em J. Kermode e G. Walker (eds.), *Women, Crime and the Courts in Early Modern England*, University of North Carolina Press, 1994, p. 14.
243. Bourke, *Rape*, pos. 7738.
244. Peter Radford, "Was the Long Eighteenth Century a Golden Age for Women in Sport?: The Cases of Mme Bunel e Alicia Thornton", *Early Modern Women*, v. 12, n. 1, p. 183-194, 2017.
245. Peter Radford, "Glimpses of Women Athletes in 18th-century England", Folger Shakespeare Library, 11 fev. 2022.
246. P. E. B. Porter in *Around and About Saltash*, 1905, trecho citado em S. Baring-Gould, *Cornish Characters and Strange Events*, Bodley Head, 1925, v. 2, p. 289-295.
247. Ellis em Shoemaker, *Gender in English Society 1650-1850*, pos. 2697.
248. Rizzo, *Companions Without Vows*, p. 14.
249. Shoemaker, *Gender in English Society 1650-1850*, pos. 895, 715.
250. Anna Clarke, em *ibid.*, pos. 5950.
251. Linda, M. Austin, "Ruskin and the Ideal Woman", *South Central Review*, v. 4, n. 4, p. 28-39, 1987.
252. Mayhew em Shoemaker, *Gender in English Society 1650-1850*, pos. 245, 533.
253. Shoemaker, *Gender in English Society 1650-1850*, p. 120.
254. Melanie Renee Ulrich, *Victoria's Feminist Legacy, How Nineteenth-Century Women Imagined the Queen*, tese de doutorado não publicada, University of Texas, 2005, p. 42.
255. Katherine Margaret Atkinson, *Abduction: The Story of Ellen Turner*, Blenkins Press, 2002, p. 78.
256. Shoemaker, *Gender in English Society 1650-1850*, pos. 2355.
257. *Ibid.*, pos. 819.
258. Samuel Bamford, "To Jemima", *Poem Hunter* [on-line].
259. Yalom, *A History of the Wife*, p. 177-178.
260. Steinbach, *Women in England 1760-1914*, pos. 224.
261. Orlando Patterson, *Slavery and Social Death: A Comparative Study*, Harvard University Press, 1990, pos. 1356.
262. John A. Eisenberg, *The Limits of Reason: Indeterminacy in Law, Education and Morality*, Transaction Publishers, 1992, p. 115.
263. *Ibid.*
264. *Ibid.*
265. Citação em Marlene LeGates, "The Cult of Womanhood in Eighteenth-Century Thought", *Eighteenth-Century Studies*, v. 10, n. 1, p. 21-39, 1976.
266. Yalom, *A History of the Wife*, p. 182.
267. Rebecca Jennings, *A Lesbian History of Britain: Love and Sex Between Women Since 1500*, Greenworld Publishing, 2007, p. 51.
268. Rizzo, *Companions Without Vows*, p. 6.
269. Lawrence Stone, "Judicial Separation", *Road to Divorce: England 1530-1987*, Oxford, 1990, p. 183-230.
270. Sobre o Lorde Grosvenor: Stella Tillyard, *A Royal Affair: George III*, Random House, 2010, p. 169-175; e sobre o Lorde Cloncurry: Colin Gibson, *Dissolving Wedlock*, Routledge, 1993, p. 34.

271. Kathrin Levitan, "Redundancy, the 'Surplus Woman' Problem, and the British Census, 1851-1861", *Women's History Review*, v. 17, n. 3, p. 359-376, jul. 2008.
272. Eisenberg, *The Limits of Reason*, p. 115.
273. Greg, "Why Are Women Redundant?".
274. *Ibid.*
275. Ronald Trumbach, "London's Sapphists", em Julia Epstein e Kristina Straub (eds.), *Bodyguards: The Cultural Politics of Gender Ambiguity*, Routledge, 1991, p. 131.
276. *Ibid.*, p. 121.
277. *Ibid.*
278. Emma Donoghue, *Passions Between Women*, Bello, 2015, p. 300.
279. Helena Whitbread (ed.), *The Secret Diaries of Miss Anne Lister*, Whitbread, 1990, pos. 4599, 4651.
280. *Ibid.*, pos. 3656.
281. Trumbach, "London's Sapphists", p. 113.
282. *Ibid.*, p. 132.
283. Donoghue, *Passions Between Women*, p. 163.
284. Jennings, *A Lesbian History of Britain*, p. 43.
285. Trumbach, "London's Sapphists", p. 114.
286. Lillian Faderman, *Surpassing the Love of Men*, Women's Press, 1985, p. 164.
287. Edmund Burke to Eleanor Charlotte Butler and Sarah Ponsonby, Beconsfield, 30 jul. 1790, *Rictor Norton* [on-line].
288. Donoghue, *Passions Between Women*, p. 176.
289. Danuta Kean, "Jane Austen's Lesbianism Is as Fictional as Pride and Prejudice", *Guardian*, 31 maio 2017.
290. "LGBTQ+ History", *English Heritage* [on-line].
291. Kristina Straub em Epstein e Straub (eds.), *Bodyguards*, p. 147.
292. Tammy M. Proctor, *Female Intelligence: Women and Espionage in the First World War*, New York University Press, 2003, p. 16.
293. Ó Danachair (ed.), *The Newgate Calendar*, v. 5, p. 55.
294. *The Female Sailor*, jornal sem data, reproduzido em Margaret S. Creighton e Lisa Norling, *Iron Men, Wooden Women: Gender and Seafaring in the Atlantic World, 1700-1920*, JHU Press, 1996, p. 36.
295. Grace di Meo, trecho citado em Bridge, "Prizefighting Women of Victorian Britain…".
296. Trumbach, "London's Sapphists", p. 123.
297. Rackley e Auchmuty, *Women's Legal Landmarks*, pos. 1405.
298. Trumbach, "London's Sapphists", p. 117.
299. Donoghue, *Passions Between Women*, p. 69.
300. *Ibid.*
301. Sharon Marcus, *Between Women: Friendship, Desire and Marriage in Victorian England*, Princeton University Press, 2007, pos. 4192.
302. Rizzo, *Companions Without Vows*, p. 208.
303. Donoghue, *Passions Between Women*, p. 78.
304. Betty Bennett, *Mary Diana Dods: A Gentleman and a Scholar*, Hopkins University Press, 1995.
305. "Sarah Geals, 18 set. 1865", Proceedings of the Old Bailey Online.
306. *Ibid.*
307. *Ibid.*
308. Gary Kates, "Gender and Power in 1777", em Epstein e Straub (eds.), *Bodyguards*, p. 186.
309. L. R. McRobbie, "The Incredible Chevalier d'Eon, Who Left France as a Male Spy and Returned as a Christian Woman", *Atlas Obscura*, 29 jul. 2016 [on-line].
310. *Ibid.*
311. Jeanne Campan, *Memoirs of the Court of Marie Antoinette, Queen of France*, Floating Press, 2009.
312. "Mrs Bateman", *London Remembers* [on-line].

## Parte 7: 1857-1928 – Esferas distintas

1. Erika Rackley e Rosemary Auchmuty, *Women's Legal Landmarks: Celebrating the History of Women and Law in the UK and Ireland*, Bloomsbury, 2018, pos. 1875.
2. Bodichon in Rackley e Auchmuty, *Women's Legal Landmarks*, pos. 1822.
3. *Ibid.*, pos. 1824.
4. "Cochrane", *The Jurist: Reports of Cases*, S. Sweet, 1840, p. 534.
5. Marilyn Yalom, *A History of the Wife*, HarperCollins, 2001, p. 271.
6. Da contribuição de Caroline Norton ao debate parlamentar sobre a Lei das Causas Matrimoniais, 1857, em Yalom, *A History of the Wife*, p. 186-187.
7. Yalom, *A History of the Wife*, p. 186.
8. Rackley e Auchmuty, *Women's Legal Landmarks*, pos. 1993.
9. "Agricultural Labourers' Wages 1850-1914", *History of Wages* [on-line].
10. Lacey em Rackley e Auchmuty, *Women's Legal Landmarks*, pos. 1986.

11. H. Young, "Negotiating Female Property — and Slave-Ownership in the Aristocratic World", *Historical Journal*, v. 63, n. 3, p. 581-602, 2020.
12. Lacey em Rackley e Auchmuty, *Women's Legal Landmarks*, pos. 2077.
13. G. Frost, "A Shock to Marriage?: The Clitheroe Case and the Victorians", em G. Robb e N. Erber (eds.), *Disorder in the Court*, Palgrave Macmillan, 1999.
14. Rackley e Auchmuty, *Women's Legal Landmarks*, pos. 3005.
15. *Ibid.*, pos. 3030.
16. Yalom, *A History of the Wife*, p. 270.
17. *Ibid.*, p. 271.
18. "The Lanchester Case", *British Medical Journal*, 2 nov. 1895, 2: 1127.
19. "Edith Lanchester: A Socialist Pioneer Against Patriarchy", *Workers Liberty* [on-line], 5 set. 2021.
20. Rackley e Auchmuty, *Women's Legal Landmarks*, pos. 5161, 5266.
21. Joanna Bourke, *Rape: A History from 1860 to the Present*, Virago, 2007, pos. 6239.
22. Kate Woodward, The Story of the Cooperative Women's Guild, *Co-operative Heritage Trust* [on-line], 28 maio 2020.
23. Michael Faraday, *The Times*, 7 jul. 1855.
24. Barbara Ehrenreich e Deirdre English, *Complaints and Disorders: The Sexual Politics of Sickness*, Feminist Press, 2011, pos. 920.
25. From *Sermon XXXIV. on Matt. XXV. 36.*, publicado em *The Arminian Magazine* [...]. *Consisting chiefly of Extracts and Original Treatises on Universal Redemption*, impresso por J. Paramore, out. 1786.
26. Ehrenreich e English, *Complaints and Disorders*, pos. 920.
27. Susie Steinbach, *Women in England 1760-1914: A Social History*, Phoenix Press, 2003, pos. 2000s.
28. Citado em Bourke, *Rape*, pos. 2419, 2427.
29. Steinbach, *Women in England 1760-1914*, pos. 1409, 1224.
30. Deborah Thom, *Nice Girls and Rude Girls: Women Workers in World War One*, Tauris, 2000, p. 107.
31. William Acton, *Prostitution, Considered in Its Moral, Social, and Sanitary Aspects*, 1857.
32. Uma mulher registrada como uma prostituta, trecho citado em Anna Faherty, "The Prostitute Whose Pox Inspired Feminists", *The Outsiders*, Wellcome Collection, parte 6, 20 jul. 2017.
33. Relato da queixa de uma mulher em situação de pobreza, na terceira carta da Sra. Butler, de Kent, *The Shield*, 9 mar. 1870.
34. John Frith, "Syphilis: Its Early history and Treatment until Penicillin and the Debate on Its Origins", *History*, v. 20, n. 4.
35. Uma mulher registrada como uma prostituta, trecho citado em Faherty, "The Prostitute Whose Pox Inspired Feminists".
36. J. R. Walkowitz, *Prostitution and Victorian Society: Women, Class, and the State*, Cambridge University Press, 1982, p. 49.
37. Steinbach, *Women in England 1760-1914*, pos. 2750.
38. Faherty, "The Prostitute Whose Pox Inspired Feminists".
39. *Ibid.*
40. Steinbach, *Women in England 1760-1914*, pos. 5586.
41. "Women's Protest", artigo publicado pela LNA noi *Daily News*, 1º jan. 1870.
42. Rafia Zakaria, *Against White Feminism*, Hamish Hamilton, 2021, pos. 1773.
43. Antoinette M. Burton, *Burdens of History: British Feminists, Indian Women, and Imperial Culture, 1865-1915*, University of North Carolina, 1994, p. 146.
44. Rackley e Auchmuty, *Women's Legal Landmarks*, pos. 2586.
45. Faherty, "The Prostitute Whose Pox Inspired Feminists".
46. Steinbach, *Women in England 1760-1914*, pos. 5342.
47. Norton, *Letter to the Queen on Chancellor Cranworth's Marriage and Divorce Bill of 1855*.
48. Tessa Boase, *Mrs Pankhurst's Purple Feather*, Aurum Press, 2018, p. 237.
49. Steinbach, *Women in England 1760-1914*, pos. 5651.
50. Eliza Lynn Linton, "Modern English Women", *London Review*, n. 11, 15 dez. 1860.
51. Boase, *Mrs Pankhurst's Purple Feather*, p. 201.
52. *Ibid.*, p. 204.
53. Melanie Renee Ulrich, *Victoria's Feminist Legacy: How Nineteenth-Century Women Imagined the Queen*, tese de doutorado não publicada, University of Texas, 2005, p. 31.
54. Boase, *Mrs Pankhurst's Purple Feather*, p. 203.
55. Ulrich, *Victoria's Feminist Legacy*, p. 17.

56. Steinbach, *Women in England 1760-1914*, pos. 1919.
57. *Ibid.*, pos. 2369.
58. Janet Smith, "First Woman Prospective Parliamentary Candidate, Helen Taylor, 1885", em Rackley e Auchmuty, *Women's Legal Landmarks*, pos. 2386.
59. *Ibid.*
60. Steinbach, *Women in England 1760-1914*, pos. 5543.
61. "Women's Suffrage Timeline", *British Library* [on-line].
62. "Who Were the Suffragettes?", *Museum of London* [on-line].
63. Miss H, trecho citado em June Purvis (ed.), *Votes for Women*, Routledge, 2002, p. 139.
64. June Purvis, "Cat and Mouse: Force Feeding the Suffragettes", *BBC History Magazine*, jun. 2009.
65. Julia Bush, *Women Against the Vote: Female Anti-Suffragism in Britain*, Oxford University Press, 2007, p. 3.
66. Gail Braybon, *Women Workers in the First World War*, Routledge, 2012.
67. Lord Cecil, Debate: Clause 1 (The Capacity of Women to Be Members of Parliament), Hansard, 6 nov. 1918, v. 110 cc 2186-202.
68. Lorraine Dowler, "Amazonian Landscapes: Gender, War and Historical Repetition", em Colin Flint (ed.), *The Geography of War and Peace: From Death Camps to Diplomats*, Oxford University Press, 2004, p. 144.
69. Nancy Astor sobre o tempo que passou no parlamento, gravação em áudio, 2 out. 1956, British Library.
70. Sheila Jeffreys, *The Spinster and Her Enemies*, Spinifex, 1997, p. 89.
71. Melanie Reynolds, "Ann Ellis and the 1875 Weavers Strike", *The Dewsbury Partnership* [on-line].
72. H. Hartmann, "Capitalism, Patriarchy, and Job Segregation by Sex", *Signs*, v. 1, n. 3, p. 156, 1976.
73. Thom, *Nice Girls and Rude Girls*, p. 107.
74. "Mary MacArthur and the Cradley Heath Women Chainmakers', Strike of 1910", *National Education Union* [on-line].
75. *Ibid.*
76. "Women and Work: 19th and Early 20th Century", *Striking Women* [on-line].
77. T. Thorpe, T. Oliver, G. Cunningham, Reports to the Secretary of State for the Home Department on the Use of Phosphorus in the Manufacture of Lucifer Matches, Her Majesty's Stationery Office, 1899.
78. Rackley e Auchmuty, *Women's Legal Landmarks*, pos. 2797.
79. Louise Raw, "Women and Protest in Nineteenth-Century Britain", British Online Archives.
80. Annie Besant, *The Link*, 14 jul. 1888, TUC History Online.
81. Rackley e Auchmuty, *Women's Legal Landmarks*, pos. 2824.
82. *Ibid.*, pos. 2862.
83. Hartmann, "Capitalism, Patriarchy, and Job Segregation by Sex", p. 157.
84. Sheila Rowbotham, *A Century of Women: The History of Women in Britain and the United States*, Viking, 1997, p. 25.
85. *Ibid.*, p. 81.
86. Steve Humphries e Pamela Gordon, *Forbidden Britain: Our Secret Past 1900-1960*, BBC Books, 1994, p. 162-163.
87. Ken Weller, "Don't Be a Soldier!", *Journeyman*, 1985, p. 32.
88. Rowbotham, *A Century of Women*, p. 129.
89. "A Forgotten Women's Solidarity Campaign: The Women's Committee for the Relief of the Miners' Wives and Children, May 1926 to January 1927", 4 nov. 2019, *Red Flag Walks* [on-line].
90. Sue Bruley, *The Women and Men of 1926: A Gender and Social History of the General Strike and Miners' Lockout in South Wales*, Cardiff University Press, 2010, p. 94.
91. *Ibid.*, p. 95-110.
92. Rachelle Saltzman, "Folklore as Politics in Great Britain: WorkingClass Critiques of Upper-Class Strike Breakers in the 1926 General Strike", *Anthropological Quarterly*, v. 67, n. 3, parte 2, p. 105-121, jul. 1994.
93. *Ibid.*
94. *Ibid.*
95. Labour Women, 1º ago. 1926, em "A Forgotten Women's Solidarity Campaign", *Red Flag Walks* [on-line].
96. Virginia Woolf, *A Room of One's Own*, 1929, p. 26.
97. John Horgan, "Darwin Was Sexist, and So Are Many Modern Scientists", *Scientific American*, 18 dez. 2017.

98. Barbara Ehrenreich e Deirdre English, *For Her Own Good: Two Centuries of the Experts' Advice to Women*, Random House, 2005, pos. 2291.
99. *Ibid.*, pos. 2267.
100. Shoemaker, *Gender in English Society 1650-1850*, pos. 2559.
101. G. Stanley Hall, em Ehrenreich e English, *For Her Own Good*, pos. 2297.
102. Citado em in Ehrenreich, *For Her Own Good*, pos. 3560.
103. W. R. Greg, "Why Are Women Redundant?", N. Trübner & Co, 1869, p. 32.
104. Jo B. Paoletti, *Pink and Blue: Telling the Boys from the Girls in America*, Indiana University Press, 2012.
105. *Ibid.*, cap. 4.
106. *Ibid.*
107. Denise Winterman, "History's Weirdest Fad Diets", BBC News, 2 jan. 2013.
108. Kristina Killgrove, "Here's How Corsets Deformed the Skeletons of Victorian Women", *Forbes*, 16 nov. 2015.
109. Ehrenreich e English, *For Her Own Good*, pos. 2095, 2098.
110. Ellis trecho citado em Thomas Laqueur, *Making Sex: Body and Gender from the Greeks to Freud*, Harvard University Press, 1990, pos. 4268.
111. Ehrenreich e English, *For Her Own Good*, pos. 2116.
112. Laqueur, *Making Sex*, pos. 4401.
113. Steinbach, *Women in England 1760-1914*, pos. 2234.
114. Loewenfeld em Bourke, *Rape*, pos. 6108.
115. Lesley A. Hall, "Sexuality", em Ina Zweiniger-Bargielowska (ed.), *Women in Twentieth-Century Britain*, Routledge, 2001, Section 4.
116. Bourke, *Rape*, pos. 6223.
117. E. Sheehan, "Victorian Clitoridectomy: Isaac Baker Brown and His Harmless Operative Procedure", *Medical Anthropology Newsletter*, v. 12, 4, p. 9-15, ago. 1981.
118. Laqueur, *Making Sex*, pos. 3354.
119. Ehrenreich e English, *For Her Own Good*, pos. 2358.
120. Jamie Lovely, "Women's Mental Health in the 19th Century: An Analysis of Sociocultural Factors Contributing to Oppression of Women as Communicated by Influential Female Authors of the Time", tese de doutorado, University of Maine, primavera 2019.
121. Ehrenreich e English, *For Her Own Good*, pos. 1983.
122. Sarah Watling, *Noble Savages: The Olivier Sisters*, Jonathan Cape, 2019, pos. 884.
123. Maria Cohut, "The Controversy of 'Female Hysteria'", *Medical News Today*, 15 out. 2020.
124. Ehrenreich e English, *For Her Own Good*, pos. 2515.
125. Watling, *Noble Savages*, pos. 3051.
126. Michaela Sharf, tradução de Nick Somers, "Hysteria or Neurasthenia", em "First World War and the End of the Habsburg Monarchy", Virtual Exhibition, The World of the Habsburgs.
127. Ehrenreich e English, *Complaints and Disorders*, pos. 327.
128. J. Loudon, "Deaths in Childbed from the Eighteenth Century to 1935", *Medical History*, v. 30, p. 1-41, jan. 1986.
129. *Ibid.*
130. Rackley e Auchmuty, *Women's Legal Landmarks*, pos. 3537.
131. Rowbotham, *A Century of Women*, p. 137.
132. Sheila Rowbotham, *Dreamers of a New Day: Women Who Invented the 20th Century*, Verso, 2010, p. 103.
133. Rowbotham, *A Century of Women*, p. 32.
134. Loudon, "Deaths in Childbed from the Eighteenth Century to 1935".
135. Steinbach, *Women in England 1760-1914*, pos. 2508, 2582.
136. Rowbotham, *A Century of Women*, p. 140.
137. Caroline de Costa, "The King vs Aleck Bourne", *Medical Journal of Australia*, v. 191, n. 4, 17 ago. 2009.
138. Rowbotham, *A Century of Women*, p. 141.
139. Chloe Wilson, "Annie Besant: '[A] Stormy, Public, Much Attacked and Slandered Life'", 4 jul. 2020, *East End Women's Museum* [on-line].
140. Steinbach, *Women in England 1760-1914*, pos. 3181.
141. "Surplus Women: A Legacy of World War One?", *World War 1 Centenary* [on-line].
142. Steinbach, *Women in England 1760-1914*, pos. 2785.
143. Rackley e Auchmuty, *Women's Legal Landmarks*, pos. 5796.
144. Jeffreys, "On the Birth of the Sex Expert".

145. Edward Carpenter, trecho citado em *ibid*.
146. Esther Newton, "The Mythic Mannish Lesbian: Radclyffe Hall and the New Woman", *Signs*, v. 9, n. 4, The Lesbian Issue, p. 561.
147. Philippa Levine, "'So Few Prizes and So Many Blanks': Marriage and Feminism in Later Nineteenth-Century England", *Journal of British Studies*, v. 28, n. 2, abr. 1989, p. 150-174, p. 152.
148. *Ibid.*, p. 158.
149. Sharon Marcus, *Between Women: Friendship, Desire and Marriage in Victorian England*, Princeton University Press, 2007, pos. 246.
150. *Ibid.*, pos. 4229, 4254, 1173, 1220.
151. *Ibid.*, pos. 1098.
152. Esther Newton, "The Mythic Mannish Lesbian".
153. Carpenter, trecho citado em Lillian Faderman, *Surpassing the Love of Men*, Women's Press, 1985, p. 178.
154. Faderman, *Surpassing the Love of Men*, p. 214.
155. *Ibid.*
156. Marcus, *Between Women*, pos. 1607.
157. *Ibid.*, pos. 766.
158. Minnie Benson, trecho citado em Faderman, *Surpassing the Love of Men*, p. 208.
159. Martha Vicinus, "Lesbian Perversity and Victorian Marriage: The 1864 Codrington Divorce Trial", *Journal of British Studies*, v. 36, n. 1, p. 70-98, jan. 1997.
160. *Ibid.*
161. Newton, "The Mythic Mannish Lesbian".
162. *Ibid.*
163. Ruth F. Claus, "Confronting Homosexuality: A Letter from Frances Wilder", *Signs*, v. 2, n. 4, p. 928-933, 1977.
164. Steinbach, *Women in England 1760-1914*, pos. 1035.
165. Newton, "The Mythic Mannish Lesbian".
166. *Ibid.*
167. Steinbach, *Women in England 1760-1914*, pos. 2770.
168. Faderman, *Surpassing the Love of Men*, p. 241.
169. Claus, "Confronting Homosexuality", p. 931.
170. *Ibid.*, p. 932.
171. Trumbach em Shoemaker, *Gender in English Society 1650-1850*, pos. 1786.
172. Rowbotham, *A Century of Women*, p. 88.
173. Rackley e Auchmuty, *Women's Legal Landmarks*, pos. 5495.
174. P. E. Szoradova, "LGBTQ+ History: The Red Rose of Colonel Barker", *National Archives Blog*, 25 fev. 2019 [*on-line*].
175. Shoemaker, *Gender in English Society 1650-1850*, pos. 1773.
176. "Twentieth-Century Trans Histories", *Historic England* [*on-line*].
177. Iwan Bloch em Jeffreys, "On the Birth of the Sex Expert".
178. Bourke, *Rape*, pos. 483, 497.
179. Rackley e Auchmuty, *Women's Legal Landmarks*, pos. 11539.
180. Bourke, *Rape*, pos. 6082.
181. *Ibid.*, pos. 6109.
182. Ulrich, *Victoria's Feminist Legacy*, p. 28.
183. Steinbach, *Women in England 1760-1914*, pos. 977.
184. British Library Learning, "The Campaign for Women's Suffrage: An Introduction", *British Library* [*on-line*], 6 fev. 2018.
185. Ulrich, *Victoria's Feminist Legacy*, p. 110.
186. *Ibid.*, p. 112.
187. *Ibid.*, p. 81.
188. King James Bible, Genesis 3:16.
189. Lauren Hubbard, "What Was Queen Victoria Like as a Mother?", *Town and Country*, 23 maio 2022.
190. Caroline Norton, Letter to the Queen on Chancellor Cranworth's Marriage and Divorce Bill of 1855, trecho citado em Ulrich, *Victoria's Feminist Legacy*, p. 17.
191. Alexander Walker em Patricia A. Vertinsky, *The Eternally Wounded Women: Women, Doctors, and Exercise in the Late Nineteenth Century*, Manchester University Press, 1989, p. 23.
192. James Knowles (ed.), *The Nineteenth Century: A Monthly Review*, v. 27, jan.-jun. 1890, p. 56.
193. Janice Formichella, "The Victorian Croquet Craze: Crazier Than You Think", *Recollections* [*on-line*], 8 ago. 2010.
194. "Maud Watson, the 'First Lady' of Wimbledon", The All England Club, *Wimbledon* [*on-line*].
195. John Stanley, "Archery History: The Sport That Pioneered Equality for Women's Participation", World Archery, 10 set. 2020.
196. Kathleen E. McCrone, "Gender, and English Women's Sport, *c.* 1890-1914",

197. *Journal of Sport History*, v. 18, n. 1, primavera 1991, edição especial: Sport and Gender, p. 159-182.
197. M. Evans, "Women's League Hockey and its Early Development", em D. Day (ed.), *Playing Pasts*, MMU Sport and Leisure History, 2020, p. 120-136.
198. Rafaelle Nicholson, "The History of Women's Cricket: From England's Greens to the World Stage", Bournemouth University, 5 mar. 2020.
199. Louis Macken e M. Boys (eds.), "Our Lady of the Green, Lawrence and Bullen", 1899, em Vertinsky, *The Eternally Wounded Woman*.
200. "Ladies History", *Royal North Devon Golf Club* [on-line].
201. Neil Laird, "Early Women's Golf", *Scottish Golf History* [on-line].
202. Jane George, Joyce Kay e Wray Vamplew, "Women to the Fore: Gender Accommodation and Resistance at the British Golf Club Before 1914", *Sporting Traditions*, v. 23, n. 2, p. 79-98.
203. Laird, "Early Women's Golf".
204. Miriam Bibby, "Skittles the Pretty Horsebreaker", *Historic UK* [on-line].
205. Erica Munkwitz, "Vixens of Venery: Women, Sport, and Fox-Hunting in Britain, 1860-1914", *Critical Survey*, v. 24, n. 1, "Sporting Victorians", 2012, p. 74-87.
206. "Hunting Notes", *The Ladies' Field* 32/405 (16 dez. 1905): 69, em Munkwitz, "Vixens of Venery".
207. Alison Matthews David, "Elegant Amazons: Victorian Riding Habits and the Fashionable Horsewoman", *Victorian Literature and Culture*, v. 30, n. 1, p. 179-210, 2002.
208. Andrew Ritchie, "The Origins of Bicycle Racing in England: Technology, Entertainment, Sponsorship and Advertising in the Early History of the Sport", *Journal of Sport History*, v. 26, n. 3, p. 489-520, 1999.
209. Vertinsky, *The Eternally Wounded Woman*, p. 77-9.
210. Jeroen Heijman e Bill Mallon, *Historical Dictionary of Cycling*, Scarecrow Press, 2011, p. xix.
211. Suzanne Wrack, "How the FA Banned Women's Football in 1921 and Tried to Justify It", *Guardian*, 13 jun. 2022.
212. David Day, "Swimming Natationists, Mistresses, and Matrons: Familial Influences on Female Careers in Victorian Britain", *International Journal of the History of Sport*, v. 35, n. 6, p. 494-510, 2018.
213. "Lucy Morton", *Swim England Hall of Fame* [on-line].
214. Marina Dmukhovskaya, "Look to the Past: Madge Syers, the First Woman to Compete at a Figure Skating World Championships", 15 dez. 2021, *Olympic News* [on-line].
215. "The Women's Amateur Athletic Association the 1920s", *Run Young 50* [on-line].
216. Gwenda Ward, "The History of Gender Equity in British Track & Field", *FCN*, 26 abr. 2022.
217. Shoemaker, *Gender in English Society 1650-1850*, pos. 2517.
218. Leonore Davidoff, "The Rationalization of Housework", em *Dependence and Exploitation in Work and Marriage*, Diana Leonard Barker e Sheila Allen (eds.), Longman, 1976, p. 139.
219. Steinbach, *Women in England 1760-1914*, pos. 349.
220. Davidoff, "The Rationalization of Housework".
221. *Ibid.*
222. Steinbach, *Women in England 1760-1914*, pos. 384.
223. *Ibid.*, pos. 1110.
224. K. E. Gales e P. H. Marks, "Twentieth-Century Trends in the Work of Women in England and Wales", *Journal of the Royal Statistical Society*, v. 137, n. 1, p. 60-74, jan. 1974.
225. Ana Muñoz, "Women in First World War Britain: Exploitation, Revolt and Betrayal", 7 mar. 2014, *In Defence of Marxism* [on-line].
226. Claus, "Confronting Homosexuality", p. 930.
227. McCrone, "Gender, and English Women's Sport, *c.* 1890-1914".
228. Greg, "Why Are Women Redundant?", p. 35.
229. Patricia Owen, "Who Would Be Free, Herself Must Strike the Blow", *History of Education*, v. 17, n. 1, p. 83-99, 1988.
230. Rackley e Auchmuty, *Women's Legal Landmarks*, pos. 428.
231. Watling, *Noble Savages*, pos. 4256.

232. Rowbotham, *A Century of Women*, p. 22.
233. Watling, *Noble Savages*, pos. 4215.
234. Rackley e Auchmuty, *Women's Legal Landmarks*, pos. 455.
235. Steinbach, *Women in England 1760-1914*, pos. 3136.
236. Gloria McAdam, "Willing Women and the Rise of Convents in Nineteenth-Century England", *Women's History Review*, v. 8, n. 3, p. 411-441, 1999.
237. Steinbach, *Women in England 1760-1914*, pos. 3316.
238. Sariya Cheruvallil-Contractor, "The Forgotten Women Who Helped to Build British Islam", *The Conversation*, 6 mar. 2020.
239. Steinbach, *Women in England 1760-1914*, pos. 3304.
240. Rackley e Auchmuty, *Women's Legal Landmarks*, p. 1093.
241. B. Heeney, "Women's Struggle for Professional Work and Status in the Church of England, 1900-1930", *Historical Journal*, v. 26, n. 2, p. 329-347, 1983.
242. St Paul, 1 Corinthians 14:34-35.
243. Heeney, "Women's Struggle for Professional Work and Status in the Church of England, 1900-1930".
244. Rowbotham, *A Century of Women*, p. 22.
245. Jessica E. Kirwan, "A Brief History of Women Doctors in the British Empire", *Synapsis Journal* [on-line].
246. Rowbotham, *A Century of Women*, p. 22.
247. Steinbach, *Women in England 1760-1914*, pos. 877.
248. Rowbotham, *A Century of Women*, p. 22.
249. Ehrenreich e English, *Complaints and Disorders*, pos. 511.
250. Mark Bridge, "Prize Fighting Women of Victorian Britain...", *History First*, 12 jan. 2023.
251. "Women's Magazines" do artigo "Publishing", *Britannica* [on-line].
252. Ehrenreich e English, *For Her Own Good*, pos. 2858, 2949.
253. Rowbotham, *A Century of Women*, p. 136.
254. Rebecca Baumgartner, "How the Industrial Revolution Played Favourites", 3quarksdaily, 27 jun. 2022.
255. "The Invention of the Vacuum Cleaner, from Horse-Drawn to High Tech", *Science Museum* [on-line], 3 abr. 2020.
256. Rowbotham, *A Century of Women*, p. 66.
257. *Ibid.*, p. 65.
258. *Ibid.*
259. "The History of the Corps", *FANY* [on-line].
260. Rowbotham, *A Century of Women*, p. 73.
261. Tammy M. Proctor, *Female Intelligence: Women and Espionage in the First World War*, New York University Press, 2003, p. 17.
262. *Ibid.*, p. 1, 19, 27.
263. "Flora Sandes", *Oxford Dictionary of National Biography*.
264. Rowbotham, *A Century of Women*, p. 76.
265. Thom, *Nice Girls and Rude Girls*, p. 34.
266. Citado em Rowbotham, *A Century of Women*, p. 72.
267. Proctor, *Female Intelligence*, p. 29, 32.
268. *Ibid.*, p. 29.
269. *Ibid.*, p. 34, 36, 270.
270. *Ibid.*, p. 20-1, 33.
271. *Ibid.*, p. 34.
272. Thom, *Nice Girls and Rude Girls*, p. 37.
273. Ellen Castelow, "World War One: Women at War", *Historic UK*, 20 jan. 2015.
274. Thom, *Nice Girls and Rude Girls*, p. 165.
275. *Ibid.*, p. 125, 128.
276. L. K. Yates, *A Woman's Part*, trecho citado em G. Braybon, *Women Workers in the First World War*, Taylor & Francis, 1981, p. 48.
277. Muñoz, "Women in First World War Britain".
278. Williams, trecho citado em Braybon, *Women Workers in the First World War*, p. 163.
279. J. De Vries, "Women's Voluntary Organizations in World War I", 2005, em Women, War and Society: Additional Resources, *Gale* [on-line].
280. Thom, *Nice Girls and Rude Girls*, p. 44.
281. *Ibid.*, p. 194.
282. *Ibid.*, p. 144.
283. *Ibid.*, p. 187.
284. Rackley e Auchmuty, *Women's Legal Landmarks*, pos. 3550.
285. Watling, *Noble Savages*, pos. 4872.
286. Thom, *Nice Girls and Rude Girls*, p. 191.
287. Rowbotham, *A Century of Women*, p. 87.
288. Rackley e Auchmuty, *Women's Legal Landmarks*, pos. 4297.
289. Rose Staveley-Wadham, "Policing Pioneers: A Look at the History of the Women's Police Service", British Newspaper Archive, 25 fev. 2021.

290. Thom, *Nice Girls and Rude Girls*, p. 20, 40.
291. Peter Fryer, *Staying Power: The History of Black People in Britain*, Pluto Press, 1984, p. 302.
292. *Ibid.*, p. 303-304.
293. *The Times*, jun. 1919, trecho citado em *ibid.*, p. 311.
294. Lucy Bland, "White Women and Men of Colour: Miscegenation Fears in Britain After the Great War", *Gender and History*, v. 17, n. 1, p. 29-61, jul. 2005.
295. Gales e Marks, "Twentieth-Century Trends in the Work of Women in England and Wales".
296. Rosemary Wall, "Surplus Women: A Legacy of World War One?", World War I Centenary, *University of Oxford* [on-line].
297. Rackley e Auchmuty, *Women's Legal Landmarks*, pos. 3788.
298. *Ibid.*, pos. 3857, 3794.
299. Hilary Heilbron, "Women at the Bar: An Historical Perspective", *Counsel*, 31 maio 2013.
300. Rackley e Auchmuty, *Women's Legal Landmarks*, pos. 414.
301. *Ibid.*, pos. 490, 498.
302. Steinbach, *Women in England 1760-1914*, pos. 896.
303. *Ibid.*, pos. 1486.
304. Staveley-Wadham, "Policing Pioneers".
305. *Ibid.*, pos. 1414.
306. Rowbotham, *A Century of Women*, p. 18.
307. Watling, *Noble Savages*, pos. 3943-3951.

## Parte 8: 1928-1945 – O mundo se abre

1. Sue Bruley, *The Women and Men of 1926: A Gender and Social History of the General Strike and Miners' Lockout in South Wales*, Cardiff University Press, 2010, p. 17.
2. Nora Boswell in "We'd Been Cowed by the Depression; That's Why We Could Fight the War", *Guardian*, 4 mar. 2017.
3. Sheila Rowbotham, *A Century of Women: The History of Women in Britain and the United States*, Viking, 1997, p. 140.
4. Jean Edmond, "No Return to the Thirties: An Eyewitness Warning", *Northern Star*, 5 jun. 2015.
5. Marjorie Broad in "We'd Been Cowed by the Depression…".
6. Rowbotham, *A Century of Women*, p. 186.
7. Edmond, "No Return to the Thirties".
8. Stuart Maconie, "The Jarrow March: The Lasting Legacy of the 1936 Protest", *History Extra*, 5 out. 2022.
9. Ellen Wilkinson, *The Town That Was Murdered*, Victor Gollancz, 1939, p. 191-192.
10. Nora Boswell in "We'd Been Cowed by the Depression…".
11. Rowbotham, *A Century of Women*, p. 176.
12. Julie Gottlieb, "Fascism in Inter-war Britain", *British Library* [on-line], 2 nov. 2021.
13. Rowbotham, *A Century of Women*, p. 178.
14. *The Blackshirt*, 29 jun. 1934, trecho citado em Martin Pugh, "Why Former Suffragettes Flocked to British Fascism", *Slate*, 14 abr. 2017.
15. Christopher Watson, "House of Commons Trends: How Many Women Candidates Become MPs?", *Commons Library* [on-line], 30 out. 2020.
16. Pugh, "Why Former Suffragettes Flocked to British Fascism".
17. Citado em Sheila Rowbotham, *Hidden from History: 300 Years of Women's Oppression and the Fight Against It*, Pluto Press, 1973, p. 127.
18. Lou Kenton, "Lou Kenton describes the Battle of Cable Street", Sound Recording, British Library.
19. Rowbotham, *A Century of Women*, p. 175.
20. Suyin Haynes, "The Enduring Lessons of the Battle of Cable Street, 80 Years On", revista *Time*, 3 out. 2016.
21. "Women at the Battle of Cable Street", East End Women's Museum, 4 out. 2016.
22. *Ibid.*
23. *Ibid.*
24. *Ibid.*
25. Haynes, "The Enduring Lessons of the Battle of Cable Street…".
26. Rowbotham, *A Century of Women*, p. 179.
27. Bruley, *The Women and Men of 1926*, p. 18.
28. Barbara Ehrenreich e Deirdre English, *For Her Own Good: Two Centuries of the Experts' Advice to Women*, Random House, 2005, pos. 3580, 3853.
29. Bruley, *The Women and Men of 1926*, p. 17.
30. Ehrenreich e English, *For Her Own Good*, pos. 3387, 3372.
31. Rowbotham, *A Century of Women*, p. 181.

32. Erika Rackley e Rosemary Auchmuty, *Women's Legal Landmarks: Celebrating the History of Women and Law in the UK and Ireland*, Bloomsbury, 2018, pos. 6744, 6752.
33. Ibid., pos. 6752.
34. Rowbotham, *Hidden from History*, p. 147.
35. "History of Abortion Law in the UK", *Abortion Rights* [on-line].
36. J. Loudon, "Deaths in Childbed from the Eighteenth Century to 1935", *Medical History*, v. 30, p. 1-41, jan. 1986.
37. John Keown, *Abortion, Doctors and the Law*, trecho citado em Caroline de Costa, "The King vs Aleck Bourne", *Medical Journal of Australia*, v. 191, n. 4, 17 ago. 2009.
38. Costa, "The King vs Aleck Bourne".
39. Ibid.
40. Rowbotham, *Hidden from History*, p. 156.
41. Stella Browne, petição ao Comitê de 1937, em Paul Ewans, "Stella Browne (1880-1955)", *Heritage Humanists* [on-line].
42. G. Jones, "Women e Eugenics in Britain: The Case of Mary Scharlieb, Elizabeth Sloan Chesser, and Stella Browne", *Annals of Science*, v. 52, n. 5, p. 481-502, set. 1995.
43. Stella Browne, discurso na conferência de abertura de 1936, em Ewans, "Stella Browne".
44. Loudon, "Deaths in Childbed from the Eighteenth Century to 1935".
45. Lillian Faderman, *Surpassing the Love of Men*, Women's Press, 1985, p. 311.
46. Esther Newton, "The Mythic Mannish Lesbian: Radclyffe Hall and the New Woman", em Estelle B. Freedman, Barbara C. Gelpi, Susan L. Johnson e Kathleen M. Weston (eds.), *The Lesbian Issue: Essays from SIGNS*, University of Chicago Press, 1985, p. 10.
47. Brittain trecho citado em Faderman, *Surpassing the Love of Men*, p. 310.
48. Rowbotham, *A Century of Women*, p. 228.
49. P. Summerfield, "Women, War and Social Change: Women in Britain in World War II", em A. Marwick (ed.), *Total War and Social Change*, Macmillan, 1988, p. 97-103.
50. Carol Harris, "Women Under Fire in World War Two", BBC, 17 fev. 2011.
51. Rowbotham, *A Century of Women*, p. 228.
52. Ministry of Defence, "The Women of the Second World War", *GovUK* [on-line], 16 abr. 2015.
53. Harris, "Women Under Fire in World War Two".
54. Pearl Patricia Rushton, "Memoirs", *Headley Hampshire UK* [on-line], 16 mar. 1999.
55. The Vital Role of Women in the Second World War, *Imperial War Museum* [on-line].
56. Harris, "Women Under Fire in World War Two".
57. The Vital Role of Women in the Second World War, *Imperial War Museum* [on-line].
58. Harris, "Women Under Fire in World War Two".
59. Jackie Hyams, *The Female Few: Spitfire Heroines*, History Press, 2023, cap. 5.
60. "Women in the Armed Forces", *Royal British Legion* [on-line].
61. Gary Bridson-Daley, "Stella Rutter: Spitfire Draughtswoman and D-Day Secret Keeper", *History Press* [on-line].
62. The Vital Role of Women in the Second World War, *Imperial War Museum* [on-line].
63. Ministry of Defence, "The Women of the Second World War".
64. Mary McKee, "Women and the Second World War", British Newspaper Archive, 4 maio 2020.
65. "Spies, Medics, Soldiers, & Peacemakers: 16 Women Wartime Heroes You Should Know", *A Mighty Girl* [on-line], 11 nov. 2022.
66. Ben Macintyre, "A Princess Turned Spy Wins Her Place in History", *The Times*, 4 abr. 2020.
67. Sally e Lucy Jaffe, "Chinthe Women: Women's Auxilary Service Burma 1942-1946", Tenter Books.
68. Ministry of Defence, "The Women of the Second World War".
69. The Vital Role of Women in the Second World War, *Imperial War Museum* [on-line].
70. Peter Fryer, *Staying Power: The History of Black People in Britain*, Pluto Press, 1984, p. 364.
71. The Vital Role of Women in the Second World War, *Imperial War Museum* [on-line].
72. Harris, "Women Under Fire in World War Two".

73. "World War II: 1939-1945", *Striking Women* [*on-line*].
74. Rackley e Auchmuty, *Women's Legal Landmarks*, pos. 6199, 6115.
75. Harris, "Women Under Fire in World War Two".
76. "War Diary of Nella Last", *BBC History* [*on-line*].
77. Kate Law, "*The Politicization of Food: Women and food queues in the Second World War*, by Charlotte Sendall", Women's History Network, 2 abr. 2019.
78. "The Evacuation of Children during the Second World War", *History Press* [*on-line*].
79. Richard Morris Titmuss, *Problems of Social Policy*, HMSO, 1950, cap. VII, apêndice II, p. 543-549.
80. G. Braybon e P. Summerfield, *Out of the Cage: Women's Experiences in Two World Wars*, Taylor & Francis, 2013, p. 215.
81. *Ibid.*, p. 216.
82. Rowbotham, *A Century of Women*, p. 240.
83. *Ibid.*
84. Lucy Bland e Chamion Caballero, "'Brown Babies': The Children Born to Black GI and White British Women during the Second World War", *National Archives* [*on-line*], 4 jan. 2021.
85. S. Lee, "A Forgotten Legacy of the Second World War: GI Children in Post-war Britain and Germany", *Contemporary European History*, v. 20, n. 2, p. 157-181, 2011.
86. Fryer, *Staying Power*, p. 362.
87. National Archives, AIR 2/10673, RAF and WRAF — Homosexual Offences and Abnormal Sexual Tendencies 1950-68, "Lesbianism in the WRAF", loose minutes from A. P. Doran, Squadron Leader, 13 out. 1971, em E. Vickers, "Same-Sex Desire in the British Armed Forces, 1939-1945", Liverpool John Moores University.
88. London Metropolitan Archives PH/GEN/3/19: Fairfield, "A Special Problem", 1943.
89. Vickers, "Same-Sex Desire in the British Armed Forces, 1939-1945".
90. RAF Museum, AC 72/17 Box 5, memorando sobre o lesbianism da DWAAF à DDWAAF, P and MS, 8 out. 1941.
91. Vickers, "Same-Sex Desire in the British Armed Forces, 1939-1945"; RAF Museum, AC 72/17 Box 8, carta da DWAAF ao D. P. S. em referência a um caso de lesbianismo, 2 dez. 1941.
92. Harris, "Women Under Fire in World War Two".
93. "Twentieth-Century Trans Histories", *Historic England* [*on-line*].
94. Steven Dryden, "LGBT Rights in the UK", *British Library* [*on-line*].
95. Rowbotham, *A Century of Women*, p. 230, 235.
96. Elena (Lane) Deamant, "UK Women Opposing Conscription during WW2", *Peace and Justice News*, verão 2020.
97. Mitzi Bales, "They said 'No' to War: British Women Conscientious Objectors in World War II", War Resisters' International, 22 dez. 2010.
98. Deamant, "UK Women Opposing Conscription during WW2".
99. Rowbotham, *A Century of Women*, p. 228.
100. *Ibid.*
101. Harris, "Women Under Fire in World War Two".
102. *Ibid.*
103. "Post World War II: 1946-1970", *Striking Women* [*on-line*].
104. Windrush: Arrival 1948 Passenger List.
105. Hilary Mantel, "Unhappy Medium": Essays from the London Review of Books, *Guardian*.

## Parte 9: 1945-1994 – Uma mulher hoje

1. Ian Robson, "Four Weddings, Two Funerals and a Death Sentence — The Story of the Widow of Windy Nook", *Evening Chronicle*, 11 nov. 2017.
2. Lizzie Seal, "Ruth Ellis and the Hanging that Rocked a Nation", *History Extra*, 10 jul. 2019 [*on-line*].
3. Sheila Rowbotham, *A Century of Women: The History of Women in Britain and the United States*, Viking, 1997, p. 420.
4. Karen Ingala Smith, *Counting Dead Women* [*on-line*].
5. "domestic violence", *Collins Dictionary* [*on-line*].
6. "Men Still Killing One Woman Every Three Days in UK — It Is Time for 'Deeds not Words'", *Femicide Census* [*on-line*].
7. Ingala Smith, "Counting Dead Women".

8. "Femicide Census Reveals Half of UK Women Killed by Men Die at Hands of Partner or Ex", 20 fev. 2020, *End Violence Against Women* [*on-line*].
9. "Emma" trecho citado em Pritti Mistry, "Domestic Abuse Protection Orders 'Absolutely Pointless' Say Victims", *BBC News*, 21 set. 2022.
10. *Ibid.*
11. Counter Terrorism Policing, "Project Starlight: Prevalence of Domestic Abuse Related Incidences within Prevent Referrals", 25 nov. 2021.
12. David Sapsted e Thomas Harding, "Judge Frees Man Who Strangled His 'Nagging' Wife", *Daily Telegraph*, 3 fev. 2001.
13. Erika Rackley e Rosemary Auchmuty, *Women's Legal Landmarks: Celebrating the History of Women and Law in the UK and Ireland*, Bloomsbury, 2018, pos. 12104.
14. "Sara Thornton", *Justice for Women* [*on-line*].
15. Rackley e Auchmuty, *Women's Legal Landmarks*, pos. 12121.
16. *Ibid.*, pos. 12153.
17. *Ibid.*, pos. 12209.
18. Heather Carrick, "Peter Sutcliffe: Who Was Yorkshire Ripper, Who Were Victims, and What Unsolved Crimes Have Been Linked to Him?", *National World*, 23 fev. 2022.
19. Joanna Bourke, *Rape: A History from 1860 to the Present*, Virago, 2007, pos. 1522, 2709.
20. *Ibid.*, pos. 949.
21. Julie Bindel, "The Long Fight to Criminalise Rape in Marriage", *Al Jazeera*, 15 jun. 2021.
22. Jennifer Brown, Miranda Horvath, Liz Kelly, Nicole Westmorland, "Has Anything Really Changed? Results of a Comparative Study 1977-2010 on Opinions on Rape", Government Equalities Office Report, 2010.
23. Bindel, "The Long Fight to Criminalise Rape in Marriage".
24. *Ibid.*
25. Bourke, *Rape*, pos. 984.
26. Ministry of Justice Overview of Sexual Offending in England and Wales 2013, *GovUK* [*on-line*].
27. R. Thiara e S. Roy, "Reclaiming Voice: Minoritised Women and Sexual Violence Key Findings", *Imkaan*, mar. 2020.
28. *Ibid.*
29. Sexual Offences Victim Characteristics, England and Wales: Year Ending March 2020, ONS.
30. Bourke, *Rape*, pos. 8318.
31. Dame Vera Baird, "The Distressing Truth Is That If You Are Raped in Britain Today Your Chances of Seeing Justice Are Slim", *Victims Commissioner* [*on-line*].
32. Bourke, *Rape*, pos. 7869.
33. Gaelle Brotto, Grant Sinnamon e Wayne Petherick, "Victimology and Predicting Victims of Personal Violence", cap. 3, em *The Psychology of Criminal and Antisocial Behaviour*, W. Petherick e G. Sinnamon (eds.), Elsevier, 2017.
34. Bourke, *Rape*, pos. 5869.
35. D. Lisak e P. Miller, "Repeat Rape and Multiple Offending Among Undetected Rapists", *Violence and Victims*, v. 17, n. 1, p. 73-84, 2002.
36. Bourke, *Rape*, pos. 7697, 7841, 7884, 7697.
37. Baird, "The Distressing Truth...".
38. Bourke, *Rape*, pos. 956.
39. *Ibid.*, pos. 7751.
40. Rape Crisis Scotland, False Allegations of Rape: Briefing Paper, set. 2013.
41. *Ibid.*
42. Andy Myhill e Jonathan Allen, "Rape and Sexual Assault of Women: The Extent and Nature of the Problem, Findings from the British Crime Survey", *Home Office Research Study* 237.
43. Bourke, *Rape*, pos. 6025.
44. *Ibid.*, note 36 pos. 6306, 6460, 6326.
45. *Ibid.*, pos. 4219, 4187, 4394, 4436.
46. Brotto, Sinnamon e Petherick, "Victimology and Predicting Victims of Personal Violence".
47. Ministry of Justice, Freedom of Information Act (FOIA) Request — 201123016, "Sexual assaults in prison by sexual identity of victim", dez. 2020.
48. Ministry of Justice, HM Prison and Probation Service, New Transgender Prisoner Policy Comes into Force, 27 fev. 2023.
49. Richard Wheeler, "Minister: No Sexual Assaults by Trans Inmates in Women's Prisons since Reforms", *Independent*, 21 fev. 2023.

50. Ministry of Justice, "Women and the Criminal Justice System 2021", 24 nov. 2022.
51. "Black and Mixed Ethnicity Women More Than Twice as Likely to Face Arrest", Prison Reform Trust, 31 ago. 2017.
52. Rackley e Auchmuty, *Women's Legal Landmarks*, pos. 8013.
53. Rowbotham, *A Century of Women*, p. 245.
54. "The Marriage Bar", *Spectator*, 23 ago. 1946.
55. Rackley e Auchmuty, *Women's Legal Landmarks*, p. 526.
56. Robin Lloyd, "Rosalind Franklin and DNA: How Wronged Was She?", *Scientific American*, 3 nov. 2010.
57. Rowbotham, *A Century of Women*, p. 350.
58. Ibid.
59. Susie Steinbach, *Women in England 1760-1914: A Social History*, Phoenix Press, 2003, pos. 909.
60. "Diane Abbott", *Britannica*.
61. Rowbotham, *A Century of Women*, p. 495.
62. Evelyn Kerslake, "'They Have Had to Come Down to the Women for Help!': Numerical Feminization and the Characteristics of Women's Library Employment in England, 1871-1974", *Library History*, v. 23, n. 1, p. 17-40, 2007.
63. Rackley e Auchmuty, *Women's Legal Landmarks*, pos. 3702.
64. Ibid., pos. 4402.
65. The Baroness Casey Review, *Met Police UK*, mar. 2023.
66. Rowbotham, *A Century of Women*, p. 413.
67. "The Grunwick Dispute", *Striking Women* [on-line].
68. Rowbotham, *A Century of Women*, p. 488.
69. Christina trecho citado em *ibid.*, p. 488.
70. Rowbotham, *A Century of Women*, p. 291.
71. Emily Hope, Mary Kennedy e Anne de Winter, "Homeworkers in North London", em *Dependence and Exploitation in Work and Marriage*, Diana Leonard Barker e Sheila Allen (eds.), Longman, 1976, p. 89.
72. National Minimum Wage and National Living Wage: Rates and Overview.
73. Rowbotham, *A Century of Women*, p. 558.
74. Hope, Kennedy e de Winter, "Homeworkers in North London", p. 97.
75. Rowbotham, *A Century of Women*, p. 406.
76. Cordelia Fine, *Delusions of Gender: The Real Science Behind Sex Differences*, Icon Books, 2010, p. 80.
77. Rowbotham, *A Century of Women*, p. 501.
78. Ibid., p. 473.
79. Margaret Thatcher, discurso aos Conservadores de Finchley, 31 jan. 1976.
80. Margaret Thatcher, discurso no Women in a Changing World (1st Dame Margery Corbett-Ashby Memorial Lecture), 26 jul. 1982.
81. Rackley e Auchmuty, *Women's Legal Landmarks*, pos. 6979.
82. Rowbotham, *A Century of Women*, p. 246.
83. Ibid., p. 247.
84. Ibid., p. 473.
85. Saul Mcleod, "John Bowlby's Attachment Theory", *Simply Psychology*, 16 jun. 2023.
86. Rowbotham, *A Century of Women*, p. 293.
87. David Batty, "Timeline: A History of Child Protection", *Guardian*, 18 maio 2005.
88. Rowbotham, *A Century of Women*, p. 421.
89. Ibid., p. 419, 498.
90. "Unmarried Mothers Whose Babies Were Taken Away and Never Seen Again", *ITV News*, 26 jul. 2022.
91. "The Violation of Family Life: Adoption of Children of Unmarried Women 1949-1976", Human Rights (Joint Committee), HC270/HL43, publicado em 15 jul. 2022, p. 33.
92. Rowbotham, *A Century of Women*, p. 421.
93. Lovelock trecho citado em Louise Peterkin, "Bread Rationing: A Surprising and Timely Subject", HCA Librarian, University of Edinburgh, 27 out. 2020.
94. Rowbotham, *A Century of Women*, p. 344.
95. Ibid., p. 348.
96. Ibid., p. 406.
97. "The Grunwick Dispute", *Striking Women*.
98. Rackley e Auchmuty, *Women's Legal Landmarks*, pos. 9978, 10038.
99. Rowbotham, *A Century of Women*, p. 484, 485.
100. Obituário de Anwar Ditta, *The Times*, 3 dez. 2021.
101. Anandi Ramamurthy, "Families Divided: The Campaign for Anwar Ditta and Her Children", *Our Migration Story* [on-line].
102. Obituário de Anwar Ditta, *The Times*, 3 dez. 2021.
103. Rowbotham, *A Century of Women*, p. 302.
104. Ibid., p. 484.

105. Lizzie Dearden, "Sarah Everard Vigil Organisers Win Legal Challenge Against Metropolitan Police after 'Rights Breached'", *Independent*, 11 mar. 2022.
106. The Baroness Casey Review.
107. *Ibid.*, p. 573.
108. *Ibid.*, p. 407.
109. Mary Whitehouse, 24 jan. 1979, em Ben Thompson, *Ban This Filth: Letters from Mary Whitehouse*, Faber, 2012.
110. Rowbotham, *A Century of Women*, p. 473, 341.
111. Rackley e Auchmuty, *Women's Legal Landmarks*, pos. 10979.
112. Rowbotham, *A Century of Women*, p. 507, 553.
113. "What Became of the Windrush Stowaway, Evelyn Wauchope?", *Historycal Roots* [on-line].
114. "Mona Baptiste", *Historycal Roots* [on-line].
115. Jo Stanley, "Women of Windrush: Britain's Adventurous Arrivals That History Forgot", *New Statesman*, 22 jun. 2018.
116. Rowbotham, *A Century of Women*, p. 228.
117. Rackley e Auchmuty, *Women's Legal Landmarks*, pos. 7887.
118. *Ibid.*, pos. 7860.
119. Olwen Hufton, *The Prospect Before Her*, Knopf, New York, 1995, p. 183.
120. Rowbotham, *A Century of Women*, p. 430.
121. Rackley e Auchmuty, *Women's Legal Landmarks*, pos. 7610.
122. *Ibid.*, pos. 7614.
123. "Great British Female Olympians Down the Decades", *Team GB* [on-line].
124. Obituário de Rachael Heyhoe-Flint, *Wisden Almanack*, John Wisden & Co, 2017.
125. "The Story of Women's Football in England", *Football Association* [on-line].
126. C. Deere e C. Doss, "The Gender Asset Gap: What Do We Know and Why Does It Matter?", *Feminist Economics*, v. 12, n. 1-2, 2006, p. 1-50.
127. Rackley e Auchmuty, *Women's Legal Landmarks*, pos. 9771.
128. *Ibid.*, pos. 9858.
129. Married Women's Property Act 1964, *Women's Legal Landmarks* [on-line].
130. Rackley e Auchmuty, *Women's Legal Landmarks*, pos. 11245.
131. Lord Nicholas of Birkenhead, White v White, Conjoined Appeals Judgment, House of Lords, *Parliament UK* [on-line], 26 out. 2000.
132. Lillian Faderman, *Surpassing the Love of Men*, Women's Press, 1985, p. 330.
133. *Ibid.*, p. 385.
134. Citado em *ibid.*, p. 391.
135. Rackley e Auchmuty, *Women's Legal Landmarks*, pos. 5773.
136. *Guardian*, 25 abr. 1988, Section 28 LAIC Subject File, em Kelly McGhee, "The Destruction Caused by Clause 28", *Glasgow Women's Library* [on-line].
137. Faderman, *Surpassing the Love of Men*, p. 329.
138. Suzannah Weiss, "'Fear of the Clit': A Brief History of Medical Books Erasing Women's Genitalia", *Vice*, 3 maio 2017.
139. Rowbotham, *A Century of Women*, p. 510.
140. Helen Gurley Brown, *Sex and the Single Girl: The Unmarried Woman's Guide to Men*, Bernard Geis, 1962, p. 18.
141. "AIDS in New York: A Biography", *New York Magazine*, 26 maio 2006.
142. Rachel P. Maines, *The Technology of Orgasm: 'Hysteria', the Vibrator and Women's Sexual Satisfaction*, Johns Hopkins University Press, 1998, pos. 1358, 1362.
143. D. Griffiths, "Diagnosing Sex: Intersex Surgery and 'Sex Change' in Britain 1930-1955", *Sexualities*, v. 21, n. 3, 2018.
144. Rowbotham, *A Century of Women*, p. 422.
145. Judith Shapiro em Julia Epstein e Kristina Straub (eds.), *Bodyguards: The Cultural Politics of Gender Ambiguity*, Routledge, 1991, p. 253.
146. *Ibid.*
147. *Ibid.*, p. 255.
148. Veronica Horwell, "April Ashley Obituary", *Guardian*, 19 jan. 2022.
149. James Michael Nichols, "Trans Supermodel Shares How Hugh Hefner Fought For Her When No One Else Would", *HuffPost*, 2 out. 2017.
150. Anne Fausto Sterling, "Gender/Sex and the Body", Psychology Podcast, YouTube.
151. Philippe Testard-Vaillant, "How Many Sexes Are There?", *CNRS News*, 8 jan. 2016.
152. Kate Lyons, "Gender Identity Clinic Services Under Strain as Referral Rates Soar", *Guardian*, 10 jul. 2016.
153. De 2,5 mortes a 3,6 mortes por 100.000 in 2021, "Suicides in England and Wales: 2021 Registrations", ONS, em

"ONS Report Shows Alarming Rise in Suicide Rates among Young Women", *Mental Health Innovations*, 7 set. 2022.
154. 6,5% em 2000 a 19,7% em 2014, Sally McManus *et al.*, "Prevalence of Non-Suicidal Self-Harm and Service Contact, 2000-2014", *Lancet Psychiatry*, v. 6, p. 573-581, 4 jun. 2019.
155. Annelies E. van Eeden, Daphne van Hoeken e Hans W. Hoek, "Incidence, Prevalence and Mortality of Anorexia Nervosa and Bulimia Nervosa", *Current Opinion in Psychiatry*, v. 34, n. 6, p. 515-524, nov. 2021.
156. "Nearly One in Five Women Screened for Possible Eating Disorder", *NHS*, 15 dez. 2020.
157. Richard Adams, "Oxford University Admits More Women Than Men for First Time — Ucas", *Guardian*, 26 jan. 2018.
158. Mary Curnock Cook, "Foreword" em Nick Hillman e Nicholas Robinson, "Boys to Men: The Underachievement of Young Men in Higher Education — and How to Start Tackling It", *Higher Education Policy Institute Report 84*, 2016.
159. "Record Number of Women on FTSE 100 Boards", *GovUK [on-line]*, 8 mar. 2018.
160. Working Futures 2010-2020, Evidence Report 41, *UK Commission for Employment and Skills*, ago. 2012.
161. Nicholas Hellen, Rosamund Urwin e Rosa Ellis, "Men Earning over £150,000 Outnumber Women 5-1", *Sunday Times*, 7 abr. 2019.
162. Kevin Rawlinson, "FTSE Firms' Excuses for Lack of Women in Boardrooms 'Pitiful and Patronising'", *Guardian*, 31 maio 2018.
163. Ross Raisin, "Men or Mice: Is Masculinity in Crisis?", *Guardian*, 6 out. 2017.
164. *Ibid.*
165. David Reilly, "Men Think They're Brighter Than They Are and Women Underestimate Their IQ. Why?", *The Conversation*, 14 mar. 2022.
166. Catechism of the Catholic Church — The sacrament of Holy Orders, The Vatican.
167. The Case Against the Ordination of Women to the Priesthood, Being the Report of a Commission Appointed by the Archbishops of Canterbury and York, Church Information Office, dez. 1966, cap. 5, em *Women Priests [on-line]*.
168. Erin Martise, "What Were the Professions of the Twelve Apostles?", *The Classroom [on-line]*.
169. The Case Against the Ordination of Women to the Priesthood, Being the Report of a Commission Appointed by the Archbishops of Canterbury and York.
170. "Sex is Irrelevant to This Office", *Church Times*, 3 maio 2019.
171. Obituário de Margaret Duggan, Dame Betty Ridley, *Guardian*, 4 ago. 2005.
172. Sophie Goodchild, "Church Pays Millions to Clergy Who Walked Out Over Women Priests", *Independent*, 10 mar. 2002.

## Posfácio

1. Virginia Woolf, "Professions for Women", palestra, jan. 1931, em *The Death of a Moth*, Harcourt Brace, 1974, p. 238.
2. De 2,5 mortes a 3,6 mortes por 100.000 em 2021, "Suicides in England and Wales: 2021 Registrations", ONS, em "ONS Report Shows Alarming Rise in Suicide Rates among Young Women", *Mental Health Innovations*, 7 set. 2022.
3. De 6,5% em 2000 a 19,7% em 2014, Sally McManus *et al.*, "Prevalence of Non-Suicidal Self-Harm and Service Contact, 2000-2014", *Lancet Psychiatry*, v. 6, p. 573-581, 4 jun. 2019.
4. Annelies E. van Eeden, Daphne van Hoeken e Hans W. Hoek, "Incidence, Prevalence and Mortality of Anorexia Nervosa and Bulimia Nervosa", *Current Opinion in Psychiatry*, v. 34, n. 6, p. 515-524, nov. 2021.
5. Amelia Gentleman, "'An Explosion': What Is Behind the Rise in Girls Questioning Their Gender Identity?", *Guardian*, 24 nov. 2022.
6. "Table of Opposites", *Britannica [on-line]*.
7. Marvin Harris, trecho citado em Christopher Ryan e Cacilda Jetha, *Sex at Dawn: How We Mate, Why We Stray, and What it Means for Modern Relationships*, Harper, 2010, pos. 3661.
8. Willem Adriaan Bonger, citado por Joanna Bourke, *Rape: A History from 1860 to the Present*, Virago, 2007, pos. 1872.
9. Nina Brochmann, Ellen Stokken Dahl e Lucy Moffatt, *The Wonder Down Under: A User's Guide to the Vagina*, Quercus, 2018.

10. Jo B. Paoletti, *Pink and Blue: Telling the Boys from the Girls in America*, Indiana University Press, 2012.
11. John Horgan, "Darwin Was Sexist, and So Are Many Modern Scientists", *Scientific American*, 18 dez. 2017.
12. Julia Bush, "The Anti-Suffrage Movement", 5 mar. 2018.
13. Paoletti, *Pink and Blue*.
14. Judith Shapiro em Julia Epstein e Kristina Straub (eds.), *Bodyguards: The Cultural Politics of Gender Ambiguity*, Routledge, 1991, p. 253.
15. Anne Fausto Sterling, "Gender/Sex and the Body", Psychology Podcast, YouTube.
16. Sheila Rowbotham, *A Century of Women: The History of Women in Britain and the United States*, Viking, 1997, p. 406.
17. Paoletti, *Pink and Blue*.
18. Priyanka Aribindi, "13 Fascinating Careers You Never Knew Barbie Had", *Time*, 30 jul. 2015.
19. "Stupid Gender Parties", *The Times*, 9 set. 2020.
20. Soma Sara, *Everyone's Invited*, Gallery Books, 2023, p. 23.
21. Philippe Testard-Vaillant, "How Many Sexes Are There?", CNRS News, 8 jan. 2016.
22. Charles Bremner, "Let Me Race Against Men, Says Top Female Cyclist", *The Times*, 19 mar. 2019.
23. "UK Athletics Want to Prevent Transgender Athletes from Competing in Women's Category", *Reuters*, 3 fev. 2023.
24. Cordelia Fine, *Delusions of Gender: The Real Science Behind Sex Differences*, Icon Books, 2010.
25. Ibid.
26. First Census Estimates on Gender Identity and Sexual Orientation, Census 2021, ONS, 6 jan. 2023.
27. Comparações das estatísticas oficiais do Ministério da Justiça de mar.-abr. 2019 (a contagem oficial mais recente de detentos transgêneros): evidências submetidas por Rosa Freedman, Kathleen Stock e Alice Sullivan, "Evidence and Data on Trans Women's Offending Rates", GRA 2021, Parliament UK, nov. 2020.
28. "Coercive Sex in Prison: Briefing Paper 3", Commission on Sex in Prison, Howard League for Penal Reform, 2014.
29. Michelle M. Sauer, *Gender in Medieval Culture*, Bloomsbury, 2015, pos. 3431.
30. Joyce Burnette, "An Investigation of the Female-Male Pay Gap during the Industrial Revolution in Britain", *Economic History Review*, v. 50, n. 2, p. 257-281, 1997.
31. Fine, *Delusions of Gender*, p. 80.
32. Pamela Duncan, "UK Gender Gap: Women Paid 90p for £1 Earned by Men", *Guardian*, 6 abr. 2022.
33. Peter Craddick-Adams, "Women at War: 'She-Soldiers' Through the Ages", *BBC History*.
34. Susan Byrnes, "Missing Perspectives: How Women Are Left Out of the News", *Bill and Melinda Gates Foundation*, 2 dez. 2020.
35. Leslie Young, "Drugs Aren't Tested on Women Like They Are on Men, and It Could Have Deadly Consequences", *Global News*, 2 nov. 2016.
36. Alyson McGregor, "Why Medicine Often Has Dangerous Side Effects for Women", TED Talk, 5 nov. 2015.
37. "Women Doctors 'Best for Female Heart Patients'", *BBC News*, 7 ago. 2018.
38. Lindsey Bever, "From Heart Disease to IUDs: How Doctors Dismiss Women's Pain", *Washington Post*, 13 dez. 2022.
39. David Morris, *The Evil Hours*, trecho citado em Rebecca Solnit, *The Mother of All Questions: Further Feminist Essays*, Haymarket Books, 2017, pos. 467.
40. Suzannah Weiss, "'Fear of the Clit': A Brief History of Medical Books Erasing Women's Genitalia", *Vice*, 3 maio 2017.
41. Rebecca Jennings, *A Lesbian History of Britain: Love and Sex Between Women since 1500*, Greenwood Publishing, 2007, p. 15.
42. Anthony Fletcher, *Gender, Sex and Subordination in England 1500-1800*, Yale University Press, 1995, p. 35.
43. Ibid.
44. Patri J. Pugliese, "Robert Hooke", *Oxford Dictionary of National Biography*.
45. Barbara Ehrenreich e Deirdre English, *For Her Own Good: Two Centuries of the Experts' Advice to Women*, Random House, 2005, pos. 2369.
46. Jeanette Winterson in *The Times*, 21 ago. 2019.
47. Weiss, "'Fear of the Clit'".

48. Brochmann *et al.*, *The Wonder Down Under: A User's Guide to the Vagina*, Quercus, 2018.
49. Weiss, "'Fear of the Clit'".
50. William Shakespeare, *Rei Lear*, ato IV, cena 6.
51. Daisy Payling, "Selling Shame: Feminine Hygiene Advertising and the Boundaries of Permissiveness in 1970s Britain", *Gender and History*, Wiley Online, 2023.
52. Leonard Shlain, *Sex, Time, and Power: How Women's Sexuality Shaped Human Evolution*, 2004, p. 182.
53. Ben Panko, "This High-Ranking Viking Warrior Was a Woman", *Smithsonian Magazine*, 11 set. 2017.
54. Rosamund Urwin, "Odin's Beard! Transgender Vikings May Have Played a Key Role in Pillage Life", *Sunday Times*, 16 ago. 2020.
55. Nadia Brooks, "DNA Tests Solve Mystery of Finnish Warrior Buried in Women's Clothes", *The Times*, 2 ago. 2021.
56. Ida Emilie Steinmark, "Archaeology's Sexual Revolution", *Observer*, 16 jan. 2022.
57. Olwen Hufton, *The Prospect Before Her*, Knopf, 1996, p. 219.
58. Sara, *Everyone's Invited*, pos. 919.
59. Andrea Dworkin, *Right-Wing Women*, Perigee Books, 1982, p. 215.

# Agradecimentos

Sou profundamente grata às muitas pessoas que me ajudaram a pesquisar, pensar sobre este livro e escrevê-lo. Devo agradecimentos especiais a Zahra Glibbery, pela pesquisa, principalmente sobre tudo que se refere a cavalos, pelas maratonas de edição de textos e por seu meticuloso trabalho nas notas de rodapé e legendas; a Victoria Atkins e Anna Cusack, pela pesquisa; a Karen Ingala Smith, por sua lista inigualável e extremamente valiosa de mulheres mortas em incidentes de violência doméstica; a Arabella Pike, por ser uma editora tão encorajadora; a Iain Hunt, por toda a atenção e ponderação; a Julian Humphries, por entender minha ideia e produzir uma imagem ao mesmo tempo simbólica e bela; a Charlie Redmayne, por entender imediatamente o que eu estava tentando fazer com um projeto tão ambicioso e engajar toda a equipe da HarperCollins, que tem sido extremamente entusiasmada e prestativa desde o primeiro dia — incluindo a equipe de audiolivros, formada por Molly Robinson, Fionnuala Barrett e Caroline Friend, a equipe da Farshore de livros infantis, formada por Emily Lamm, Melissa Fairley e Harriett Rogers —, e todas as pessoas que ainda vou conhecer e com quem trabalharei nas edições vindouras deste projeto.

Eu não teria embarcado em um livro tão ambicioso sem o incentivo de amigos: Christopher Cook, Stella Tillyard, Malcolm Gaskill, Kirk Moore, Anna Whitelock, Diane Purkiss, Michael Jones, Gareth Russell, Jennie McNamara, minha irmã, Tina Ryan, e alguns professores maravilhosos, cuja perda senti intensamente ao escrever sobre seus interesses específicos: Geoffrey Carnall, Alun Howkins e Maurice Hutt.

Devo um enorme agradecimento aos inspiradores pensadores que escreveram os livros que li e reli. Sua dedicação à história e ao progresso das mulheres me possibilitou escrever aqui uma história mais longa e mais ampla, sem perder os detalhes do passado. Se são poucas as obras desses pensadores listadas na bibliografia, é por falta de espaço. Também gostaria de agradecer aos homens e mulheres maravilhosos que lutaram pela educação das mulheres, conquistando a admissão das mulheres nas universidades, e às mulheres que incentivaram ou financiaram diretamente meu estudo: Elaine Gregory, Mary Wedd, formada em Cambridge, e Winifred Leonard, que se formou em Oxford antes de as mulheres poderem receber diplomas. Tive a sorte de ter tias incríveis, que me inspiraram profundamente. Também gostaria de deixar meus agradecimentos a Butter, o Setter Irlandês que me acompanhou em muitas caminhadas pensativas, e a Bob-Bob, a coruja que me ensinou a voar livremente.

# Lista de imagens

10 e capa: Elaine Wedd (*cortesia da autora*)

34: Mulheres capturando coelhos no Saltério Queen Mary, *c.* 1316-1321 (*British Library Board/Bridgeman Images*)

39 e capa: Mulher ferreira da *Bíblia Holkham*, *c.* 1327-1335 (*British Library Board/Bridgeman Images*)

42: Mulheres caçando; Joseph Strutt, *The Sports and Pastimes of the People of England*, William Hone, 1845 (*Stephen Dorey — Bygone Images/Alamy*)

55 e capa: "Cucking stool", ilustração de uma gravura reproduzida em John Ashton, *Chap-books of the Eighteenth Century*, Chatto & Windus, 1882, p. 274 (*Chronicle/Alamy*)

91 e capa: Lápide de Elizabeth Etchingham e Agnes Oxenbridge na Church of St. Nicholas and St. Mary, Etchingham, East Sussex (*Julian P. Guffogg*)

92 e capa: Brasão de Dudley de Northamptonshire; Mark Antony Lower, *The Curiosities of Heraldry*, J.R. Smith, 1845, p. 172 (*domínio público*)

126: *The Execution of Lady Jane Grey*; Paul Delaroche, 1833, National Gallery (*IanDagnall Computing/Alamy*)

133 e capa: Página de título; Thomas Middleton e Thomas Dekker, *The Roaring Girl*, Thomas Archer, 1611 (*Bridgeman Images*)

147 e capa: Ann Bidlestone; Ralph Gardiner, *England's Grievance Discovered*, R. Ibbitson and P. Stent, 1655, p. 110 (*domínio público*)

166: Página de título; James Primrose, *Popular Errors or the Errors of the People in Matter of Physick*, W. Wisson for Nicholas Bourne, 1651, British Museum (*agefotostock/Alamy*)

169: John Phillips, "The examination and confession of certaine wytches at Chensforde", Willyam Powell para Wyllyam Pickeringe, 1566 (*Granger/Bridgeman Images*)

170 e capa: "Sathan" em *ibid.* (*domínio público*)

174 e capa: Frontispício, *Annalia Dubrensia*, 1636 (*domínio público*)

216: Ficha de meio centavo de Mary Long com o sinal da Rosa em Russell Street, Covent Garden, 1669 (*Folger Shakespeare Library*)

248 e capa: Monumento a Mary Kendall e Lady Catherine Jones, 1710, St. John the Baptist Chapel, Abadia de Westminster (*Dean and Chapter of Westminster*)

258 e capa: Kit Cavanagh; *The Girl's Own Annual*, 1º out. 1904 (*duncan1890/Getty Images*)

260 e capa: Anne Bonny; Capitão Charles Johnson, *A General History of the Robberies and Murders of the Most Notorious Pyrates*, T. Warner, 1724 (*The Picture Art Collection/Alamy*)

261 e capa: Mary Read; Charles Ellms, *The Pirates Own Book*, Sanborn & Carter, 1837 (*Science History Images/Alamy*)

262 e capa: Hannah Snell, pintura de R. Phelps, gravura de J. Young, 1750, British Museum (*domínio público*)

278: Um monge da Ordem de São Francisco, *Nocturnal Revels*, M. Goadby, 1779 (*The History Collection/Alamy*)

284: Mary Seacole em uma coleção de Ely Duodecimus Wigram, descoberta por Dr. Geoffrey Day no Winchester College (*Winchester College/Mary Seacole Trust/Mary Evans*)

285: Florence Nightingale; William Edward Kilburn, c. 1856, Royal Collection Trust (*Alpha Historica/Alamy*)

290 e capa: Phillis Wheatley, possivelmente baseado em um retrato de Scipio Moorhead; Phillis Wheatley, *Poems on Various Subjects, Religious and Moral*, Archibald Bell, 1773 (*Stock Montage/Getty Images*)

301 e capa: Uma "puxadora" arrastando uma banheira de carvão, publicado originalmente no relatório do Comitê de Trabalho Infantil (Minas) de 1842 (*Classic Image/Alamy*)

307: South Bank Lion por William F. Woodington, 24 maio 1837, fotografado por anônimo (*Michael Wald/Alamy*)

309 e capa: Hannah Norsa; R. Clamp com base em gravura pontilhada de Bernard Lens III, 1794 (*National Portrait Gallery, Londres*)

315 e capa: Retrato de Kitty Wilkinson; Herbert R. Rathbone (ed.), *Memoir of Kitty Wilkinson*, H. Young & Sons, 1927 (*The History Collection/Alamy*)

321 e capa: "Am I not a woman and a sister?", medalhão de cobre, Estados Unidos, 1837 (*New York Historical Society/Getty Images*)

349 e capa: "A Perfect Health Corset", *Harper's Magazine*, 1883 (*domínio público*)

351 e capa: "The Rose of England", litografia da Rainha Vitória; T.C. Wilson, c. 1841-1850 (*Look and Learn/ Valerie Jackson Harris Collection/ Bridgeman Images*)

356: Sir John Piers e Lady Cloncurry, impressão satírica; anônimo, 1807 (*The Picture Art Collection/Alamy*)

363: Anne Thornton; artista desconhecido, xilogravura, 1835 (*National Portrait Gallery, Londres*)

370: Barbara Leigh Smith, gravura em *Illustrated London News*, 27 jun. 1891 (*Illustrated London News Ltd/Mary Evans*)

373 e capa: Biddy Lanchester; Oswald Dawson (ed.), *The Bar Sinister and Licit Loves*, W.M. Reeves, 1895 (*domínio público*)

386 e capa: Insígnia de Ben Turner, *A Short Account of the Rise and Progress of the Heavy Woollen District Branch of the General Union of Textile Workers*, Yorkshire Factory Times, 1917, p. 57 (*domínio público*)

387 e capa: Fabricante de correntes de Cradley Heath; *The Graphic*, 1º set. 1910 (*Modern Records Centre*,

University of Warwick/ Maitland Sara Hallinan Collection/MSS.15X/1/68/2)

390: Fabricantes de fósforos em uma greve contra a Bryant & May, Londres, 1888 (*Chronicle/Alamy*)

398 e capa: De *Physiology for Young People Adapted to Intermediate Classes and Common Schools*, A.S. Barnes & Company, 1884, p. 84 (*domínio público*)

399: "The Common Lot", litografia; Jules Bouvier, c. 1842-1865 (*domínio público*)

405 e capa: Annie Besant; fotógrafo desconhecido, 1888 (*domínio público*)

414 e capa: Coronel Victor Barker; fotógrafo desconhecido, 9 dez. 1934 (*Keystone/Hulton Archive/Getty Images*)

421: Alice Legh; fotógrafo desconhecido, c. 1894 (*domínio público*)

423: Catherine "Skittles" Walters a cavalo; fotógrafo desconhecido, c. 1860 (*The History Collection/Alamy*)

424: Nettie Honeyball; fotógrafo desconhecido, *The Sketch*, 6 fev. 1895 (*Chronicle/Alamy*)

425: Foto oficial da equipe da fábrica Dick, Kerr & Co; fotógrafo desconhecido, c. 1921 (*Bob Thomas/Popperfoto/Getty Images*)

436 e capa: May "Toupie" Lowther; Martinho Botelho, *Revista Moderna*, 1899 (*Chronicle/Alamy*)

437: Flora Sandes; fotógrafo desconhecido, c. 1919 (*GL Archive/Alamy Stock Photo*)

441: "These Women Are Doing Their Bit, Learn to Make Munitions", pôster de recrutamento de guerra, 1916 (*Hulton Deutsch/Getty Images*)

448: "What do the Tea Leaves Say?", pôster do Partido Conservador, 1929 (*domínio público*)

450 e capa: Ellen Wilkinson; fotógrafo desconhecido, Hyde Park, 1º nov. 1936 (*Daily Herald Archive/Getty Images*)

456: "What Are the Wild Waves Saying?", anúncio das pílulas abortivas de Beecham, fim do século XIX (*Chronicle/Alamy*)

460: Plotters do Serviço Territorial Auxiliar; fotógrafo oficial do Departamento de Guerra, Quartel--General da Artilharia Costeira em Dover, 1942 (*Imperial War Museum*)

461 e capa: Jackie Moggridge; fotógrafo desconhecido, Gloucestershire, 5 out. 1949 (*TopFoto*)

463 e capa: Noor Inayat Khan; fotógrafo desconhecido, 1943 (*IanDagnall Computing/Alamy*)

469: Mark Weston; fotografia publicada em *Western Morning News*, 1936 (*domínio público*)

474: Mary Elizabeth Wilson; fotógrafo desconhecido, c. 1957 (*Popperfoto/Getty Images*)

499 e capa: Princesa Elizabeth como uma Girl Guide, em Windsor, Berkshire, 25 jul. 1944 (*Paul Popper/Popperfoto/Getty Images*)

501: Etiqueta de identificação do bebê de Pat King de 1973, arquivo pessoal (*cortesia de Pat King*)

505: Anwar Ditta com sua filha Samera Shuja; John Sturrock, 1981 (*John Sturrock/Report digital*)

509: Mona Baptiste em Hamburgo; fotógrafo desconhecido, 13 set. 1956 (*Keystone/Getty Images*)

516: Mulheres protestando contra a Seção 28; primeira página do *Daily Mirror*, 24 maio 1988 (*Daily Mirror/Mirrorpix*)

519: Roberta Cowell; *Picture Post*, 27 mar. 1954 (*Maurice Ambler/Getty Images*)

522: Caroline Cossey; Kent Gavin, maio 1990 (*Mirrorpix/Getty Images*)

543: Pássaro quivi (*GlobalP/Getty*)

## Caderno de imagens

Uma das cinco mulheres retratadas na Tapeçaria de Bayeux, c. 1070, Musée de la Tapisserie de Bayeux (*Ancient Art and Architecture/Alamy*)

Um dos 93 pênis da Tapeçaria de Bayeux, c. 1070, Musée de la Tapisserie de Bayeux (*Paul Williams/Alamy*)

[E capa] Acrobata se equilibrando na ponta de espada; *Smithfield Decretals*, c. 1340 (*British Library Board/Bridgeman Images*)

[E capa] Iluminura "Sin of the mouth" na *Bible moralisée*, c. 1220 (*Austrian National Library/Interfoto/Alamy*)

[E capa] Ilustração de "A garden of pleasure"; artista desconhecido, Guillaume de Lorris, *The Romance of the Rose*, Biblioteca Universitaria (*domínio público*)

Gráfico dos salários médios em pence por dia de homens e mulheres não qualificados, com base em dados de Humphries, Jane e Weisdorf, Jacob, "The Wages of Women in England 1260-1850", *Journal of Economic History*, Cambridge University Press, v. 75, n. 2, jun. 2015 (*Martin Brown*)

*The Execution of Lady Jane Grey*; Paul Delaroche, 1833, National Gallery (*IanDagnall Computing/Alamy*)

[E capa] *Miss Mary Edwards*; William Hogarth, 1742, Frick Collection (*Fine Art/Getty Images*)

*Arabella Hunt Playing a Lute*; Sir Godfrey Kneller, 1692, Government Art Collection (*Government Art Collection*)

[E capa] *The Fencing-Match between the Chevalier de Saint-George and the Chevalier d'Eon*; Alexandre-Auguste Robineau, c. 1787/1789, Royal Collection (*Royal Collection Trust/© His Majesty King Charles III 2023*)

[E capa] *Portrait of Dido Elizabeth Belle Lindsay and Lady Elizabeth Murray*; David Martin, 1779, Scone Palace (*Art Reserve/Alamy*)

Saartjie Baartman ou "La Belle Hottentote"; Louis François Charon, 1815 (*National Library of France*)

[E capa] *Mary Anning*; Benjamin John Merifield Donne, 1850, Sedgwick Museum (*domínio público*)

*The Rt. Honble. Lady Eleanor Butler & Miss Ponsonby, "The Ladies of Llangollen"*; James Henry Lynch, c. 1880, Welsh Portrait Collection (*Maidun Collection/Alamy*)

[E capa] *Portrait of Ada, Countess of Lovelace*; Alfred Edward Chalon, 1840, Science Museum Group Collection (*domínio público*)

*Mrs Fanny Eaton*; Walter Fryer Stocks, 1859, Princeton University Art Museum (*domínio público*)

*Henry Fawcett, Dame Millicent Fawcett*; Ford Madox Brown, 1872, National Portrait Gallery (*National Portrait Gallery, Londres*)

[E capa] Condessa Markievicz fotografada por fotógrafos da Keogh Brothers Ltd, 1915, National Library of Ireland (*domínio público*)

[E capa] Maud Allan como Salomé em "The Vision of Salome", fotografada por Foulsham & Banfield, 1908 (*Chronicle/Alamy*)

[E capa] *The Arrival of the Jarrow Marchers in London, Viewed from an Interior*; Thomas Dugdale, 1936, Museum of the Home (*domínio público*)

Rotha Beryl Lintorn Lintorn-Orman fotografada por Bassano Ltd, 22 ago. 1916, National Portrait Gallery (*National Portrait Gallery, Londres*)

[E capa] Policiais prendendo uma manifestante; fotógrafo desconhecido, 4 out. 1936 (*Topical Press Agency/Getty Images*)

Unidade de ambulância feminina Hackett-Lowther; Jacques Ridel, 1918 (*ECPAD/Défense*)

Membro do Exército das Mulheres na Agricultura; Horace Nicholls, *c.* 1915-1918 (*Imperial War Museum*)

[E capa] *Ruby Loftus Screwing a Breech-Ring*; Laura Knight, 1943, Imperial War Museum (*Imperial War Museum*)

Dra. Una Kroll, fotógrafo desconhecido, LSE Women's Library (4/17) (*LSE Library*)

# Bibliografia selecionada

ABRAHAM, Keshia N.; WOOLF, John. *Black Victorians*. 2022.
ADAMS, Max. *Unquiet Women*: From the Dusk of the Roman Empire to the Dawn of the Enlightenment. 2018.
AKKERMAN, Nadine. *Invisible Agents*: Women and Espionage in Seventeenth-Century Britain. 2018.
ALLESTREE, Richard. *The Ladies Calling*: In Two Parts. 2017.
AMT, Emilie (ed.). *Women's Lives in Medieval Europe, a Sourcebook*. 1993.
AMTOWER, Laurel; KEHLER, Dorothea. *The Single Woman in Medieval and Early Modern England*: Her Life and Representation. 2003.
AMUSSEN, Susan D.; UNDERDOWN, David E. *Gender, Culture and Politics in England 1560-1640*: Turning the World Upside Down. 2017.
ANISHANSLIN, Zara. *Portrait of a Woman in Silk*: Hidden Histories of the British Atlantic World. 2016.
APPIGNANESI, Lisa. *Mad, Bad and Sad*: A History of Women and the Mind Doctors, from 1800 to the Present [Tristes, loucas e más: a história das mulheres e seus médicos desde 1800]. 2007.
BAER, William C. Early Retailing: London's Shopping Exchanges 1550-1700. *Business History*, v. 49, n. 1, p. 29-51, 2007.
BAIRD, Dame Vera. Annual Report by the Victim's Commissioner, 2021-2022. London: Office of the Victims' Comissioner. Disponível em: https://victimscommissioner.org.uk/document/annual-report-of-the-victims-commissioner-2021-to-2022/. Acesso em: 10 abr. 2024.
BARKER, Diana Leonard; ALLEN, Sheila (eds.). *Dependence and Exploitation in Work and Marriage*. 1976.
BARKER, Helen. *Rape in Early Modern England*: Law, History and Criticism. 2021.
BARRET-DUCROCQ, Françoise. *Love in the Time of Victoria*. 1991.
BARTLEY, Paula. *Queen Victoria*. 2016.
BATES, Laura. *Everyday Sexism*. 2014.
BATESON, Mary. *Medieval England 1066-1350*. 1903.
BAUMGARTEN, Elisheva. *Mothers and Children*: Jewish Family Life in Medieval Europe. 2000.
BENNETT, Judith M.; FROIDE, Amy M. (eds.). *Singlewomen in the European Past 1250-1800*. 1999.
BENNETT, Judith M.; KARRAS, Ruth Mazo. *The Oxford Handbook of Women and Gender in Medieval Europe*. 2013.

BENNETT, Judith M.; MCSHEFFREY, Shannon. Early, Erotic and Alien: Women Dressed as Men in Late Medieval London. *History Workshop Journal*, n. 77, p. 1-25, 2014.

BIBERMAN, Matthew. *Masculinity, Anti-Semitism and Early Modern English Literature*. 2004.

BOASE, Tessa. *Mrs Pankhurst's Purple Feather*: Fashion, Fury and Feminism — Women's Fight for Change. 2018.

BOGIN, Meg. *The Woman Troubadours*. 1976.

BOSWELL, John. *Same Sex Unions in Pre-Modern Europe*. 1994.

BOURKE, Joanna. *Rape*: A History from 1860 to the Present. 2007.

BRAYBON, G.; SUMMERFIELD, P. *Out of the Cage*: Women's Experiences in Two World Wars. 2013.

BRIDGEFORD, Andrew. *1066*: The Hidden History of the Bayeux Tapestry. 2006.

BROCHMANN, Nina; STØKKEN Dahl, Ellen. *The Wonder Down Under*: A User's Guide to the Vagina [Viva a vagina: tudo que você sempre quis saber]. 1998.

BRULEY, Sue. *The Women and Men of 1926*: A Gender and Social History of the General Strike and Miners' Lockout in South Wales. 2010.

BRUNSKILL-Evans, Heather (ed.). *The Sexualized Body and the Medical Authority of Pornography*: Performing Sexual Liberation. 2016.

BURNS, Christine (ed.). *Trans Britain*: Our Journey from the Shadows. 2018.

BURNS, William E. *Witch Hunts in Europe and America*: An Encyclopedia. 2003.

BUTLER, Judith. *Gender Trouble*: Feminism and the Subversion of Identity [Problemas de gênero: Feminismo e subversão da identidade]. 1990.

CAPP, Bernard. *When Gossips Meet*: Women, Family, and Neighbourhood in Early Modern England. 2003.

CARTER, John Marshall. *Rape in Medieval England*: An Historical and Sociological Study. 1985.

CASTOR, Helen. *She Wolves*: The Women Who Ruled England before Elizabeth. 2010.

CLARK, Alice. *The Working Life of Women in the Seventeenth Century*. 1968.

DAVIDOFF, Leonore. *Family Fortunes*: Men and Women of the English Middle Class 1780 to 1850. 1987.

DE COSTA, C. M. The King versus Aleck Bourne. *Medical Journal of Australia*, v. 191, n. 4, p. 230-231, 2009.

DE PISAN, Christine. *A Medieval Woman's Mirror of Honour*: The Treasury of the City of Ladies. 1989.

DELPHY, Christine. *Close to Home*: A Materialist Analysis of Women's Oppression. 2016.

DONOGHUE, Emma. *Passions Between Women*. 2014.

DUNN, Caroline. *Stolen Women in Medieval England*: Rape, Abduction and Adultery, 1100-1500. 2013.

DWORKIN, Andrea. *Woman Hating*. 1974.

DWORKIN, Andrea. *Right-Wing Women*. 1978.

EARLE, Peter. *The Making of the English Middle Class*. 1989.

EHRENREICH, Barbara; ENGLISH, Deirdre. *Complaints and Disorders*: The Sexual Politics of Sickness. 1973.

EHRENREICH, Barbara; ENGLISH, Deirdre. *For Her Own Good*: Two Centuries of the Experts' Advice to Women [Para seu próprio bem: 150 anos de conselhos de especialistas para as mulheres]. 2005.

EPSTEIN, Julia; STRAUB, Kristina (eds.). *Bodyguards*: The Cultural Politics of Gender Ambiguity. 1991.

ERICKSON, Amy Louise. *Women and Property in Early Modern England*. 1993.

FADERMAN, Lillian. *Surpassing the Love of Men*: Romantic Friendship and Love Between Women from the Renaissance to the Present. 1985.

FEDERICO, Sylvia. The Imaginary Society: Women in 1381. *Journal of British Studies*, v. 40, n. 2, p. 150-183, 2001.

FINE, Cordelia. *Delusions of Gender*: The Real Science Behind Sex Differences. 2010.

FINE, Cordelia. *Testosterone Rex*: Unmaking the Myths of our Gendered Minds [Testosterona Rex: mitos de sexo, ciência e sociedade]. 2017.

FISHER, Elizabeth. *Woman's Creation*. 1979.

FLETCHER, Anthony. *Gender, Sex and Subordination in England 1500-1800*. 1999.

FREEDMAN, Estelle B. *et al.* (eds.). "*The Lesbian Issue*": Essays from SIGNS. 1985.

FRYE, Susan; ROBERTSON, Karen (eds.). *Maids and Mistresses, Cousins and Queens*: Women's Alliances in Early Modern England. 1999.

FRYER, Peter. *Staying Power*: The History of Black People in Britain. 1984.

GASKILL, Malcolm. *Witchfinders*: A Seventeenth-Century English Tragedy. 2005.

GIES, Joseph; GIES, Frances. *Women in the Middle Ages*: The Lives of Real Women in a Vibrant Age of Transition. 1978.

GIFFNEY, Noreen; SAUER, Michelle M.; WATT, Diane (eds.). *The Lesbian Premodern*. 2011.

GOLDBERG, P. J. P. (ed.). *Women in Medieval English Society*. 1992.

GOLDIN, Simha. *Jewish Women in Europe in the Middle Ages*. 2011.

GORDON, Robin L. *Searching for the Soror Mystica*: The Lives and Science of Women Alchemists. 2013.

GOWING, Laura. *Domestic Dangers*: Women, Words and Sex in Early Modern London. 1996.

GOWING, Laura. *Gender Relations in Early Modern England*. 2012.

GREEN, Judith A. *The Normans*: Power, Conquest and Culture in 11th-Century Europe. 2022.

GREG, W. R. *Why Are Women Redundant?* [S. l.]: [s. n.], 1869.

HANAWALT, Barbara A. *The Ties that Bound*: Peasant Families in Medieval England. 1986.

HANAWALT, Barbara A. *The Wealth of Wives*: Women, Law and Economy in Late Medieval London. 2007.

HARRIS, Barbara J. *English Aristocratic Women 1450-1550*: Marriage and Family, Property and Careers. 2002.

HARVEY, Katherine. *The Fires of Lust*: Sex in the Middle Ages. 2021.

HARVEY, Richard. English Pre-Industrial Ballads on Poverty, 1500-1700. *The Historian*, v. 46, n. 4, p. 539-561, 1984.

HARVEY, Richard. The Work and Mentalité of Lower Orders Elizabethan Women. *Exemplaria*, v. 5, n. 2, p. 409-433, 1993.

HAYNES, Alan. *Sex in Elizabethan England*. 1997.

HAYS, Mary. *Appeal to the Men of Great Britain in Behalf of Women*. 1798.

HODGKIN, Katharine (ed.). *Women, Madness and Sin in Early Modern England*: The Autobiographical Writings of Dionys Fitzherbert. 2010.

HOULBROOKE, Ralph A. *The English Family 1450-1700*. 1984.

HUFTON, Olwen. *The Prospect Before Her*: A History of Women in Western Europe, 1500-1800. 1995.

HUGHES, Ann. *Gender and the English Revolution*. 2012.

HUMPHRIES, Jane; WEISDORF, Jacob. The Wages of Women in England 1260-1850. *Journal of Economic History*, v. 75, n. 2, p. 405-477, 2015.

HUNTER, Clare. *Threads of life*: A History of the World Through the Eye of a Needle. 2019.

ILLSTON, James Michael. *'An Entirely Masculine Activity'?* Women and War in the High and Late Middle Ages Reconsidered. 2009. Dissertação (Mestrado em História) — University of Canterbury, Christchurch, 2009.

JALEEL, Rana M. *The Work of Rape*. 2021.

JENNINGS, Rebecca. *A Lesbian History of Britain*: Love and Sex Between Women Since 1500. 2007.

JONES, Vivien (ed.). *Women in the Eighteenth Century*: Constructions of Femininity. 1990.

KARRAS, Ruth Mazo. *Sexuality in Medieval Europe*: Doing Unto Others. 2005.

KAUFMANN, Miranda. *Black Tudors*: The Untold Story. 2017.

KERMODE, Jenny; WALKER, Garthine (eds.). *Women, Crime and the Courts in Early Modern England*. 1994.

KINGSLEY, Kent Susan. *Gender and Power in Britain 1640-1990*. 1999.

KNUDSEN, Christian D. *Naughty Nuns and Promiscuous Monks*: Monastic Sexual Misconduct in Late Medieval England. Tese (Doutorado em Filosofia) — University of Toronto, Toronto, 2012.

LAQUEUR, Thomas. *Making Sex*: Body and Gender from the Greeks to Freud [Inventando o sexo: corpo e gênero dos gregos a Freud]. 1990.

LEE, Patricia-Ann. Mistress Stagg's Petitioners, February 1642. *The Historian*, v. 60, n. 2, p. 241-256, 1968.

LEGATES, Marlene. The Cult of Womanhood in Eighteenth-Century Thought. *Eighteenth-Century Studies*, v. 10, n. 1, p. 21-39, 1976.

LEWIS, C. S. *The Allegory of Love* [Alegoria do amor: um estudo da tradição medieval]. 1936.

LEYSER, Henrietta. *Medieval Women*: Social History of Women in England 450-1500. 2013.

LOUDON, J. Deaths in Childbed from the Eighteenth-Century to 1935. *Medical History*, v. 30, n. 1, p. 1-41, 1986.

MACFARLANE, Alan. *Marriage and Love in England 1300-1840*. 1986.

MARCAL, Katrine. *Who Cooked Adam Smith's Dinner?* — A Story of Women and Economics. 2012.

MARCUS, Sharon. *Between Women*: Friendship, Desire and Marriage in Victorian England. 2007.

MATE, Mavis E. *Daughters, Wives and Widows after the Black Death*: Women in Sussex 1350-1535. 1998.

MAYHEW, Henry. *London Characters and Crooks*. 1996.

MCGREGORY, Alyson J. *Sex Matters*: How Male-Centric Medicine Endangers Women's Health and What We Can Do About It. 2020.

MCINTOSH, Marjorie Keniston. *Poor Relief in England, 1350-1600*. 2012.

MCINTOSH, Marjorie Keniston. *Working Women in English Society 1300-1620*. 2005.

MCNELLIS, Lindsey. *Let Her Be Taken*: Sexual Violence in Medieval England. Dissertação (Mestrado em Humanidades) — University of Central Florida, Orange County, 2008.

MELLOR, Anne K. Sex, Violence e Slavery: Blake and Wollstonecraft. *Huntington Library Quarterly*, v. 58, n. 3/4, p. 345-370, 1995.

MENDELSON, Sara Heller. *The Mental World of Stuart Women: Three Studies*. 1987.

MENDELSON, Sara; CRAWFORD, Patricia. *Women in Early Modern England 1550-1720*. 1998.

MIDGLEY, Clare. Anti-Slavery and Feminism in Nineteenth-Century Britain. *Gender & History*, v. 5, n. 3, p. 343-362, 1993.

MOODY, Joanna (ed.). *The Private Life of an Elizabethan Lady*: The Diary of Lady Margaret Hoby, 1599-1605. 1998.

MORTIMER, Ian. *The Dying and the Doctors*: The Medical Revolution in Seventeenth-Century England. 2009.

MORTIMER, Ian. *The Time Traveller's Guides*. 2009-2020. 4 v.

MOSSE, Kate. *Warrior Queens and Quiet Revolutionaries*: How Women (Also) Built the World. 2022.

MURRAY, Jenni. *A History of Britain in 21 Women*: A Personal Selection. 2016.

NORTON, Elizabeth. *The Hidden Lives of Tudor Women*: A Social History. 2017.

O'DONNELL, Katherine; O'ROURKE, Michael (eds.). *Queer Masculinities, 1550-1800*: Siting Same-Sex Desire in the Early Modern World. 2006.

O'DONOGHUE, Bernard. *The Courtly Love Tradition*. 1982.

OAKLEY, Anne. *Housewife*. 1974.

OLUSOGA, David. *Black and British*: A Forgotten History. 2016.

ORME, Nicolas. *Going to Church in Medieval England*. 2021.

PALMER, Gabrielle. *The Politics of Breastfeeding*: When Breasts Are Bad for Business. 1988.

PAOLETTI, Jo B. *Pink and Blue*: Telling the Boys from the Girls in America. 2012.

PEREZ, Caroline Criado. *Invisible Women*: Exposing Data Bias in a World Designed for Men. 2019.

PHILLIPS, Kim M. *Young Women and Gender in England 1270-1540*. 2003.

PHILLIPS, Kim M. (ed.). *The Cultural History of Women in the Middle Ages*. 2013.

PICARD, Lisa. *Restoration London*: Everyday Life in the 1660s. 2013.

PLOWDEN, Alison. *All on Fire*: The Women of the English Civil War. 1998.

POWER, Nina. *One-dimensional Woman*. 2009.

POWER, Nina. *What Do Men Want?* Masculinity and Its Discontents. 2022.

PRINCE, Mary. *The History of Mary Prince (1831)*. 2000.

PRIOR, Mary (ed.). *Women in English Society, 1500-1800*. 1985.

PROCTOR, Tammy M. *Female Intelligence*: Women and Espionage in the First World War. 2003.

PURKISS, Diane. *The English Civil Wars*: A People's History. 2006.

RACKLEY, Erika; AUCHMUTY, Rosemary. *Women's Legal Landmarks*: Celebrating the History of Women and Law in the UK and Ireland. 2018.

RAMIREZ, Janina. *Femina*: A New History of the Middle Ages Through the Women Written Out of It. 2022.

RANDALL, Adrian. *Riotous Assemblies*: Popular Protest in Hanoverian England. 2006.

READ, Sara. *Maids, Wives, Widows*: Exploring Early Modern Women's Lives 1540-1740. 2015.

RICH, Adrienne. *Compulsory Heterosexuality and Lesbian Existence*. 1981.

RIZZO, Betty. *Companions Without Vows*: Relationships among Eighteenth-Century British Women. 1994.

ROSE, June. *Marie Stopes and the Sexual Revolution*. 1992.

ROWBOTHAM, Sheila. *Woman's Consciousness, Man's World*. 1973.

ROWBOTHAM, Sheila. *Hidden from History*: 300 Years of Women's Oppression and the Fight Against It. 1977.

ROWBOTHAM, Sheila. *A Century of Women*: The History of Women in Britain and the United States. 1997.

RUBENHOLD, Hallie (ed.). *Harris's List*. 2012.

SAINI, Angela. *Inferior*: How Science Got Women Wrong, and the New Research That's Rewriting the Story. 2017.

SANYAL, Mithu. *Rape*. 2016.

SAUER, Michelle M. *Gender in Medieval Culture*. 2015.

SAUTMAN, Francesca Canadé; SHEINGORN, Pamela (eds.). *Same Sex Love and Desire among Women in the Middle Ages*. 2001.

SCOTT, Linda. *The Cost of Sexism*: How the Economy Is Built for Men and Why We Must Reshape It. 2020.

SEARLE, Mark; STEVENSON, Kenneth W. *Documents of the Marriage Liturgy*. 1992.

SHOEMAKER, Robert B. *Gender in English Society 1650-1850*: The Emergence of Separate Spheres? [S. l.]: [s. n.], 1998.

SHOWALTER, Elaine. *The Female Malady*: Women, Madness and English Culture, 1830-1980. 1987.

SMITH, Geoffrey. *Royalist Agents, Conspirators and Spies*. 2011.

SMITH, Joan. *Homegrown*: How Domestic Violence Turns Men into Terrorists. 2019.

SOMA, Sara. *Everyone's Invited*. 2023.

STEINBACH, Susie. *Women in England 1760-1914*: A Social History. 2003.

STONE, Laurence. *The Family, Sex and Marriage in England, 1500-1800*. 1977.

STONEHOUSE, Julia. *Father's Seed, Mother's Sorrow*: How the Wrong "Facts of Life" Gave Men Control of the World. 2016.

TABORI, Paul. *The Social History of Rape*. 1971.

THOM, Deborah. *Nice Girls and Rude Girls*: Women Workers in World War One. 1998.

THOMPSON, E. P. *The Making of the English Working Class* [A formação da classe operária inglesa]. 1963.

THOMPSON, E. P. *Customs in Common*: Studies in Popular Culture [Costumes em comum]. 1993.

TODD, Janet. *Women's Friendship in Literature*. 1980.

TRAUB, Valerie. *The Renaissance of Lesbianism in Early Modern England Cambridge*. 2002.

TSJENG, Zing. *Forgotten Women*. 2018. 4 v.

TUCHMAN, Barbara W. *A Distant Mirror*: The Calamitous 14th Century. 2014.

TWELLS, Alison. *British Women's History*: A Documentary History from the Enlightenment to World War One. 2007.

ULRICH, Laurel Thatcher. *Well-Behaved Women Seldom Make History*. 1998.

ULRICH, Melanie Renee. *Victoria's Feminist Legacy*: How Nineteenth-Century Women Imagined the Queen. Tese (Doutorado em Filosofia) — University of Texas, Austin, 2005.

VICKERY, Amanda. *The Gentleman's Daughter*: Women's Lives in Georgian England. 1999.

WALL, Alison D. (ed.). *Two Elizabethan Women*: Correspondence of Joan and Mariah Thynne 1575-1611. 1983.

WARD, Jennifer. *Women in Medieval Europe 1200-1500*. 2002.

WARNICKE, Retha. *Wicked Women of England*: Queens, Aristocrats, Commoners. 2012.

WHITBREAD, Helena (ed.). *The Secret Diaries of Anne Lister*. 2010. 2 v.

WHITELOCK, Anna. *Elizabeth's Bedfellows*: An Intimate History of the Queen's Court. 2013.

WILLIAMS, Marty; ECHOLS, Anne. *Between Pit and Pedestal*: Women in the Middle Ages. 1995.

WOLLOCK, Jennifer G. *Rethinking Chivalry and Courtly Love*. 2011.

WOOLGAR, C. M. *The Culture of Food in England, 1200-1500*. 2016.

YALOM, Marilyn. *A History of the Wife*. 2001.

YALOM, Marilyn. *The Amorous Heart*: An Unconventional History of Love. 2018.

ZAKIRA, Rafia. *Against White Feminism*. 2022.

Este livro foi impresso pela Vozes, em 2025, para a HarperCollins Brasil.
O papel do miolo é avena 70g/m², e o da capa é cartão 250g/m².